이상평전

암호적 예술의 숲을 찾아서

일러두기

* 이 책에서 인용한 이상의 작품은 《이상전집》(전3권, 이승훈 · 김윤식 편, 문학사상사, 2002)을 저본으로 했다. 작품 인용부분은 권수와 쪽수를 ( )안에 표시했다.
* 단행본 및 장편소설, 신문 · 잡지 등은 『 』, 단편소설 및 시편, 수필, 논문, 기사 등은 「 」, 전집은 《 》로 표기했다.
* 이 책에 인용된 영문본은 특별한 언급이 없는 한 모두 필자의 번역이다.

건지학술총서

04

The Critical Biography of Leesang

이상평전

암호적 예술의 숲을 찾아서

이보영

전북대학교출판문화원

이상은 여전히 문제적 작가다. 일제 강점기 작가 중에서 이상만큼 그 생애와 작품이 짙은 의문의 안개에 가려진 작가는 없다. 그가 일본에서 객사(客死)한 지 거의 80년이 지나도록 그의 평전이 두 개 밖에 없다는 것은 아직도 그 안개가 걷히지 않은 채로 생각보다 많이 남아 있다는 것을 입증한다. 그 이유는 여러가지를 들 수 있겠지만, 가장 중요한 이유는 우리가 그의 작품 세계를 전체적으로, 내면적 발전의 과정으로 파악하거나 평가하지 않은 점에 있을 것이다. 이를 예증한 것이 바로 고은의 『이상평전』과 김민수의 『이상평전』이다. 이상은 만년에 반체제적 민족의식과 인류적 휴머니즘에 더욱 고취되었는데 개인적 차원에서 민족적, 인류적 차원으로 확충되었다.

이 평전에서는 이상의 생애를 전반기와 후반기로 구분했다. 그의 처녀작 『十二월 十二일』이 발표된 1930년부터 조선문단에 합류하게 된 1933년까지가 전반기요, 「오감도」 연작을 발표한 1934년부터 1937년까지가 후반기다. 그가 작가로서 활동한 기간은 약 7년에 지나지 않는다. 그러나 이 기간에 이상이 남긴 작품들은 천재적 작가로서의 면모를 보여주기에 부족하지 않다.

그의 작품 중에는 제작 연도가 명기되어 있지 않은 것도 적지 않은데 바로 이 점 때문에 미스터리로 남아 있는 문제들이 있다. 가령 문학사상사의 『이상문학전집 3』에서 편자 김윤식이 '성천 관계의 글'로 묶어 놓은 7편의 수필 중에서 「산촌여정」과 「권태」 외의 작품들은 그 배경이 1935년의 '성천'이 아니다.

이상의 중요한 작품들은 이미 우리의 소중한 고전이 되었다. 이 평전에서는 이 작품들의 고전적 가치라는 문제에 대해서도 그의 작품이 꽤 많이 그의 생애와 결부되어 있음을 염두에 두면서 해명하고자 했다.

르네 웰렉과 오스틴 워렌은 『문학의 이론』(1970)에서 "대부분의 주요한 문학사는 문명사이거나 평론집이었다. 전자와 같은 유형은 예술의 역사가 아니요, 후자와 같은 유형은 예술의 역사가 아니다"고[1] 말했는데, 이와 같은 논평은 '작가의 전기(傳記)'의 경우에도 해당된다. 그 전기는 '작가의 전기'이거나 '작가의 전기'가 되기 쉽다. 그 결과 작가의 생애에 대한 정보는 많이 얻을 수 있지만, 그의 작품에 대한 정보는 거의 얻지 못하거나, 그 반대의 경우가 되기 쉽다. 이 문제의 정당한 해결법은 무엇인가? 우리는 그 해답을 오스카 와일드의 말에서 얻을 수 있을 것 같다.

> 진정한 예술가는 그의 작품에서 자기 자신을 더할 나위 없이 드러내고 있기 때문에 만일 전기(傳記) 작가에게 무익한 일화나 무의미한 이야기들보

---

1 René Wellek and Austin Warren, *Theory of Literature*, Penguin Books, 1970, p.253.

다 귀중한 어떤 것이 없다면 그의 노력은 낭비된 것이요, 그의 근면은 오도(誤導)된 것이다.[2]

여기서 '귀중한 어떤 것'은 해당 작가의 작품과 관련된 것이다. 우리는 와일드의 말에 전적으로 동의하지는 않지만, 작가의 전기에서 그의 작품이 차지하는 역할의 중요성은 아무리 강조해도 지나치지 않는다. 이상의 생애와 작품은 밀접하게 관련되어 있기 때문에 그의 생애를 충실하게 조명하기 위해서는 그의 작품의 해석과 평가가 반드시 필요하다. 가령 그의 작가로서의 내면적 발전을 추적하는 것은 이와 관련된 그의 작품의 분석 없이는 불가능한 것이다. 이를 입증한 것이 다름 아닌 고은과 김민수의 『이상평전』이다. 고은은 이상이 경성고공 재학시절 『신구약성경』을 탐독했다는 귀중한 정보를 우리에게 주었다. 그런데도 그는 이상의 기독교적 발상을 입증하는 작품을 한 편도 언급하지 않고 있다. 김민수의 경우, 이상의 초기 시, 특히 「且8氏의 출발」과 「오감도 제 1호」 및 『十二월 十二일』에 대해서는 면밀한 검토를 시도했지만, 그 밖의 많은 중요한 작품은 논급하지 않았다.

이상 텍스트에 대한 분석과 평가를 등한시해서 초래된 손실은 한두 가지가 아니다. 그것은 먼저 이상 문학의 전체적 관찰과 그 내면적 발전상을 추적할 수 없게 만든다. 또한 그 발전 과정에서 나타난 그의 반체제적 저항에도 소홀하게 하고 이것과 밀접히 관련된 그와 조선문단, 그리고 외국문학과의 관계 또한 살펴볼 수 없게 한다. 실제로 그 평전

2 Richard Ellmann (ed.), "A Cheap Edition of a Great Man," *The Critic as Artist: Critical Writings of Oscar Wilde*, Chicago Univ. Press, 1982, p.50.

들에서는 이상과 조선문단 그리고 외국문학의 관계에 대한 언급이 별로 없다. 그 결과 이상 텍스트의 형성을 위하여 중요한 역할을 한 국내외 문학의 영향, 또는 상호텍스트를 거의 주목하지 않고 있는데, 이를테면 이상 문학의 상호텍스트로서의 『신구약성경』, 도스토예프스키, 셰익스피어, E.A. 포, 그리고 아쿠타가와 류노스케(芥川龍之介)를 비롯한 몇몇 현대 일본 작가를 언급하지 않고 있는 것이다. (김민수만이 이상의 『十二월 十二일』과 관련하여 도스토예프스키의 영향을 논급하고 있다.) 하지만 상호텍스트들을 외면하는 어떤 평전도 이상의 참모습을 보여줄 수는 없다.

이 책에서 이상의 생애를 그의 중요한 작품과 관련시켜 추적한 것은 이를 통하여 그의 생전에, 그리고 지금도 제기되고 있는 문제들을 검토하기 위한 것이지만, 그 검토 자체가 또 다른 문제의 제기가 될 수도 있다.

두 번째 평전은 으레 첫 번째 평전에 비판적인 시선을 보내는 것이지만, 그 비판은 부메랑처럼 자기비판으로 되돌아오기 마련이다.

고은의 『이상평전』에 대한 비판이 포함된 김민수의 다음과 같은 논평은 이상 문학의 성격에 대한 요약과 같으므로 인용될 필요가 있다.

> 이상화와 이육사처럼 드러나게 저항의식을 시에 담은 시인도 있었지만, 이상처럼 비밀리에 식민지 수도 경성의 '모조 근대'를 성찰하고 초극해 당대 예술이 나아갈 세계사적 본류를 향해 질주한 작가도 있었던 것이다. (중략) 이로써 그는 이 책에서 필자가 증명해보였듯이, 식민지 조선과 제국의 땅을 넘어서 세계와 접속할 수 있었고, 실제로 이상만이 혼자 세상 밖으로 치고 나갔다. 이는 한국 근대문학뿐만 아니라 미술, 건축, 디자인

등을 통틀어 전무후무한 사건이었던 것이다. 고은은 이상에 대해 민족의식도 저항의식도 없는 '무서운 사생아'로 낙인을 찍었다. 그러나 그것은 이 책에서 밝혔듯이 원문과 그가 갖고 있었던 지식과 정보를 보지도 않고 고려할 생각조차 하지 않은 채, 그로 인해 진실을 볼 수 없었던 경솔한 해석들 때문에 만들어진 왜곡된 편견일 뿐이다.[3]

이상에게 민족적 저항의식이 없었다는 고은의 견해가 부당하다는 지적은 옳지만, 고은의 이상 문학에 대한 견해가 경솔했다는 비판은 부당하다. 또한 이상만이 조선과 일본을 넘어서 세계와 접속한 것은 아니다. 대표적인 반체제 작가 시절의 염상섭의 『삼대』와 『무화과』 등에서 저항운동에 힘을 실어준 것은 다름 아닌 서울, 도쿄, 상해의 트라이앵글적인 교류였다.

그러면 경성의 모조 근대를 성찰·초극하려고 노력한 것이 이상 예술의 기본 특성이라는 『이상평전』의 핵심 주장은 수긍될 수 있을까?

이 주장은 두 가지의 문제를 제기하고 있다.

모조 근대의 근대성이라는 개념이 불분명하고, 모조 근대의 대표적인 예로 든 조선과 일본의 근대 건축이 이상의 예술과 밀접하게 관련되어 있는지 몹시 의심스럽다. 근대성의 정의(定義)를 위해서는 적어도 예술가의 자율적 주체의식과 소위 신의 죽음으로 인한 허무주의가 빠질 수 없고, 이상 문학의 경우는 최소한 김기림의 「모더니즘의 역사적 위치」(1939)를 참고하는 시도가 있어야 한다. 또한 인용에서 건축은 제거되어야 한다. 이상이 종사한 분야는 문학, 미술, 디자인이었지 건축은 아

3 김민수, 『이상평전』, 그린비, 2012, 363쪽.

니었다. 비록 조선총독부 건설과 기수였고 서울 '의지로 전매청' 설계를 맡았지만, 코르뷔지에나 프랭크 로이드 라이트를 염두에 두고 언급할 만한 작품은 없기 때문이다. 정작 이상문학 텍스트의 상호텍스트가 될 수 있는 모조 근대 건축물은 없다고 말해도 과언이 아니다.

김민수는 고은의 『이상평전』이 제공해 준 귀중한 정보를 전혀 주목하지도, 언급하지도 않는다. 가령 이상이 중학교 시절, 수업 시간에 서울의 뒷골목을 찾아다닌 일, 수업 시간에 칠판에 만화를 그려서 급우들을 웃긴 일, 고등학교 시절의 『신구약성경』 탐독, 일본의 아방가르드 시인이자 이론가 하루야마 유키오(春山行夫)의 영향, 도쿄에서의 생활상과 마지막 운명하기 전의 사건 등 말이다. 하지만 어찌 됐든 고은과 김민수의 『이상평전』은 또 하나의 평전 텍스트 생성을 위하여 많은 도움을 준다.

『이상평전』의 중요성은 매우 크다. 따라서 그의 평전은 연이어 나와야 하고 아마 나올 것이다. 그러나 그의 평전을 쓰기가 참으로 어렵다는 것은 이제까지 간행된 두 『이상평전』의 출판 연대가 입증한다. 김민수의 『이상평전』(2012)은 고은의 『이상평전』(1974)이 간행된 지 약 30년이 지나서야 나올 수 있었다. 이것은 이상의 생애와 그의 문학적 세계의 밀접한 관계를 추적하는 것이 매우 어렵다는 것을 말해준다. 이 점에서도 고은과 김민수의 성과는 높이 평가되어야 한다.

이 책에서 그의 생애와 작품을 밀접하게 관련시켜서 그의 예술을 추적한 것은 그의 내면세계를 해명하기 위한 것이다. 따라서 이 평전에서는 이상의 문학과 관련된 문제가 제기될 수밖에 없다. 작가로서의 그의 개인사(個人史)는 정신적 발전 과정의 문제사(問題史)와 다름없다.

이상의 예술은 암호의 숲과 같다. 길을 잃기 쉽고 끝이 없을 것 같다.

우선 '李箱'이라는 이름부터 다의적인 암호다. 작품의 제목도 마찬가지다. 가령 「열하약도 No.2(미정고)」, 「지도의 암실」, 「童骸」,「街外街傳」 같은 작품의 제목은 그 의미가 겹겹이 중층화된 암호와 같다. 그의 예술 작품은 자기 자신만이 아니라 일제 강점기 조선민족의 절박한 문제와 관련된 실존적인 고뇌와 반성의 산물이다. 비록 그와 같은 고민이 없는 안이하거나 범속한 수필, 잡문, 신문연재소설 삽화도 몇몇 있지만, 그것들은 그의 예술세계의 중심부가 아니다. 무릇 이상 연구자들은 이상 예술이라는 숲의 암호를 해독하려고 마냥 헤매면서 사방을 탐색해 왔다. 필자도 그 예외가 아니다. 이상 예술의 해석은 모험적이요 창조적이어야 한다. 제 나름으로 다년간 노력했지만 오류가 없지 않을 것이다. 독자 제현의 질정(叱正)을 바란다.

이 책의 출판을 맡아준 전북대학교출판문화원에 심심한 감사의 뜻을 표한다.

2016. 6.
이보영

목차

2부. 후반기의 생애와 작품

1부

전반기의 생애와 작품

01 문제아의 탄생

이상이 1910년 8월 20일(음력)에 태어난 것은 매우 상징적인 일이다. 그의 탄생일보다 20여 일 전 8월 29일에 근세 조선은 일제의 침략으로 몰락했으니 그는 망국과 더불어 탄생한 셈이다. 그의 본명은 김해경(金海卿)이고 출생지는 '경성부 북부(北部) 순화방(順化坊) 반정동(半井洞) 4통 6호'요, 본관(本貫)은 강릉(江陵)이다. 한말(韓末), 증조부 김학준(金學俊)이 도정(都正)으로 있었던 시절에 유복했던 가정은 한일 합병과 더불어 기울어져 갔다. 조부 김병복(金炳福)의 애국사상은 누구 못지않게 높았지만 무직자로 시종했기 때문에 그가 사망했을 때는 300평에 이르는 서울 통인동 가옥의 대지가 절반으로 줄어들었다고 한다.[1]

그의 아버지 김영창(金永昌)은 백부의 알선으로 궁내부(宮內部) 활판소에서 일하게 되지만, 절지기(切紙機)의 칼에 걸려 손가락 셋을 두

1 고은, 『이상평전』, 민음사, 1974, 29쪽.

번에 걸쳐 잃고 만다(이 비극적 사건은 단편소설 「슬픈 이야기」에서도 언급되고 있다). 이렇게 손 병신이 된 아버지가 어쩔 수 없이 차리게 된 것이 이발소였다. 이 역시 하층민의 직업이다. 따라서 총독부 건설과 기사(技士) 직에 근무하는[2] 형 김연필(金演弼)과의 신분적 격차가 벌어질 수밖에 없었다. 그러면 이상의 어머니는 누구인가? 이상은 「슬픈 이야기」에서 다음과 같이 회고한다.

> 우리 어머니는 생일도 이름도 모르십니다. 맨 처음부터 친정이 없는 까닭입니다. 나는 외가 집 있는 사람이 퍽 부럽습니다. (3, 63)

이상의 어머니 이름 '朴世昌'은 그의 백부 김연필이 지어준 것이다. 그녀는 고아였고 이상의 아버지가 우연히 발견하여 동거하게 된 여자라고 추정할 수 있다. 초등학교나 중학교 시절에 '외갓집'이 있는 동무들을 부러워하면서 느꼈을 수치심은 평생 동안 지워지지 않았을 것이다. 어머니는 사생아일지도 모르는 것이다.

이로써 우리는 이상의 열등의식의 근원이 가정에 있었다는 것, 달리 말하면 총독부 기술자인 백부와 대비된 아버지 및 어머니로 인한 수치감에서 비롯되었으리라고 추정할 수 있는 것이다.

『이상평전』의 저자 고은이 전하는 태몽의 내용은 다음과 같다.

> 통인동(通仁洞) 큰집의 잔치가 있었다. 그녀는 거기에 가서 큰집 광을 정리했다. 광에 둘 떡, 음식 따위를 위해서 더러워진 것들을 소제했다. 팽이

---

2 고은, 앞의 책, 131쪽.

로 광 바닥의 요철을 고르는데 괭이 끝에 무엇인가 걸렸다. 그곳을 파보았더니 거기에서 뜻밖에도 눈부신 흰 빛이 비치고 있었다. 자세히 보았다. 그곳에 은항아리, 은대접, 은주발, 은수저들이 무진장 묻혀 있었다. 그녀는 그것들을 미친 듯이 파내어서 끌어안고 탄성을 질렀다. 그 탄성은 꿈 밖으로 까지 터져 나왔다.[3]

이런 꿈을 보통 길몽(吉夢)이라고 한다. 이 '은항아리'의 꿈은 집안의 전설처럼 알려져 왔다. 물론 이상의 양친은 그 태몽을 몹시 기뻐했을 것이다. 고은에 의하면 또 하나의 태몽설이 있는데, 그것은 '구렁이가 하늘로 치솟으려는 찰나 동쪽에서 서쪽으로 오색찬란한 무지개가 걸렸다'는 내용이다. 두 가지 태몽의 증인은 어머니 박세창이다.

이상의 집은 몹시 곤궁했다. 이러한 집안 형편은 그 태몽으로 보상되는데 그것은 장차 태어날 아들의 행운을 예고한 것으로서 믿어진다. 그 행운으로 인하여 양친의 생활형편도 펴지게 되리라. 그러나 꿈의 해석은 그 꿈에 대한 보통 상식을 자주 역행한다는 것이 동서고금을 통한 상식이기도 하다. 그 눈부신 '은항아리'의 태몽은 반드시 길몽일 수만은 없다.

이상이 네 살 때 그의 백부집에 '양자'로 간 것도 그 곤궁한 형편 때문이기도 했다. 김해경의 아버지는 때때로 잡화행상(雜貨行商)도 하고 어머니 역시 시모(媤母)가 은밀히 주는 돈으로 청포묵 장사를 했다.[4] 김영창은 아들이 형님 집으로 감으로써 생가에서보다 더 나은 양육과

---

3 고은, 앞의 책, 32쪽.

4 위의 책, 36쪽.

교육을 받을 수 있을 뿐 아니라 자기의 집 살림에도 보탬이 되리라고 기대했을 것이다. 그러나 20여 년 만에 귀가한 이상은 가족이 여전히 가난하게 살고 있다고 「슬픈 이야기」에서 실토하고 있다. 그의 백부는 동생을 경제적으로 도와주지 않았던 것이다. 이는 유산을 독차지한 장남의 물질적 이기주의의 반영이었고, 이상은 처녀작 『十二월 十二일』에서 형제간 반목의 원인으로 그것을 암시하게 된다.

이상은 초등학교 시절부터 경성고등공업학교에 이르는 학업을 백부의 집에서 마쳤고, 조선총독부 관리 시절의 거처도 백부의 집이었다. 백부가 사망할 때까지 20여 년간의 그 생활은 그의 성격 형성에 결정적인 영향을 준다. 그는 양자가 됨으로써 고독이 무엇인지 처음으로 알게 된다. 양자로서 생가에서 이탈한 그는 백부 집에서 소외감을 절감하지 않을 수 없었고 자신의 의지와 상관없이 순응과 복종의 생활이 불가피해졌다. 사회적 소외는 자기소외를 초래하고 그 결과 내면분열과 사회에 대한 원망이 초래된다. 그는 박탈된 인간이다. 한 집안의 장자(長子)로서의 권리와 자존심이, 더 나아가 생활능력이 타의로 인해 박탈된 것이다. 그는 생가의 양친을 원망하고 냉담하게 대하게 된다. 훗날 「날개」 서문의 '박제가 된 천재를 아시나요'라는 자조(自嘲)적 의미의 '박제'된 인간상은 실상 어릴 때부터 시작된 이상의 양자 경험에 그 근원이 있었을 것이다. 양자나 사생아에게 조숙은 불행이다. 어릴 때부터 그림에 재능이 있고, 어려운 한자의 뜻도 빨리 이해하는 등 조숙했던 그는 양자로서의 자기의 정체성을 의심했는데 그 의심으로 인해 생긴 고립감은 그를 더 예민하게 만들었을 것이다. 그의 순응과 복종은 점차 위장이 되고 비밀주의가 그의 내면생활의 요체가 된다. 훗날 그의 작품에서 너무도 자주 볼 수 있는 수사적인 위장이나 심리적 전술로서의 위장의 근원도 이상의 조숙한 소년시대에 있었음에 틀림없다.

그러나 조숙한 아동에게 있기 마련인 나르시시즘이 그를 거만한 성격의 아동으로 만든 것도 사실이다. 우리는 이 아동을 이상의 처녀작인 장편소설 『十二월 十二일』의 '업'에서 볼 수 있다. '업'은 불교적인 이름이다. 양친의 '업과(業果)'로서의 아들이라는 뜻이다. 아무런 규제도 없이 자란 그는 거만한 천재적 소년으로서 다방면의 예술취미를 가지고 있었다. 굳이 '업'을 언급한 것은 그가 소년 이상을 아주 많이 닮았기 때문이다.

이상의 소설과 시는 모두 자전적 요소가 많다. 수필도 마찬가지여서 그의 생애를 추적하기 위해서는 그의 작품들이 필수적인 참고자료가 된다.

가령 「종생기」에서는 주인공이 '九十 老祖母가 어느 하늘에서 시집온 十代祖의 古城을 내 손으로 헐었다'는 대목이 있다. 얼핏 보기에 참으로 터무니없이 과장스럽다. '고성'은 유서 깊은 가문의 비유이지만, '노조모'가 '하늘'에서 왔다는 것은 그 가문이 침범하기 어려울 정도의 귀족 가문임을 암시한다. 왜 이와 같은 과장을 했을까? 그것은 귀족의식으로 현재 '원통'하게 몰락한 가정의 형편을 보상받고, 자기 자신의 천재성을 정당화하고 싶었기 때문이다. 그와 같은 과장된 귀족의식은 그의 소외의식과 고독이 얼마나 뼈아픈 것이었는지를 입증할 뿐이다.

이상 역시 어머니의 태몽을 귀담아 들었다. 그것은 그의 가족이 모두 알고 있는 전설과도 같았다. 그러나 이상 자신은 '은' 또는 '은항아리'로 상징된 큰돈과는 무관한 예술가였을 뿐만 아니라, 그런 세속적인 재물의 획득이나 소유에 관심이 없는 인간이었다. 「지도의 암실」 첫 부분은 이러한 그의 성향을 잘 보여준다.

어떤방에서그는손가락끝을걸린다. 손가락끝은질풍과같이지도위를거뭇는데 그는마안흔은광을보았건만의지는걷는것을엄격케 한다.(1, 164)

'손가락끝'은 우리의 '눈'을 비유한 것이다. 그것이 '질풍'처럼 빠르게 '지도'를 보았고, 거기서 본 많은 '은광(銀光)'은 이상 어머니의 태몽에서 나온 '광'속 '은광'을 상기시킨다. 그것은 '은광(銀鑛)'일 수도 있으리라. 그러나 주인공은 그런 것에 욕심이 없는 터인지라 마음을 '엄격하게' 했다는 것이다. 「지도의 암실」은 그 주제의 불교적 요소로도 주목되는 작품이다. 처녀작 『十二월 十二일』이 입증하는 것처럼 이상의 인생관에는 불교와 노장사상의 영향이 짙다. 「지도의 암실」에서 주인공의 걸음을 엄격하게 만든 것은 불교적 무소유의 관념일 수도 있다.

이상의 재물에 대한 무관심은 어쨌든 그 태몽을 기뻐했던 양친이 아들에게 건 큰 기대를 정면으로 어기는 일이 아닐 수 없다. 이상 집안의 전설인 태몽의 현실적 실현에 대한 그들의 소망은 빗나갔다. 그들은 서울 빈민촌 생활을 죽을 때까지 벗어날 수 없었던 것이다.

한편 이상의 시와 소설에서는 자기의 탄생의 불행에 대한 저주와 그렇게 저주하는 자식의 부모를 향하 '배역(背逆)'의 죄(「지주회시」)로 말미암은 뉘우침이 교차하곤 한다.

그러나 그는 '원통한 가문'을 자기 자신의 집으로만 한정시키지 않았다. 사회적 · 경제적 문제를 빈민촌에 사는 양친의 입장에서 관찰하고 반성하곤 했고 그럼으로써 가령 창녀와 같은 하층민을 자기와 동일시하여 그들에 대한 연민을 독자에게 호소할 수 있었다. 가령 「종생기」의 주인공(이상)이 자기 양친의 집처럼 극빈한 집 출신으로서 소녀 때 매춘을 한 여자를 자기의 운명공동체처럼 여긴 것을 그 예로 들 수 있다. 그는 양친을 자기의 불행한 탄생의 근원으로 원망하면서도 자기 자신을 그들의 입장에 세워 놓고 사회와 인간을 관찰하는 리얼리즘의 정신을 터득했는데, 그 리얼리즘의 정신을 결정적으로 키워준 것은 자신과 관련이 있는 창녀들의 생활상이었을 것이다. 이상이 김기림에게 말한 '19세기의 엄숙한 도덕성'(「사신7」, 3, 235)은 다른 누구보다도 양친에 대한 그 자신의 아들로서의 의무를 염두에 둔 것이었다. 그 의무를 다하지 못했다는 뉘우침을 말한 것이다. 게다가 빈민촌을 벗어나지 못하는 가족(양친)의 문제는 동시에 그보다 훨씬 중요한 일제 식민주의적 통치로 시달리는 민족의 문제였다. 이 문제의 도덕성이 실상 문학 이전의 엄숙한 도덕적 문제인 것도 그를 괴롭혔을 것이다. 약 20년 동안 양친의 집에서 떨어져서 산 경험은 그에게 양친과 같은 계층의 삶을 객관적으로 관찰할 수 있는 안목을 주었던 것이다.

왜 이상은 문제아로 태어났는가? 먼저 그가 태어난 '경성부 북부 순화방 반정동'은 조선에서 사라질 이름이었다. 일제는 1914년 조선총독부 고시(告示) 제7호에 따라 1911년에 개편한 종래의 '都-坊-契-洞'제도를 폐지하고 일본식으로 '洞-町一通一丁目'을 설치하면서 '北部 順化坊'이 사라졌는데 이때 '반정동'은 온데 간데가 없어진 것이다.[5] 이상의 출생지는 일제의 조선 침탈로 인하여 그 지리적 근거가 그 명칭과 함께 농락당하지 않을 수 없었는데, 이는 그가 탄생한 해가 한일 강제합병의 해였다는 역사적 사실을 심각하게 반성하도록 한다. '대한제국' 멸망이라는 '1910년'의 비극은 그의 출생지의 비운(悲運)에도 반영되지 않을 수 없었다.

---

5 김민수, 『이상평전』, 그린비, 2012, 79쪽.

그 결과 이상은 출생지가 엄연히 있었으면서도 그 사실이 허구와 다름없는 곳에서 태어난 경계적(境界的) 인간일 수밖에 없었다. 따라서 그가 문제아가 된 첫 번째의 원인 제공자는 그의 조국을 침탈한 일제였다. 그의 작품에는 일제가 강제로 만든 일본식 행정구역 이름이 일본의 연호(年號)와 함께 등장하지 않는다. 가령 그가 삽화를 제공한 박태원의 「소설가 구보씨의 일일」만 해도 '약초정(若草町)', '장곡천정(長谷川町)' 등 일본식 행정구역 이름이 나오지만, 이상은 그런 이름을 자신의 소설에서 사용한 적이 없는데, 이는 그가 어릴 때 빼앗긴 출생지의 원한 맺힌 기억에 연유할지도 모른다.

서울의 중심부로서 일본인이 몰려 산 곳은 명치정(明治町-지금의 명동)과 황금정(지금의 을지로) 및 본정(本町-지금의 종로)이었다. 염상섭의 친일소설 『불연속선』(1936)의 중심 배경은 명치정이요, 역시 친일적인 통속소설 『청춘항로』(1936)의 중심 배경은 황금정이다. 일부 문학사가들이 김기림, 이상과 함께 모더니스트로 분류하는 김광균의 시 중에는 「長谷川町에 내리는 비」가 있는데 그는 자연('비')과의 교감도 일본민족의 감수성으로 할 만큼 친일시인이기도 했다.

이상은 오직 한 번 단편소설 「실화」(1936?)에서 언어 게임을 위하여 일본식 행정구역 이름과 조선식 행정구역 이름을 공존시킨 적이 있었다. 동경(東京)의 '神保町 鈴蘭洞'이 그것인데 이 경우 '町'은 일제 식민지 조선에서 상위(上位)의 권력 언어요, '洞'은 피지배 민족의 하위 언어다. 이 둘을 공존시킴으로써 이상은 조국에서 빼앗긴 행정구역 이름의 시민권을 회복하고자 했다. 여기서 특히 주목할 것은 '神保町'과 도전적으로 오버랩시킨 '鈴蘭洞'이 한국의 상상적인 창녀촌 이름이라는 점이다.

도덕적 정당성이 없는 상위 권력 언어로서의 '町'과 피지배적 하위 언어로서의 '洞'이라는 탄생지 명칭의 이중성에 타율적으로 구속되어 살아야 하는 상황이 시대감각이 예민한 식민지 원주민을 괴롭혔듯이 탄생의 타율성도 윤리감각이 과민한 이상을 괴롭혔음에 틀림없다. 자기가 양친의 성적 쾌락의 우연한 부산물일 수 있다는 반성과 그 탄생의 도덕적 정당성에 대한 의문은 그가 사생아일 수도 있다는 의문을 안겨줄 수도 있었을 것이다. 이런 문제의식이 없었다면 그가 자기의 불행한 탄생과 그 탄생의 책임자인 양친, 특히 '아버지'와 관련된 시를 열 편이나 쓸 이유가 없다. 그의 불행한 탄생과 관련된 대표적인 시 「정식」(IV)은 다음과 같다.

> 너는누구냐그러나門밖에와서門을두드리며門을열라고외치니나를찾는一心이아니고또내가너를도무지모른다고한들나는차마그대로내어버려둘수는없어門을열어주려하나門은안으로만고리가걸린것이아니라밖으로도너는모르게잠겨있으니안에서만열어주면무엇을하느냐너는누구기에구태여닫힌門앞에서탄생하였느냐 (1, 193-194)

이 시에서 핵심적으로 중요한 은유인 '문'은 어머니의 자궁과 그를 적자(嫡子)로서 세상에 내보내는 통로라는 이중의 뜻을 함축한다. 바깥(아버지, 남편)과 안(어머니, 아내)의 경계선도 된다. 그러나 그 바깥과 안이 화자에게 자물통으로 잠겨 있다는 것은 양친의 거부를 암시한다. 화자를 정당한 자식으로 인정하지 않는다는 것이다.

'너는누구이기에구태어(안팎으로)닫힌문앞에서탄생하였느냐'는 신랄한 꾸중을 들은 화자는 '사생아' 취급을 받을 수밖에 없다. 이상은 여러 편의 시에서 자기를 불행한 탄생의 저주를 받은 인간으로 취급한다. 그러나 그럴 때조차 놀이의 정신을 잊지 않고 근원적 책임을 '아버지'에게 묻곤 한다.

이상의 작품 세계를 통찰적으로 해석하여 그 암호적 문제점을 해명하기 위한 열쇠의 하나가 그의 불행한 탄생을 항상 염두에 두는 시각이다. 그 탄생의 부조리는 그에게 창작의 근본적 동기를 부여한 인생의 부조리에 대한 관심의 일부다. 우리는 이상의 생애와 작품을 검토하는 과정에서 수시로 이 문제와 만나게 될 것이다. 그 불행한 탄생과 관련된 세 번째의 문제는 이상 자신의 폐적자(廢嫡者)의식인데, 이것을 초래한 것은 그와 백부의 운명적 관계였다.

그동안 이상은 세 살 된 해에 백부 김연필의 양자로 보내졌다고 알려져 왔지만, 최근의 이상 연구자에 의하여 이는 사실이 아님이 판명되었다. 그는 서울 통인동(通仁洞)의 조부 김병복(金炳福)의 집으로 보내져 거기서 조부의 귀염을 받으면서 자라기 시작했고, 조부가 죽자 백부와 함께 20여 년간 살게 된다. 조부는 유달리 총명한 손자가 크게 입신양명하기를 바란 나머지 '海卿'이라는 이름까지 지어주었다.

백부는 가부장적 권위의식이 있는 유교적 교양인이었지만 중인(中人)출신답게 실리주의자였다. 그는 조선총독부의 하위기술직 종사자였던 것이다. 백모 김영숙(金英淑)에게는 김연필과 결혼하기 전의 남편과의 사이에서 태어난 아들('문경')이 딸려 있었다.

이상은 백부와 한방에서 기거하면서 초등학교부터 경성고등공업학교까지의 교육과정을 이수했다. 백부는 조카를 엄격하게 대했다고 한다. 이상과 백부의 관계에서 발생한 심상치 않은 문제가 바로 유산 상속의 문제였다. 조부의 유산을 백부가 독차지했던 것이다. 이상의 아버지가 이발소를 차리게 되자 여기에 필요한 자금을 준 사람은 백부였다. 이 문제는 이상에게 결코 묵과할 수 없는 집안 문제가 되었음에 틀림없다. 훗날 처녀작 『十二월 十二일』에서 주인공과 친동생의 극단적 불화관계를 설정한 동기도 유산을 독차지한 백부에 대한 원한이었을 것이다.

그러나 백부와 관련된 유산보다 더 중요한 문제는 이상의 폐적자(廢嫡者) 의식이었을 것 같다. 유산이 물질적 문제라면 폐적자 의식은 실존적인 내면의 문제이기 때문이다. 유산은 일시적인 문제로서 적당한 시기에 잊혀질 수도 있지만, 실존적 문제는 집요한 고민이 되기 쉽고 유산문제보다 훨씬 복잡한 문제이기도 하다. 외갓집이 없는 문제아로 태어났고 소년시절부터 열등의식과 이를 보상받기 위한 오만한 나르시시즘을 함께 간직했을 이상과 양친의 정신적 관계는 본명 '金海卿'을 '李箱'으로 고의로 바꿈으로써 단절된다. '李箱'은 필명이 아니라 본명이어야 했을 것이다. 이 이름이야말로 그가 '적폐자'임을 단적으로 입증할 수 있기 때문이다.

유산을 백부가 차지한 것은 당연한 면도 있었다. 그는 무식하고 무능한 김영창과 달리, 유교적 교양인으로서 유능한 기술자이기도 했기 때문에 한 가문의 영속적 번창을 위하여 유산을 상속할 자격이 있는 셈이다. 이는 『十二월 十二일』로 입증될 수 있다. 주인공('X')은 일자무식의 육체노동자('T씨')와는 달리, 이상의 백부처럼 교양인이다. 이 소설에서 이상은 T씨의 아들 '업'이지만 동시에 '업'의 백부이기도 한 것을 반드시 주목해야 한다. 그가 동경에서 사귄 교포의 재산 상속자가 된 것은 이상의 집 유산 상속을 상기시키는 사건이다. 그에게는 그 유산을 상속할 수 있는 충분한 자격이 있었던 것이다.

이상이 각급 학교를 다닐 때 매일 기거한 백부의 집 처마 밑 현판의 한자 성어(成語)는 '애인경천(愛人敬天)'이다. 그는 그 유교적 인도주의를 가르치는 성어에 익숙해졌을 것이다. 그의 백부는 조카의 학비를 대주었고, 그가 경성고공을 졸업하여 조선총독부 내무국 건축과 기수로 취직하도록 측면에서 도움을 준 것도 총독부에 하급 토목 기술자로 근무한 백부였다. 비록 백부의 간절한 권고를 받아들여서 연래 품어온 '미술' 전공을 포기하긴 했지만, 그의 마음 한구석에는 백부에 대한 존경심과 그의 은혜에 대한 감사의 정이 분명 있었을 것이다. 그의 육친은 단지 혈연에 대한 본능적인 애정의 대상에 지나지 않았다.

물론 백부의 집에서 이상이 수시로 감지했을 소외감도 그의 문학에 심각한 영향을 준 점에서 중요한 문제다. 그 소외감은 친부모를 이탈한 그의 고독을 한층 심화시켰을 것이다.

이상의 탄생은 그 자체가 심각한 문제성을 안고 있었다.

02
이상의 중학교 시절

이상의 문제아적 성격은 중학교 시절부터 표출되고 있다. 고은 같은 이상 연구자가 상당히 면밀하게 추적한 소년 이상의 가장 문제아적 행동은 보성중학교 시절에 처음으로 선보인 그의 '만화' 그리기라 할 수 있다. 그것은 단순한 유희충동의 결과가 아니라 사회를 향한 욕구불만의 도전적 발산일 것이다.

> 보성 시대 그는 (……) 짧은 휴식 시간의 텅 빈 칠판에 갑자기 만화를 그렸다. 그것은 구식 파리젠느의 한 모습에 핫바지 핫저고리를 입은 사람이 「오오 나의 태양이어」라고 오체투지로 큰절을 하는 만화였다. 빠르게 그린 다음 빠르게 씨익 웃고 下壇했다. (……) 이런 것뿐이 아니다. 여자의 목을 거꾸로 매달아 놓은 것 같은 만화도 그렸다.[1]

1 고은, 『이상평전』, 민음사, 1974, 81쪽.

그 만화를 본 동급생들이 박장대소를 하여 더 그려보라고 재촉하리라는 것을 예감하고 미리 재빨리 도망쳤다는 소년 이상은 벌써 훗날 소설 「지주회시」와 「김유정」에 등장하는 어릿광대 짓을 예고한 셈이다. 권력자에게 한껏 자기를 비하함으로써 그 권력자나 방관자들의 경멸 섞인 웃음을 예견하면서 그들을 풍자하고 농락하는 기술을 그는 중학교 시절에 선보였던 것이다. 그가 그 '만화'에서 희화화한 인간들은 만화가 자신을 투사한 것이었다. 그들은 그 악동의 사회적 소외상황과 고독을 통찰할 수 없었을 것이다. 그의 소외감과 고독은 중학교 이전의 일, 아니 서울 통인동의 백부 김연필 집의 생활과 깊이 관련된다. 이상을 평생 동안 괴롭힌 소외감이 그때부터 시작된 때문이다. 그의 백부보다는 백모가 김해경이 처음으로 받은 소외감의 원인이었을 것이다. 그녀의 애정은 문경이라는 아들에 쏠려 있었기 때문이다.

통인동에서 가까운 수상동의 신명(新明)초등학교 4학년 시절에 김해경이 학교에 가지 않은 날이 많아진 것은 그가 초등학교 시절에도 소외감을 자주 느꼈음을 말해준다. 고은에 의하면 그는 "결석하는 동안 학교에서 가능한 한 멀리 떨어진 곳으로 그가 한 번도 다닌 일이 없는 골목의 未知를 뚫고 떠돌았다"고 한다.[2] 이는 왕성한 지적(知的) 호기심에 연유할 수도 있지만, 소외감으로 인한 외로움을 달래기 위한 것으로 볼 수 있다. 그는 이 초등학교 시절과 중학교 시절에도 양친의 집을 찾아가지 않았다. 그 당시 초등학교는 4년제였는데, 졸업을 앞두고 학교에서 멀리 떨어진 곳을 헤맨 것은 실리적(實利的)인 것에 집착하지 않는 그의 성격을 이미 보여준 셈이다.

---

2 고은, 앞의 책, 60쪽.

3 · 1독립운동이 일어난 것은 해경이 초등학교 3학년 때였다. 그의 학교는 긴급조치로 휴교했고, 다시 정상화되었을 때 몇몇 교사가 학교에 나오지 않은 것은 3 · 1운동에 가담한 탓이라는 풍문도 들을 수 있었다. 3 · 1운동으로 인한 소란과 불안이 해경에게 어느 정도의 충격을 주었는지는 알 수 없지만 고은의 다음과 같은 언급은 매우 중요한 의미를 가진다.

> 그가 학교에서 넋을 잃고 들을 수 있던 얘기는 張作霖馬賊, 馬占山馬賊에 대한 얘기였다. 그런 얘기를 통해서 그의 꿈은 그들이 영웅적으로 달리는 넓은 초원과 지평선을 그려낸 것이다. 이런 사실은 이상의식의 발생분위기가 되고 있다. 즉, 그는 행동으로 나타낼 수 없는 것을 그의 상상력의 의무로 변형시켰다. 그의 남성적이며 도시적인 수사가 바로 그런 행동의 대리자인 것이다.[3]

고은이 말한 이상의 '남성적 수사'를 자극한 '장작림' 등 '마적'의 역할에 대한 지적은 옳지만, 마땅히 앞으로 여러 작품에 나타날 이상의 대륙적 상상력의 연원이 그 '마적'들 이야기의 '자극'일 수도 있다는 점을 주목했어야 한다.

1921년 김해경은 서울 견지동(堅志洞)의 동광(東光)학교에 입학했는데 이 학교가 보성고보(普成高普)에 편입되면서 수송동(壽松洞)에 있는 이 학교의 학생이 되었다. 보성고보는 '조선불교중앙교무원'이 경영한 학교로서 훗날 『十二월 十二일』에 대표적으로 나타나게 될 불교적

3 고은, 앞의 책, 61쪽.

색채는 이 중학교 시절에 받은 불교사상의 영향 덕분일 것이다. 이 학교의 정신적 지도자는 한용운, 김포광(金包光) 및 권상로 등 당대 불교계의 중심인물들이었다. 훗날의 문학 평론가 이헌구와 임화는 해경의 1년 선배였고, 김기림과 김환태는 1년 후배였다. 이 시절에 가장 친했던 원용석은 훗날 이상이 평남 '성천'을 여행했을 때 그를 도와주게 된다. 조선어 교사는 주시경과 김두봉이었고 미술 선생은 한국의 첫 서양화가인 고희동이었다.

이상의 보성고보 시절은 굴욕과 환희가 엇갈린 시기였는데 전자는 교내에서 '현미빵'을 팔았던 고학생 시절의 경험 때문이고 후자는 3학년 때 '교내미술전람회'의 일등상 수상과 관련되어 있다. 그 작품의 제목은 「풍경」이다. 부상(副賞)은 유화구(油畫具) 한 세트에 지나지 않았고 심사원은 고희동이었다. 오늘날 이 작품의 복제가 없기 때문에 그 성격을 분석하거나 평가할 수는 없다. 「풍경」은 소재가 무엇이었는지도 알 수 없지만, 김해경의 유채화 실력이 상당한 수준에 이르렀다는 것만은 추정할 수 있다. 또한 이 작품과 앞에서 언급한 '만화'는 그의 미술지망의 뜻을 이 무렵에 굳히도록 했을 것이다. 그는 원용석의 하숙집에서 그 친구의 초상을 제작하기도 했다고 한다. 이상이 "「자화상」 에스키스를 普成 시대로부터 사람들에게 보여줬다"는[4] 고은의 말을 믿을 수 있다면, 이상의 '자화상'에 대한 관심은 중학교 시절부터 시작되었다는 것이 확인된다. 사실상 일제 강점기에 '자화상'을 다섯 점이나 남긴 이상만큼 '자화상'을 많이 제작한 화가는 없는데, 이는 그가 이 무렵부터 자아의식이 유난히 예민했다는 것, 그리고 자기의 내면을 무엇

4 고은, 앞의 책, 66쪽.

인가 미지의 영역으로 생각했다는 것을 말해준다. 「자화상」 에스키스가 암시하는 그의 자아 또는 내면세계의 탐색과 관련된 것이 그가 학교 수업을 사보타지하고서 '광화문 뒷골목과 종로 뒷골목을 떠돌다가 책보를 숨겨둔 곳에 가서 그것을 꺼내어 들고 집으로 돌아'오곤[5] 한 악습이다. '뒷골목'은 그 자신의 어둑스레한 내면세계이기도 했던 것이다.

학교 수업 거절이라는 중학생 김해경의 악습은 고은이 제공해준 소중한 정보로서, 교육제도를 비롯한 모든 제도와 그 제도가 강요한 질서에 대한 위반이 그의 중학교 시절부터 시작되었다는 것을 입증해준다. 그는 이후로 정치적 제도만이 아니라 문학의 장르와 같은 제도도 함부로 어길 것이다. 이밖에도 고은의 『이상평전』은 김민수의 『이상평전』에서는 기대할 수 없는 이상의 생애와 작품과 관련된 미스터리를 해명하는 데 도움을 주는 정보가 적지 않다. 그럼에도 불구하고 우리는 김해경의 출신성분과 중학교 시절의 행동에 기초해서 단정한 이상 문학의 본질적 성격에 대한 그의 소견은 동의할 수 없다.

> 그는 대원군의 탄압을 받은 天主學이나 부피 있는 朱子學이나 또는 민간화한 李朝 불교 가운데서 어느 것 하나도 전수하지 않은 中人의 아들로서 사실상 행동의 원점을 잃어버린 것이다. 그에게 西北사람들의 원한도, 東學의 민중적 경력도 스며들지 않았다. 다만 그것들을 방관하면서 자기 자신의 윤곽을 확보하고 있을 따름이다.[6]

---

5 고은, 앞의 책, 67쪽.

6 위의 책, 59-60쪽.

고은은 이상의 문학이 시대를 대국적(大局的)으로 관찰하고 비판하지 못하는 '小情況文學'이라고 간주했는데,[7] 이는 이상 문학을 전체적으로, 그리고 그의 내면적 발전을 중시하면서 검토하지 않은 결과이다. 고은은 가령 이상이 「동해」와 「산촌여정」에서 주인공을 '西道'사람으로 등장시킨 사실을 간과하고 있고, 「지도의 암실」과 특히 「종생기」에서 『十二월 十二일』의 주제와 관련된 불교사상을 선(禪)불교로 발전시킨 점을 간과하고 있다.

신명학교와 보성고보 졸업식장에는 고은도 말한 것처럼 김해경의 양친이 참석했다. 그러나 김해경은 부모에게 인사조차 하지 않았을 것이다. 이는 나는 "부모에게 절한 적이 없다"(「슬픈 이야기」)는 실토에 의해서도 확언할 수 있다. 그의 반항아적 기질은 이를 통해서도 추정할 수 있지만 앞에서 언급한 중학교 시절 고학의 경험을 통해서도 짐작할 수 있다. 중학교 학생들에게 '현미 빵'을 팔 때의 굴욕감은 그에게 고학의 근본적인 원인을 묻도록 했을 것이요, 이와 관련하여 생활비와 학비를 백부에게 떠맡긴 부모의 무능을 탓하지 않을 수 없었을 것이다. 실상 이상은 아버지를 '無智한 模造基督'(「육친의 장」)으로 경멸했는데 고은은 '이 모조기독을 암살해야 한다고 외치는 것은 바로 그것이 소년시절부터 그에게 붙어 있는 윤리적 장애물이기 때문'이라고 해석했다. 그는 "사회가 아니라 적어도 가족으로부터라도 자유를 획득하려고 했다"고[8] 말했는데, 이런 견해는 '아버지'의 의미망에 대한 등한시에 연유한다. 이상에게 '모조 기독'은 단지 '육친'에 국한되지 않고 『十二월

---

7 고은, 앞의 책, 86쪽.

8 위의 책, 77쪽.

十二일』에서도 암시된 '신'(神)의 권위 상실로 인한 말세의식도 암시하기 때문이다.

이헌구는 "임화가 말썽꾸러기를 도맡았어요. 마치 불량소년처럼 궂은 것도 드러내 보이고"라고 술회했지만,[9] '불량기'를 백주에 과시한 보성고보 중학생이 '임화'였다면 그것을 음성적으로 과시한 보성고보 중학생은 다름 아닌 김해경이었다. 이를 잘 보여주는 것이 그의 반(反)사회적인 '만화'와 '아버지'에 대한 경멸 그리고 서울의 '뒷골목' 방황이다. 그가 학창 시절뿐 아니라 조선총독부 시절에도 양친의 집에 가지 않았다는 '불효막심'한 소행은 중학교 시절부터의 악습이었던 것이다. 이 '불량기'는 이상의 첫 번째 창녀소설이라고 할 「哀夜」에서 자기의 은밀한 창녀 체험과 관련하여 한 말이기도 하지만, 그가 일제 강점기에 창녀 또는 창녀와의 긴밀한 관계를 가장 자주 취급한 유일한 작가였다는 것을 상기한다면 그가 자신과 동일시하기도 한 창녀와 더불어 반사회적인 지하적 작가가 될 수 있는 가능성을 중학교 시절부터 보여온 것이다. 그러나 김해경이 중학교 시절에 이미 도스토예프스키의 『지하생활자의 수기』를 읽었을 것이라는 고은의 추정은 신뢰할 수 없다. 너무나 열악한 식민지적 문화 환경과도 관련되어 있는 중학생 수준의 교양으로 미루어 볼 때, 김해경이 도스토예프스키의 작품들, 가령 『지하생활자의 수기』를 구하여 읽었을 것 같지 않기 때문이다. 그러나 앞으로 밝혀지겠지만, 작가로서의 '이상'에게 심층적인 영향을 가장 많이 준 외국작가가 도스토예프스키이기 때문에 일단 『지하생활자의 수기』와 관련된 고은의 소견을 들어보기로 한다. 그는 김해경의 '환자의식'을 '지하생활'의식과 동일시한다.

---

9 고은, 앞의 책, 70쪽.

> 어린 김해경은 고등보통학교를 들어갈 수 없어서 그늘진 것이 아니라 그곳에 들어감으로써 더욱 그늘진 것이다. 그의 신체는 醫學的인 이상이 아니라고 해도 지하생활의 原籍地를 부여받았으며 철저하게 病室用의 것이었다. 그것이 이미 성교 경험이 많은 年上의 건강체인 동기생들과 함께 학교교육을 받아야 하는 그에게 보호색으로서의 환자의식을 생기게 한 것이다. 백부 演弼과 동거하는 어린 환자는 一九二十년대 상반기를 전후한 중등교육을 통해서 자기자신이 환자로밖에 살지 않으면 안 될 視覺의 株式을 가지게 된 것이다. 노인과 자면 노인이 된다.[10]

김해경의 그늘진 '환자의식'이 '지하생활'의식, 더 나아가 사회적 '보호색'의식이 되었다는 지적은 수긍할 수 있다. 가령 초등학교 시절, '체조'가 싫어서 피부병 환자로 가장(假裝)한 사실이 이를 입증한다. 그러나 그 '환자의식'을 '지하생활'자의 자의식과 혼동하거나 '환자의식'이 '노인'적인 것이라는 지적은 부당하다. 이상의 「병상이후」가 보여준 것처럼 환자 이상은 자기의 폐결핵을 작가의 창조적 계기로 역이용하기도 했지만, '지하생활자'의 자의식은 '환자의식'이 아니라 반사회적인 원한과 반윤리적일 수도 있는 실존적 자유의식이기 때문이다.

따라서 고은이 "도스토예프스키적이라고 하는 것은 불가능의 의식, 현존하는 것의 허위의 의식, 길을 가로막는 돌의 壁意識, 理想을 감지해도 그것을 획득할 수 없다는 의식 안에 존재한다"는 시클로프스키의 말을 인용하고서[11] "무엇보다도 李箱의 평범·범속한 생활에 대한 原

---

10 고은, 앞의 책, 68쪽.

11 위의 책, 고은이 밝히지 않은 인용문의 출처는 시클로프스키의 『ドーストエッブス

型的 경멸의 특성도 이러한 불가능의 의식과 관련된다"는 통찰적 지적은 정당하지만, 그런 경지에 도달한 것은 중학교 시절 이후 곧 작가로 활동하는 과정에서였다는 것을 잊으면 안 된다. 이상도 E. A. 포나 도스토예프스키처럼 범속한 작가와는 무관한 '불가능한 것의 가능성'을 모험한 작가였다. 이러한 모험의 싹은 이미 보성고보 시절의 반사회적인 부조리 '만화'들로써 암시되었던 것이다. 따라서 작가로서의 자기형성과정을 추구하는 데 도움을 주었다는 의미에서 이상의 중학교 시절은 매우 중요한 참고 자료다. 그의 창작의 원형질은 이미 유채화 「풍경」이 아니라 그 당시의 '만화'에 함축되어 있었기 때문이다. 고은이 이상의 중학교 시절의 독서 체험을 밝혀낼 수 없다는 아쉬움을 도스토예프스키의 『지하생활자의 수기』로 달래고 있는 것은 물론 이해할 수 있다. 또한 김해경의 '환자의식'을 '지하생활'의식과 관련시킨 것은 어느 정도 설득력이 있다 해도 이것이 도스토예프스키의 『지하생활자의 수기』와의 직접적 관계를 의미하는 것은 아니다. 고은이 놓친 가장 중요한 김해경의 작가적 특질은 다중적 의미가 있기 마련인 '불가능한 것'에 대한 도전이었다. 따라서 고은의 다음과 같은 지적은 부당하다.

> 그의 視覺은 그것이 비평을 전제할 때 그의 비평적 사고 안에 비치어진 문학은 그의 지리멸렬한 평론과 함께 다른 레벨로 발전하지 못한 것 같다. 사람이란 그 사람의 중요성에 입각해서 二회 이상의 轉身을 통해서 발전한다. 그럴 경우 李箱은 海卿의 단세포 차원으로 그의 대를 마감한 사실을 알 수 있다. 다시 말하면 그는 靑年으로 태어나서 靑年으로 죽을 것이다.

キー論一肯定と否定』(水野忠夫譯, 勁草書房, 1967, p.227)이다.

(중략) 李箱은 누구보다도 단순 소박하다. (중략)

그가 부정한 것은 현실이 가진 無限大의 가능성을 그의 단순 · 소박함으로 정의할 때 다만 일상적인 것이 되어 버린다. 그에게 있어서는 그것이 그가 卑稱으로 취급할 수 없는 방대한 가능성으로서의 현실이라면 그의 존재 이유가 없어지는 것을 알고 있었다.

그러기 때문에 그것을 넘기기 위해서 이른바 李箱 서커스를 지속한 것이다.[12]

고은은 이상의 문학이 그저 문학청년의 '단세포 차원'의 문학일 뿐이요, 이를 입증하는 것이 그의 문학의 전제조건과도 같은 '평론'의 '지리멸렬'적 성격이라고 지적함으로써 고은은 작가 이상의 정신적 발전을 부정하고 있는데 이는 정말 부당한 주장이다. 그의 문학 평론은 「문학과 정치」 또는 「문학을 버리고 문학을 상상할 수 없다」가 입증하듯이 결코 '지리멸렬한' 것이 아니며, 그 평론들이 논리적 근거를 제공한 그의 작품들은 '금기적 미개의식'(고은)이 산출한 '단순 · 소박'한 성질의 것이 아니다. 고은 자신이 지적한 김해경의 '지하생활'의식만 해도 결코 '단순 · 소박'한 것일 수 없다. 현실이란 결코 비하할 수 없는 '무한대의 가능성'일진대 이를 직면한 작가 이상의 문학은 '(문학)청년' 때의 '문학'으로서 자기의 '대(代)'를 결코 마감할 수는 없었을 것이다. 이를 단적으로 증명해주는 것이 보성고보 시절 학교 수업의 사보타지 같은 악습, 그리고 그의 작품 창작에 작용했을 대륙적 상상력과 풍자적 상상력이다. 조숙한 이상은 자기와 '아버지' 혹은 '가족'과의 관계가 보여주

12 고은, 앞의 책, 88-89쪽.

었듯이 현대가 해체의 시대, 가치전환의 시대인 것을 다름 아닌 '만화'를 통하여 암시할 수 있었던 것이다. 그 점에서 그는 '중학생'을 뺨치는 '중학생'이었다.

03
경성고공 시절의 이상

김해경은 1927년 4월에 경성고등공업학교 건축과에 입학했다. 이는 그의 생애에 획기적인 의미를 가져온 사건이었다. 왜냐하면 이상에게 건축과는 단지 건축 기술이나 디자인 등을 학습하고 그 공리적 효과만 얻는 곳을 의미하지 않기 때문이다. 그것은 적어도 생의 전환기를 준비하는 세 가지 의미가 있었다. 먼저 그의 시야가 국제적으로 확충되는 계기가 되었다. 학교 수업 시간, 그리고 건축 전문 잡지 『朝鮮と建築』에 실린 논문들을 통하여 배운 근대 건축 자체의 국제적 성격은 그에게 건축만이 아니라 근대미술 전체에 걸친 지식을 제공했는데 이 경우 근대미술의 의미망에는 당연히 근대문학이 포함된다. 또한 경성고공에 입학한 학생은 대부분이 일본인이고, 조선인이 이 학교에 입학하여 졸업했다 하더라도 취직이 어려웠다는 사실을 통해 그는 일제의 민족차별정책을 똑똑히 알 수 있었을 것이다.

마지막 또 하나의 의미는 미술지망생이었던 그가 이 시절에 문학지망생이 된 사실인데, 이는 그가 『난파선』이라는 회람지의 편집 책임자였다는 사실로 알 수 있다. 『난파선』의 동인은 경성고공의 조선인 학생들이요, 쓰인 언어는 한글이었으리라고 추정된다.[1]

가와가미시게루(川上繁)라는 동급생과의 친교(親交)도 건축과에 입학하여 얻은 또 하나의 소득이라고 할 수 있다. 그는 가와가미의 풍부한 장서에서 읽고 싶은 책을 빌려 읽을 수 있었고, 이상처럼 화가지망생이었던 그의 아틀리에에서 그림을 그릴 수도 있었다고 한다. 충무로 2가에 있었던 그의 집 아래층은 음식점이었는데, 일본 여자 종업원인 기누코(絹子)와도 알게 되었다. 그녀와의 관계가 얼마나 깊은 것인지의 여부는 확인할 수 없다. 가와가미의 아틀리에는 경성고공의 아틀리에의 연장선 위에 있었다. 그는 가와가미의 집에 화구(畫具)를 갖추어 두었다.

김민수는 김해경이 제일 기꺼이 경청하고 배운 강의는 후지시마가이치로(藤島亥治郎)의 것이었으리라고 추정한다. '구태의연'하고 '전근대적 건축 설계'와 같은 실기수업보다 후지시마의 근대건축의 역사와 이론 수업에 더 마음이 끌렸을 것이기 때문이다. 후지시마가 『朝鮮と建築』 1925년 제4집 제1호부터 제4호까지 발표한 「근대건축 노트」라는 연재물도 김해경에게 근대건축 원리에 대한 지식을 제공했으리라고 본다. 제2호에서는 당대 최고의 혁신적인 예술 공예학교인 〈바이마르 국립 바우하우스〉의 지도자 발터 그로피우스(Walter Gropius)를 소개했고, 제3호에서는 당대 독일 '최고의 표현주의 건축가이자 화가'

---

1 원용석은 "2학년부터 3학년 초에 걸쳐 『난파선』이라는 회람문예지를 12,3호까지 냈지요" 라고 술회하고 있다. 따라서 김해경의 경성고공 시절의 문학작품이 이 회람지에 여러 편 발표되었을 것이다. 원용석 외 2인, 「이상의 학창시절」, 김유중 · 김주현 엮음, 『그리운 그 이름, 이상』, 지식산업사, 2004, 373쪽.

로 유명한 '한스 필치히'를 소개했는데, 제4호에서는 필치히의 최근작 '잘츠부르크 페스티벌 극장'에 대하여 자세하게 설명하기도 했다. 김민수는 이상의 『十二월 十二일』과 「자화상」(1928)에 나타난 표현주의적 수법과 관련하여 다음과 같이 말한다.

> 무엇보다 시기적으로 이상이 초중등학교를 다닌 1919년부터 1923년의 시기는 유럽에서 미술뿐만 아니라 건축과 디자인에서 표현주의가 절정에 달했던 시기였다. 따라서 이러한 시대적 배경이 이상의 초기작품, 즉 초상화와 첫 소설 『12월 12일』에 반영되었다는 것은 전혀 우연이 아니다.[2]

유럽 표현주의 전성기의 주역이 키르히너, 헤켈 같은 '다리파' 화가들과 칸딘스키와 파이닝거 같은 화가들임은 주지된 사실이다. 김해경은 이들 화가 외에도 학교 강의와 건축잡지를 통하여 한스 필치히 같은 표현주의적 건축가이자 화가의 중요성을 알게 된 것이다. 그러나 『十二월 十二일』과 「자화상」에 나타난 표현주의적 정열을 그에게 불어넣은 화가는 김민수가 든 화가에 국한될 수는 없다. '표현주의'는 특정한 시대와 지역을 초월한 예술의 정신이자 기법이다. 따라서 우리는 현대 표현주의의 아버지격인 반 고흐만이 아니라 에드발트 뭉크나 「토레도의 풍경」의 화가 그레코와 「예수 처형도」로 유명한 그류네발트의 영향도 고려해볼 수 있는 것이다. 김해경은 학교 강의와 건축잡지에서 단지 근대 건축의 종류와 그 원리만을 섭취할 만큼 시야가 좁지는 않았을 것이다.

---

2 김민수, 『이상평전』, 그린비, 2012, 157쪽.

김민수가 지적한 것처럼 후지시마 교수 다음으로 김해경에게 유익했던 강의는 도쿄 제국대학 명예교수 이토추타(伊東忠太)의 「현대사상과 건축」이라는 강연이었을 것 같다. 이는 1930년 11월 26일 총독부와 관련된 일로 경성에 왔을 때 환영회 석상에서 이토가 한 강연이다. 여기서 그는 근래에 유행하는 첨단적 건축양식에 반영된 건축계의 사상적 흐름에 대해 비판적으로 조망했다. 이 강연의 논조는 국가적 · 문화적 차이를 존중하는 대신에 국제적 보편성만을 추구하는 신건축 사조의 '사상적 위험성'을 지적하고 경고하는 데 있었다.[3]

> 아시다시피 최근 유행하고 있는 것이 프랑스의 르 코르뷔지에일 것입니다. 그의 짝이 되는 독일 바우하우스의 그로피우스 등이 젊은 사람들의 숭배의 대상이 되어 있는 것 같은데, 그런 사람들이 주장하는 바가 어떤 것인가 하면……. 간단히 말해 건축의 합리화라는 것입니다. (중략) 이런 까닭에 오늘날의 건축사상은 꽤 격한 기세로 맥진해 가고 있습니다.[4]

김민수는 이토가 말한 신건축사상이 "당시 식민지 조선 건축계의 현실에서 볼 때 비판의 대상이 아니라 큰 괴리가 있는 이상(理想) 내지는 헛꿈에 불과하다" 말했지만[5] 이상은 그 첨단적 건축양식에 깊은 관심을 갖지 않을 수도 없었을 것이요 이상과 현실의 괴리가 빚어내는 딜레마의 해결을 모색하지 않을 수 없었을 것이다. 그가 경성고공 재학

---

3 「朝鮮と建築」, 第10輯 第2號, 1931, 4쪽.

4 김민수, 『이상평전』, 그린비, 2012, 177-178쪽에서 재인용.

5 위의 책, 178쪽.

시절에 배운 기능주의적 건축이나 표현주의 건축, 공중부양 건축 같은 '신건축'은 조선건축계의 낙후성을 반성하게 만드는 그 첨단적 성격으로 그를 매료했을 것이다.

김해경이 근대 '건축사'를 배운 것은 그것과 밀접하게 관련된 근대 미술사를 배웠다는 것을 의미한다. 모든 학문 분야에서 이론은 그것을 형성하고 전개한 역사와 동행한다. 이상은 훗날 金海慶의 필명으로 「현대미술의 요람」(1935)을 발표하는데, 이 평론의 집필에 필요한 미술사적 지식의 원천은 아마 경성고공 시절에 마련되었을 것이다. 또한 『朝鮮と建築』 1930년 제11호에 실린 서울 '미쓰코시(三越) 백화점 경성지점 신축공사 특집' 제7호에서의 '옥상정원'에 대한 글, 그리고 1929년 제 2호에 실린 「장래의 경성」과 「도로 포장의 문제」 등은 김해경에게 '백화점'이라는 대표적으로 반영된 자본주의적 문명과 소비도시에 대해서 뿐만 아니라 일제 식민지 조선의 현실까지 반성하도록 했을 것이다. '도로포장'이 일제의 식민통치를 위한 '도로정비' 사업과 관련된 것이라면, '미쓰코시 백화점'은 그 식민지에서 1926년부터 시작된 자본주의적 소비문화의 중심적 장치라 할 수 있다. 이상의 「AU MAGASIN DE NOUVEAUTES」에 나오는 '백화점'의 '옥상정원'과 「출판법」의 도로포장용 '아스팔트' 등에서 우리는 경성고공 시절에 동인지 『난파선』을 편집하기도 한 이상을 상기하지 않을 수 없다. 그는 그 건축잡지에 실린 위의 논문들을 예사롭게 보아 넘길 수가 없었을 것이다.

경성고공 재학 시절에 김해경은 학교에 마련된 아틀리에와 가와가미의 아틀리에서 그림을 그리는 동시에 시 창작을 하기도 했는데, 발표지는 회람지 『난파선』이었다. 이 회람지의 제호인 '난파선'은 망국으로 인하여 절망적 고난을 짊어진 원주민의 상징일 수도 있었다. 이상이 안회남에게 준 편지에서 언급한 안회남의 단편소설 「명상」(1936)에서도 '난파선'은 일제에 침탈된 '대한제국'을 상징하고 있다. 개인적으로도 그의 허무주의적 절망 상태는 '난파선'에 은유될 수도 있었을 것이다. 이런 해석에 일리가 있다면 『난파선』은 조선총독부의 산하 기관인 경성고공으로서는 좌시(坐視)할 수 없는 불온한 지하적 잡지인 셈이다.

미술지망생인 동시에 문학지망생인 김해경이 경성고공 시절에 근대미술, 특히 아방가르드 예술에 대한 관심을 증대시켰을 것은 틀림없다. 건축 관련 강의를 통하여 접한 표현주의 건축, 모홀리 나기의 다이나믹한 디자인 등은 그를 다다이즘과 미래주의, 초현실주의 등 아방가르드 미술로 이끌어갔다. 그가 조선총독부에서 건축과 기수로 근무하면서 표현주의와 몽타주 기법, 또는 메타 픽션 기법을 사용한 장편소설 『十二월 十二일』과 아방가르드 기법이 돋보이는 「건축무한육면각체」 연작, 그리고 「삼차각설계도」 연작을 쓸 수 있었던 것은 돌발적인 사건이 아니었던 것이다. 또한 「건축무한육면각체」 연작 속에서 「출판법」과 「열하약도 NO.2(미정고)」 같은 항일적인 시가 포함된 것도 우연은 아니었을 것이다. 그런 시를 준비한 저항정신이 바로 경성고공시절의 '난파선'의식 속에 잠복해 있었을 것이기 때문이다.

작가의 생애에서는 그의 세계관이 형성되는 과정이 매우 중요한 것이라 할 수 있는데 이상의 경우 그것을 형성하는 제일 중요한 요인이 그가 받은 학교 교육, 특히 독서체험이다. 따라서 한 작가의 평전에서 그의 독서체험을 등한시하는 것은 그의 작품을 형성한 세계관과 상호텍스트들을 등한시하는 것과 다름없다. 이상은 일제 강점기 작가 중에서 가장 광범한 독서체험자임이 그의 작품을 통하여 입증되기 때문에 그 독서 체험을 반드시 추적해야 함에도 불구하고 이제까지의 이상 연구자들, 특히 고은과 김민수는 그것을 거의 등한시했다. 가령 이상의 소설 「첫 번째 방랑」에서 주인공 이상이 "나의 여행은 정말 모파상 식이다"라고 말했는데, 그 '모파상 식'이 무엇을 의미하는지를 알기 위해서는 이상의 모파상 여행기 체험을 추적해 보아야 한다. 여기서 말하는 모파상의 여행기는 「물 위에서」와 『태양 아래서』인데 이상이 염두에 둔 것은 모파상의 '알제리 여행기'인 『태양 아래서』다. 모파상은 프랑스 식민지 알제리를 돌아보고 종주국 프랑스의 비인간적 통치를 인도주의적 견지에서 비판하고 있다. 이 여행기를 이상이 특별히 주목한 것은 알제리가 그의 조국과 같은 식민지였기 때문이다. 그의 만주여행은 일제의 식민지와 다름없는 만주를 '모파상 식'으로 관찰해보기 위한 것이었다.

고은이 『이상평전』에서 언급한 이상의 중요한 독서 체험은 『신구약성경』과 일본의 초현실주의 시인이자 시론가인 하루야마 유키오(春山行夫)의 시집 정도이고, 김민수가 전하는 이상의 중요한 독서체험은 『朝鮮と建築』에 실린 근대 건축과 관련된 일본인 교수들의 논문, 일본 다다이스트들의 시, 그리고 『十二월 十二일』에 나타난 도스토예프스키의 『카라마조프 형제들』 정도에 지나지 않는다.

또한 시대감각이 예민했던 이상이 그의 위기의식을 해결하기 위하여 의지한 사상을 추구해 보아야 한다. 불교 재단에서 운영한 보성중학교 재학시절에는 불교에 대한 관심이 주입되었을 것 같지만, 경성고공 재학시절이야말로 그의 사상 형성이 본격적으로 시작된 시기일 것이 분명하다.

고은에 의하면 김해경은 경성고공 동급생 김해림과 함께 개성 선죽교를 탐방한 적이 있었다.

김해림이 선죽교에서 정몽주의 분위기를 관광객의 호기심으로 즐길 때 해경은 그러한 친구에게 발칵 화를 냈다고 한다.

「해림이 자네는 낡았단 말일세. 그 따위 망국의 절개가 뭐란 말인가. 그것이야말로 사기꾼 같은 거야. 그 절개의 의미는 뭔가?」[6]

김해경은 정몽주 같은 '유령'은 하루빨리 없애버려야 한다고 말했다는 것이다. 이 삽화는 우리에게 '충효'를 권장하는 봉건 국가의 지배 이데올로기였던 유교에 대한 해경의 거부감을 바로 알려준다. 고려의 망국은 대한제국의 망국과 다를 게 없다. 김해경은 정몽주의 애국심 자체가 아니라 그의 유교사상을 거부했을 것이다. 그것은 백부의 일상생활을 지배하는 원리이기도 했으니까 말이다.

그에게 유교의 반대항은 기독교였다. 고은은 그 '선죽교'와 관련된 사건을 "장차 그의 문학이 전통의 수단을 거부하고 자기 자신만을 인용하는 이상의 모더니티를 상상케 하고 있다"고[7] 논평했는데 이는 기독교에 대한 이상의 지속적 관심을 간과한 탓이었다. 고은이 말한 대로 반전통적이자 이상이 자기중심적인 모더니스트였다면 기독교에 관심을 기울였을 리가 없다.

고은에 의하면 김해경은 강의가 끝난 뒤에도 '낙산 기슭의 信川집에 가서 단 하나 밖에 없는 그 술집의 방에 술상을 차려 놓게 하고 신약, 구약의 합본을 막힘없이 읽었다'고 한다. '〈여기가 예배당이유?〉라고 신천댁 주모가 놀려대어도 그는 술 한 잔을 마시고는 다시 〈자가복음

---

6 고은, 『이상평전』, 민음사, 53쪽.

7 위의 책, 154쪽.

(自家福音)〉을 읽었던 것이다'라고 고은은 말한다.

기독교에 대한 관심을 알려주는 이 삽화는 고은의 『이상평전』에서 아주 귀중한 부분이다. 이상의 중요한 작품에는 기독교적 발상이 적잖이 보이기 때문이다. 그 예를 전혀 들지 않고 있는 고은은 "아마도 그의 가족 분위기를 지배하고 있는 유교나 그의 어머니가 인왕산의 불교 샤머니즘에 침윤된 것으로부터 벗어나려는 지식인의 욕구가 그의 방과 후의 성서 난독으로 번진 듯하다"고 말하고는[8] 있지만, 이상의 기독교에 대한 관심의 동기는 단순히 그런 것에만 있지 않고 실존적인 것에 있었음은 앞으로 이 평전에서 언급할 그의 작품들이 입증할 것이다. 따라서 고은이 이상이 읽은 성경을 '자가복음'이라고 빈정거린 것은 기독교의 영향을 받은 이상의 기독교적 발상을 검토해보지 않은 경솔한 발언이다. 고은은 "그의 기독교 어휘들은 거의 그 무렵의 독서에 의해 그의 의식의 소도구가 되었던 것 같다"고 덧붙였지만 그것은 오해다.

김해경이 「1928년 졸업 기념 사진첩」에 쓴 '보고도 모르는 것을 폭로시켜라!'를 기독교적 발상의 예로서 주목했어야 한다. 그것은 군중의 영적(靈的) 둔감을 경고하기 위하여 예수가 말한 "너희 마음이 둔하냐. 너희가 눈이 있어도 보지 못하며 귀가 있어도 듣지 못하느냐"(마가복음 8:17-18)라는 구절을 상기시키기 때문이다.

경성고공 시절에는 훗날 그의 작품에도 반영될 정도로 결코 잊을 수 없는 세 가지 사건이 있었다.

수업시간에 근대건축과 근대미술을 배울 수 있었다는 것은 그 학교의 특성을 감안한다면 당연한 혜택이지만, 일제의 조선통치와 관련된 사건

---

8 고은, 앞의 책, 154-155쪽.

은 굴욕감이나 원한 감정을 불러 일으켰을 것이다. 먼저 '총독부 학무국의 장학금은 일본인 학생에게만 주어'졌다는[9] 사실은 명백한 민족차별 정책의 결과였기 때문에 김해경은 내심 총독부를 원망했을 것이다. 물론 그 민족차별은 일제의 조선통치의 수단이기 때문에 그것에 대한 반감은 훗날 그의 여러 작품에 나타날 반체제적 발상의 근원이 된다.

다음으로는 교련 과목이다. 현재 교련복을 입고 총을 든 김해경의 사진이 남아 있거니와, 교련을 맡은 '육군 중좌'는 「종생기」에서 언급되고 있다. 그는 그 교련이 암시하는 일제의 군국주의에 분노하고 민족적 굴욕감을 느꼈을 것 같지만, 그와 동시에 선(禪)불교에도 관심을 갖게 되었을 것 같다.

경성고공의 학습과정에는 형무소 견학도 포함되었으므로 김해경은 급우들과 함께 '마포 형무소'를 찾아갔다. 그러나 그의 관심은 다른 학생과는 달리, 그곳 죄수들이 종사하는 벽돌 제조과정이 아니라 죄수들의 생활상에 있었는데, 그가 염두에 둔 죄수는 주로 정치범이었을 것이다. 『난파선』 같은 동인지 편집을 맡은 그에게 그 죄수들은 말하자면 '난파선' 선원들인 셈이다. 형무소 견학은 훗날 그의 「구경」이라는 에세이에서 언급된다. 학생복을 입은 구경꾼을 바라보는 한 죄수의 원한 서린 시선이 잊혀지지 않았을 것이다.

김해경은 1928년에 '경성고등공업학교'를 졸업한다. 그런데 「1928년 졸업 기념 사진첩」에는 에피그램 '보고도 모르는 것을 폭로시켜라. 그것은 발명보다는 발견! 거기에도 노력은 필요하다. 李箱'이라는 말이 실려 있다. '李箱'이라는 김해경의 필명이 처음으로 등장한 것이다.

---

9 고은, 앞의 책, 141쪽.

04 「자화상」의 예언적 의미

김해경이 거둔 경성고공 시절의 가장 큰 수확은 「자화상」(1928)이다. 이 작품은 구본웅의 「친구의 초상」(1935)과 더불어 일제 강점기를 대표하는 두 개의 걸작 초상화이다. 「친구의 초상」의 모델은 이상이다.

'자화상'은 화가의 자기탐구나 자기반성, 또는 허무주의적 자기 파괴 의지의 산물이다. 따라서 자화상은 섬세하고도 진지한 자아의식이 요구된다. 그게 분열되었든 온전하든 자아의식이 강하지 않으면 자화상은 구상될 수 없다. 따라서 일제 강점기에 자화상이 드문 것은 불가피할 수밖에 없다. 그 때는 일제의 강압적 통치로 인하여 원주민의 자아의식은 자기주장을 하기 어려웠기 때문이다. 생활이 쪼들려서 자기탐구나 자기반성의 여유가 없기도 했다. 일제 강점기에 오직 이상에게만 자화상이 다섯 점이나 있었다는 것은 그의 자기탐구와 자기반성의 정열이 가장 진지하고 지속적이었다는 것을 말해준다. 그 자화상 중에서 석 점은 유채화요, 두 점은 펜인데 아쉬운 점은 그 유채화가 지금 흑백의 복제사진판으로만 남아있다는 사실이다. 물론 그 다섯 점의 자화상 중에서 가장 중요한 자화상은 경성고공 시절에 제작된 「자화상」이다. 그러면 「자화상」을 분석해보자.

이 「자화상」에서 바로 목격되는 특징의 하나는 이 초상의 구도가 파격적이라는 점이다. 황야를 배경으로 한 자화상 주인공의 얼굴 부분이 가면처럼 고립되어 있고, 그의 목 아래는 황야다. 이런 대담한 구도는 자화상 제작자의 자기파괴 충동 없이는 불가능하다. 봉두난발인 모델의 오른쪽 눈은 죽은 사람의 눈처럼 공동(空洞)과 같고 왼쪽 눈은 앞의 무엇인가를 주시(注視)하고 있다. 오른쪽 귀는 어둠 속에 묻혀 있지만 문제는 왼쪽 귀다. 이 「자화상」을 처음으로 특별히 주목한 김민수가 지적한 대로 그것은 제자리보다 훨씬 위에 위치해 있는데 이는 별로 문제가 되지 않고 다만 주목해야 할 것은 그 귀가 짜부러져 있다는 점이다. 누구한테 세차게 얻어맞은 것 같다. 입술은 야성적으로 두툼하지만 어떤 불만이나 한(恨)이 내면에 축적된 사람의 것이다. 그의 표정은 잔뜩 우울하다. 그가 정신을 집중하여 노려보고 있는 것은 무엇인가? 그는 실존적 불안이나 공포로 인하여 그것을 응시하지 않을 수 없다. 그것은 배경에 서 있는 식별하기 어려울 만큼 가느다란 직선의 막대기인데, 그 심층적 의미는 무엇인가? 이 문제는 「자화상」에 대한 김민수의 분석을 논평하는 과정에서 해명될 것이다. 「자화상」에 대한 김민수의 논평을 들어보자.

> 보통 머리의 정수리 부분은 불룩하기 때문에 음영이 생길 수 없다. 그러나 이상은 머리카락을 잘못 묘사한 것으로 볼 수 없을 만큼 이마에서 정수리 부분이 깨져 함몰된 것처럼 그렸다. 그 아래 왼쪽 눈의 눈동자는 지나치게

빛난다. 반면 오른쪽 눈엔 안구가 없다. 마치 손상된 사체를 방불케 한다. 한데 안구가 없는 눈에 눈물이 흐른 자국이 선명하다. (……) 입술은 오른쪽 반사광 처리에 의해 윤곽선이 뭉개져 있어 마치 비밀을 숨겨 놓은 듯하다. 자화상의 오른쪽 볼을 타고 흐르는 반사광 처리는 보면 볼수록 섬뜩한 정서를 고조시킨다. 이러한 극한의 정서는 얼굴 아래의 목 부분에서 절정을 이룬다. 목이 잘려져 있지 않은가. 잘려진 목은 더 이상 산 자가 아님을 말해준다. 그것은 의도적 '자살'내지는 '타살'을 뜻한다. 이 경우 그림이 자화상이기 때문에 전자에 해당한다. 그러나 더 중요한 사실이 있다. 잘려진 목의 아랫부분을 보라. 오른쪽 밑의 십자가와 함께 화면 밑을 가로질러 가시발과 같은 이미지가 묘사되어 있다. 이 자화상은 가시발과 같은 무덤 십자가 위에 목 잘린 도상으로 존재의 고독, 불안, 공포, 자살, 죽음 등의 의식을 드러내고 있는 것이다.[1]

대체로 옳은 지적이다. '자화상 오른쪽 볼을 타고 흐르는 반사광 처리'에 대한 언급은 통찰적이다. 그러나 의심스러운 논평과 함께 오해도 섞여 있다. '이마에서 정수리 부분'이 반드시 '함몰'되어 보이지는 않는다. 그 부분은 머리카락이 반쯤 가리고 있기 때문이다. 오른쪽 눈에 '안구'가 없다고 말해서는 안 된다. 장님의 눈에도 안구는 있다. '눈물'의 자국이 선명하다고 말한 것도 의문을 자아낸다. 자화상 주인공이 '의도적 자살'을 했다면, 그의 '목'이 잘려질 수 있을까? 우리의 시야에는 '가시발'과 '십자가'와 '무덤'이 들어오지 않는다. 실제로 화면에는 주인공의 고난과 순교적 희생을 상기시키는 어떤 '가시발'도 '십자가'도 보이

1 김민수, 『이상평전』, 그린비, 2012, 37-38쪽.

지 않는다. 겨우 눈에 띄는 것은 황야 혹은 폐허와 거기에 서 있는 가늘고 긴 막대기뿐이다.

이 「자화상」 주인공의 '공동(空洞)'같은 눈은 예언 능력이 있는 장님의 눈을 상기시킨다. 왼쪽의 눈이 비상하게 냉철한 현실주의자의 눈이라면 오른쪽 눈은 환상가, 이상주의자 또는 예언자의 눈이다. 그 눈은 몹시 음울하면서도 어딘지 처연(凄然)하게 아름답다. 이 두 눈의 양면성이야말로 앞으로 이상의 중요한 작품에 공통적으로 나타날 창작 방법, 다시말해 리얼리즘과 환상적, 이상주의적 요소를 원형적으로 예시하고 있다는 점에서 이 「자화상」에서 가장 중요한 부분이라고 할 수 있다. 그의 '목'은 잘려진 것 같은가 하면 황야 또는 폐허 같은 배경에 함몰되어 있는 것 같기도 하다. 그는 그 황야와 운명공동체다. 배경은 「슬픈 이야기」의 첫 번째 삽화에 나오는 폐허가 된 궁전(宮殿) '문' 앞의 황야와 비슷하다. 폐허는 망국(亡國)의 상징이다. 이런 정치적 해석이 옳다면, 김민수가 언급한 '귀'의 함의도 밝혀진다. 김민수는 '귀'의 비정상적인 위치만 언급하면서 짜부러진 형상은 주목하지 않았다. '가시밭'이 아니라 잡초만 듬성듬성 보이는 황야는 '짜부러진 귀'와 묵묵히 원한을 머금은 듯한 '입'으로 미루어볼 때 망국이라는 비극의 배경일지 모른다. 달리 말하면 이 자화상은 정치적 함의가 있는 '난파선 의식'의 산물이다. 그러면 그가 매우 초조한 표정으로 응시하고 있는 것은 무엇인가? 그것은 방금 언급한 폐허의 막대기다. 그것은 극한상황에서 간신히 의지할 수 있는 도표(道標)와도 같다. 그에게는 일루의 희망인 것이다.

이상은 마지막 작품 「종생기」에서 그의 첫 번째 작품인 「자화상」을 그리운 심정으로 회고했을 것 같다. 여기서 그는 주인공 '이상'의 초상으로서 '(정희의) 사팔뜨기와 내 흰자위 없는 짝짝이 눈'(2, 394-395)을 제시했기 때문이다. 사회적 원한이 서린 창녀(정희)의 '사팔뜨기'와 결합된 '이상'의 비대칭적인 '흰자위 없는 눈'이 바로 「자화상」(1928) 주인공의 '공동 같은 눈'인 것이다. 이상의 「자화상」(1928)에 대한 기억은 작가로서의 그의 생애를 가로지르면서 면면하게 지속했을 것이다. 그의 기본적 창작방법과 그의 중요한 작품들의 허무주의를 예시한 때문이다.

「자화상」(1928)은 인간이 개체적 존재가 아니라 복합적 존재라는 이상의 생각을 반영한다는 점에서 그가 경성고공 시절에 노발리스의 『푸른꽃』과 더불어 짙은 영향을 받았을 것으로 보이는 레르몬토프의 『현대의 영웅』 서문을 상기시킨다.

> 『현대의 영웅』은 틀림없는 초상이다. 친애하는 제군이여, 그러나 한 사람의 초상은 아니다. 이것은 우리 세대 전체의 모든 악덕의, 그 완전히 발달한 것들로 구성된 초상이다.[2]

이 초상의 주인공은 '정신은 사회에서 폐물이 되었고 생각은 불안하고 마음은 흡족하지 못하여 모든 것이 불만'이어서[3] 자아가 분열된 빼초린으로서 그를 이상은 자기의 분신으로 여겼을 것이다. 실제로 '악덕'의 원천인 자아의 분열이 없거나 온전한 자아를 추구하지 않는 인

---

2 레르몬토프, 『현대의 영웅』, 동완 역, 정음사, 1970, 339쪽.

3 위의 책, 367쪽.

물을 이상의 소설에서 찾아볼 수 없다. 가령 그의 처녀작 『十二월 十二일』의 주인공은 허무주의자인 동시에 인류애의 실천자인 것이다. 작가 자신으로 구현된 복합적 인간상을 표현주의적으로 암시한 「자화상」(1928)은 그의 소설 주인공들의 성격을 예시한 점에서도 매우 중요한 작품이다.

「자화상」과 관련하여 이상의 문학에 대한 고은의 통찰력 있는 말이 상기된다.

> 이상의 시 가운데는 언제나 최후의 개념, 百尺竿頭의 처연한 절망의 극복이라는 개념이 늘 체질적으로 개입하고 있다.[4]

고은의 이런 해석의 정당성은 이상의 시만이 아니라 초기의 「자화상」(1928)부터 「종생기」 등에 이르기까지의 위기의식이 반영된 중요한 작품들에 의하여 입증된다. 그런 의미에서 그가 편집 책임자였던 회람지의 '난파선'이라는 명칭이 새삼스럽게 주목된다. 비록 그 회람지는 사라지고 없지만, 이상이 지었을 그 명칭의 상징적 의미는 「자화상」(1928)을 비롯한 그의 중요한 작품들 속에 각인되어 갔던 것이다. 문학의 경우 그 첫 번째 작품이 『十二월 十二일』이다. 이 처녀작의 작자가 어떻게 조선총독부의 충직한 관리일 수 있겠는가? 그는 다름 아닌 그 「자화상」의 주인공이다.

---

4 고은, 『이상평전』, 민음사, 1974, 327쪽.

05
조선총독부 관리의 이중인격

이상은 1929년부터 3년 동안 조선총독부의 관리로 근무했다. 일제 강점기의 한국 문학자로서는 전무후무한 일이었다. 일제의 민족차별 정책으로 인하여 조선인이 다름 아닌 총독부 관리가 된다는 것은 하늘의 별 따기처럼 어려웠다.

이상의 동창생 오오스미야지로(大隅彌次郎)에 의하면 '당시의 건축과 과장이 오가와 히로미찌(小河弘道)교수였는데, 그 분의 말씀이 단 한 명의 한국인이니까 총독부 취직은 김해경에게 양보'하라고 자기에게 권한 결과 김해경이 총독부에 취직할 수 있었다고 한다.[1]

우리는 총독부에 근무한 시절의 이상의 행적을 상세하게 알 수 없다. 이에 대한 이상의 일기나 편지, 또는 회고록 같은 것이 없기 때문이다. 그래서 그 시절의 이상에 대한 정보는 고은의 『이상평전』에 많이 의지

---

1 김유중 · 김주현 편, 「이상의 학창시절」, 『그리운 그 이름, 이상』, 지식산업사, 2004, 371쪽.

할 수밖에 없다.

조선인 이상의 봉급은 한 달에 55원이었다. 오오스미에 의하면 일본인에게는 그 60프로를 가산한 88원에다가 '사택(私宅)'까지 주었다고 한다.[2] 심한 민족차별이 아닐 수 없다. 김해경과 친했던 가와가미는 만주 안동(安東)에 가 있었는데 그곳의 직장에서 근무하게 되었던 것 같다. 안동에서 보내온 그의 편지가 김해경의 "유일한 즐거움이었다"고 고은은 추정하고 있다.

그는 모범적이고 유능한 총독부 관리였다고 한다. 1929년 4월부터 7개월 동안 경성 의주로의 전매청을 비롯한 몇 건물의 설계와 건설 현장 감독도 했다. (그 전매청의 건설 현장에서 쓴 작품이 『十二월 十二일』이다.) 그러나 고은에 의하면 '어느 정도 직장 생활에 익숙해지자 그의 정체(正體)라고 할 수 있는 권태감의 무위'를 보여주듯이 '망연자실한 모습으로 책상 앞에 앉아 있'거나 줄담배를 피우기도 했다. 직장인으로서는 적합하지 않은 그런 김해경이 괘씸했던지 히로세(廣瀨) 과장은 그에게 '기합'을 넣기 위하여 '많은 설계 서류의 상신부서철(上申副書綴)의 정리'를 시켰다. 그런 정리는 며칠이 걸려야 끝날 수 있는데, 이상이 단 이틀만에 그 서류를 완벽하게 정리하여 과장에게 제출하자 그는 냉혹하게 검토한 뒤에 탄성을 질렀다.

> 놀라운 일이로군. 이렇게 방대한 서류를 이렇게 이틀 만에 완성하다니! 이건 구름보다도 천재로군. 과연 김연필 기사의 조카로군. 천재야 천재. 우

---

2 위의 책, 372-373쪽.

리 건설과의 경사야![3]

히로세 과장이 말한 '구름보다도 천재로군'은 일본의 시인 이시카와 타쿠보쿠(石川啄木)의 단편소설 「구름은 천재다」의 제목을 이용한 것으로서 정말 그 과장이 한 말인지, 고은이 자기 나름으로 장난스럽게 덧붙인 것인지 알 수 없다.

어찌 됐든 '무서울 정도'로 정확한 '통계 비율 계산'에 감탄한 과장은 그해 11월에 '관방 회계과'로 옮겨간 뒤에 김해경을 그 회계과 영선계(營繕係)로 데려갔다. 그것은 영전(榮轉)이었다. 이로써 볼 때 김해경은 그 속내야 어떻든 충실하고 빈틈없는 총독부 관리였다. 그는 첫 봉급을 백부에게 드렸다고 한다. 아마 그렇게 하는 것이 자기의 의무라고 여겼던 것 같다. 그때 백부는 병상(病床)의 환자였다. 그러자 백부는 그 월급을 반으로 나누어 그 반을 김해경의 양친에게 주라고 분부했다. 서울 '봉목골' 빈민촌 양친의 생활 형편은 참담했던 것 같다. 오랜만에 귀가한 그의 소회를 우리는 알 수 없다.

조선총독부 관리일지라도 김해경은 일제 한국 강점의 필연적 결과인 민족차별의 희생자였다. 그의 봉급이 같은 과에 근무하는 일본인의 봉급보다 훨씬 적은 것은 불을 보듯 명백한 사실이다. 여기서 실감했을 굴욕감을 참고할 때 다음과 같은 고은의 말은 납득할 수 없다.

> 흔히 그의 연고자나 친지들의 진술에 의하면 그의 직장생활은 일본인과의 반일불화(反日不和)로 말하고 있는데 이것은 잘못이다. 그는 일본인 체질

3 고은, 『이상평전』, 민음사, 1974, 165-166쪽.

> 과 이화(異化)되지 않았다. 식민지 시대를 산 사람에게 과장되는 일련의 반일(反日) 전설은 거의 허위에 지나지 않는다. 다만 그의 개성, 너무나 비관료적이며 예술적인 개성이 일련의 관직 규범을 중심으로 움직이는 직장 분위기에 대한 갈등은 상상되어진다. 그런 현상을 마치 애국자처럼 과장시킬 필요는 없다.[4]

김해경의 '예술적인 개성'이 그의 직장 분위기와 맞지 않았다는 지적은 옳지만, 그가 체질적으로 일본인과 화합할 수 있었다는 지적과 특히 그의 '반일 불화'를 부정한 것은 부당한 주장이다. 조선인 관리와 일본인 관리의 봉급의 차별이 조선인에게 초래하는 굴욕감과 그로 인한 지배민족에 대한 반발을 상기할 때 고은의 견해는 부당한 것이다. 고은이 김해경의 일제에 대한 반발을 그의 '연고자나 친지들'의 그릇된 견해로 간주할 때 그는 김해경이 총독부에 근무하면서 한글로 쓴 『十二월 十二일』에 소극적으로 암시된 반일 감정이나 일본어로 쓴 반체제적인 시 「출판법」과 「열하약도 NO.(미정고)」 그리고 반(反) 군국주의적 의도가 암시되기도 한 「AU MAGASIN DE NOUVEAUTES」 등을 「건축무한육면각체」 연작 속에 포함시켜서 다름 아닌 '조선건축학회' 기관지 『朝鮮と建築』에 발표한 사실을 간과하고 있다. 그의 '비관료적이며 예술적인 기질'은 망연자실한 모습으로 줄담배를 피우는 행동으로만이 아니라, 항일적인 풍자시의 형식으로 암시되기도 했던 것이다.

김해경이 총독부에 근무하면서 『十二월 十二일』을 다름 아닌 총독부 기관지 『朝鮮』에, 그리고 「건축무한육면각체」를 『朝鮮と建築』에

---

4 고은, 앞의 책, 164-165쪽.

발표한 것은 대담한 면종복배적 사건으로서 태생적으로 반항자인 그의 기질을 유감없이 발휘했다고 보아야 한다. 조선 식민통치를 위한 유능한 기술자 양성이라는 경성고공의 설치 목적을 위반한 지하 잡지가 『난파선』이었고, 그 연장선 위에 조선 식민통치라는 조선총독부의 설치 목적을 위반한 『十二월 十二일』과 항일적인 시들이 위치한다.

조선총독부의 충실하고 꼼꼼한 관리로서의 김해경에 대하여 우리는 얼마나 알고 있는가? 앞에서 언급한 그와 관련된 전기적 사실만으로는 그의 정체를 충분히 알 수 없다. 따라서 총독부 관리 김해경의 이미지는 암호와 같다. 그 암호 해독을 위해 가장 신뢰할 만하고 거의 유일한 열쇠는 『十二월 十二일』과 「건축무한육면각체」 연작 등 작품뿐이다.

결국 김해경이 그의 백부가 바란 입신양명이 아니라 생활을 위한 물질적 이익을 얻기 위하여 종사한 그 직장은 작가로서의 출발을 준비하고 그것을 만천하에 알리기 위한 과도기적 수단에 지나지 않았다.

그럼에도 불구하고 이상의 취직은 그의 백부가 못내 바라온 것으로서 그를 만족시켰을 것이다. 그에게는 입신양명이 부모에게 효성을 바치는 한 방편이었다.

고은에 의하면 김연필 자신도 1907년 개소한 '공업전습소'를 나와 압록강 기슭 국경지대인 자성(慈城)의 보통학교와 기술학교 훈도를 한 뒤에 궁내부 기술관리에 임명되었고 해경이 동광학교에 들어갈 무렵에는 총독부 상공과 관리(기수)로 근무하고, 모교인 공업전습소 교원을 하기도 했다고 한다.[5] 그렇다면 총독부에 취직한 그의 조카 이상은 직업 면에서 그의 후계자이기도 한 셈이다.

---

5 고은, 앞의 책, 128쪽.

그러나 1926년에 준공된 식민지 원주민을 압도하는 듯한 르네상스 건축 양식의 조선총독부 청사와 '李箱'은 결코 조화될 수 없었다. 다음은 김민수가 한 말이다.

> 이상이 총독부에 들어가 소설과 실험시를 발표하던 1929년부터 1931년까지 약 3년간의 시기가 훗날 그가 유고 「공포의 기록」에서 말한 인생의 절정기였던 것이다.[6]

'인생의 절정기'는 「공포의 기록」에서 언급된 '황금과 같은 절정의 세월'을 달리 한 말이지만, 과연 우리는 '이상'과 김민수의 말을 믿을 수 있을까?

총독부시절의 이상은 이중인격자였다. 그도 그럴것이 경성고공의 졸업생 이상은 동시에 얼마 전까지도 「자화상」(1928)의 작자요, 「난파선」의 동인이었다. 「자화상」에 나타난 대로 무엇인가를 환시(幻視)하고 있는 절망적인 우울증 환자 같은 '이상'과 충성스러운 조선총독부 직원의 이미지는 모순된다. 김민수는 「난파선」은 "다다적 해체의식과 접속되었음을 뜻한다"[7]고 말했지만, 이 견해는 부당하다. 『난파선』이 현존하지 않기 때문에 그 문학동인지의 성격을 선불리 단정해서는 안되지만, '난파선'은 이상 개인이 관련된 한에서는 이상(理想)과 희망이 참담하게 좌절된 삶의 처지, 그리고 국가적으로는 국가지도자가 국권을 외세에 빼앗김으로서 겨레의 삶이 파탄된 상황의 은유일 것이다.

---

6 김민수, 『이상평전』, 그린비, 2012, 196쪽.

7 위의 책, 181쪽.

공교롭게도 편집 책임자의 이름 '箱'은 좌초한 '箱船'이기도 하다. 그는 조선총독부 관방과 영선계 직원인 '김해경'인 동시에 항일적인 시를 쓴 작가로서의 '李箱'이 아닌가?

과연 김해경은 '李箱'이라는 이름을 당당히 내세우면서 총독부 기관지 『朝鮮』에 『十二월 十二일』(1930)이라는 장편소설을 그것도 총독부가 발주한 의주로(義州路) 전매청 신축 공사장에서 쓰지 않았는가? 그 소설은 충직한 총독부 관리로서는 엄두도 낼 수 없는 반일적(反日的) 요소마저 곁들인 허무주의자의 내면고백이다. 그것은 「자화상」과 일맥상통하는 바가 있으며, 적어도 총독부의 관리에게 바람직한 충효사상과는 거리가 멀다.

『朝鮮と建築』(1932. 제11집 제7호)에 발표한 일본어 연작시 「건축무한육면각체」 중에는 불온한 사상을 담은 것들도 있다. 「출판법」같은 반체제적인 시가 그렇다. (김민수는 이 시에 대하여 침묵하고 있다.) 총독부 관리로서 그런 시의 발표는 있을 수 없는 일이다. 그럼에도 불구하고 이 작품들은 엄격한 검열없이 버젓이 발표되었다. 어떻게 그런 일이 가능했을까? 그 시들은 일본어 작품이요, 발표 잡지가 정치와 무관한 건축 전문지이며, 작자 '이상'은 총독부 관리이기 때문에 검열을 무사히 통과한 것 같다. 그럼에도 비록 상상적 세계의 사건일지라도 총독부의 명예를 추락시킨 김해경은 매일 직장 근무를 충실하게 이행하고 있었다.

그의 이중인격은 '李箱'이 총독부 관리 '김해경'의 비밀스러운 필명이었다는 사실로 입증된다. 그의 정신적 거처는 두 곳이었다. 하나는 직장인 조선총독부요, 다른 하나는 그의 작품이다. 하지만 이 중에서 훨씬 중요한 것은 작품들이었고 그 작자의 이름은 '李箱'이었다.

대체로 작가가 필명을 지을 때 성(姓)까지 바꾸진 않는다. 그래서 이광수(李光洙)는 이춘원(李春園)으로, 김억(金億)은 김안서(金岸曙)라고도 부른다. 그런데 김해경은 이름만이 아니라 조상이 물려준 성까지 바꿔 버렸다. 그것은 '폐적자'라는 자의식이 없으면 감행할 수 없는 모험이다. '폐적'은 부친 살해와 다름없다.

그러면 '李箱'의 '箱'의 상징적 의미는 무엇인가? 그것은 먼저 '李箱'은 '理想'과 동음이의어라는 점이 주목되어야 한다. 그것은 우리의 상상력을 자극하는 다의적인 이미지다. '箱'은 그의 시 「AU MAGASIN DE NOUVEAUTES」에 나오는 '箱', 곧 고객을 위해 상품을 넣어주는 상업용 '상자'일 수도 있다. 김해경이 비밀주의자였다면 그것은 '비밀상자' 또는 '수수께끼'의 암호일 수도 있으리라. 이는 그의 악습인 암호적 글쓰기와 밀접하게 관련된 매우 중요한 문제이기도 하다. 그는 기독교에 관심이 짙었기 때문에 '노아의 홍수'(창세기 6-8장)와도 관련된 '箱船'의 '箱'일 수도 있다. 로맨틱한 그의 이상주의적 경향으로 본다면 그것은 초기 연작시의 제목 '무한육면각체'에서 무한히 층(層)이 올라갈 수 있는 '정육면체'로서의 '箱子'이기도 하다. 그러나 또 하나의 우울한 의미가 있으니, 그것은 '棺'으로서의 '箱'이다. 김해경은 이 '箱'과 관련하여 도스토예프스키의 『죄와 벌』을 상기했을지도 모른다. 라스콜리니코프의 어머니는 천장이 너무 낮고 꾀죄죄한 아들의 하숙방을 '棺'에 비유한다. 일찍부터 인생을 포함하여 세상만사의 부조리로 인하여 허무의식에 사로잡혔던 그에게 '箱'은 '空虛'의 은유였을 것이다.

그것이야 어쨌든 이상하고 어쩌면 우울하고, 또는 괴기하기도 한 '李箱'이라는 이름이 처음으로 쓰인것은 1929년 경성고공 졸업기념 사진첩에 나오는 '李箱'이라는 김해경의 글에서였다. 따라서 '李箱'이라는 이름이 건축 공사장 노동자가 건축 감독 김해경을 '李상(樣)'이라고 잘못 부른 사건에 연유한다는 일부 이상 연구가의 주장은 부당한 것이었다.

李箱은 「현대미술의 요람」의 작자로서는 김해경(金海慶)을, 「자유주의적 구심적 경향」이라는 평론에서는 송해경(宋海卿)이라는 필명을 썼다. '李箱'은 그의 몇몇 문우(文友)와 소수의 독자들에게만 익숙해진 이름이었지만, 그의 가족과 전혀 관계가 없었다. 양친에 대한 그의 가장 큰 불효, 또는 죄는 그들이 들은 적도 없고 전혀 이해할 수 없는 그 필명을 쓴 사실이다. 오늘날 작가 '李箱'은 너무나 유명하다. '李箱신화'까지 생겼다. (金海卿신화는 아니다.) 바로 그 점에 '李箱'의 아이러니가 있다. 그의 생전에는 소수의 친구와 독자에게만 친근했던 '李箱'의 마지막 상징적 의미가 밝혀진것이다. 그것은 '고독'이다. 어디론지 쓸쓸하게 버림받은 '箱'이 '李箱'이었다. 사실상 '김해경'이 '李箱'이 되었던 그 순간부터 그는 죽을 때까지, 아니 오늘날까지 외로운 존재로 남아있다. 여기에 그의 독특한 매력이 있을지도 모른다. 그 고독은 예나 지금이나 천재의 특권이다. 그러나 문제는 '李箱'이 필명인 동시에 정신적 본명인 점에 있다. 그것은 아버지와 의절(義絶)한 '폐적자'의 이름이었기 때문이다. 단지 작가가 되기 위하여 쓰기 시작한 이름이 아니었다.

이상이 조선총독부 체험에서 절감한 것은 적어도 세 가지였다. 첫째 총독부는 악독한 범죄집단이며 소극적 저항으로는 결코 무너질 수 없다는 것, 다음으로는 비인간적인 민족차별이다. 따라서 최선의 저항 방법은 무장투쟁이지만, 차선책은 조선지배자 암살이라고 생각했을 것같다. 그가 더욱 통감한 것은 조국의 상실이었을 것이다. 그래서 그 조국을 '향방(鄕邦)'(「서망율도」) (3, 33) 또는 '향국(鄕國)'(「산책의 가을」) (3, 30)이라고 부르고, '국토(國土)'(「실수」)를 회상하고 '사도(死

都)'(「종생기」)(2, 389)에 조국 재생의 염원을 역설적으로 잠복시키기도 했다. 이상이라는 조선총독부 관리를 악귀(惡鬼)처럼 수시로 괴롭힌 트라우마는 망국(亡國)이라는 단어였을 것이다. 그래서 항일적인 작품을 총독부 사무실에서 구상하거나 썼을 것이다.

그는 말하자면 총독부에 잠입한 항일 지하운동가였다.

06
작가로서의 출발:
『十二월 十二일』

이상은 애당초 화가 지망생이었다. 중학교 시절에는 여동생 옥희를 잔돈푼을 주고 모델로 삼기도 했다. 최근 김민수가 밝혀낸 바에 의하면 그는 1928년에서 1929년 사이에 도쿄(東京)에서 개최된 '제국(帝國)미술전람회'에 작품 제출을 위한 '출품 신청서'를 주문한 적도 있었다.[1] 그는 전람회 2과(서양화부)에 작품을 출품하고 싶었던 것이다. 그는 비록 백부의 권유를 좇아서 미술학교 대신 경성고공을 선택했지만 미술에 대한 집념은 버릴 수 없었던 것이다. 그래서 경성고공의 미술실기실과 가와가미의 집에 마련된 아틀리에에서 백부의 의사를 거스르며, 「자화상」(1928) 같은 역작을 남겼을 뿐만 아니라, 동시에 문학작품도 써나갔다.

그는 위대한 선배들을 상기하곤 했을지도 모른다. 가령 화가, 조각가, 건축가인 동시에 시인이었던 미켈란젤로, 화가이자 「일기집(日記

1 김민수, 『이상평전』, 그린비, 2012, 335쪽.

集)」으로 유명한 들라크루아, 화가인 동시에 유명한 「서간집」 필자인 반 고흐 등 말이다. 이상은 천성적(天性的)으로 반항자였다. 불온한 성질의 것이었을 동인지 「난파선」을 꾸민 것은 경성고공의 실질적 운영자인 조선총독부에 대한 저항과 다름없었는데 그 연장선 위의 작품이 총독부 기관지 『朝鮮』이라는 매체 공간에 작자로서의 '李箱'을 내세운 『十二월 十二일』이었다. 이 장편소설은 그 주제로 볼 때 총독부의 비위를 정면으로 거스르는 괴물과 다름없다. 그러면 어떻게 해서 그런 소설을 『朝鮮』에 발표할 수 있었을까? 그가 총독부의 충직한 관리라는 신분의 덕을 본 것일까? 서지학자(書誌學者) 백순재(白淳在)는 이상이 당시 『朝鮮』의 편집에 간여했던 '이해문(李海文)과의 단순한 교분관계'의 덕을 본 때문일 것이라고[2] 추정하고 있지만, 이것은 설득력이 없다. 결국 이상이 총독부에서 신임을 받는 관리였기 때문에 그 발표가 가능했으리라고 보고 싶지만, 그 관리는 '김해경'이지 '이상'이 아니다. 어쨌든 『十二월 十二일』이 약 7개월에 걸쳐 『朝鮮』에 연재된 것은 일제 강점기 한국문학사에서 특기해야 할 돌발적 사건이었다. 이 소설은 그 당시의 조선문단과 아무런 관계도 없었다. 따라서 『문학사상』이 1996년에 처음으로 발굴하여 그 잡지에 발표함으로써 그동안 지하에 묻혔던 이 작품이 처음으로 문단과 독자에게 알려지게 되었던 것이다.

그 당시 서울에서는 여러 개의 문학잡지와 문학동인지 및 신문들이 있었는데, 이상은 굳이 조선문단과 전혀 관계가 없는 총독부 기관지에 자기의 처녀작을 발표했다. 그가 '조선문단'의 존재를 몰랐을 리가 없었음에도 그 잡지를 이용한 것은 기존 문단에 대한 오만한 무관심과 총

2 백순재, 「소경의 눈을 뜨게 만든 이상의 장편」, 『문학사상』, 1975, 288쪽.

독부에 대한 면종복배(面從腹背)의 정신이 없으면 불가능했을 것이다. 이 작품의 발표가 대담한 모험으로 간주되는 이유가 여기에 있다. 조선의 지배 권력과 문단의 권위에 대한 아방가르드적 작가의 모험이다.

우리는 『十二월 十二일』을 읽을 때 이 소설을 쓸 때의 이상이 총독부 관리였다는 사실을 수시로 상기해야 한다. 그는 이 직장에서 근무하면서 일제의 식민통치 정책과 그 통치를 받는 겨레의 생활상을 보다 구체적으로 알게 되었을 것이다. 『十二월 十二일』의 집필은 그와 같은 체험의 자극 없이는 불가능했을 것이다. 따라서 다음과 같은 김민수의 견해는 옳지 않다.

> 「1928년 자화상」은 이후 전개되는 모든 이상 텍스트의 원형이자 출발점에 해당한다. 왜냐하면 이 자화상의 이미지가 그의 첫 번째 문학작품으로 알려진 『十二월 十二일』과 일치하기 때문이다. 바로 이 지점에서 그 시각 텍스트로서 자화상 이미지가 문학 텍스트인 글로 변환되었던 것이다.[3]

'시각 텍스트'로서의 「자화상」이 '모든 이상 텍스트의 원형이자 출발점'이라는 견해는 정당하면서 부당하다. 앞에서 살펴 보았듯이 두 눈의 양면적 의미로 볼 때도 「자화상」은 『十二월 十二일』을 비롯한 모든 중요한 작품의 원형이지만, 그와 같은 의미의 원형이 아닐 경우도 있기 때문이다. 특히 「자화상」의 시각적 이미지가 문학 텍스트인 『十二월 十二일』과 일치했다는 주장은 부당하다. 『十二월 十二일』의 이미지는 시각적 이미지에 국한될 수 없고, 그 세계는 두 가지 의미에서 「자화

3 김민수, 앞의 책, 58쪽.

상」과 다르다. 그것은 「자화상」과 비교할 수 없을 만큼 다면적 세계이며, 또한 그 주인공은 내면적으로 발전하기 때문이다. 공간예술인 그림은 그런 발전 과정을 담을 수 없다. 우리는 『十二월 十二일』이 「자화상」보다 2년 남짓 뒤의 작품임을 상기해야 한다. 그동안 이상의 체험은 앞에서 말한 대로 확충되었던 것이다.

가령 『十二월 十二일』의 첫 부분에서 주인공은 일터를 찾아 어머니와 함께 일본으로 건너가고 처음에는 빈민굴 생활을 하지 않을 수 없었는데 이것은 일본과 만주로 살 길을 찾아서 간 겨레가 공통적으로 겪는 일이었다. 바꿔 말하면 『十二월 十二일』의 주인공으로 대표된 겨레의 그와 같은 고난은 이상이 자기 가족의 곤궁한 생활상과 총독부에서의 근무과정에서 얻은 정보에 기초한 것이었다. 『十二월 十二일』에 나타난 이 민족적 현실을 취급한 부분을 등한시한 어떤 해석도 신뢰할 수 없다. 이 작품에서 암시된 불교적 인생관과 기독교적 발상이 설득적인 것은 그와 같은 탄탄한 현실인식에 기초하고 있기 때문이다. 『十二월 十二일』의 작자는 그 후의 모든 중요한 작품에서도 그렇듯이 리얼리스트인 동시에 환상가인데 이 리얼리즘은 그가 그 동안 신산하게 체험한 생활현실에 기인한 것이다.

조국의 멸망과 강압적인 일제 통치, 그로 인한 도덕적 가치기준의 혼란을 겪어야 했던 한국작가는 표현주의적 창작 충동을 작품화할 가능성이 높았다. 그리고 실제로 염상섭의 「표본실의 청개구리」와 이상의 『十二월 十二일』이 바로 표현주의 소설이다.

사실상 그 당시 조선에는 식민지적인 문화 후진성으로 인하여 표현주의 또는 아방가르드 예술에 대한 문헌이 없었다. 염상섭의 「암야」와 「표본실의 청개구리」 같은 표현주의 소설도 작가 자신이 표현주의적 창작방법을 숙지한 덕택으로 나온 것이 아니라 식민지 작가로서의 고통스러운 '시대적 고민'이 산물이었다.

표현주의 예술은 반드시 어떤 한 시대의 특징적 예술에 국한되지 않는다. 독일 표현주의가 일차대전 후 패전국 독일의 정치경제적으로 불안한 현실에 대한 예술가들의 절박한 대응책이었음은 주지된 사실이다. 그들의 표현주의적 예술 충동은 허무주의적인 세계 상실감의 결과였다. 현실은 우리의 생존을 위협하는 가상(假像)에 지나지 않는다는 인식을 초래하는 그 상실감은 리얼리즘의 전제가 되는 주어진 현실에 대한 신뢰감의 상실을 말해준다. 이상의 「자화상」(1928)과 『十二월 十二일』이 오직 경성고공 시절에 학교 강의나 미술서적을 통하여 알게 된 표현주의적 건축가 겸 화가 한스 필치히나 키르히너 등의 영향만이 아니라, 그의 사생활을 괴롭히고 압박한 식민지 원주민의 생활 환경 및 가족 체험과 밀접하게 관련되어 있다고 추정되기 때문이다. 이상은 주인공의 생활 과정을 사회적 · 역사적 맥락에서 취급할 수 있는 소설의 형식을 빌려서 그의 말세적 위기의식을 표현주의적으로 고백해야만 했다.

『十二월 十二일』은 작자의 허무주의적 인생관과 그 인생관에서 해방되려는 노력의 실패를 다루고 있다. 그 허무주의의 근본적 원인은 가정을 포함한 친숙한 유기적 사회의 붕괴에 있다. 주인공 '나'의 가정부터가 해체되어 있는 형편이요, 이를 입증하는 것이 '나'와 동생 'T씨'의 불화관계다. '나'가 아내와 어린 아이의 사망으로 인한 허탈감과 극도의 가난에서 벗어나기 위하여 일본으로 가게 되었을 때 누가 '어머니'를 맡느냐는 문제로 형제가 다투었고, 결국 '나'가 어머니를 맡기로 결정되지만, 이때의 다툼은 한때의 사건이 아니라 뿌리 깊은 친족 불화임이 판명된다. 바꿔 말하면 이상의 보다 깊은 관심은 조상으로부터 물려받은 인간관계의 원형적 성격이었던 것이다. '나'의 어떤 호의도 환영하지 않는 'T씨'의 친형에 대한 증오의 지나칠 정도의 집요함이 「창세기」의 '카인'과 '아벨'의 관계로 거슬러 올라가는 친족불화를 상기시킨다. '나'와 동생의 반목적 관계의 원인을 작자는 독자로 하여금 추정하도록 하고 있는데, 이것은 『十二월 十二일』의 서사 방법과 관련하여 매우 중요한 역할을 한다. 『十二월 十二일』에서 작자는 자연주의 작가가 일반적으로 제시하는 시간적 연속성에 따른 사건의 전개와 자연주의적 재현의 수법을 포기한다. 작중의 인물과 사건은 시간적 순서를 좇아서 충실하게 재현되고 있지 않다. 그래서 우리는 '나'와 'T씨'의 용모를 알 수 없다. 'T씨'의 아들 '업'만이 '미목이 수려'하다고 간단히 언급될 뿐이다. 작중 사건의 몽타주는 상황과 상황이 분리된 채로 급전(急轉)되곤 하여 독자를 어리둥절하게 만든다. 이 경우 몽타주는 일종의 충격수단이다. 우리는 '나'와 'T씨'의 불화관계의 원인을 문맥을 통하여 추정할 수밖에 없다. 그 추정이 불가피하고 중요한 것은 그 원인이 『十二월 十二일』의 비극을 초래하기 때문이다.

문맥을 통하여 추정되는 것은 두 가지다. 먼저 'T씨'는 교양이 없는 막벌이꾼인 반면, 그의 형은 교양인이라는 점이다. 이것이 암시하는 것은 불공정한 유산 분배와 깊이 관련되어 있다. '나'(김연필)가 유산을 독차지한 것은 그에게는 'T씨'(김영창)와는 달리 유산 관리만이 아니라 가문을 이끌어갈 능력이 있었기 때문일 것이다. 'T씨'의 형은 충분한 유산의 덕택으로 고등교육과정까지 마칠 수 있었을 것이다. T씨와 그의 외아들 '업'이 '나'를 증오하는 근본적 원인은 '나'가 유산을 독차지했다는 것에 있다. 다음으로는 그 유산의 탕진이다. (현재의 가난도 거기에 원인이 있다.) '나'가 극도의 허무주의자인 것을 감안할 때 '나'는 허무의식을 해소하기 위한 방랑과 방탕에 그 유산의 일부를 사용했을 것이다. 작자 이상이 돈이나 에너지의 탕진에 매력을 느낀 점으로 볼 때도 돈을 탕진했을 가능성은 높다. 다음으로 중요한 '나'와 'T씨'의 결정적 차이점은 '나'가 가정을 포함한 재산 상속을 거부한 사회 이탈자 또는 적폐자라는 점이다. 이는 '십유연년 간의 방랑생활'과 '나는 불효한 자식이라는 것을 면치 못한 지 벌써 오래'라는 그의 생각이 입증하는데, 특히 그의 'X'라는 암호적 명칭으로 잘 설명된다.그것은 사회적으로 부정당하고 취소당한 자인 동시에 사회를 부정하고 취소하려는 의지를 암시하는 기호다.

'T씨'의 모델이 김해경의 아버지 '김영창'이요, 그의 아들 '업'의 모델이 김해경임은 쉽게 추정할 수 있지만, 특이한 것은 '업'의 숙부인 '나'가 동시에 김해경이라는 점이다. 김해경이 그와 같은 이중적 역할을 한 것은 어찌 보면 당연하다. 그것은 백부에 대한 김해경의 애증이라는 상반(相反) 감정의 반영이기 때문이다. 김해경이 유산을 독차지한 장본인인 백부 김연필을 증오하면서도 존경하지 않을 수 없었던 것은 그가 아버지와 달리 유교적 교양인이자 총독부의 성실한 관리이기도 했기 때문이다.

『十二월 十二일』의 '나'는 '그의 가슴은 아지 못할 것으로 꽉 차 있었다'고(2, 88) 생각할 정도로 매사가 불확실한 세계에 살고 있다. 그 불확실성은 매사가 '모순'과 '오해'에 연유하는 세계에서는 불가피한 일이다.

주인공의 별칭이 "X'라는 것은 의미심장하다. 그 은유적 의미는 앞에서 언급했지만, "X'에는 미해결의 문제 또는 암호라는 의미도 있다. 따라서 『十二월 十二일』도 「자화상」(1928)처럼 암호적 예술가 이상다운 작품이다. 사실상 이 소설에는 미해결의 문제가 한 둘이 아니다. '나'는 '나고야'에서 옮겨가 7년 동안이나 산 '사할린'('화태')을 왜 '그 나라 그 북국'이라고 했는가? 'C간호부'의 정체도 모호하다. '나'가 귀국 열차에서 만난 '신사'의 정체는 무엇인가? 철도 자살한 '나'가 마침내 가게 되었다는 '낙원'이란 무엇인가? '나' 또는 "X', 또는 '그'로도 등장하는 주인공은 『十二월 十二일』의 '작자'로까지 등장하여 이 소설의 메타픽션적 성격을 입증하기도 한다. '그'가 철도 자살하기 직전에 '작자'가 등장하여 이렇게 말한다.

> 작자는 「그」로 하여금 인간세계에서 구원받게 하여 보기 위하여 있는 대로 기회와 사건을 주었다. 그러나 그는 구조되지 않았다. 작자는 영혼을 인정한다는 것이 아니다. 작자는 아마 누구보다도 영혼을 믿지 아니하는 자에 속할는지도 모른다.(『十二월 十二일』, 2, 136)

이와 같은 '작자'의 노출에 의하여 李箱은 『十二월 十二일』이 '나의 참담을 극한 과거의 공개장'인 동시에 그가 꾸며낸 허구적 이야기임을 말한 것이다.

『十二월 十二일』의 시점이 한결같지 않다는 것도 미해결의 문제라고 볼 수 있다. 그 방법이 언제 어떻게 변할지 모르기 때문이다. 첫 부분에서 일인칭 시점에 의거하더니 일본으로 가기 위하여 조국을 떠나는 사연을 취급한 부분에서 3인칭 시점이 되는 주인공은 '나'에서 '그'로 바뀐다. 그러나 일본에서 '그'가 고국의 친구 'M'에게 부치는 편지투로 주제를 전개하게 되자 '그'는 다시 '나'가 되며 귀국 열차를 타게 된 때부터는 '나'는 다시 '그'로 복귀한다. 이 소설은 주인공의 삶의 과정을 관찰하는 다면적 관점으로 인하여 작중 사건이 모자이크를 조립하듯이 구성되어 있다. 이 점만을 주목한다면 작중 사건이 엉성하고 조잡하게 조합된 미숙한 작품으로 간주되기 쉽지만, 그것은 이 소설이 주는 표현주의적 감동까지 막지는 못한다.

종래의 연구에서 간과된 것은 이 소설의 표현주의적 성격과 주인공의 자의식이 내면적으로 발전하고 있다는 점이다. 『十二월 十二일』은 이상의 중요한 소설에는 반드시 주인공의 내면적 발전이 나타난다는 기본적인 특징을 처음으로 보여준 작품이다.

『十二월 十二일』에 나타난 '나'의 자의식은 개인주의적 차원에서 민족공동체적 차원으로 발전하더니 급기야 인류적 차원으로 확충되기에 이른다. 그 과정이 면밀하게 추적되어야 한다.

일본으로 간 '나'가 처음으로 정착한 곳이 고베(神戶)라는 항구 도시인데, 그곳에서의 삶은 최하층의 비참한 삶이었다. '나'와 그의 어머니는 도시 주변의 '움막'에서 살고, 토질병으로 어머니가 죽게 된다. 이런 사정이 '나'가 고국의 친구 'M'에게 보낸 제1신(第1信)의 허두의 내용으로 한 가지 시대적 문제를 제기하고 있는데 그것은 고베시 변두리의 산 가까운 곳 '움집'의 주민 대부분이 '수없는 조선사람의 노동자'들이라는 점이다. 곧 그들의 비참한 생활 상태를 통하여 일제 식민지 원주민의 삶의 수준을 폭로한 것은 두 가지 의미가 있다. '나' 역시 그 원주민의 하나라는 점과 조선인 노동자가 그와 같은 삶을 영위하게 만든 일제의 비인간적인 조선인 취급에 항의한다는 점이다. 그렇지 않다면 우리에게 다소 충격적인 조선인들의 '움집' 생활을 비교적 자세하게 묘사할 이유가 없다.

고베 시민의 문명개화된 일상생활과 극단적으로 대조가 되는 인간이하의 '움집' 생활이야말로 파괴적 상상력의 작동 없이는 착상될 수 없다. 굳이 이 말을 하는 것은 『十二월 十二일』에서부터 그의 파괴적이고 극단적인 상상력이 동원되고 있다는 것을 강조하기 위해서다.

'나'는 고베 조선소(造船所)의 건구도공부(建具塗工部)의 숙련공으로 취직하여 저금도 할 수 있을 만큼 상당한 액수의 보수를 받게 되지만, '주린 창자를 채이고 남는 돈'은 전부 술과 도박으로 탕진해 버린다. 인생의 무상함을 깨우쳐준 어머니의 죽음과 고베의 이방인이라는 소외의식으로 인하여 허무의식이 증대하였기 때문이다.

> 나는 일터에서 나오는 대로 밤이 깊도록 그대로 시가지(市街地)를 정신없이 헤매이다가 그야말로 잠을 자기 위하여 그 움집을 찾아들고 찾아들고 하는 것일세 (2, 35)

'인생에게는 다음 순간이 어찌될지도 모르는 오직 눈 앞에서의 허무스러운 찰나가 있을 따름'이라는 그의 생각은 모든 것이 가치가 없고 무의미한 것이라는 허무의식에 연유한다. 그것을 일시적이나마 해소하기 위하여 술과 도박에 탐닉한 것이다.

'M'에게 보낸 세 번째 편지로도 알 수 있듯이 그가 나고야(名古屋)로 간 것은 평온무사했던 고베시에서의 생활이 싫증이 난 나머지 나고야라는 '살벌(殺伐)한 항(巷)'에 유혹된 때문이다. 그곳 환락가의 요리점 요리사로 취직한 것도 그 세속적 욕망의 도가니에 뛰어듦으로써 허무의식을 초극하기 위한 것이다.

> (……) 밤마다 모여드는 그 (욕망의) 버러지들을 나는 한없이 비웃으면서

도 그래도 나는 아직 그 타락적 찰나적 생활기분이 남아 있는지 인생에 대한 허무와 저주를 아니 느낄 수는 없네. 그러나 이것이 나의 소생(蘇生)의 길일는지도 모르겠으나 때로 나의 과거 생활의 그릇됨을 느낄 적도 있으며 생에 대한 참된 의의(意義)를 조금씩이라도 알아지는 것도 같으니 이것이 나의 마음과 사상의 점점 약하여 가는 징조나 아닌가 하여 섭섭히 생각될 적도 없지 않으나 하여간 최근 나의 내적(內的) 생활현상은 확실히 과도기를 걷고 있는 것 같으니 이때에 아무쪼록 자네의 나를 위한 마음으로의 교시(教示)와 주저 없는 편달을 바라고 기다릴 뿐일세. (2, 38)

요컨대 '생의 참된 의의'의 발견과 그로 인한 정신적 소생을 바라면서도 아직 그런 상태에 이르지 못한 과도기적 고민을 토로하면서 'M'의 충고를 기다리고 있는 것이다. 이 시기에도 그가 여전히 술과 도박에 돈을 탕진하고 '아무나 만나는 대로 허허 웃고 사는 요사이의 나의 생활은 그다지 나로 하여금 적막과 고독을 느끼게 하지도 않네. 차라리 다행으로 여길까?'라 말한 것을 보면 아직도 허무의식이 청산되지 못했음을 알 수 있다.

이 편지에서 주목할 것은 동생의 외아들 '업'을 처음으로 언급한 것과 요리사로서 만나 친해진 청년을 언급한 것인데 이 청년은 앞으로 그가 서울에서 경영하게 될 병원의 'C간호부'의 애인이다.

'나'의 인생과정에 닥치는 가장 중요한 전환점은 '나'가 '북국(北國)'에서 7년간을 광산 노동자로 살았다는 것이다. '북국'은 단지 '북극권(北極圈)'에 가까운 곳이라고만 언급될 뿐이지 거주지는 언급되지 않는다. 원시림이 울창한 그곳에서 '나'가 광부의 생활을 하도록 한 요인은 이제까지의 허랑방탕한 생활을 포기하고 혹심한 노동을 겪음으로써 자기의 삶에 새로운 탈출구를 발견하려는 충동이다.

'북국'의 생활은 광산에서의 '토로' 사건으로 인하여 큰 변화를 겪는다. '토로' 사건은 광산의 좁은 궤조 위의 '토로'를 탄 '나'가 뒤에서 '맥진'해오는 무인(無人) '토로'와의 충돌을 피할 수 없어서 다리 부상을 당한 사건이다. '나'는 '나'의 '토로'와 충돌하게 될 앞의 '토로' 때문에 브레이크를 걸 수 없었기 때문에 뒤의 '토로'를 피할 수 없었다. 앞의 '토로'를 탄 동료 노동자의 생명을 존중한 나머지 '나'는 큰 부상을 입게 된 것이다.

'토로' 사건이 일어나기 전의 '나'는 여전한 '니힐리스트'로서 인생을 저주하고 부정했었다. 다음 인용에서의 '그들'은 '나'의 대명사와 같다.

> 그들은 인후(咽喉)를 통과하는 격렬한 공기의 진동은 모두가 창조의 신에 대한 최후의 마멸(馬蔑)의 절규인 것일세. 그 음울한 소리를 들을 수 있는 사람은 누구나가 다 ─ 싫다는 것을 억지로 매질을 받아가며 강제되는 「삶」에 대하여 필사적 항의를 드리지 않을 사람이 어디 있겠나. (2, 41)

사람의 식사(食事)를 표현주의적으로 강렬하게 비유하고 있다. 음식물이 목을 넘어가는 과정을 '격렬한 공기의 진동'에 비유한 것은 그 식사를 저주하였기 때문이다. 게다가 그처럼 '공기'를 진동시킨 음식물의 운동은 인류를 창조한 '신'을 욕하고 멸시하는 행동이라는 것이다. '매멸(罵蔑)'을 '마멸(馬蔑)'이라고 바꿔 말한 것은 '신'을 '매멸'하는 인간을 천하게 동물화하기 위한 것이다. '나'는 '신'과 관련하여 에피그램을 만든다.

> 「신에게 대한 최후의 복수는 내 몸을 사파로부터 사라뜨리는 데 있다」고.

그러나 나는 「신에게 대한 최후의 복수는 부정되려는 생을 줄기차게 살아가는 데 있다.」 이렇게 ……;… (2, 43)

결국 '자살'하여 세상을 하직하든, '부정되려는 생'을 줄기차게 살아가든 이들이 '신'에 대한 마지막 '복수'라는 점에서는 공통적이다. 인생에 대한 저주와 부정은 싫은 삶을 강요하는 '신'에 대한 마지막 복수인 셈이다. '나'의 허무주의는 이처럼 철저하다. 그러나 병원에서 부상당한 한 쪽 다리의 치료를 받고 다리 불구자가 된 후에 '나'의 인생관에는 변화가 온다. '나'가 '나의 주위에 있는 동무들의 참으로 근심스러워 하는 표정의 얼굴들'을 보았을 때다. '나'는 고향의 친구 'M'에게 준 편지에서 이렇게 말한다.

나는 다시 그들 동무들에게 감사하며 환계(幻界) 같은 꿈 속으로 깊이 빠지고 말았네. 나는 어머니에게 좀 더 값있는 참다운 삶을 살 수 있게 하지 못한 「내」가 악마 ―신이 아니라― 에게 무수히 매맞는 것을 보았네. 그리고 나는 나에게 욕하였고 경멸하였네. 그리고 나는 좀더 건실하게 살지 않았던 「쿡」 생활 이후 「내」가 또한 악마에게 매맞는 것을 보았네. 그리고 생에 새로운 참다운 의의(意義)와 신에 대한 최후의 복수의 결심을 마음속으로 깊이 암송하였네. (2, 45)

위의 인용은 '나'의 '생의 새로운 참다운 의의'를 마음속으로 명심한 것을 보여준 점에서 중요하다. 그런 심경의 긍정적 변화에는 '동무'라고 친근하게 부른 동료 노동자들의 공동체적 우정에 대한 감동이 작용했음이 틀림없다. 비록 여전히 '신'을 저주하고 부정할지언정 자기의 허무주의적 인생관을 처음으로 자기를 학대하는 내면의 '악마'로 비유하고 있기도 하다. 그래서 '나'의 자의식은 이제까지의 개인주의적 차원에서 공동체적 우정의 차원으로 확대된 것이다. 광산의 그 '동무들'은 조선인 노동자일 것이다. 그들이 일본인이라면 그처럼 환자를 걱정해줄 리가 없다. 그 우정은 민족적 연대의식에 기초한 것이다. 이 우정의 문제와 관련하여 반드시 주목할 것은 '나'가 깊은 '감명'과 '시적 정조(詩的 情調)'까지 느낀 그 '북국'의 지명(地名)이 없다는 점이다. '그 나라 그 북국'(2, 40)이라고만 말했는데 그 곳은 어디인가? '나'는 가는 곳마다 '신호', '명고옥', '동경'이라고 지명(地名)을 밝히면서도 '북국'만은 그 지명을 숨겨 놓았다. ' 그 나라'는 공중에 떠 있는 어떤 먼 나라의 은유일까? '그 북국'의 은유적 의미를 알게 되면 '그 나라'는 어디인지 알 수 있다. '침엽수들이 白重千重으로 포개져 있는'(2, 40) 숲이 있는 곳은 '화태'가 아니라 '시베리아'로 보아야 하지만, 그 숲은 『현대의 영웅』에서 레르몬토프가 '그리운 우리 북쪽 나라'라고[4] 부른 '코카사스'의 숲과 겹친다. 이렇게 본다면 '그 나라'는 러시아다. 귀국열차가 서울역에 도착했을 때 그가 갑자기 '시베리아' 기차를 타고 싶은 충동을 느꼈다는 것이 이를 증명한다.(2, 82) '나'의 이러한 충동으로 볼 때 '그 나라'는 러일전쟁에 패배하기 전의 러시아로 추정될 수 있지만 결코 일본은 아니다. 만일 이것이 일본의 사할린 영유권(領有權)에 대한 부정이라면 그 연장선 위에서 일본의 조선 영유권도 부정되어야 한다. 약 8년 후 귀국열차 안에서 그의 분신(分身)인 '신사'와의 대화에서만 그 '북국'을 '화태(樺太)'라고 밝힐 뿐인데 바로 여기에 작자의 정말 맹랑한 반체제성이

---

4 레르몬토프, 앞의 책, 261쪽.

잠복해있다. 그런 불온한 함의가 있는 소설이 총독부 기관지에 실렸던 것이다.

허무주의적 인생관과 그 극복이라는 『十二월 十二일』의 주제를 전개하기 위하여 이상이 설정한 대립 구도(構圖)가 바로 '나'와 동생 및 '나'와 조카 '업'의 대립관계요, 'C간호부'와 관련된 '나'와 업의 대립관계인데, 이상은 그 대립관계를 원형적(原型的)인 것으로서 독자에게 제시했다. 이를 위하여 '카인'을 언급했고, 숙질간의 반목을 극단적 사건을 통하여 제시했던 것이다. 그럼으로써 독자의 집단 무의식, 또는 집단 기억을 자극하여 감동을 줄 수 있었다. 집단 기억은 우리의 감동을 근원적 감동으로 심화한다. 숙질간의 반목은 여러 유명한 작품에서 취급된 원형적 사건으로서 대표적인 작품이 소포클레스의 『안티고네』, 세익스피어의 『햄릿』, 나쓰메소세키(夏目漱石)의 『마음』 등임은 주지되어 있다.

그런데 그 대립관계 중에서 '나'와 '업'의 관계는 나머지 대립관계와 다른 점이 있었는데, 그것은 분신적(分身的) 관계가 숨어 있다는 점이었다. 그 분신적 관계속에서는 '업'의 예술과 관련된 견해가 '나'의 것일 수도 있고, 둘 다 자기를 때를 잘못 만난 '혜성' 같은 존재로 여기기도 한다. '업'의 방탕은 '나'가 일찍이 탐닉했던 것이기도 하다. 물론 '나'는 '업'의 교만방자한 나르시시즘과 허영심이 없는 허무주의자인 점 그리고 인류적 휴머니스트로 발전한다는 점에서 조카와 결정적으로 다르다.

'M'이 '업'의 학자금을 대어준 것은 친구 '나'가 맡아 해야 할 일을 대신 해준 것이다. '나'에 대한 그의 우정이 얼마나 돈독한가를 알려주는 대목이다. 그러나 '업'의 오만과 허랑방탕한 생활에 심한 환멸을 느낀 나머지 학자금을 끊어버리자 '업'은 그를 원망하게 된다.

이는 모두 편지를 통하여 알게 된 일이다. '나'라는 불구자가 일본의 중심지 '동경'으로 간 것은 뜻깊은 일이다. 식민지적 환경은 원주민을 정신적 육체적으로 불구화시킨다. 식민통치에 순응하지 않는 한 그의 인격은 분열되고 불구화된다. 그러나 '나'라는 '절뚝발이'의 동경여행은 동경으로의 진출이요, 도전과 같다. 그것은 제국주의자의 비인간적인 식민지인 학대에 대한 항의와 같기 때문이다.

동경에서 '나'는 여관을 운영하는 교포를 만나고 그의 동업자가 되며 그의 적지 않은 유산의 상속자가 된다. 이 과정은 너무 소략하게 제시되고 있어서 설득력이 부족하다. 그러나 한 가지 믿음직한 것은 그 교포가 '나'의 인간성을 신뢰한 나머지 그와의 연대의식을 갖게 된 점인데, 이것은 충분히 있을 수 있는 일이다. '나'는 '북국'의 고통스러운 체험을 통하여 모든 고난을 분담하는 우애(友愛)의 정신과 비록 이데올로기적 정치성은 없을지라도 민족의식을 지니게 되었기 때문이다. 친구('M')에게 보낸 마지막 편지에서 그 유산 상속의 도덕적 정당성 여부로 인한 고민을 전한 것은 인간성 타락의 원인이 되기 쉬운 '돈'이 이제 '나'의 도덕적 시련이 될 것임을 예고한다.

이 편지를 끝으로 『十二월 十二일』의 시점은 다시 1인칭에서 3인칭으로 바뀌지만, 그 전환점에 '작자의 각서'가 콜라주처럼 삽입되고 있다. 그것을 쓴 장소('義州路工事場')와 일시('1930. 4. 26')를 밝힌 '각서'에서 이상은 자기의 생활이 '무서운 노[繩] 위에 선 도승사(渡繩師)'의 그것과 같이 위태로우며, '자살'의 행복을 얻지 못한 것을 아쉬워하면서 "펜은 나의 최후의 칼이다"(2, 68)라고[5] 말한다. 버릇이 되다시피 한

5 이상은 이 각서를 『十二월 十二일』 연재 4회분 허두에 콜라주처럼 끼워 놓았다.

자살충동은 '나' 같은 허무주의자로서는 당연시된다.

이 '각서'는 인간 이상 및 예술가 이상의 올바른 이해를 위하여 매우 중요하다. 그가 서울 의주로(義州路)의 건축 공사장에 매일 현장감독으로 출근하면서 원고를 쓴 것은 그가 서재의 예술가나 안락한 집의 예술가가 아니라 행동 예술가임을 보여준 것이며 , 그 길은 앞으로 반체제적 저항의 길로 통할 것이다. 이를 입증하는 작품이 「산촌여정」, 「가외가전」 「첫 번째 방랑」, 「종생기」, 「단발」, 「슬픈 이야기」, 「실화」 등이다.

그의 '자살충동'은 허무의식에 연유하며 앞으로 「첫 번째 방랑」과 「종생기」 등에서도 중요한 문제가 될 것이지만 일제 강점기 작가로서 자학 증세이건 허무주의 때문이건 자살 및 자살충동을 중요한 문제로 삼은 작가는 이상뿐이었다. 자기를 '도승사'로 여길 때 그 줄타기는 불확실성과 위험성에 지배되는 인생과정을 상징하는 동시에 그런 인생과정을 오히려 유희적으로 대하고 취급하는 이상 같은 예술가를 암시한다.

이와 같은 정신상태를 지닌 채 '나'는 귀국열차를 타지만 예기치 않은 인물을 만나게 된다. 곧 '신사' 차림을 한 '철도국 직원'과 동석한 것은 『十二월 十二일』에서 언급된 '모두가 돌연적이었고 모두가 우연적이었고 모두가 숙명적일 뿐이었었다'(2, 21)는 작중 사건의 본질을 또 한 번 입증한다. 귀국열차에서 '나'의 분신을 만날 수 있는 불확실한 가능성을 예시한 징조가 유리창에 자꾸 어리는 '성에'다. '나'가 자꾸 닦아도 어리기만 하는 '성에'는 인생의 불확실성의 상징이다. 그것을 자꾸 닦는 것은 그 불확실성을 걷어내고 싶기 때문이다. 유리창에 '성에'가 어린 그 열차에 '나'의 분신이 불쑥 나타난 것이다.

『十二월 十二일』은 일제 강점기에 처음으로 출현한 분신소설이기도 하다. 염상섭의「표본실의 청개구리」에서 3.1운동 참가자라는 이유로 옥고(獄苦)를 치룬 김창억에게는 주인공 '나'의 이상적 분신의 요소가 있지만, 양자의 분신적 관계는 갈등이 없는 관념적인 수준에 머물러 있었다. 분신적 관계를 갈등적 관계로서 심리적으로 미묘하게 다룬 첫 번째 소설이『十二월 十二일』이며 이상은 에드거 앨런 포의「윌리엄 윌슨」과 도스토예프스키의『분신』의 영향을 받고 있다. R.L. 스티븐슨의『지킬박사와 하이드씨』에 대한 이상의 관심도 지킬박사와 하이드씨의 분신관계에 대한 관심이다. 분신소설의 고전인「윌리엄 윌슨」도 보여주는 것처럼 분신의 특징과 역할은 불가사의성과 본인의 치명적 약점을 이용하여 자신을 괴롭힌다는 점에 있다. '나'의 경우도 같다. 분신과의 만남은 불가할 정도로 돌연적이고, 열차가 서울역에 도착했을 때 그 분신은 삽시간에 어디론가 사라진다. 바꿔 말하면 그의 정체가 아리송한 것이다. '나'와의 대화에서 그 '신사'는 '나'가 일본에서 종사한 직업 따위를 묻기도 하지만, 그의 말이 어디까지나 '그의 급처(急處)를 찌르는 것' 같았던 것은 다른 무엇보다도 '나'가 상속한 돈을 그가 문제삼았기 때문이다. 그 상속이 무상(無償)으로 ('거저') 받은 것이요, 따라서 '횡재(橫財)'와 같지 않느냐는 것이다. 그 역시 '철도국 직원'인지라 기차를 '거저' 타지만 '나'의 경우와는 다르다. '철도국 직원'이기 때문에 무임승차는 도덕적으로 정당하지만 '나'의 경우는 그 상속이 도덕적으로 문제가 되는 것이다. '나'에게 유산을 물려준다는 그 교포의 '유서'에 대해서도 "하— 대단히 편리한 유서로군! 당신 그 창작…"(2, 79)이라고 비꼰다. '유서'를 그가 만든 게 아니냐는 것이다.

'나'와 '신사'의 분신적 관계에서 중요한 것은 그 상속이 반드시 부당한 횡재가 아님에도 불구하고 '나'의 도덕적 양심에 부끄러운 약점을 지적함으로써 상대를 괴롭힌다는 점이지만, 슬기로운 악마답게 그 지적이 우회적이며 때로 연민을 보이기도 한다. 따라서 '나'에게 '그가 무엇인가 유혹하여지는 것'이 있는 것처럼 느껴지는 것도 '분신'의 악마적 유혹성을 확인시키는 대목이다. 심지어 '나'는 오랜만에 동생, 조카, 친구 'M'을 만났을 때도 만남의 친근감에 회의를 느낀 나머지 그 '신사'를 따라가지 않은 것을 후회하기도 한다. 기차가 서울역에 도착하자 '나'는 헤어지기 직전에 그 '신사'에게 "저ㅡ오늘이 며칠입니까?"라고 묻고 "십이월 십이일"이라는 대답을 듣자 "십이월 십이일! 네ㅡ십이월 십이일!"(2, 83)이라고 반복한다. '신사'의 대답은 단순한 것이 아니다. 그것은 '나'를 단단히 묶어버리는 주문(呪文)이 되기 때문이다. '12월 12일'은 '나'가 조국을 떠난 날인 동시에 조국에 돌아온 날이다. 그날의 순환은 '나'가 타고 온 기차의 순환과 같고 앞으로 그 '신사'는 그가 관련된 '기차'처럼 다시 순환적으로 그를 만나게 될 것이다. 귀국한 날 묵게 된 'T씨'의 집 벽에 걸린 달력에서 '12월 12일'을 발견하자 그것이 인쇄된 종이쪽을 찢어서 지갑 속에 넣는 거의 무의식적 동작도 그날의 주력(呪力)에 승복한 탓이다. 그 날은 '나'가 철도 자살을 하게 될 날이다. 모든 순환적 사건은 자연이나 인간의 세계에서나 숙명적인 것이다. '나'에게도 '12월12일'은 숙명적인 날로 감지되고, 그날의 주박(呪縛)을 벗어나지 못함으로써 그날은 치명적인 날이 되고 만다.

'나'가 귀국할 때 소망한 것은 교포의 유산으로 '사회사업'을 하면서 '안일(安逸)한' 생활을 하는 것이었다. 그 교포는 '사회사업'이 아니라 '나' 개인의 편안한 여생을 위하여 '유산'을 써 달라는 것이었지만, '나'는 그런 자기중심적인 생활은 바라지 않았던 것이다.

그러나 실제로 동생과 'M'을 만나자 깨달은 것은 형제와 친구와의 진정한 우애(友愛)의 불가능성이다. 그들은 각자 공리적인 이해관계에 집착하고 있었기 때문이다. 그들과 오손도손 지내고자 한 소망은 부질없는 것이었다. 그래서 이 소설의 주제와 깊이 관련된 아포리즘이 언급된다.

> 모든 것이 모순이다. 그러나 모순된 것이 이 세상에 있는 것만큼 모순이라는 것은 진리이다. 모순은 그것이 모순된 것이 아니다. 다만 모순된 것 모양으로 되어져 있는 진리의 한 형식이다.(2, 88)

인용에서 중요한 것은 '진리'가 '모순의 한 형식'이라고 말함으로써 '진리'를 부정하는 허무주의다. '나'는 다시 허무주의자로 복귀한 셈이지만, 전과 다른 것은 그가 '사회사업'에 종사하는 허무주의자가 된 점이다.

『十二월 十二일』의 후반부는 우리에게 이 장편소설의 근간이 가족사소설인 점을 확인시킨다. 비극으로 끝나게 되는 '나'의 인간관계는 다른 누구보다도 'T씨' 및 '업'과의 관계 때문이지만, 이는 이상의 현실인식이 얼마나 예민하게 세속적 현실에 기초해 있었는지를 입증한다.

'나'와 'T씨'는 대화가 없다. 교포의 '유산'으로 의사인 'M' 명의의 병원을 세우고, 거기서 얻는 수입의 삼분의 일은 꼬박꼬박 'T씨'에게 주기로 약속해도 그는 묵묵부답이다. 이것은 형에 대한 철저한 증오 때문인데, '업'도 여기에 동조한다. 그 이면에는 집의 유산을 독차지한 '나'에 대한 원한이 숨어 있으며, 이는 이상의 백부 김연필의 유산 독차지를 상기시킨다.

물론『十二월 十二일』에서 가장 중요한것은 그 주제인 말세적 허무주의와 그 극복이라는 문제인데 바로 이 점이 이 소설의 실존주의적 성격을 보여주고 있는 것이다. 허무주의를 극복하기 위한 신념이 '나'가 '북국'의 시련을 통하여 도달한 인류적 휴머니즘이요 이것은 유교적 인생관이나 불교적 인생관을 넘어선 신념인데, 이를 단적으로 예증한 사건이 그가 귀국한 뒤에 동생에게 한 '생에 대한 살인적 집착'과 공존하는 '살신성인 애(愛)'다.

> 몇 번이었던가 그의 피와 정성을 한데 뭉치어 (그 정성을 오로지 T씨 한 사람에게 향하여 바치는 정성이었다느니보다는 그가 인간 전체에게 눈물로 헌상하는 살신적 정성이었다) T씨들의 앞에 드린 이 돈이 그의 손으로 다시금 쫓기어 돌아온 것이 헤아려서 몇 번이었던가 (2, 103)

약속한 대로 병원 수입의 삼분의 일을 바친 곳이 'T씨'를 포함한 '인간 전체'인 점이 그의 인류적 휴머니즘을 증명한다. 그러나 그가 아직도 떨쳐내지 못하는 허무주의는 기독교와 밀접하게 관련된 신(神)의 문제를 제기하곤 한다.『十二월 十二일』은 일제 강점기 소설로서는 처음으로 신의 존재와 의미를 추구한 소설이다. 신의 문제와 대결한 소설답게 신을 자주 언급하고 있는 것은 그의 정신적 위기가 더 각박해진 결과다.

어느 날 그는 병원의 책상 위 신문에서 다음과 같은 '기사'를 읽는다.

> 교회당에 방화! 범인은 진실한 신자!

이에 대한 그의 반응은 다음과 같다.

> 그의 가슴에서는 맺히었던 화산(火山)이 소리 없이 분화하기 시작하였다. 그러나 그는 아무 뜨거운 느낌도 느낄 수는 없었다. 다만 무엇인가 변형된(혹은 사각형의) 태양 적갈색의 광선을 방사하며 붕괴되어가는 역사의 때 아닌 여명을 고하는 것을 그는 볼 수 있는 것도 같았다. (2, 111)

'맺히었던 화산의 분화'라는 사건이 '나'의 마음속에서 일어난 것은 말세적 재앙의 발생을 암시한다. 그런 말세적 사건의 상징적 표현이 바로 '태양' 곧 전통적인 '신'의 죽음이다. 전통적 신은 교회적인 신이기 때문에 그 교회 방화범은 소위 무교회주의자로 추정된다. '태양'이 '적갈색'의 피('광선')를 흘리며 죽은 것('붕괴')은 「요한계시록」에 나오는 '내가 지켜보매, 여섯 번째 인(印)을 뗄 때 큰 지진이 나고 해가 검은 양의 털로 짠 상복(喪服)같이 검어지고'에서[6] 암시를 받은 은유적 표현이다. 여기서 문제는 '사각형의 태양'이다. '사각형의 원('태양')'은 '불가능한 일'의 비유로서 '신('태양')의 죽음'이 그 예이다. '적갈색의 광선을 방사'한 것은 '태양'의 출혈을 말한 것으로서 '상복같이 검어진 해'와 마찬가지로 '태양'('신')의 사망을 암시한다.

또 하나의 중요한 문제는 '역사의 때 아닌 여명'이다. 이는 낡은 전통적인 신의 사망 후 역사가 탄생시킬 새로운 세계('여명')를 암시하지만, 그 가능성은 철도 자살을 한 후의 '나'가 '거룩한 성도(聖徒)들'에 끼여 가게 될 낙원으로 암시될 뿐이요 이 역시 「요한계시록」의 영향을 받고

---

6 「요한계시록」 6:12

있다. 따라서 이상에게 「요한계시록」은 오직 독실한 전통적 기독교 신자만을 위한 것은 아닌 셈이다. '나'는 환상한 '태양'의 죽음을 통하여 전통적 기독교를 부정했기 때문이다.

'신의 사망'은 전통적 가치체계와 가치질서의 붕괴를 의미한다. 매사는 유기적 전체성을 상실하고 단편화된다. 그와 같은 말세적 현상의 궁극적 원인을 알리는 신문이 '나'의 병원 책상 위에 있었다는 것도 상징적 사건이다. 왜냐하면 그때 병원에는 공사장에서 부상을 당한 'T씨'가 입원했다가 그 병원이 형의 병원임을 알게 되자 쾌유되기도 전에 나와버렸는데 그 정도로 철저한 형에 대한 증오도 말세적인 성질의 것이다. '나'는 '태양'의 죽음이 초래한 말세적 사건의 와중에 있었던 것이다. 그리고 『十二월 十二일』에서는 '나'와 '업' 그리고 'C간호원' 간의 삼각관계가 초래하는 비극이 바로 그 신문이 예고한 말세적 사건의 결론이다.

김민수는 『이상평전』에서 그 삼각관계를 도스토예프스키의 『카라마조프가의 형제들』에 나오는 그루센카와 표돌 카라마조프, 그리고 그의 아들 드미트리의 삼각관계와 비슷하고 그 영향을 받은 것으로 추정했지만[7], 양자 간에는 차이가 있다. 한 가지 예로 김민수는 '드미트리가 아버지의 여자 그루센카의 육체적 매력에 이끌려' 그녀를 사랑한 것으로 보았지만, 드미트리는 그녀의 '육체적 매력'을 넘어서 큰 인간적 매력 때문에 그녀를 사랑한 것이다.

'C간호부'는 '나'와 '업'에게 운명적인 여자로 판명되기 때문에 그 삼각관계의 의미는 중요하다. 'C간호부'의 매력은 불길한 매력이다. 그녀

---

7 김민수, 앞의 책, 64쪽.

는 비록 저 악마적인 '철도국 직원'과는 달리 어여쁜 악마이지만, 비극적인 여자답게 그녀가 깊이 관련된 사람들에게 불행을 초래한다. 그녀의 오빠는 '나'가 '나고야'에 있는 '명고옥'의 '헤드 쿡'으로서 일할 때 그곳에서 함께 근무한 쿡이었지만 어느 날 사냥터에서 그녀의 애인이 발사한 탄환에 맞아 죽는다. 과실치사죄를 범한 애인은 그 후 행방을 감추었고 그녀는 우연히 '나'의 귀국열차를 타게 되어 '나'의 주목을 받게 된 것이다. 그녀는 '나'에게 동반여행을 생각하도록 할 정도의 유혹자였다.

'나'와 '업'의 비극의 발단은 '업'이 그녀가 사준 해수욕 장비를 가지고 그녀와 함께 의례적인 인사를 하려고 '나'를 찾아왔을 때 발생한다. 그 때 '나'는 그 해수욕 장비를 병원 마당에서 불태워버림으로써 '업'의 원한을 샀고, 그는 복수극을 꾸미기 위하여 새로운 해수욕 장비를 백부로 하여금 제공하도록 한 뒤에 그를 위해 백부가 마련한 새 집의 마당에서 그 해수욕 도구를 소각해버림으로써 '골수에 사무친 복수'(2, 129)를 한다. 애초 '나'가 조카의 해수욕 도구를 소각한 것은 '오해'에 연유했었다. 해수욕 도구를 산 비용은 '나'가 추측한 대로 그의 어머니에게 매달 준 돈이 아니라 'C간호부'가 준 것이었기 때문이다. 그녀가 그에게 해수욕 도구를 사준 것은 모성애에 기반한 것이었다. '업'이 가려는 '바다'는 그 모성적 애정의 심오한 은유다. 그의 해수욕은 C간호부의 모성애에 포용되는 것과 같은 것으로서 평범하고 따분한 일상(日常)을 벗어난 축제인 셈이다. 그런 축제의 기회를 백부가 해수욕 도구를 소각함으로써 박탈한 것이다.

숙부에게 복수를 한 얼마 뒤에 '업'은 병사했는데, 그를 매장하고 귀가하는 '나'와 'T씨'와 관련하여 "그들의 모양은 창조주에게 가장 저주

받고 도주하던 「카인」의 일행들의 모양과도 같았다"(2, 132)고 했다. '나'와 'T씨'의 극단적인 친족 증오를 '카인'을 통하여 비난했지만 '나'는 억울할 수도 있다. 동생을 극도로 증오하지 않았기 때문이다. 그러나 지하(地下)의 '업'으로서는 그런 오해가 가능하다. 아이러니컬한 일이 아닐 수 없다.

'T씨'는 아들의 죽음에 대한 복수로서 형의 병원에 방화하고 그로 인하여 전재산을 잃은 '나'는 모든 참화를 자기 탓으로 돌리고 속죄하기 위하여 철도 자살을 한다. 그의 자살을 전후하여 나타난 인물이 '철도국 직원'과 'C간호부'로서 그들의 출현은 『十二월 十二일』의 작중 사건의 순환적 배치 원리에 맞는 일이다. '철도국 직원'은 철로 수리 현장에서 또 '나'를 만나며, 오늘이 며칠이냐는 '나'의 질문에 전처럼 '12월12일'이라고 대답한다.(2, 67) 그는 '나'의 비극적 운명을 확인해주는 운명신(運命神)과도 같다. '나'가 자살한 직후에 그 철로를 지나가는 열차에 'C간호원'이 타고 있었다는 악몽적 사건도 '나'의 비극적 운명을 확인하는 것과 같다. 그 열차의 창에 낀 '성에'는 '나'의 귀국열차의 창에 서렸던 '성에'를 상기시킨다. 따라서 그것도 귀국하던 날인 '12월12일'이 역시 숙명적인 날이었다는 것을 재확인하도록 한다.

김민수는 '나'가 자살한 후 철로 가에 버려진 영아의 울음소리가 반복되는 점을 중요시하면서 이렇게 말한다.

> 『12월 12일』은 계속되는 비극적 상황에서 우연과 필연의 역설적 상관관계를 다룬 소설이라 할 수 있다. (……) 『12월 12일』을 통해 이상이 말하려는 의도가 분명해진다. 그것은 비극의 연속성과 동시성으로 말미암은 절

망이다.[8]

『十二월 十二일』이 "우연과 필연의 역설적 상관관계를 다루었다"는 논평은 옳지만, 이상의 의도가 '비극의 연속성과 동시성으로 인한 절망'을 강조하는 데 있었다는 견해는 수긍할 수 없다. '나'는 그런 '절망'을 비록 실패할지라도 초극하려고 노력했기 때문이다. 『十二월 十二일』의 주제는 말세적 상황에 처한 주인공의 허무주의와 그 극복이다. 우리는 허무주의를 극복하려고 노력한 그의 의지와 그 과정을 잊으면 안된다. 그런 극복의 노력과 관련하여 그의 대타적(對他的) 자의식이 개인중심주의에서 조선 민족의 공동체적 우정의 체험을 거쳐서 마침내 인류적 휴머니즘의 차원으로 상승한 것을 우리는 주목했고, '신'의 사망으로 인한 말세적 절망을 넘어선 새로운 '역사의 여명'을 기대하고 비록 환상일지라도 「요한계시록」의 영향을 받은 유토피아를 지향한 것도 잊을 수 없다. 『十二월 十二일』에서는 제목 자체가 암시하는 인과적 세계의 구속을 타파하려는 모험이 보다 귀중하게 여겨져야 한다.

『十二월 十二일』은 작자의 창작 의욕만이 아니라 조선 식민통치의 본부인 조선총독부에 근무하는 자기 자신에 대한 진지한 반성과 그 식민지배에 대해 쌓여온 울분이 없으면 결코 나올 수 없는 작품이다.

또한 이 소설은 앞으로 이상의 작품에 나타날 다음과 같은 특징을 예시한 점에서도 매우 중요하다. 자기를 '모든 인간으로서의 당연히 가져야 할 감정의 권리를 초월한 그야말로(중략) 영점에 가까운 인물'로(2, 17) 보는 주인공의 자아 초월은 칼라일의 『사터 리저터스』 주인공

---

8 김민수, 『이상평전』, 그린비, 2012, 67쪽.

토이펠드렉스가 갖가지 시련과 난관을 거쳐서 도달한 경지로서[9] 「지도의 암실」 주인공의 자기무화(無花)나 「동해」 주인공이 참가한 생존경쟁('릴레')에서의 기권도 자기초월로 볼 수 있다. 『十二월 十二일』 작자의 상상력이 종말론적 상상력임은 '태양(神)'의 죽음과 새로운 시대의 '여명'을 언급한 장면으로 입증된다. 『易經)』(계사편)을 인용한 '권두언'도 종말론적 상상력의 산물이다. 『十二월 十二일』의 분신(分身) 소설적 성격은 「불행한 계승」에서도 나타날 것이다. '그 나라 그 북국'이 암시한 국가 부정은 앞으로 이상이 아나키즘을 정치이념으로 선택하게 될 것을 예시한다. 그 밖에도 일제 강점기가 격동하는 비극적 시대라는 인식, 자기가 처한 생활 환경과 고심하여 이룩한 작품에서의 탈출, 불가능한 것을 실현하려는 의지, 습성화된 회의(懷疑)와 자기반성, 이질적인 것들의 몽타주, 남국과 함께 북국을 동경하는 자기모순, 그의 말세의식과 직결된 붕괴감각을 들 수 있다.

9 토이펠드렉스는 자아가 '영'(zero)의 경지에 이름으로써 '무한'한 능력을 얻을 수 있다고 말한다. Carlyle, Sartor Resurtus, Every's Library, 1908, p. 144.

07
초기 시의 문제(1)

이상이 1931년「朝鮮と建築」에 약 30편의 일문(日文) 시를 발표한 것은 현대 한국문학사에 있어서 예외적 사건이다. 그것은 당시의 조선문단에 전혀 알려지지 않았다. 이상이 전혀 미지(未知)의 시인이었기 때문에 그 건축전문 잡지는 널리 알려지지 않았다. 그것은 또한 식민지적 현상이기도 하였는데 그 시인은 건축가이자 총독부 관리였고, 그 작품들이 모두 일본어를 사용했기 때문에 그 잡지에 발표될 수 있었을 것이 틀림없다. 정치적 시각으로 본다면 총독부가 후원하는 건축잡지에 작품을 발표한 것은 굴욕적인 일이라고 부정적으로 볼 수도 있지만, 그런 견해는 옳지 않다. 그 잡지에 발표된 그의 시들 가운데는 반국가적 요소가 잠복되어 있는『十二월 十二일』보다 저항의 반일적 강도(强度)가 높은 작품이 포함되어 있기 때문이다. 그는 그 발표 기관을 이이제이(以夷制夷)식으로 이용했다고 볼 수 있다.

『朝鮮と建築』에 처음으로 발표한 초기 시가「이상한 가역반응」연

작시로서 「이상한 가역반응」 「파편의 경색」 「▽의 유희」 「수염」 「二人」 「BOITEUX · BOITEUSE」 「공복」 6편인데, 이들 중에서 「이상한 가역반응」 「수염」 및 「공복」만이 정치적인 시다. 그 다음으로 발표한 「조감도」 연작 8편은 모두 비정치적인 시들이요, 세 번째의 「선에 관한 각서」 연작을 형성한 7편의 시들도 마찬가지다.

그러나 마지막의 「건축무한육면각체」 연작에 포함된 7편의 시 중에서 「출판법」과 「열하약도No.2(미정고)」는 반체제적인 작품이요, 「AU MAGASIN DE NOUVEAUTES」도 문명비평적인 시여서 정치적 요소가 잠복해 있다. 종래의 이상 연구가들은 거의가 이 초기 시를 비정치적인 성격의 것으로 간주해 왔지만 그것은 오해였다. 그 시들은 정치적인 시와 공존하고 있기 때문이다. 물론 이 초기 시의 그런 이중성격은 『十二월 十二일』을 쓴 조선총독부 관리 이상의 이중성격인 듯 보이지만 『朝鮮と建築』 편집인이 이를 알 리는 없다.

「이상한 가역반응」 연작에 포함된 「파편의 경치」와 「▽의 유희」는 성적(性的)인 상징을 장난스럽게 이용한 유희적인 시들이어서 문학적 가치는 없다. 문학이나 문학적 가치 자체를 우습게 여기는 다다이즘의 정신이 발휘되고 있다. 이 두 편의 시에서 남자와 여자는 '△'와 '▽'라는 시각 이미지로 상징된다. 시각상으로도 '△'는 활기와 마음의 안정을 암시하고 '▽'는 의기소침과 불안을 암시한다. 이 경우 남자와 여자는'△'와 '▽' 같은 유희적인 기호놀이의 도구에 지나지 않는다. 독자를 우롱하려는 악의 없이는 쓸 수 없는 시라 하겠다.

매우 난해한 작품인 「이상한 가역반응」의 보다 정확한 읽기를 위해서는 김민수의 통찰력 있는 해석을 우선 참고할 필요가 있다.

> '과거분사의 상장'이란 이미 완료된 '시대적 추세(時勢)'를 뜻한다. 즉 그것은 앞의 구절 '임의의 반경의 원'을 수식해 새롭게 설정되어 시대적 추세가 되어버린 '일제의 식민지 근대'를 의미한다.[1]

김민수는 위의 '원'을 '일장기, 곧 히노마루(日の丸)'의 은유로 보고 '원 안의 한 점과 원 밖의 한 점을 연결한 직선'에서 전자는 '총독부 건축 기수로서의 현재 자신의 지점'이요, 후자는 '그로부터 탈출한 자신의 지점'으로 본다.

따라서 이 두 지점을 연결하는 직선을 그으면 그것은 자연스럽게 '식민지 근대'에 대한 반역 행위가 된다고 하면서 "직선은 원을 살해하였는가"라는 '도발적 질문을 던진 것'이라고 해석한다. '원'의 '안과 밖' 두 지점 사이에는 '두 종류의 존재의 시간'이 있는데 하나는 총독부 통치 순응자로서 그 혜택을 누리는 인사이더의 시간이고 또 하나는 그 혜택을 받지 않는 아웃사이더의 시간이다. 후자로서의 이상은 '원 밖으로의 탈주를 꿈꾼다'고 말한다. 총독부의 작품인 '짝퉁 근대화의 노예'가 되기 싫기 때문이다. 그는 '하얀대리석건축물'을 '총독부신청사'로 본다. 다음이 시에 대한 평가다.

> 그것은 일제 '식민지 근대화'에 대한 모반을 선언한 엄청난 시였다. 그는 자신이 총독부 기수로 있으면서 시를 발표하게 된 진짜 속내를 절묘하게 은폐시키고 표명했던 것이다. 그의 반역의 속내가 바로 '가역반응'이었다.[2]

---

1 김민수, 『이상평전』, 그린비, 2012, 203쪽.

2 위의 책, 205쪽.

과연 「이상한 가역반응」은 일제에 대한 '모반을 선언한 엄청난 시'일까? 그렇지는 않다. '모반'의 의지는 있지만, 그것을 '선언'한 것은 아니기 때문이다.

문제는 "직선은 원을 살해하였는가"에 있다. '직선'이 '원'(조선총독부)의 살해 무기가 되려면, 그것은 '원 안의 한 점과 원 밖의 한 점'을 '연결'하는 게 아니라 '원'밖의 '점'이 '원' 안의 '점'을 '횡단'해야 한다. 두 점의 '연결'은 이상이 두 계층이 반목하지 않도록 행정적으로 도왔다는 뜻으로 그의 총독부 관리로서의 역할을 인정한 셈이다. 그 살해 무기('직선')의 파괴력이 약해진 것은 총독 정치에 순응하면서 저항한다는 양면 전술을 썼기 때문이다. 따라서 면종복배적인 모반의 의지는 있었지만 그 과감한 실천은 불가능했기 때문에 "직선은원을살해하였는가"라는 의문형 표현이 나온 것인데, 이를 입증하는 것이 "목적이없었던만큼냉정했다"는 구절이다. 그의 반역의지는 자연발생적인 것으로서 어떤 정치적 이념에 기초한 목적의식은 없었다. 그래서 웅장한 '백대리석 건축물'로 상징된 조선총독부의 위압에 현실적으로 맞서기 위한 방법('처분법')도 '감상주의'적 차원에 머무르게 된다.

김민수의 「이상한 가역반응」에 대한 해석에서 또 하나 문제가 되는 것은 '태양'과 관련된 것이다. 그는 '태양'을 일본 또는 총독부의 은유로 보았는데 부당하다. 『十二월 十二일』에서 '태양'은 '신(神)'의 은유였다. 이상은 이 소설에서 암시된 대로 무교회주의자일지라도 말세적 현실에서의 구원을 기독교 신앙에서 찾아보고자 했다. 그 '태양' 아래의 모든 것은 '현미경'의 경우처럼 '인공'이든 '자연'이든 차별이 없다. 그러나 그와 같은 '신'('태양')이 지배하는 세계에 어떤 '발달'도 '발전'도 없는 점이 분하다는 것이다. 그의 '태양'에 대한 반항은 "태양이땀에젖은등을비추었을때그림자는(배은망덕하듯이)등의전방에있었다"(「이상한 가역반응」, 1, 96-97)는 구절로 입증된다. '땀'은 「수염」에서 '힘겨운 노동'의 은유였다. 농부의 '땀에젖은등'을 햇빛으로 위로해 주는 분은 '태양'이지 '일본 또는 총독부'일 수는 없다.

이렇게 볼 때 「이상한 가역반응」은 총독부에 대한 '모반을 선언'한 시가 아니라, 총독부에 근무하면서 자주 참기 어려웠던 반체제적 저항충동을 소극적으로 암시한 시인데, 그 저항충동은 화자의 기독교 신앙에 대한 부정적 경향과 공존하고 있다는 점이 밝혀진다. 만일 김민수가 「이상한 가역반응」을 반체제적인 작품으로 간주했다면 『朝鮮と建築』에 발표된 「출판법」과 「공복」 「열하약도No.2(미정고)」 및 항일적인 요소도 잠복한 「수염」도 거론했어야 하는데, 김민수는 이 시들을 외면하고 있다.

「이상한 가역반응」에 대한 논평의 약점은 총독부의 '식민지 근대화'를 건축물 중심으로 따짐으로써 르 코르뷔지에를 배운 이상에게 총독부가 세운 근대 건축물을 '짝퉁 근대'로 보도록 한 점이다. 이는 총독부의 가장 악랄한 식민 지배의 수단이 원주민에 대한 언론의 탄압, 수탈, 우민화에 의한 근대화의 저지에 있었던 점을 간과한 소치이다.

앞에서 김민수의 『이상평전』이 이상의 세계에 대한 전체적인 관찰이나 그의 정신적 발전을 염두에 둔 관찰에 기초하고 있지 않다고 지적했지만, 그런 경향은 이상의 초기작 논평에서부터 나타났다. 그는 초기작을 전체적으로 관찰하여 분석하지 않았다.

「수염」은 그 자체의 문학적 가치와 더불어 이상이 앞으로 쓸 중요한 시의 주제나 핵심적인 말의 의미를 예시한 점에서 반드시 주목해야 된다. 「수염」을 포함한 연작의 제목 '가역반응'은 이 시의 경우도 어김없이 도덕적 정치적인 상식이나 정도(正道)의 일탈을 암시한다. 그 일탈이 그의 초기 시부터 나타난 악습임이 이 시를 통해서도 확인된다.

제1연에서 '눈'이 있는 '처소'에서의 '삼림'은 '눈썹'의 과장으로서 보통 눈썹의 일탈이요, 그런 눈썹을 가진 눈의 웃음은 음험할 수밖에 없다. 본래 '삼림'은 비밀이 많은 숨은 곳이기 때문이다. 이승훈처럼 '눈'은 여성의 성기, '살림'은 여성의 음모(陰毛)의 상징으로(1, 108) 볼 수도 있다.

'삼림'과 관련된 또 하나의 문제가 생길수 있는 것은 이 '삼림'이 얼굴의 환유일 수 있기 때문이다. 이 경우 '삼림'은 그 얼굴의 '수염'인데, 이상의 작품에서는 정치적 의미가 있다. 「첫 번째 방랑」에서 언급된 '턱수염'은 사회주의자나 아나키스트의 공통적 특징이다. 앞으로 이상은 민숭민숭한 얼굴이 아니라 '수염'을 짙게 기른 정치운동자나 '무뢰한'을 선호할 것이다. 「수염」의 부제에서 '鬚 · 髭 그밖에수염일수있는모든것들 · 모두를이름'이라 하여 제일 먼저 '턱수염(鬚)'을 들고 있는 것은 그 수염에 대한 이상의 선호를 암시한다. 「서간8」에서 이상이 자기를 '무뢰한'에 비유한 것도 그 당시 일본에서는 그 은유가 사회주의자나 아나키스트를 암시하기 때문이다.

제2연의 '홍당무'는 '눈' 아래의 그것이지만 보통의 단정한 코의 모양을 일탈한 것으로써 '홍당무'처럼 크고 조잡하다. 남성 성기의 상징이다.

「수염」에서는 정치적 성격이 뚜렷한 제5연이 가장 중요하다. '일소대의 군인'이 '전진'한 방향이 '동'인 동시에 '서'인 것은 비이성적인 일탈 행위로서, 강대국의 침략전쟁을 암시한다.[3] 그 결과 '운동장이 파열하

---

3 프란츠 파농은 "식민주의자는 생각하는 기계(機械)가 아니요, 이성(理性)이 주어진 육체가 아니다. 그것은 자연상태의 폭력이어서 오직 보다 큰 폭력을 만나야만 극복

고 균열'되는데, 그 '운동장'은 피침략국 '영토'의 은유요, '운동장'의 '갈라진 틈'은 '망국(亡國)'의 비유다. 물론 '일소대의 군인'은 '막강한 군대'의 반어적(反語的) 비유다. '균열'은「종생기」 허두의 '극유산호(郤遺珊瑚)一'의 '郤'을 예시한다. 제국주의자의 미친 듯한 침략('전진')은 '무의미한' 것이기는 고가하고 오히려 위험천만한 것이다.「종생기」를 대담하게 '극유산호一'로 시작할 때 이상은 틀림없이「수염」 제5연을 염두에 두었을 것이다.「수염」의 작자인 반체제적 경향의 시인은 핵심적 주제를 제5연에 담았던 것이다.

제6연의 '삼심원'은 정상적인 '원'이나 '이심원'의 일탈로서 위에서 말한 침략군대의 광기(狂氣)도 '삼심원'적인 성질의 것이다.

제7연에서 농부가 '밀가루포대'에 밭에서 훔친 '조'를 가득 채운 것은 범죄다. 그는 도둑질에만 정신이 쏠려 있기 때문에 잠시 동안이나마 '달밤'의 정취를 즐길 여유가 없다.

제8연에의 '도둑질'에는 작가의 표절행위도 포함된다. 그러나 이는 창조적 표절일 수도 있어서 표절을 아예 하지 않을 수도 없다. 그렇지 않으면 문단의 걸인(乞人) 신세로 타락할 수도 있기 때문이다.

'창녀'와 관련된 제9연은 이상이 '창녀'와 관련된 작품을 적지 않게 쓴 것을 상기할 때 특별히 주목할 만하다. 그는 "창녀보다도더욱정숙한처녀"의 역설(逆說)을 통하여 '처녀' 이상의 정신적 순수성을 가진 '창녀'를 극단적으로 옹호한다. 이와 관련하여 도스토예프스키의『죄와 벌』의 소냐와 모파상의『지방 덩어리』의 '창녀'가 상기된다. 자기희생적인

할 것이다"고 말했다.(Franz Fanon, *The Wretched of the Earth trans-Constance Farrington*, Penguin Books, 1974, p.48.

정신의 화신인 이들은 여염집 처녀와 비교가 안될 만큼 청순하다. 이상은 이미 정조를 잃었고 그것을 경멸하는 '창녀'가 오히려 정조를 지킨 '처녀'보다 더 '정숙'하다는 역설을 통하여 정조의 순수성이라는 인습적 관념을 팽개쳐 버린 것이다. 여기서도 인습적 관념에서의 일탈의 자유가 구가된다.

마지막 연에서 이상은 소위 '만물의 영장'이라는 인간을 일탈한 '말'로 환원하는데 이때 그 동물은 힘겨운 노동 담당자가 된다. '땀'도 그런 노동의 상징이며 인간을 '말'로 환원한 순간, 그 '땀'의 귀중한 뜻이 피부로 전해오는 것 같다.

이상은 이 시를 조선총독부 사무실에서 썼을지도 모른다. 그가 언급한 '산보'는 매일 '말'처럼 기계적으로 반복하는 '사무'의 일탈이요, 그렇다면 그것은 일제의 조선 식민지배에 대한 가벼운 저항운동이다.

또한 이상에게 연일의 '하늘의푸르름'은 쳐다보기도 싫은 권태스러운 것이기 때문에 '폐쇄주의'자로서 총독부 관리의 일상에서 일탈할 수밖에 없다. 그럼으로써 업무태만죄를 자초(自招)할 것이다.(1, 106-108)

「수염」도 조선총독부의 성실한 직원인 동시에 저항자로서의 이상의 양면성을 입증한다.

「공복」도 정치적인 시이지만 노장사상의 영향이 짙다. 그의 시에서 노장사상의 영향이 정치 문제와 관련된 것은 이번이 처음이다.

「공복」의 작자는 그 당시 항일투쟁에 뛰어든 민족주의파와 사회주의파의 갈등을 잘 알고 있었다. '군웅할거'와 '전쟁'이 그 좌우(左右) 양파의 갈등('전쟁')의 비유다. 이 경우 기회주의('중간')는 배제된다. 그러나 이 시에는 결코 비켜가면 안될 문제가 있다. 아무리 그 양파가 '전쟁'

을 할지라도 "내 체온은 적당스럽고/내 희망은 감미로웁다"고 하여 그 갈등에서 초연하고 "시체도 증발한 다음의 고요한 월야를 상상한다"는 마음의 여유를 보였지만, 그 정치적 문제의 미해결로 인한 정신적 허기(虛飢)는 채워질 수 없을 것이기 때문이다. 과연 「공복」을 발표한 지 얼마 안되어 이상은 「출판법」과 「열하약도No.2(미정고)」를 통하여 반체제적 저항을 시도했다. (그리고 「공복」에서의 정치적 문제인 '좌우'의 충돌은 약 3, 4년 후의 단편소설 「환시기」와 여행소설 「첫 번째 방랑」 및 시 「파첩」에서도 중요한 문제로 재등장한다.) 「공복」에서는 '좌우'의 문제를 물질적 소유물('과자봉지')의 문제로 환원시킨 것도 문제가 된다. 화자는 '바른손'과 '왼손'의 '과자봉지' 독점을 위한 경쟁 끝에 "이손은화석하였다"고 말함으로써 '무소유'의 경지에 이르고 이렇게 말한다.

> 이손은이제아무것도소유하고싶지도않다소유된물건의소유된것을느끼기조차하지아니한다.(1, 114)

이 '무소유'는 장자(莊子)의 영향을 받기도 한 오스카 와일드가 평론 「사회주의 하의 인간의 영혼」(1898)에서 찬양한 것이기도 하다. 와일드는 " '모든 소유'보다 값진 것이 인간의 '개성'이다. '개성이야말로 아무것도 소유하지 않으면서 모든 것을 소유한다.', '소유'보다 중요한 것이 '존재'다"고 말했다.[4] 염상섭도 이 평론의 영향으로 『만세전』에서

---

4 Oscar Wild, "The Soul of Man under Socialism," *The Critic as Artist*, Chicago University Press, 1967, p.261.

'무소유의 사랑'을 지향했다. "내 체온은 적당스럽고 내 희망은 감미로웁다"고 말할 때 그 '희망'은 막연하지만 한 가지는 문맥상 분명하다. 그것은 적어도 물질적 소유욕, 특히 사유재산의 욕망에 기초하지 않은, 그리고 '자연'과 융합된 이상적 사회의 '희망'일 것이다. 그의 몽상적 '희망'에 항의하는 '천진하지 못한('천진한')' '촌락'의 개를 '축견'이라고 경멸적으로 말한 것은 '가축'도 사유재산에 속하기 때문이다.

이상의 생애와 작품을 돌아볼 때 우리는 반드시 그의 「선에 대한 각서」 연작을 중요시해야 된다. 이 연작의 작자는 조선총독부 건축 기수인 동시에 문학의 기사였다. 건축 기술자로서의 이상을 우리는 기억하고 있기 때문에 수학과 물리학에 대한 전문적 지식을 과시하는 듯한 이 연작을 건너 뛸 수는 없다. 그러나 이 연작은 난감한 문제를 안고 있다. 예술과 수학은 양립될 수 없다. 수학의 세계는 추상적이고 합리적이지만, 예술가의 상상력과 이미지의 세계는 얼마든지 비합리적일 수도 있기 때문이다. 게다가 수학 또는 수식(數式)의 개입은 주제의 통일성 있는 구성과 전개를 저해한다. 또한 수학적 언급으로 인하여 문학의 존재 이유의 하나인 독자와의 의사소통이 불가능해지기 쉽다. 결국 그 책임은 수학적 기호나 수식의 비인간적 성격에 돌아간다. 그래서 「오감도시제5호」에서 숫자들을 뒤집어 인쇄함으로써 숫자의 인간화를 그로테스크하게 시도했지만 설득력은 미약하다.

이런 점에서 수학적 재능도 뛰어났던 에드가 앨런 포가 그의 시에 수학을 개입시키지 않았던 것도 수긍된다. 따라서 문학과 수학의 융합을 시도한 이상은 세계문학사에서 그 유례가 없는 정말 특이한 시인이라고 말해도 과언이 아니다.

「선에 관한 각서1」에서 주목되는 것은 '(우주는멱에의하는멱에의한다)' '축X 축Y 축Z' 같은 수학적 화제와 비수학적 화제의 균형이 어긋난 공존이지만 우리의 관심은 후자로 기울어진다. 그 화제의 핵심은 덧없는 것과 영원한 것의 문제다. 가령 사람이 '시간여행'을 하여 '광선'보다 빨리 달린다면 '태고의 사실'을 볼 수 있겠지만 그것 역시 끊임없이 변하고 '붕괴'하는데 이는 인간의 '생리작용'에서 일어나는 현상과 같다. 그렇다면 '영겁인영겁을살릴수있는' '생명'은 인간의 생명을 초월한 '광선'뿐이라는 것이다.(1, 147-148) 영원한 것의 회의나 부정이 근대인의 정신적 질병인 상대주의적 세계관의 산물이라면, 그것이 궁극적으로 도달하는 것은 극단적 부조리로 인한 가치관의 혼란일 것이다. 따라서 이 시의 결어(結語)가 '지구는빈집일경우봉건시대는눈물이날만큼그리워진다'인 것도 당연해 보인다. '봉건시대'는 대체로 신(神) 중심의 세계관으로 인한 안정기였기 때문이다. 그러나 문제가 남는다. 그 '봉건시대'에 필수적이었던 종교적 신앙의 빛을 오늘의 세계('지구')는 바랄 수 없다. '빈집'은 신앙의 공백이다. 그렇다고 해서 영원한 생명으로서의 '광선'이 신앙의 대상일 수는 없다.

김민수는 「선에 대한 각서1」이 "이상이 1920년대 말까지 진행된 신건축(新建築)을 비롯해 양자역학 및 상대성이론에 기초해 새로운 세계와 인간의 탄생을 표명한 자아 선언문에 해당한다"고[5] 말한다. 그러면 이 시에서의 '자아'에 실체가 있는가? '새로운 세계와 인간의 탄생'을 실감한 독자는 얼마나 될까? 이 물음에 긍정적으로 대답할 독자는 별로 없을 것 같다. 이 시에서 언급된 수학과 물리학의 완전한 이해가 없이는 그것을 실감할 수 없기 때문이다. 바로 여기에 이 시와 이 시에 대한

5 김민수, 『이상평전』, 그린비, 2012, 219쪽.

김민수의 해석의 뚜렷한 한계가 있다.

「선에 대한 각서 2」에서 우리의 눈길을 끄는 것은 '유클리드 기하학'과 그 해로운 작용에 대한 화자의 부정이 아니라, 화자와 활력이 강한 '凸렌즈'로 상징된 아버지의 관계다. 화자는 '凸렌즈'의 존재를 거부하기 때문에 우주적 생명력이 충만한 '대기의 층'들이 '凸렌즈'가 되지 않은 것을 다행스러운 일로 여긴다.(1, 150-151) 이상이 '유클리드 기하학'을 '凸렌즈'와 같은 위험한 '불장난'으로 여긴 것도 아버지로 상징되는 남성중심주의, 또는 이성(理性)중심주의를 배척하기 때문이다. "사람은 탄생하라. 사람은 절망하라"고 말한 것은 그의 고정관념이 된 '불행한 탄생'을 달리 표현한 것이다. 인용에서의 '사람'은 '이상' 자신이다. '사람'을 비인칭적 주어로 내세우는 글쓰기는 에피그램에서 자주 볼 수 있으며 그 이면에는 우리의 삶과 사유를 구속하는 시간을 초월하려는 소망이 숨어 있다. 이상은 이같은 글쓰기를 『十二월 十二일』에서부터 시도했었다.

「선에 대한 각서 5」도 주로 화자의 탄생을 부정하기 위한 작품이다. '사람'이 '시간여행기'를 타고 '광속'으로 전진하여 과거로 돌아가면 그의 현재의 나이는 얼마든지 '취소'('진공')될 수 있기때문에 '탄생'이 취소될 수 있고 결혼도 두 번 세 번 할 수 있다는 것이다.

시간여행의 선구자가 있으니, 바로 괴테의 『파우스트』의 주인공 파우스트다. 바그너의 인조인간 호문클루스의 안내를 받아서 저승으로 간 그는 스파르타의 왕비 헬레나를 땅 위로 데려와 그녀와 동거생활을 했으므로 그렇게 다시 젊어진 그의 '행복'을 즐겨보라고 이 시의 독자들에게 권유한다. 그러나 '나'는 자기를 메피스토펠레스와 동일시한다.(1-157-158) 항상 악을 바라면서 선을 이루는 그는 파우스트의 끊임

없는 정신적 향상의 자극제가 되어주었기 때문일 것이다. 시간은 중층화되곤 한다. '미래로달아나는것이과거로달아나는것이다'라는 말이나 '무수한 과거', '과거와현재의일치' 등에 의하여 시간의 중층화가 암시된다. '무수한 나'에 대응하는 것이 무수한 차원의 시간이다.

'시간여행'과 관련하여 중요한 것은 "사람은한꺼번에한번을달아나라.최대한달아나라"고 권고한 점이다. 이는 『빌헬름 마이스터의 수업시대』에서 빌헬름의 거의 필사적인 탈출의 욕구를 상기시키는 구절로 화자(이상)도 그의 심신을 구속하는 현재에서의 탈출을 열망한 것이다. 「선에 관한 각서」들에서 '시간여행'을 여러 번 암시한 것도 그 때문일 것이다.

「선에 관한 각서 6」에서 어떤 숫자들에게는 '질환'과 '시적인 정서'가 있다고 말한 것은 '숫자의 성태(性態)'나 '숫자의 어미'와 마찬가지로 숫자를 인간화한 것으로서, '원자 구조로서의 일체의 운산의 연구' 같은 물리학적인 화제보다도 훨씬 구미를 당긴다. 앞으로 「오감도시제5호」에서는 괴상한 숫자판으로 상징된 병든 사회는 '책임의사'의 진단을 받게 될 것이다. 이 작품에서 가장 중요한 구절은 '사람은 영원한 가설이다'(1, 160)는 인간에 대한 정의일 것이다. 그는 동역학적인 가설적 존재이기 때문에 고정된 정의(定義)가 있을 수 없다. 바꿔 말하면 그는 경계적(境界的) 인간이다. 이상의 문학은 늘 '경계'라는 문제를 안고 있다. '경계'는 '십자로'로 비유된 정신적 위기다.

「선에 관한 각서 7」이 주목되는 것은 '광선'에 인간의 감정을 투사하고, '시각'의 한계를 암시한 때문이다. '시각'은 지성적 분석적 감각기관이지만, 동시에 공리적 '계량'의 기관이기도 하다. 인간의 소유욕을 만족시키는 것이 '시각'의 기능이기도 하다는 것이다. 그래서 '시각'을 부정적으로 말하곤 한다.

> 시각의 이름은 사람과 같이 영원히 살아야 하는 숫자적인 어떤 일점이다 (……)
>
> 시각의 이름은 건망하라 (……)
>
> 시각의 이름은 광선을 가지는 광선을 아니 가진다 (……) (1, 164)

이처럼 '시각'은 영원히 '사람'과 함께 있을지라도 인간 '영혼'의 상징일 수 있는 '광선'과 무관한 것으로 간주되기 때문에 '시각'의 특권('이름')을 잊으라고 권고한다. 그가 '시각'에 의한 '하늘'의 여러 가지 뉘앙스가 다른 이름들을 '대단히 갑갑한 지방색'이라고 못마땅하게 여긴 것도 당연하다.

이렇게 볼 때, 「선에 관한 각서」 연작에서 수학적 물리학적 문제와 그 범주가 다르고 그 문제보다 훨씬 중요한 실존적 문제들이 밝혀진다. 그것은 그 자신의 불행한 탄생 및 그 초극 그리고 합리적인 시각중심주의에 대한 거부감, 특히 시간을 초월한 세계로의 탈출 충동이다.

한국문학사에서 마땅히 거론했어야 할 놀라운 문단적 사건은 이상의 창녀문학이다. 그만큼 창녀를 소재로 작품을 많이 쓴 작가는 없다. 「날개」「종생기」「봉별기」「애야」의 여주인공이 창녀요, 「지주회시」의 여주인공인 카페여급도 창녀와 다름없다. 시의 경우 열 편이 넘는 작품의 주인공이 창녀다. 「광녀의 고백」(1931)이 그의 최초의 창녀 시라면, 「애야」는 최초의 창녀소설이다. 유교적인 가부장(家父長)이었던 김연필이 『朝鮮と建築』에 실린 이 창녀 시의 작자가 그의 조카임을 알았더라면 대경실색했을 것이다. 그것은 가문의 체면을 더럽힐 것이기 때문이다.

우리는 이상의 창녀 체험을 알 수 없다. 직접 창녀를 체험하는 동시에 그의 애독서인 도스토예프스키의 『죄와 벌』이나 보들레르의 시 또는 창녀들과 친했던 화가 툴루즈 로트렉 등을 통하여 창녀에 관심을 갖게 되었을지도 모른다. 「광녀의 고백」의 창작에 영향을 준 이바라사이가쿠(井原西鶴)의 『好色-代女』 같은 창녀소설이 그의 창녀 체험의 하나일 수도 있었을 것이다.

「광녀의 고백」 여주인공 'S자'를 '광녀'라고 한 것이 예사롭지 않다. 이 시에서는 사회에서 가장 미천한 신분인 창녀의 광기(狂氣)를 신성한 광기로 여긴다. 그녀는 매음에 의한 자선(慈善)에 미친 듯이 매달리는 말하자면 성(聖) 창녀다.

> 얼굴은 여자의 이력서다. 여자의 입(口)은 작기 때문에 여자는 익사하지 않으면 안되지만, 여자는 물처럼 이따금 거칠어지기도 한다. 모든 밝은 태양들 아래에서 여자는 정말 맑은 물처럼 표류하고 있지만 정말 조용하고 미끄러운 표면은 자갈을 삼켰는지 안삼켰는지 항상 소용돌이를 치고 있는 피부가 벗겨진 순백색이다.[6]

이상은 약소한 몸으로 남자의 성폭력의 대상인 창녀의 생활을 '익사'에 비유한다. '익사'라는 가혹한 시련을 통하여 그녀는 독실한 불교신자로 재생한다. '밝은 태양'은 고객인 남자들의 은유다. 그녀의 피부는

---

6 인용은 필자의 번역임. '피부가 벗겨진 순백색'의 일본어 원문은 '剝げた純白色'이다. 문학사상사 판 『이상문학전집 1』에서는 이 구절이 '퇴색한 순백색'으로 번역되어 있는데 오역이다.

'조용하고 미끄러운 (물의) 표면'에 비유된다. 인용에서 가장 뜻깊은 구절이 '피부가 벗겨진 순백색'이다. 그녀는 그의 '피부'를 한 꺼풀 두 꺼풀 벗기는 참담한 고행(苦行)을 통하여 남자의 억센 폭력('자갈')을 감수(甘受)하는 자선을 베푼다는 것이다. '순백색'은 매음생활로 더럽혀질수록 그녀의 영혼은 더없이 청순하다는 역설이다. 그녀('물')가 이따금 미친 듯 거칠어지기도 하는 것은 조용히 순종만 할 수 없기 때문이다.

「광녀의 고백」이 극히 난해한 것은 쉬르레알리즘적인 수법이 사용된 탓이다. 가령 '항상소용돌이를갖는퇴색한순백색'의 경우 그 '소용돌이'는 몸도 마음도 한시도 쉴 틈을 주지 않을 만큼 분망한 창녀생활의 몹시 정서적인 은유다.

이 창녀가 한 자선사업의 예를 들어보자. 먼저 그녀의 집에서 빈틈을 노려 물건을 훔치려는 남자에게 선수를 쳐서 그 물건을 주어버린다. 고객이 칼을 찬 '군인'일 경우 그녀는 그와 언쟁을 하듯이 여러 가지 문제로 토론을 함으로써 그를 가르쳐준다. 특히 '홀아비들'에게 그녀는 '보살'과 같은 존재로서 그들을 '나한(羅漢)'으로 상승시킨다는 것이다. 그러나 그녀는 "이다지도신선하지아니한자선사업이또있을까요하고여자는밤새도록고민"하기도 한다. 그 '자선사업'은 이미 순수성을 상실한 창녀의 신분으로 한 것이기 때문에 '신선하지' 않다는 자괴감으로 인하여 '고민'하는 것이다.

그녀의 매력은 그 '자선사업'에만 있지 않다. 그녀는 자연과 천진난만하게 융합되기도 한다.

> 여자는 오로라를 본다. 데크의 구란(句欄)에서 북극성의 감미로움을 본다. 거대한 바닷개(海狗)의 잔등을 무사히 달린다는 것이 여자로서 과연

가능할 수 있을까 (1, 136)

하늘의 '오로라'와 '북극성'과 친밀하고 '바닷개'의 잔등을 달리고 싶을 정도로 그 동물을 좋아한다는 것이다. 이 시에서 또 하나의 감동적인 구절은 다음과 같다.

> 여자의피부는벗기고벗기인피부는선녀의옷자락과같이바람에나부끼고있는참서늘한풍경 (……) (1, 136)

자기희생을 위한 가혹한 시련에 대한 하늘의 보상(補償)처럼 그 여러 겹의 벗긴 '피부'들이 역설적으로 순수무구해서 '선녀의 옷'처럼 서늘하게 아름답다는 것이다. 이 시의 끝말은 다음과 같다.

> 여자는이제는이미五百羅漢의불쌍한홀아비들에게는없을래야없을수없는유일한아내인것이다. 여자는콧노래와같은ADIEU를지도의에레베에숀에다고하고No. 1-500의어느사찰인지향하여걸음을재촉하는것이다. (1, 136)

자기의 '이름'을 비롯하여 모든 것을 버린 그녀는 地上('지도')의 높은 곳('에레베에숀')에 사는 사람들을 작별하고서 몸을 낮추어 자기가 '나한'으로 높여준 '홀아비'들이 사는 곳('사찰')으로 간다.

그녀와 같이 자기희생정신의 화신이 된 모델이 『죄와 벌』의 소냐였는지, 와일드의 동화 「행복한 왕자」의 왕자였는지 모르겠지만, 이바라 사이카쿠(井原西鶴)의 『好色一代女』의 여주인공인 창녀는 아니다. 그녀는 어느 날 대운사(大雲寺)에 참배하러 가서 '오백나한'당(堂)에 들

렀을 때 그 '오백나한'이 모두 자기와 성관계를 한 남자들이어서 심한 번뇌에 사로잡혀 연못에 투신 자살하려고 했지만 구조되자 부처님을 열심히 섬기게 된다.[7] 그도 그럴 것이 그녀가 관계한 남자는 만 명이 넘었기 때문이다. 그러자 그 길로 출가(出家)하여 부처님을 섬기게 된다. 「好色-代女」는 이 비구니의 참회 이야기다. 이상과 사이가쿠는 불교의 거룩한 진면목을 가장 추한 현실 속에서 발견하려고 한다.

『好色一代女』의 창녀는 '광녀'와 달리 천성적으로 호색형 여자다. 그리고 '광녀'는 그 '사찰'의 '오백나한'이 비록 떳떳하지는 않지만 자기가 해준 자선사업의 혜택을 본 고객이었기 때문에 『好色-代女』와는 달리 그 앞에서 참회할 필요가 없다. 여기에 그녀(李箱)와 그 노파(西鶴)의 결정적인 차이점이 있다. 한편 이 사회의 천민인 창녀가 거룩한 '나한을 잉태'한 사건의 설정은 성(聖)과 속(俗)의 차별의 해소나 그 전도(顚倒)가 가능한 카니발적 상상력의 산물로서 그것은 앞으로 그의 작품에 빈번하게 나타날 카니발적 사건의 예고이기도 하다.

「광녀의 고백」에서 그녀의 고백은 이 시 전체를 관통하고 있지만, 표면상으로는 두 번만 나오는데 그것은 그녀의 방으로 물건을 훔치러 온 사람에게 선심을 쓴 사건과 그녀 자신에게는 일상적인 거처가 없다는 사실에 대한 고백이다. 그녀는 떠돌이 자선사업가였던 것이다.

「광녀의 고백」은 이상이 그의 휴머니즘을 위해서라면 소위 선남선녀들이 피하는 어떤 낮은 곳으로도 내려갈 수 있다는 것을 보여준 작품으로서, 이를 위하여 떳떳하게 내세운 여주인공이 '창녀'였다. 『十二월 十二일』과 더불어 초기의 이상에 대한 불교사상의 영향을 입증해준 작

---

7 井原西鶴, 『好色一代女』, 《西鶴集》上, 岩波書店, 1972, p.451-454.

품이기도 하다.

「홍행물천사」는 '어떤 후일담으로'라는 부제(副題)로 볼 때 「광녀의 고백」의 '후일담'으로 추정된다. 「광녀의 고백」에 나옴직한 사건과 심층적 의미가 보이기 때문이다. 가령 이 시의 여주인공도 자연과 친밀하게 교감하고 자선도 한다.

그 여주인공의 생애는 '홍행물 단체에 소속된 시기와 창녀의 역할을 하는 시기'로 양분되지만, 두 시기는 겹치기도 한다. 곧 '홍행물'을 거리에서 연기하는 '천사'도 되고, 매음도 하기 때문이다. 그녀의 매음은 '홍행물'을 위한 연기의 연장선 위의 행위다. 그러나 매음은 처음에 돈벌이를 위한 일종의 '홍행물'이었지만 결국 '자선'을 위한 것이 된다. 물론 '천사'에 기독교적 의미는 없다.

다음은 '홍행물천사'의 시기에 당하는 가혹한 고난을 대표적으로 보여준다.

> 여자는대담하게NU가되었다.汗孔은한공만큼의荊莿이되었다.여자는노래부른다는것이찢어지는소리로울었다.北極은종소리에전율하였던것이다.(1, 142)

'여자'가 '나체'('NU')가 되는 것은 그녀의 매음을 암시한다. 매음의 삶이 극단적인 고난의 과정임을 작자는 "한공은한공만큼의형극이되었다"고 표현주의적으로 묘사했다. 매음하는 그녀 몸의 '땀구멍'마다 '가시'로 찔리는 듯하다는 것이다. 따라서 그녀의 '노래'는 비명 같은 울음소리와 다르지 않게 된다. '북극'은 '가혹한 생활 환경'의 은유다. 그곳 사람들에게 그녀의 노래는 비통한 '종소리'와 같아서 '전율'했다는 것이다. 이런 극단적인 표현을 통하여 이상은 '그녀'의 고난을 강조했다.

> 여자는만월을잘게잘게썹어서향연(饗宴)을베푼다.사람들은그것을먹고돼지같이비만(肥滿)하는쵸콜레이트냄새를방산(放散)하는 것이다. (1, 143)

'만월'은 '생명체를 잉태시키는 에너지'의 은유로서 여기서는 '창녀의 육체'라는 뜻이다. 그것을 해체한 살조각을 남자들에게 자선하듯이 나누어주면 그들은 그것을 먹고 '돼지' 같이 비만해져서 '남자 냄새'('쵸콜레이트 냄새')를 발산한다는 것이다. '향연'은 자선을 위한 섹스의 '향연'이다. 그 점에서 그녀는 '광녀'와 닮게 된다. 「홍행물천사」가 「광녀의 고백」의 진정한 '후일담'인 것은 매음의 의미를 그와 같이 발전적, 상승적으로 변화시킨 덕택이다.

그러면 이상의 '창녀' 또는 '창녀문학'은 그의 생애에 어떤 의미가 있는가? 이 문제는 현대한국문학에서 이상만이 제기한 매우 중요한 문제이기도 하다. 그것은 먼저 그의 생애와 관련된 문제다. 창녀 시의 창작은 양반 집 태생으로서 유교적 도덕관념을 내팽개친 패륜아가 된다는 것을 의미하고, 충실한 조선총독부 관리의 체면을 스스로 더럽힌 소행이다. 그러나 문학사적으로 볼 때 그 시들은 한국 창녀문학의 뜻깊은 시발점으로서 손색이 없다.

그의 냉철한 현실인식의 눈은 극빈한 양친의 생활상에 대한 관찰에서 시작되었는데 그들과 다름없는 궁핍한 생활 때문에 매음하는 창녀를 주목하게 되면서 그녀들의 생활을 종교적, 정치적, 세계주의적 관점에서 관찰한다. 그것은 세계주의적 아방가르드를 표방했던 그에게는 당연한 일이었다. 그 결과 쉬르레알리즘과 표현주의 같은 아방가르드 수법을 쓴 「광녀의 고백」이나 「흥행물천사」 같은 작품이 나올 수 있었다. 창녀는 멀리는 19세기의 도스토예프스키와 마네, 툴루즈 로트렉, 및 보들레르의 작품들, 가깝게는 프랑스 아방가르드의 작품들에 단골로 등장할 만큼 세계주의적 예술의 소재다. 특히 이상은 창녀의 정치적 의미에도 민감했다. 제국주의 국가에 정복당한 약소국 원주민의 굴욕을 상징적으로 암시하는 희생물이 창녀이기도 했기 때문이다. 한편, 이상이 세계주의적 시각으로 관찰하고 자기와 동일시하기도 한 창녀를 고루한 유교적 관점에서 배척한 염상섭은 당연히 치러야 할 대가를 치렀다. 창녀를 한 번도 작품에 등장시키지 않고, '기생'을 선호한 그는 세계주의적 감각을 등진 나머지 유교적 가부장의 대리자이기도 한 조선총독에 굴복하여 1935년에 총독부 기관지 「매일신보」의 정치부장이 된다. 그의 영혼을 일제에게 판 대가는 일제의 식민 통치에 순응하는 통속적 연애소설이나 소시민의 평범한 일상생활을 취급하는 세태소설의 제작이었다.

이상이 『朝鮮と建築』에 발표한 또 다른 연작시의 제목을 '조감도'라고 한 동기는 무엇일까? 「二人」을 비롯한 8편의 시의 주제는 다양하다. 이상 자신의 내면문제가 취급된 「얼굴」, 평소 종교적 관심의 대상인 예수, 창녀에 대한 관심을 입증하는 「광녀의 고백」과 「흥행물 천사」, 이탈리아 미래파와 관련된 「운동」, 현대문명과 원시적 문명의 잔재가 교차하는 「LE URINE」, 애인이나 부부의 심리적 불균형을 문제로 삼은 「BOITEUX · BOITEUSE」 등이 제기하는 문제의 총체적인 개관을 이상은 시도한 것이다. 그만큼 그의 관심의 영역은 넓다.

'조감도'를 인간과 사회 제반사의 총체적 관찰의 의미로 쓸 때 그는 그 말을 건축학 용어로서 썼을지도 모르지만, 그보다는 괴테의 『빌헬름 마이스터의 수업시대』의 영향을 받았을 것 같다. 「조감도」를 훗날 「오감도」로 바꾼 것은 다른 이유도 있을 수 있지만, E.A.포의 「큰 가마귀」의 영향을 받은 탓이다('조감도'와 관련된 괴테의 영향은 「오감도시 제1호」의 논평에서 언급할 것이다).

산문시 「얼굴」은 이상에게 근본적으로 중요한 주제의 하나인 '불행한 탄생의 저주'가 처음으로 취급된 작품이다. 그 탄생을 불행한 것으로 만든 심각한 원인은 먼저 탄생의 미스터리 또는 혈연의 불확실성인데, 이는 "이사내는어디서왔느냐"고 두 번이나 물음으로써 독자에게 알려진다. 이 물음 속에는 그 탄생이 본인의 바람이 아닌 우연의 부산물일지 모른다는 의미가 들어있다. 두 번째 원인으로는 부모의 불화를 들 수 있는데 그는 어느 편에도 설 수 없다. 미남자인 아버지는 방랑자인 반면, 집을 지키고 아들을 키운 어머니는 추녀여서 그의 부모는 서로 어울리지 않는다. 세 번째 원인인 집의 가난 역시 탄생을 저주하게 만든다.

이와 같은 원인들이 초래한 '불행한 탄생'의 강박적 의식이 주인공의 '얼굴'을 험상궂고 허기진 것으로 만든다.(1, 129) 그 '허기'는 궁핍한 생활과 불행한 탄생으로 인한 원한의 은유인데, 원한이 궁핍보다 중요한 문제다. 그가 아무리 물질적으로 부유해질지라도 그 원한은 풀리지 않을 것이기 때문이다. 그 '불행한 탄생'이라는 문제는 앞으로도 여러 가지 변주 형식으로 반복될 것이다. 「얼굴」은 그 문제가 이상을 숙명처럼 따라다니게 될 것임을 예고하고 있다.

한편 이상은 '저 사내 어머니의 얼굴'부터 시작되는 문단을 한 번도 쉬지 않는 줄글로 썼는데, 한국에서 처음으로 시도된 그와 같은 글쓰기의 실험은 제임스 조이스의 『율리시즈』 제15삽화의 영향을 받은 것 같다.

그 부분에 나오는 블룸부인의 '의식의 흐름'을 담은 독백은 너무나 유명하고 20세기의 작가들에게 많은 영향을 준 것은 주지된 사실이다. 박태원의 짧은 단편소설 「방란장주인」(1936)도 그 한 예로서, 「얼굴」보다 약 5년 후에 나온 실험적 글쓰기인데 여기에는 「얼굴」이 가지고 있던 실존적 문제의식이 없다는 점에서 「방란장주인」의 문학적 가치는 「얼굴」의 그것에 훨씬 못 미친다.

총독부 기수 시절의 이상의 삶에서 반드시 주목되어야 할 것은 그가 노예적인 관리가 아니었음은 물론이고 오히려 반체제적 작가 또는 아방가르드 작가이기도 했다는 사실이다. 그러나 그는 외로운 아방가르디스트였다. 20세기 아방가르드 예술은 조직체와 기관지가 겸비된 운동이었지만, 일제 강점기 조선에는 식민지 공통의 열악한 문화적 환경으로 인하여 그와 같은 운동이 불가능했다. 일본만 해도 다다이스트들은 『마보』 같은 동인 기관지를 발행했고 쉬르레알리즘 운동 단체와 기관지가 버젓이 존재했었는데 식민조선의 불리한 환경에서도 아방가르드적 작품을 지속적으로 쓴 작가는 오직 이상뿐이었다. 가령 고한용, 임화, 김여수 등 다다이스트들은 어떤 조직체도 만들지 않았고, 기관지도 없었으며, 그들의 시 창작은 일시적인 시도로 끝났다. 반면 이상은 상당히 집요한 다다이스트였다. 앙드레 지드는 '다다이즘'을 '정신의 상태'라고 말한 적이 있다. 그것은 비록 변증법적 지양은 없을지라도 순수한 '부정의 정신'만으로도 아낌을 받을 만하다. 이를 입증이라도 하듯이 이상의 다다이즘은 「파편의 경치」나 「▽의 유희」같은 재래의 시 형식과 제도적 규범을 비웃는 듯한 시로도 표출되었지만, 다다이즘이 권장하는 논리적 사유, 구두점 및 통사법을 무시한 수법을 쉬르레알리즘 수법과 동시에 실험한 단편소설 「지도의 암실」(1932)은 「파편의 경치」

등과 비교할 수도 없는 수준의 문제작이다.

『十二월 十二일』의 표현주의적 특징은 앞에서 언급했고, 그의 쉬르레알리즘은 「조감도」 연작에 속하는 「광녀의 고백」과 「흥행물 천사」에서 비상하게 돋보였지만, 「운동」이 첫 번째로 예증하듯이 그는 미래주의 영향도 주체적으로 수용할 수 있었다.

「운동」은 그 제목부터가 '미래주의'적이다. '一층'에서 '三층'까지 오르내리면서 그 건물의 '옥상정원'에서 어느 쪽을 내려다 보아도 '아무것도' 없었다고 말한 것은 화자에게 어떤 풍경보다도 오직 층계에서의 '운동'만이 의미가 있었기 때문이다. 또한 "동쪽으로 솟아오른 태양이 서쪽으로 떨어졌다"는 구절을 세 번 반복한 것도 해가 뜨고 지는 위치가 아니라 '해'의 '운동'에만 의미가 부여되었기 때문이다.

그러나 '시계'의 경우는 다르다. '정오'라는 시각을 정확하게 알려준 화자의 '시계'는 화자보다 늙은 물건으로 추정됨으로써 '시계'의 정확성이 희화화되었는데, 여기서 보다 중요한 것은 '시계'의 의인화를 통하여 주관적, 심리학적 시간이 물리학적 시간을 제압한 동기에 있다. 이처럼 이상은 미래주의의 영향을 받으면서도 화자와 '태양'이 기계적으로 반복한 '운동'의 허망성과 시계적 시간의 과학적 정확성을 경멸함으로써 마리네티의 미래주의가 찬양하는 운동과 속도 및 기계의 미(美) 등을 비웃는다. 이상은 아방가르드 예술의 영향도 비판적으로 수용하여 활용했다. 그는 「날개」와 「가외가전」에서도 미래주의의 영향을 자기 나름으로 활용하였는데 이를 예고한 초기의 시가 「운동」이었다.

현대한국문학사에서 작가 이상은 그 존재 자체만으로도 놀라운 사건이라고 할 수 있다. 그는 「가톨릭 청년」(1993년 10호)에 시 「꽃나무」와 「거울」 등을, 「조선중앙일보」(1934)에 「오감도」 연작시를 발표하기 이

전에는 문단에 전혀 알려지지 않았다. 그는 문단 밖의 작가였고 문단에서의 작품 활동 기간은 겨우 4년이다. 그럼에도 불구하고 그는 오늘날 '이상신화'의 주인공이 되었다.

그의 초기 시는 모두 『朝鮮と建築』에 발표된 것이요, 그가 총독부의 직장을 사퇴하기 전까지 작품의 발표를 위하여 이 건축 잡지를 이용했다. 마지막으로 실은 초기 시가 「건축무한육면각체」 연작으로서 1931년 10월 26일의 작품들이다.

다음은 「진단 0:1」(193)의 전문이다.

어떤 患者의 容態에 關한 問題

1234567890·

123456789·0

12345678 ·90

1234567· 890

123456· 7890

12345 ·67890

1234 ·567890

123 ·4567890

12 ·34567890

1 ·234567890

·1234567890

診斷 0 : 1

26·10 ·1931

以上 責任醫師 李箱

「진단 0:1」는 아방가르드적 실험시 치고는 주제 의식이 온건해서 평범하다. 이 시에서는 정상적인 모양의 '0'부터 '8'까지의 숫자를 질서 정연한 장방형의 숫자판 속에 모아 놓았는데, 그 인상과 분위기는 그 숫자를 뒤집어서 재편성한 「오감도 시 제5호」의 숫자판과 완연하게 다르다. 전자의 인상과 분위기도 평범하고 평온하다면 후자의 그것은 그로테스크하고 어딘지 불안하다. 숫자판은 환자로서의 인간 집단(사회)을 상징한 것인데 독자들로서는 낭패스럽기 짝이 없다. 그 숫자판을 횡단하는 점선(點線)은 그 집단을 관찰(진찰)하는 '책임의사 이상'의 심경(心境)을 상징한다. 그런데 「조감도 시 제4호」에서 우향(右向)의 횡단 점선이 상징하는 '책임의사'의 '심경'은 평온하지만, 「오감도 시 제4호」에서 좌향(左向)으로 횡단하는 점선이 상징하는 '책임의사'의 '심경'은 어떤 실존적 불안을 암시한다. 그것은 숫자판 숫자의 모양 및 '진단'의 결과와 깊이 관련된다.

다음이 「오감도 시 제4호」다.

「오감도 시 제4호」(1934)도 다다이즘의 수법을 쓴 상징적인 시다. 이상은 이 시에 병든 사회를 치료하는 '책임 의사'로 등장한다. 사회를 상징하는 숫자 집단의 뒤집힌 모양 자체가 그 사회의 병증을 암시한다. (오랫 동안의 사용으로 아라비아 숫자는 인류의 집단적 기억에서 비인간적인 동시에 인간적인 기호가 되었다.)

그런데 좌향(左向) 대각선 오른쪽 숫자판이 대부분의 숫자에 찍은 방점(傍點)으로 인하여 다소 그늘져 보이는 것은 그 사호가 왼쪽 숫자판이 상징하는 사회와 달리 소외되고 차별받고 있다는 것을 암시한다. 또한 숫자판에서 서로 동떨어져 있는 '0'과 '1'은 '여성'과 남성의 상징이며, 그 양자(兩者)의 거리는 남성과 여성의 차별과 갈등을 암시한다. 결국 이 숫자판은 양분된 사회와 성(性)을 암시하며, 동시에 인간 사회에 존속해 온 차별의 근본적 원인이 식욕과 육욕임을 확인시킨다. 옛날부터 정복과 피정복은 먹느냐 먹히느냐의 역학적 관계로 환원되곤 했다. 이 시에서는 그 사회를 횡단하는 좌향 대각선이 바로 그 오래된 이원적 대립의 변증법적 해결의 열쇠이다.

물론 그 대각선 자체도 '0'과 '一' 의 기호, 곧 '플러스'와 '마이너스'의 기호로 형성되고 있는 것은 인류의 사회가 차별 사회임을 재확인시킨다. 따라서 '책임의사 이상'이 제시한 해결방안인 '0 · 1'은 그 양분(兩分)된 사회와 분리된 성(性)의 통합을 암시한다. ' · '은 이원적 대립을 원만하게 맺어주는 '합일점'인 것이다. 그 합일점에 의하여 남녀는 신화적인 양성구유체가 되고, 사회는 유토피아가 되리라. 이것이 아방가르드 시인 이상이 제시한 '병든 사회'의 치유법이다.

「진단 0:1」은 환자의 '용태'가 정상적임을 암시한다. '0'과 '1'은 이어령이 옳게 해석한 대로 '여성(생식기)과 남성(생식기)'의 상징이다.(1,

26) '0:1'은 '남녀의 평등'을 암시하고 남녀의 평등은 오늘날의 민주주의를 체험한 독자들로서는는 상식적으로 납득할 수 있지만, '남녀양성구유체'는 비현실적인 환상이나 신화의 영역에 속하는 관념으로서 우리를 불안하게 한다.

「진단 0:1」에서 환자의 '용태'를 숫자판으로 제시한 것은 파격적 실험이지만, 이 시는 「오감도 시 제4호」와 비교할 때 중요한 또 하나의 차이점이 있으니, 「오감도 시 제4호」의 경우 남녀양성구유체의 숫자적 상징인 '0 · 1'에서 여성의 상징인 '0'은 동시에 '8'로도 반복될 수 있지만, 「진단 0:1」에서의 '8'은 그런 상징적 의미가 부여될 수 없다는 점이다. 뒤집힌 숫자들에 섞여 있으면서도 '8'은 동류의 '0' 및 '1'과 더불어 결코 뒤집힐 염려가 없는 보편적 숫자의 특권을 누리지만, 정상적 형태의 숫자판에서의 어느 숫자도 그런 특권은 허용될 수 없기 때문이다. 또한 「오감도 시 제4호」는 '8'로 인하여 남녀양성구유체 시인 「且8氏의 출발」로 바로 연결되지만, 「진단 0:1」의 경우에는 불가능하다. 이 시에서 '8'은 '0'과 '1'을 제외한 다른 숫자들과 마찬가지로 우리가 일상적으로 대해온 숫자에 지나지 않는다.

前後左右를除하는唯一의痕跡에있어서

翼殷不逝 目不大覩

胖矮小形의神의眼前에我前落傷한故事를有함.

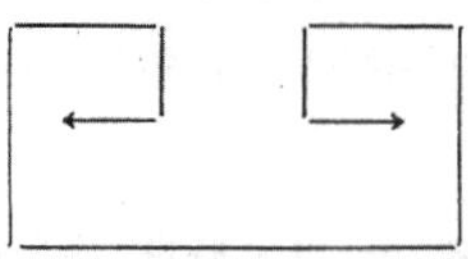

臟腑라는것은浸水된畜舍와區別될수있을는가.

「二十二년」(「오감도 시 제5호」)은 의사(擬似)영웅시 형식으로 쓴 풍자시다. 이상의 나이 22세때 쓴 것이어서 제목이 「二十二년」이다. 화자는 '전후좌우를제하는유일의흔적' 곧 '전후좌우' 사방에서 제외되어 없어졌으면서 역설적으로 남아있는 '흔적'에 존재하는 초자연적인 인물인데, '익은' 과 '목대'가 말해주듯이 그는 거인이다('익은'과 '목대'가 고딕활자로 인쇄된 것은 그의 거인적 성격을 강조하기 위한 것이다).(1, 27) 그런데 우연한 실수로 인하여 대상을 정확하게 보고 날지 못해서 '살찐 난쟁이' 같은 '신' 곧 그의 '아버지' 앞에 '낙상'하여 명예가 땅에 떨어졌는데, 이보다 더욱 불명예스러운 것은 그의 출생의 내력이다. 그는 아버지가 '축사'처럼 지저분한 여음(女陰)을 가진 어머니와 교접하여 태어났다는 것이다. '장부'가 '여음'의 환유가 된 것은 '여음'이 대단히 길고 깊다는 남자들의 환상 탓이다. 이 시에서는 '여음'을 암시하는 3차원 입방체('여음')의 평면도 비슷한 도형(圖形)을 그려 넣었는데, 두 개의 화살표는 '여음' 안에서의 사정(射精)을 암시한다. 물론 그 사정이 없었더라면 화자의 탄생은 불가능했을 것이다.

아버지를 '소형'의 신이라고 얕잡아 본 것은 그가 영웅적 거인인 아들과는 비교할 수도 없이 체구가 작다는 뜻과 동시에 정신능력도 비교의 대상이 안 된다는 것을 암시하는데, 여기에는 거의 일자무식의 가난뱅이인 이상의 아버지에 대한 평소의 경멸감이 반영되어 있다. 영웅적 거인을 암시하는 말은 『장자』〈山木〉편에 나오는데, 거기서는 "날개는 넓이 7척이나 되고 눈은 지름 한 자일 정도로 크지만 이욕(利慾) 때문에 '자기의 참된 몸을 잊는다"고[8] 말하고 있지만, 이 시에서는 단지 화

8 장자, 「山木」, 『莊子』 3, 우현민 역주, 박영문고, 1978, 117쪽.

자의 '거인적 성격'을 강조하는 역할만 하고 있다. 그것이야 어찌 됐든 오늘날 의사영웅시가 희귀해진 것은 현대가 평민의 시대여서 '영웅시대'는 이제 향수의 대상이 되어 버렸기 때문이다. 그러나 이상은 평민의 시대일수록 대중에게는 '영웅'을 동경하는 옛날부터의 집단무의식이 살아있다는 점을 이용했다. 그래서 한국에서는 정말 보기 드문 의사영웅시를 선보였는데, 이것은 제임스 조이스의 『율리시즈』의 영향을 받았을지도 모른다. 주인공인 평범한 광고업자 블룸은 호머의 『오딧세이』의 영웅적 주인공을 왜소하게 희화화한 것이기 때문이다.

조이스와의 차이는 분명하다. 이상은 이 의사영웅시를 통하여 자기의 탄생의 불행을 희한한 영웅적 거인이 겪어야 하는 불명예스러운 사건으로 치부했기 때문이다. 그가 이 부끄러운 사건을 실제 사건이 아니라 '고사(故事)'라고 에둘러 말한 것도 자기의 체면을 살리기 위한 것이다. 한 편의 의사영웅시를 통하여 자기를 과시한 그의 나르시시즘을 눈치채기는 어렵지 않다. 일어로 쓴 「二十二년」을 우리말로 옮기고 「오감도 시 제5호」로 발표한 것을 보면 이 시에 대한 그의 애착을 짐작할 수 있지만, 그의 번역은 한 가지 매우 중요한 문제와 관련된다. 곧 그의 일본어 작품을 한국 문학에 귀속시킬 수 있는가의 여부다. 이상은 다름 아닌 「오감도 시 제5호」를 통해 그의 일본어 작품이 떳떳한 한국문학일 수 있다는 것을 입증했다. 그가 감행한 일본어 시의 우리말 번역은 이를 위한 수속이었다.

「二十二년」(「오감도 시 제5호」)에서 그의 초자아('신')와 같은 부친을 비웃은 이상은 「산촌여정」, 「첫 번째 방랑」, 「서간9」 등에서는 집안 걱정을 하고 있다. 이것은 자기모순이다. 그러나 어쩔 수 없었다. 그는 한 집의 장남인 동시에 한 시대의 첨단적인 예술가여야만 했기 때문이다. 「오감도 시 제5호」부터 시작된 자기모순은 죽을 때까지 계속되었다. 그의 '아버지'는 아무리 '반외소형'이라고 멸시될지라도 그의 '초자아'일 수밖에 없었기 때문이다.

이상은 성실한 조선총독부 관리로서의 반군국주의자였다. 「열하약도 No.2(미정고)」에서는 침략전쟁의 상징인 '탱크'가 오랜만에 다시 분출했다는 중국 동북부에 위치한 '열하'의 '온천'과 대비된다, 그 전쟁은 문맥상 일본의 만주 침략전쟁이다. '온천'의 반가운 소식의 전달자는 자연에 가장 가깝고 전쟁과 가장 거리가 먼 '아해'다. 1931년 전쟁에 동원된 무기의 하나인 '탱크', 신새벽의 짙은 안개 속에서 버림받은 '적갈색'으로 녹슨 괴기한 모습의 '탱크'는(1, 171) 다의적(多義的)이다. '적갈색'은 '피'의 색이어서 '탱크'는 전쟁의 잔인성과 참상(慘狀)을 상징하고 '탱크'를 폐물로서 제시한 것은 모든 전쟁의 무기가 보기 흉한 폐물로 기억되기를 바라는 작자의 정당한 악의를 반영한다. 여인숙의 '아해'를 '온천'에 관한 뉴스 전달자로 택한 것은 때묻지 않은 평화로운 삶에 대한 소망에도 연유한다. 이상은 「권두언」에서도 일제의 '만주' 침략에 항의한 적이 있었다.

이상의 반전적(反戰的)의도를 담은 작품으로는 '명함을짓밟는군화'를 언급한 「AU MAGASIN DE NOUVEAUTES」와 약소국 침략을 위한 초특급 열차를 언급한 소설 「첫 번째 방랑」이 있다. 이 '군화'는 「오감도시 제 15호」에서도 언급될 것이다. 이는 이상의 반군국주의가 얼마나 집요했는지를 입증하거니와, 그것을 처음으로 언급한 작품이 총독부 관리 시절에 집필되었던 것이다.

다음이 「且8氏의 出發」 전문이다.

균열이 생긴 莊稼泥地에 한 개의 棍棒을 꽂는다.

한 개는 한 개대로 커진다.

나무가 탄생한다.

이렇게 꽂는 것과 탄생하는 것과의 원만한 융합을 보인다. 사막에 탄생한 한 개의 珊瑚나무곁에서 돼지같은 사람이 생장(生葬)되는 일을 없이 [나는] 외롭게 생장됨으로써 자살한다.

滿月이 비행기보다 新鮮하게 空氣속을 推進하는 것의 新鮮함은 珊瑚나무의 음울함이 더욱더 증가하기 전의 일이다.

輪不輾地 展開된 地球儀를 앞에 놓고서 設問一題.

棍棒은 사람에게 地面을 접촉하지 않는 아크로바티를 가르치지만 사람은 이것의 이해가 불가능할까

地球를 掘鑿하라

동시에

生理作用이 가져오는 常識을 포기하라

쏜살같이 달리고 또 쏜살같이 달리고 또 쏜살같이 달리고 또 쏜살같이 달리고 사람은 쏜살같이 달리는 것들을 停止한다.

사막보다도 靜謐한 絶望은 사람을 멈추게 하는 無表情한 表情과 무관한 한 그루 珊瑚나무인 사람의 脖頸이 위치한 뒤쪽인 앞쪽을 相對할 때의 자발적인 敬畏心에 연유하지만 사람의 절망은 靜謐한 상태를 유지하는 性格이다.

地球를 掘鑿하라

동시에

사람의 宿命的 發狂은 棍棒을 推奬하는 것이어라

* 사실상 且8氏는 자발적으로 發狂하였다. 그리고 언제부터인가 且8氏의

> 溫室에는 隱花植物이 꽃을 피우고 있었다. 눈물에 젖은 感光紙가 太陽을 만나자 희부옇게 빛났다.[9]

이 작품에서는 그 제목의 '且8'부터 문제가 되어 왔다. 김민수는 그것을 건물을 지을 때의 '항타(抗打)작업'과 관련시켜 땅에 꽂는 '말뚝'의 은유로 해석하고, '이녕의지'도 여자 성기의 은유가 아니라 그 '말뚝'이 파는 '땅'으로 해석했다. 따라서 '이 시는 "질척거리는 현실의 땅에서 분투적으로 땅을 계속 또 파려는(파야만 하는) 한 인간의 새로운 출발'을 보여준 시였던 것이다"라고 말한다. 따라서 '사막에자란한그루의산호나무옆에멧돼지같은사람이생리당하는일을당하는일없이외롭게생리당하는일에의해자살한다'에서의 '멧돼지'는 그렇게 땅을 계속하여 파는 사람으로서 '또팔씨' 곧 '이상' 자신이라는 것이다.[10]

또한 김민수는 '수레바퀴는 땅에 구르지 않는다('輪不輾地')'를 '현대건축의 공중부양하는 양상을 은유적으로 묘사'한 구절로 해석하고 르코르뷔지에가 지은 「하버드대학교 카펜터 시각예술센터」(1962)건물 사진까지 제시했다. 그러면 그처럼 땅을 계속해서 파야만 하는 심층적 동기는 무엇인가? 김민수는 그 해답의 단서를 이 시에 나오는 '생리'와 관련된 이상의 폐결핵에서 찾는다.

> 여기서 '생리'란 여성의 자궁에서 주기적으로 피가 나오는 '월경'과 같은 말로 '각혈'의 은유적 표현이라고 할 수 있다. 그는 폐결핵으로 인해 피를 토

---

9 이 시는 이상의 일문시(日文詩)를 필자가 직접 번역한 것이다.

10 김민수, 『이상평전』, 그린비, 2012, 124쪽.

하는, 곧 각혈하는 일을 생리하는 일에 비유한 것이다. 따라서 계속 또 땅을 파야 할 멧돼지와 같은 사람 즉 이상은 누군가에게 타살되어 피를 흘리는 것이 아니라 (폐결핵으로 인해) 가슴에서 피가 나오는(생리하는) 일에 의해 스스로 외롭게 죽어가고 있는 자살을 맞이하고 있는 것이다. 따라서 이제 그에게 중요한 일은 산호나무를 더 크고 더 아름답게 키우는 일보다 한 줌의 신선한 공기를 마시는 일이다.(……)[11]

김민수는 이 시의 주제에 대하여 다음과 같이 말한다.

이제 「또팔씨의 출발」을 통해 이상이 진정으로 원한 것이 무엇이었는지를 알 수 있다. 그것은 황폐한 진창과 같은 현실에서 지면 위로 솟아올라 치고 올라가는 존재의 해방이었다. 그는 이러한 가능성을 현대 건축공법의 '땅을 떠나는 곡예'에서 발견했던 것이다.[12]

「또팔씨의 출발」은 김민수에게 이상의 작품 가운데서도 핵심적으로 중요한 작품이다. 그가 이 시를 건축학적 관점과 더불어 실존주의적 관점에서 검토한 것도 그 때문이다. 그가 『이상평전』에서 이 시를 가장 자주 논급한 것도 이 시를 얼마나 중요시했는지를 말해준다. "이상이 한국 최초의 멀티미디어 예술가였으며,(……) 그의 세계가 백남준 이전에 과학과 결합된 종합 예술로 융합된 첫 번째 사례"인데 이 놀라

11 위의 책, 124쪽.

12 위의 책, 126쪽.

운 업적이야말로 '또팔씨의 부활'과 같다는 것이다.[13] 그런데 '땅을 떠나는 곡예'가 르 꼬르뷔지에의 공중부양건축 방법이라는 견해는 혜시(惠施)가 말한 '윤부전지'에 대한 오해에서 연유한 것이다. 그 '곡예'는 '땅위를 달리는 것'(성교)과 그 중지가 동시적이라는 '혜시'적인 역설을 의미하기 때문이다. '윤부전지'의 역설은 '황폐한 현실'과 아무런 관계도 없다.

김민수는 '또팔씨', '생리', '멧돼지', '윤부전지', '아크로바티', '(지구의)굴착', '쏜살같은질주' 등에 대하여 논급했지만, '사람을불러세우는무표정인표정의무지한한대의산호나무의사람의발경의배방인전방'의 의미와 그것을 대할 때의 '자발적인 경외심'에 대해서는 침묵했다. 그의 해석 방법으로는 그 구절의 심층적 의미를 해명할 수 없었기 때문이다. 그는 또한 '산호나무'의 상징적 의미와 그것이 왜 '사막'에 있어야 하는지, 그 이유에도 관심이 없다. '자살'의 주체가 누구이든, 그것이 '산호나무곁'의 일이라는 것도 주목하지 않은 것이다.

김민수적 해석에서의 첫 번째 오류는 '且8氏'의 의미와 관련된다. 그 형상이 '곤봉'과 상통하는 '且'는 남자 성기의 상징이요, '8'은 '균열이 생긴 장가니지'와 마찬가지로 '여음'의 상징이다. '곤봉'과 '니지'의 성적(性的)의미는 프로이드의 정신분석학 이전에 우리의 상식에 속한다. '8'은 「오감도 제 6호」에서 여성 또는 '여음'의 상징이었던 '0'의 변형이다. '곤봉'과 결합되면 더욱 그렇다. '且'와 '8'은 문자 언어나 수학 기호가 아니라 시각적 이미지 또는 불가독(不可讀)기호다. '且8'은 「오감도 시 제6호」의 '0 · 1'과 상응하는 남녀양성구유체를 상징하는 기호요,

---

13 위의 책, 126쪽.

'且'에서의 'ㅛ'는 타이포그래픽적으로 '8'과 자유롭게 변환할 수 있는 '日'의 받침대 역할을 하는 기호다('日'은 '8'이 되거나 그것과 합체될 수 있고 '8'도 '日'과의 관계에서 마찬가지다). 따라서 '日'과 '8'은 보통 사람이 아니므로 '氏'는 필요하지 않다. 이상의 타이포그래픽적 의도를 모르는 독자만이 '且8'을 '차팔'이나 '저팔'로 읽을 것이다.

이 시에서 남녀양성구유체의 상징은 '산호나무' 또는 '산호나무사람'이다. 화려한 가지 모양의 '산호'(여자)와 이 시에서도 언급된 남성의 상징인 '나무'를 결합시킴으로써 양성구유체를 상징한 것이다. '산호나무'가 굳이 '사막'에 서 있는 것은 '사막'이 새로운 인간형의 탄생을 위한 고난과 시련의 땅이기 때문이다. 이상이 동경한 새로운 이상적 인간형의 하나는 남녀의 절대적인 사랑이나 혹은 역사적으로 오래된 남녀 갈등의 해소를 위하여 바람직한 '남녀양성구유체'였다.

김민수의 「且8氏」 해석에 있어서의 중대한 오류는 '생매'(生埋)를 '생리'(生理)로 잘못 읽은 점에 있다. 그래서 '생리'를 '여자의 월경'과 같은 '각혈' 증세가 따르는 '폐결핵' 또는 그로 인한 '자살'과 관련시켰는데, 이 시는 '폐결핵'과 전혀 관계가 없다. '돼지'는 교양이 없고 세속적 행복에 만족하는 사람의 은유다. 따라서 '땅을 계속 파는' '멧돼지'의 뜻이 아니요 따라서 '이상'일 수도 없다. 그는 '산호나무'의 심오한 뜻을 모르지만 화자는 그것을 통찰할 수 있기 때문에 자진하여 '생매장적 자살'을 통하여 그의 감격을 연기(演技)한다. 따라서 '자살'은 열광적 심취의 은유다.

우주적 생명력의 상징인 '만월'은 오늘날 사람들의 무지로 인하여 '산호나무'가 소외되기 이전에는 살아있었다.

'곤봉'이 '아크로바티'를 가르친다는 것은 「장자」(천하편)에서 '윤불전지'의 역설(逆說)을 말한 '혜시(惠施)'가 남자여서도 그렇지만, 교사는 남자('곤봉')라는 선입견의 탓도 있다.

이 시에서는 역설적 표현을 주의해야 된다. '정밀한 절망'과 '숙명적 발광'에서 '절망'과 '발광'은 겉과는 달리 긍정적 의미로 사용되기 때문이다. '절망'이 '고요하고 편안'('정밀')한 것일 리는 없다. 그러나 은근히 경외하는 '산호나무'의 사회적 소외로 인한 '절망'이기 때문에 그 '절망'은 역설적으로 '정밀'한 것이어야 하며, '숙명적 발광'에서의 '발광'은 '산호나무'의 참뜻을 가르치는 교사('곤봉')에 대한 열광적인 심취와 같은 뜻이기 때문에 즐거운 것이다. '무표정의 표정'은 가령 '남자'와 '여자'의 분열의 결과인 어중간한 상태의 표정이거니와, 그 남녀가 완전히 통합되면 그것은 사라진다. 화자는 그 통합된 양성의 모습을 '한 그루 산호나무인 사람의 발경이 위치한 뒤쪽이 곧 앞쪽'인 상태라고 묘사한다. 출산과 관련되어 '여성'의 것인 '배꼽'과 '힘'을 상징하기 때문에 남성의 것인 '목'의 위치가 '한 사람'의 '앞쪽'인 동시에 '뒷쪽'인 것은 둥근 모양의 원초적 인간이었던 경우에나 가능한 일이었다. 둥근 것에는 앞과 뒤의 구별이 있을 수 없다. 남녀양성구유체의 원형(原型)은 플라톤의 『향연』에서 아리스토파네스가 말했듯이 그 모양이 둥글었었다. 원형(圓形)은 완전체의 상징이다.

「且8氏의 출발」에서는 '지구를 굴착하라'는 분부가 두 번 보이는데 김민수가 그 '굴착'을 '항타작업'으로 해석한 것은 부당하다. 발자크는 『세라피타』에서 "지구는 하나의 인간이다"라는 스웨덴보르그의 말을 인용했지만[14], 여기에서 '지구'의 '굴착'은 '인간(성)을 철저히 탐구하라'

14 Balzac. *Seraphita & Other Stories*, trans. by Clara Bell, Philadelphia: The Gebbie Publishing Co., Ltd, 1898, p.109.

는 뜻이다. 그러고보면 이 시 자체가 이상의 '인간(성)' 연구의 한 산물이기도 하다.

사람의숙명적발광은곤봉을추장하는것이어라

앞에서 언급한 대로 화자는 '산호나무(사람)'에 열광적으로 심취했기 때문에 '산호나무'의 참뜻을 알고 가르치는 교사로서의 남자('곤봉')를 '추장'할 수밖에 없다. 그러나 이상은 한 비극을 이 시의 부록처럼 기록한다. '남녀양성구유체'인 '且8氏'가 '자발적으로 발광했다'는 것인데, '양성구유체'는 우리의 속세에서는 한시도 살 수 없는 영적(靈的) 존재이기 때문에 그럴 수밖에 없다. '且8氏의 온실'에 '은화식물'이 '꽃을 피우고 있었다'는 것은 상징적이다. 그 '은화식물'은 암수의 교배가 아니라 '포자'로 수태하기 때문이다. 그것은 다행히도 '식물'이기 때문에 생명이 유지될 수 있다. 아무리 눈물이 젖었을지라도 '감광지'('여성'의 비유)와 '태양'(남성)의 접촉도 자연현상과 같기 때문에 '산호나무(사람)'의 비극은 없다. 이렇게 볼 때 「且8氏의 출발」이 '且8氏'의 '인생의 출발'이라면 희망이란 없다. 그것은 작자의 이상주의적 소망일 뿐이다. 따라서 그 제목은 반어적(反語的)인 것이다.

이상적 인간형으로서의 '남녀양성구유체'에 대한 이상의 동경은 집요했다. 「오감도 시 제6호」, 「불행한 계승」, 「매춘」 등 여러 편의 작품에서 그 동경을 반영시켰기 때문이다.

이상이 「且8氏의 출발」을 통하여 제기한 '남녀양성구유체'는 유럽 작가들에게는 오래전부터 잘 알려진 것이었다. 본래 초인적 인간이었다는 그 신화적인 인간형은 플라톤의 『향연』에 나오는 아리스토파네스의 연설에서 처음으로 언급되었고[15], 발자크의 장편소설 『세라피타』는 유명한 남녀양성구유체 소설이며, 살바도르 달리에게도 양성구유체를 다룬 그림이 있다. 양성구유체의 실현은 초인적 능력의 회복과 다름없다. 이러한 인간형을 희구(希求)한 그 당시의 유일한 작가 이상도 그와 같은 사실을 통찰했을 것이다. 물론 그 화제를 한국에서 취급한 작가는 이상뿐이었다.

김민수가 『이상평전』에서 가장 중요시하여 자주 언급한 이상의 작품이 『且8氏의 출발』이요, '且8'의 의미를 해석하기 위한 관점이 주로 건축학적 관점이라는 것은 이 평전의 성격을 암시한다. 곧 그에게 이상은 내면적인 발전이 없는 작가였으니, 그 발전의 정치적 의미도 배제될 수밖에 없다. 과연 이 평전에서는 이상의 반체제적인 작품, 가령 「산촌여정」「첫 번째 방랑」「지주회시」「종생기」「단발」「슬픈 이야기」「실화」, 그리고 특히 최고의 걸작 시 「가외가전」, 심지어 총독부 관리 시절의 「출판법」「열하약도No.2(미정고)」 등이 전혀 검토되지 않고 있는 것이다.

이상은 일제 강점기에 문명비평적 언급을 여러 작품에서 시도한 유일한 작가이기도 하다. 초기의 「AU MAGASIN DE NOUVEAUTES」와 후기의 「가외가전」은 문명비평 시이다. 「가외가전」(1936)에는 김기림의 문명비평적인 시 「기상도」(1935)와 겨루기 위한 모험적 특성도 있다. 다음이 「AU MAGASIN DE NOUVEAUTES」의 첫 구절이다.

사각형의내부사각형의내부의사각형의내부의사각형의내부의사각형(1,

15 'Symposium,' *Great Dialogues of Plato*, trans. W. H. D. Rouse, Mentor Classic, 1968, pp.86-87.

167)

'사각형'은 3차원 입방체의 평면도인데 그것이 끝없이 차곡차곡 '내부'로 이어진다는 것은 '3차원 입방체' 혹은 '육면 입방체'인 '백화점'의 층의 끝없는 증가를 암시하며 이는 곧 인간의 무한한 물질적 욕망의 실현에 대한 꿈의 반영이다.

'사각형'의 반대항이 '사각의원'이다. '사각형'이 합리적, 가시적, 양적 공간이라면, 현실적으로 있을 수 없는 '사각의원'은 불가시적, 비합리적, 정신적, 신비적, 질적 공간이다. '사각의원'과 '사각의원운동'은 동어반복이다. 우리는 '원'에서 거의 본능적으로 '원운동'을 직감할 수 있기 때문이다. 불가능한 것의 역설적 가능성의 은유인 '사각의원'은 앞으로 '남녀양성구유체'를 언급하기 위한 예비 장치이기도 하다.

'백화점'에 들어온 화자가 '백화점' 상품들을 열거할 때 그의 가장 중요한 관점은 문명비평적 관점일 것이다. 따라서 그의 비평의 대상이 된 상품만을 주목해보자.

> 지구를모형으로만들어진지구의를모형으로만들어진지구(1, 167)

'지구'를 '모형'으로 삼아서 제작된 '지구의'를 '지구'가 '모형'으로 삼는 시대를 우리가 살고 있다는 것은 아이러니를 넘어선 오늘의 현실이다. 이미 '아우라'가 없는 '모조 복제품'이 진짜로서 떳떳이 행세하고 우리는 그것 없이는 살 수 없게 되었다. 가상현실과 현실의 구별은 부질없는 일이다. 이상은 복제품의 일시적 매력과 피상성을 꼬집었다.

거세된양말(그여자의이름은워어즈였다) (1, 167)

'여자의양말'로 상징된 '거세'된 '여자'의 이름이 독립된 고유명사가 아니라 '말들(words)'에 지나지 않았다는 것은 '여자'의 '인격'이 사라졌다는 뜻이다. 그녀가 실체없는 가상현실이라면 끔찍한 '거세'의 비극이 그녀와 함께 설 땅은 어디인가?

쾌청의공중에붕유하는Z백호. 회충양약이라고씌어져있다 (1, 167)

'붕새'처럼 웅장하게 하늘을 나는 '제펠린 백작'의 비행선 몸체에 붙은 광고문 내용이 '회충양약'이라고 빈정거림으로써 화자는 물질만능시대에는 모든 인류를 위한 고상한 발명품이 모욕을 당할 수밖에 없는 오늘의 현실을 직시한다.

옥상정원. 원후를 흉내내이고있는마드무아젤 (1, 167)

'옥상정원'은 이상이 경성고공 시절에 익히 알게 된 '미쓰비시 백화점' 정상의 '옥상정원'과 관련되어 있지만 여기서는 가공(架空)의 '지상(地上)낙원'을 은유한다. 거기서 '마드무아젤'(프랑스의 젊은 미혼 처녀의 존칭)이 '원후'를 사랑하여 그의 '흉내'를 낸다는 것은 소위 전원 목가의 패러디다. '목동'의 역할을 '원후'가 하고 '마드무아젤'은 '목녀'인 셈이다. 이는 이상이 읽은 푸시킨의 단편소설 「스페이드의 여왕」에 등장하는 늙은 백작부인의 실내 장식품 '목동과 목녀 도기상(陶器像)'의 패러디다. 백작부인의 고질적인 프랑스 취미를 존중한 나머지 '목녀'역할도 프랑스 처녀의 몫이다. 어쨌거나 이 구절에는 자본주의적 물질문명의 반대항인 전원목가적 유토피아에 대한 원시주의적 향수가 반영되고 있다.

이상은 '만곡된직선이직선으로달리는낙체공식'에서(1, 167)「백화점」에 축적된 죄악으로 인한 '백화점' 건물의 붕괴를 예고한다. '만곡된 직선'은 '백화점'의 벽에 많이 생긴 균열 '곡선'의 은유인데 이것이 '백화점' 건물의 붕괴를 초래한다. 붕괴는 '낙체공식'과 직결('직선으로달리는')되는 사건이지만, 그 사건은 필연적 사건이 아니라 개연적, 당위적 사건이다. 이 시에 짙은 영향을 준 E. A. 포의「어셔가의 붕괴」에서 '어셔가' 저택의 붕괴도 개연적, 당위적인 것이다. 그 붕괴는 '어셔가'와 '백화점'에 축적되어온 죄악에 대한 응징으로 보아야 한다. '백화점'의 경우 그것은 제국주의의 기반인 금융자본주의의 죄악이다(서울의 미쓰코시 백화점은 동경의 미쓰코시 백화점의 지사였다). 이를 통찰한 시인은 조선총독부의 유능한 한국인 관리였다.

'백화점'의 붕괴를 예고한 것이 거기에 걸려 있는 대형시계의 문자반인데 그것은 시계바늘이 가리키는 '12시('XII')를 제압하는 두 개의 물 젖은 황혼'으로 암시된다.(1, 167) '황혼'은 '백화점'의 '나이'를 상징하며, 그것이 물에 젖은 것은 그 '백화점'이 물이 침투한 '시계'처럼 기능이 정지되리라는 것을 암시한다. 그 건물은 '12시('XII')가 상징하는 한창때를 지나버린 것이다.

'백화점'에는 고객 군중이 넘친다. 이 시에서는 그것을 "위에서내려오고밑에서올라가고위에서내려오고밑에서올라간사람은(……)"으로 언급했다. '에스컬레이터' 위에서 내려오고 그 밑에서 올라가는 고객 군중의 혼란상은 그들이 상하(上下) 귀천(貴賤) 선악 등의 의식이 없는 속중(俗衆)에 지나지 않는다는 것을 암시한다. 가령 '위에에서내려'온 사람이 '올라가는' 사람과 동일시되곤 하는 것은 그들에게는 정신적 상승과 하강의 구별도 부질없다는 뜻이다.

이상은 '명함을짓밟는군용장화'라는(1, 167) 표현으로 보통 시민의 인격과 명예('명함')를 유린하는 군국주의('군용장화')를 고발하기도 했다.

> 저여자의하반과저남자의상반의슬픈해후가슬픈나 (1, 167)

'여자의하반과남자의상반'은 이들이 서로 분신(分身)임을 암시한다. 그러나 그들의 '해후'가 슬픈 것은 그 '해후'가 암시하는 남녀양성의 결합체가 지상에서 생존할 수 없기 때문이다. 발자크의 유명한 '남녀양성구유체' 소설 『세레피타』에서도 여자 '세라피타'와 그녀의 분신인 '세라피투스'는 완전히 결합되자 정령(精靈)으로서 승천한다. 김민수는 이 인용문을 '위에서 내려오고 밑에서 올라가'는 '엘리베이터에서 서로 밀착되어 붙어 있는 남녀'로 간주했다.(1, 167) 그에게는 그 남녀가 '엘리베이터' 속의 군중에 불과하다. 그는 화자가 '저여자의하반……'을 생각했을 때 서 있었던 위치를 착각하고 있다. 그곳은 '백화점'의 의류판매점 앞에 있는 남자 상반신과 여자 하반신 석고상에서 이상이 영감을 얻은 것이어서 '에스컬레이터'와는 관계가 없다. '남녀양성구유체'는 새로운 이상적 인간형으로서 초기부터 이상을 매료했음이 틀림없지만, 「且8氏의 출발」이나 「AU MAGASIN DE NOUVEAUTES」에서의 남녀양성의 결합은 인격적 약속을 거친 인격적 결합이 아닌 점에 치명적 약점이 있다.

「AU MAGASIN DE NOUVEAUTES」에서 '백화점' 붕괴의 조짐은

'사각의상붕이걷기시작한다(소름끼치는일이다)'로 암시되고 있는데 이것은 이 시에서 결정적으로 중요한 부분이라 할 수 있다. '상붕'은 '백화점'의 환유다. 상품 진열 '선반'과 고객을 위하여 상품을 넣어주는 종이'상자'로 구성되어 있기 때문이다. 이상은 일본어로 쓴 이 구절에서 '箱棚' 위에 'ケイス'라고 썼는데,(1, 168) 이 경우의 '케이스'는 '상품용 상자'가 아니라 '상자'와 같은 3차원 입방체로서의 '백화점 건물'의 뜻인 동시에 '환자(患者)'의 뜻이기도 하다. 백화점의 여러 가지 죄악으로 인한 중병환자라는 뜻이다. 그런데 기존의 『이상전집』은 모두 '상붕'이 생략된 채 '케이스'라고만 했기 때문에 몇몇 이상 연구가들은 '상붕'을 간과하고서 '케이스'를 '자동차'로 해석한다. 김민수도 '사각의 상붕'을 '엘리베이터'의 의미로 본다.[16] 물론 '백화점' 건물의 지각하기 어려울 정도의 동요('걷기시작이다')는 '만곡된직선'이 예고한 것이었다.

라지에타의근처에서승천하는굳빠이 (1, 168)

'백화점' 입구에 설치한 것일 듯한 '라지에-타'(냉방기)에서 '생명의 위협'을 느끼고 그곳을 빠져나온 한 고객의 '작별인사'('굳빠이')는 무너지려는 백화점 건물에 대한 것이지만 그 작별인사의 '승천'은 그의 운명을 초극하려는 의지에 연유할 것이다. 이렇게 본다면 그 고객은 그가 평소 품어온 죄악이 많은 '백화점'의 공리적 목적과 너무도 다른 삶의 목적에 아직 절망하지 않고 있는 것이다. 다음이 「AU MAGASIN DE NOUVEAUTES」의 결구(結句)다.

---

16 김민수, 앞의 책, 233쪽.

바깥은우중. 발광어류의군집이동 (1, 168)

'백화점' 밖에서는 비가 오고, 헤드라이트를 켠('발광') 자동차들('어류')이 떼지어 이동하는 광경으로 이 시를 끝낸 것은 적절했다. 「AU MAGASIN DE NOUVEAUTES」는 도시 시이기 때문에 '자동차'와 '헤드라이트'가 구성한 도시적 광경이 필요했기 때문이다.

'백화점'은 'Z' 백작의 '비행선' 언급을 보더라도 어느 나라라고 한정할 수 없는 20세기의 낡은 '백화점'이다. 이상은 이 '백화점'을 통하여 자본주의적 물질문명의 폐해, 그 연장선 위에 있는 군국주의를 풍자적으로 언급했고 가상현실을 진실로 신뢰하는 현대인의 피상적 성격도 풍자하는 한편 오랜 역사가 있는 남녀의 갈등을 해소하는 동시에 완전한 사랑을 구현할 수 있는 '남녀양성구유체'에 대한 동경도 언급하고 있다. 이 문명비평시에서는 자본주의적 사회의 풍자와 이상적 인간형의 동경이 공존한다.

「AU MAGASIN DE NOUVEAUTES」는 문명비평적 의도를 아방가르드 수법으로 제시한 주목할만한 모험으로서 거대 서사가 없고 단편적 장면의 혼성모방적 조립과 메타픽션적 요소, 그리고 전통적 인간중심의 인간상을 부정하는 남녀양성구유체 환상 등으로 인하여 포스트모더니즘을 선구적으로 실현한 시이기도 하다.

다음이 「二人…1…」과 「一人…2…」의 전문이다.

「二人…1…」

基督은襤褸한行色으로說教를시작했다.

알 카아보네는 橄欖山을山채로拉撮해 갔다.

一九三○年以後의일

네온싸인으로裝飾된어느敎會의門깐에서는뚱뚱보카아보네가볼의傷痕을伸縮시켜가면서入場券을팔고있었다.

「二人…2…」

알·카보네의 貨幣는참으로光이나고메달로하여도좋을만하나基督의貨幣는보기숭할지경으로貧弱하고해서아뭏든돈이라는資格에서는一步도벗어나지못하고 있다.

카아보네가프렛상이래서보내어준프록코오트를基督은最後까지拒絶하고말았다는것은有名한이야기거니와宜當한일이아니겠는가.

「二人…1…」과 「一人…2…」은 기독교 신앙과 관련된 문명비평을 처음으로 시도한 시다. 「二人…1…」의 경우, '감람산'에서 '기독'이 '남루한행색'으로 설교를 시작하자마자 '기독'과 그의 '설교' 무대를 '납치'한 폭행은 정치적인 사건으로서 신앙의 자유를 억압하는 전제국가 또는 식민지 지배자의 횡포다. 따라서 뉴욕의 유명한 폭력배 '알 카보네'는 일본왕이나 조선총독의 은유일 수 있다. 이상은 문명비평을 위하여 이 시에서 현대('1930년 이후')와 '기독'의 고대를 평행시키는 신화적 방법을 사용한다. 현대의 물질주의적인 교회 운영자 '알 카보네'는 이스라엘을 지배한 로마황제의 은유이기도 하다. '참으로 光'이 나는 그의 '화폐'가 로마황제의 '초상'이 새겨진 화폐('메달')와 같은 것은 '황제의 것은 황제에게 돌려주고 하느님의 것은 하느님에게 돌려드려라'(마태복음 22:21)라는 '기독'의 유명한 말에 기초한 것이다. '세금'으로 바치는 '황제'의 초상이 새겨진 '화폐'는 일시적인 세속적 가치밖에 없지만,

'보기 흉할 정도로 빈약'해 보이는 '기독의 화폐'는 영원한 신앙의 빛이 난다는 뜻을 그 성구(聖句)는 암시한다. 예수를 돈('프록코오트')으로 매수하려는 카보네의 시도는 실패하기 마련이다. '프록코트'는 저고리가 무릎에 이르는 검정색의 남자용 예복이다. 일본왕의 예복이기도 한 그것을 '기독'에게 준 것은 '기독'에게 '그대가 유대인의 왕인가?'(마태복음 27:11)라는 '기독'에게 던진 빌라도의 질문을 상기시키면서, 아무리 그가 그 예복을 입고 조선에 올지라도 현재의 조선통치자는 일본왕이기 때문에 조선왕이 될 수 없다는 것을 암시하기 위해서다. 카보네는 그렇게 '기독'을 놀림감으로 삼음으로써 그 자신의 비열한 속내를 폭로한다. 이상의 풍자적 재능이 또 한번 돋보이는 대목이다. 사실상 그는 채만식과 염상섭 못지 않은 일제 강점기의 탁월한 풍자적 유머리스트였다. 「가외가전」(1936)은 「二人」에서 시도된 문명비평의 소박한 수준을 뛰어넘는 걸작이다.

「출판법」은 역설적인 제목이다. 반체제적 언론을 탄압하기 위한 일제의 소위 '치안유지법'('출판법'도 여기에 속한다)에 도전했기 때문이다. 따라서 그 진정한 제목은 「반(反)출판법」이어야 한다. 이 시는 허두부터 충격적이다.

> 허위고발이라는죄명이나에게사형을언도하였다. (1, 174)

신문기자로 추정되는 '나'가 사형 언도를 받은 죄명인 '허위 고발'은 검찰의 모함이다. 그의 기사는 정당했기 때문이다. '아버지'의 양양(攘羊)은 일제의 한국 침탈의 비유다. '아버지'는 일본왕의 은유요, '양'은 약소국 조선의 은유다. 따라서 그를 고발하지 않을 수 없다. '나'는 민족해방 운동자로서, 침략용 신작로 포장을 위한 '아스팔트'를 제조하는 '가마'를 증오심을 가지고 흘겨본 적이 있다.

화자가 사형집행된 그의 뼛조각을 갈키로 긁어서 주워 모은 것은 언젠가는 '살'이 그 뼈에 부착되어 재생하기를(『구약성경』 에스겔 37:6) 소망한 때문인데, 이는 조국의 광복(光復)을 암시한다. '검거된 지하운동가'가 '광부'인 것도 상징적이다. 그의 지하 작업은 반체제 지하 운동을 상징한다.

제3연에서의 '호외'는 '암살' 사건을 알리는 것으로서 물론 암살은 정부 요인(要人)의 암살이다. 그 암살범은 '탈옥수'일지도 모른다. 그 무렵에 일제는 그들만이 아는 과학적 기술('개방된 실험관의 열쇠')에 의하여 조선의 거의 모든 곳에 똑같은 모양의 '운하'를 개설('굴착')했는데 '운하'는 도로망의 비유요, '여과된고혈'은 조선인의 혈세(血稅)로 만든 '아스팔트'의 은유다. 이상은 경성고공 시절에 『朝鮮と建築』에 실린 조선도로 포장에 관한 논문을 읽었기 때문에 '아스팔트'의 용도를 잘 알고 있었다. 조선인의 시에서 정치적 암살사건이 신문 호외를 통하여 제시된 것은 처음 보는 일이다. 장방형 박스 안에 고딕 활자로 넣어 '暗殺'을 돋보이게 했다는 것은 비록 일본어로 쓴 시에서의 작중사건일지라도 대담한 모험이다.

화자는 호외를 통하여 그 사건을 알게 되자 절망 상태에 빠진다. 그가 사는 '궁벽'한 곳까지 '우체 교통'이 가능해져서 그의 지하 운동이 탄로되기 쉬워졌기 때문이다.

낙엽이창호를삼투하여나의예복의자개단추를엄호한다. (1, 175)

'암살범'으로 추정될 수 있는 떠돌이 지하운동가('낙엽')가 몰래 찾아와 그의 지하 운동을 도와주는 동지와 관련된 '비밀'('단추')이 탄로되지 않도록 배려해 주었다는 것이다.

> 일력의반역적으로나는방향을분실하였다.나의안정(眼睛)은냉각된액체를산산으로절단하고낙엽의분망을열심으로방조하고있지않으면아니되었다.(1, 175)

비록 '달력'이 암시적으로 가리키는 방향으로 가지는 않았지만 화자는 눈물('냉각된액체')을 눈에서 뿌리치고('산산으로절단하고') 그 방랑자의 분망한 지하 운동을 도와주고 있다는 것인데, '눈물'은 그의 지하 운동에 감격하여 흘린 것이리라.

이 시에서 가장 난해한 구절이 마지막의 '원후류(猿猴類)에의 진화' (1, 175)다. 인간이 '원숭이'가 되는 것은 '진화'가 아니라 '퇴화'인데 '진화'라고 한 것이다.

그 '원후'는 「AU MAGASIN DE NOUVEAUTES」에 나오는 '옥상정원. 원후를흉내내는마드무아젤'에서의 '원후'와 같은 뜻이다. 이상의 단편소설 「동해」의 제사(題辭)에 나오는 '자급자족'적 생활은 현대 자본주의 경제와 거리가 먼 '고대적인 생활'인데 화자도 경찰의 눈을 피하기 위하여 '원후'처럼 서울의 더욱 '궁벽'한 곳에서 그와 같은 생활을 하겠다는 것이다. 따라서 '원후'가 되는 것은 다위니즘의 관점이나 자본주의 경제의 관점으로 볼 때 '퇴화'이지만 반(反)진화론, 반자본주의, 반제국주의의 관점으로 본다면 역설적으로 '진화'라는 것이다. 그것은 어쨌든 조선총독부 근무자가 항일적인 암살 시를 쓴 것은 충격적인 사건이 아닐 수 없다. 그는 충직한 관리의 가면을 쓰고 총독부에 잠입한 지하운동가와 조금도 다름이 없었다.

08
초기 시의 문제(2)

이상에게 1931년은 풍작(豐作)의 해였다. 「朝鮮と建築」에 발표한 시 28편 외에도 발표하지 않은 시 약 8편이 있다. 일본어로 쓴 이 시들은 1960년대 이후에 한글로 번역되었다. 곧 「一九三一年(作品第一番)」, 「얼마 안되는 변해(辯解)」, 「喀血의 아침, 「獚」, 「獚의 記(作品第二番)」, 「무제(1)」, 「무제」 등이다. 이 시들을 『朝鮮と建築』에 발표하지 않은 것은 이미 상당히 많은 작품을 게재한 그 잡지에 더 이상은 게재할 수 없었기 때문이었을 것이다. 그렇다고 하여 일본어 시를 조선의 신문이나 잡지에 발표할 수도 없었다. 그 결과 이 작품들은 수십 년 동안 지하에 묻혀 있을 수밖에 없었다. 이상도 정신문화 면에서 너무나 열악한 식민지적 환경의 피해자였다.

「一九三一年」은 대체로 넌센스 시라 할 수 있다. 그것도 일본어 발음을 교묘하게 이용하고 있다. 가령 허두의 '나의 폐가 맹장염을 앓다. 第四病院에 入院'에서의 일본어 '第四'는 동시에 '다이시(大死)'라는 뜻이 있기 때문에 '第四'의 '同音異義'가 넌센스적으로 우습다.(1, 236) '青

年公爵'의 소개로 알게 된 '梨孃'도 그것의 일본어 발음 '나시'는 '배'라는 과일 이름인 동시에 '無シ'('없다')라는 뜻도 있기 때문에 화자는 이 세상에 '없는' 처녀를 소개받은 셈이다.(1, 237) '梨孃 R靑年公爵 家傳의 발(簾)에 감기어서 慘死하다'의 경우도 '발'을 의미하는 '스타레'에는 '스타레루(낡아지다)'라는 의미가 겹치기 때문에 '梨孃'은 R청년공작의 집에 대대로 전해오는 〈낡아서 무용지물이 된 발〉에 감기어서 '참사'했다는 넌센스적 사건의 희생자다.(1, 23)

이들 넌센스적 사건만 고려한다면 「一九三一年」은 문학적 가치가 없는 태작(駄作)으로 평가받을만 하지만 그런 사건과 공존하는 진지한 해석을 요구하는 또 다른 의미층의 사건이 언급되고 있기 때문에 반드시 그렇게만 볼 수도 없다.

> 混血兒 Y. 나의 입맞춤으로 毒殺되다. 감금당하다 (1, 237)

사회에서 천대받는 '혼혈아'를 사랑한 죄로 감옥에 감금당한다는 비극은 그 사회 가치관의 전도에 연유한다. 어떤 행동의 동기와 그 결과의 모순을 암시한 것이기도 하다. 이 시에서 가장 중요한 문제는 넌센스와 무관한데, 바로 화자(李箱)와 그의 양친의 불행한 관계를 상기시킨다.

> 一九三一年 五月七日(父親의 死日) 대리석 발아사건(……) (1, 236)

이 시를 쓴 해('1931년')가 '아버지'가 죽은 해와 일치한다는 것은 화자가 '아버지'의 죽음을 은근히 소망한 것을 암시하며, 부친의 묘비인 '대리석'에 식물의 '싹'이 돋는다는 것은 넌센스적인 사건에 그치지 않고, 가문을 모욕하는 이변(異變)이다. 그러나 이 시에서 가장 주목해야 할 구절은 다음과 같다.

> 재차 입원하다. 나는 그다지도 암담한 운명에 직면하여 자살을 결의하고 남몰래 한 자루의匕首(길이三尺)를 입수하였다.
> 야음을 타서 나는 병실을 뛰쳐나왔다. 개가 짖었다. 나는 이쯤이면 하고 나의 비수를 나의 배꼽에다 찔러박았다.
> 불행히도 나를 체포하려고 뒤쫓아온 나의모친이 나의 등에서 나를 얼싸안은 채 살해되어 있었다. 나는 무사하였다. (1, 237)

인용에서의 '암담한 운명'은 구체적으로 무엇을 의미하는지 알 수 없지만, 문맥으로 보아서 이상의 단골 화제인 불행한 탄생에 연유한 것으로 볼 수 있다. 그가 의도한 자살의 반대항인 무의식적인 양친 살해충동도 그 불행한 탄생에 대한 극도의 반감 때문이다. 그런데 예기하지 않은 사건이 돌발한다. 나의 모친이 나의 등에서 나를 얼싸안은 채 살해되어 있었던 것이다. 이 사건의 심층적 의미는 무엇인가? '어머니'의 자식에 대한 무한정의 사랑이다. 그 지극한 모성애로 말미암아 엉뚱하게도 '어머니'가 살해된 것인데, '어머니'는 아들 대신 자기를 희생한 것이다. '나를 얼싸안고'가 그 모성애를 입증한다. '어머니'의 모성애가 아들의 목숨을 살리기 위하여 '자살'을 위한 '비수'를 대신 받은 것이요, 이는 우리에게 「광녀의 고백」에서의 '광녀'('창녀로 화신한 보살')의 자선행위를 연상하게 하며, 민간 불교신자였다는 이상의 어머니를 상기시킨다. 따라서 '어머니'의 아들 '체포'의 동기도 반드시 악의적인 게 아닐 수도 있다. 『十二월 十二일』과 「광녀의 고백」의 불교적 발상은 불교재단에서 운영한 보성중학교 시절부터 몸에 배다시피한 불교 사상과 무관하지 않을 것이다. '나'가 그 '비수'로 굳이 자기의 '배꼽'을 찌른 것은 불행한 탄생을 저주하기 위한 것이다. 이상의 '어머니'에 대한 태도는 아버지에 대한 태도와 다르다. 그의 여러 편의 시와 소설이 보여주는 여성에 대한 동정적 태도가 '어머니'에도 미친다는 것은 『十二월 十二일』 주인공의 '어머니'에 대한 효성이 입증한다. '精蟲의 一元論에 대한 고집'으로 양친에게서의 탄생의 '거부'를 암시하지만, 이것과 '어머니'에 대한 지극한 배려는 이상에게 별개의 문제였다.

또한 넌센스를 위한 넌센스가 적지 않은 이 시에서 그런 넌센스와 다른 심각한 넌센스적 사건으로 '어머니' 살해와 관련된 사건 외에도 '나의 방의 시계 별안간 十三을 치다. 그때 호외의 방울소리 들리다. 나의 탈옥의 기사'가 있다. 현재 기거하는 '방'의 임자가 '호외'가 알리는 '탈옥자'라는 것은 넌센스적 사건이지만, 문제는 그 탈옥자의 범죄가 이 구절 앞에서 '제3인터내슈날'을 언급한 것으로 미루어볼 때 정치적 범죄일 가능성이 있다는 점이다. 중대한 정치범의 '탈옥' 같은 비상한 사건이 아닐 경우는 특별히 '호외'로 알릴 필요가 전혀 없다. 이상은 「출판법」에서 정치범의 '탈옥'을 언급했었다. 그의 정치적 관심은 이처럼 「一九三一년」이라는 넌센스 시의 형식을 빌려서 암시되기도 한 것이다. '시계'가 쳤다는 '十三'은 그 '시계' 또는 '시계적 시간'의 세계에서는 넌센스적 숫자인 동시에 말세적인 '불길한 숫자'이지만, 이 숫자는 앞으로 「오감도 시 제1호」에서의 '13인의 아해' 및 「종생기」에서의 '열세벌'의 '유서'와 관련될 것이다.

「一九三一년」은 기지가 번득이는 넌센스 시이지만 실존적 문제로서의 '어머니' 살해 의도와 관련된 사건 및 '탈옥'과 관련된 이상의 정치적 관심을 등한시해서는 안된다.

「얼마 안되는 변해」는 잡지에 발표하지 않은 초기의 시 중에서 유일한 산문시다. 「광녀의 고백」, 「AU MAGASIN DE NOUVEAUTES」와 더불어 이상이 초기에 발표한 가장 중요한 문제작이다. 이 산문시에서도 현실의 세계는 환상적 세계와 공존하고 있다. '배선공사'와 관련된 작중 사건 및 나이 어린 두 창녀와 관련된 사건이 전자라면, 후자는 이상적인 사회 및 이상적 인간형과 관련되어 있다. 이 작품에서도 작자의 불행한 탄생이 그 두 세계의 매개항으로 언급되고 있다.

「얼마 안되는 변해」는 '몇 구우에게 보내는' 시이다. 곧 지난 '一年' 동안에 일어난 일을 벗에게 고백('報告')하기 위하여 쓴 것이다. 그 동안에 쓴 시가 퍽 '치졸'했다고 회고하면서 시를 시작하고 있다. '배선공사'에 종사한 지난 일 년은 총독부에서 계획한 '전매청'의 설계와 현장 감독의 일을 맡았던 시기와 일치한다. 따라서 이 산문시도 총독부 관리 시절의 작품인 것이다. 자살충동으로 나타난 그의 허무주의는 그의 강박관념이 된 불행한 탄생에 대한 저주 혹은 양친 혐오증과 특히 무의미한 '一年'의 허송, '神'의 두 팔의 '遺骨' 및 '神' 살해용의 '小刀'가 암시하는 '神'의 사망, 그리고 자기자신에 대한 절망에 연유한다. 그가 자살 충동에 몰린 끝에 그것을 피하기 위하여 탄 '북극을 남극으로' 달린다고 여긴 기관차는 곧 현실과 환상의 경계를 달리는 기관차다. 그러나 그의 정신적 재생을 위한 사건이 일어났으니, '파라솔'을 들고 '소낙비' 속 철로를 횡단하는 두 창녀를 본 것이다. 그 '철로'의 횡단은 남성과 여성의 평행선적 대립의 부정을 암시하고 그 양성(兩性)의 통합체인 남녀양성구유체를 예시한다.

그 모양은 그에게 어느 彈道를 思想하게 하여 人生을 횡단하는 壯烈한 方向을 그는 確認하였다. 그와 同時에 소리 없는 放電이 그 파라솔의 尖銳에서 번쩍하고 일어났다. 그와 同時에 車室은 삽시에 棺桶의 內部로 化하고 거기에 있는 조그마한 壁面의 餘白에 古代미개인의 落書의 흔적이 남아 있다. 曰 '비의 電線에서 지는 불꽃만은 죽어도 역시 놓쳐버리고 싶지 않아'. '놓지고 싶지 않아' 云云 (3, 292)

인용에서도 현실과 환상이 공존한다. 두 창녀의 '파라솔' 윗부분 '첨단'에서 일어난 '방전'은 객관적 사실이지만, '나'가 탄 기차 '객실'이 '관통'으로 불현 듯이 변한 것은 환상적인 사건이다. 그러니 그런 사건을 설정한 것은 인간의 전체성이 살아 있었던 '고대적 인간('고대 미개인')'을 등장시키기 위한 것인데, 그것은 그런 인간형으로 재생하고 싶은 '나'의 염원을 반영한다. 그리고 이 산문시에서는 지금은 상실된 그런 이상적 인간형이 여성으로 성(性)전환한 화자가 아무런 고통이 없이 '제풀로 분만'한, '비상하게 잘 製鍊된 보석'으로 상징된 '남녀양성구유체'다.(3, 294) 이상은 이 산문시에서도「AU MAGASIN DE NOUVEAUTES」에서 언급된 이상적 인간형으로서의 '남녀양성구유체'의 탄생을 궁극적으로 지향했던 것이다. 그러나「AU MAGASIN DE NOUVEAUTES」와 달리 여기서는 그 나름의 유토피아가 동시에 추구되고 있다.

記憶이 관계하지 않는 그리고 意志가 音響하지 않는 그 無限으로 통하는 方丈의 第三軸에 그는 그의 安住를 발견하였다. (3, 293)

가로 세로 한 척(丈)밖에 안되는 좁은 방은 인구가 적은 유토피아의 은유다. 그곳은 좌와 우, 성(聖)과 속(俗), 유산층과 무산층, 또는 남성과 여성 등 반대항의 충돌과 갈등이 해소된 제3의 중심축이 지탱하는 나라이기 때문이다. 이상이 이 나라에 '안주'시키고 싶은 주민으로서 염두에 둔 사람은 그 나이 어린 창녀이지만, '남녀양성구유체'는 여기에서 제외된다. 완벽한 인간형은 지상에서 잠시도 살 수 없기 때문이다.

「얼마 안되는 변해」에서도 『十二월 十二일』과 「지도의 암실」에서 상징적으로 암시된 '神'의 죽음과 이상의 적지 않은 작품에서의 단골화제와도 같은 '불행한 탄생'과 '부친' 혐오, 그리고 인간과 인생의 부조리가 초래한 허무주의적 인생관 및 그것을 초극하기 위한 이상적 인간형과 유토피아를 언급하고 있다.

이상의 문학이 그의 생애와 밀접하게 관련되어 온 것은 그의 초기 작품들로 입증되었다. 가령 그의 초기 문학에 나타난 문명비평적 경향과 그의 가족과 근친이 이룬 가장 친근한 생활환경과의 관계부터가 그렇다. 그의 백부 김연필의 생활신조는 유교적인 것인 반면, 그의 어머니는 고은의 말을 빌리면 '샤마니즘 불교'를 믿고 있었고, 이상 자신은 보성중학교의 교육과정에서 불교를 배우고 그 영향을 받긴 했지만, 기독교에 대한 관심도 적지 않았다. 그의 『十二월 十二일』에서 불교적 인생관이 기독교적 '신'이나 '구원'의 관념과 병존하고 있는것은 두 종교로 대표된 동양 정신과 서구적 정신에 대한 문명비평적 관심에 연유한다. 초기의 산문시 「獚」과 「獚의 記」에도 문명비평적 관심이 보인다.

「황」의 전반은 '나'라는 허무주의자의 자살 충동을 그와 친근한 분신인 '황'('개')과의 대화를 통하여 제시하고 후반에서는 허무주의의 극복을 위하여 '아문젠'과 MADEMOISELLE'이 상징하는 서구중심주의의 반대항인 마음의 고향으로서의 '동양'에의 회귀를 염원하고 있다. '아문젠'이 서구적 탐구정신의 상징으로서 '발견의 기쁨'이 그 '두려움'이나 '슬픔'으로 전환한다는 것도 서구적 '발견'이란 항상 변하지 않는 자연의 순리를 거역하는 탐구정신의 결과이기 때문이다. 서양정신의 반대항이 '獚'으로 상징된 동양적 정신이다. '황'을 '자네'라고 부른 것도 그와의 친근감 때문이다. '獚'이라는 새로 만든 한자(漢字)에서의 '黃'은 '老子'와 함께 중국 道敎의 시조인 '黃帝'의 '黃'자(字)일 것이다. 다음이 '나'와의 대화에서 '獚'이 한 말이다.

> 나는 동양사람을 좋아했다, 나는 동양사람을 연구했다. 나는 동양사람의 시체로부터 마침내 동양문자의 奧義를 발굴한 것이다. (3, 313)

'황'이 말한 깊은 뜻을 가진 '동양문자'의 하나가 다름 아닌 '獚'일 것이다. 그것을 발견하게 만든 '동양사람의 시체'는 '문자'가 지워져 있다는 동양인의 '문패'와 같이 동양의 '폐허'를 비유한 듯하다. 그 폐허야말로 동양문화의 전통을 암시한다. '개'가 몸을 뒤채면서 간절하게 그리워한 향수의 대상인 '죽음의 숲'이 그 유서 깊은 폐허일 것이다. 「獚」에 나타난 '나'의 언동에서 주목해야 할 것은 두 가지다. 하나는 '황'을 친구로 삼은 것은 '나'가 다윈의 진화론을 반대한 것을 말해준다는 점이요, 다른 하나는 창녀와의 동류의식이다.

> 四月이 絶望에게 MICROBE와 같은 희망을 플러스한데 대해, 개는 슬프게 이야기했다.
>
> 꽃이 매춘부의 거리를 이루고 있다.(3, 312)

'四月'의 '절망'은 T.S. 엘리엇의 「황무지」에 나오는 유명한 구절 '4월은 잔인한 달이다'를 상기시키거니와, 그 '절망'을 극복하기 위한 '희망'을 개가 슬퍼한 것은 '희망'이 역설적으로 질병('MICROBE')의 근원이기 때문이어서 화자는 그런 질병이 없는 '꽃'으로 장식된 '매춘부'의 '거리'로 간다. 화자는 '매춘부'에게 따뜻한 동류감을 느끼는 것이다. 이상은 그 '꽃의 거리'로 '매춘부'를 축복해주었다. 정성이 담긴 축복이다.

「獚의 記」의 부제인 '황은 나의 목장을 守衛하는 개의 이름입니다'에서 '목장'은 「童骸」에서와 마찬가지로 '郊外' 또는 '自然'의 뜻이다. 이 시에서는 '나'와 '나'의 주치의인 'R의학 박사'가 대립하고 있다. '二元論的' 생명관의 소유자인 그 '의학박사'는 서구정신의 化身이다. 그가 '두 개의 뇌수 사이에 생기는 연결신경을 암'이라고 완고하게 주장한 것도 동양정신과 서양정신의 상징인 '두 개의 뇌수'를 조화시키는 '연결신경'을 서구중심적으로 부정한 것을 말해준다.

「황의 기」에도 허무주의적 인생관이 침투해 있다. 그것은 '나'가 '치욕'으로 여기는 '조상' 특히 '육친'과 '나'를 연결해주는 '계보'와 서구적 이원론에 대한 환멸 및 '불성실한 지구'로 암시된 말세적 상황에 연유한다. 그 결과 '재생'의 희망과 활기찬 생명을 약속해주는 '봄'은 '갈가리 찢기고' 만다.

그러자 '황'이 가져다 준 '금속의 꽃'의 효력으로 마침내 '지식은 좌우를 겸비하게끔' 되어 '병 집'이 치유되는데, 그 '금속'은 동양적 연금술의 산물인 불로장생을 위한 선약(仙藥)의 은유일 것 같다. '좌우'의 '겸비'는 모든 대립적 二元論의 초극을 암시한다.

심리학을 포기한 나는 기꺼이 — 나는 종족의 번식을 위해 이 나머지 세포

를 써버리고 싶다 (3, 320)

'심리학'이라는 서구적 과학과 달리 '종족의 번식'은 '자연' 생명의 순환 원리에 순종하는 동양정신의 은유다. 따라서 「황의 기」의 주제는 동양에의 회귀인 것이다.

그러나 이상이 몽상한 동양('봄')은 서구적 정신의 침입('못')에 의하여 좌절된다.

별들은 흩날리고 하늘은 나의 쓰러져 객사할 광장
보이지 않는 별들의 조소
다만 남아 있는 오리온좌의 뛩구는 못[釘]같은 星員(3, 320)

'오리온좌의 못 같은 성원'이 바로 서구적 탐구정신의 상징이다. 비정하게 예리하고 철저한 과학적 탐구정신을 '못'에 비유했다. 서구정신의 역동성은 '뛩구는' 운동으로 비유하기도 했다.

'황의 나체'는 '나의 나체를 꼭 닮았다'고 자랑스럽게 말하면서도 '혹은 이 일은 이 일의 정반대일지도 모른다'고 조건을 달지 않을 수 없다. 그 결과 '나'는 잃어버린 '동양문자의 오의'에 대한 향수를 절감한다.

「황의 기」도 노장사상으로 대표될 수 있는 동양정신과 이상의 관계를 반성하지 않을 수 없게 한다. 이 시에서 언급된 '황금의 꽃'이나 장수하는 선인(仙人)을 연상하게 하는 '백발노인'('황')이 암시하는 道敎의 현실주의적, 공리적 경향은 본연의 노장사상과 거리가 멀지만, 이 시에도 짙게 나타난 도교의 자연친화 사상은 노장사상과의 공통점이다. 이상의 「동해」, 「종생기」, 「가외가전」 등에 침투한 노장사상은 「황의

기」에 나타난 도교와 혼동되어서는 안 된다. '도교'는 '별들은(……)광장'이라고 감동적으로 표현된 화자의 허무의식을 알 리가 없고 오히려 '조소'할 것이다.

「무제(1)」에서 이상의 '불행한 탄생에 대한 저주'는 극점에 이르고 있다. 자기를 비정상적인 '사생아'('자웅이주의 생물')라고 경멸하며, 부모를 '어디서인가 처음으로 본 일이 있는 남자와 여자', 곧 처음으로 알게 된 타자로 간주했던 것이다. 따라서 '나는 유모차에 태워진 채로 추락하였다'는 사건도 일어나게 되고, 이 사건을 시발점으로 하여 모든 가치관이 전도(顚倒)되는 사건이 속출한다. '악보가 거꾸로 연주'되는가 하면 '악성'의 방 '천정'의 거울에 그와 '악성'이 거꾸로 선 '立像'이 반영되기도 하는데, 그런 사건들을 통한 가치관과 질서의 교란은 말세의 징후다. '악성'은 '그'의 '立像'의 거울 반영을 빌미로 삼아 '나의 비밀을 언감생심히 누설'한 '죄'가 무거우니 '그대의 「右」를 빼앗고 종생의 「좌」를 부역'한다고 선고한다. 그의 '立像'이 '거울'에 '나'와 나란히 반영된 것은 그 역시 '나'와 같은 허무주의적 부랑자임을 폭로한 것과 같고, '나'가 '그'와 관련된 비밀의 탐지자임을 암시한다. 따라서 주변에 알리고 싶지 않은 '나'와 같은 '허무주의적 부랑자'라는 '그'의 '비밀'이 '나'로 말미암아 폭로되었기 때문에 그와 같은 처벌이 그의 분신과도 같은 '나'에게 가해진 것이다. '그'가 '악성'에 의하여 '부역'받은 '左'的인 노역(勞役)의 하나가 이상의 작품 창작인 셈이다. 이 산문시에서도 모든 가치관의 혼란의 근본적 원인이 '유모차' 전복으로 암시된 화자의 불행한 탄생임을 주목해야 한다. 이상은 탄생의 저주를 이렇게 집요할 만큼 자주 언급한 불행한 예술가였다. 물론 그 문제와 그것이 언급된 작품의 문학적 가치는 별개의 문제다.

09
반항자의 「권두언」

1933년 3월, 이상이 총독부에 사표를 제출한 이유는 폐결핵의 악화로 추정되고 있지만, 그동안 쌓인 근무처에 대한 혐오도 추가될 수 있을 것 같다. 지난날을 돌이켜 볼 때 그는 약 3년 동안 매일 충실하게 근무했을 것이며 이와 관련하여 다시 한번 상기되는 것이 백부의 집에 걸려 있는 현판의 '敬天愛人'이라는 四字成語다. 그러고 보면 총독부 관리 김해경은 매일 그 현판이 귀띔해주는 유교적인 인애(仁愛)의 집과 '조선총독부'라는 범죄 집단의 소굴을 왕래한 셈이지만, 시대감각이 유달리 예민한 그에게 그 현판이 주입한 것은 항일적 반항심이었을 것이다. 조선의 지배자는 총독부라는 악의 세력이었기 때문이다. 「권두언」은 반항정신 없이는 쓸 수 없다.

「권두언」은 『朝鮮と建築』 1932년 6월호부터 1933년 12월호까지 연재되었으므로 퇴직 후에도 연재는 계속된 것이다. 그리고 작가의 창작방법, 다윈의 진화론 비판, 항일적 함의가 있는 발언 등으로 구성된 「권두언」은 이상 문학의 올바른 이해를 위하여 반드시 참고할 만한 가

치가 있다. 「권두언」의 필자는 대부분의 경우 'R'이었는데 1933년 12월호의 필자만은 'H · R'이다. 'R'은 '李箱'의 약호이지만 'H'가 누구인지는 밝혀지지 않고 있다. 그런데 김해경의 소감이 「권두언」의 자격으로 『朝鮮と建築』에 연재된 이유가 미심쩍다. 보통 권두언의 필자는 그 잡지의 주간이나 편집인이지, 김해경 같은 총독부 관리, 또는 관리였던 사람은 아니기 때문이다. 총독부 관리로서의 조선인은 일본인보다 하위(下位)의 인간이었다. 그것은 마치 조선의 행정구역 이름 '동(洞)'이 일본식 행정구역 이름 '정(町)'에 종속된 하위 개념인 것과 같았다. 일제의 정치적 민족차별은 세계 식민지 역사에서 가장 극심했다. 그럼에도 불구하고 그는 그 잡지에 글을 발표했다. 그는 생전에 누구에게도 일본인 잡지에 글을 발표한 사실을 말하지 않아서 그 글들은 수십 년 동안 지하에서 동면해야 했다. 부끄러워서 말하지 않은 게 아니라 강한 자존심 때문이었다.

김해경이 「권두언」을 그 잡지에 연재한 핵심적 이유는 아마도 일제에 대한 반항심이었을 것이다. 그는 총독부와 결별하는 시점에서 『十二월 十二일』과 여러 편의 시에 담아낸 반일적 저항을 마지막으로 시도하고자 했을 것이다. 이상이 그런 저항을 위하여 아방가르드적 수법을 사용한 것은 주지되어 있지만, 그 수법이 「권두언」에서 예고된 것이다.

「권두언」에 침투한 그의 반항은 예술과 정치라는 두 방면과 관련된 것이다. 다음이 「권두언14」의 전문이다.

모호리, 나기—

靜力學的 리듬만이 예술의 요소가 될 수 있다는 에지프트 시대로부터 생

겨난 수천년의 오류로부터, 우리들은 해방되지 않으면 안 된다.
우리들은 시간감각의 근본형식으로, 예술의 가장 주요한 요소는 활동적 리듬이란 것을 선언한다.
생물적 구성은 생명의 현상상태이며, 모든 인간적 및 우주적 전개의 원칙이다.(3, 207)

인용에서 이상은 헝가리 출신의 화가, 조각가, 디자이너, 미술이론가인 모홀리 나기가 제창한 동역학적 창작방법을 추종하고 있다. '활동적 리듬'은 동역학적 리듬과 그 뜻이 같으며, 리듬은 모홀리 나기의 '움직이는 이미지'와 그 뜻이 같다. 그 이미지는 모홀리 나기가 말한 대로 큐비즘화가가 대상의 둘레를 돌면서 파악한 것을 4차원적으로 혹은 시공(時空)의 동시적 연속성을 살리면서 시각적으로 지각되는 언어로 표현함으로써 생길 수 있는 리드미컬한 것이다. 실제로 우리는 이상의 소설 「지도의 암실」과 「지주회시」 「광녀의 고백」과 「AU MAGASIN DE NOUVEAUTES」 등에서 동역학적 이미지와 시공연속성을 접할 수 있다. 이 작품들에 나타난 통사법과 띄어쓰기 원칙을 무시한 글쓰기는 '활동적 리듬' 효과를 거두기 위한 전략이다.

「권두언」의 정치적 성향의 화제 중에서 중요시되는 것의 하나가 다윈의 진화론 비판(「권두언7」)일 것이다.

어느 민족이 滅失, 減少했다고 우리는 믿고 있다. 그러나 그것이 생존경쟁, 도태에 기인한다고 생각한다는 것은 잘못이다. 그것들은 적응의 원리에 의해 변형, 轉位한데 지나지 않는다.
생물이 高等하게 되면 될수록, 생존경쟁…… 도태는 생물의 진화에 있어

하등 중요성을 갖지 않는다.(3, 200)

여기에서의 '민족'은 일제에 정복당한 조선 민족일 것이다. 이상은 그 '민족'이 생존경쟁 과정에서 '도태'되지 않는 것은 '변형과 전위'의 전략으로 불리한 환경에 대하여 적극적으로 '적응'할 수 있었기 때문이라고 본다. 그 자신의 창작 행위도 주어진 환경을 '변형 전위'시키는 노력에 다름 아니었다. '전위'는 '변혁'의 뜻으로 볼 수 있다. 이를 위해서 그 '민족'은 '고등'한 수준으로 향상될 필요가 있다.

> 부채꼴의 인간…… 원시인은 혼자서 獵師, 공예가, 건축사, 의사를 겸했다. …… 현대인은 그중 하나를 선택한다
>
> 미래는 전적인 人間을 요구한다. 對照에서는 인간은 목적이다.(3, 201)

'전적인 인간'은 소외되거나 내면분열이 없는 미래의 온전한 인간으로서, 인간의 대립적 관계에서 반드시 '수단'이 아니라 그의 인격이 존중되는 '목적'으로 대해야 한다는 것인데, 그런 인간은 '미래'의 문제가 아니라 오늘의 문제다. 특히, 식민지 원주민의 문제다. 원주민은 일제 같은 정복자의 억압과 수탈 및 우민화 정책으로 인하여 내면분열자 또는 인격상실자가 될 수 있는 가능성이 가장 높기 때문이다. 따라서 이 '권두언'은 반(反)식민주의의 주장으로 읽을 수 있다. 그와 같은 '전적인 인간'에게서만 우리는 다양한 잠재적 가능성이 최대한으로 실현된 인간의 출현도 기대할 수 있는 것이다. '부채꼴의 인간' 곧 한 사람이 사냥꾼, 공예가, 건축사를 동시에 겸한 인간은 '원시인'만의 특권이 아니라, 르네상스 시기의 사람들이 원했던 레오나르도 다빈치 같은 예술가 곧

'보편적 인간'의 특권이었지만 전문화가 요구되는 현대에는 불가능한 이상이 되어버렸다. 이상은 바로 이 점을 아쉬워했다. 이 '전적 인간'의 꿈은 앞으로 「지도의 암살」과 「휴업과 사정」에서 취급될 것이다. 다음이 「권두언17」이다

> 영겁인 유전(流轉) 가운데 終始를 구할 수 있겠는가.
> 그러나 어떤 말[齣]은 하나를 잡아보아도 그것은 확실한 역사이긴 하다.
> 그러기 때문에 인생 가운데, 억지로 '포인트'를 찾자면
> 어느 순간도 확실한 '포인트'가 된다.(3, 210)

우주와 인생은 '영겁의 유전'이어서 그 처음과 끝이 있을 수 없지만 어느 '순간'도 요긴한 의미가 있는 '포인트'(時點)라고 말한 것은 삶의 의미나 인생과정을 인과적(因果的) 사건의 연속이 아니라, 인과율과 매사의 연속성을 넘어선 '순간'에서 찾아내는 첨단적 근대작가의 창작방법을 상기시킨다. 인생과정에서의 한 '순간'도 그 인생을 다룬 각본이나 이야기의 확실한 '일 회분'(齣)이 될 수 있다. 그 '순간'은 어떤 성질의 것이든 극적(劇的)인 '시점'(時點)일 것이요 우리는 그것을 아껴야 할 것이다. 이렇게 볼 때 「권두언 14」는 우리에게 위태로운 극단적 상상력의 작가 이상을 만나게 해주는 것 같다.

이상은 위장(僞裝)의 명수(名手)였다. 그 수단의 하나가 암호적 표현이었다. 그것은 반체제적 저항을 위한 전술로서 일제의 검열을 피하기 위한 것이기도 했다. 위에서 언급한 다윈의 진화론에 대한 비판이나, '전적(全的) 인간'의 소망도 그 저항을 위한 위장적 담론으로 볼 수 있지만, 다음과 같은 「권두언」도 마찬가지다.

聽明譜

知未來謂聽

知過去謂明

(菅子內業)……耳目聽明

(易經)……古之聽明[1]

인용에서는 관자가 『관자(내업편)』에서 말하는 '총명'과 공자가 『역경』(繫辭傳上)에서 말한 '총명'을 대립시키고 있다. 관중의 '이목총명'은 "安心在中 耳目聽明 皿肢堅固 加以爲精合舍"('안정된 마음이 가슴 속에 있으면 귀와 눈이 밝아지고 사지가 견고해져 가히 精氣가 머무는 곳이 되리라')의 한 구절이다. 그리고 『역경』의 경우 '고지총명'은 "神以知來 知以藏往 其孰能與於此哉 古之聽明叡知 神武 易不者夫"([聖人의] 神 과 같은 정신능력은 미래를 豫知 할 수 있고 그 지능은 과거사를 모두 기억하여 둔다. 그런 일을 누가 할 수 있겠는가. 아마 옛 총명 · 예지가 있어서 神과 같은 威力을 가지고 死刑 같은 형벌을 시행하지 않는 사람일 것이다)의 한 구절이다. 이상이 정신수양과 그 이익을 강조한 '이목총명'을 먼저 인용한 것은 系譜('譜')에 있어서 관자가 공자보다 약 200년 전 시대의 사람이기 때문인 동시에 정치적으로 해석할 수 있는 공자의 '고지총명'으로 독자를 유도하기 위한 전술일 것이다. 과거사와 미래사에 통달하여 극악한 죄인도 사형하지 않음으로써 백성이 그 통치자를 경외하고 복종하도록 만드는 '예치(禮治)'야말로 유교에서의 이상적인 정

1 이 「권두언」은 문학사상사판 『이상문학전집 3』에는 없고, 『정본 이상전집』(소명출판, 2005)에 있다.

치임을 암시했는데, 이는 그런 '예치'와 너무나 대조적인 일제의 폭력적 경찰정치를 독자에게 상기시키기 위한 것이다. 「권두언」은 이와 동시에 동양의 문화적 전통에 대한 이상의 관심을 보여주고 있기도 하다. 이상은 『역경〈계사전〉』에서 언급된 사형수를 법법자로 여겨지기 쉬운 식민지 원주민의 상징으로 썼을 것이다. 필자의 상상력은 종말론적이다. 현대가 극악한 세력의 발호로인하여 전통적 가치관이 전도된 말세(末世)로 본 때문이다. 그런 난세의 공포 분위기를 「권두언 10」이 전해준다.『관자』와 『역경』의 인용문이 나오는 「권두언」을 그러한 정치적 의미를 염두에 두고 썼음을 예증하는것이 「권두언 10」이다.

> 이봐. 누가 좀 불을 켜주게나
> 더듬거리면서 겨우 여기까지 왔네그려. 이렇게 캄캄해서야.
> 이젠 아주 글렀네. 무서워서 한 발자국인들 내놓을 수 있겠는가?
> 이봐. 누가 좀 불을 켜주게나. (3, 203)

누가 읽어도 이것은 전혀 「권두언」답지 않다. 일반적으로 「권두언」은 논설조의 글이거나 이상의 다른 「권두언」들처럼 에피그램적인 어투의 글인데, 「권두언 10」은 거의 비명과도 같기 때문이다. 인용에서는 일제 식민통치로 인한 암흑시대 또는 절망적인 공포 분위기에서의 구원을 절박하게 요청하고 있다. 「권두언 10」이 정치적인 성질의 것임을 입증하는 것이 「권두언 7」과 「권두언 15」이다. 다음이 「권두언 15」의 전문이다.

「자꾸 무시무시한 압력으로 밀어닥치고 있으니」라고 그는 말하면서 한 발자국 한 발자국 후퇴해 간다.

그가, 그것에 대해 대항할 만한 역량도 없지만 대항하려드는 의지조차 보이지 않는다. 그는 후퇴해가고 있는 것에 눈치조차 채지 못하고 있는 것 같다. 혹은 事實, 전연 그렇지 않을는지도 모른다.

우리가 후퇴해가고 있다고 보는 것은 실은 새로운 평화의 步道를 택한 것인지도 모른다.

어쨌든 그의 시비는 차후에 남겨진 문제지만, 그가 말하는 무시무시한 압력에 대하여서는 여러 가지 의미에서 지금은 그냥 예찬해 두자.(3, 208)

인용은 일제의 가공할 만한 탄압에 대한 반발을 거의 숨차게 표출하고 있어서, 이 역시 「권두언」답지 않다. 그 '압력'에 대항하지 않고 후퇴를 거듭한 것은 '2보 전진을 위한 1보 후퇴'의 작전일 수도 있지만, 여기서 보다 중요한 것은 그 전진이 평화의 회복을 위한 것이라는 점이다. 이같은 사실로 볼 때, 그리고 이 「권두언 15」를 쓴 때가 1932년임을 참고한다면 '무시무시한 압력'이 일제의 만주침략전쟁(만주사변) 직후 일제의 파시즘적 공포정치임을 추정하기는 어렵지 않다. 이 권두언은 일제의 만행을 규탄하기 위한 것이다. 화자인 '그'는 이상 자신이지만, 3인칭 대명사의 가면을 씌웠다. '그가 말하는 무시무시한 압력'을 '여러 가지 의미에서 지금은 그냥 예찬해두자'라고 말한 것은 반어적(反語的)이다. 침략전쟁을 정당화하는 언론 매체의 압도적 압력에 굴종하되 여기에 '여러 가지 의미'라는 조건을 달았고 '예찬한다'가 아니라 '예찬해둔다'고 돌려 말한것이다. 어쨌든 「권두언 10」과 「권두언 15」를 발표시킨 『朝鮮と建築』의 편집자도 문제다. 물론 「권두언」과 「권두언 15」를 읽는 방식에서 한국인과 일본인은 서로 다를 것이다. 그 「권두언」을 공포

정치나 정치적 압력과 무관한 것으로 여길 일본인도 없지 않을 것이다. 그 점에서도 이 건축 잡지 독자로서의 한국인과 일본인은 결코 화해할 수 없는 타자(他者)다. 이상은 이를 「권두언」 연재를 통하여 확인시켜 주었다.

10
‘카인’의 문제

이상과 조선총독부의 관계는 「권두언」과 더불어 끝났다. 그전까지 총독부 기관지 『朝鮮』과 『朝鮮建築』에 작품을 발표했던 그는 폐결핵 발병으로 인하여 1932년 3월에 사표를 내고 말았다. 표면상으로는 사직이지만, 그것은 동시에 ‘조선총독부’라는 범죄집단에서의 탈출이었다. 물론 그 탈출은 권력기관에 대한 저항이었는데, 그 저항은 그동안 발표한 작품들 속에 잠복해 있었다. 단지 암호적으로 표현했기 때문에 겉으로 드러나지 않았을 뿐이다. 이러한 저항에 작용한 상상력은 범죄집단과 대결하기 위한 범죄적 상상력이었고, 『十二월 十二일』에서 그것을 대표적으로 입증하는 상징이 ‘카인’이다.

‘T씨’의 외아들 ‘업’을 공동묘지에 매장하고 돌아가는 ‘T씨’와 그의 형을 ‘카인’들이라고 낙인 찍은 것은 그들이 극단적인 친족 증오의 죄를 지었기 때문일까?

> 업의 시체를 이 모양으로 갖다 파묻고 터덜터덜 가던 그 길을 돌아 들어오는 그들의 모양은 창조주에게 가장 저주받은 것과도 같았고 도주하던「카인」의 일행들의 모양과도 같았다.(2, 132)

인용에서의 '일행들'은 '업'의 아버지 'T씨'와 그의 형('그')이지만, '그'를 카인에 비유한 것은 부당하다는 해석을 면할 수 없다.「창세기」에 나오는 카인 및 아벨과 관련된 사건과 일치하지 않기 때문이다.「창세기」에서 카인은 하느님에게 바친 수확물로 인하여 자기보다 하느님의 사랑을 더 받은 아벨을 시기하여 죽였지만,『十二월 十二일』에서 형을 극단적으로 증오한 사람은 'T씨'요, '그'는 동생이 거부하는 생활비를 대어줄 만큼 그를 도와주었던 것이다. 'T씨'가 형의 살해자일 수는 있을지라도 '그'는 동생의 살해자일 수 없다. 따라서 '카인의 일행들'에서 '그'는 제외되어야 한다. 그렇다면 왜 '카인의 일행들'에 '그'를 포함시켰을까? '그'를 카인으로 본 것은「창세기」의 카인처럼 동생을 죽이지는 않았지만 카인처럼 신(神)의 권위에 반항한 죄를 지었기 때문이다. '「카인」의 일행들'에 '그'를 포함시킨 것이 그가 절대적 권위자를 부정했기 때문에 정당하다면 그 권위자는 누구인가? 물론 하느님('사각형의 태양')이지만, 그 '태양'은 '그 나라 그 북국'이 암시할 수 있는 '화태'의 통치자, 곧 일본민족의 '태양'과 같은 일본 왕일 수도 있는 것이다.

이렇게 본다면 '도주'의 의미도 달라진다. 자기를 무섭게 책망하는 신(神)으로부터 도주하는 카인이 'T씨'라면 그 '도주'는 신을 두려워하는 사람의 '도주'이지만, '그'의 경우에는 표면상의 일시적, 전략적인 도주에 지나지 않는다.『十二월 十二일』에서 이상은 'T씨' 같은 비정치적인 카인이 아니라 정치적인 뜻도 함축할 수 있는 카인을 더 중요시했음에 틀림없다. 그 카인과 밀접하게 관련되기도 하는 그의 범죄적 상상력은 국가 권력에 도전하는 반체제적인 성질의 것이었기 때문이다.

이상이 카인에게 특별히 관심이 많았던 것은 「파첩」 같은 시, 「東京」 같은 여행소설, 심지어 「문학을 버리고 문화를 상상할 수 없다」(1936) 같은 에세이에서도 카인을 언급한 사실로 알 수 있는데 이것은 마치 '카인 콤플렉스'에 걸린 것과도 같다. 이상이 카인에게 끌려서, 지속적인 관심을 기울인 것은 인류 최초의 살인자인 동시에 인류 최초의 도시 건설자라는 카인의 양면성 때문이었을 것이다. 카인의 살인이 상징하는 에호바의 막강한 권위에 대한 도전은 모든 기존의 권위나 가치를 부정하는 허무주의자, 특히 식민지적 허무주의자로서의 이상에게는 호소력이 컸을 것이다. 또한 망국으로 인하여, 일제에 대한 반항으로 새로운 도시(국가)를 몽상하는 그에게 에덴의 동쪽에 도시(국가)를 세웠다는 카인도 분명 꿈일 수밖에 없는 존재였을 것이다.

『十二월 十二일』에 나타난 '사각형'의 '태양'과 관련된 환상적 사건을 돌이켜보자. 어느 날 '그'는 '교회당' 방화 사건에 충격을 받은 순간 다음과 같은 환상을 한다.

> 그의 가슴에서는 맺히었던 화산이 소리없이 분화하기 시작하였다. 그러나 그는 아무 뜨거운 느낌도 느낄 수는 없었다. 다만 무엇인가 변형된(혹은 사각형의) 태양 적갈색의 광선을 방사하며 붕괴되어 가는 역사의 때아닌 여명을 고하는 것을 그는 볼 수 있는 것도 같았다.(2, 111)

'사각형'의 '태양' 또는 사각의 원(Squared Circle)은 '불가능한 일'의 은유이거니와, '태양'이 '적갈색의 광선'을 방사한 것은 태양이 피를 흘리면서 죽은 것을 암시한다. 그와 같은 '태양' 곧 '神'의 죽음과 함께 올 '역사의 여명'은 새로운 시대의 도래에 대한 소망을 암시하는데, 이상의 작품에서 '여명'은 「공포의 성채」에서의 '새벽'처럼 일제로부터의 한국 민족의 해방을 암시한다. '하느님 아버지'로서의 그 절대적 권위(일본왕)에 반역한 이상('그')에게 그 소망은 그와 같은 '여명'의 도래였다. '여명'이 새로운 시대의 시작을 알리는 '새로운 도시(국가)'의 창건을 의미한다면 이와 관련하여 상기되는 '카인'은 당연히 도시 건설자다.(「창세기」 15:17) 건축가이기도 한 이상은 도시 건설자로서의 카인에게 동류의식을 느낄 법도 하다. 그 점에서 이상은 카인의 창조적인 자손이자 모방자인 셈이다.

그러나 이상의 카인에 대한 관심에 파란을 일으킨 일본 작가가 돌출했는데, 그는 「카인의 말예(末裔)」의 작자 아리시마 다케오(有島武朗)다. 아리시마에 대한 그의 대응은 단순하지 않다. 이상은 아리시마의 예술가소설인 중편 「출생의 고뇌(生れ出づる悩み)」에 등장하는 화가 지망생 기모토(木本)의 정진(精進)에 대해서는 「문학을 버리고 문화를 상상할 수 없다」에서 호감을 보인 반면 그의 초기의 단편소설 「카인의 말예」는 몹시 부정적으로 대하고 있기 때문이다. 「카인의 말예」가 준 충격은 이상에게는 특수하고 중요한 사건이었다. 아리시마가 '카인의 말예'에 비유한 이 소설의 주인공 히라오카몽우에몽(平岡門右衛門)은 자연 그대로인 듯한 야성적인 남자로서 인위적인 제도들에 순응하지 않은 유랑하는 농부다. 일본 북부의 농장으로 아내와 함께 떠 흘러 와서 소작농으로 생활하는 동안, 농촌생활에 쉽게 적응하지 못한다. 절제나 예절과 겸양의 미덕도 모른다. 소작료도 내지 않는다. 따라서 그와 같은 성격과 생활 태도는 반(反)문명적인 자연 예찬론자에게

는 찬양의 대상이 되어 왔다. 그러나 이상은 히라오카의 매우 중요한 면을 놓치지 않았다. 그는 약자에게는 잔인하고 난폭스럽게 대하는 반면, 그 농촌을 지배하는 지주(地主) 같은 강자에게는 비굴하게 굴복했는데, 그런 양면성은 지난날 선진문명국과 약소국가를 대하는 제국주의 국가 일본의 양면성을 상기시킨다. 아리시마의 카인은 「창세기」의 카인과 전혀 다르다. 성경의 카인은 신의 은총을 받기 위해 대등한 경쟁자인 동생을 죽였지만, 히라오카는 자기와 무관한 처녀를 능욕하고 죽였다.(경마에서 그가 탄 자기의 말이 넘어져 불구가 된 원인 제공자로 지목한 사카이의 장녀는 경마장으로 기어간 유아를 살리기 위해 그곳에 뛰어갔고 그 사슬에 히라오카의 말이 넘어졌다.) 카인은 신의 절대적 권위에 저항했지만, 죄의식으로 인해 신을 두려워했던 반면, 히라오카는 이런 일과 무관하다. 또한 그는 금전욕이 강해서 도박도 하고 경마도 하는데, 이것도 카인과 무관한 일이다. 아리시마는 인류 최초의 도시 건설자로서의 카인을 무시해버렸다. 따라서 「카인의 말예」의 카인은 카인의 자격이 없다.

굳이 아리시마와 이상의 관계를 살펴본 것은 이상이 일제의 폭력적인 조선 침탈과 조선인 대량 학살을 고발하고 저항하기 위한 수단으로 「카인의 말예」를 이용했기 때문이지만 그의 아리시마에 대한 지속적 관심에는 카인에 대한 관심을 공유했다는 사실이 작용했을 것으로 추정된다.

이상은 카인을 앞에서 언급한 양면성에 초점을 맞춰 다룬다. 곧 인류 최초의 살인자라는 카인의 부정적 성격과 인류 최초의 도시 건설자로서의 긍정적 성격 말이다. 전자는 「카인의 말예」와 관련되면서 「첫 번째 방랑」 및 「동경」과 「문학을 버리고 문화를 상상할 수 없다」에서 언급되는가 하면, 후자는 시 「파첩」과 그의 아나키즘적 소설 「슬픈 이야기」에서 언급되고 있다.

이상은 「문학을 버리고 문학을 상상할 수 없다」에서 현재 조선의 작가는 '초근목피'로 살아가는 너무나 많은 극빈층과 소수 중하층의 중간에 위치한다고 전제하고 다음과 같이 말한다.

> 카인末裔의 罪業에 문학 때문에 가져야 하는 후천적인 듯도 싶어 보이는 숙명에 加하여 이 鄕土에 태어났대서 안 뽑을 수 없는 空籤 딱지를 몸에 붙이고 이 향토의 작가는 그럼 누구에게 —문학을— 그의 작품을 떠맡길 수 있느냐.(3, 249-250)

'카인말예의 죄업'은 일제의 조선학살 곧 조선 침탈을 의미한다. 그처럼 학살당한 처지 및 문학이라는 직업, 여기에 추가되는 '공첨' 곧 영락(零落)할 운명을 지닌 조선 작가는 그 독자로서 최하층 동포와 중하층 동포 중에서 양자택일을 해야 한다는 것이다. 물론 위 인용에서의 '카인말예'는 아리시마의 「카인의 말예」로서 이상은 조선 침탈자 일제를 히라오카 같은 인간에 비유함으로써 고발했던 것이다.

이 '카인의 말예'를 이상은 또 하나의 여행소설 「첫 번째 방랑」에 등장시켰다. 다음은 조선사람만 탄 만주행 완행열차에 갑자기 나타난 괴한의 모습과 그의 행패를 묘사한 장면이다.

> 지극히 키가 큰 사람이다. 중대가리다. 입을 한 一字로 다물고 있다. 눈엔 독기를 띠고 있는 것 같기만 했다.
>
> 옆에까지 온 그 사람은, 별안간 무엇을 떨어뜨리기나 한 것처럼 커다란

> 소리를 내었다. 나는 오싹했다. 하지만 몸이 움직여지지 않는다.
>
> 그 사람은 지나가는 무슨 惡鬼처럼[1] 맞은편 도어를 열고 다음 車칸으로 자취를 감추었다. 이게 어찌 된 일일까. 저 금융조합 사나이가 가지고 있던 陣刀 모양의 단장을 넘어뜨렸던 것이다.(3, 160)

열차에 갑자기 들어와서 승객은 안중에 없는 것처럼 갑자기 외치고, 승객의 소지품을 걷어차는 그의 모습에서 바로 연상되는 인물이 「카인의 말예」의 무척 키가 크고 사납게 생긴 히라오카다. 그에게 조선인은 형편없는 약자이기 때문에 위협적으로 외치고 그 사람의 명예를 상징하는 승객의 '단장(短杖)'을 차버린다. 이상은 그를 '通魔(도오리마)'라는 일본 고유의 명사로 불렀는데, '通魔'란 '지나가는 도중에 만난 사람에게 행패를 부리는 인간'이라는 뜻이다. 이 '通魔'라는 말을 쓰기 위해서라도 이상은 「첫 번째 방랑」을 굳이 일본어로 쓰고 싶었을 것이다. 왜냐하면 일본의 조선 침략은 만주(滿洲)로 가는 도중에 있는 조선에 대한 '通魔'의 '행패'와 같았기 때문이다. 이상에게 중국 침략을 위한 일본의 국제특급열차의 위협으로 인하여 공포의 열차가 된 만주행 완행열차에서 그 카인은 이상에게 더없는 증오와 분노를 불러일으킨 일제의 상징이었을 것이다.

『十二월 十二일』에서는 이상의 카인에 대한 관심이 종교적인 성질의 것이었다면 「문학을 버리고 문학을 상상할 수 없다」에서는 정치적, 도덕적인 성질의 것인데, 그가 東京에서 쓴 여행소설 「東京」의 카인도

---

1 '지나가는 무슨 악귀처럼'은 「첫 번째 방랑」의 일본어 원문에서는 '通魔처럼' 이다. 번역자는 마땅히 이 원문을 유지했어야 한다.

마찬가지다. 다음을 읽어보자.

> '애드벨룬'이 着陸한 뒤의 銀座 하늘에는 神의 思慮에 의하여 별도 반짝이련만 이미 이 '카인'의 말예들은 별을 잊어버린 지도 오래다. '노아'의 洪水보다도 毒瓦斯를 더 무서워하라고 教育받은 여기 市民들은 솔직하게도 散步 歸家의 길을 地下鐵로 하기도 한다.(3, 98)

'별'은 神의 은혜 ('사려')를 암시한다. 관동대지진(1923) 때 무고한 조선인을 대량 학살한 '카인의 말예'와 같은 동경의 시민이 '별'을 잊어버린 것'은 정의(正義)의 神이 그들을 응징하기 위하여 그곳 하늘에 '별'을 뜨지 않게 했기때문이다. '별'을 잊은 것은 그들에게 조금도 죄의식이 없다는 것을 암시하는데, 이는 '노아의 홍수'에 대한 반응으로도 입증된다. 그들은 '노아의 홍수'가 암시하는 인류 혹은 일본민족이 저지른 죄악을 반성하기는커녕, 그 '홍수'보다 침략전쟁과 관련된 '독와사'를 더 무서워하라는 교육을 받기 때문이다. '별'이 神의 사려' 여하를 입증하는 예가 이상의 또 하나의 여행소설 「산촌여정」에 나온다. 그 농촌의 농민은 순박하기 때문에 都市에서 보다 갑절이나 많은 '별'이 밤하늘에 뜬다는 것이다. 神의 배려를 갑절 받기 때문이다.

이상이 보다 중요시한 카인은 인류 최초의 도시 건설자인 카인으로서 이는 식민지적 역경(逆境)의 극복을 위해서였다. 神에 대한 반역자는 동시에 새로운 도시(국가) 건설자여야만 했기 때문이다. 우리는 그런 카인의 암시를 시 「破帖」에서 볼 수 있다. 이 시에서 다음과 같은 구절이 감동적인 것은 조선의 식민지적 상태를 초극하기 위한 새로운 도시 건설자 카인이 언급되고 있기 때문이다.

市廳은 法典을 감추고 散亂한 處分을 거절하였다.

「콩크리—트」田園에는 草根木皮도 없다 物體의 陰影에 生理가 없다

孤獨한 奇術師「카인」은 都市關門에서 人力車를 나리고 항용 이 거리를 緩步하리라.(1, 207)

「破帖」은 그 제목이 암시한 대로 도시(국가)가 파멸된 유래와 그로 인한 그 도시의 폐허화, 그리고 도시 재건의 예상을 다룬 시(帖)다. 이 시는 셰익스피어의『맥베스』의 영향을 짙게 받고 있다. 모든 가치관이 전도된 난세적 양상과 내란과 암살 같은 사건이 그것을 보여준다. 그러나 작자의 핵심적 관심은 내란으로 인한 가나안 같은 도시의 '사멸(死滅)'과 그로 인한 도시의 황폐 및 가나안을 대신할 새로운 도시의 건설이다. 그래서 카인을 불러낸 것이다. 그가 통과하기 어려운 '도시 관문'을 무사히 통과한 것은 '기술사(奇術師)'로서의 능력 덕택이다. '관문'은 도시(국가)를 통치하는 권력기관으로서「종생기」에서도 언급된 '난공불락의 관문'과 동일한 조선총독부의 은유다. 그가 그 도시의 '거리'를 '항용 완보'한 것은 시한(時限)을 두지 않고 새로운 도시의 구상(構想)을 침착하게 한다는 뜻이요, 다시 말해 그 도시를 반드시 재건하겠다는 결심을 암시한다.

그러면 그 도시는 어떤 성질의 것인가? 이를 미리 암시한 것이 "건너다보이는 二層에서 大陸 계집들 창을 닫아버린다. 닫기 전에 침을 배앝았다. 마치 내게 射擊하듯이...."라는 구절이다. 폐허에서 살아남은 듯한 유일한 건물 높은 곳에서 아래로 침을 배앝은 것은 내란을 일으킨 자들에 대한 경멸을 암시하지만, 이보다 더 중요한 것은 그들이 사용하는 언어가 '음란한 외국어'라는 점이다. 그것은 '에스페란토'로서 순혈

주의적 배타적인 국어가 아니라 혼혈적 언어이기 때문에 '음란한 외국어'라고 명시했지만, 그 에스페란토가 표방하는 세계주의적 인류애가 새로운 도시(국가) 건설의 동기라는 함의를 읽어내야 한다. 아나키즘이 선호하고 연대하는 언어가 에스페란토임은 주지되어 있다. 따라서 「파첩」은 「단발」, 「슬픈 이야기」, 「실화」와 같은 이상의 아나키즘 소설 3부작을 예고한 시인 것이다.

'카인'은 「파첩」에서 마침내 그의 정치적 본색을 드러낸다. 투르게네프의 『아버지와 아들』의 바자로프같은 니힐리스트와 미하일 바쿠닌같은 아나키스트의 신화적 원형이 카인이었다. 평소의 허무주의 및 식민지적 허무주의를 극복하기 위하여 아나키즘을 옹호하게 된 이상이 카인에 대한 집요할 정도의 관심을 가진 것도 그럴만한 충분한 이유가 있었던 것이다. 「파첩」에서 암시만 된 새로운 도시(국가) 건설의 의욕은 「슬픈 이야기」에서 계승된다.

무릇 반(反)식민주의 투쟁에서 가장 바람직한 것은 무장투쟁이요, 조선의 경우도 만주의 '청산리 전투'가 이를 입증하지만 이것이 불가능한 국내에서 작가가 선택할 수 있는 차선책이 폭탄테러였다. 이를 증명하는 소설이 염상섭의 단편 「추락」(1930)과 장편 『삼대』(1931)였다. 그러나 일제의 언론통제가 강화된 1930년대 후반에는 그러한 폭탄 테러를 작품에서 취급할 수 없었고, 그 결과 등장한 것이 이상의 언어 테러인데 이것은 「슬픈 이야기」에서 볼 수 있다. 다음 인용문에서 '젊은 사람'과 '젊은 여인'이 테러리스트다.

거기도 언젠가 한번은 왔다 간 일이 있는 항구입니다. 날이 좀 흐렸습니다. 반찬도 맛이 없습니다. 젊은 사람이 젊은 여인을 곁에 세우고 우체통에 편지를 넣습니다. 찰삭—어둠은 물과 같이 출렁출렁하나 봅니다. 우체통 안으로 꼭두서니 빗물이 처겁게 튀어서 편지가 젖었을까 생각해봅니다.(3, 66)

인용에서 암호적으로 표현된 사건의 해독을 위해서는 이상의 「산촌여정」을 반드시 참고해야 한다. 이를 바탕으로 본다면 '편지'는 암살자의 단도(短刀) 역할을 하는 '유서 편지'이고 '꼭두서니'는 피살자의 '피'의 색이요, 그 피살자는 '산촌'에 세워져 있는 '××××永世不忘碑', 또는 '××××영세조선통치불망비'의 주인공 '조선총독'의 암호이며 우체통은 그 '××××영세불망비'옆에 서 있는 '××××'의 代身과 같은 '航空우편「포스트」'와 마찬가지임을 알 수 있다. 일제 강점기의 '우체통'은 서 있는 사람의 형상과 같았다.

인용문 속의 암살자가 '우체통'의 편지 투입구에 '편지'를 넣자 그 안에서 튀어나와 빗물과 섞인 '꼭두서니' 색의 물은 단도에 찔린 피살자의 몸에서 나온 '피'였던 것이다. '편지'의 투입이 암살을 암시하는 상징적 행동이었다는 것을 입증하는 것이 그 '젊은 사람'이 '앞가슴 둘째 단추를 빼어놓'자 '누가 암살을 하면 어떻게 하게'라고 '젊은 여인'이 걱정한 대목이다. 그것은 보복암살이었다.

'젊은 사람'이 '카인'의 역할을 할 수 있다고 추정할 수 있는 근거가 방금 언급한 암살사건이지만 한 나라의 최고권위자를 살해한 '카인'이 착수한 것이 새로운 도시(국가) 건설인 것도 그것을 암시한다.

防風林 우거진 속으로 鐵路가 놓여 있습니다. 까치 한 마리도 없이 낙엽은

> 낙엽대로 쌓여서 이 세상에서 이렇게 황량한 데가 또 있겠습니까. 나는 여인의 팔짱을 끼고 질컥질컥하는 낙엽을 디디면서 東으로 東으로 걸었습니다. 자갈 실은 貨物車가 자그마한 氣笛을 울리면서 우리 곁으로 지나갑니다. 우리는 서서 그 童話같은 風景을 限없이 바라보았습니다.(3, 67-68)

황무지같은 '방풍림'의 '철로'는 약소국 침략과 경제적 수탈의 수단이다. 두 사람이 단결하여 걸어간 방향이 동쪽임을 주목해야 한다. 날마다 태양이 새롭게 뜨는 '東'은 재생의 희망을 상징하는 동시에 카인이 인류 역사에서 처음으로 세웠다는 '에덴의 동쪽'의 도시를 암시한다. 따라서 '젊은 사람'은 일제 강점기의 카인과 같다. 그가 카인같은 도시를 몽상한 것을 암시한 것이 '화물차'의 '자갈'인데 그것은 '모래'와 함께 건축에 필요한 골재이기 때문이다. '화물차'의 '자그만한 기적'은 당당한 일본 여객선의 공포감을 주는 요란한 '기적'과 대조적으로 아늑하고 평화롭다. 그 '풍경'이 너무도 비현실적이어서 '동화'같지만 너무나 바람직한 것이어서 영원한 고향을 대하듯이 시간을 초월하여 바라본 것이다.

이처럼 카인은 처음에는 『十二월 十二일』에서 주인공 '그'의 동생과 관련되어 무고한 죄인이자 기존 권위의 파괴자의 상징으로서 등장했지만, 「파첩」과 「산촌여정」 및 「슬픈 이야기」에서는 반체제적 투쟁자를 상징하는 동시에 새로운 도시 건설자의 역할을 하도록 발전한다. 물론 그것은 이상의 내면적 발전의 반영이다.

이상이 아버지 살해라는 의도를 시에서 암시했을 때 그는 인류 최초의 살인자 카인을 연상했음에 틀림없다. 동생 아벨의 살해는 최고의 절대적 권위자인 아버지 살해 충동의 반영이었다. 그리고 그 아버지의 의미망에는 당연히 조선총독이나 일본왕이 포함되어야 했다. 다음은 시「肉親」의 전문이다.

> 크리스트에酷似한襤褸한사나이가있으니이이는그의終生과殞命까지도내게떠맡기려는사나운마음씨다.내時時刻刻에늘어서서한時代나訥辯인트집으로나를威脅한다. 恩愛—나의착실着實한經營이늘새파랗게질린다.나는이육중한크리스트의別身을暗殺하지않고는내門閥과내陰謀를掠奪당할까참걱정이다. 그러나내新鮮한逃亡이그끈적끈적한聽覺을벗어버릴수가없다.(1, 92)

위의 글에서 '육친'은 아버지다. 그러나 '남루'한 옷과 '눌변'으로 보아서 그는 화자의 고귀한 '문벌' 출신이 아닌 가짜 부친이요, 그 '문벌'과 개인적 비밀('음모')을 약탈할 것 같아서 그를 '암살'하고 싶지만, 그의 '크리스트' 같은 절대적 권위가 두렵다. 그는 '은애'의 대상이 아니라 공포의 대상이다. 아버지 암살은 바로 카인을 연상시키는 중대한 죄이다. 그래서 도주를 새로 시도하고 싶지만, 오랫동안('한 시대') 반복해서 귀에 못이 박힌('끈적끈적한 청각') '육친'의 위협을 떨쳐낼 수 없다는 것이다. 도주 또는 도망의 주체가 『十二월 十二일』에서는 형(카인)이 아니라 동생(아벨)이었지만,「육친」에서는 불효막심한 형(카인)이라는 것이 다를 뿐이다.「육친」은 이상의 카인과 관련된 작품에 속한다. 그것은 어쨌든 이 시에서 '육친'의 '남루'는 이상의 아버지(金永昌)의 극빈 상태를, '눌변'은 그의 무식을 분명히 암시한다. 그 점에서「육친」은 비참할 만큼 슬픈 시이다.

이상이 만년에도『十二월 十二일』에서의 카인을 상기시키는「육친」같은 시들을 썼다는 것은 카인에 대한 그의 관심이 지속적이었다는 것을 말해준다.

일제 강점기에 향토를 지배하는 최고의 권위자 조선총독에 저항하기 위한 이상의 범죄적 상상력을 자극하고 격려한 활력소의 하나가 카인이었다. 물론 그 자극제는 카인만은 아니다. 19세기의 반(反)사회적 작가들은 저마다 창조적인 모방의 대상으로서의 이상적, 또는 신화적인 모델이 있었다. 도스토예프스키의 『죄와 벌』의 주인공 라스콜리니코프와 스탕달의 『적과 흑』의 주인공 줄리앙 소렐의 이상적 모델은 나폴레옹이요, 레르몬토프의 『현대의 영웅』의 주인공 페초린의 신화적 모범은 알렉산더 대왕과 바이런이었다. 햄릿과 돈키호테를 이상적 모델로 삼은 근대소설도 적지 않다. 「종생기」의 주인공 이상의 모범은 햄릿, 예수, 『춘향전』의 이몽룡이었지만, 그의 지속적인 모델은 카인이었다. 그러나 라스콜리니코프와 줄리앙 소렐 및 페초린, 그리고 이상의 모델들이 이 작가들의 살인이나 간통과 관련된 범죄적 상상력의 자극제였다는 것은 공통적이다. 이상의 경우 허무주의, 또는 식민지적 허무주의의 극복을 위한 상상력은 종교적 차원이나 정치적 차원에서의 범죄적인 것일 수밖에 없었고, 그것을 자극한 신화적 원형이 카인이었다.

11
이상의 농촌수필

이상은 생전에 상당한 양의 수필을 남겼다. 그의 주목할 만한 수필은 그의 예민한 시대감각이 작용한 것이어서 그 당시의 주류를 이룬 수필들과 판이하다. 이은상, 김진섭, 이양하, 이태준, 피천득, 이효석 등의 수필은 그 당시가 일제 강점기인 것을 전혀 느끼지 못하게 하는 한인한화(閑人閑話)와 같다. 이상의 수필에는 두 종류가 있다. 첨단적 아방가르드인 동시에 일제 강점기의 말세적 분위기에 저항적으로 반응한 수필과, 그와는 다른 신변잡기적인 수필이다. 전자에 속하는 「산촌여정」, 「어리석은 석반」, 「동경」, 「공포의 성채」, 「공포의 기록 서장」 등이 이상다운 수필이라 한다면 「조춘점묘」 연작과 「추등잡필」 연작은 이상의 본색이 약화되거나 사라진 평범한 수필들이다. 여기서 반드시 주목해야 할 것은 그에게 수필과 소설이라는 장르의 구별은 전자의 경우 무의미하다는 점이다. 「산촌여정」과 「첫 번째 방랑」 및 「동경」은 여행소설이며, 「공포의 성채」는 산문시요, 「어리석은 석반」은 에세이적 소설이기 때문이다. 바로 그 점이 이상다운 것이다.

이상의 수필이 제기하는 또 하나의 중요한 문제는 그 수필의 제작 시기다. 가령 문학사상사의《이상문학전집 3》(김윤식 편)에서는 '성천 관계의 글'이라고 하여 「산촌여정」, 「어리석은 석반」, 「모색」, 「야색」, 「이 아해들에게 장난감을 주라」 「권태」를 포함시켰는데, 그 배경과 주제로 미루어볼 때 「산촌여정」과 「권태」를 제외한 수필들은 성천과 전혀 관련이 없다.

「모색」, 「야색」, 「초추」, 「어리석은 석반」, 「이 아해들에게 장난감을 주라」는 1931년 쯤에 쓴 초기작으로 추정된다. 이 작품들을 농촌수필이라고 부른다면 「산촌여정」(1935)과의 차이점은 무엇인가? 우리는 이상이 언제 그 수필의 배경인 농촌에 갔으며, 그 농촌이 있는 지방의 이름이 무엇인지 알 수 없다. 고은에 의하면 그의 아버지는 자신을 손 불구자로 만든 '궁내부 활판소(宮內府 活版所)'를 그만 둔 뒤에 '광주(廣州)에 있는 사답(私畓)에 가서 사음(舍音)과 함께 잠깐 지내다가 돌아온 일도 있다'는[1] 것인데, 이상도 지주(地主)인 조상 덕택으로 그곳에 갔었는지도 모른다. 이를 확인할 수는 없지만 농촌수필들이 그의 초기의 산물이요, 그 배경이 평안남도 성천이 아닌 것은 분명하다. 이상은 초기에 『十二월 十二일』을 제외하고 일본어로 작품을 썼는데, 농촌수필도 마찬가지였다. 또한 이 수필에는 성천과 관련된 「산촌여정」 및 「첫 번째 방랑」의 공통적 화제인 말세적 징후로서의 악몽적인 사건이나 장면이 없다. 곧 심한 가뭄, 그곳 기독교 신앙, 농민과 금융조합과의 관계 등이 등장하지 않는 것이다. 농촌수필에서와는 달리 「산촌여

1 고은, 『이상평전』, 민음사, 1974, 30쪽.

정」의 작자는 농촌을 도시와 대조적으로 취급하고 있다. 또한 「산촌여정」은 농촌수필과는 달리 수필과 소설이라는 장르를 융합한 소설적 수필이다. 이 작품에서 중요한 문제가 되어 있는 '가뭄'은 「첫 번째 방랑」(1935)과 「가외가전」(1936)에서도 언급한 조선 전체를 엄습한 현실이자 위기적 상황의 상징인데, 농촌수필에서는 그런 재난이 언급되고 있지 않다. 특히 「산촌여정」에서의 과격할 정도의 항일적 요소가 농촌수필에는 없다. 「어리석은 석반」에만 함축된 저항은 너무 소극적이어서 농촌 역시 처해있는 식민지적 역경의 극복 의지가 없다. 불안과 공포가 강요되는 식민지적 상황에서의 외설적 사건 설정을 통한 현실도피는 「어리석은 석반」 같은 초기작에서만 있을 수 있다.

이상의 농촌에 대한 관심은 성천에 가기 전부터 있어왔던 것 같다. 그래서 경성고공 시절이나 조선총독부 시절에 농촌, 특히 소작농의 생활상을 알아보기 위하여 서울 근처의 농촌에 여러 번 갔을지도 모르고 그때의 체험이 농촌수필의 소재가 되었을 수도 있다.

이상의 농촌수필 제작 가능성을 입증할 수 있는 또 하나의 유력한 단서는 노발리스의 『푸른 꽃』과 관련되어 있다.

다음은 장차 『푸른 꽃』의 주인공 하인리히의 장인이 될 시인 크링그스홀이 지은 동화 속의 '로맨틱한 국토(國土)'의 한 장면이다.

> 여기서는 저 배경을 이루는 곳에 파선한 배 한 척이 보이고 앞쪽으로는 농부들이 즐겁게 식사하는 모양이 보였다.[2]

---

2 노발리스, 『푸른 꽃』, 이유영 역, 탐구신서, 1976, 179쪽.

이상은 이 장면에서 영향을 받아 경성고공시절의 동인지 제목을 '난파선'이라고 했을지도 모른다. 함대(艦隊)에 속한 '난파선'은 적대국과의 전쟁을 암시하지만, 시골 농가는 전쟁과는 상관없이 편안한 일상생활을 해나간다. 노발리스는 그처럼 대조적인 사건을 통하여 인생의 모순을 감동적으로 제시했다. 이상은 그 장면의 영향을 받아서 농가의 가족 식사 장면이 나오는 「모색(暮色)」과 「야색(夜色)」을 썼을 것이다. 「어리석은 석반」이라는 작품의 제목도 저녁 식사와 관련되어 있다.

이상은 농민의 극도로 곤궁한 생활 형편을 보고 충격을 받았을 것이다. 그러나 그런 생활을 하면서도 그들이 이루고 있는 예스러운 가족 공동체에 향수를 느끼곤 한다. 그 점이 「모색」과 「야색」 및 「초추」의 공통점이다. 「초추」와 「야색」에서는 절대적 진리나 권위로서의 신에 대한 부정적 인식이 초래한 자살충동이 언급된다. 그의 성천 여행은 폐결핵 환자의 전지요양을 위한 것이었는데, 이때 쓴 작품이 「산촌여정」과 「첫번째 방랑」이다. 대도시의 아방가르드 예술가인 그의 농촌 여행은 조선의 현실을 자기비판적으로 깊이 반성하도록 만든 절호의 기회였다.

이상이 비록 마지막으로 남아 있는 소박한 유기적 공동체 같은 그 농촌에 향수를 느꼈을지라도 그는 자의식이 과민한 도시의 작가다. 따라서 「모색」의 경우 그 첫 부분에서 '복숭아'와 관련하여 인식론적 문제를 떠올린 것도 불가피한 일이다.

> 복숭아는 복숭아와 같은 모양을 하고 있다는 것만으로써 무릇 복숭아는 아니다. 새파랗고 조그만 하여간 다른 과실이었다. 그러나 이건 복숭아인 것이다.(3, 133)

인용은 '복숭아' 같은 자연물도 일반적 개념화로 규정하기 전에는 그 이름과 무관한 과실임을 말하고 있지만, 그런 인식론적 문제는 비판적 지성의 관심사일 뿐이요, 농촌 사람은 태연히 '복숭아'라는 이름의 과실로 여긴다는 것이다. 이상이 「모색」에서 이 문제를 가볍게 언급한 것은 그의 주요한 관심이 '머루'와 '다래' 및 '복숭아'를 파는 '노파'와 그녀의 가족에 쏠려있기 때문이다. 머루를 먹는 그들의 왕성한 식욕은 미각이 섬세해서 까다로운 화자를 놀라게 하고, 아들과 며느리에 대한 노파의 자기희생적인 애정도 그를 감동시킨다.

> (아들)부부의 비밀—노파의 저 쭈굴쭈굴한 얼굴에 나타난 단념과 만족의 표정. 아들의 행복은 바로 노파의 행복인 것이다.(3, 134)

'아들'을 위하여 자기의 '행복'을 단념하고 만족하는 '노파'에게 아들 '부부의 비밀'은 바로 '노파' 자신의 비밀이기도 하다. 여기에는 어떤 개인주의적 사유도 끼어들 수 없다.

「초추」에서도 도시 교양인과 농민의 대립이 설정되어 있다. 신에 대한 부정적 인식으로 인하여 화자가 버릇처럼 느껴온 자살 충동을 자극할 정도의 '생존의 적막과 울고'는 농민과는 전혀 무관한 일이다.

> 뜰엔 시어머니와 새며느리가 있다. 남자들은 모두 들에 나간 것일 게다.
>
> 會話—四・五명의 여인들은 상반신을 벌거벗고 씩씩하게 선 일들을 한다. 암소와 함께—소도 숫소는 들에 나간 것이다.
>
> 桃色의 젖 빠는 어린 것을 흔들흔들 흔들면서 맷돌을 돌리는 암소의 큰 實體는 의외로 적게 여자답게 보여서 상냥스러웠다.

소중한 가족인 것이다.(3, 137)

인용에서 '회화'란 개인적인 대화가 아니라, 노동을 위한 4 · 5명의 여인과 '암소'의 가족적인 공동 작업을 의미한다. 그 노동현장의 묘사에서는 농촌에 대한 이상의 소박한 애정이 직감된다.

그러나 이 농촌에 대한 그의 시각은 비판적이서, 근대 문명이 일제를 통하여 침입해온 시대에도 이어진 전통적 생활 때문에 뒤떨어져가는 농촌을 규탄한다. 그런 생활이 초래할 것은 농촌의 비참한 빈곤뿐이기 때문이다. 「초추」에서 이상이 '철골의 망대'와 '전기회사의 사택(私宅)의 스레에트 지붕'으로(3, 137) 상징된 일제의 식민지 경영과 농촌의 '곰팡난' 생활의 전통을 대조시킨 것은 항일적 민족감정에 연유한다. 그 점에서 「초추」는 「모색」 및 「야색」과 다르다.

「야색」에도 '가난한 농사꾼 일가(一家)'의 저녁식사 광경을 묘사하고, 그들을 '정면으로 바라볼 수가 없'는 답답한 심경을 내비치고 있다. 그러나 이 수필의 핵심적 주제는 한 허무주의자의 자살과 관련된 내면풍경이다. 이상이 별이 총총한 밤하늘의 '방대함'에 '공포감'을 느낀 것은 '밤하늘의 광대무변함이 두려움을 준다'는 파스칼의 유명한 말을 상기시킨다. 그리고 "인간세상이 제 멋대로인 것처럼 자꾸만 생각된다. 신(神)이 관여하는 바가 아니기 때문이다"라고 생각하는 그는 근대 무신론자의 후예인 것만 같다. 자살을 인간 자유의지의 실현으로 보는 화자는 도스토예프스키의 『악령』에 나오는 키릴로프의 소위 인신(人神)사상의 영향을 받고 있다. 이상에 대한 도스토예프스키의 깊은 영향을 입증하는 한 사례다. 자살을 생각해본 적도 없는 '토인(土人)'같은 농부들을 '행복한 인간'으로 본 것은 아이러니컬하다. 그 농부의 언급은 자살의 자유를 누리거나 실험하는 화자의 고독과 불행을 역설적으로 강조하기 위한 것이다.

> 야색은 권태로운 경치를 한층더 권태롭고 흔연하게 만들었을 뿐 아니라 아무짝에도 쓸데없는 방대한 공포의 광경마저 내장한 채 버티고 있다. 이러한 우매한 자연에 대해서 나는 언제까지나 털끝만한 친밀감도 발견할 수 없다.(3, 342)

농촌의 '밤 경치'('야색')를 '권태로운' 것 또는 혼잡스러운 것으로, 아무런 가치도 없는 '방대한 공포의 광경'으로 여기고, 그런 경치를 만들어낸 '자연'을 전혀 '친밀감'이 가지 않는 '우매한' 것으로 여기는 그는 '자연'과 융합된 농민의 예스러운 공동체에도 친밀감을 느끼지 못할 것이다. 그에게는 현재의 '거암같은 불안'과 그로 인한 고독을 초극하기 위하여 의지할 신(神)이나 농촌공동체 같은 마음의 고향이 없다. 그래서 '야색'은 단지 권태롭거나 부질없는 공포감만 안겨줄 뿐이다. 이런 의미에서 이 수필은 농민의 가족공동체를 향수의 감정으로 다룬 「모색」 및 「초추」와 다르다. 이처럼 처음으로 농촌여행을 한 이상의 내면은 분열되어 있었다. 그것은 이상 같은 도시적 예술가만이 누려야 할 특권적 불행이다. 「야색」에서 언급된 '권태'는 훗날의 「권태」(1936)에서의 '권태'와 그 성격이 다르다는 점을 주목해야 한다. 「야색」의 '권태'는 농촌의 밤 경치에서 느낀 것이지만, 「권태」에서의 '권태'는 밤과 낮을 가릴 것 없이 느낀 것이요, 또 그 초기작의 '권태'와 달리 내일의 희망이 없는 작가 또는 지식인의 '극권태'다. 또한 「야색」에서의 '권태'에는 '자살' 외에는 탈출구가 없지만 「권태」에서는 절망적 권태가 동양적 자연의 상징인 '암소'와 대조됨으로써 탈출구가 암시되고 있기는 하다.

첫 번째 농촌여행의 수확 중에서 가장 주목해야 할 작품이 「어리석은 석반」이다. 이 작품은 「산촌여정」과 「공포의 기록」과 같은 소설적 수필, 또는 수필적 소설이지만, 종래의 『이상전집』들에서는 '수필'로 분류되어 왔다. 또한 「모색」「야색」「초추」「이 아해들에게 장난감을 주라」와 마찬가지로 그 배경이 평안남도 '성천'으로 오해받기도 했다. 「어리석은 석반」이 「모색」 등과 같은 계열의 작품이라는 것은 세 가지 점으로 입증된다. 이 작품에도 「이 아해들」의 경우처럼 '모색'이 언급되고 있는데 '모색에서도 그들의 용모는 정상적이었다'(「이 아해들」) '모색은 沈沈하여'(「어리석은 석반」) 등에서의 '모색'은 이 작품들의 배경이 「모색」의 경우와 같다는 것을 말해준다. 또한 「어리석은 석반」에서 '촌락의 土人'이라는 구절의 土人은 '토인처럼 검게 탄 얼굴 모습'(「야색」)에서의 토인처럼 농민을 의미하는데, 이 역시 「어리석은 석반」의 배경이 「야색」의 그것과 같다는 것을 보여주는 것이다.

두 번째 「어리석은 석반」에는 「산촌여정」에 나타난 과격할 정도의 반체제적 정치성이 없다. 이 작품의 배경인 농촌의 경찰서장에 대한 언급에는 항일적인 풍자성이 있지만, 그것은 소극적이다. 세 번째로는 이 작품의 전반부에서 암시된 화자를 짓누르는 '불안'의 탈출구가 외설적인 사건이라는 점이다. 그것은 현실도피다. 그 결과 이 작품의 주제는 분열될 수밖에 없었다. 그럼에도 불구하고 「어리석은 석반」은 이상의 주목할 만한 초기작이다. 이 작품에서 후세에도 적극적으로 긍정적인 평가를 받을 수 있는 외설적 사건 이전의 작중사건을 설정한 덕택이다. 따라서 그 전반부를 중심으로 이 작품을 검토해볼 필요가 있다.

마을사람이 만나면 '(저녁)식사하셨냐'고 물어야 할 만큼 가난한 농촌에 온 이상에게 가치관념이 전도된 식민지적 현실을 관찰하고 풍자적으로 폭로하기 위해 필요한 것은 반어적(反語的)인 카니발적 상상력이었다. 거짓말이 정말이요, 불쾌한 일본음식이 쾌적하고, 인간이 식사를 할 때 내는 소리는 '개'의 그것과 다름이 없다. 그 마을을 지배하는 경찰서장은 '고리대금업자'란다. 따라서 이 마을로 상징된 일제 식민지 사회는 반어적(反語的)사회다. 밤하늘의 '별'과 관련된 농민의 '교양'에 대한 화자의 해석도 반어적이다.

> 별이 나왔다. 일찍이 아무도 村사람에게 하늘에서 별이 나온다는 걸 가르쳐준 사람이 없으므로 그들은 별이란 걸 모른다. 그들은 별이 송두리째 하느님에 틀림없다.(3, 123)

초보적인 천문학 지식도 없는 그들의 무교양을 화자는 '숭고한 교양'으로 여긴다. 훗날 수필 「동경(東京)」에서 관동대지진 때 무고한 조선인을 대량 학살한 '카인의 말예(末裔)'들은 '별을 잊어버린 지 오래다'고 말한 이상이 상기했을 것은 '별'이 도시에서보다도 갑절이나 많이 밤하늘에 뜨는 고국의 농촌이었을 것이다. 그들 농민은 극도로 가난하고 무식할지언정 순박해서 '하느님'의 배려를 받을 것이기 때문이다.

「어리석은 석반」에서 작자의 카니발적 상상력은 개인을 넘어선 민족적 차원으로 확충된다. 다음을 읽어보자.

> 쇠파리와 함께 이 白晝는 죽음보다도 더욱 적막하여 음향이 없다. 地球의 끝 聖스런 토지에 장엄한 질환이 있는 것일 게다.(3, 129)

마을의 '백주'가 '죽음보다도 더욱 적막하여 음향이 없'는 것은 그곳이 국권(國權)이 침탈당한 식민지이기 때문이다. 그러나 이상의 카니발적 상상력은 그 비천한 죽은 땅(나라)을 성지(聖地)로 역전시키고, 지구의 끝 같은 식민지에서 자행된 죄악을 응징하는 '장엄한 질환'을 언급했는데, 그런 질환은 전통적으로 인류의 죄악에 대한 천벌(天罰)로 여겨져 온 페스트밖에 없다(염상섭도 『만세전』에서 일본에서 귀국한 유학생으로 하여금 일제 식민지 조선을 '거룩한 釜山! 조선을 짊어진 釜山'이라고[3] 마음속에서 외치게 했다).

「어리석은 석반」의 세계는 이처럼 반어적이지만, 이상의 반어적 표현에는 두 가지 동기가 있다. 그것은 농촌으로 상징된 식민지 현실을 풍자적으로 폭로하기 위한 것인 동시에 그 현실을 부정하여 극복하기 위한 것이기도 하다. 여기서 보다 중요한 것은 전자가 아니라 후자다. '지구의 끝'처럼 사람 살 데가 못되는 식민지를 '성스러운 토지'로 높이고, '개'도 먹을 것이 없을 정도로 가난한 농촌에 있을 법하지 않은 '고리대금업자'로서의 경찰서장을 설정한 것이 그 예이다.

그러나 「어리석은 석반」에는 간과해서는 안 될 뚜렷한 주제적, 구조적 결함이 있으니. 그것은 작자의 민족적 차원의 관심이 오직 개인적 차원의 관심, 그것도 '더 이상 참을 수 없는 充血'과 같은 성욕에 국한된 관심으로 후퇴한 때문이다.

> 늘어선 집들은 공포에 떨고 (……) 大地는 間毛의 틈조차 없을 만큼 구석마다 불안이 침입되어 있는 것이다.(3, 129)

3 염상섭, 『만세전』, 《염상섭전집 1》, 민음사, 1978, 52쪽.

인용이 암시한 숨막힐 듯한 공포와 불안은 화자 개인과 동시에 민족이 당하고 있는 것이기 때문에 '大地'도 그 개인과 민족이 속한 '우리의 大地'이지만, 그 '대지'가 '대지의 성욕에서의 결핍—이 엄중하게 봉쇄된 禁制의 大地에 不倫의 구멍을 뚫지 않으면 안된다'고 말할 때 그것은 화자 개인에게만 속한 것으로 후퇴하고 만다. 그래서 그가 만나는 것은 마을의 농민이 아니라 남근 모양의 버섯('松蕈')을 파는 성욕에 굶주린 '村처녀' 뿐이다.(3, 131) 그리고 그의 꿈도 이제 '죠셋드와 욧트와 해변 호텔' 또는 '都會의 新聞' 따위에 대한 것이다. 화자가 농촌에 왔을 때와는 완연하게 달라지는 것이다. 텍스트가 생성한 의미와 구조는 분열될 수밖에 없다.

이와 같은 결함에도 불구하고 이상의 초심(初心)이 담긴 '어리석은 석반'이라는 풍자적인 제목이 주목된다. 의식주를 포괄적으로 의미하는 그 '석반'은 '밥'을 하늘처럼 여기는 곤궁한 농민의 상징이기도 하지만, 그들에게는 그 '석반'의 문제를 해결할 능력이 없는지라 '석반'도 '어리석은 석반'이라 했다. 따라서 '어리석은 석반'은 '어리석은 농민'의 뜻도 된다. 이렇게 볼 때 '석반'이라는 물질적 이미지는 참담하다. 그러나 그 제목은 그들의 딱한 처지를 조롱하는 것 같으면서도 깊이 동정하고 더 나아가 극복하려는 의지를 함축한다. 따라서 이 글에 항일적 요소가 잠복해 있는 것도 당연하다. 이 제목이야말로 섬세한 감상력을 갖춘 독자에게 일제 강점기 농민의 생활상을 가슴 아프게 반성하도록 할 것이다.

「이 아해(兒孩)들에게 장난감을 주라」도 「모색」 등과 같은 계열의 작품이다. 이 글 역시 문학사상사의 《이상문학전집》에서는 '성천 관계의 수필'로 분류되어서 자연스럽게 「권태」와 관련시켜 검토되었다. 가난한 농촌 아동들의 유희 가운데 하나인 '똥누기'의 장면이 이 글과 「권태」 모두에 설정되어 있기 때문이다. 너무나 가난한 처지의 농민은 어린 자식들에게 '장난감'을 사줄 수 없는지라 그들이 본능적인 유희충동을 충족시키기 위하여 선택한 극단적 수단이 '똥누기'다. 이 망칙한 행동은 「이 아해들에게 장난감을 주라」에서는 이들의 유희와 관련된 주제가 되어 있지만, 「권태」에서는 화자의 권태감을 유발하는 여러 가지 요인의 하나일 뿐이다. 그 유희에 대한 반응도 다르다. 「이 아해들에게」에서는 그 유희의 광경을 보자 불쾌감과 혐오감, 미칠 듯한 경악 및 그 유희의 주역들이 남자 아해가 아니라 여자 아해인 점에서 느낀 배신감 등이 복합된 감정적 반응을 보이지만 「권태」의 화자는 장난감을 사줄 여유가 없는 부모 밑에서 자란 아해들이 불쌍해서 눈물을 흘리고, '조물주여, 이들에게 풍경과 장난감을 주소서'라고 마음속으로 빈다. 그 초기작 아해들에 대한 화자의 반응은 아해들의 유희가 극단적인 것임과 마찬가지로 극단적이지만, 「권태」 화자의 반응은 그렇지 않다. 다음이 「이 아해들에게 장난감을 주라」의 끝말이다.

> 나는 이제 발광하거나 졸도할 수밖에 없다. 만신창이 빈사의 몸으로 간신히 그 곳에서 도망하였다.(3, 120)

왜 이런 극단적 반응을 보였을까? 그것은 '기괴천만한' 유희의 주역이 행동이 거친 남자 아해가 아니라 남자 아해보다 온순하고 순결할 여자 아해들이었다는 점에서 느낀 말세감 때문일 것이다.

이상의 첫 번째 농촌 여행은 그에게 식민지적 현실을 현실주의적인 시각으로 관찰할 수 있는 기회였다. 그 당시 그는 조선총독부의 관리였기 때문에 농촌의 비참한 현실은 그 자신의 위치를 심각하게 반성하도록 했을 것이다.

12
전체적 인간 회복의 길:
이상의 초기 단편소설들

이상의 두 번째 소설 「지도의 암실」도 조선총독부 관리 시절의 작품이다. 이 암호적인 제목은 암호적 예술가의 작품답다는 느낌을 준다. 실험이 없는 암호는 그에게 어떤 매력도 없고 암호적이지 않은 실험 또한 마찬가지다. 그의 중요한 작품은 거의 모두 실험과 같다. 그가 암호적 예술가였던 것은 현실적 여건 탓이기도 했다. 조선총독부의 성실한 관리로서는 암호적인 작품밖에 쓸 수 없었을 것이다. 그렇지 않으면 총독부 관리의 자격이 없거나, 그 자격을 박탈당할 우려가 있기 때문이다. 그래서 총독부 근무 시절에 그의 작품은 곧잘 그 제목과 필명이 암호적이곤 했다. 초기의 시 「이상한 가역반응」이나 「열하약도No.2 (미정고)」, 「출판법」 같은 시의 제목이나 『十二월 十二일』 같은 제목 자체가 암호적인 말이어서 독자는 낭패스럽기 마련이다. 작자의 필명도 암호적이다. 「지도의 암실」의 작자는 '비구(比久)'요 「휴업과 사정」의 작자는 '보산(甫山, 큰산)'이며, 박태원의 「조선중앙일보」 연재소설 「소설가 구보씨의 일일」 삽화 담당자는 '하융(河戎)'이다. 왜 굳이 독자를 낭패스럽도록 할까? 이상은 독자에게 마음의 평화가 아니라 불안이나 공포감을 줄지라도 거기에 암호적 비밀이 없으면 독자의 흥이 깨지고, 실험의 효과도 별로 없으리라고 여겼을 것이다. 거의 습관화되어 있던 그의 비밀주의는 그의 작품을 난해한 암호들로 만들 수밖에 없다.

이상은 조선총독부에 근무할 때는 더 말할 것도 없고, 작품을 쓸 때도 수시로 그 근무처를 의식했음에 틀림없다. 그는 총독부의 엄연한 존재로 인한 열등감과 패배감과 굴욕감을 초극해야만 했다. 그의 필명은 그 초극의 한 수단이었다. 「지도의 암실」 작자의 필명 비구(比久, 걸인)가 역설적인 자기비하의 은유라면 「휴업과 사정」 작자의 필명 보산(甫山)은 주인공의 과대망상의 은유였다. 총독부 건물의 높이를 품위 있게 능가할 수 있는 수단은 그 은유밖에 없다고 여겼을지 모른다. 이 소설 주인공이 '공원'에서 (서울)'시가지를 내려다 보기도 했다'고 말할 때도 그의 염두에는 총독부 건물이 스쳐갔을 것이다. 그에게는 조선을 통치하는 정부기관의 높은 자리와 맞먹는 전망대를 상정(想定)해야만 했던 것이다. 「조감도」 또는 「오감도」의 창작 동기의 하나인 '조감' 충동 곧 전체적 관찰 충동을 자극한 것은 아무리 싫어도 매일 바라보아야 하는 우람한 조선총독부 건물이었을 것이다.

'比久'는 '걸식(乞食)하는 수도승'(比丘)의 뜻으로 썼음에 틀림없다. 그가 애독한 노발리스가 속한 독일 낭만파의 작가들은 귀족적 시인인 동시에 부랑자나 걸인이라는 이중성격자들이었다. 그는 이 이중성격을 평생 동안 버리지 못했다. 그가 작품 발표를 위하여 당시의 조선문단을 외면한 채 조선총독부 기관지 『朝鮮』을 선택한 것은 전작(前作) 『十二월 十二일』의 경우와 마찬가지였다.

그런데 이상의 이 작품들이 어떻게 조선총독부 기관지에 발표될 수 있었을까? 총독부에 소속된 검열과의 실수에만 그 책임을 돌릴 수는 없다. 그 작품들은 총독부의 시책이나 독자의 취향과 전혀 무관하고 또 난해한 글들이다. 그럼에도 불구하고 이들 작품이 발표될 수 있었던 이유로는 두 가지를 들 수 있다. 앞에서도 말했듯이 시인이었던 이해문(李海文)이 『朝鮮』의 편집에 관여하고 있었기 때문에 조선어 판 『朝鮮』에 비교적 많은 문학작품을 발표할 수 있었으리라고 추정할 수 있지만, 또 하나의 이유는 일제 식민지의 성격과 관련되어 있었을 것 같다. 일제는 식민지 조선을 비천한 곳으로 여기고 있었기 때문에 그곳에 건너간 지식인도 일본에서 따돌림을 받은 2류나 3류의 낙오자들이었다. 따라서 검열과 직원들도 예술작품의 깊은 독해력을 가졌을 것 같지는 않다. 물론 그들에게 조선어의 섬세한 이해력이 있을 리도 없다. 그 덕택으로 이상의 초기작들이 조선 지배자들이 발간한 『朝鮮』 및 『朝鮮と建築』에 발표될 수 있었을 것이다.

「지도의 암실」과 관련된 한 가지 수수께끼는 『十二월 十二일』과 비교할 수 없을 정도의 난해성이다. 사실상 일제 강점기에 발표된 소설로서 가장 난해한 소설인 「지도의 암실」은 난데없이 조선문단에 나타난 괴물이라 말해도 과언이 아니다.

초기 단편소설 「지도의 암실」과 「휴업과 사정」에서 이상이 시도한 것은 상실된 '전체적 인간'의 회복이었다. 그는 「권두언」(1931)에서 '미래는 전적(全的) 인간을 요구한다.'고 말했는데, 그가 소원한 '전적 인간'은 소외되거나 인격이 분열되지 않아서 그의 '전체성'이 회복된 인간이다. 그런 인간 회복은 그를 구속하는 사회적 조건과 실존적 조건을 극복함으로써 가능하다. 그러나 이상의 초기 소설은 사회적 조건이 아니라 실존적 조건의 초극이라는 문제만을 취급하고 있는데 바로 그 점이 이 소설들의 한계다.

두 소설의 주인공이 직면한 사회적 조건이 언급되지 않은 것은 아니다. "도탄에 묻힌 현대도시의 시민들이 완전히 구조되기에는 그들이 빠져있는 불행의 깊이가 너무나 깊어버리고만 것이로구나"라고(2, 155) 「휴업과 사정」의 주인공이 개탄하고 있지만, 그것은 일시적인 단순한 개탄에 지나지 않으며, 「지도의 암실」의 주인공에게는 그 정도의 사회적 관심도 없다. 그의 유일한 관심사는 그의 내면 문제다.

두 소설의 주인공이 공통적으로 외계와 단절된 외로운 생활을 하는 것은 주변 사람과의 소통 부재에 연유한다. 이 소통의 문제는 이상의 소설이 제기하는 중요한 실존적인 문제다. 소통의 부재는 그들 주인공의 자아분열에 기인한다. 따라서 '전체적 인간'의 회복은 그 분열이라는 질환의 치유로 볼 수 있다. 「지도의 암실」의 경우, 주인공인 화자는 '리상'과 'K'로 분열되어 있다. 그들은 화자('그')의 분신(分身)이다. '리상'은 화자로 추정되는 '이상'이며('K'는 이상의 본명인 '김해경'의 '김'의 영자 표현이다.) 'K'는 그의 '바이블 얼굴'이 암시하듯이 기독교도로서 '리상'의 초자아(超自我), 또는 도덕적 양심의 화신 같은 역할을 한다. 그의 별명이 '풍기취체탐정'임이 이를 증명한다. 그가 유홍가에서의 타락을 반성할 때 그런 'K'를 상기한 것은 그의 내면이 'K'와 '그'로 분열되어 있다는 것을 말해준다.

「지도의 암실」을 통하여 이상은 평소 그의 관심사인 언어, 옷 및 시간과 관련된 인습적 사유에 대한 저항과 그 새로운 대안을 추구하고 있다. 우리의 일상생활에 필수적 조건인 언어와 옷과 시간을 불신한다는 것은 관행적인 일상생활의 거부를 의미하기 때문에 이것은 매우 중요한 실존적인 문제라고 할 수 있다. 먼저 언어에 대한 견해를 들어보자.

> 인류가아직만들지아니한글자가 그 자리에서이랬다저랬다하니무슨암시이냐가무슨까닭에한번읽어지나가면도무소용인글자의고정된기술방법을채용하는흡족지않은버릇을쓰기를버리지않을까를그는 생각한다.(2, 165)

'인류가아직만들지아니한글자'란 극단적인 문자 불신을 역설적으로 암시한다. 그 '글자'는 나라마다 다르기 때문이다. 그러면 불신을 사지 않을 수 있는 '글자' 또는 '언어'는 무엇인가? 그것은 인류공동체 정신 곧 인류적 휴머니즘의 정신으로 창제된 '에스페란토'밖에 없다. '그'가 '고정된기술방법'을 불만스럽게 생각하는 것도 그 불신 때문이다. 과연 이 소설에는 통사법을 어기는 표현이 적지 않다. (그 통사법 위반은 구두점의 무시와 함께 다다이즘과 이탈리아 미래주의가 권장한 것이기도 하다.) 긍정문과 부정문의 동시적 공존 등 언어 표현의 난맥상은 관습적 언어 사용법에 대한 거부의 결과다. 다음 인용에서 화자가 제기한 문제는 이 소설의 주제와 관련하여 핵심적으로 중요하다.

> 그는아파오는시간을입은 사람이든지길이든지걸어버리고건어차고싸와대이고싶었다 벗겨도옷벗겨도옷 벗겨도옷 벗겨도옷인 다음에야 걸어 도길 걸어 도길인다음에야 한군데버티고서서 물러나지만않고 싸워대이고만이라도하고싶었다.(2, 165)

이 소설에서 '시간'은 그게 '마(魔)인지 불(佛)인지'(2, 165) 의심이 들 만큼 중요한 문제다. '아파오는 시간'은 인간의 생활방법('길')을 분열시키는 '마'의 시간, 또는 자아분열자의 '시간'에 속한다. '마'의 시간을 '불'의 시간으로 바꾸기 위해서는 관습적 생활방법으로서의 '옷'과 '언어'나 시간관념을 초극해야 한다. 어떻게 할 것인가? 자아분열이 초극된 전체적 인간이 되어야 한다. 따라서 생활습관을 벗어나기 위한 도전의 장소에서 물러나지 않겠다고 다짐하는 그는 신(神)도 부정하는 허무주의자이기도 하다.

신(神)의 죽음에 이상이 큰 관심을 갖게 된 것은 도스토예프스키의 『카라마조프 형제』에서 '신이 없다면 모든 것은 허용된다'고 말한 이반 카라마조프 때문인지 혹은 신의 죽음을 말한 『짜라투스트라는 이렇게 말했다』의 저자 니체의 영향을 받았는지는 확실히 알 수 없다. 그 神은 이상의 경우 '태양'으로 비유되었다. 「지도의 암실」에서 암시된 '태양'의 죽음은 『十二월 十二일』 주인공이 어느 날 기독교 교회 방화사건과 관련하여 연상한 '태양'의 사망이라는 작중 사건의 연장선 위에 있다.

> 태양은제온도에조을릴것이다 쏟아뜨릴것이다 사람은딱정버러지처럼될것이다 따뜻할것이다 넘어질것이다 새까만핏조각이땡그렁소리를내이며떨어져깨어질것이다 땅위에늘어붙을것이다 내음새가날것이다 굳을것이다 사람은피부에검은빛으로도금을올릴것이다 사람은부딧칠것이다 소리가날것이다.(2, 167)

'태양이' 졸거나 졸음이 한꺼번에 쏟아져 체온이 올라가고 피를 토하고 땅 위에 넘어진다는 사건으로 암시된 신의 죽음으로 인하여 '사람'은 세속적이고 저속한 욕망의 화신('딱정버러지')이 되고 서로 소리치며 싸우게 되었다는 것이다. 「지도의 암실」에서 그 주제를 움직이는 근본적으로 큰 작중 사건은 '신의 죽음'이며 이와 관련된 한 사건은 이 소설의 전기(轉機)이기 때문에 중요하다. 그것은 불교사원의 '종소리'인데, '그'에게 선(禪)불교에 대한 공감의 계기가 된다. 다음은 거리에서 자아 이탈감을 느꼈을 때의 반응이다.

> (……)남의 모가지를 얻어다 붙인것 같아야 꽤 제멋적었으나 그는 그래도 그것을 앞세워 내세우기로 하였다. 그렇게 하지 아니하면 아니되게 다른것들 즉 나무사람옷 심지어 K까지도 그를 놀리려드는것이니까 그는 그와 관계없는 나무사람옷 심지어 K를 찾으려 나가는 것이다.(2, 167)

자기의 목('모가지')을 타인의 것처럼 느끼는 것은 그의 자아분열증세로서 이것이 부끄러운 것은 그 증세가 '나무사람'이나 기독교신자 'K'의 온전한 정신상태와 비교가 되고 조롱거리가 될 것이기 때문이다. 그래서 'K'가 교회로 가고 없을 때 '나무사람'을 자기 마음속에 '옮겨놓아보고 싶어'진 것은 깨우친 불교신자('나무사람')가 되고 싶었던 때문이며, 이는 신수(神秀)상좌의 유명한 게(偈)와 관련된다.

> 몸은 보리수(菩提樹)요
> 마음은 명경대(明鏡臺)와 같다
> 때때로 부지런히 털고 닦아
> 먼지가 앉는 일이 없게 하라.[1]

---

1 『般若心經 金剛經 禪語錄』, 洪庭植譯, 동서문화사, 1976, 324쪽.

'나무사람'이 바로 '보리수'의 은유다. '그'가 선불교도가 된 것은 사회적 소외와 자아분열증을 초극하기 위해서다. 바꿔 말하면 정신치료를 위한 여러 방법('여러가지줄')(2, 167) 중에서 선불교를 선택한 것이다. '나무사람'을 '나무사람옷'이라고 한 것은 그 '옷'이 '피부'와 같기 때문이다.[2] 그 '옷'은 칼라일 식으로 말한다면 '육체적인 옷'이다. 이상은 「지도의 암실」의 중요한 문제인 '옷'과 관련하여 칼라일의 『사터 리저터스』의 영향을 적지않게 받았을 것 같다.[3] 이 철학적 소설의 주인공 토이펠스트뢰크가 사생아요, 양부모의 도움으로 대학을 졸업한 뒤 『옷의 철학』 같은 저서를 출판한 점, 평생을 유랑자로서 살았고, 프랑스의 1830년 7월 혁명이 일어나자 다시 일을 시작하는 마음으로 어디론가 떠나버린 점, 그리고 이 소설이 『빌헬름 마이스터의 수업시대』의 짙은 영향을 받은 점, 특히 매사에 회의적인 현대인의 진정한 재생을 위한 철저한 자기부정과 의무이행의 권장은[4] 광상곡(狂想曲) 같은 문체와 더불어 이상의 관심을 끌기에 충분하다. 그 자기부정 또는 자기초월에서 이상은 불교에서의 무아(無我)를 연상했을지도 모른다. '그'가 'K'가 준 '외투'를 '돌아서서' 입은 것은 'K'의 종교인 기독교에서 선불교로 전환한 것을 암시한다. 그 '외투'를 입자 '뻐듯'한 '쾌감'을 '어깨와 잔등으로 걸쳐'서 느낀 것은 내면분열이 치유될 가능성을 예시한다. '그'는 그와 같은 변신으로 인하여 이전처럼 '시간'을 비롯한 매사를 차별하는 버릇을 초극한다. 선불교는 대승불교와 도교(道敎)의 결합체여서 노장사상

---

2 Thomas Calyle, *Sartor Resartus*, Everyman's Library, 1954, p.144.

3 위의 책, p.162.

4 위의 책, p.147.

과 친근하다. 그래서 죽음의 공포나 시차(時差)를 부정하기 때문에 시간의 순서를 지키는 '시계'를 불신하기도 한다. '그'는 사고(思考)가 미분화된 '아이'의 상태로 돌아간 셈이다. '아이'를 말하는 이 대목에서 선불교에게 영향을 준 노자(老子)에게 귀중한 영아(嬰兒)는 니체의 사상과도 관련된다. 이상의 선불교 특히 시간과 아이에 대한 관심은 나쓰메소세키(夏目漱石)의 장편소설 『門』(1910)의 영향을 받았을지도 모른다. 마(魔)의 시간에 대한 의심은[5] 『문』의 주인공 소스케(宗助)가 품은 것이요, 무분별한 '아이'는 소세키가 친구의 아내를 빼앗은 사건에 그 근원이 있는 죄의식이라는 연래의 문제를 해결하기 위해서 귀의하고자 한 선불교와 관련이 있다. '일창암(一窓庵)'의 노사(老師)가 말한 '父母未生以前本來面目'[6] 곧 '양친도 태어나기 전의 자기'란 전혀 세상을 모르는 때여서 상대적 세계를 떠난 절대무차별의 세계에 사는 존재의 본성으로서, 그런 존재에 가장 가까운 존재가 '아이'다.

> 그는별에가까운산위에서 태양이보내는몇줄의볕을압정으로 꼭꽂아놓고 그앞에앉아그는놀고있었다 모래가많다 그것은모두풀이었다 그의산은평지보다낮은곳에 처어져서그뿐만이아니라 움푹오므러들어있었다.(2, 167-168)

이 구절은 니체가 『차라투스트라는 이렇게 말했다』에서 말한 '정신은 낙타가 되고 낙타는 사자가 되며, 마침내 사자는 아이가 되는 세 단

---

5 夏目漱石, 『門』, 岩波文庫, 1961, 190쪽.

6 위의 책, 197쪽.

계의 변화'를 상기시킨다.[7] 이상은 그 '세 단계의 변화'를 순차적으로 언급한것이 아니라 '아이'부터 언급했고, '사자'는 그 역할만을 암시한 뒤에 '낙타'를 언급했다.

'낙타'는 인류의 모든 무거운 의무를 기꺼이 짊어지는 자기희생적 노고(勞苦)의 화신이지만, '아이'는 새로운 가치의 창조를 위한 유희정신의 상징이다. '태양'의 압도적인 권위와 위력도 '아이'는 조그만 '압정'으로 마치 나비표본처럼 벽에 눌러서 꽂아 놓고, 그 앞에서 놀 수 있다. 그러면 주변의 무기력하고 단조로운 '모래'도 활기 있는 '풀'로 변화된다. 이는 그 놀이의 창조적 역할을 암시한다. '사자'는 '아이'에게 자유로운 유희공간을 마련하기 위하여 '산'을 '평지'보다 낮게 만들 수 있을 정도의 거대한 힘으로 암시된다. '사자'는 '산'이라는 압제적 권위에 반항하여 약자들을 해방할 수 있다.

그는 유흥가로 간다. 그곳에서 본 '각국웃음'은 유흥가 선전을 위하여 내걸은 소형의 각국 국기의 비유이며 '웃음'은 유흥가에 모여드는 군중의 비속한 '욕망'의 은유로 볼 수 있다. '딱정버러지'는 세속적인 저급한 욕망, 특히 성적(性的) 욕망의 은유다. 이 소설에서 여러번 반복적으로 언급된 '죽음'도 성교와 관련되어 있다. 이상은 그것을 통하여 성교의 무익한 악순환을 암시한 것이지만, 바로 이어서 "하느님은그를내어버려두십니까 그래하느님은죽고나서또죽게내어버려두십니까"라고 반문한 것은 자기의 타락적 성행위에 양심의 가책을 느꼈기 때문이다. 그는 성교의 비유인 죽음의 체험을 통하여 허무주의적 인생관을 해소하려고 한 것이지만 그런 성행위의 악순환을 통하여 그의 소망이 부질

---

7 F. Nietzsche, *The Portable Nietzsche*, Penguin Books, 1961, pp.137-139.

없는 것임이 암시되고 있다. '그'가 '풍기취체탐정'으로서의 'K'를 언급한 것도 그 유흥가에서이며, 이는 그의 성행위가 '풍기'를 문란하게 하는 행위임을 암시한다.

'그'가 유흥가로 간 것은 단지 성적 쾌락을 추구하기 위한 것이 아니다. 유흥가를 '무덤'에 비유한 것은 그곳이 영혼을 타락하여 죽이는 곳이기 때문이다. 다음 인용은 그곳에 간 또 하나의 동기를 알려준다.

> LOVE PARADE
>
> 그는답보를계속하였는데 페이브멘트는후울훌날으는 초코레이트처럼훌훌날아서 그의구둣바닥밑을미끄러이쏙쏙빠져나가고있는것이 그로하여금더욱더욱 답보를시키게한원인이라면 그것도 원인의하나가 될수도있겠지만 그원인의대부분은 음악적효과에있다고아니볼수없다고 단정하여버릴만치 이날밤의 그는음악에적지아니한편애를 가지고있지않을수없을만치 안개속에서 라이트는스포오츠를하고 스포오츠는그에게있어서는 마술에가까운기술로 밖에는아니보이는것이었다.(2, 173)

홍등가('LOVE PARADE')에서 '그'가 '답보'를 계속한 원인이 주목되어야 하는 것은 그 '답보' 과정에서의 체험이 '그'가 유흥가에 간 또 하나의 동기의 중요성을 보여주기 때문이다. 그 체험이란 '공통감각'의 체험이다. 곧 아스팔트로 된 '페이브멘트'의 '초코레이트' 냄새와 같은 후각적이자 미각적인 이미지는 '그'의 구두밑 길('바닥')을 밟으면서 느껴지는 그 촉각적 이미지와 섞이더니, 이번에는 '홍등가'에서 들려오는 음악의 청각적 이미지가 그곳에서의 '스포오츠'를 하는 듯한 네온사인('라이트')의 시각적 이미지와 섞임으로써 공감각적 세계가 형성된다.

그리고 그런 세계야말로 허무주의적으로 분열된 '그'의 내면을 원초적으로 통합할 수 있는 계기가 되었다. 그리고 그의 무의식적 소망은 그런 공감각적 인간 또는 공통감각적 인간이 구현하는 전체성이 회복된 인간으로서 그 원형(原型)이 고대적(古代的) 인간이요, 그 소박한 원형이 앞에서 언급한 '아이'다. 그런 원형적 인간으로 복귀하고 싶은 소망이 바로 홍등가 체험의 동기였다.

만일 「지도의 암실」이 합리적, 과학적인 '지도'와 무의식적 비합리적 욕망의 '암실'이 혼합된 세계의 암시라면 그것은 그 두 요소가 혼합·공존하는 인간형의 암시라고 할 수도 있다. 화자는 의식 또는 지성('圖')과 무의식 또는 감성('地')이 전체적으로 원만하게 통합된 인간형을 그리워한 것이다. 이상이 비구(比久)라는 필명에 걸맞게 받은 선(禪)불교의 영향이 처음으로 암시된 작품이 「지도의 암실」이다. 그런 인간형의 동경은 일상적 허무의식을 초극하려는 의지에 연유한다.

> 그는에로시엥코를읽어도좋다 그러나그는본다왜나를 못보는눈을가졌느냐차라리본다 먹은조반은 그의식도를거쳐서바로에로시엥코의뇌수로들어서서 소화가되든지안되든지 말려나가던버릇으로 가만히가만히시간관념을 그래도아니어기면서앞선다 그는그의조반을 남의뇌에떠맡기는것은견딜수없다 고견디지않아버리기로한다음 곧견디지않는다 그는찾을것을곧찾고도 무엇을찾았는지알지않는다.(2, 167)

'그'가 언급한 자기를 보고도 '못 보는 눈'이라는 역설은 논리적, 합리적 이성(理性)의 소유자는 감성적 체감적(體感的)인 인식이 불가능하다는 반성에 연유한다. 그래서 촉각적 체감적 인간형으로서의 '에로시엥코'와의 교감을 선호한다고 말한다. '조반'은 '아침나절의 생각'의 은유요, '식도'는 그 생각을 전달하기 위한 매개체로서의 '에스페란토'를 비유한 것이다. 그는 시각적 인간형인 자기보다도 체감적 인간형인 '에로시엥코'를 상위(上位)의 인간으로 여긴 것이다. 물론 그는 그의 아침나절의 생각이 타인(에로시엥코)에게 점령되는 것은 달갑게 여기지 않지만 결국 '에로시엥코'는 당해낼 수 없다고 생각한다는 것을 "그를찾을것을곧찾고도 무엇을찾았는지알지않는다"는 구절로 알 수 있다. 자기가 추구하는 것을 직감적으로 인식하고도 그것을 잊어버리는 것은 그 직감적, 체감적 인식이 '에로시엥코'처럼 습관화 되거나, 일상화되지 않았기 때문이다.

이렇게 볼 때 '그'는 자기모순적 인간이다. '앙뿌으르'(電球)는 이 소설에서 그의 의식(意識)의 은유인데 "앙뿌으르에불이확켜지는 것은 그가깨이는것과같다"는 구절이 이를 입증한다. 환하게 켜진 '앙뿌으르'는 그의 깨어 있는 합리적 의식과 같다. 그러나 이제 '앙뿌으르에봉투씌우고옷벗고몸뚱이는침구에떼내어 맡기면 얼마나모든것을 다잊을수있어편할까하고는그는잔다'는(2, 176) 구절이 말해주는 것처럼 '앙뿌으르에봉투'를 씌움으로써 방안이 어둑스레해지는 것이 선적(禪的)명상을 위해 바람직한 것이다.

'지도'는 현실의 '지도'인 동시에 꿈의 '지도'다. 그러면 '그'는 어떤 체험을 통하여 그 꿈의 '지도'에 이르게 되는가? 이를 해명하려면 「지도의 암실」의 주제를 결정하는 이 소설의 서사 구조를 추적해야 한다. 곧 '그'의 욕망의 충족이나 책망 등을 거친 그의 내면적 발전 과정의 추적이다. 따라서 우리는 유흥가 체험과 관련된 사건들의 의미를 주목해야 된다.

앞에서도 언급한 '무덤'은 다의적 상징어다. 그것은 인간의 영혼을 타락시켜 죽이는 '유흥가'의 상징인 동시에 그곳에 간 '그'와 같은 인간의 '주검'의 상징이다. 창녀의 방에서 '그'가 '저고리에그의무덤파편을주섬주섬끌어모아가지고' 그곳을 나오기로 작정했다고 할 때의 '무덤 파편'은 그의 '주검의 파편'과 같은 뜻이다. '그'의 몸도 여러 번의 성교로 인하여 '해체된 파편'으로 비유된 것이다. 창녀의 방을 나온 '그'가 검정색('간단한 불변색') '모자'를 땅 위에 놓고 '내려밟아보아버리고' 싶어진 것은 그 '모자'로 상징된 자기의 '인격', 이미 타락한 '인격'을 자학적으로 파괴하고 싶어진 탓이다. 그만큼 그는 창녀 체험을 뉘우친 것이다. 그 결과 다음과 같은 장면이 이어진다.

> 남아있는박명의영혼 고독한저고리의 폐허를위한완전한보상그의영적산술 그는저고리를입고 길을길로나섰다 그것은마치저고리를 안입은것과같은 조건의특별한사건이다 그는비장한마음을 가지기로하고길을 그길대로 생각끝에생각을겨우이어가면서걸었다 (2, 172)

인용에서의 '저고리'는 '그'의 영혼의 은유이거니와, 그것이 지금 '박명'에 싸여 있는 '폐허'와 같아졌기 때문에 생각이 '비장'해지지 않을 수 없다. 자기의 '영혼'이 파멸된 데 책임이 있고, 그 '폐허'에서 자아를 새롭게 회복해야 할 책임도 지고 있기 때문이다. 그것은 '폐허를위한완전한보상'을 위한 것이다. 그 '보상'을 위한 방책은 무엇인가? 그것은 다른 무엇보다도 먼저 성적 욕망에의 집착을 버리는 것이다.

이 소설에서 예외적인 '옷'이 있으니 그것은 '고독한저고리의폐허'에서의 '저고리'로 '그'의 '정신적 상황'의 상징이었다. 그 '저고리'는 한복

(韓服)이어서 특이하다. 일반적으로 도시소설에 등장하는 주인공, 특히 유민(遊民)의 옷은 양복이다. 「지도의 암실」의 주인공도 고등 유민이다. 그럼에도 불구하고 그의 '옷'이 '저고리'인 것은 그가 조선의 전통 의복 문화에 집착한 때문이었을 것 같다. 그럼으로써 일제 식민 통치하에서도 조선적인 것을 지켜내려고 했을 것이다. (이상은 「朝鮮と建築」 표지 도안에서 조선적, 향토적인 것을 암시한 적이 있다.) 「지도의 암실」은 도시소설이기 때문에 그 '저고리'는 사실 그런 소설에 어울리지 않지만 문제는 '저고리'가 가진 조선적 특징의 내면적 호소력이 짙다는 점에 있다. 조선총독부 관리로서의 이상이 직장에서 입은 양복에 저항하는 의미로서의 저고리, 그 '저고리'의 호소력 말이다. 은근하게 강한 이 호소력은 다음 인용에서도 유지되고 있다.

> 그는엄격히걸으며도 유기된그의기억을안고 초초히그의뒤를따르는저고리의영혼의 소박한자태에 그는그의옷깃을여기저기적시어 건설되지도항해되지도 않는한성질없는지도를 그려가지고다니는줄 그도모르는 채밤은밤을밀고 밤은밤에게밀리우고하여 그는밤의밀집부대의 속으로속으로점점깊이들어가는모험을모험인줄도 모르고모험하고(중략)(2, 172)

아무리 고통스러워도 '그'의 기억 '내용', 곧 유흥가 체험을 기억하고 '그'의 뒤를 따라오는 듯한 '저고리'의 '소박한 자태'에 감동한 '그'가 그 '저고리'를 감동의 눈물로 여기저기 적심으로써 그린 '지도'가 아직 '건설'되지도 '항해'의 목적지도 되지 못한 것은 그 '지도'가 꿈 속의 유토피아적 '지도'였기 때문이다. 그 '지도'에 '성질'이 부여되지 않은 것도 '건설' 이전의 꿈의 '지도'였기 때문이다. '항해되지도않는(……)지도'는 오스카 와일드가 그의 아나키즘을 옹호한 평론 「사회주의 하의 인간의 영혼」에서 말한 내용에 영향을 받고 있다.

> 유토피아가 포함되지 않은 세계지도는 대충 훑어볼 가치도 없다. 그것은 인류가 언제나 상륙하려고 하는 나라를 빠뜨렸기 때문이다. 인류가 거기에 상륙하면 밖을 내다보고 보다 훌륭한 나라가 있으면 출항한다. 진보는 유토피아의 실현이다.[8]

'유토피아' 지향(志向)은 피압박민족에 속하는 급진적 지식인이 품기 쉬운 이상(理想)이기도 하다. 그것은 정의와 자유가 말살된 식민지 원주민과 피압박계급이 현재의 생존 조건을 타파하기 위한 이상이었다. 이상의 「첫 번째 방랑」의 주인공이 몽상한 '위대한 지도'는 바로 유토피아의 상징이다.

이상이 '저고리'에 아마 눈물로 그렸을 그 꿈의 '지도'는 고독한 '저고리의 폐허를 위한 완전한 보상'을 위한 것이었다. 물론 그 유토피아 지향성은 '그'의 허무주의적 인생관의 초극에 그 궁극적 목적이 있었다.

> 백지와색연필을들고 덧문을열고문하나를 여언다음또문하나를 여은다음또열고또열고또열고또열고 인제는어지간히들어왔구나 생각키는때쯤하여서 그는백지위에다색연필을 세워놓고무인지경에서 그만이하다가고만두는아름다운복잡한기술을시작하니 그에게는가장넓은 이별판이밝은밤이어서 가장좁고갑갑한것인것같은것은 완전히잊어버릴수있는것이다(2,

---

8 Oscar Wilde, 'The Soul of Man under Socialism,' *The Critic as Artist*, pp.269-270.

175)

인용에서의 '문'들은 문맥상 '그'의 자아분열 초극을 위한 추구를 암시한다. 그 '문'을 연이어서 열려고 한 것은 그 문제의 해답을 얻기 위한 이제까지의 과정을 암시한다. 그 결과 선불교신자가 된 것은 '나날이 이렇게 들어갈 수 있는데까지 들어갈 수 있는 한도는 점점 늘어가니 그가 들어갔다가는 언제든지 처음있던 자리로 도로 나올수는 염려 없이 있다'고(2, 176) 자신감을 가지고 믿은 것으로도 입증된다. 이는 '문'으로 들어갈 수도, 안 들어갈 수도 있는 인간이어서 '불행한 인간이었다'는[9] 소스케와 다르다. 비록 '그'의 자신감은 완전한 것은 아니지만 '그'의 내면적인 삶은 그런 자신감 추구의 과정이었다. 그가 손에 든 것이 '색연필'인 것은 '유토피아'를 그리기 위한 꿈의 필기도구이기 때문이다. '아름다운복잡한기술'은 그 '유토피아'의 설계를 위한 '기술'이다. 그러면 '유토피아'는 어떤 성질의 것인가? 그것은 『장자』(소요유편)와도 깊이 관련되어 있다. '가장넓은벌판'은 「소요유편」에 나오는 '無何有之鄕'으로서의 '廣漠之野'에서 암시를 받은 것임에 틀림없다. 그곳의 '밝은 밤'은 노장사상과 마찬가지로 선불교에서 내세우는 모든 차별의 부정을 증명해준다.

그런데 이 유토피아의 꿈과 관련하여 문제가 되는 것은 그 꿈과 설계가 무인지경에서 이루어진다는 점이다. 무인지경은 그의 생활을 내폐적인 것으로 만든 고독에 연유한다. 그러고 보면 「지도의 암실」이라는 말 못할 비밀을 숨기고 있는 언어공간에서 언급된 여러 작중 사건과

9 夏目漱石, 『門』, 岩波文庫, 1960, 216쪽.

관련된 한 가지 명백한 중요한 사실은 주인공이 외로운 작가라는 점이다. 이 소설에는 어떤 대화, 또는 대화적 인간관계도 설정되어 있지 않다. 그러나 그런 내밀한 세계에서의 궁극적인 꿈은 '나무사람' 같은 선불교적 인간형과 '유토피아'였다. 유토피아는 '영원한 도시(국가)'라는 그 점에서 『十二월 十二일』에서 몽상된 영원한 천상적(天上的) 낙원에 대응한다. 그런 의미에서 「지도의 암실」은 『十二월 十二일』의 연장선 위에 있다. 결국 이 초기작들의 작자 이상은 영원한 것을 동경하는 좌절된 로맨티스트였다. 선불교신자로서의 미숙성은 그가 소스케처럼 모든 인연에서 자유롭지 못했다는 것으로 입증된다. 임제종(臨濟宗)의 '몽창국사(夢窓國師)'는 '맹렬하게 모든 인연을 끊는 것이 자기 일을 구명(究明)하여'[10] 처리하는 최상책이라고 가르쳤었다.

「지도의 암실」에서도 『十二월 十二일』의 경우와 마찬가지로 리얼리즘과 환상이 공존하고 있다. 그런 의미에서 이 두 작품속에는 「자화상」(1926)에 나타난 두가지 경향이 지속되고 있는 셈이다.

다음은 「휴업과 사정」의 주인공 보산의 일상적인 믿음이다.

> 아침 오후 두시— (중략)
>
> 보산은보산의정신상태가 얼마나훌륭히수양되어있는것인가 모른다는것을마음속에굳게 믿어오고있는것이었다. 양의성한때를잠자며 음의성한때를깨어있어 학문하는것이얼마나이치에맞는일인가 세상사람들아왜모르느냐(2, 155)

10 위의 책, 211쪽.

오전과 오후가 전도된 일상생활의 비정상성으로 인하여 이성('양')과 감정('음')이 공존하는 것은 '보산'의 내면분열을 보여주는 것이라 하겠다.

그러나 이상은 그와 같은 분열의 원인인 타인과의 소통을 통하여 그의 전체성 회복을 꾀할 수밖에 없고, 이 소설의 창작도 이를 위한 실험이다. 그러면 이 실험을 추적해보기로 하자.

「휴업과 사정」에서는 작중 사건 서술방법 자체가 실험적이다. 이 소설은 소설(텍스트) 창작의 방법과 과정을 취급하고 있어서 그 주제가 오리무중이다. 이것은 일제 강점기의 첫 번째 자기언급소설인 또는 메타픽션이다. 자기반성적 언급이 처음 나타난 작품이 『十二월 十二일』이었는데 여기서 그는 주인공에게 일어난 사건의 허구적인 작자가 자기임을 굳이 폭로함으로써 작자의 비밀을 몰랐고 전혀 알려고 하지도 않은 독자를 잠시 당황하도록 했던 것이다.

> 日暮 청산 —
> 날은 저물었다. 아차! 아직 저물지 않은 것으로하는 것이 좋을까 보다.
> 날은 아직 저물지 않았다.(「종생기」, 2, 387)

인용문에서 화자는 자기의 소설 작법에 자기 반성적으로 참견하여 자기가 이미 한 말을 고쳐 놓았는데, 이는 「종생기」가 자기언급적 소설이기도 하다는 것을 보여준다. 자기언급적 소설에서 작자는 자기의 소설에 참견하여 사건 서술의 방법이나 등장인물의 성격 등에 관한 자기반성, 또는 자기비판을 한다. 이런 소설의 선구적인 예가 앙드레 지드의 『사전꾼들』(1925)임은 주지되어 있는데,[11] 이상도 이 작품을 알았던 것 같다. 물론 「종생기」는 자기언급 소설의 요소가 여러 번 등장했을 뿐이요, 그 자체가 자기언급 소설은 아니다.

이상의 유일한 자기언급 소설은 「휴업과 사정」(1932)이요, 이런 소설의 가능성을 부분적으로만 보여준 작품이 『十二월 十二일』, 「환시기」, 「종생기」, 「동해」 등이다.

이상은 이런 작품들을 그 주제의 의미가 온전하게 전달된 '작품'이 아니라 주제의 의미가 생성되는 과정에 놓인 '텍스트'로 간주한다. 그는 독자의 입장에서 그의 작품의 성격에 대한 의문을 품고, 그것을 달리 해석할 수도 있을 것이다. 이 경우 그 텍스트는 마치 작자와 독자가 함께 그 의미를 생성해가는 과정의 기록과 흡사해질 것이다. 그 결과 자기의 텍스트에 대하여 작자이자 동시에 독자로서 언급하게 된다.

「휴업과 사정」의 'SS'는 주인공인 소설가 보산과는 대조적인 인물로 통찰력 있는 독자로서 설정되어 있다. 그가 보산의 집 마당에 가래침을 배앝아 놓곤 한 것은 보산의 텍스트에 대한 작가 자신의 반성을 촉구하기 위해서다. 그러나 'SS' 같은 독자를 의식하지 않는 보산은 애초 자기의 작품은 자기 자신이 쓴 것이기 때문에 독자와는 직접적 관계가 없고, 글쓰기 자체도 주체적인 작업이라고 확신하고 있었는데, 그 이면에는 자기의 작품이 그의 독창적인 단독 작업이라는 자신감이 도사리고 있다. 그는 자기의 작품과 다른 작가의 작품의 수준 차이는 하늘

---

11 Andre Gide, *Couterfeiters*. trans. Dorothy Bussy(Alfed. a. Knolf, 1927) 이상은 이 영역판을 읽었을지도 모른다. 山內義雄住에 의한 일본어 번역은 「휴업과 사정」(1932)이 발표된 해에 간행되었다.

과 땅의 차이와 같다는 과대망상적인 자신감의 소유자다. 자기를 '횡포한마술사'로 비유할 때는 수준이 낮은 시인들에게 무자비하게 군림하는 듯한 태도를 보이고 있다. 그는 앞집 'SS'를 '나쁜 뇌'를 가진 인간, 또는 '사회적 저능아'로 경멸하기도 한다. 그 결과 그는 외로운 단독자 같은 인상을 준다. 그러나 결국 그 자신감이 허망한 것이었음을 입증하는 사건이 'SS'와 관련하여 계속적으로 일어남으로써 그는 지금 자기가 쓰고 있는 소설에 대한 자기반성적 언급을 하지 않을 수 없게 된다. 작자의 이 자기언급이라는 문제와 관련하여 「휴업과 사정」의 다음과 같은 허두가 주목된다.

> 삼년전이보산과SS와 두사람사이에 끼어들어앉아있었다. 보산에게다른갈길이쪽을가르쳐주었으며 SS에게다른 갈길저쪽을가르쳐주었다.(2, 149)

인용이 암시하는 보산과 'SS'의 분신적 관계는 보산이 매일 "SS의 얼굴을 찾아보면 의례히 그의 집들창에서 눈에 띄는 법이었다"는 구절로 입증된다. 이는 'SS'가 보산의 분신임을 짙게 암시한다. 이때 '들창'은 '거울'의 상징이며 보산의 얼굴은 그 '거울'에 비친 'SS'의 '얼굴'이다. 이 분신의 문제와 관련된 것이 보산의 '그림자'다.

'그림자'는 무의식 세계의 비유이므로 보산의 그림자가 SS의 그림자를 닮은 것은 그가 무의식 세계에서 'SS'의 분신임을 암시하지만, 여기서 중요한 문제는 분신에 대한 그의 불쾌감이다. 'SS'가 보산의 약점 또는 그의 작품의 약점에 대한 은밀한 관찰자이자 비판자이기 때문에 불쾌한 것이다.

이렇게 볼 때 보산과 'SS'의 관계는 작가와 독자라는 심층적이고 대립적인 협력관계임이 밝혀지게 된다. 그 결과 보산과 'SS'의 관계에서 보다 중요해지는 것은 그 관계가 「휴업과 사정」을 주제적 의미가 확정된 '작품'이 아니라 의미가 생성되어가는 '텍스트'로 만든다는 점이다. 이와 관련하여 'SS'가 버릇처럼 배앝은 가래침이 떨어지는 보산의 집 '마당'이 문제가 된다. 그것은 심리적으로 볼 때 보산의 의식(意識)의 역학적인 장(場)이요, 작가인 그의 소설 '텍스트'의 은유이기도 하다. 'SS'는 그 텍스트를 향하여 침을 배앝은 셈인데, 이는 'SS'의 표적인 그 '텍스트'에 대한 비판적인 읽기를 암시한다.

작가 보산과 'SS'의 관계에 있어서 'SS'의 지위를 암시하는 것이 'SS'의 '들창'의 위치다. '들창'의 높이가 보산 집의 높이보다 더 높아서 거기서 보산의 집 '마당이 환히 들여다보'인다는 것은 매우 중요한 상징적 의미가 있다.

이 작품에서 '마당'은 앞에서 말한 대로 보산의 정신세계가 반영된 소설 텍스트의 상징인데, 그것을 환히 내려다본다는 것은 정신적 도덕적으로 우월한 위치에서 보산의 정신세계나 그의 약점을 관찰함으로써 '텍스트' 의 약점을 지적할 수 있다는 것을 암시한다. 이를 보산의 작품과 관련시켜 본다면 'SS'는 작가의 '거울(들창)'인 분석적 독자로서 그의 작품에 대한 의견을 말하는 위치에 있는 셈이다. 작가는 독자의 의견을 듣지 않을 수 없고, 그것을 작품에 수용할 때 그 작품은 자기언급적 소설이 된다. 앙드레 지드의 『사전(私錢)꾼들』의 주인공인 작가 에두아르는 『사전꾼들』이라는 소설을 써 나가는 과정에서 '일기(日記)'를 통하여 소설의 바람직한 작법과 등장인물의 성격의 제시방법 뿐만 아니라 『사전꾼들』의 내용에도 언급하고 그 소설에 필수적인 독자의 영향에 대해서도 말하고 있다. 그의 의견을 따른다면 한 편의 소설은 작가와 독자의 합작(合作)과 다름없다. 독자도 텍스트의 의미 생성의 주체일 수 있기 때문이다.

보산도 독자를 의식하지 않을 수 없다. 그가 펜으로 써서 똘똘 뭉친 원고지를 그의 집 '마당'에 떨어진 'SS'의 타액과 아주 가까운 곳에 떨어지도록 던져보곤 하는 행위는 그가 은근히 염려하는 독자의 의견 ('SS'의 타액)에 가급적이면 접근시키기 위한 상징적 행위였던 것이다. 그런데 그의 소설 내용을 간단하게 축약한 것과 다름없을 그 원고지 뭉치는 쉽사리 그 타액에 근접할 수 없는데, 매우 중요한 상징적 의미가 함축되어 있는 이 문제는 우리로 하여금 보산과 'SS'의 성격적 차이, 그 타액의 상징적 의미 및 문학과 음악의 차이점 등을 곰곰 생각해 보도록 한다. 보산에 평소 경멸해 온 'SS'의 무언의 충고에 신경을 쓰지 않을 수도 없었다는 것은 'SS'가 보산에게 보인 '예언자와 같은 엄숙한 얼굴'이 설명해준다.(2, 159) 보산은 자신을 '횡포한 마술사'같은 시인으로 여기지만 '예언자'의 비판적 통찰은 두렵다.

그의 '타액'이 유발하는 피부적 직접성이 있는 촉각은 그밖의 감각들을 통합함으로써 고대인이 잃지 않은 '공통감각'의 세계를 이룰 수 있다. 공통감각이 발달한 인간은 내면이 통일된 인간이다. 그의 타액은 촉각적이자 미각적 이미지요, '마당'의 흙에 섞여 후각적 이미지가 되기도 하며, '아름다운 노래소리'가 '아름다운미소'인 'SS'는 시각적 이미지와 청각적 이미지를 구별하지 않는다. 이처럼 타액의 소유자는 동시에 모든 감각을 어울리게 할 수 있지만, 그 첫 번째 계기가 타액의 촉각적 이미지임이 주목되어야 한다. 이상은 「동해」같은 소설과 「명경」, 「거울」 같은 시에서도 인간관계에서의 촉각적 직접성을 그리워한 적이 있고, 「지도의 암실」에서 주인공은 네온사인이 화려한 홍등가에서 공통감각의 세계를 그리워한 적이 있다. 그의 공통감각적 세계에 대한 향수와 추구는 매사를 예민하게 분석하고 구별하는 이성(理性)중심의 서구문화에 대한 염증에 기인할 것이다.

다음은 'SS'에게 보내고자 하는 보산의 편지와 내용이다.

> 날마다때때로 그들창에나타나는 군의얼굴의산문어와같은붉은빛과 그리고나날이작아들어가는 군의눈이속히속히나에군의건강상태의 일진월장을 증명하여보여주는것이다.(2, 151)

'나날이작아들어가는' 'SS'의 눈은 'SS'가 청각적 인간형임을 암시하며, 이는 '원고지'에 적는 글자를 착오하면 화를 내는 버릇이 보산이 시각중심적 인간형임을 입증하는 것과 대조적이다. 'SS'가 노래를 좋아하는 청각적 인간이요, 그런 인간이 아주 건강한 전인적(全人的)인간이라는 반성은 이제 보산의 소설과 관련된 자기반성으로 볼 수 있으며, 활자의 세계에 소속된 소설가 보산이 'SS'의 노래에 매혹되어 경청하는 것도 그 자신의 작품에 대한 부정적 언급과 다름이 없다. 그것은 시와 소설 같은 언어예술의 한계와 약점에 대한 자기반성적 행동으로서 그것을 음악적 재능이 있는 'SS'가 촉구한 것이다.

「휴업과 사정」의 자기언급적 성격을 입증하는 대표적 사건은 위에서 말했듯이 보산이 원고를 꼬깃꼬깃 뭉쳐 마당 한가운데로 던져서 그것이 'SS'가 배앝아 놓은 침 근처에 떨어지면 다시 던지기를 반복해도 역시 공교롭게도 같은 자리에 떨어지는 사건이다. 재차 시도할 때는 그것을 던지지 않고 침 근처에 가져다 놓기도 한다.

보산과 'SS'의 성격은 대조적이다. 보산은 경쟁심이 많아서 자주 'SS'

를 '저능아'로 여기고, 남의 집 마당을 향하여 '침'을 배알곤 하는 '도야지만도 못한 사람'으로 멸시한다. 반면 'SS'는 아무리 욕을 먹어도 태연자약할 것이다. 그러자 이 경쟁심을 무효화하는 듯한 사건이 이 소설의 전기(轉機)로서 일어나는데, 그것은 'SS'가 부르는 노래와 관련되어 있다. 어느 날 한밤중에 보산은 'SS'가 부르는 노래에 매혹당한다.

> 아까낮에들리던개선가의'SS'의목소리는들을수없을만치 지저분히흉한것이었음에반대로 이밤중의'SS'의목소리는무엇이라고저렇게아름다움여. 하고보산은감탄하지아니할수없었을만치 가늘고 기일고 떨리고 흔들리고 얇고 머얼고얕고한것을듣고 앉아있는 보산은금시로모든것을다아 잊어버릴수밖에는없었을만치 멍하니 앉아서듣기는듣고있지만(후략) (2, 156)

'SS'의 노래에 매혹된 보산이 밤중에 그의 집 처마 밑에 서서 노래를 엿듣기까지 하기 때문에 그 노래의 효과가 주목되어야 한다. 보산이 그 한밤중 사건으로 인하여 'SS'에 대한 적대감을 접게 된 것은 그와의 화해를 예고하지만, 이보다 더 중요한 것은 시각중심형 인간이었던 보산이 자아분열을 치유할 수 있는 가능성이 열렸다는 점이다. 그 분열은 그의 자의식 과잉에서 연유했다. 반면 보산이 하층 인간으로 경멸한 'SS'는 그런 자의식과 무관한 하층 노동자나 농민같은 고대적 인간형이다. 그가 일본의 시마네현(島根縣) 동쪽에 있는 야스기(安來)지방 속요(俗謠)를 노래한 것도 김종서의 시조나 『논어』와 관련된 고급문화를 선호하는 보산과는 달리 민중문화권에 속한 인물임을 입증하는데, 이는 이상이 「휴업과 사정」의 발상에서 영향을 짙게 받은 듯한 D.H. 로렌스의 중편소설 『무당벌레』(*The Ladybird*)를 상기시킨다. 이 소설의 주인공 디오니스 프사넥 백작은 중앙 유럽 '보헤미아'의 귀족 후예인데 이 가문의 문장(紋章)이 바로 '무당벌레'다. 그의 가문은 그 기원이 고대 이집트로 소급된다. 그는 현대의 고대인과 같다. 여주인공 디피니가 철학박사요 전형적인 영국 신사인 남편이 아니라 1차세계대전에 참가하여 부상을 입고 병원에 입원 중인 디오니스에게 마음이 끌린 것은 그가 작은 체구에 가무잡잡하나 얼굴의 원시적인 야성미를 가지고 있었기 때문이다. 이 소설의 결정적인 전기가 디오니스의 노래와 관련된 것은 「휴업과 사정」과 비슷하다. 그녀는 어느 날 한밤중에 자기의 집에 임시로 묵고 있는 디오니스의 노랫소리를 듣고 매혹된 것이다. '자기자신을 향하여 부르는' '약하고 거의 알아들을 수 없는 소리'가 '마법처럼 모든 것을 잊도록' 했기[12] 때문에 몰래 엿듣곤 한다. 그 음조가 강하지 않으면서도 듣는 사람을 매혹한 점에서 그의 노랫소리는 'SS'의 그것과 비슷하다. 그의 목소리는 '소프라노에 가까운 목소리로 소가 영각할 때 하는 소리'로 입증되듯이 억센 남성성과 여성성을 겸비하고 있다. 그의 노래가 한밤중에 들려온 것은 의미심장하다. 그 역시 홀로 자기자신에게 노래하고 있었다.

다음 인용의 화자는 디피니다.

> 그녀가 그의 연인으로서 그의 아내로서 그에게 갈 때는 언제나 암야(暗夜)였다. 오직 알 수 있는 것은 어둠 속의 그의 목소리와 그의 촉감뿐이었다. 그는 '나의 암야의 아내'라고 그녀에게 말했다. (중략) 그녀는 이 놀라운 일

12 D.H. Lawrence, *The Ladybird, the Fox, The Captian's Doll* (1923), ed by Dieter Mahl, Cambridge Univ. Press, 1992, pp.68–69.

을 그의 노래를 듣고서 처음으로 발견했던 것이다.[13]

『무당벌레』는 남녀의 이원적 대립을 지양하기 위한 작품이다. 디피니는 자기처럼 자의식이 과잉한 남편이 아니라, 사회의 하층계급이나 자의식이 없는 고대인처럼 심신이 전체적으로 통일된 디오니스 백작을 선호할 수밖에 없다.

그녀가 문득 사랑하고 싶어지곤 한 영지(領地)의 자의식이 없고 언제나 웃고 낙천적인 '숲지기'(gamekeeper)는[14] 채털리 부인의 연인 멜러즈의 전신(前身)이다. 창작방법을 자기반성적으로 언급한「휴업과 사정」의 심층적 목적은 보산의 자아분열이 초극된 전체적 인간의 회복에 있었다. 보산과 'SS'의 화해가 이를 말해준다. 이렇게 볼 때「휴업과 사정」 작자의 필명인 '甫山(큰산)'은 활자문화의 추종자인 소설가 '보산'이 아니라 토속적 풍습에 순종하는 'SS'의 은유여야 한다는 것이 밝혀진다.

「휴업과 사정」에서의 휴업은 종전까지의 자신만만한 자기중심적인 소설쓰기가 'SS'의 개입으로 '중단'되었다는 것과 동시에 소설 속에서의 소설에 대한 반성적 언급을 위한 창조적 '휴업'이었다는 것이 밝혀진다. '사정'은 그 '휴업'의 '이유'라는 뜻이다.

무릇 바람직한 인간관계가 상호 이해를 바탕으로 하는 인격적 관계라면 보산과 'SS'의 관계는 이와는 거리가 먼 냉랭한 것으로 여겨지기 쉽다. 그러나 이상의「날개」를 비롯한 모든 중요한 소설에서는 인간관

---

13 위의 책, 76쪽.

14 위의 책, 68쪽.

계의 절망상태에 반드시 해결의 빛을 준다. 「휴업과 사정」도 그 예외는 아니다.

그의 작품에서 '정오'는 위기의 상징이다. 「날개」에서의 일제 공포정치의 상징인 정오 '사이렌'이 그 본보기이지만, 「휴업과 사정」에서도 보산의 방에 걸려 있는 '세계에서 가장 구식인 시계'가 치는 정오('가장 많은 수효')도 마찬가지다. 시계의 신호를 통하여 보산이 예감한 '축제'적 사건이 바로 보산이 외출했을 때 목격한 'SS' 집 대문의 '금줄'이 상징하는 사내아이의 탄생이었다.

그가 이 사건을 '추태'로 여긴 것은 그 금줄이 자기를 부정(不淨)한 인간으로 막는 것 같아서 품은 앙심 때문이지만, 'SS'가 이 세상에서 가장 불쌍한 인간일지라도 '적대행동'만은 하지 않기로 결심하자 슬퍼지기까지 했다는 점에 주목해야 한다. 이 슬픔에는 'SS'에 대한 경멸과 동시에 깊은 동정심이 함축되어 있기 때문이다. 그가 어슬렁거리면서 다시 되짚어 걸어간 곳이 다름 아닌 그의 집 '마당'이었다는 것은 이 소설의 순환적 구조를 말해주고 이 구조의 순환성은 '소설 속에서의 소설'의 순환적 성격을 입증한다. '마당'은 「휴업과 사정」이라는 자기언급 소설을 탄생시킨 작가 보산의 소설 텍스트 또는 정신세계의 상징이었지만, 이제 'SS'와의 심리전의 중심지가 아니라 화해의 출발점이 된다. 그곳은 그 상징적 의미가 깊은 'SS'의 타액이 떨어져 있었던 문제적 장소였다. 타액은 이제 '무례한 침략자'로서 저주의 대상이 아니라 축복의 선물이어야 한다. 왜냐하면 '마당'으로 상징된 텍스트에서 'SS'의 내밀한 협력을 통하여 생성되어 갈 의미는 한층 'SS'의 비위에 맞게 될 것이기 때문이다. 작품 생산과 관련하여 '금줄'이 상징한 것은 언제든지 가능한 'SS'의 순산(順産)과 보산의 난산이다.

「휴업과 사정」에서 'SS'가 아름답게 '노래'를 부른 때가 한밤중이지만, 그 시간은 학자적 시인 '보산'과 철학박사 베이질의 시각중심적 지성(知性)과 무관하다. 그러나 이 초기 소설들은 그 작자에게 중요한 과제를 주었으니, 곧 자아분열의 초극을 통한 전체적 인간의 회복이라는 문제다.

남성과 여성의 이원적 대립의 해소, 또는 전체적 인간의 회복이라는 문제는 이상의 지속적 관심사였다. 그래서 남녀양성구유체의 실현을 위한 「𦘕8氏의 출발」같은 시도 썼지만, 「지도의 암실」과 「휴업과 사정」 또한 쓰지 않을 수 없었다. 이 두 소설의 주인공은 인간의 전체성 회복을 위하여 저마다 선불교 치료와 음악 치료를 받은 셈이다.

13
이상, 신부 옷을 입다

언제, 어떤 기회에 찍었는지 모르지만, 한 장의 단체 사진 맨 앞줄 왼쪽에 앉은 이상은 뜻밖에도 신부(新婦)의 옷차림을 하고 있다. 아마 친구들과 함께 꾸민 아마추어 연극을 끝내고 찍은 기념 사진일지도 모른다. 고은은 이상이 경성고공 시절에 "치마 저고리를 입고 동기생들과 함께 신파극으로 놀았다. 이때가 가장 李箱의 건강을 과시한 때였다"고[1] 말했는데, 그 '신파극'이 아마추어 연극이었는지도 모른다. 만일 그가 신부 역할을 했다면 그것은 그에게 비상한 의미가 있었을 것이다. 그 역할은 앞으로 그의 집념이 될 '남녀 양성구유체'의 동경과 관련되어 있기 때문이다.

일제 강점기에 '양성구유체'라는 문제를 작품에서 취급한 작가는 이상뿐이었다. 서구에서는 플라톤의 『향연』 이래로 적지 않은 작가의 관심사였던 그 문제에 오직 이상만이 집요하게 매달린 것은 특별히 주목되

1 고은, 『이상평전』, 민음사, 1974, 141쪽.

어야 함에도 불구하고 이를 주목한 이상 연구가는 없다. 그는 초기의 시 「且8氏의 출발」, 「AU MAGASIN DE NOUVEAUTES」, 「얼마 안되는 변해」, 「오감도 시 제5호」, 후기의 시 「매춘」과 단편소설 「불행한 계승」 등에서 이 문제를 취급했던 것이다. 그의 생애의 초기에 그가 연기(演技)한 신부의 역할은 이들 작품을 통하여 문자화된 것이다.

우리는 예외 없이 '나'와 다른 이성(異性)을 부러워하고, 그 이성으로 전환되고 싶은 충동을 한두 번은 느낀다. 이상이라는 그 여장(女裝)남자는 '남장 여자'로 변주될 수 있고, 그와 같은 변장을 자유롭게 할 기회를 주는 축제가 카니발이나 가면무도회 등이다. 수필 「혈서삼태」에 포함된 〈오스카 와일드〉에서 화자와 동성연애적 관계가 있는 '욱'이라는 친구를 '여형단발(女型斷髮)'의 순진한 처녀로 묘사한 것도 여성으로서의 그와 통합되려는 충동에 연유한다.

인류의 정신사에서 그 역사가 긴 양성구유체의 동경은 성차(性差)가 초래할 여성 차별과 양성(兩性)의 분리로 인한 갈등을 초극하거나 그 양성 합체의 갈망을 충족시키기 위한 것이지만, 남성과 여성의 이원적 대립의 변증법적 지양을 위한 것이기도 하다. 그런 지양의 소망은 남성과 여성의 분열을 초극한 완전체로서의 인간상의 동경에 연유한 것일 수도 있다. 이상에게는 완벽주의적 경향도 있었기 때문에 그에게 남녀양성구유체는 정말 온전한 인간의 탄생을 의미할 수도 있었을 것이다. 남녀양성구유체의 소망은 우리가 남성 또는 여성으로서의 정체성의 위기를 초극하기 위한 길이기도 하다. 본래 남성(또는 여성)의 정체성이란 자기와 다른 이성의 존재로 인한 그 이성의 결여 상태를 늘 면할 수 없기 때문에 이성의 그리움은 연애감정 탓만이 아니라 그와 같은 원초적 결여 상태를 벗어나기 위한 것이기도 하다. 베르자예프는

‘남녀양성구유체’에 대하여 이렇게 말한다.

> 원죄(原罪)는 첫 번째로 [인간의] 양성(兩性)으로의 분할과 남녀양성구유체의 몰락, 곧 완전한 인간존재로서의 인간의 몰락과 관련되어 있다.[2]

인용을 참고한다면 ‘에덴’에서 추방되기 이전의 ‘아담’은 성적(性的)으로 미분화(未分化)된 온전한 인간이었다. 베르자에프의 ‘남녀양성구유체’에 대한 소견은 플라톤의 『향연』에 나타난 ‘남녀양성구유체’에 대한 기독교적인 해석으로서 주목할 만하다.

이상의 남녀양성구유체와 관련된 첫 번째 시가 「AU MAGASIN DE NOUVEAUTES」다. 이 시에서 암시된 남녀양성구유체는 그 신화적 원형에 대한 그리움 때문에만 상정된 것이 아니라, 작자가 고민한 20세기의 정신적 위기의 해결방안으로 여겨진 것이다. 곧 이 시의 배경인 ‘백화점’과 관련된 인간의 무한한 물질적 탐욕을 이용한 상업주의, ‘백화점’을 운영하는 금융자본주의와 결탁한 군국주의, 시인의 입에 재갈을 물리는 통치 등 죄악에 대한 저항을 우리는 이 시의 행간에서 읽어낼 수 있다.

> 저여자의하반은저남자의상반에흡사하다(나는슬픈해후에슬퍼하는나)
> (「AU MAGASIN DE NOUVEAUTES」, 1, 167)

이 시행은 ‘백화점’의 의류판매점 앞에 세워 놓은 석고로 만든 남자

2 Nicolas Berdyaev, *The Destiny of Man*, Semantron Press, 2009, p.64.

하반신과 여자 상반신을 보자 화자에게 떠오른 상념으로서 그 '여자의 상반신'과 '남자의하반신'이 '해후'한다는 것은 그 양자(兩者)의 합체 가능성, 곧 '남녀 양성구유체'가 될 가능성을 암시한다. '해후'는 그 합체의 비유다. 그런데 그 '해후'가 슬픈 사건인 것은 그와 같은 남성과 여성의 통합체인 '남녀양성구유체'는 신화적 원형이어서 이 지상에서는 한시도 살 수 없는 환상적 존재이기 때문이다. 그것을 화자가 슬퍼한 것이다.

「AU MAGASIN DE NOUVEAUTES」에서의 남녀양성구유체는 이상이 감지한 20세기 인간의 정신적 위기에서 벗어나기 위하여 그리워한 신화적 원형이었다면 또 하나의 양성구유체 시라고 할 수 있는 「且8氏의 출발」에서는 새로운 인간형의 암시로 간주된다.

「且8氏의 출발」에서 핵심적으로 중요한 '사막에 자란 한그루의 산호나무'는 바로 남녀양성구유체의 상징이다. 화려한 '산호'가 여성이요, 그것과 접목된 '나무'가 남성이다. 문제는 그것이 '사막'에서 자란 점이다. 이 경우 '사막'은 모진 정신적인 죽음이라는 시련의 장소를 의미하는데 이 시련을 통해서만 새로운 인간형이 형성될 수 있다는 것이다. 「且8氏의 출발」에 나타난 남녀양성구유체의 환상은 발자크의 『세라피타』를 연상시킨다. 발자크는 『세라피타』에서 "가장 위대한 기적은 [불가능하다고 판단한 문제인] 원(圓)과 같은 정방형(正方形)을 발견하는 일일 것이다"고[3] 말했는데, 그것은 '세라피투스와 '세라피타'라는 양성 통합의 예고였으며, 「AU MAGASIN DE NOUVEAUTES」에서도 이 시의 첫 부분에서 언급된 '사각의원'이 바로 '저여자의 하반신'과 '저남자의 상반신'의 통합('해후')의 예고였던 것이다.

---

3 H. de Balzac, *op. cit.*, p.107.

이상이 「且8氏의 출발」을 통하여, 그리고 그 속편으로 볼 수도 있는 「얼마 안되는 변해」라는 「且8氏의 출발」보다 더 중요한 산문시적 수필을 통하여 새로운 인간형을 상징적으로 암시한 것은 예언자로서의 시인의 사명을 의식한 탓으로 보인다. 이 시들을 통하여 현대의 혼란과 불안을 해소하고자 의도한 것이다.

「且8氏의 출발」에서와 달리 「얼마 안되는 변해」에서 남녀양성구유체는 '신의 두 팔의 유골'로 암시된 신(神)의 죽음으로 인한 세계의 혼란을 초극하기 위한 발상이었다. 신의 죽음은 『十二월 十二일』의 '사각의 태양'을 통해서도 암시되었거니와, 이 장편에도 나타난 작자의 허무주의적 인생관의 원인이기도 하다. 「얼마 안되는 변해」에서 강조된 '포악한(사회) 질서'의 유지를 위한 '야만스런 법률'도 그 신의 죽음에 연유한다. 그와 같은 법률이 관리하는 말세적 세계의 구제를 위하여 출현해야 할 인간형이 바로 남녀양성구유체같은 새로운 인간형으로서 「얼마 안되는 변해」에서는 '잘 製鍊된 보석'으로(3, 294) 상징되고 있다. 그 '보석'은 서양 중세 연금술에서는 위대한 양성구유체의 상징이었는데, 예수도 그런 양성구유체였다. S. T. 콜리지도 '모든 위대한 인간은 남녀양성구유체다'고 말했다.[4] 그와 같은 새로운 인간형을 이상은 「얼마 안되는 변해」에서 옹호 · 찬양하고 있다. 그것을 '분만'한 사람은 누구인가? 그는 남성에서 여성으로 성(性)전환을 한 주인공('나')이다. 그러나 '나'가 '월광의 파편 위에 쓰러'진 것은 매우 암시적이다. 아기를 잉태시키는 에너지로서의 '월광'의 파편화는 그 에너지의 소멸과 그것에 따

4 Harry Levin, *Refractions: Essaye in Comparative Literature*, Oxford univ. Press, 1966, p.255.

르는 '양성구유체'의 소멸(죽음)을 암시하기 때문이다. 양성구유체는 「AU MAGASIN DE NOUVEAUTES」에서도 그랬듯이 이 땅에서는 살 수 없다.

신의 죽음으로 인하여 세계는 인과의 법칙도, 정상적 도덕관념도 무너졌기 때문에 한 '기관차'는 '북극을 향하여 남극으로 달리는' 부조리가 횡행하고 '나이 어린' 여자가 창녀로서 매음을 한다. 따라서 이상이 다음과 같은 장면을 제시한 것은 의미심장하다.

두 '창기'가 맞고 있는 '비'는 '초겨울의 비'이며, 화자('나')가 그의 '부역(賦役)'을 하기 위해 '추위에 떨면서' 맞는 '비'다. '나'는 그 '창기'들과 신산한 삶을 공유한다. 인용에서 문제가 되는 것은 그 '창기'들의 '철도' '횡단'인데, 그들이 횡단하는 '선로'의 평행선은 다른 무엇보다도 그 역사가 장구한 인간의 양성 분열의 상징이다. 따라서 그 '철도 선로'의 횡단은 남녀양성의 평행선적 분열을 초극하려는 의지를 상징한다. 그러나 인간의 '이름'과 사회적 신분이 따르지 않으면 양성구유체도 추상적인 것일 수밖에 없고, 그래서 그것은 설득력이 없는 공허한 관념일 뿐이다. 「AU MAGASIN DE NOUVEAUTES」, 「且8氏」 및 「변해」에서 언급된 '남녀양성구유체'의 약점이 바로 여기에 있었다. 그래서 이상은 단편소설 「불행한 계승」에서 '캐티 폰 나기'라는 이름으로 양성구유체를 부르게 된다. 그 이름은 암호적이어서 해석하기 어렵지만 아마 '캐티'라는 여성과 '나기'라는 남성의 합일체에 붙인 이름일 것 같다. '폰'(von)이라는 귀족 칭호를 부여하는 것은 이상적 인간형으로서의 양성구유체를 존귀한 존재로 드높이고, 설득력 있는 존재로 부각하기 위함이지만, 이것이 성공한 것은 아니다.

이상은 그 나름의 페미니스트였다. 그의 평생 동안의 중요한 문제 가운데 하나인 불행한 탄생의 저주를 작품에 담을 때 저주의 대상은 부친이었지, 결코 모친은 아니었다. 「봉별기」에서 그는 훗날의 금홍 같은 창녀를 결코 창녀로 여기지 않고 있고, 「지주회시」에서는 매음도 하는 아내 '나미꼬'와 같은 카페 여급들을 자기 아내와 동일시한다. 따라서 그만이 「매춘(買春)」 같은 시도 쓸 수 있었다.

> 記憶을 맡아보는器官이炎天아래생선처럼傷해들어가기始作이다.朝三暮
> 四의싸이폰作用.感情의忙殺.(중략)
> 나를넘어뜨릴疲勞는오는족족避해야겠지만이런때는大膽하게나서서혼자
> 서도넉넉히雌雄보다別것이어야겠다.
> 脫身.신발을벗어버린발이虛天에서失足한다.(1, 87)

'매춘(買春)'은 '매춘(賣春)'의 반대 개념으로서 창녀는 포주에 진 빚을 갚고 자율적 독립성을 과감하게 회복하는 것을 의미한다. 포주나 고객에의 예속 관계를 청산한 그녀는 한발 더 나아가 남성과 여성이 차별되지 않는 남녀양성구유체('자웅보다 별것')를 지향한다. 그러나 모든 차별이 사라진 '허천'(虛天)으로의 상승은 실패한다. 이는 창녀로서 몸을 더럽혔고 짝(남성)이 없이는 그 이상적 인간형으로 변신할 자격이 없기 때문이다.

다방 〈제비〉가 문을 닫자 인사동에서 카페 「쓰루」를 개업했고, 이 역시 문을 닫게 되자 계획한 것이 「69」 다방이었다. '흰 바탕에 검은 글씨로 6자와 9자를 얽어서 그린 간판을 내걸었는데, 그 글씨가 문제를 일으켰다. 어떤 사람이 그것을 성희(性戱)의 뜻이라고 종로 경찰서 간부에게 설명해주자, 경찰서는 이상을 불러 불호령을 내리고 다방 허가

를 취소한 것이다. 풀려나온 그에게 따귀라도 한 대 맞았느냐고 박태원이 묻자 "그들이 무식해서 허가해 놓고, 따귀는 무슨 따귀야! 미친놈들!"하며 태연했다는 것이다.[5]

그 당시 '69'의 참뜻을 안 사람은 아무도 없었던 것 같다. '69'는 이상의 집념이 된 '남녀양성 합일'의 상징이었다. '69'는 동양식으로 말하면 '음양'의 합일이다. 공자는 『주역』 계사전(繫辭傳)에서 '乾道成男坤道成女'(강한 乾卦의 양기는 이 세계의 남성적인 물건을 생성하고, 유한 坤卦의 음기는 이 세계의 여성적인 물건을 생성한다)고 말하는가 하면, '男女構精萬物化生'(남성과 여성의 精氣가 화합하며 만물이 변화 생성한다)고도 말했다.[6] 물론 그는 '69'가 '성희'의 기호로 오해될 수 있다는 것을 충분히 알고 있었다. 다방 '69'의 계획은 너무도 진지한 유희였다. 로렌스가 『무당벌레』에서 그려낸 연애도 원시적인 음양합일을 위한 모험이었다. 이상도 로렌스처럼 남녀합일을 통하여 인간의 이상적 상태를 추구했던 것이다.

그러나 남녀양성구유체는 생동하는 형상으로 제시할 수 없다는 것이 그 결정적 한계다. 「매춘」에서의 '자웅과는별것'이라는 말 자체가 실감을 주지 않는다. 그것은 남녀('자웅')의 구별을 넘어선 인간형을 암시하지만 구체적인 이미지가 아니기 때문이다. 「얼마 안되는 변해」에서의 '잘 제련된 보석'같은 이미지나 「且8氏의 출발」에서 양성구유체의 상징인 '산호나무'는 어느 정도 설득력이 있지만, 만족스러

---

5 조용만, 「이상 시대, 젊은 예술가들의 초상」, 『그리운 그 이름, 이상』, 지식산업사, 2004, 327쪽.

6 金敬琢, 주해, 『周易』, 明文堂, 1975, 383, 421쪽.

운 것은 아니다. 「오감도 시 제4호」에서 양성구유체의 수학적 기호인 '(1 · 0)'은 너무 추상적이다. '69'도 마찬가지다. 「AU MAGASIN DE NOUVEAUTES」에서 처음으로 양성구유체를 암시한 '저여자의상반신과저남자의하반신'의 결합('해후')이라는 표현도 추상적이어서 설득력이 없다. '남녀양성구유체'를 처음으로 언급한 플라톤의 『향연』에서도 그 인간형의 유래와 형상은 추상적인 설명에 지나지 않았다. 그럼에도 불구하고 이상이 초기작에서부터 남녀양성구유체라는 이상적인 제3의 인간형의 발상을 계속한 것은 반드시 주목되어야 한다. 그는 그 자신의 불행한 탄생과도 심층적으로 관련되어 있는 산문시 「얼굴」에서 부친과 모친으로 상징된 남성과 여성의 부조화와 갈등, 창녀와 고객의 갈등으로 대표된 인류의 불행을 초극할 수 있는 제3의 인간형을 초기의 시들에서부터 추구했는데, 시인의 예언자적 사명의식도 곁들여져서 그와 같은 이상적 인간형을 집요하게 여러 작품에 등장시켰던 것이다.

앞에서 언급한 사진에서 이상의 여장(女裝) 남자로 암시된 남녀양성구유체에 대한 그리움은 이러한 제3의 이상적 인간형에 대한 동경에도 연유했던 것이다. 이와 관련하여 지난날 연금술사들에게는 예수나 불타 같은 성자(聖者)를 비롯하여 인류의 구원자나 지도자들이 모두 남녀양성구유체의 이미지로 상징되었다는 것을 상기할 필요가 있을 것이다. 이상적 인간형으로서의 남녀양성구유체에 대한 그의 집념은 '미소년'(이상)의 나르시시즘과 깊이 관련되어 있다. 이 나르시시즘으로 인하여 그는 만년의 「종생기」에서도 자기를 '라파엘 전파의 일원'과 같은 '미소년'으로 찬양했고 이때 그의 모델은 '도리언 그레이'일 수도 있었다. '미소년'은 옛날부터 남녀 양성구유체의 상징이었다. 그러나 나르시시즘은 작가로서의 성숙을 위하여 반드시 극복해야 할 약점이었는데, 그 계기가 「단발」 3부작이 표방한 아나키즘으로의 전향이었다. 아나키스트의 인류애는 나르시시즘을 용납하지 않는다.

초기작부터 만년의 작품에 이르기까지 그를 괴롭힌 남녀 양성의 이원적 대립과 분열을 해소할 수 있는 길은 고대적 인간형으로서 「휴업과 사정」의 'SS'와 '디오니스 백작' 또는 「출판법」, 「AU MAGASIN DE NOUVEAUTES」 및 「파첩」에 등장시킨 '후(猴)'였다.

그 제3의 길을 지향한 심층적 동기는 '탈출'의지였을 것이다. 암담한 현실문제가 된 가정과 학교, 또는 국가의 모든 권위적 제도(制度), 특히 자기 자신으로부터의 탈출이다. 어제의 자기, 낡은 자기 또는 나르시시즘으로부터의 탈출이다. 그것은 새로운 실험적 모험을 위해서였다. 그것은 거의 끊임없는 유혹이었다. 그 탈출은 결코 현실도피가 아니다. 그는 한번도 현실을 도피하거나 현실과 타협한 적이 없다. 사실상 그의 내면적 발전은 그 탈출의지 덕택이었다. 첫 번째의 탈출은 중학교 시절의 수업 사보타주였다. 그래서 그 탈출의지가 「且8氏의 출발」 같은 남녀양성구유체 시로 나타났고 「오감도 시 제5호」 같은 망명시로 나타났으며 만년의 「단발」, 「슬픈 이야기」, 「실화」로 형성된 3부작 소설은 아나키즘의 실현을 위한 탈출의 모험이었다.

인간은 자기모순적 존재다. 한 인간에게는 남성성과 여성성이 자기모순적으로 내재(內在)한다. 경성고공 시절의 김해경은 그런 자기모순의 화신이었고, 그의 신부 역할은 그 모순에서의 탈출을 위한 모험이었다.

이상에게 거의 상습화된 탈출은 그와 같은 여러가지 모순으로 인한 고민에서의 탈출이었다.

경성고공 시절의 이상(1929)

경성고공 화실에서의 이상

신부의 옷을 입은 이상 (왼쪽에서 세 번째 인물)

작가 정인택의 결혼기념사진

14
질병과의 대결

이상의 중요한 작품에는 말세의식이 침투해 있다. 그것은 때로는 우울하게, 때로는 그로테스크하게, 나타나기도 하고 야유 조로 표현되기도 한다. 그 종말감은 불가피한 숙명처럼 그를 따라 다니는데 이는 처녀작 『十二월 十二일』에서부터 시작된다. 언제 어떻게 겪은 근원적 체험이 작용한 결과인지는 알 수 없지만, 그 말세의식은 차츰 그의 작품에서 질병과 깊은 관련을 맺게 된다. 질병은 개인적으로는 폐결핵이요, 초개인적인 것으로는 문둥병이나 페스트 같은 인류의 원형적(原型的)인 질병이다. 그리고 『十二월 十二일』에서부터 나타나기 시작하는 큰 화재도 말세적인 사건으로서 결국 질병과 더불어 종말감의 은유로 쓰였다는 것이 밝혀지게 된다.

이상을 지속적으로 괴롭힌 폐결핵과 그의 관계는 역설적이었다. 전화위복의 경우였던 그것은 두통거리 애인이나 아내와의 관계 같았는데 두통거리임에도 번번이 시적(詩的) 영감의 원천이었기 때문이다. 작품세계에서 뿐만 아니라 질병의 경우에까지 역설은 그를 따라 붙었다.

그가 폐결핵 환자임을 알게 된 것은 조선총독부 시절이었고, 그로 인하여 직장을 그만두지 않을 수 없었으나 그의 육체를 파괴해가는 그 질병은 오히려 그의 문학을 활성화시켰다. 그는 지병의 치료를 위하여 병원도 찾았고 전지(轉地)요양도 시도했지만 치유되지 않았기 때문에 이 두통거리를 안은 채 일본으로 가야만 했다. 일본에서는 병원을 한 번도 찾아가지 않았다. 빈곤 탓이기도 했겠지만 그보다 습관화된 나태가 더 큰 이유였을 것이다. 그의 지병(持病)과 나태는 서로 의존하는 사이였다. 지병 때문에 더 게을러졌고, 나태 때문에 지병이 더 악화되었다.

고은의 『이상평전』에 의하면 그는 서울 청진동의 '京畿병원'과 효자동의 최인당한의원(崔仁堂漢醫院) 치료를 받았다.[1] 「병상이후」는 그 체험을 소재로 삼은 수필일 것이다. 말미에 '의주통공사장(義州通工事場)에서'라고 적혀 있다는 것은 '의주통'의 '전매청' 건설 현장감독을 할 때 그 한의사를 찾아간 것이다.

정신적 외상이기도 한 근원적 체험은 그 사람의 의식구조에 지울 수 없는 자국을 남기고, 예술작품의 형성에도 심층적으로 작용한다. 그것은 강박관념처럼 되기 쉽다. 대개는 공포감이 따르는 커다란 충격적 사건이 근원적 체험인데, 이상의 경우는 틀림없이 일제의 침략으로 인한 근세 조선의 멸망 및 불행한 탄생에 겹쳐진 곤궁한 가정형편으로 인한 양자체험과 특히 폐결핵이었을 것이다. 그의 사후(死後)에 유고로 발표된 자서전적인 콩트 「병상이후」에서 그는 자기 자신을 '중환자(重患者)'로 부르고 있다.

---

1 고은, 『이상평전』, 민음사, 1974, 213-214쪽.

이 지병은 일상생활과 창작과정에 심층적으로 관여한 일종의 부조리였고, 그의 문학은 일상적 감정세계를 자주 압도적으로 지배한 폐결핵에 대한 대결책이기도 했다.

폐결핵은 유난히도 부조리한 병이다. 기운이 극도로 침체되고 일시적으로 회복되는 야릇한 악순환 과정이 폐결핵과 관련된 부조리의 생리적 원인이다. 환자는 그 부조리의 노리개나 다름이 없다. 「병상이후」는 그 부조리가 환자를 놀리듯이 괴롭히는 변덕스러운 증상으로 나타난다는 것을 우습게 보여주는데, 설상가상으로 의사마저도 부조리극의 인물과 같다. 의사라는 직업을 가진 사람이 대낮에 음주로 취한 상태에서 환자를 장난처럼 진찰하였고, 환자인 주인공은 몇 번 바라보아도 자기와 다를 것이 없는 인간임에도 의사를 '위대한 마술사나 예언자'처럼 우러러보지 않을 수 없기 때문이다.

그런가 하면 「병상이후」는 폐병환자에 국한되지 않은 중병환자의 또 하나의 증상을 적어놓고 있으니, 곧 그 중병으로 인한 도덕적인 자기 반성이다.

> 그때에 나는 과연 한때의 참혹한 乞人이었다. 그러나 오늘까지의 거짓을 버리고 참에서 살아갈 수 있는 「人間」이 되었다.-나는 이렇게만 믿었다. 그러나 그것도 사실에 있어서는 根本的은 아니었다. 감정으로만 살아나가는 가엾은 한 곤충의 內的 波紋에 지나지 않았던 것을 나는 발견하였다.(「병상이후」, 3, 57)

이것은 죽음의 위협을 받고 있기 때문에 윤리의식이 과민해진 환자에게서 볼 수 있는 현상이다. 그의 중병은 지난날의 거짓된 삶의 청산을 명령했던 것이다. 「병상이후」는 '아무쪼록 光明을 보시오!'라고(3, 59) 격려하는 친구의 장문의 편지를 읽고 삶에 대한 용기를 얻었다는 말로 끝나고 있는데, '光明'은 지병의 회복과 동시에 정신적 재생도 의미한다. 왜냐하면 중병이란 육체의 병에 그치지 않고, 당자의 도덕적 타락에 대한 징벌을 암시할 수 있기 때문이다.

그러나 이상은 역시 이상이다. 그는 그와 같은 질병관(疾病觀)에 구속될 사람이 아니다. 「병상이후」에서 '나는 또한 나로서도 또 나의 주위에 모든 것에 대하여서도, 차라리 여지껏 이상의 거짓에서 살지 아니하면 안되었다'고(3, 58) 자기의 최근 생활에 대하여 실토하고 있는데, 이 말은 매우 암시적이다. 그의 문학도 앞으로 자기 자신을 속이고 독자를 속이고 세상을 속이기로 작정한 문학일 것이기 때문이다. 그런데 실은 그 '거짓'에 어쩔 수 없이 심화되어 갈 가면(假面)의 진실이 숨어 있었다.

그는 지병으로 조장된 부조리의식 때문에 질병의 로맨티스트가 될 수도 있었다. 지난날의 로맨티스트들처럼 그것을 자연과의 범신론적 친화나 소위 '로맨틱한 아이러니' 또는 사회적 정의를 위한 저항, 혹은 유토피아니즘 속에 해소할 수도 있었던 것이다. 이상의 부조리의식을 바로 보여주는 것이 그와 거울의 관계이다. 그가 「오감도 시 제15호」를 비롯한 거울과 관련된 시를 여러 편 쓴 것도 당연하다. '나'는 거울 속의 '나'와 동일인이면서 타자(他者)라는 인식은 영원히 화해와 통합이 불가능할 수도 있는 '나'의 내면 분열을 암시한다. 이상의 지병도 '나'이자 타자였고, 그 부조리로 인하여 그 지병과의 화해가 불가능했다. 화해는 굴종이었다. '숙명적으로 발이 맞지 않은 절름발이' 같은 부부의 관계(「날개」)는 그의 질병과의 관계에서도 마찬가지였다. 따라서 지병으로 인한 부조리의식은 그 지병과의 악순환 관계를 지속할 수밖에 없게 만든다. 고전주의자와 달리, 로맨티스트는 질병과 친근하다. 그것은 그의 모든 로맨틱한 욕망과 불만의 육체적 은유일 수 있었기 때문이다.

우리는 폐결핵으로 요절한 노발리스의 유명한 단상집(斷想集) 『화분(花粉)』에서 극단적이기는 하지만, 로맨티스트의 질병관을 엿볼 수 있다. 질병의 핵심적 문제는 죽음이라는 과학적인 관찰을 하면서도, 질병은 죽음처럼 인간의 쾌락에 속한다고 그는 말한다. 환자의 생활은 평범한 것일 수가 없으니, 질병에는 '시적 정취'가 있기 때문이다. 시인의 '個性化에 필요'한 그 지병은 자기를 초월하려는 의지의 반영일 수 있다는 것이다. 다음과 같은 반성은 극히 로맨틱한 그런 질병관을 보여준다.

> 질병, 특히 장기간의 병은 생활방법과 정서 교양의 학습시대이다. 사람은 병을 매일 관찰에 의해서 이용하도록 노력해야 한다. 교양인의 생활은 학습에의 끊임없는 권고가 아닌가. 교양인은 전적으로 장래를 위하여 살고 있다. 그의 생활은 투쟁이다. 그의 생존의 목적은 과학과 예술이다.[2]

노발리스 자신도 폐결핵 환자였고, 이상처럼 요절(夭折)했다. 위의 인용은 이상의 경우에도 부분적으로 해당될 수 있을 것 같다. 가령 폐결핵 증세의 하나인 각혈(咯血)은 그에게 충격과 절망만 초래한 것이 아니라 '정서 교양'의 계기였을 것이다. 그래서 그 증세로 촉발된 정서를 예술적으로 세련되게 하고 심화시켜야 했을 것이다. 그는 폐결핵 치료에 효과가 있다는 전지요양을 위하여 두 번 여행을 했다. 배천(白川)여행과 성

---

2 ノワアーリス, 『断章』, 岩波文庫, pp.48-49.

천(成川)여행이다. 그 여행은 그의 삶과 문학을 위하여 결정적일 만큼 소중한 것이었음이 판명되었다. 배천에서 만난 금홍은 그의 에로스가 되었고, 성천은 그로 하여금 「산촌여정」과 「첫 번째 여행」 같은 작품의 발상지가 되었다. 폐결핵이라는 화(禍)가 그에게 은혜가 된 것이다.

이상과 관련이 적지 않은 도스토예프스키는 노발리스와는 달리 질병의 '세월'이 아니라, '순간들'을 중요시한다. 가령 『백치』의 무이슈킨 공작이나 『악령』의 키릴로프의 간질병 현상이 그 대표적인 예이다. 이 신비주의적 경향이 있는 인물들은 간질 발작 직전의 잠시 동안에 '시간을 초월'한 세계의 완벽한 조화를 체험한다. 그것은 잠시 동안이지만, 이때 그들은 우주의 황홀한 조화와 최고의 정신적 고양감을 느낀다.

오랜 시간을 폐환자로 보냈던 이상은 노발리스보다는 도스토예프스키의 실존적인 질병관에 공감했을 것이다. 그의 부조리의식은 애당초 로맨틱한 시적(詩的) 정취, 특히 시민적 교양과 관련되는 질병에는 관심이 없었을 것이기 때문이다. 각자 창작의 이념적 목적은 달랐지만, 이상은 도스토예프스키처럼 질병을 장시일에 걸친, 혹은 미래를 위한 인간형성이 아니라, 현재의 실존적 위기와 관련된 절박한 문제로 보았을 것이다.

「지주회시」, 「휴업과 사정」 등에 나타난 통사법이나 띄어쓰기 법칙을 무시한 글쓰기는 이상 같은 폐결핵 환자의 신열(身熱)과 관련이 있었을 것이다. 바꿔 말하면 그의 신열은 말들을 밀집시킴으로써 긴장된 발열 상태를 지속시키며 그런 지속을 통하여 환자는 자신의 질병과 대결한다. 그럼으로써 인습적인 일상생활과 죽음의 공포에서 잠시나마 놓여난다.

그러면 이상의 폐질환이 그의 작품 주제와 어떤 관련을 갖게 되는지 알아보기로 하자. 「봉별기」에서 친구와 지기(知己)에게 동거녀(同居女)와의 성관계를 권유하는 '나'의 도덕적 타락을 오히려 과시한 이면에는 그의 도덕적 허무주의가 도사리고 있고, 그 허무주의를 그의 중증의 폐결핵이 정당화하고 있다. 그의 지병은 어리광스러운 방약무인적(傍若無人的) 나르시시즘을 정당화하는 수단이 되기도 하다. 그러나 「지주회시」에 그와 같은 나르시시즘이 없다는 것은 다른 무엇보다도 자본주의 사회에서의 돈의 비인간적인 속성과 주인공 자신의 잃어버린 건강에 대한 에누리 없는 인식의 결과이다. 그리고 이 작품에서는 「봉별기」의 경우와는 달리 폐질환의 분위기가 불쾌하게 침투해 있다. 특히 검은 유머들은 「봉별기」에서는 볼 수 없는 것이다.

「지주회시」의 첫 부분에서 우리는 주인공 '나'가 지병으로 인해 방안에 갇힌 생활을 해오고 있다는 것을 알 수 있으며, 그의 지병이 말기의 폐결핵이라는 것은 다음과 같은 대목으로 암시된다.

> 그러나아주까리같은사치한꽃이핀다. 방은밤마다홍수가나고 이튿날이면 쓰레기가한삼태기씩이나났고—아내는이묵직한쓰레기를담아가지고늦은 아침—오후네시—뜰로내려가서그도代理하여두사람의치의해를보고들어온다.(2, 301)

이 장면은 '나'의 객혈을 유머러스하게 과장한 것이다. '아주까리 같은 사치한 꽃'이 그의 혈담이요, '쓰레기'는 그것을 받고 씻은 많은 휴지더미를 암시한다. '홍수'는 성욕의 갈증을 더 느낀다는 폐결핵 환자의 성고를 비유한 말이다. 혈담을 사치한 꽃에 비유한 탐미주의는 묵직한 쓰레기의 현실 앞에서 무색해진다.

「지주회시」에서 중요한 것은 주인공의 극도의 게으름에 나타난 폐질환의 정신화(精神化)이다. 이 정신화는 소극적인 의미의 인간화(人間化)와 같으며, 주인공 내면세계는 그의 거처 밖에 음험하게 도사리고 있는 물질주의적인 사회와 대조를 이룬다. 이 사회가 악착스럽고 유머가 없는 반면, 주인공의 내면세계는 유머가 있다. 유머는 절망과 자학이 뒤섞인 검은 유머까지도 포함하여 대상에 대한 너그러운 공감이 있을 때만 가능한 법이다. 그 바깥사회의 악착스러움과 너무도 대조적인 주인공의 무기력한 것이면서도 유머러스한 게으름은 실상 창조적으로 정신적인 것이요, 그 산물이 바로「지주회시」라는 작품 자체라고 할 수 있다.

이상이 초기작부터 현 사회를 도덕적으로 타락한 말세로 간주한 것은『十二월 十二일』만 보더라도 명백히 드러나는데 이 자전적 요소가 많은 말세의식이 짙게 침투한 작품보다 훨씬 주목되어야 할 중요한 작품이 초개인적 말세의식을 표출한「가외가전」과「어리석은 석반」이다. 이상은 이 작품들을 통하여 마침내 온 세상을 엄습하는 질병을 자기의 작품에 도입하게 된다.

폐결핵과 페스트의 암시적 의미에는 차이가 있다. 보통 폐결핵은 죄업과 관련시켜질 경우 개인적인 차원에 머문다.(그리고 이것은 어느 중병에서도 볼 수 있는 환자의 심리적 반응이다.) 이 병은 때로는 로맨틱한 질병으로 보이기도 하고, 때로는 이상의 경우처럼 현실도피의 구실이 되기도 하며, 또 어떤 때는「지주회시」에서 주인공 부부의 관계에서 볼 수 있었던 것처럼 인격적인 교류의 계기가 될 가능성도 없지 않다. 반면 페스트는 개인이 아니라 인류 집단의 죄업에 대한 징벌이라는 해석이 전통적인 것, 혹은 집단 무의식적인 것이 되어 왔다. 그 징

벌의 주체는 서구의 경우 신(神)이었다.

보통 우리의 부조리의식은 사회의 성격이나 그 사회에 사는 개인의 존재방식 혹은 사건과 관련되지만, 그 부조리의 차원이 전세계적, 우주적인 것이 되면 모두가 우주적 아이러니의 희생자가 되기 때문에 유머가 있다면 그것은 검은 유머뿐이다. 그 작중 분위기는 암담하거나 침울하다. 폐결핵에 한하여 가능한 유머는 전지구적인 페스트의 공포 앞에서는 무력할 뿐이다.

그러나 한국인에게는 유토피아 문학과 더불어 말세적인 질병 문학의 전통이 없다. 가령 『장화홍련전』만 해도 그렇다. 원귀가 된 장화와 홍련 탓으로 철산(鐵山)은 해마다 흉년이 들고, 부사(府使)마다 부임하는 사람들이 그 이튿날 죽는 이변이 일어나서 마침내 폐읍되지만, 새로 부임한 부사 정동호가 그 두 자매의 원한을 풀어주자 철산은 다시 회생된다. 이 철산 이야기는 왕의 살인죄로 테베에 질병이 창궐하게 되는 『외디푸스 왕』의 경우와 비슷한 면이 있다. 그러나 소포클레스의 『외디푸스 왕』은 한 나라의 왕이 그 죄업으로 인한 비극적 갈등에 휘말리고 마침내 자신을 희생해야 되지만, 『장화홍련전』의 경우 범죄자는 한낱 그 자매의 계모이다. 전자가 한 왕국의 비극인 반면 후자는 가정비극에 지나지 않아서 왕국 또는 세계의 파멸과 관련된 공포감이 수반되지 않는다. 게다가 이 작품의 비극적 주제는 장화와 홍련이 아버지 배좌수 후처의 소생으로 환생하여 부귀영화를 누리게 된다는 황당무계한 행복한 결말 속에 해소되고 만다.

서구의 작가들이 종말적인 사회적 위기를 암시하기 위하여 질병, 특히 〈페스트〉를 사용한다는 것은 주지된 일이다. 보카치오의 『데카메론』, 다니엘 디포의 『역병의 해 일지』그리고 카뮈의 『페스트』가 유명하며, 도스토예프스키의 『죄와 벌』 에필로그에서도 라스콜리니코프가 유형지 시베리아에서 중병에 걸렸을 때 특정 병명은 밝히지지 않지만 인간 사회를 혼란시켜 무너뜨리는 역병(疫病)의 꿈을 꾼다. 카뮈의 '페스트'는 다의적(多義的)이어서 카뮈 연구가의 견해에 의하면 비도덕적인 전체주의 정치, 혹은 나치스의 프랑스 강점(强占)에 대한 은유일 수도 있다고 한다. 이상이 영향을 받은 것은 틀림없이 『데카메론』과 포의 「검은 죽음의 가면무도회」 또는 『죄와 벌』 에필로그에 나오는 악몽 장면이었을 것이다. 그것은 「가외가전」의 내용으로 미루어 볼 때도 그렇듯이, 그가 염두에 둔 역병은 분명히 페스트이다.

「가외가전」에서 언급된 '폭군(暴君)'은 눈에 띄지 않는 페스트로 비유될 수 있는 침략군대요, 그 역병으로 인하여 순진한 '아기들'이 수없이 희생된다. 거리에는 역병으로 쓰러진 싸늘한 시체들이 나뒹굴어 서로 맞부딪친다. '家家戶戶들'이 한데 어우러졌다는 것은 역병으로 인한 마을들의 공멸(共滅)을 암시하며, '한창急한 時刻'은 역병이 가장 위급하게 퍼진 때를 말한다.

그러나 이상은 그 역병의 의미를 진정한 의미에서의 인류적 차원인 종교적 차원으로 심화시킬 수 없었다. 서구와 달리, 페스트소설의 전통이 없는 조선의 작가와 독자에게 페스트에 부여되는 종교적 의미는 생소한 것이었다. 바로 이것이 「가외가전」에서 언급된 페스트에 전통적으로 심오한 원형적 의미가 없는 이유 가운데 하나였다.

이상의 부조리의식이 전개하는 작중 사건이나 풍경에 잔인할 만큼의 현실감과 개인적 차원을 넘어선 인류적 보편성을 부여한 것은 질병과 관련된 냉철한 리얼리즘과 종말감이었다. 그 질병의 의미망 속에는 질병과 관련된 창녀같은 하층민의 생활과 그 사회적 원인에 대한 관심, 정신적 데카당스이기도 한 권태 등이 포함된다. 이상 문학의 발전은 질병의 로맨티시즘이 아니라, 질병의 리얼리즘과 더불어서 가능해지기도 했다. 그 리얼리즘은 표현주의적 리얼리즘이거나 쉬르레알리즘이어서 그 작중 사건이나 풍경은 자주 충격적이고 그로테스크하게 그려졌고 그것들에는 역설적인 의미가 있었다. 그리고 개인적 차원의 질병인 자기 자신의 폐병이 아니라, 사회 전체를 파멸하려고 위협하는 역병을 끌어들임으로써 그의 말세의식은 인류적 차원의 것으로 확대될 수 있었다.

바꿔 말하면 이상의 질병의식은 개인적 차원(폐병)에서 민족적이거나 인류적 차원으로 확대됨으로써 그 작품의 주제적 의미도 확충될 수 있었는데, 이를 입증하는 것이 이상의 중요한 작품인 「가외가전」과 산문시적 에세이 「어리석은 석반」이다.

「어리석은 석반」에서 주인공 '나'를 질식시킬 듯한 정신적 질병이라 할 수 있는 권태는 내면세계와 외부세계의 부조화에서 비롯된다. 그곳 여행객인 주인공과 20여 호로 구성된 그 시골에서 단조롭게 반복되는 그들의 일상적 생활현상과 자연의 생명현상은 무의미한 것, 혹은 우매한 것으로 보이곤 하며, 그런 인식에 나타난 그의 허무의식으로 인하여 권태가 초래된다.

「어리석은 석반」은 하늘에 '灼熱하는 太陽'을 계기로 하여 위기적 상황이 극단화된다. 그전까지 인간의 생명력을 약화시키거나 심지어 사멸시킬 수도 있는 권태는 역설적으로 말세적인 질병의 망상에서 탈출구를 찾는다.

다음이 「어리석은 석반」 속에서 펼쳐진 종말적 풍경이다.

> (…) 花草는 숨이 막혀 타오르고, 血痕의 빨간 잠자리는 病菌처럼 활동한다.

쇠파리와 함께 이 白晝는 그림보다도 더욱 寂寞하여 音響이 없다. 地球의 끝 聖스러운 土地에 莊嚴한 疾患이 있는 것일 게다.

닭도 그늘에 숨고 개는 목을 드리우고 있다. 大氣는 근심의 빛에 充滿하였다. (3, 128-129)

지구의 끝에 있는 죄 많고 천대받아야 할 토지를 성스럽다고 한 것은 역설이다. 염상섭이 『폐허』 창간사에서 '폐허'(망한 조국)를 '이 처참하나 거룩한 聖殿'이라고 말하는 식이다.[3] 그 표현이 역시 아이러니컬한 '莊嚴한 疾患'은 바로 페스트이다. 한 민족을 포함한 인류 전체를 멸망시키려고 하는 전염병의 왕자(王者) 격이면서 하느님의 벌을 상징하는 것이기 때문에 '장엄'한 것이다. 앙토냉 아르토도 「연극과 페스트」에서 '페스트는 지고(至高)한 질병이다. 그것은 그 뒤에 죽음이 아니면 극단적인 정화(淨化)밖에 남겨놓지 않는 완벽한 위기'라고 말한 적이 있다. 무서운 파괴(죽음)가 바로 '정화'라는 페스트의 역설적 기능이 주목되어야 한다.

우리는 「권태」(1936)에서 절망적인 권태에 무기력하게 사로잡혀 있는, 그래서 내일이 없는 주인공을 본다.

'가뭄'과 그로 인해 무기력한 '시냇물'은 식민지 원주민의 불모적이고 무기력한 생활을 암시한다. '조물주의 무신경과 조잡성'에 기인한 '一望無際의 초록색'인 벌판, 겨울에는 '황막하고 추악'해지는 그 벌판을 바라보고 지내면서도 극도의 '권태'로 인하여 '悶絶 自殺'하지 않는 그들 농민을 '불쌍하기로 하려니와 거대한 天痴'로 여긴다.

3 염상섭, 「폐허에 서서」, 『염상섭문장전집 1』, 소명출판, 2014, 136쪽.

「권태」에서는 자의식 과잉으로 인하여 절망적 권태를 의식하는 의식적 권태의 극단성때문에 역설적으로 '천치'나 다름없는 농민들처럼 무기력해진다는 것이다. 극단적 권태의 원인은 그 권태의 악순환에 있다. '나'를 권태롭게 하는 그 악순환에서 '나'는 헤어나지를 못한다.

그 결과 '나'는 이 작품의 끝부분에서 불나비와 비교된다.

> 불나비가 달려들어 불을 끈다. 불나비는 죽었든지 火傷을 입었으리라. 그러나 불나비라는 놈은 사는 方法을 아는 놈이다. 불을 보면 뛰어들 줄을 알고—平常에 불을 焦燥히 찾아다닐 줄도 아는 情熱의 生物이니 말이다.(3, 153)

'권태'란 자기반성을 수반한다. 따라서 '불나비'의 정열과 자기의 무기력이 비교되기도 하고, '내일'의 희망이 없는 처지여서 '내일이라는 놈이 한 개 버티고 서 있다'라고 '내일'을 조소하듯이 언급할 수도 있다. 그러나 이 작품의 맨 끝에서 '다만 어디까지 가야 끝이 날지 모르는 내일 그것이 또 창밖에 等待하고 있는 것을 느끼면서 오들오들 떨고 있을 뿐이다'라고 말하는 상태는 '권태'의 영역을 벗어난다. 그곳 농민과 풍경의 '惰眠'을 야유하는 이전까지의 어투, 특히 주인공의 자기조소적인 어투가 사라질 수밖에 없다. '나에게는 아무것도 없고 아무것도 없는 나에게는 아무것도 보이지 않기 때문'이라는 주인공의 말 속엔 무기력한 공포가 숨어 있다.

자기와 사회에 대한 극도의 불만이 초래하는 로맨틱한 우울증 환자나 데카당의 권태는 수시로 자기 내면의 성찰이 따르는 것이어서 '권태'라고 말할 수 있지만, '나에게는 아무것도 보이지 않는다'와 같은 극도의 권태는 앞의 '권태'와 다르기 때문에 사실상 '권태'라는 로맨티시즘 문학의 술어에 해당되지 않는다. 그럼에도 이상은 양자를 엄밀하게 구별하지 않고서 그 세밀한 구별은 독자에게 맡기고 있다. 전혀 앞이 안 보이는 정신 상황은 '권태'가 아니라 무서운 절망이다.

그럼에도 불구하고 이상이 이 작품의 결말 부분에서 '불나비'에 대한 언급을 하지 않을 수 없었던 것은 권태의식 자체를 위기적인 삶의 문제로 여겼긴 때문이다. 삶에 아직도 미련이 있었던 것이다. 그러나 행동적 정열이 없는 인간은 성격 상실자이다. 그의 자의식 과잉은 끝없는 반성과 의심을 초래하여 직선적 행동을 가로막는다.

여기서 다시 한 번 돌이켜볼 때 「어리석은 석반」에서 가장 감동적인 '地球의 끝'의 풍경은 역병과 관련된 作者의 종말적 상상력의 산물이었지만, 「권태」에서는 그런 것을 볼 수 없다. 그것은 '자의식과잉조차 폐쇄'되어서 무기력하게 자기 자신을 방관할 수밖에 없게 된 정신상황의 결과이다.

「지주회시」, 「어리석은 석반」, 「가외가전」을 살펴보면 그의 질병이 이상의 창작에 얼마나 깊게 역설적으로 작용했는지 재확인할 수 있다. 그에게 절망적인 고민을 안겨준 폐결핵과 그 연장선 위에 있는 역병과 관련된 위기의식은 그에게 리얼리즘의 정신을 촉구했음이 틀림없다. 그것은 물론 표현주의적 리얼리즘이나 쉬르레알리즘으로서 「가외가전」, 「어리석은 석반」, 「자주회시」 등의 작품에 침투해 있다. 말하자면 말세의 절박한 리얼리즘인 것이다. 「날개」와 「권태」에서도 섬세한 객관적 관찰의 순간들이 보이지만, 절박성이 보이지 않는 것은 「지주회시」 등을 쓰도록 만든 고통스러운 질병의 위기의식이 이 작품들에는 작용하지 못한 데 기인할 것이다.

그는 이 세 작품에서 질병의 노예가 되거나 질병으로 도피하지 않았다. 「가외가전」과 「어리석은 석반」에서는 개인적 차원의 질병(폐결핵)을 넘어서 그가 증오하고 풍자적으로 비판하게 된 사회의 역병(疫病)에 의한 붕괴를 환상하게 된다. 르네 지라르(René Girard)는 페스트 같은 "疾病에 의한 죽음과 고통은 전부 무익한 것은 아니다. 역병이라는 시련은 사회를 淨化하고 活性化함에 필요한 것이다"고 말했는데, 「가외가전」의 역병이 바로 그와 같은 종류의 것이다. 지라르가 말한 대로 페스트의 창궐로 인한 사회의 혼란, 그로 인한 죽음의 탈차이화(脫差異化)(지라르)는 새로운 사회의 탄생을 위한 시련일 수도 있다. 「가외가전」의 첫 연에서 언급된 창녀의 '폐환'이라는 질병을 그 다음 세 번째 연에서 사회 전체를 휩쓰는 페스트라는 무서운 역병으로 변화시킨 심층적 동기는 바로 말세의식에 기인한 사회의 정화(淨化)와 변화와 탈차이화의 소망에 있었던 것이다.

중환자가 그 자신의 생명과 관련해서 위협적으로 느끼는 위기의식이 세계의 파국에 대한 환상으로 발전하는 것은 흔한 일이며 이상의 경우도 그 예외는 아니다. 그 결과 삶의 부조리의 하나인 질병에 대한 일상적 의식이 말세의식으로 발전됨으로써 그의 작품세계가 심화될 수 있었다.

이상이 폐결핵 환자였다는 것은 오늘의 한국문학을 위하여 오히려 다행한 일이었을지도 모른다. 우리의 일제 강점기 작가 중에서 오직 이상만이 자신의 작품을 통하여 자기를 위협하는 질병의 문제와 정면으로 대결하였다. 그것은 이 환자를 결국 요절하게 만든 우여곡절을 겪지 않을 수 없도록 했지만, 그의 문학세계를 점차 확충하고 심화시키는 데 기여한 내부의 파괴적인 독(毒)이었다.

15
이상과 창녀, 경계의 벽 허물기

종래의 이상 연구에 공통된 한가지 약점은 이상의 주제의식의 발전을 주목하지 않은 점이다. 작가의 발전은 그의 작품 성격에 따라서 여러 가지 차원이 있을 수 있지만, 이상의 경우는 도덕적 관심의 발전이었다. 그러면 그 발전의 계기는 무엇일까? 무엇이, 그리고 누가 그의 도덕적 양심에 충격이나 자극을 주었을까?

이상의 사회적 시야를 넓혀준 것으로는 각급 학교 체험과 '조선총독부' 체험을 결코 무시할 수 없지만, 창녀의 체험을 특별히 주목해야 한다. 그의 여러 편의 시와 소설에 등장시킨 창녀에는 두 가지 의미가 있이다. 하나는 밤거리의 여자요, 다른 하나는 창녀처럼 구차한 생활에 묶여 있는 일제 식민지 떠돌이 시인과 동일시된 창녀이다.

그의 시와 소설은 매음할 수밖에 없도록 궁지에 몰린 데다가 범죄자 취급을 받는 그들에 대한 공감이 짙을수록 그 주제의식이 심화되고 있다. 그의 창녀에 대한 관심은 곧 사회적 관심의 초점이다. 따라서 그 관심이야말로 그의 주제의식의 발전에 있어서 결정적 계기의 하나라고 해도 과언이 아니기 때문에 창녀와 관련된 작품들을 주목해야만 된다.

창녀의 존재라는 냉혹한 현실은 자본주의 사회 체제에 대한 관심과 도덕적 양심뿐 아니라 항일적 민족의식을 자극하였고, 리얼리즘의 정신을 일깨움과 동시에 상상력을 확대하여, 그의 시와 소설에 중요한 주제를 제공하였다.

그의 중요한 작품은 거의 모두 창녀와 관련된 것이라는 사실이 이 점을 증명한다. 잘 알려진 「애야」와 「날개」, 「지주회시」와 「종생기」 및 「봉별기」와 「가외가전」이 그렇고, 그 밖에 「광녀의 고백」, 「흥행물천사」, 「최저낙원」, 「지비」, 「매춘」도 창녀에 대한 시이다. 그의 유일한 연애시인 「소영위제」도 마찬가지이며 「얼마 안되는 변해」에서도 창녀의 문제는 중요하게 작용한다.

창녀시와 창녀소설에서의 그의 주제의식에는 초기와 후기에 쓴 작품에 따라서 변화가 왔다.

창녀의 매음과 굴욕적인 삶이라는 주제의 경우 그의 작품이 초기작에서 후기작으로 넘어가면서 사회주의에 대한 관심이 창녀에 대한 관심과 공존하게 되는데, 사회적 현실에 대한 관심이 그만큼 확충된 결과이다. 그것은 초기작 「광녀의 고백」, 「흥행물천사」 「獚」 및 후기작 「지비」 등을 후기의 「가외가전」과 비교해 보면 바로 입증된다.

창녀가 여주인공인 초기 시 「광녀의 고백」과 「흥행물천사」에서의 작자의 주제의식은 그 후의 그의 창녀소설이나 창녀시가 다 그런 것처럼 창녀를 인간적으로 동정하는 도덕성이 있고, 게다가 장난스러운 쉬르레알리즘의 수법이 돋보이지만, 「가외가전」의 주제의식에서 볼 수 있는 것처럼 매음이 성행할 수밖에 없는 자본주의 경제체제에 대한 비판적 관심은 없다. 자본주의 경제에 대한 신랄한 풍자에서는 반자본주의적 휴머니즘이 항일적 민족의식과 결합된다.

이상이 마르크스주의에 끌린 것은 도스토예프스키와 고리키 등의 소설의 영향과 특히 당시의 카프 문학의 유행과 대한 관심에 원인이 있다는 것을 그의 후기작품들과 평론 「자유주의에 대한 한 개의 구심적 경향」이 입증해주고 있지만, 초기작에서부터 나타나는 창녀에 대한 관심도 또 하나의 중요한 원인이라는 것을 기억해야 한다.

다음은 초기의 수필 「혈서삼태」(1934)에 나오는 창녀와 관련된 각서이다.

> 매춘부에게 대한 사사로운 사상, 그것은 생활에서 얻는 노련에 편달되어 가며 몹시 潛行的으로 진화하여 가는 것이었습니다. (3, 23)

'매춘부'에 대한 사견(私見)이 '잠행적'으로 악화('진화')된다는 것은 창녀를 제거할 수 있는 사회악으로서가 아니라 사회에 대한 지속적인 원한의 화신으로 간주하게 된 것을 의미한다.

'잠행적'인 생활을 하는 사람은 그 사회의 위험분자, 혹은 우범자(虞犯者)이다. 그 점에서 이상같은 예술가와 창녀는 동류이지만, 대부분의 식민지 원주민 작가들이 가난했음에도 불구하고, 이상만이 창녀와 관련된 자신의 '잠행적' 생활상을 작품에 담고 있는데, 그것은 일상화되다시피 한 그의 창녀에 대한 동류의식 때문에 불가피한 노릇이었다. 그러면 먼저 초기의 시에 나타난 창녀상(娼女像)을 돌아보기로 한다.

무지하고 저속하며 돈만 아는 인물이 이상의 초기작에서 볼 수 있는 창녀상의 하나인데 「애야—나는 한 매춘부를 생각한다」의 창녀가 그렇다. 이 작품을 초기작으로 보는 것은 이 소설에서는 후기의 창녀소설과 창녀시에서 볼 수 있는 창녀에 대한 동류의식이나 그들과 관련된 비판적인 사회의식, 그리고 「소영위제」에서 볼 수 있는 창녀에의 연정(戀情)이 없기 때문이다. 게다가 그 풍자가 후기의 작품에서처럼 전체 사회를 겨냥한 것이 아니라는 점에서도 이 작품은 초기작일 가능성이 많다.

「애야」에 나타난 이상의 상징적 리얼리즘은 냉정하면서도 유머러스하게 인간적인데, 이것은 그의 모든 창녀시와 창녀소설에서 공통적으로 볼 수 있다.

이상에게 냉정한 리얼리즘의 정신을 자각하도록 한 중요한 요인의 하나는 앞에서도 말한 것처럼 창녀이다. 「애야」에 묘사되는 불결하고 비위생적인 창가(娼家)와 창녀의 물질적 탐욕, 손님과의 성교 과정에서 볼 수 있는 직업의식에 따른 기계적인 동작, 창녀와의 의사소통의 불가능성 등은 작자의 예리한 현실인식에 기초한 것이다.

「봉별기」의 여주인공 '금홍'은 이상의 작품에 나타나는 교양이 없고 신의가 없는 떠돌이형 창녀의 원형이지만, 동시에 모성적 여성의 원형이기도 하다.

최초의 창녀시 「광녀의 고백」 여주인공은 비천하면서도 자비스러운 성(聖)창녀의 상징이다. 한편 「홍행물천사」에서의 창녀는 제목의 '천사'가 말해주듯이 환경의 무력한 희생물이면서 감정만은 순박한 여자로서 마침내 그녀는 「소영위제」에서는 연가(戀歌)의 여주인공으로 격상될 것이다. '소영'은 문맥상 매음도 하는 카페 여급이다.

다음이 「소영위제」의 전문이다.

1.

달빛속에있는네얼굴앞에서내얼굴은한장얇은皮膚가되어너를칭찬하는내말씀이發音하지아니하고미닫이를간지르는한숨처럼冬栢꽃밭내음새지니고있는네머리털속으로기어들면서모심드키내설움을하나하나심어가네나

2.

진흙밭에헤매일적에네구두뒤축이눌러놓은자국에비내려가득괴었으니이는온갖네거짓말네弄談에한없이고단한이설움을哭으로울기전에따에놓아하늘에부어놓는내억울한술잔네발자국이진흙밭을헤매이며헤뜨려놓음이냐

3.

달빛이내등에묻은거적자국에앉으면내그림자에는실고추같은피가아물거리고대신血管에는달빛에놀래인冷水가방울방울젖기로니너는내벽돌을씹어삼킨원통하게배고파이지러진헝겊心臟을들여다보면서魚항이라하느냐

(1, 191)

‘소영(素榮)’이라는 여주인공에 대한 애절한 감정을 섬세하게 전달한 연가이다. 제1연에서 창녀에게 하는 찬미의 말을 ‘내말씀’이라고 한 것을 주목해야 한다. 신분이 낮은 창녀에 대한 그런 겸허는 화자 ‘나’의 병고(病苦)와 달빛 때문에 창백해져서 ‘한 장 얇은 皮膚’처럼 보이는 얼굴의 아름다움이 환상적인 미(美)인 것과는 대조적으로 도덕적으로 아름다운 일이다.

제2연에서 시인은 애인인 창녀를 위로하기 위하여 술잔을 바치는데, 그것은 다름 아닌 그녀의 구두 뒤축이 진흙밭에 만들어 놓은 자국이요,

술은 '하늘'이 부어준 '비'이다. 자비로운 '하늘'이다.

우리는 제3연에서 시인이 너무도 가난한 폐결핵 환자임을 알게 된다. 핏기 없는 '헝겊 심장'이 '어항'에 비유된 것은 가슴이 너무 야위어서 유리어항 속처럼 그 속이 들여다보일 듯 해졌기 때문이다. 물론 '거적'은 극도로 가난한 시인의 걸인(乞人)과 같은 생활형편을 암시한다. '내그림자에는실고추같은피가아물거리고대신血管에는달빛에놀래인冷水가방울방울젖기로니'는 쉬르레알리즘적인 표현이다. 이 시인에게는 꿈의 세계('그림자')만이 생명처럼 소중하기 때문에 거기에 '피'가 아물거리고, '혈관' 속의 피는 시적(詩的)인 달빛에 놀라서 '냉수'가 된다는 것이다. 창녀는 물론이요, 폐병을 앓는 가난뱅이 시인은 음지(陰地)에 사는 인간이어서 '달'과 친근하다. 그래서 얼굴도, 몸도, 농담 같은 '술잔' 이야기도 모두 '달빛' 속에서 이루어진다. 음지에서 사는 인간의 미(美)도 몽상적 분위기를 조성하는 '달빛' 속의 그것이다. 「소영위제」는 달빛 속의 연가이다. 물론 '나'에게는 병들고 가난한 삶이라는 장애물('벽돌')에 저항하는 의지가 없지는 않다.

이 작품이 감동을 주는 것은 시인의 '소영'에 대한 애정이 지극히 겸허하고 섬세하다는 데 있다. 이상은 금홍이를 통해서도 홍등가 창녀의 세계와 본질을 알았지만, '소영'은 금홍이 아니라, 병들고 가난한 작가가 동류감(同類感)을 가지고 대할 수 있는 밑바닥 생활을 하는 여자이다. 「소영위제」에서의 '소영'은 시인의 '배고파 이지러진 심장'을 '어항'에 비유하는 유머감각도 가지고 있는 창녀이다.

그러나 비록 환상의 세계일망정 「소영위제」만이 이상의 창녀에 대한 시 가운데 유일하게 청순한 연가(戀歌)가 될 수 있었던 요인은 다른 무엇보다도 아무리 창녀일지라도 오직 「불행한 계승」의 '은선(銀

仙)'과 더불어 '소영'이라는 한국인의 떳떳한 이름이 있다는 점일 것이다.(이상의 몇몇 작품에 나오는 창녀와 카페 여급은 모두 '나미꼬'(那美子)처럼 일본식 이름을 노예적으로 모방한다.) 그것은 그 창녀에 대한 시인의 인격적 접촉을 말해준다.

이상의 창녀시에서 매음업을 상징하는 말은 '진흙밭'이나 '진창'이다. 따라서 사람의 걸음을 고단하게 하고 명예를 더럽히는 '진흙', '진흙밭' 혹은 '진창'이 언급되는 시라면 그 여주인공을 창녀로 보아도 무방하다. 물론 '진흙'과 '진창'은 이 사회의 혼란도 암시한다. 이러한 암시는 「소영위제」, 「홍행물천사」 그리고 「가외가전」에서 볼 수 있는데 이 중에서 「홍행물천사」는 초기시에 속하고, 「가외가전」은 후기 사화주의의 영향을 받은 작품이다.

> 여자는트렁크속에흙탕투성이가된즈로오스와함께엎드려져운다.
> 여자는트렁크를運搬한다.(1, 143)

'트렁크'는 창녀의 떠돌이 생활에 필수적인 것이다. 여자의 하의(下衣)인 '즈로오스'가 '진흙투성이'가 된 것은 그녀의 인격이 철저히 무시된 수치스러운 매음 생활을 암시하고 있다. 다음은 「가외가전」의 일절이다.

> 꿈—꿈—꿈을짓밟는虛妄한勞役—이世紀의困憊와殺氣가바둑판처럼널리깔렸다. 먹어야사는입술이惡意로꾸긴진창위에슬며시食事흉내를낸다. 아들—여러아들—老婆의結婚을걷어차는여러아들들의육중한구두—구두바닥의징이다.(1, 64)

여기서도 '진창'은 매음생활의 비유, 곧 '꿈을 짓밟는 허망한 勞役'이요, '여러 아들'은 그녀의 자식들이 아니라 그녀를 찾아오는 일반 손님들이다. '결혼'은 창녀('노파')의 '결혼'도 포함하여 남녀의 결합을 통한 행복을 의미한다. 그것을 '여러 아들'이 한사코 방해한다는 것인데, 이처럼 학대를 받는 '노파'의 '痛苦하는 손'을 염치없이 잡는 '발처럼 생긴 손'은 비인간적인 자본주의('화폐') 폭력의 탁월한 은유이다. 그녀를 걷어차는 '구두'는 그녀를 멸시 · 학대하는 고객의 비유요, 그 점을 강조하는 것이 구둣바닥의 '징'이라는 흉측스러운 이미지다.

「가외가전」에서 그 반자본주의적 문명비판에 생동감 있는 현실성을 부여한 핵심적인 인물이 창녀생활('진창') 때문에 제대로 '食事'도 할 수 없는 '老婆'이다. 이상은 도덕적으로 타락한 세계를 고발하기 위하여 장구한 역사와 문화의 국가로서 타국에 침략당한 한국, 아일랜드와 폴란드 같은 식민지의 상징일 수도 있는 한 '늙은 창녀'를 등장시킨 것이다.

이렇게 볼 때 만년으로 갈수록 이상의 현실인식이 보다 현실주의적인 것이 될 수 있도록 도와준 유력한 계층이 식민지의 밑바닥 인생을 사는 창녀들이라는 사실이 더욱 분명해졌는데, 그와 같은 현실인식을 이념적으로 가능해지도록 한 것이 그의 사회주의 혹은 프롤레타리아에 대한 관심이며 그것은 「자유주의에 대한 한 개의 구심적 경향」 같은 평론에도 나타나 있다.

이상의 작품에 정치적 이데올로기로서의 사회주의 사상이 강력하게 표면화된 적은 없지만, 자본주의 사회의 비판적 이해를 위한 자극제가 된 것만은 분명한데, 이 사실은 그의 후기작 「가외가전」, 「날개」 및 「지주회시」에서 입증되고 있다. 그러나 대부분의 독자들은 「날개」 등의 제작을 위한 준비 과정을 숙고하지 않거나 모를 것이다. 가령 「날개」는 결코 어느 날 한 천재적 작가에 의하여 작성된 것이 아니다. 이를 위해서 그 이전까지 여러 편의 창녀를 위한 시와 소설의 발표라는 준비과정이 필요했던 것이다. 이상이 반자본주의적 현실인식을 할 수 있었던 것은 그가 그 무렵에 식민지적 현실과 관련된 자본주의 경제 및 사회주의에 대한 관심이 많았던 덕분이다.

「지주회시」는 「날개」에서 우의적(寓意的)으로 제시된 현사회의 계급적 대립의 양상을 똑바로 인식하고 제시하기 위해서 반드시 쓰지 않을 수 없었을 것이다. 생활면에서 '룸펜 프롤레타리아'들인 식민지 원주민 작가의 가난으로부터의 자유야말로 절박한 당면문제라는 인식이 이 작품에서 감지되는 것도 그 때문이다.

그런데 「지주회시」에서의 주인공 '그'의 창녀에 대한 견해는 이상의 초기 창녀시에서의 방관자적 태도가 아니라, 창녀의 존재를 반자본주의적 관점에서 비판하는 태도로 발전한다는 점을 주목해야 한다. 그 이전의 창녀시나 창녀소설에 나타나는 창녀는 경제적으로 무력한 개인으로서 취급되었지만, 이제 그 창녀는 자본주의 사회 전체의 문제, 곧 계급적 문제가 된 것이다.

'그'의 아내인 나미꼬의 층계추락사건의 설정부터가 그렇다. 그것은 하층계급에 속하는 인간의 인격이 A취인점 전무 같은 부유층에게 모욕을 당한 사건이다. 그녀는 몸을 팔기도 하는 카페 여급이다. A취인점 전무의 등장은 일제 식민지 금융 자본주의의 어느 정도의 성장을 알려주는 일인데, 그것은 「가외가전」에서 증권 시세를 그래프에 그려 넣는 방안지(方眼紙)로 상징되기도 하였다.

창녀가 여주인공으로 등장하는 작품들의 문제는 매음을 강요한 자본주의 사회의 죄악 및 그 고발이요, 이것은 어떤 자본주의 국가에서든지 작가들의 관심사일 수 있는 문제이지만, 이상의 경우 독특한 것은 여기에 또 하나의 문제가 첨가된 것이다. 곧 민족적 관심이다. 이 경우 창녀는 일본에 예속된 민족의 정신적 고통을 대신 짊어진 인물이요, 이를 말해주는 작품이 이상의 항일적 민족의식을 함축한 「가외가전」과 산문시 「서망율도」(1936)이다.

「서망율도」에서 자기의 우울한 마음처럼 '갈피를 잡지 못하는' '충충한' 3월 한강의 물을 지켜보던 화자는 갯가의 쓸쓸한 목노로 간다.

> 무명조개 껍질이 너덧 석쇠 놓인 火爐ㅅ가에 헤뜨려져 있을 뿐—목노 뒷房에서 아주먼네가 人事 없이 나온다. 손 베질 것 같은 素服에 반지는 끼지 않았다.
>
> 알큰한 달래나물에 한 잔 술을 마시며 나는 목노 위에 싸늘한 聖母를 느꼈다.
>
> 아픈 血族의 '저'를 느꼈다.(3, 32-33)

인용문에서는 '손 베질 것 같은 소복' 및 '목노 위에 싸늘한 聖母'라는 신비주의적 환상과 '무명조개 껍질이 너덧 석쇠 놓인 화로'라는 사실적(寫實的) 묘사가 혼합된 마술적 리얼리즘의 수법이 돋보인다. 몸을 팔기도 하는 술집 아주먼네를 식민지 노예가 된 민족의 '성모'에 비유한 것도 민족감정의 소치이다. '인사 없이 나온' 것은 시름이 깊기 때문이다. 창녀를 성(聖)창녀로 여기는 것은 기독교 문학에서 종종 볼 수 있는 일이지만, 「서망율도」의 경우는 그 뜻이 복합적이다. '아주먼네'라는 창녀는 주인공에게 자기가 그녀와 똑같은 '혈족'이라는 동족의식을 불러일으킨다. 이와 관련하여 외침의 능욕을 받은 조국은 흔히 그 나라의 여자로 상징된다는 것을 상기할 필요가 있다.

식민지가 된 조국을 성화(聖化)하고 싶은 심리를 대표적으로 반영한 작품 속 구절들이 있는데 하나는 염상섭의 『만세전』에서 부산을 '거룩한 부산!'이라고 부른 구절이고 또 하나는 이상의 「어리석은 석반」에서 조국을 '地球의 끝 聖스런 土地'에 비유한 구절이다. 우리는 일제 강점기 문학의 한 구석에서 예민한 감성으로, 그리고 상당한 도덕적 용기를 내어 멸망한 조국을 이처럼 성화하는 작업이 염상섭과 이상에 의하여 이루어졌던 사실을 기억하지 않으면 안 된다.

「첫 번째 방랑」(1935)이라는 여행소설에서 화자(이상)가 찾아간 농촌은 극도의 가난에 '가뭄'까지 겹쳐서 고통을 받고 있어서 그곳 처녀들은 '노파'처럼 늙어 보인다.

> 어디에도 행복은 없다. 천사는 少年車처럼
> 도시로 모여들고 만 것이다.(3, 171)

이상의 경우, 상징체계로서의 '천사'는 세 가지의 은유로 볼 수 있는데 기독교적인 의미의 '천사', '아름다운 처녀'라는 의미의 '천사' 그리고 '창녀'라는 의미의 '천사'다. 시 「실락원」에서의 '천사'와 「가외가전」에서의 '거짓천사'는 창녀다. 그들의 출신지는 밝혀지지 않았고, 그럴 필요도 없다. 오직 「첫 번째 방랑」에서만 그들이 농촌 출신임이 밝혀졌다. 그들은 가난 때문에 고향을 떠난 것이다. 이상이 그들을 '소년군'이라고 부를 때 염두에 둔 것은 그가 「현대미술의 요람」(1935)에서도 언급한 에두아르 마네의 「올랭피아」였을 것 같다. 침대 위의 창녀 '올랭피아'의 얼굴은 얼핏 보아서 '소년' 같기도 하다. 따라서 정든 고향을 집단적으로 이탈한 '아름다운 소녀'('천사')들을 빗댄 '소년군'이라는 은유는 참담하다. 이상은 이 은유로 의하여 현재의 비인간적인 사회를 고발한 것이다.

결국 이상에게 사회적 존재로서의 창녀의 문제는 휴머니즘의 문제였다.

16
첫 번째 창녀소설: 「애야」

일제 강점기의 한국 작가로서 이상 만큼 창녀에게 많은 관심을 기울이고 창녀를 취급한 작품을 적지 않게 쓴 작가는 없다. 초기작 「광녀의 고백」에서 마지막 작품 「실화」에 이르기까지 그의 중요한 작품에는 창녀가 등장하거나 언급된다. 따라서 우리에게는 이상의 창녀 체험에 대한 궁금증이 일어날 수밖에 없지만, 그와 창녀 사이의 육체적 관계에 대한 실증적 기록은 찾아볼 수 없다.

한 작가의 삶의 과정을 추적하기 위하여 반드시 필요한 증거로는 외부적인 것과 내부적인 것이 있다. 전자를 그가 남긴 일화, 일기와 편지, 친구들의 회고와 증언 등이라면 후자는 그의 작품인데, 우리가 보다 신뢰해야 될 증거는 그의 작품밖에 없다. 이상의 첫 번째 창녀시가 「광녀의 고백」이라면 첫 번째 창녀소설은 「애야」일 것이다.

이상이 동경제국대학 병원에서 받은 진찰에 의하면 그의 사인(死因)은 '뇌매독 폐결핵'이었다. 그는 폐결핵 환자인 동시에 매독 환자였다. 물론 매독은 창녀와의 성관계로 인한 전염병이다. 그러면 그는 언제

창녀의 집에 간 것일까? 이를 확인하기는 불가능하지만, 그것은 별로 중요한 문제가 아니다. 핵심적 문제는 그와 창녀의 정신적인 관계이기 때문이다. 그에게 창녀는 육체적 · 물질적인 문제가 아니라 작가로서의 심각한 정신적 문제였다. 이같은 방식으로 접근하지 않는다면 일제강점기의 어느 작가도 엄두를 내지 못하는 창녀와의 친근한 관계를 설명할 수 없다.

초기작 「지도의 암실」에서 창녀는 유흥가로 간 주인공의 성교 체험과 마찬가지로 간접적으로 암시될 뿐이요, 실제로 등장하지는 않는다. 창녀의 집을 배경으로 삼고 창녀를 전면에 내세운 첫 번째 소설이 「애야 — 나는 한 매춘부를 생각한다」이다.

이 소설의 제작 연대는 밝혀져 있지 않지만 이것이 만약 초기작이라면 총독부 근무 시절의 작품일 것 같다. 이 시기에 그는 유곽 같은 곳을 찾아갔을 것이다. 『十二월 十二일』이 보여주었듯이 그 당시 그를 심각하게 위협했을 실존적인 불안과 고민이 그를 유흥가로 내몰 수 있기 때문이다. 그러나 이상같은 작가에게 창녀 체험은 얼마든지 가능한 상상적 체험일 수도 있었다. 「애야」가 일본어 작품이라는 사실을 주목한다면 이 소설은 초기작일 가능성이 충분하다. 이상은 장편 『十二월 十二일』과 「지도의 암실」 및 「휴업과 사정」을 제외하고는 초기작을 모두 일본어로 썼기 때문에 일본어 소설 「애야」도 초기작으로 볼 수 있는 것이다(그는 『첫 번째 방랑』(1934)을 쓰기 전까지, 그리고 그 후에도 모든 작품을 한글로 썼다).

그에게 창작의 영감을 준 원천은 양극적 세계였다. 도심지의 조선총독부가 상징하는 일제 식민지 지배층과 사회에서 가장 멸시받고 천대되는 피지배 하층민인 그의 양친과 창녀였다. 그 양극 사이에서 그는 동요하고 고민했다. 그의 창녀 체험은 양친 체험과 접속었기 때문에 단지 방탕과 관련된 문제를 넘어선 심각한 사회적 문제의 체험이자 실존적인 문제였다. 그 점에서 「소설가 구보씨의 일일」에서 창녀를 밤의 '무지'한 '노는 계집'이라고 경멸한 박태원, 창녀를 특히 '식(食)을 위한 생명 모독자'이므로 '국민 체육 건강을 위하여 박멸(撲滅)할 것'이라고[1] 수필 「秋夜斷想」(1927)에서 강조한 염상섭과 너무나도 달랐다. 이상에게 박태원은 자기만족만 구하는 소시민적 작가요, 염상섭은 가장 천박하고 비열한 위선자 외에 아무것도 아니었을 것이다. 작가로서의 염상섭이 오랫동안 시대착오적으로 선호한 '기생'은 정직하지 못한 창녀였다.

이상이 일제 강점기에 최초의 창녀소설 「애야」의 작가였다는 것은 강조해둘 만하다. 여전히 봉건적인 유교 생활 윤리를 타파하기가 무척 어려웠던 시기의 작품인 동시에 그의 카니발적인 전도적 상상력이 발휘되고 있기 때문이다.

「애야」는 그 배경부터 그로테스크하다.

> 달이 나타나기 전에 나는 그 도랑 안에 있는 영성한 동굴 속으로 기어 들어갔다. 눈병이 난 모양이다. 전등불 밑에 菊科植物이 때가 끼어 있었다. 포주 마누라는 기름으로 번들거리는 床 위에 턱을 고이고 굵다란 남성적인 목소리를 내고 있다. 내 뒤를 밟은 놈이 없을까 하고 나는 포주 마누라에게 물어보았다.(3, 305)

1 염상섭, 「추야단상」, 「동아일보」, 1927 - 『염상섭문장전집 1』, 소명출판, 2014, 661쪽.

인용에서의 '동굴'은 창녀 집의 상징인 동시에 여음(女陰)의 상징이기도 하다. 그곳을 '기어 들어'간 것도 그 '동굴'이 매우 두렵고 위험한 장소이자 여음의 상징임을 입증한다. '눈병'은 강한 성욕에 눈이 멀었다는 것을 뜻하고 '국화식물'에 '때'가 낀 것은 그곳의 도덕적 오염을 암시한다. '포주'의 목소리를 '남성적인 목소리'라고 한 것은 작자의 카니발적인 전도적 상상력의 산물이다. 창녀의 집에서는 정상적인 가치관이 뒤집혀서 남녀의 성격 전환도 얼마든지 가능하며 그녀의 이미지도 '동굴'처럼 그로테스크하다.

「애야」는 카니발적인 웃음을 자아내곤 한다.

> 여자는 일어났다. 그리고 흘깃 내 쪽을 보았다. 어떻게 하려는가 했더니 선 채로 내 위로 버럭 덮쳐왔다. 이것은 틀림없이 나를 압살하려고 하는 것일 것이다. 나는 손을 허공에 내저으면서 바보같은 비명을 올렸다. 말의 체취가 나를 독살시킬 것만 같다.
> 놀랐던 모양이다. 여자는 비켜났다. 그리고 지금의 것은 구애의 혹은 애정에 보답하는 표정이라는 것을 나에게 말했다. 나는 몸에 오한을 느끼면서도 억지로 부드럽게 웃는 낯을 해보았다. 여자는 알겠다는 듯이 너그럽게 고개를 끄덕거려 보였다.(3, 308)

인용을 통하여 이상은 창녀의 폭력적인 애정 표시로 인하여 명예가 우습게 실추당하고도 오히려 그녀의 거짓되고 뻔뻔한 변명에 겁을 먹고 수긍하며 '나'를 위압하는 그녀에게 관대한 태도를 취하는 것으로 사회적 신분과 위세가 역전되는 카니발적 장면을 제시했는데, 그런 신분의 역전극을 설정한 동기는 무엇인가? 그것은 이 소설의 첫 번째 제작 동기인 그의 말세의식이다. 창녀의 입이 항문의 '괄약근(括約筋)'이요, 두 볼이 '둔부'에 비유된 것(3, 308)도 정상적인 것을 역전시키는 카니발적인 전도적 상상력의 산물인데, 그런 상상력 자체가 말세적인 것이다.

이 소설에서의 말세의식은 카니발적 사건에서 뿐만 아니라 '페스트'의 암시에서도 나타난다.

> 여자는 흡사 치워버리기나 하는 것처럼 술을 다 마셔버렸다. 홍수와 같은 동작이다. 그리고 간간이 그 페스트 같은 우엉을 그 괄약근 사이에다 집어넣었다. 이 여자는 이 형편없는 비위생 때문에 금방 병에 걸려 벌떡 소처럼 쓰러지지나 않을까 하고 생각했다. (……) 消毒著를 집어서 새까만 우엉을 하나 집어본다. 瀝靑에 담갔던 것처럼 끈적끈적하고 달아 보인다. 입은 그것을 기다렸다.
>
> 무섭게 짜다. 눈알이 튀어나올 것 같다. 여자가 들어온다. 나는 그것을 맞이할 수 없다. 나의 얼굴 전체가 짜기 때문이다.(3. 309)

이상의 작품에서 비유는 현실과 다름없어지곤 한다. 새까만 '페스트 같은 우엉'이 그렇다. 그것을 먹자 '소'처럼 급사(急死)하지 않을까 하고 우려한 것도 그 '우엉'이 페스트균과 다름없기 때문이다. '페스트'로 인한 집단적인 급사는 「가외가전」에서의 '강하던것들이疲馬잡듯이픽픽쓰러졌다'가 대표적으로 보여준다. 이 구절은 강하던 사람과 가축이 역병에 걸린 말처럼 여럿이 한꺼번에 힘없이 죽었다는 뜻이기 때문이다. (「가외가전」에서의 '말'이 「애야」에서는 '소'다.) '무섭게' 짠 우엉을 먹자 화자의 '얼굴' 전체가 짜진 것은 '우엉'이 '페스트'의 은유이기 때문에 이 전염병에 걸린 것을 암시한다. 그리고 '얼굴'은 '몸' 전체의 환유다. '우엉'의 색을 검은 '역청'에 비유한 것은 '黑死病'이라는 '페스트'의 번역어에서 검은 색을 연상한 것이다.

「가외가전」에서와 마찬가지로 「애야」에서 언급된 '페스트'는 말세를 상징한다. 이러한 상징의 사용은 페스트의 유행이 인류의 죄에 대한 천벌(天罰)이라는 전통적인 관념에 기초한 것이다.

말세적 현실은 「애야」의 주인공과 그를 상대한 창녀의 소행과 성격 묘사에서도 나타난다. 화자가 '白紙는 까맣게 끄슬려 있었다'고 말할 때 이것은 창녀의 '순박한 마음'('백지')이 극도로 타락하여('까맣게 끄슬려 있었다') 사라지고 없다는 것을 암시한다. '나'의 타락도 '나의 속의 불량기는 벌써 무료로 자리에 앉아 있다'는 말로 암시된다. '반(反)사회적으로 행동하려는 충동'('불량기')이 뻔뻔스럽게 ('무료로') 제 권리('자리')를 주장했다는 것이다. 「애야」에서 자주 보이는 추괴한 이미지와 행동들은 불량한 말세적 상상력의 산물이다. 사실상 이상의 작품 중에서 「애야」만큼 추괴한 것도 없다. '동굴' , '때'묻은 '국과식물', '새까만 우엉', 그리고 '땀에 젖은 瘡痍투성이의 쌍말', '어지간히 못생긴' 코와 '바른 쪽과 왼쪽 뺨의 살집이 엄청나게 짝짝이'인 창녀의 얼굴 등이 그렇다. 카니발적인 전도적 상상력은 극단적이다. 이같은 추괴한 이미지들과 행동은 극단적 상상력의 산물이다. 그런 상상력을 행사하는 작가는 불행한 작가일까? 반드시 그렇지는 않다. 이는 「애야」의 말세적인 세계를 초극할 수 있는 휴머니즘의 덕택이다. 「애야」는 결코 한번 장난스럽게 써 본 창녀소설로 간주해서는 안 된다. 이 소설에서 창녀를 대하는 그의 태도는 매정한 리얼리스트나 카니발적 작가의 그것만은 아니기 때문이다. '나'는 창녀를 더러운 여자라고 피하지 않을 뿐만 아니라 존중하는 기미마저 보인다.

> 나는 될 수 있는 대로 여자의 체중을 절취했다. 그것은 달마인형처럼 쓰러뜨려도 다시 일어나고 또 쓰러뜨려도 다시 일어나는 것이었다.(3, 306)

창녀의 '인격'의 은유인 '체중'의 '절취'는 그녀를 쓰러뜨려서 비인간화하고 무력화시킨 것을 의미한다. 그러나 그럴 때마다 그녀가 '달마인형'처럼 다시 일어서곤 했다는 것은 그녀에게 강한 생명력이 있어서가 아니라, 선(禪)불교의 창시자 '달마'처럼 세상사를 달관한 사람을 차별하지 않고 성급한 고객을 유유히 상대했다는 것을 암시한다. 그 점에서 그녀의 처세술은 고객('나')보다 한 수 윗자리를 차지한다. '달마'를 '달마인형'이라고 말한 것은 심각하거나 진지한 것도 장난스럽게 취급하는 유희정신에 연유한다. 「종생기」에서 언급된 '오뚜기'도 「애야」의 '달마'와 비슷하다.

'오뚜기'와 관련된 사건은 창녀에게서도 어떤 미덕을 발견하려는 이상의 의도를 설명해준다. '나'는 '우엉' 때문에 자기도 '페스트' 환자가 된 게 아닌지 의심이 들자 심경의 변화가 일어나 그 창녀에게 동류의식을 느끼고 도시를 떠나 고향으로 돌아가고 싶어진다. 그래서 시골에 있는 '고향의 복장'을 한 창녀를 환상하자 '여자의 백치 비슷한 표정마저도 꿈같이 그리웁게 보인다'는 것이다. 이처럼 이상은 창녀에게 따뜻한 눈을 보내기도 한다. 「애야」에서 그의 휴머니즘을 가장 감동적으로 표명한 것은 다음과 같은 구절이다.

> 다만 세상의 여자들이 왜 모두 淫賣婦가 되지 않는지 그것만이 이상스러

워 못 견디겠다.(3, 306)

화자의 이런 생각에는 기존 사회의 신분적 위계질서에 저항하려는 의도가 엿보이지만, 그 기초는 이상의 평등사상 같은 휴머니즘이다. 아무리 창녀라 할지라도 근본적으로 그녀들은 가정과 남편을 가진 '세상의 여자들'과 조금도 다름없는 인간이라고 본다. 게다가 최하의 인간이 최상의 인간으로 역전할 수 있다는 전화위복의 카니발적 발상이 그 저변에 위험하게 잠복하고 있다.

그 당시 「애야」 같은 소설은 이상 이외에 어느 작가도 쓸 수 없었다. 『十二월 十二일』과 「지도의 암실」 그리고 문명비평적인 「AU MAGASIN DE NOUVEAUTES」같은 작품을 쓴 경력이 있는 이상 말이다.

이상의 초기작을 해석하고 평가할때 그의 푸쉬킨 체험을 등한시해서는 안 된다. 푸시킨의 작품은 문학청년들이 E.A.포우와 보들레르, 레르몬토프, 도스토예프스키와 톨스토이 및 투르게네프, 그리고 셰익스피어와 발자크, 괴테 등과 함께 읽기 마련이다. 이상의 경우 특별한 애독서는 노발리스의 『푸른 꽃』과 『신구약성경』이었다. 「AU MAGASIN DE NOUVEAUTES」에도 푸쉬킨의 영향이 미치고 있다.

「애야」의 주인공이 창녀의 집에서 본 죽은 '고양이'의 '나'를 향한 '무서운 睥睨'와 같은 '미소'는 푸쉬킨의 유명한 단편소설 「스페이드의 여왕」에 나오는 죽은 '백작부인'의 '게르만'을 향한 원한의 '미소'에 대응하는 것으로 이 작품에 끼친 푸쉬킨의 영향을 잘 보여주는 구절이라 하겠다. 게르만의 최대 위기는 도박장에서 일확천금의 꿈이 깨진 것으로 이 때문에 그는 정신병자가 되지만, 「애야」의 주인공은 비록 '페스트'

같은 전염병에 감염될지라도 마음의 고향 같은 여자('리자베타 이바노프나')에게 갈 수 없는 게르만과 다르다. '나'는 창녀와 더불어 귀향을 몽상할 수 있기 때문이다.

어찌 됐든 이상이 「스페이드의 여왕」의 영향을 받아 「애야」를 쓴 것은 분명하지만, 이 소설은 문학적 전통이라는 문제와 관련된 한국근대문학의 불행을 입증한 작품이기도 하다. 「스페이드의 여왕」에서 볼 수 있는 게르만의 악마성은 괴테의 『파우스트』에 나오는 '메피스토펠레스'로 비유될 수 있었고, 그의 가당치 않은 영웅적 야심의 고전적 모델은 '나폴레옹'이었다. 그러나 이상은 「애야」 주인공의 반사회적인 악마적 충동의 전통적 모델이 없어서 그것을 '불량기'라고 해두었을 것 같다. 우리에게는 말세적인 병의 대표자 격인 '페스트'에 관한 문학의 전통이 없는 나머지 「가외가전」에서 언급된 최악의 전염병을 '페스트'라고 당당히 내세울 수 없었고 「애야」에서도 '페스트같은 우영'이라고 그 역병을 간접적으로 암시할 수밖에 없었을 것이다.

이런 제약을 감안해야 할지라도 「애야」에서 언급된 '불량기'는 이상 문학의 불가결한 추동력이 될 수 있기 때문에 주목되어야 한다. 이상은 자주 악의적인 작품을 쓴 작가였던 만큼 그 악의를 '불량기'라고 말할 수 있을 것이다. 또한 반체제적 의도와 외설적 상상력이 작용한 작품도 여러 편 썼는데, 그것들을 '불량기' 있는 작품이라고 부를 수도 있을 것이다. 이처럼 그 의미층이 여러 방향으로 겹치는 '불량기'를 처음으로 언급한 작품이 「애야」였다. 「애야」와 「광녀의 고백」, 「흥행물천사」 같은 창녀소설과 창녀시의 작자가 다름 아닌 조선총독부 관리라는 사실은 집안의 수치스러운 비밀이었다.

「애야」라는 단편소설에서 창녀는 경멸하지 않을 수 없는 하층인간이지만 동시에 연민과 동정의 대상이기도 하였다. 그녀를 극히 추괴한 인간으로 묘사한 점에서 역설적으로 드러난 창녀에 대한 연민은 그녀의 고향에 대한 그의 그리움을 통하여 암시된다. 그는 「애야」의 작중 사건을 카니발적으로 다루면서 현재의 사회질서의 역전 가능성을 대담하게 암시하기도 했다. 그러나 다른 무엇보다도 소중한 것은 「애야」라는 제목에는 '불량기'로 암시한 지난날의 죄를 보상하려는 의도가 숨어 있을 것이라는 점이다. 그래서 '우엉'을 함께 먹고 '페스트'에 함께 걸리고 싶어 한 것이다. 그는 그 창녀를 결코 하시(下視)하지 않았다.

'나는 매춘부를 생각한다'는 이 소설의 부제는 놀랍게 솔직하고 대담하다. 창녀를 자기와 동등한 인격체로 여기고 심사숙고하겠다는 것은 그녀를 존중한다는 뜻이기도 하다.

17
운명적인 여자 금홍

1932년 5월 7일에 백부 김연필이 사망했다. 이는 이상의 생애에 한 전기(轉機)였다. 그는 유교적인 가부장적 권위의 구속에서 풀려날 수 있었고, 상당한 액수의 유산을 물려받을 수 있었기 때문이다. 그는 총독부 건축과 기수(技手)의 직(職)을 사퇴한 이듬해 3월에 요양을 위하여 친구 구본웅과 함께 배천(白川)으로 갔다. 그곳의 여관에 머무르면서 나중에 '금홍'이라는 이름으로 널리 알려지게 될 18세의 기생을 만난 것은 운명적인 사건이었다. 그러나 그 운명은 폐결핵과 마찬가지로 기어코 초극되어야 할 문제였다.

1933년 역시 이상에게는 또 다른 의미의 전환기였다. 정지용의 주선으로 「카톨릭 청년」 7월호에 시 「꽃나무」와 「이런 시」를, 10월호에 시 「거울」을 발표함으로써 마침내 조선문단에 그의 모습을 드러냈기 때문이다. 이때부터 조선총독부와 관련된 잡지가 아니라, 조선의 잡지와 신문에 작품을 발표하게 된다. 그는 조선문단의 작가가 된 것이다.

배천의 보헤미안 같은 이 여행객은 아직 조선문단에 알려진 작가는 아니었다. 그의 친구는 조선문단의 작가나 평론가가 아니라 화가 구본웅이었다. 구본웅이야말로 그와의 교제 기간이 가장 길었던 조선인 화가였다. 이상을 모델로 삼은 그의 「친구의 초상」(1935)이 일제 강점기의 걸작 초상화가 될 수 있었던 것은 친구의 내면 세계를 예리하게 통찰하여 표현주의적으로 강조했기 때문이다.

「봉별기」는 이상과 그가 배천에서 만난 금홍(가칭)과의 관계를 다룬 단편소설로서 그들이 친밀해진 과정과 특히 두 사람의 대조적인 성격을 알 수 있게 해준다.

> 금홍이는 겨우 스물한 살인데 서른한 살 먹은 사람보다도 나았다. 서른한 살 먹은 사람보다도 나은 금홍이가 내 눈에는 열일곱 살 먹은 소녀로만 보이고 금홍이 눈에 마흔 살 먹은 사람으로만 보인 나는 기실 스물세 살이요 게다가 주책이 좀 없어서 똑 여남은 살 먹은 아이 같다. 우리 내외 이렇게 세상에도 없이 絢亂하고 아기자기하였다.(2, 350)

인용으로 볼 때 이상이 '금홍'에게 은밀하게 소망한 것이 모성적인 애정임을 추정할 수 있는데 이는 『十二월 十二일』의 업이 '간호부'에게 바란 것과 같다. 이상은 모성애에 굶주려 왔던 것이다. 그러나 그와 동시에 '스물한 살'의 '금홍'이 '열일곱 살'의 '소녀'로 보인 것은 그녀의 천진난만한 면을 소중히 여기고 싶었기 때문이다. 이로써 그가 바란 '금홍'의 이중성격이 드러난다. 곧 '소녀'로서의 '모성'이다. '모성'은 아들을 위하여 세상과 타협하고 세속화될 수 있지만, '소녀'는 결코 그럴 수 없다. '서른한 살'로 보인다는, 처세에 능수능란한 '금홍'일 수는 없다. 이상은 현실적으로 거의 불가능한 여성을 그리워한 것이다. 바로 여기에서 현실주의적이면서 동시에 이상주의자였던 그의 본성이 드러난다. 이것은 달리 본다면 「자화상」(1928)의 양면성, 곧 냉정한 리얼리스트이자 환상가 또는 환시자로서의 양면성에 대응하기도 한다.

한편 그가 '백부님 소상(小祥)'으로 인하여 서울로 돌아가겠다고 결심한 것은 자기모순적인 행동양식을 보여준다. 유교적인 예의절차에 복종하는 그가 실상은 파렴치한 탕아였기 때문이다.

> 천하의 여성은 다소간 매춘부의 요소를 품었느니라고 나 혼자는 굳이 信念한다. 그 대신 내가 매춘부에게 銀貨를 지불하면서는 한 번도 그네들을 매춘부라고 생각한 일이 없다. 이것은 내 금홍이와의 생활에서 얻은 체험만으로는 성립되지 않는 이론같이 생각되나 기실 내 眞談이다.(2, 353)

인용문에서 이상은 '창녀'('매춘부')라는 사회적 개념 혹은 통념을 부정한다. 남녀평등이나 여권(女權)옹호 같은 '이론'과 무관하게 그는 '창녀'를 자기와 동일시했기 때문이다. 「지주회시」에서도 주인공은 카페 여급인 '아내'만이 아니라 다른 카페 여급들도 자기의 아내와 동일시하는데 그것은 그들을 자기와도 동일시한 것을 의미한다. 창녀에게 '은화'를 지불하는 것은 단지 관습에 따른 행동일 뿐이다.

그러나 이상과 금홍의 관계는 '배천'에서 끝나지 않았다. 「봉별기」에서 '금홍'은 그의 '아내'가 되어 있는데, 그것은 문자 그대로 소설적 사건에 지나지 않는다. 그녀는 이상의 '아내'인 동시에 '아내'인 적이 없다. '이상'도 그녀의 '기둥서방'인 동시에 '기둥서방'이 아니다. 서로를 '아내'와 '기둥서방'으로 여기는 주체가 확정된 존재가 아니었기 때문이다. 그들은 언제든지 갈라질 수 있었다. 그녀는 훗날 그가 개업한 다방 〈제비〉의 마담 역할을 했을 뿐이다. 그녀를 모델로 삼은 「날개」와 「지주회시」에서도 주인공의 '아내'로 등장시켰지만, 그것은 어디까지나 그 소설에서의 '역할'에 지나지 않는다. 두 사람의 '세상에도 없이 순란하고 아기자기하였다'(2, 350)는 것도 소설적인 과장이다.

이상은 다방 〈제비〉에 있었던 금홍과의 인간적 관계에 대해서 입을 다물고 있다. 이 문제와 관련된 가장 유력한 해답은 "부부는 식물처럼 조용하다"(「지주회시」)(2, 297)는 구절이다. 금홍은 예술가, 그것도 암호적 예술가로서의 이상을 알 리가 없고, 알려고도 하지 않는다. 인격적 대화가 불가능하기 때문이다. 그것은 교양인이 아닌 그녀의 처지에서는 불가피한 일이었다. 이상도 자기 예술과 관련하여 그녀에게 단 한 마디도 할 수 없었고, 하려고도 하지 않았다. 따라서 이상과 그녀의 관계는 비정상적인 것이었다. 대화가 있을 수 없는 사이였기 때문이다. 진정한 '부부'는 서로 간에 어떤 말 못할 비밀도 없어야 한다. 그러나 처음부터 대화적 관계가 배제되어 있으니, 각자의 비밀은 못내 안전하게 간직될 수밖에 없었다. 이들은 이따금 충돌할 수밖에 없었을 것이다.

그럼에도 불구하고 〈제비〉가 망하기 전까지 약 2년간 그 곳 마담으로, 곧 이상을 '기둥서방'으로 끼고 있었다는 것은 무엇을 말해주는가? '대화'가 없는 부부의 관계를 지속했다는 것은 지금도 수수께끼 같은 문제로 남아 있다. 이상은 권순희(「환시기」의 '순영')와의 관계는 더 말할 것도 없고, '은선'(「불행한 계승」)에 관한 일도 모두 금홍에게는 비밀에 부쳤다. 그는 마치 조선총독부 시절에 충실한 관리이자 반체제적 저항자로서 이중생활을 한 것처럼 금홍과의 관계에서도 기둥서방인 동시에 타자로서의 이중생활을 했다. 그의 이중생활은 총독부 관리였을 때는 숨은 독립운동이라는 점에서 정당화될 수 있었지만, 금홍과의 관계에서는 어떤 도덕적 명분도 없기 때문에 정당화될 수 없다. 그의 비밀주의적 행동은 그녀에 대한 배신과 같다. 그것은 금홍에게 참회해야 될 죄이다. 그는 그 죄를 말없이 뉘우치곤 했을지도 모른다.

이상이 내내 소망한 여자는 『十二월 十二일』의 'C간호부' 같은 여자였을 것이다. 애인을 모성적인 애정으로 대해주는 교양인 말이다. 'C간호부' 와 가장 닮은 여자가 권순희 아니었을까? 금홍은 문학예술과 거리가 멀었고, 대화의 상대가 아닌 점에서 연인도 아니었다. 그녀가 다른 곳도 아닌 '제비'다방을 간음 장소로 이용했고, 그것을 이상이 묵인했다는 것은 반드시 뜬 소문이 아니다.

그러나 그에게 금홍은 운명적인 여자였다. 이상이 그녀에게서 영원한 소녀적 모성애를 추구했다는 역설적 소망이 이를 증명해준다. 그러나 그녀와의 관계는 일시적인 것일 수밖에 없었는데 이것은 그들의 관계가 대화적, 인격적 관계가 아니었고 그럴 수도 없었기 때문이다. '운명'은 숙명이 아니다. 이상은 그 운명을 초극해야 했고, 그럴 수도 있었다. 그는 단지 금홍의 기둥서방이 아니라 일제 강점기라는 험난한 시대의 작가로서 활동해야 했기 때문이다. 그가 금홍을 「날개」와 「지주회시」의 여주인공으로 내세운 동기는 그녀에게 진 정신적인 부채의 탕감이었을지도 모른다.

금홍과의 관계에서 이상이 입은 가장 큰 타격은 어느 날 가출하여 도망친 그녀의 행방이 묘연하다는 사실이었을 것이다. 그는 섬세한 양심의 소유자였다.

그러나 금홍이 이상에게 운명적인 여자였다는 것은 거기에 정치적 의미도 함축되어 있었기 때문이다. 그는 그 동기(童妓)의 관능적 매력이나 모성적인 포용력에만 끌린 것은 아니다. 그녀가 조선시대에 평안도처럼 정치 경제적으로 소외된 지역 사람인 점에 주목했음에 틀림없다. 이는 「봉별기」 결말에서 금홍이 서북지방의 「영변가」를, '이상'은 전라도의 「육자배기」를 부른 사실로 입증된다. 앞으로 「산촌여정」과 「동해」에서 '서북인'으로 등장할 그는 역시 조선시대에 서북지방처럼 소외된 전라도로 따뜻한 시선을 보냈던 것이다. '영변가'와 '육자배기'라는 대중적 속요(俗謠)가 속한 그 지역의 역사적, 정신사적 의미는 「봉별기」 속 '이상'과 금홍의 만남과 헤어짐의 무상성(無常性)을 넘어선다.

다음은 조용만이 「이상시대, 젊은 예술가들의 초상」에서 언급한 사건이다.

> 어느 날 새벽에 금홍이가 이상을 찾아서 구보 집에 갔다가 정신없이 곤드라 떨어진 이상의 꼴을 보고 뾰로퉁 독살이 나서 문을 탁 닫고 나가면서,
> '에이 지겨워! 짐 싸 들고, 배천으로 가버려야지, 내가 무엇 때문에 저 새끼를 바라고 이 고생을 해!'
> 하더라고 구보가 본 대로 이야기 하였다.[1]

인용은 인견적 대화의 통로를 모르는 생활무능력자 이상에 대한 금홍의 실망과 그녀의 고향(배천)에 대한 향수를 우리에게 보여주는데, 이와 관련하여 연상되는 여자가 레르몬토프의 『현대의 영웅』의 '벨라'

---

1 조용만, 「이상시대, 젊은 예술가들의 초상」, 김유중 외 엮음, 『그리운 그 이름, 이상』, 지식산업사, 2004, 284-285쪽.

다. 친동생 아자마트에게 납치된 후 강제로 빼초린과 동거하게 된 그녀는 빼초린과는 성미도 맞지 않고 대화도 막힌 사이여서 고향으로 돌아가고 싶어하고, 빼초린 역시 이 '미개한' 벨라에 싫증이 나서 헤어지고 싶어한다. 이상은 자기와 금홍의 관계가 빼초린과 벨라의 그것과 비슷하다고 생각했을 것이다. 벨라는 근처에서 소문난 미녀였고, 금홍 또한 미모의 소유자였다. 결국 벨라는 그녀를 탐냈던 첼케스인에게 살해되었지만 금홍은 언제든지 가출하고 말 이상의 동거녀였다.

18
〈제비〉다방의 미스터리

이상이 〈제비〉라는 이름을 내걸고 다방을 개업한 것은 1933년 7월 14일이었다. 이것은 금홍과 손발이 맞아 떨어진 결과로 볼 수 있는데 이상이 〈제비〉다방의 레지 역할을 맡김으로써 금홍은 시골 온천의 기생이라는 신분에서 일약 서울 도심지 다방의 마담이 되었다.

〈제비〉는 물질적 이익보다는 예술가의 사교공간으로 의도된 것이었다. 그에게 사교장의 꿈을 안겨준 것은 서구의 유명한 작품들, 가령 이상에게 영향을 주기도 한 발자크의 『당나귀 가죽』과 특히 오스카 와일드의 『도리언 그레이의 초상』일 것 같다. 두 작품에 공통된 큰 매력의 하나는 파리 또는 런던의 사교장 광경과 그곳에서의 교양 있고 기지가 튀는 듯한 대화를 볼 수 있다는 점이다. 이상이 '제비' 다방에 그의 「자화상」을 걸어 놓은 것도 그곳이 예술가의 사교장으로 인식되도록 하기 위해서였을 것이다.

그 당시 서울에서 문학자가 다방이나 카페 같은 것을 경영하는 일은 전무하였다. 그럼에도 이상이 〈제비〉를 경영했고, 그 후에도 〈무기(麥)〉와 〈쓰루(鶴)〉, 〈69〉같은 카페 경영을 시도한 것은 비록 부질없는 일이었지만 주목할 만한 것이었다.

가정과 유산을 정식으로 상속할 의사도, 의무도 전혀 없었던 그가 백부에게서 유산을 물려받자 그에게 손짓한 것은 다방과 잡지 발행이었음에 틀림없다. 이 두 가지는 문학예술의 근대성과 밀접한 관련이 있었기 때문이다. 다방은 카페나 백화점과 더불어 근대 자본주의적 소비문명의 요람이요, 첨단적인 문학잡지의 발행도 근대적 예술가의 의욕을 과시할 수 있는 수단이었던 것이다. 그가 '9인회' 동인지 『시와 소설』 창간호(1936)를 친구 구본웅의 아버지가 경영하는 '창문사'에서 발간한 뒤에 잡지를 폐간하고 '내 독력으로 내 취미 잡지를 하나 만들 작정입니다'고 김기림에게 말한 것(「서간 2」) (3, 225)은 그의 문학잡지에 대한 집념을 반영한다. 「문학을 버리고 문학을 상상할 수 없다」(1936)는 에세이에서 그가 문학잡지 『브레미아』와 『에포하』의 편집과 발행을 위해 도스토예프스키가 부지런히 뛴 사실을 매우 부러운 듯이 언급한 것도 그 집념 때문이었다. 그 문학잡지에의 꿈은 그 해의 도일(渡日)과 동경에서의 죽음으로 인하여 물거품이 되었다.

다방 경영과 신문, 잡지를 매개체로 삼는 저널리즘을 세속적 상업으로 무시하지 않았다는 것은 그가 자본주의적 상업의 근대적 성격을 통찰할 수 있었다는 것을 말해준다.

〈제비〉 다방은 종로 네거리에서 북쪽으로 조금 올라간 대로변에 위치한 붉은 벽돌집 일층에 있었고, 대여섯 평 규모였으며, 남쪽 큰길로 난 창은 바둑판 모양의 네모진 창틀로 바꾸었다. 다방의 동쪽 벽에 걸어 놓은 것은 선전(鮮展) 입선작인 그의 유채 「자화상」이었다. 사방이 아무런 장식도 없는 흰 벽이었다고 한다.

이 〈제비〉 다방 시절의 작품으로는 이상의 문단 진출 작품인 「꽃나무」와 「거울」 등의 시와 에세이 「혈서삼태」, 그리고 박태원의 중편소설 「소설가 구보씨의 일일」(1934. 8-9) 삽화와 단편소설 「딱한 사람들」의 삽화가 있다. 「거울」을 「카톨릭청년」에 게재하도록 주선해준 사람이 '9인회' 동인이 될 시인 정지용이었다. 따라서 이상의 문단 진출의 산실(産室)은 〈제비〉 다방이었던 셈이다. '9인회' 동인들의 주된 회합장소는 그 다방이었을 것이다. 바꿔 말하면 〈제비〉는 문인, 또는 이상과 친한 교양인들의 사교장소였는데, 이는 단순한 문제가 아니다. 이상은 진작부터 염원했던 프랑스의 '살롱'같은 사교 클럽을 〈제비〉를 통하여 실현했던 것이다.

그러나 그와 같은 사교 공간으로서의 〈제비〉다방은 딱하게도 모순을 안은 곳이었다. 사교 공간이란 대화적 공간이어야 하는데, 경영주 이상을 중심으로 한 대화적 소통에 문제가 있었기 때문이다. 무엇보다도 먼저 이상과 마담 금홍의 경우 이들의 관계는 〈제비〉 경영자와 마담이라는 영업상의 관계에 지나지 않았다. 이는 그녀를 모델로 삼은 「날개」, 「지주회시」의 '아내'와 그녀의 기둥서방(주인공) 사이의 관계와 같다. 이상은 서울의 유민적 작가였고, 그 점에서 「소설가 구보씨의 일일」의 작가 박태원과 다름없었다. 이런 도시의 유민이 황해도 배천의 기생이었던 여자와 어울려 도심지를 산보하거나 다방이나 카페에서 대화를 할 수는 없다. 그런 대화의 통로가 〈제비〉에서는 막혀 있었음에도 불구하고 〈제비〉가 2년 남짓 문을 닫지 않은것은 이 다방의 첫 번째 미스터리다. 또 하나의 미스터리는 다방에 딸린 골방과 관련된다. 이상의 일상적 거처이며 원고 집필실이자 침실이기도 했을 그 골방의 별명은 '도스토예프스키의 집'이었는데 바로 이곳이 〈제비〉다방의 가장 중요한 미스터리다. 〈제비〉다방의 골방에 대한 고은의 설명을 들어보자.

> '제비' 골방은 윤태영 정인택 들이 '도스토예프스키의 집'이라고 이름을 붙였다. 그곳에서 그는 금홍이 도망가기 전까지는 금홍에게 간음의 장소로 제공하기 위해서 비워주고 밤에도 들어오는 일이 없었다.[1]

'기둥서방'답지 않게 금홍의 성욕 충족을 위하여 비워두곤 한 골방의 별명이 '도스토예프스키의 집'이었다는 것은 신랄한 아이러니가 아닐 수 없다. 그 별명을 윤태영과 정인택 등이 자의적으로 지었을 리가 없다. 다의적 암호를 가진 그 집, '제비' 다방의 골방은 『죄와 벌』에서 라스콜리니코프의 어머니가 아들의 하숙집 '방'을 비유한 '관'(棺)일 수도 있지만, 아마 이상 자신이 그들과의 대화에서 어느 작가보다도 도스토예프스키를 많이 언급하는 과정에서 『죽음의 집의 기록』과 관련하여 그 골방이 자신에게는 그 '시베리아 감옥'과 같다고 말했을지도 모른다. 그는 골방을 감옥 같은 장소인 동시에 정신적 재생을 위한 가혹한 시련의 장소로 여겼을 것이다. 윤태영 등이 그런 뜻을 알았을 리는 없지만 이상에게 '도스토예프스키의 집'은 그 골방이자 그 다방의 상징이었을 것이다. 이 별명만으로도 당시의 이상이 가장 심취한 작가가 그 러시아의 문호였을 것임은 분명해 보인다. '도스토예프스키'의 집이라는 미스터리를 해명해주는 가장 유력한 단서는 이상의 작품밖에 없

---

1 고은, 『이상평전』, 민음사, 2003, 266쪽.

다. 이상이 마주친 가정의 불행 및 일제의 식민통치로 인한 고난을 극복하기 위한 그의 중요한 작품들의 산실이었던 '도스토에프스키의 집'은 〈제비〉다방을 넘어선 상징적인 장소였다. 그것은 『十二월 十二일』 주인공이 서울행 귀국열차에서 문득 가고 싶어진 '시베리아'라는 암호가 『죽음의 집의 기록』의 '시베리아', 라스콜리니코프가 갔고 드미트리 카라마조프도 가게 될 유형지(流刑地) '시베리아'의 뜻이었으리라는 추정도 할 수 있게 해준다.

〈제비〉의 사교 공간을 차지한 이상의 문우(文友)들과 이상의 관계 역시 미스터리한 면이 있다. 문우들로는 박태원, 정지용, 이태준, 김유정, 김기림, 윤태림, 김소운, 화가 구본웅 등을 들 수 있지만 이상이 그들과 〈제비〉다방에서 나눈 대화는 거의 알 수 없으며, 대충이라도 추정할 길이 없다. 〈제비〉다방을 배경으로 삼은 유일한 소설인 박태원의 단편소설 「방란장주인」에서도 그것은 언급되지 않고 있다. 처녀작 『十二월 十二일』부터 「실화」에 이르기까지 이상의 작품에 심각한 영향을 주었던 도스토예프스키를 중심으로 한 깊이 있는 대화나 토론을 그 문우들과 한다는 것은 불가능했을 것이다.

〈제비〉다방의 또 하나의 미스터리는 다방의 다의적(多義的)인 이름 '제비'와 관련되어 있다. 이상이 이 철새를 선택한 것은 그 자신이 표박자(漂泊者)로 살아야 할 운명을 타고 난 것을 예언적으로 통찰했기 때문이었을텐데 그 예언은 맞아떨어졌다. 다방을 폐업하고나서는 객지에서 방랑생활을 했기 때문이다. 그러나 '제비'의 선택에 또 다른 의미가 함축되어 있었다는 것을 그곳에 출입한 문우들은 알았을 리가 없다. 그것은 '제비'의 고향 '강남'과도 관련된 '남쪽 나라'에 대한 그의 그리움이다.

北을 향하여 南으로 걷는 바람 속에 멈춰선 婦人

영원의 젊은 처녀

地球는 그와 서로 스칠 듯이 自轉한다 (「습작 쇼오윈도우 수점」, 1, 242)

시 「習作 쇼오윈도우 數點」(1932. 11. 14)의 첫 연에서 냉정·엄격한 생활규범 또는 가혹한 시련('北')에서 자유롭고 자연친화적인 생명의지('南') 사이에 끼여 고민하던 기혼 여자가 '남'(남국)으로 방향을 돌려 걷자마자 '영원의 처녀'로 돌변하고, 그러자 그녀에게 매혹된 '지구'가 '자전'하면서 그녀를 접촉하는 신비로운 사건이 일어난다는 것이다. 이 작중 사건은 우리에게 바로 괴테의 『빌헬름 마이스터의 수업시대』의 미뇽을 상기시킨다. 빌헬름이 '신비로운 존재'로 여긴 집시 소녀 말이다. 『현대의 영웅』 주인공 뻬초린도 '따마니'라는 바닷가 소도시에서 우연히 만난 18세의 처녀, '하늘에서 내려오는 것' 같은 목소리로 노래를 부르는 '진짜 요정(妖精)'같은 처녀에 반하여 그녀를 '미뇽'에 비유하였는데 이때 그가 그리워한 것이 '남쪽 나라'였다.[2] 그녀는 로맨틱한 동경의 대상인 '영원한 처녀'로 불리기도 한다.[3] 이 교양소설의 영향을 받은 이상의 문학에서 '남국'은 일종의 이상향으로서 「습작 쇼오윈도우 수점」의 '남'과 「가외가전」에서의 '온대(溫帶)' 등으로 나타난다. 서울의 한 평범한 백화점 '쇼윈도우'에 진열된 상품('지구의')은 이상에게 범신론적인 이상향의 꿈을 촉발했거니와, 그 꿈은 '제비'라는 다방의 이름으로 되살아났다. 박태원이 「방란장주인」에서 언급한 축음기는 그 다방

---

2 레르몬토프, 앞의 책, 387-389쪽.

3 괴테, 『빌헬름 마이스터의 수업시대』, 안삼환 옮김, 민음사, 1997.

에 조선의 '로트렉 백작'으로 불린 구본웅이 기증한 것이었는데 이 '축음기'로 '이상'이 무엇보다 즐겨 들은 노래는 작곡가 토마의 「그대는 아는가 저남쪽 나라를」이었을지도 모른다. 이것은 '그대는 아는가, 오렌지와 레먼의 꽃 피는 나라를'로 시작되는 '미뇽의 노래'를 모델로 삼고 있다.

이상이 임종 때 '레먼의 향기를 맡고 싶다'고 말했다는 꽤 유명한 전기적(傳記的) 일화는 사실이 아님이 확인되었지만, 〈제비〉 다방의 '제비'와 관련된 미스터리를 염두에 둔다면 '레먼의 향기'는 이상이 그 다방에서 평소 친구들과의 대화에서 가끔 언급했을 것 같은 '미뇽의 노래'에 그 유래가 있지 않을까?

그러나 '제비'는 또한 자기희생적인 인류애를 동화적으로 호소한 오스카 와일드의 유명한 「행복한 왕자」와 심층적으로 관련되어 있을 것이다. 도심지에 높이 솟아 있는 대(臺) 위에서 서민의 생활상을 조감한 나머지 불쌍한 사람들을 위하여 자신의 몸을 덮은 황금과 구리를 떼어내어 주고자 했던 왕자, 그 심부름을 맡았다가 지칠 대로 지쳐서 왕자의 발치에서 죽은 '제비', 왕자의 분신과 같은 그 '제비'를 이상은 잊지 못했을 것이다.

이렇게 다의적인 이름의 〈제비〉다방을 폐업한 뒤에 그는 방랑길에 올랐는데, 그 방향은 남쪽이 아니라 역사적으로 정치의 주류(主流)에서 따돌림 받은 서북쪽이었다. 그는 로맨틱한 유토피아의 꿈을 접어야 했다. 감상(感傷)의 시절은 지나갔다.

이상은 「봉별기」에서 이렇게 말한다

> 나는 몇 편의 소설과 시를 써서 내 쇠망해가는 心身 위에 치욕을 倍加하였

다. 이 以上 내가 이 땅에서의 생존을 계속하기가 자못 어려울 지경에까지 이르렀다. 나는 하여간 허울 좋게 말하자면 亡命해야겠다.

어디로 갈까. 나는 만나는 사람마다 東京으로 가겠다고 호언했다.(2, 353-354)

인용에서의 '망명'은 결코 허튼 소리가 아니었다. 실제로 그는 1936년 말에 동경으로 갔기 때문이다. 망명에 대해 공공연히 말할 때 그의 염두에는 금홍이 없었다. 그녀와 함께 〈제비〉를 경영하면서 썼을 「봉별기」에서 '망명'을 언급한 것은 그와 금홍 사이의 벽이 얼마나 두꺼운지를 암시한다. 하기야 '금홍도 다방을 여러 번 몰래 빠져나가곤 했고, 그 동기도 행방도 알 수 없는 미스터리이지만 그럼에도 불구하고 〈제비〉는 가장 오래 버텨내었는데, 그렇게 만든 핵심적 요인은 무엇일까? 김민수의 견해를 들어보자.

그가 배천 온천에서 금홍을 만나 경성으로 데려온 것은 물론 그녀에 대한 이성의 호감도 있었겠지만 그보다도 이상의 의식에 존재하는 '여성 이미지'와 관련이 훨씬 더 중요하다. 그의 작품에서 '여자'는 '억압된 존재'로서 이상 자신과 동격 내지는 동병상련의 처지로 등장한다. 앞서 소설 「날개」에서 보았듯이 그는 자신을 태생적으로 억압된 존재인 여성보다 날개가 있는데도 날지 못하는 더 보잘 것이 없는 존재, 곧 '절반의 절반'이 거세된 존재로 보았던 것이다.[4]

---

4 김민수, 『이상평전』, 그린비, 2012, 320쪽.

이상이 그 나름의 페미니스트적인 태도로 여성을 대한 것은 「봉별기」, 「지주회시」, 「산촌여정」 등에서 극명하게 돋보이곤 한다. 그러나 금홍에 대한 애정에는 동병상련의 감정 외에도 유별난 점이 있었는데, 그가 그녀에게서 은근히 바란 것은 모성애였을 것 같다.

그의 어머니는 정체를 알 수 없는 타자와 같았다. 따라서 '정신적인 어머니'를 그는 추구하지 않을 수 없었다. 그는 애인을 겸한 모성적인 여인을 금홍에게서 얻고자 했다. 그런 여인에게 교양의 유무는 결코 중요한 문제가 아니었다. 그에게는 애인과 동시에 모성애도 절실하게 필요했던 것이다. 이상이 『十二월 十二일』에 자기의 분신으로 등장시킨 '업'이 'C간호부'에게서 구한 것이 이 모성애였다. 그런데 '억압된 존재'로서의 여성은 이상에게 특별한 의미가 있는 '매춘부'와 반드시 구별되어야 한다. '내가 매춘부에게 은화를 지불하면서는 한 번도 그네들을 매춘부라고 생각한 일이 없다'(「봉별기」)(2, 353)고 말할 때의 '매춘부'는 억압된 존재 중에서도 특별한 존재다. 이 '매춘부'의 의미망 속에는 이상 같은 도시 유민의 친밀한 연대자라는 뜻과 함께 일제 강점기 총독통치하의 굴욕적인 피통치자라는 상징의 뜻도 포함되기 때문이다.

그것은 어쨌든 이상의 '망명'은 금홍과의 절연(絶緣)을 의미한다. 이것은 〈제비〉다방 마담으로 앉혀 놓은 상태에서의 절연이기 때문에 잔인한 일이었지만 그 '망명'은 불가피한 일이었다. 「오감도 시 제7호」가 입증하듯이 일제 통치 하의 조국에서도 국내 망명자였던 그에게 해외 망명은 그것의 연장선 위의 일이었다. 그런 정치적 동기 외에도 그에게 망명은 새로운 예술의 창조를 위한 계기일 수도 있었다. 이는 금홍에게 실토할 수 없는, 그리고 그녀가 이해할 수 없는 비밀이었다. 그런데 애당초 그녀를 〈제비〉로 데려올 때부터 그 절연의 가능성은 잠복되어 있었다. 작가로서의 '이상'만이 아니라, 다방 안 그의 「자상」도 금홍에게 타자와 다름없었다. 사랑하는 것도, 이해하는 것도 진정한 정신적 협력도 불가능한 타자 말이다. 그 점에 〈제비〉다방의 불행한 미스터리가 있었다.

〈제비〉다방은 기능주의적 건축 공간의 특색이라 할 수 있는 무장식의 공간을 예증하고 있었다. 이상의 「자상」은 단순한 실내 장식품이 아니었다. 그 「자상」으로 인하여 〈제비〉다방은 사교 공간인 동시에 일종의 예술적 공간이 될 수 있었다. 주인은 작가이자 화가 및 건축가였다. 이상의 「소설가 구보씨의 일일」 삽화는 「자상」의 연장선 위에 있었고, 김기림의 「기상도」 표지 디자인도 마찬가지였다. 「오감도」 연작의 제목 「시 제1호」와 「시 제2호」, 「시 제3호」 등은 '그림'의 제목과 비슷해서 〈제비〉 다방은 서울의 명물이 됨직도 했다.

〈제비〉다방을 개업한 후에 이상에게 일어난 특별한 사건은 유명한 「오감도」 연작이 불러일으킨 사건과 한강 '밤섬' 사건이다. '9인회' 동인 이태준의 주선으로 「조선중앙일보」(1934.8)에 「오감도」 연작이 연재되면서 독자로부터 '무슨 미친 수작이냐' 같은 비난이 신문사를 향하여 날아오자 「오감도 시 제15호」를 마지막으로 게재하고 연재를 중단해버린 사건이다. 이는 조선문단사에서 유례가 없는 사건으로서 그 작자가 다름 아닌 〈제비〉다방 주인이었다. 그가 받은 충격은 매우 컸을 것이다. 물론 그 사건은 금홍과는 전혀 무관한 사건이었다. 반면 한강 '밤섬'과 관련된 사건은 그녀와 간접적인 관련이 있었는데 금홍은 이상 여성 편력의 시초에 해당하기 때문에 제2, 제3의 여인과 이상의 관계는 그녀와 깊이 관련되지 않을 수 없는 것이다.

금홍을 처음으로 부각시킨 「봉별기」와 관련된 소설이 「환시기(幻視

記)」로서 여기에 등장하는 순영은 「고리끼전집」을 통독했다는 교양인이다. 그녀는 이상이 경영하려다가 실패한 카페 〈무기〉와 〈쓰루〉의 여급이 될 예정이었다. 그녀의 본명은 권순희다.

이 작품에서 이상의 아내로 등장하는 금홍은 순영의 질투의 대상으로서 그의 순영에 대한 사랑을 방해한다. 그 결과 순영의 마음은 사회주의 운동 시절의 동지였던 '송'으로 돌아서고 그와 결혼하게 된다. 변절자였던 '송'의 모델은 이상의 친우 '정인택'으로 그는 총독부 기관지 「매일신보」의 기자였다.

「환시기」가 취급한 것은 순영을 중심으로 한 사회주의와 민족주의라는 양파의 갈등이다. 이는 초기의 시 「공복(空腹)」부터 시작하여 「첫 번째 방랑」에까지 이어지는 정치적인 문제였는데 이 문제의 최종적 해결이 이상의 과제가 될 것이었다. 다음은 「동해」의 일절이다.

> 내가 결혼하고 싶어하는 여인과 결혼하지 못하는 것이 결이 나서 결혼하고 싶지도 저쪽에서 결혼하고 싶어하지도 않는 여인과 결혼해버린 탓으로 뜻밖에 나와 결혼하고 싶어하던 다른 여인이 또 결이 나서 다른 남자와 결혼해 버렸으니 그야말로—나는 지금 일조에 파멸하는 결혼 위에 저립하고 있으니—일거에 삼첨(三尖)일세그려(「동해」, 2, 280)

내가 결혼하고 싶어한 여인이 '권순희'요, 결혼하고 싶지도, 저쪽에서 결혼하고 싶어하지도 않은 여인이 금홍이라면, 다른 남자와 결혼한 여인은 '권순희'다. 결혼과 관련된 이와 같은 세 가지 실패를 한꺼번에 닥쳐온 세 가지 '재앙'이라고 이상은 말하고 있거니와, 이 재앙에서 그는 벗어날 수 없었다. 여기에서 벗어날 수 있는 유일한 길은 '일조에 파멸'

을 초래할 결혼이 아니라 「불행한 계승」에 등장하는 '한강 밤섬'의 소냐 마르멜라도프와 다름없는 창녀 '은선' 과의 연대의식이었다.

수필 「혈서삼태」(1934.6)를 참고해볼 때 이상은 1933년 말이나 1934년 봄에 일본에서 귀국한 번역가 김소운과 함께 한강의 밤섬으로 유람선을 타고 갔던 것 같다. 김소운은 술김에 그곳의 창녀 집으로 이상을 유혹했고, 이상도 마지못해 따라갔다. 이때의 창녀체험이 「불행한 계승」에 나타나고 있으며 「혈서삼태」,「슬픈이야기」,「서망율도」에서도 언급된다. 이처럼 여러 작품에 그 소재가 이용된 것으로 볼 때 그 '밤섬' 체험은 매우 중요한 사건이었지만 이것이 금홍에게 전달되었을 리는 없다. 따라서 〈제비〉다방 시절의 그의 여성 편력을 언급하려면 단지 금홍과 권순희만이 아니라 밤섬에서 만난 창녀를 빠뜨릴 수 없다. 이상에게 창녀의 집은 다방이나 카페와 다를 게 없었다. 그 점에서 서울의 다방에는 버릇처럼 들리곤 했지만, 창녀를 경멸했던 「소설가 구보씨의 일일」의 작자 박태원이나 『화분』의 작자 이효석, 특히 기생을 조선조 사대부처럼 선호한 반면, 매춘부는 경멸한 염상섭과 너무나 다르다.

이상의 문학에서 창녀는 자본주의 경제만이 아니라 기독교 신앙과 깊이 관련이 되어있다. 이는 「슬픈 이야기」에서 창녀촌을 '성모의 시장'으로 부르고, 마치 신부에게 고해하듯 밤섬의 창녀 은선에게 고백한 것으로도 입증된다. 이는 창녀를 국민의 영혼을 망치는 죄인으로 여긴 염상섭으로서는 상상할 수도 없는 사건이었을 것이다. 산문시 「서망율도」에서 '밤섬' 목로의 '소복' 차림의 '아주먼네'는 피압박 민족의 '성모'로 간주된다. 그녀는 「혈서삼태」에서 언급된 '언쟁하는 마리아들'과 구별되어야 한다. 유곽이나 창녀촌을 보호하는 '성모'는 말다툼이나 하는 '마리아들'(창녀들)과 다르기 때문이다. 「불행한 계승」에 등장시킨 은선도 고해성사 때의 신부 역할을 한다. 고해성사를 위해서인 것처럼 마침 전등이 꺼진 어둠 속에서 이상은 "난 말야. 애인을 친구한테 뺏겼단 말야(……) 허지만 잘됐어. 그렇다면 그 애도 살게 되는 셈이니. 자네같은 거시기 다소 나이 많은 신뢰할만한 사람에게 자기 일생을 맡길 수 있다는 건, 그건 그 애로선 행복된 일임에 틀림없어"라고 고백한 것이다. 인용에서의 '그 애'는 '순영'(「환시기」)이요, '다소 나이 많은 신뢰할만한 사람'은 '송군'이다. 이상의 애인 양보에 대한 김민수의 의견은 다음과 같다.

> 정말로 이상과 권순희가 사랑했다고 치자. 자신이 폐결핵으로 막다른 골목에 서 있는데 권순희와 결혼하는 것이 옳은가 아니면 정인택('송')에게 보내는 것이 옳은가? 양심 있는 사람이라면 권순희를 타일러서 후자를 선택하게 할 것이다. 이를 두고 고은이 『이상 평전』에서 이상을 일컬어 '성 무능력자, 현실적 기능상실자'라고 한 것은 지나친 해석이었다[5]

고은과 김민수가 공통적으로 소홀히 한 것은 권순희와 관련된 애인 양보의 심층적 동기가 암시된 이 「환시기」의 속편과 같은 「불행한 계승」을 참고하지 않은 점이다. 이 작품에서 화자(이상)는 그 양보가 혈통의 '불행한 계승'에 연유한다고 암시한다. 그가 조상과 '육친'에게서 계승한 것은 몰락한 가문만이 아니라 자기희생을 무의식적으로 자신에게 강요하는 기질이었다고 한다. '송'이 짝사랑해온 '순영' 때문에 수면제 자살을 시도한 나머지 순영이 그를 동정하여 '이상'과 함께 그를

5 김민수, 위의 책, 322쪽.

살려내려고 최선의 노력을 다하고 마침내 그와 결혼하게 되는 과정에서 그녀를 도와준 일련의 행동에 그 불행한 기질이 작용했는데, 그 사건을 취급한 「환시기」의 작자는 속편을 쓰지 않을 수 없었다. 방금 언급한 조상한테 물려받은 기질이 초래한 사건만이 아니라 그 애인 양보라는 사건의 고백을 겸허하게 들어줄 여인(은선)이 꼭 필요했기 때문이다. 그 고백과 관련하여 상기되는 것이 도스토예프스키의 『죄와 벌』에서 라스콜리니코프가 그의 고리대금업 노파 살해사건을 고백한 상대인 소냐 마르멜라도프다. 그는 자기의 죄로 인하여 고민한 끝에 마침내 자기의 고백을 신부(神父)처럼 들어줄 사람으로서 창녀 소냐를 선택했던 것이다. 「불행한 계승」에서 '이상'과 '은선'을 전등불이 꺼진 방에서 대면시키고 그 고백을 하게 만드는 장면은 『죄와 벌』의 그 유명한 사건에서 암시를 받았을 것이다. 따라서 그 '고백의 방'이 '도스토예프스키의 집'을 연상시키는 것은 당연하다. '도스토예프스키의 집'에서 썼을 「환시기」와 후일담인 「불행한 계승」은 〈제비〉 다방의 가장 중요한 미스터리였다. 그리고 그 미스터리의 희생자는 다름 아닌 금홍이었다. 그러나 〈제비〉 다방의 미스터리에도 끝장이 올 수밖에 없었다. 이상은 월세집 주인(일본인)에게 임대료를 꼬박꼬박 내지 않아서 고발을 당했고, 민사재판에 회부되었기 때문이다. 이상은 권태와 수면과다증으로 지정된 시간에 출석하지 않았기 때문에 불리한 판결을 받았다.

이상의 여성 편력도 작품을 통하여 추적할 수밖에 없다. 『十二월 十二일』에서 마지막 작품 「실화」에 이르기까지 그가 시와 소설에 등장시킨 여인들이야말로 여성에 대한 그의 애정과 혐오의 투영체였다. 고은에 의하면 이상이 처음으로 '내통'한 여자는 경성고공 동급생 가와카미시게루(川上繁)의 집 아래층 일본 음식점 작부 종업원인 '기누코(絹子)'였지만, 그녀와의 관계는 일시적인 '엽색'에 지나지 않았으리라는 고은의 추정을 믿는다면 배천(白川)온천에서 만난 금홍이 그의 첫 번째 애정의 상대다. 그런데 주목해야 할 것은 그가 작품에 등장시킨 여자는 거의 모두 창녀이거나 매음도 할 수 있는 카페 여급이라는 점이다. 그들은 금홍과 정희 및 순영처럼 현실적 모델이 있는 경우도 있지만, 은선처럼 상상적인 인물도 있으며, 모델이 있을 수도 있고 없을 수도 있는 어중간한 인물, 가령 「서망율도」의 '싸늘한 聖母'도 있다. 예외적인 여자가 「단발」의 선이와 「슬픈 이야기」에 등장하는 여인이다. 빈틈없이 자기를 방어하는 자기중심적인 그들의 모델은 이상이 결혼한 '변동림'이다.

「종생기」의 정희는 양면성이 있다. 소녀 시절에 창녀가 된 정희는 이상이 소년 시절에 알게 된 빈민촌 소녀이지만, 교양인으로 성장한 정희는 허구적 인물이다. '소녀 정희'는 그에게 운명공동체와 같지만, 숙녀 정희 또는 「환시기」의 관능적 코케트인 동시에 교양인으로서의 순영은 자기중심적인 여자로 이상을 배신한다. (이상이 소망하는 여성형은 역설적으로 그와 같은 여자다.)

그러면 이상이 그리워한 이상적인 여성은 누구일까? 「산촌여정」에 등장시킨 「피에타」에서 성모 마리아의 역할을 하는 '개종한 마리아들'의 유명한 원형인 '막달라 마리아' 같은 여성이 아니었을까? 이때 「피에타」의 예수는 「복음서」의 예수로 상징된 '수난자 예술가' 곧 이상 자신이다.

19
조선문단에의 진출

이상은 1933년 『카톨릭청년』 7월호에 「꽃나무」 「一九三三.六.一」 「이런 詩」, 그리고 10월호에 「거울」을 발표함으로써 그 당시의 조선문단에 그의 이름이 알려지게 되었다. 『카톨릭청년』과 관계가 있었던 카톨릭 신자인 시인 정지용의 알선에 의한 것이었다. 그러나 그가 이미 장편소설 『十二월 十二일』과 단편소설 「지도의 암실」 및 「휴업과 사정」의 작자요, 적지 않은 일본어 시의 작자임을 조선문단이 알 리는 없었다. 그가 자기의 그와 같은 이력을 전혀 발설하지 않았기 때문이다. 그 동기가 무엇이었는지는 정확히 알 수 없다. 아마 극도의 자존심과 입신양명식의 이름 알리기에 대한 거부감 때문이었을 것 같다.

「카톨릭청년」에 발표한 시들은 문단에 올라가기 위하여 선택한 작품들이기 때문에 우리는 그 시들을 주목할 필요가 있다. 그 네 편의 시는 그가 장차 쓸 시의 성격을 예시하는 것 같기 때문이다.

다음이 「꽃나무」 전문이다.

벌판한복판에 꽃나무하나가있소. 近處에는 꽃나무가 하나도 없소 꽃나무는 제가생각하는 꽃나무를 熱心으로 생각하는 것처럼 熱心으로 꽃을 피워가지고 섰소 꽃나무는 제가생각하는 꽃나무에게갈수없소 나는 막달아났소 한꽃나무를爲하여 그러는것처럼 나는참그런이상스러운흉내를 내었소.(1, 183)

「꽃나무」의 경우, '벌판한복판'의 '꽃나무'는 소위 거룩한 중심수(中心樹)와 같다. 따라서 그 주변에 꽃나무가 하나도 없는 것은 중심수를 성별(聖別)하기 위한 것이다. '꽃나무'가 열심히 꽃을 피우고 있는 것도 중심수에 바치는 찬양의 한 형식이요, 화자가 그 '꽃나무'에서 막 달아난 것은 사랑의 대상을 경외하기 위한 역설적 동작이다. 「꽃나무」는 극진히 사랑하는 사람의 미묘한 심리를 암시한다. 그런 절대적인 사랑의 대상은 사랑하는 여인(「소영위제」)일 수도 있고, 외세에 빼앗긴 조국(「산촌여정」, 「슬픈 이야기」 등)일 수도 있고 피지배민중(「가외가전」)일 수도 있을 것이다. 또는 이 시의 작가 자신일 수도 있다면 그는 극단적인 나르시스트일 것이다. 그러나 문제는 그 중심수를 받들어 모시는 '꽃나무'들이 전혀 없다는 점인데, 이는 조선문단에서 앞으로 이상이 만나게 될 운명을 예고한 것과 같다. 그가 아무리 공들인 작품을 발표해도 거의 고립상태에 놓여지리라는 운명 말이다.

이상이 절대적인 사랑의 대상에게 헌신적으로 자기를 바치는 사건은 「且8氏의 출발」에 나오는 화자의 '자살'로 이미 나타났거니와, 그것은 앞으로 잃어버린 조국을 되살리기 위한 언어 테러리즘(「슬픈 이야기」와 「실화」)으로 나타날 것이다.

天秤위에서 三十年동안이나 살아온사람 (어떤科學者) 三十萬個나 넘는 별을 다헤어놓고만 사람 (亦是) 人間七十 아니 三十四年동안이나 뻔뻔히 살아온 사람(나) 나는 그날 나의 自敍傳에 自筆의 訃告를 揷入하였다 以後 나의 肉身은 그런 故鄕에는있지않았다. 나는 自身 나의 詩가 差押當하는 꼴을 目睹하기는차마 어려웠기 때문에.(1, 186)

「一九三三.六.一」은 경찰에 '차압'마저 당할 수 있는 정치적인 시다. 이상이 조선 문단에의 진출을 위하여 정지용에게 건넨 네 편의 시에 이 시를 끼워 넣은 것은 앞으로 「꽃나무」와 「거울」 같은 자기반성적인 시, 「이런 시」같은 조선 민화 같은 시만이 아니라 반일적인 작품을 써 나가겠다는 것을 예고하기 위해서였다.

이 시의 화자는 '시인' 겸 '과학자'다. 「면경」(1936)에서도 화자는 '시인' 겸 '학자'인데, '과학자'와 '학자'는 '역사가'로 추정될 수도 있다. 이는 『시학』에서 아리스토텔레스가 '시'와 '역사'를 비교하여 예술의 본질을 검토한 것을 참고했다고 볼 수도 있다.

화자가 관찰하고 숙고한 '30년 동안'의 역사는 소위 을사늑약(1905)에서 1933년에 이르기까지의 약 30년의 역사다. 그 '30년'을 '30만년'과 같다고 본 것은 그 동안에 겪은 조선민족의 고통이 엄청나게 컸기 때문이다. 이 시를 쓸 때 화자의 젊은 나이(24)가 늙은 나이(70)와 다를 게 없다는 생각은 장자(莊子)의 '만물제동(萬物齊同)' 혹은 절대 무차별의 논리에 의거한 것이다.

이 시의 중심적 은유인 '천칭'은 정의(正義)의 심판을 암시하며, 앞으로 「가외가전」에서 다시 언급될 것이다. 화자의 운명인 '고향' 상실은 조국 상실 및 그로 인한 '세계 상실'까지를 암시한다.

이 시의 정치성을 입증하는 작품이 이상이 앞으로 쓸 「가외가전」(1936)과 「면경」(1936)이다. 「가외가전」에서는 일제 식민지 조선의 통치자를 상징하는 '육교'가 '천칭'에 비유되고, 그 '천칭'이 동요한다는 것은 식민지배 기구(機構)의 몰락을 상징한다. 「면경」에서 주인공 시인은 동시에 '학자'이기도 하다. 괴테는 작가이자 과학자였고 하이네는 시인자서전에 삽입한 학자였다. 이상 자신도 「선에 관한 각서」 연작을 쓴 자연과학자였다. '자필의 부고'는 「산촌여정」(1935)에서도 화자 자신에게 보내는 편지에 동봉할 '자필의 부고'와 그 의미가 같다. 그것은 곧 반체제 운동의 무기(칼)의 은유다. 물론 그와 같은 저항이야말로 이 기적인 뻔뻔스러운 연명(延命)을 막을 수 있는 방법이다.

또한 이상의 작품 가운데 한국의 문학적 전통을 간직한 고전(古典), 그 중에서도 우리의 민화(民話)같은 고전에 대한 관심을 입증한 시가 「이런 詩」로서 다음이 그 전문이다.

> 역사를하노라고 땅을파다가 커다란돌을하나 끄집어 내어놓고보니 도무지어디서인가 본듯한생각이들게 모양이생겼는데 목도들이 그것을메고나가더니 어디다갖다버리고온모양이길래 쫓아나가보니 위험하기짝이없는 큰길가더라.
>
> 그날밤에 한소나기하였으니 필시그돌이깨끗이씻겼을터인데 그이튿날가보니까 변괴로다 간데온데없더라. 어떤돌이와서 그돌을업어갔을까 나는참이런처량한생각에서아래와같은작문을지었다.(1, 184)

「이런 시」는 거녀(巨女) 환상의 세계를 보여준다. 도로 공사를 하는 최하위 노동자 눈에 우연히 발견되어 큰 길가에 버려진 흙 묻고 투박하기 짝이 없는 커다란 돌에서는 우리의 고정관념이 된 어떤 유순하거나 어여쁜 여성상의 이미지를 찾아볼 수 없다. 그럼에도 불구하고 이 시의 화자가 '작문'에서 그것에 대한 짝사랑을 고백한 것은 그 거석을 이 세상에 둘도 없는 연인으로 환상한 때문이다. 게다가 그 돌이 간밤의 '소나기'로 정화(淨化)되었기를 간절히 바라고 있다.

그와 같은 '거녀'에 대한 그리움의 동기는 무엇일까? 우선 문명개화된 사회생활의 이름으로 우리를 구속하는 '결혼'을 비롯한 많은 제도와 규범에 대한 불만을 들 수 있다. 한밤중에 여염집 규수를 약탈하여 결혼한 불한당은 그런 인습적 제도의 파괴범이다. 우리의 민화(民話)에 나옴직한 그의 범행은 '어떤 돌이 그 돌을 업어갔을까'라는 구절로 암시된다. 또한 그 거석은 문명사회에서 어느덧 규격화된 소위 '미인(美人)'의 반대항일 수 있다. 이 그리움에는 또 하나의 심층적 동기가 있으니, 그것은 그의 강박관념이 된 '불행한 탄생'의 원인 제공자의 하나인 어머니를 거부할 수 있는 '처량한' 이유를 그 '거석'이 제공한다는 점이다. 이 경우 그 '거석' 납치범은 그의 아버지다. 「이런 시」를 찢어버리고 싶도록 자극한 것은 '커다란돌'을 업어간 '어떤 돌'에 대한 질투일 것이다.

「이런 시」 인간의 전체성이 상실되지 않은 고대적 인간에 대한 시인의 향수를 부추겼을 것을 그 '거석'은 원시적인 거석숭배의 잔재로서 인류의 집단기억 속에 존속되고 있다는 것을 보여준 시이기도 하다.

「이런 시」의 어조도 다분히 민요적이다. 앞으로 그는 「날개」에서 '아기장수' 민화를 활용하게 될 것이다. 그 거석과 관련하여 어디서 본 듯한 기시감이 든 것은 그게 '민화'의 주인공이기 때문이다. 우리의 민화에는 변괴담(變怪譚)이 많다. 「이런 시」의 '거석'(거녀)은 우리의 민화와 관련된 점에서 이상이 이 시를 쓸 때 영향을 받았을지도 모르는 보들레르와 성격이 다르다.

「거울」은 이상을 괴롭혀왔고 앞으로도 괴롭힐 두 가지 문제를 제기하고 있다. 하나는 인식론적 문제요, 다른 하나는 도덕적인 문제다.

> 거울때문에나는거울속의나를만져보지를못하는구료만은
> 거울이아니었던들내가어찌거울속의나를만나보기만이라도했겠소 (1, 187)

인용이 제시하는 것은 '거울'을 통한 시각적 인식과 그 '거울'이 불가능하게 만드는 촉각적 인식의 거리가 불가항력적인 것이라는 문제다. 이 시각적 인식과 촉각적 인식의 문제는 「지도의 암실」에서도 취급되었고 앞으로 「동해」에서도 취급될 것이다. 가령 「동해」의 화자는 '유리 속에서 웃는 그런 불길한 유령의 웃음'이 아니라 '손으로 만지려면 만져지는 그런 웃음을 웃'고 싶어한다.

> 나는지금거울을안가졌소마는거울속에는늘거울속의내가있소
> 잘은모르지만외로된사업에골몰할께요 (1, 187)

인용에서 '거울속의 나'는 화자의 분신으로서 화자의 행동을 검열하여 그 행동의 옳고 그릇됨을 가려낸다. 그런 분신을 등장시키는 것이 그 거울의 역할이다. 옳지 않은 사업('외로된사업')에 골몰하리라고 말할 때 화자는 검열자로서의 자기의 분신을 의식하고 있다. 게다가 또 하나의 문제는 화자와 그의 분신의 불편한 관계다.

나는거울속의나를근심하고진찰할수없으니퍽섭섭하오 (1, 187)

인용은 화자의 자기소외를 암시한다. 그로 인하여 그는 자기의 분신에게 냉담할 수밖에 없고, 촉진(觸診)할 수도 없다는 것이다. 이상이 '거울'에 대한 시를 여러 편 쓴 것은 자기분석과 자기반성을 위해서였다. '거울'이 그 매개체다. 그는 사회참여 문학을 시도할 때도 그것을 잊지 않았다. 「거울」은 이상이 자기분석과 자기반성에 얼마나 성실했는지를 문단에 알리는 첫 신호였다. 그가 앞으로 쓸 「오감도 시 제15호」, 「명경」, 「면경」 등은 「거울」의 연장선 위에 있는 작품들이다. 이상이 '거울' 시를 일제 강점기의 한국에서 가장 많이 쓴 시인이었다는 것은 그가 그 당시 「자화상」을 가장 많이 제작했다는 사실과도 대응한다.

문단에 진출하기 위한 그의 시들은 어떤 비평가의 논평도 불러일으키지 못했다. 이제까지 전혀 알려지지 않은 시인의 작품이서도 그랬겠지만, 이는 앞으로 그가 발표하게 될 시, 또는 소설에 닥쳐올 운명을 예고한 것이었다. 「오감도」 연작은 물론이요, 「산촌여정」, 「첫번 째 방랑」,「종생기」, 「실화」, 그리고 그의 절정기의 문명비평적인 시 「가외가전」을 맞이한 것은 문단의 침묵이었다. 고작해야 초기의 시 「운동」에 대한 김기림의 논평과 최재서의 「날개」에 대한 논평이 일제 강점기에 발표된 이상의 작품에 대한 비평적 반응이었다. 그는 문단의 예외자였다.

20
이상과 조선문단(1)

「이상 시대, 젊은 예술가들의 초상」(1987)은 조용만의 이상 회상기의 제목이다. '젊은 예술가들의 초상'은 제임스 조이스의 소설 『젊은 예술가의 초상』의 제목을 모방한 것이지만, 문제는 '이상 시대'다. 그것은 1930년대에 작가로서 활동한 이상이 1930년대 조선문학의 주도자였다는 판단에 연유할 것이다. 과연 그럴까? 1930년대 조선문학을 주도한 작가는 이상이 속했던 '9인회'의 작가들이 아니라 민족주의 파(派)에 속하는 이광수와 염상섭, 〈카프〉에 속하는 이기영과 임화 및 한설야 등이었다는 것이 우리의 상식이다. 실상 '9인회' 회원들의 활동은 거의 독자 대중의 눈 밖에 있었다. 이상의 「날개」 외에는 이렇다 할 업적이 없는 것 같았다. 동인지 『시와 소설』(1936)은 창간호가 동시에 종간호가 되었다. 그럼에도 불구하고 조용만에게 조선문학의 1930년대는 단연코 '이상의 시대'여야 했다. 그는 박태원, 정인택, 김소운, 정지용, 구본웅, 김기림, 김유정 등 당대의 '젊은 예술가들'이 이상을 추종했다고 보기 때문에, 그리고 그 추종이 입중하는 문인 소집단에 대한 이상의 주도권이 당대의 '조선문단'에로 확대될 수 있다고 믿었기 때문에 1930년대를 '이상의 시대'라고 예언적으로 말한 것처럼 보였는데 실제로 그 예언은 마치 『적과 흑』 및 『파르므의 승원』의 작자 스탕달이 '50년 후에 내 작품은 유명해질 것이다'라는 예언이 적중했듯이 정확하게 들어맞았다. 이상이 죽은지 50년 후, 그의 작가로서의 비중과 인기는 일제 강점기의 다른 작가들을 거의 압도한다. '이상신화'라는 말까지 생겼다. 그는 1930년대 조선문단의 공인되지 않은 잠재적 주도자의 한 사람일 수도 있었다. 세계주의자였던 이상만큼 폭넓은 시야를 지닌 작가와 지식인은 찾아보기 어려웠기 때문이다. 그러나 그 당시 이상은 아이러니컬하게도 예외적 작가의 취급밖에 받지 못했다.

이상이 1933년 『카톨릭청년』에 시를 발표함으로써 조선의 문단에 진입했을 때 그는 예외적 작가일 수밖에 없었다. 비록 조선총독부 기관지 『조선』에 장편소설 『十二월 十二일』과 단편소설 「지도의 암실」 및 「휴업과 사정」을, 그리고 그 총독부가 지원하는 건축 잡지 『朝鮮と建築』에 적지 않은 일본어 시를 발표했을지라도 그 작품들은 그 당시의 조선문단에 전혀 알려지지 않았다. 그 문단과 관계가 없었기 때문이다. 조선문단의 문인들, 또는 잡지사나 신문사의 기자들도 이상이 작품을 발표한 사실을 몰랐고, 알아보려고 하지도 않았다. 그 결과 이상은 어엿한 작가였음에도 불구하고 조선문단의 국외자일 수밖에 없었다.

조선문단은 3·1독립운동 후에 형성되었다. 그 독립운동 덕택으로 총독부의 통치정책이 '무단통치'에서 소위 '문화통치'로 바뀜으로써 언론 통제가 어느 정도 풀리고 그 덕택으로 동아일보와 조선일보 같은 신문과 『개벽』 같은 종합지가 생겨났으며, 문학 쪽에서는 『폐허』 같은 동인지가 발간되어 기존의 유일한 문학 동인지 『창조』와 대립하면서 조선문단이 가까스로 형성될 수 있었다. 그 결과 『조선문단』이라는 월간 잡지도 발행됨으로써 조선문단의 터전이 확실하게 잡힐 수 있었다. 게다가 1925년 〈카프〉의 형성은 그 터전을 더욱 굳히는 역할을 했다. 이는 『조선문단』이 1925년에 기획한 '계급문학 시비'라는 특집으로도 증명된다. 이 특집에 〈카프〉를 대표하는 박영희와 김기진의 글이, 민족주의 문학을 대표하는 이광수와 염상섭 등의 글이 대립했다는 것, 그리고 이 잡지에 작품의 '월평'과 '합평회'의 글이 여러 번 실린 것은 조선문단의 존재를 확실하게 입증한 것과 같았다.

1934년에 발족한 소위 '9인회'에 이상도 가입한 것은 그가 조선문단에서 작가로서 활동하고 있다는 것을 말해주는 사건이었다. 그러나 이상은 또 다른 의미에서 여전히 예외적인 작가였다. 조선총독부 시절의 『十二월 十二일』을 비롯한 모든 작품이 조선문단과 동떨어진 예외적 작품이었지만, 『카톨릭청년』에 「꽃나무」를 비롯한 몇 편의 시를 발표함으로써 조선문단에 진입한 뒤에도 그는 내내 예외적 작가일 수밖에 없었다. 그럴 수밖에 없었던 핵심적 이유는 그의 작품이 거의 언제나 비평가의 논평의 대상이 되지 못한 점에 있었다. 그것은 그의 작품이 극도로 난해하고 대담하게 실험적인 모험성을 가졌기 때문이었는데 그 실험은 주로 아방가르드적인 것이었다. 그 당시 이상만이 다다이즘, 초현실주의, 미래주의 및 표현주의 기법을 그의 여러 작품에서 활용했던 것이다. 바람직한 것은 작가와 비평가의 창조적 상호관계이지만, 이상의 경우 그것은 그림의 떡과도 같았다. 일반적으로 어느 나라에서나 문단과 대학은 밀접한 관계가 있다. 그런데 조선의 경우 1926

년에야 어쩔 수 없이 설립된 '경성제국대학'에 '영문과'와 '독문과'는 설치되었지만, 근대 예술의 창조와 연구를 위하여 그리고 '영문과' 등과의 교류를 위해서도 반드시 있어야 할 '불문과'가 고의로 설치되지 못했는데, 이것은 조선문단의 발전에 불가시적인 큰 장애물이었다. 가령 조선문단에서 아방가르드 예술의 창조와 연구 및 비평이 거의 딴 나라의 일처럼 여겨지게 된 중요한 원인 중 하나는 경성제국대학의 그와 같은 불구성(不具性)에 있었다고 말해도 과언이 아니다. 그 당시 조선에는 아방가르드 그룹이 하나도 없었고, 이상만이 아방가르드 작가였는데 이를 통찰하고 그의 작품을 아방가르드적 관점에서 논평한 비평가는 김기림을 제외하고 한 사람도 없었다. 김기림조차도 이상의 초기시 「운동」을 이 작품의 창작에 미친 이탈리아 미래주의의 영향을 도외시한 논평을 했고, 게다가 그가 논평한 이상의 작품은 「운동」뿐이었다. 그는 이상의 대표적인 걸작 「가외가전」은 외면한 것이다. 그의 소설로서는 「날개」만이 최재서와 김문집의 논평의 대상이었을 뿐 다른 중요한 작품들은 외면당하고 말았다.

또 하나의 원인은 문단의 편가르기와 언론기관과의 관계였다. 그 당시 문단에서는 민족주의 진영이 사회주의 진영과 대립하고 있었다. 전자에는 이광수와 염상섭 등이 속하고 박영희와 김기진 및 임화 등이 이끄는 〈카프〉는 후자였는데, 이상은 그 어느 쪽에도 가담하지 않았다. 이는 그가 '좌와 우'의 문제에 관심이 없었다는 것을 의미하지는 않는다. 정치적 이념의 차이에 기초한 이 양파의 편 가르기와 분쟁에 대한 그의 관심은 「공복」, 「환시기」, 「첫 번째 방랑」이 잘 보여준다.

그 당시 작가와 평론가는 거의 모두가 신문사와 밀접한 관계를 맺고 있었다. 가령 이광수는 〈동아일보〉 편집국장을 역임했고, 염상섭은 거의 일생 동안 신문사에서 일했다. 정인택과 최서해 및 김기진은 〈매일신보〉 기자였다. 그러나 이상은 언론계에 관심이 없었다. 그 점에서도 그는 국외자였다.

이상은 그의 작품의 예외적 성격을 즐기는 듯하기도 했다.

1934년에 일어난 「오감도」 사건도 예외적인 것이었다. 「오감도」 연작이 〈조선중앙일보〉(7.24-8.8)에 연재되자, 독자들의 항의로 인하여 15편의 시를 끝으로 연재를 중단한 것은 조선문단 성립 이후의 가장 충격적이고 센세이셔널한 사건이었다. 말하자면 「오감도」 연작은 조선문단의 예외적 작가의 예외적 작품이었다. (이상의 일본어로 쓴 초기시 20여 편이 『朝鮮と建築』에 게재되었을 때 독자의 항의 소동은 없었다.) 이 사건으로 인하여 이상(李箱)은 그 괴팍스러운 이름과 함께 유명해졌다.

이상은 1930년대의 작가이자 화가였다. 〈조선중앙일보〉에 연재된 박태원의 중편소설 「소설가 구보씨의 일일」 삽화를 '하융(河戎)'이라는 필명으로 맡았는데, 그 삽화들 중의 여섯 점은 삽화가의 주체적인 텍스트 해석이 돋보인 점에서 다른 신문연재소설의 삽화들과 전혀 달랐다. 그는 그 삽화를 통해 문학과 미술을 독자적으로 융합할 수 있었는데, 그 점에서도 그는 예외적인 작가이자 화가였다.

'9인회'는 조선문단의 소집단으로서 1933년에 형성되었고, 이상은 1934년에 가입했다. 그 당시 회원은 정지용, 이태준, 이효석, 조용만, 박태원, 이무영 등이었다. '9인회'는 정치적 경향이 강한 〈카프〉에 대립함으로써 예술의 순수성을 앙양하려고 한 모임이었다. 동인지 『詩와 小說』(1936. 3)에 게재된 이상의 시 「가외가전」은 반(反)자본주의적, 반제국주의적인 문명비평 시였다. 「가외가전」은 김기림의 (長詩) 「기상도」(1935)에서도 자극을 받았을 텐데 그것은 다른 무엇보다도 그 시의 문명비판적 의도라는 자극이다. 이들 두 시는 T. S 엘리엇의 유명한 문명비평적인 시 「황무지」의 영향을 공통적으로 받고 있었음에도 김기림은 「가외가전」에 대하여 침묵했다. 「가외가전」의 정치적 목적은 일제의 자본주의와 제국주의에 대한 저항이어서 예술지상주의적인 '9인회'의 창립 취지와 어긋난다. 그런 의미에서 이상은 '9인회'에서마저도 실상 예외적인 동인(同人)이었던 셈이다.

이상은 조선문단의 거물급의 선배 작가와는 아무런 관계도 없었다. 이광수, 염상섭 및 김동인, 이기영 등을 만난 적도 없다. 이광수에 대해서는 평론에 『단종애사』와 관련하여 언급한 적이 있지만, 염상섭과 김동인, 이기영에 대해서는 전혀 언급하지 않았다. 그 선배 작가들도 이상에 관심이 없었다. 이상이 정지용과 김기림의 경우와는 달리 이 선배 작가와 교제가 없었고, 언급도 하지 않은 것은 문학 예술의 모더니즘 또는 아방가르드적 성격과 관계가 있다.

이광수와 염상섭 및 김동민 등은 김기림 등과 달리, 아방가르드 예술과 전혀 무관한 작가들이었다. 게다가 1935년 6월에 파리에서 개최된 '문화 옹호 세계 작가 대회' 및 그 해 5월의 〈카프〉 해산이라는 큰 사건에 대해서도 전혀 관심이 없었던 작가들이었다. 바꿔 말하면 모더니즘이나 아방가르드 예술의 세계적 성격과 전혀 무관한 점에서 보수적인 작가들이었고, 그 점에서 그들은 이상이나 김기림 같은 작가의 문학이 표방하고 지향한 근대성과 무관했던 것이다. 따라서 그 당시 조선문단의 중진(重鎭)들의 시각으로 볼 때 이상은 예외적인 작가여서 전혀 관심의 대상이 아니었다.

1936년 10월경 일본 동경으로 간 이상은 조선문단을 떠난 것이나 마찬가지였다. 그가 동경에서 그 해 12월에 고국으로 보낸 「종생기」는 그가 동경에서 죽은 후에야 종합잡지 『조광』(1937)에 발표된다. 이상은 동경의 디아스포라가 될지언정 고국에 돌아가지 않겠다는 결심을 안회남에게 보낸 편지(1937. 2)에서 밝혔다. 조선문단에 진입한 뒤에 줄곧 예외적 작가였던 이상은 1937년 4월에 별세함으로써 끝내 영원한 조선문단의 예외자로 남게 되었다.

이렇게 이상을 문단의 예외자로 만든 것은 근대문화의 식민지적 후진성으로 인한 문단의 취약한 근대성이었다. 그의 문학을 당대 비평가들이 외면한 것은 문단의 전근대성을 확증했다. 이상 문학의 전위적 성격이 겨우 1970년대쯤부터 활발하게 연구되기 시작했다는 역사적 사실은 조선문단의 취약한 근대성이 오랫동안 해결되지 못한 숙제였다는 것을 말해준다. 따라서 이상은 그와 같은 조선문단의 희생자인 동시에 조선문단에 간절하게 요구되는 근대성이라는 문제를 반성하도록 한 자극제의 역할도 했던 것이다.

만일 이상이 조선에서 시대를 앞선 아방가르드적 작가가 아니었더라면 그는 조선문단의 예외적 작가가 되지 않았을 것이다. 반면 그의 예술은 독자적인 개성을 잃게 되었을 것이다. 어처구니 없게도 그는 공인 받지 못한 아방가르디스트였다. 이것이 바로 일제 식민지 조선의 슬픈 현실이었다.

조선문단에서 이상이 그처럼 예외적 존재였다는 것은 역설적으로 그가 귀중한 특권적 존재였다는 것을 말해준다. 이를 입증한 것이 김기림의 「고 이상의 추억」의 일전이다.

箱은 오늘의 환경과 종족과 무지 속에 두기에는 너무나 아까운 천재였다.(……) 箱의 죽음은 한 개인의 生理의 비극이 아니다. 縮刷된 한 시대의 비극이다. 詩擅 가운데 채워질 수 없는 영구한 空席을 하나 만들어 놓고 箱은 사라졌다.[1]

인용에서의 '시단(詩擅)'은 '조선문단'과 같은 뜻이다. 이상의 죽음으로 인하여 그 문단에 큰 공백이 생겼다는 것이다. 그의 죽음이 '한 시대의 비극'이었다는 단언이야 말로 조선 문단의 '1930년대'가 '이상시대'였다는 것을 입증하지만, 문학사적으로 중요한 것은 그 당시의 조선문단 전체가 이것을 실감한 것은 아니었다는 점이다. 이는 조용만이 그 회상기를 쓴 1987년, 곧 이상이 죽은 후 50년 만에야 문단적으로 확인된 것이다.

이를 측면에서 입증한 것은 1987년까지 『이상전집』이 세 출판사에서 간행되었다는 사실이다. 이상의 가장 큰 라이벌은 염상섭이었다. 그는 1931년의 『삼대』와 그 이전의 『만세전』 및 『사랑의 죄』, 그리고 「표본실의 청개구리」, 「제야」, 「추락」 등의 작자로서 1920년대와 1930년대를 아우르는 그야말로 '염상섭의 시대'를 이루기에 가장 적합한 작가였다. 그러나 그는 1932년에 조선총독부 기관지 〈매일신문〉의 정치부장 자리를 차지함으로써 작가의 주체성을 잃고 말았다. '이상 시대'와 관련하여 조용만은 스탕달의 예언을 상기했을지도 모른다.

1 김기림, 「고 이상의 추억」, 『조광』, 1937, 146쪽.

21
독특한 교우관계

이상의 친우는 일제 강점기의 어느 작가보다도 많았다. 문우는 박태원, 김기림, 정지용, 김유정, 김소운, 정인택이요, 미술계의 친우는 구본웅이었다. 그처럼 친우가 적지 않았던 것은 그가 서울의 고등 유민(遊民)이었고, 그에게는 준비된 화제(話題)가 그 당시로서는 보기 드물게 다양했고, 어떤 예술의 제도(制度)라는 벽도 허물 수 있었으며, 세계주의적 시각의 소유자였기 때문일 것이다. 그래서 그의 주변에 적지 않은 문우가 모였을 것이지만, 일제 강점기에 그와 같은 교우관계는 달리 찾아볼 수 없다. 그것은 독특한 교우관계였다. 이상과 문우들은 일종의 '구락부'를 만들게 되었는데, 언제나 그 서클의 주도권은 이상에게 돌아갔다. 그만큼 박학하고 자기의 소신을 간결하게 기지를 발휘하여 말할 수 있는 작가는 없었다. 그의 말은 아포리즘이 될 수도 있었다.

그러나 그는 역설적으로 늘 고독했다. 그의 진정한 이해자가 주변에 없었기 때문이다. 그는 말하자면 호레이쇼가 없는 햄릿이었다. 그의 교우관계는 그의 작품과 밀접하게 관련되어 있다. 가령 「환시기」와 「불행한 계승」에 등장하는 '송'과 '소운'이 바로 이상의 친구인 '정인택'과 '김소운'이다.

여기에 한 장의 정말 기이한 사진이 있다. 곧 '정인택의 결혼 축하사진'이다. 약 20여 명의 축하객이 앉거나 서 있는데, 배경은 야외요, '정인택'과 신부 '권순희'는 앞줄 중앙에 앉아 있다. 그런데 이 기념사진에 너무나 어울리지 않는 축하객이 맨 뒷줄 중앙에 서 있으니, 그가 '이상'이다. 문제는 구레나룻이 많이 난 그가 이를 드러내고 웃고 있는 점에 있다.

하기야 신랑 정인택도 양복 차림이었지만 넥타이를 매지 않았고, 결혼식장도 야외였기 때문에 예절을 깍듯이 지킬 필요는 없지만, 이상의 텁석부리와 웃음은 지나쳤다 할 것이다. 그는 '동경'에서 김기림에게 보낸 한 편지에서 자기를 '무뢰한'이라고 말하기도 했지만, 때와 장소를 유념하여 실례가 되는 행동은 삼갔어야 한다. 더구나 그는 정인택의 결혼식에서 사회자의 역할을 했다. 그러면 '정인택 결혼 기념사진'에서의 파격적 행동은 어떻게 설명해야 하는가?

이 사진에서의 그의 위치는 상징적이다. 그는 어떤 특권을 과시했는데, 그것은 그 결혼식장에 온 문우만이 아니라 그들의 연장선 위에 있는 '조선문단'에 익살스럽게 군림한다는 특권이다. 이상과 정인택의 우정관계는 한동안 돈독했던 것 같다. 「산촌여정」이라는 여행소설에서의 말상대인 '정형'은 틀림없이 '정인택'일 것이다. 그는 「환시기」에서 '순영'과 관련된 삼각관계에서 '이상'의 라이벌이 될 정도로 그의 사생활에 깊이 간여한 친구였다. 「환시기」에 나타난 대로 이상은 그 라이벌에게 '순영'(권순희)을 빼앗기자, 그로 인한 번뇌에서 벗어나기 위해서도 동경(東京)여행의 결심을 굳힌다. 그러나 그 이전에 이 폐결핵 환자가 요양을 위하여 간 곳이 평안남도의 성천이요, 거기서 「산촌여정」을 썼다.

김소운은 수필가이자 일어에 능통한 번역가로서 『朝鮮詩集』 같은 조선시인의 작품집을 일어로 번역했고, 조선민요 수집가이기도 해서 『朝鮮民謠集』의 편자이기도 하다. 이상과는 누구의 소개로 언제부터 교분이 있었는지 알 수 없다. 그는 이상이 경영하는 다방 〈제비〉에서 거의 매일 이상을 만났다고 하니, 두 사람의 친분은 꽤 두터웠던 것 같다. 이상의 시 「蜻蛉」과 「破帖」을 일어로 번역하여 『朝鮮詩集』(1939)에 수록해주기도 하였다.

김소운과 이상의 교우관계가 감동적일 만큼 돋보이게 되는 것은 이상이 동경 경찰서에서 그의 병이 악화되어 보석되었을 때부터이다. 그는 친구들과 몇몇 유학생의 도움을 받아 동경제국대학 부속병원으로 그를 입원시켜주고, 친구의 사망 소식을 변동림에게 급전(急電)으로 알려주기도 했다. 그가 이상 담당의사에게서 알아낸 이상의 사인(死因)은 폐결핵이 아니라 '결핵성 뇌매독'이었다.

이상이 지상(地上)에서 사라지게 될 마지막 며칠 동안 헌신적으로 돌보아준 친구가 바로 김소운이었던 것이다. 「불행한 계승」은 이상의 자전적 소설인데 여기서 이상이 유곽으로 갈 때 동행한 사람이 김소운이었다. 김소운이 이상에게 그처럼 친밀하게 대한 것은 이상의 천재성을 존경하고 아껴주려는 동기에서였을 것이다. 이상의 마지막 날들은 김소운 없이는 생각해 볼 수 없다. 그는 이국(異國)에서 신세가 너무도 비참해진 이상을 위한 우정이 미덕을 절실하게 보여준 친구가 김소운이었다. 이상이 죽은 뒤에 그의 죽음을 애도하는 시를 쓴 것도 그였지만 이상에 대한 돈독한 우정을 보여준 친구가 반드시 이상문학의 최선의 이해자는 아니다.

「불행한 계승」에서 주인공(이상)의 친구 역할을 하는 '소운'은 외향적인 성격의 인물이어서 그와의 대화는 내밀성이 없다. 따라서 「환시기」에 나타난 이상의 패배, 곧 친구에게 애인을 빼앗겼다기보다 선의의 양보를 한 불행한 비밀을 실토한 상대는 서울 '한강 밤섬'의 창녀 은선이다. 이상은 소운을 신뢰하지 않았는데 이것은 그의 선견지명을 보여준다. 김소운은 태평양 전쟁 때 창씨개명을하고 일제에 협력했기 때문이다.

이상이 박태원의 신문연재 중편소설 『소설가 구보씨(仇甫氏)의 일일(一日)』(1934)의 삽화를 담당한 것은 주지된 사실이다. 그 당시 이상과 박태원은 '구인회(九人會)'의 회원이었다. 이상이 그 삽화를 맡은 것은 그가 화가였기 때문이기도 하지만, 그 박태원 소설의 주인공, 곧 서울의 거리를 작가의 '노오트북'을 휴대하면서 산책하면서 다방에 들르곤 하는 그 '유민(遊民)'으로서의 주인공(구보씨)에게 동류의식을 짙게 느꼈기 때문이었을 것이다.

그러나 「지도의 암실」, 「날개」, 「종생기」에 등장하는 주인공인 유민과 박태원 소설의 유민은 그 성격이 다르다. 박태원의 분신인 작가 '구보씨'는 아무리 유민의 눈으로 도시를 거닐면서 관찰하고, 어떤 때는 갑자기 담 넘어 들려오는 아기의 울음소리에서 실존적 고뇌를 통감하고, 작가로서의 관심의 범위가 넓다고 할지라도, 소시민적 행복을 추구한 그는 자기 개인의 실존적 문제와 동시에 세계사적, 시대적 문제와도 대결했던 이상과 너무도 다르다.

이상의 '유민'은 뿌리 깊은 허무의식으로 인하여 박태원이 원하는 소시민적 행복에는 전혀 관심이 없다. 박태원의 유민도 소시민의 한계를 벗어날 수 없다. 가령 밤거리의 창녀를 박태원은 자기 생활상의 '불안'을 '무지(無智)'한 탓으로 명확히 의식하지 못한다고 경멸하지만, 이상의 주인공은 결코 경멸하지 않는다.

박태원도 이상의 진정한 문우가 아니었다는 것은 그의 단편소설 「방란장주인」(1936)이 입증한다. 여기서 〈제비〉다방은 '방란장'이요, 다방을 차린 목적을 '불우한 예술가들'을 위한 '구락부' 역할을 하기 위한 것으로 본 것은 옳다. 소위 '의식의 흐름' 수법을 실험적으로 쓴 것도 이 소설이 게재된 '9인회' 동인지 『시와 소설』 편집인인 이상의 마음에 들었을 것 같다. 그러나 이 소설에서 '화가'로 등장시킨 '방란장 주인'은 존재감이 거의 없고, 레지 '미사에'도 마찬가지다. 결정적인 약점은 레지의 이름을 일본식으로 '미사에'라고 부른 점이다. 그것은 '방란장'이라는 동양적인 이름과 어울리지 않을 뿐만 아니라, 항일적 작가로서의 이상을 배반한 이름이다. 〈제비〉다방의 '금홍'은 개성도 미약하고 이름마저 일본식으로 개명(改名)되는 재앙을 맞은 셈인데, 박태원에게는 진작부터 그렇게 할 수 있는 소지(素地)가 있었다. 「소설가 구보씨의 일일」(1935)에서 주인공과 관련된 서울의 행정구역으로 '약초정(若草町)', '장곡천정(長谷川町)', '서소문정(西小門町)' 같은 일본식 명칭과 '大正十二년' 같은 일본의 연호(年號)를 썼는데, 이는 작품에서 일본식 행정구역 명칭과 연호를 쓰지 않은 이상과 너무도 대조적이다. '미사에'는 '이상'이 아니라 박태원의 세계에서만 숨을 쉴 수 있었다. 박태원도 역시 이상의 진정한 이해자일 수는 없었다.

이상과 정지용의 우정관계는 정신적인 빚이 있는 특수한 관계였다. 그를 조선문단에 진출시킨 시인이 정지용이었다. 그의 「꽃나무」를 비롯한 몇 편의 시를 『가톨릭청년』에 게재할 수 있도록 함으로써 이상을 문단에 알렸다. 이상의 애송시의 하나가 정지용의 「유리창」이었다. 그가 최대한 문제적으로 선용한 유일한 시인이 정지용이라는 사실은 잘 알려지지 않고 있다. 그러한 작품이 이상의 「실화」(1936)인데 이 아나키즘적 소설에서 이상은 정지용의 시 「카페 프랑스」와 「말」, 그리고 「해협」을 상호 텍스트적으로 감쪽같이 교묘하게 이용했다. 이상의 교우관계 중에서 인간적 차원이 아니라 문학적인 차원에서 가장 밀접한 관계를 지닌 문인이 김기림이다. 보성고보 동창생이기도 한 김기림은 시인이자 시 비평가로서 이상의 재능을 누구보다도 빨리 통찰했었다. 그리하여 식민지 시대뿐 아니라 8 · 15해방 뒤 6 · 25 전까지 이상의 문학에 대해 가장 많은 관심을 기울인 비평가였다. 동경에 간 이상의 사신(私信)은 거의 전부가 김기림에게 보낸 것이다.

이상과 김기림의 교우관계는 이상이 동경으로 가기 이전, 곧 '9인회' 시절과 동경 체류시절이라는 두 시기에 걸쳐 있다. '9인회' 시절의 관계는 동료 문인(곧 '9인회' 회원)이면서 동시에 복잡한 감정적 기복이 포함된 관계였다. 곧 김기림은 이상의 천재적 독창성에 대해 은근한 외경심을 느꼈고, 이상은 김기림에게 라이벌 의식을 가지고 있었다. 이는 "사실 나는 兄의 雄飛를 目睹하고 선수를 빼앗긴 듯한 느낌이 들어 우울했소이다"라는 김기림에 보낸 편지의 내용으로 짐작할 수 있다. 이상에게 선수를 친 것은 틀림없이 김기림의 장시(長詩) 「氣象圖」(1935)이다. 「氣象圖」에 대한 도전으로 의도된 이상의 시가 「街外街傳」이다. 김기림의 시가 거의 피상적으로, 이국취미적으로 시도한 문명비판을 이상은 「가외가전」에서 독창적으로 그리고 심층적, 문명비평적으로 시도했다. 그것은 이 시에서 나타난 몰인정한 자본주의 문명, 타락한 인류에 대한 신(神)의 징벌로서의 가뭄과 페스트 같은 집단 전염병의 암시 등으로 나타나지만, 김기림으로서는 도저히 불가능한 시도였다. 그러나 당시의 최재서를 비롯한 문학평론가들은 「가외가전」에 대해 전혀 언급하지 않았다. 이 쉬르레알리즘의 걸작은 철저히 무시되었던 것이다. 김기림도 마찬가지였다. 그는 이상의 시에 대해서 누구보다도 관심이 많았지만, 정작 이상의 그 최대 걸작에 대해서는 입을 다물었다. 우리는 이상과 김기림의 교우관계를 자세히 알아볼 필요가 있지만, 이 경우 더 중요한 것은 그들의 인간적 교우관계보다도 문학적 교우관계이기 때문에 여기에는 중요한 작품의 비교도 수반되어야 한다.

이상이 동경으로 간 뒤의 김기림과의 교우관계는 그에게 보낸 편지를 통해서 추측할 수밖에 없다. 그 편지의 내용을 검토해 보면 두 가지 경향이 발견된다. 하나는 동경에서의 이상 자신의 곤궁하고 외로운 생활형편을 애소(哀訴)하고 있는데, 그 어조는 진솔하다. 그런 곤경을 호소할 수 있는 상대는 김기림밖에 없기 때문이었으리라. 그 당시 센다이(仙台)의 동북제국대학 재학생인 김기림의 넉넉한 생활형편과 건강은 이상의 그것과 너무도 대조적인 것이었다. "어디를 가나 이 영혼은 즐거워할 줄을 모르니 딱하구려!" 또는 "불행이 아니면 하루도 살 수 없는 '그런 인간'에게 행복이 오면 큰일나오, 아마 즉사(卽死)할 것이요. 협심증(狹心病)으로"라고(「사신3」, 3, 226) 한 말은 진작부터 그에게 있어온 비관주의적인 인생관을 표현만 달리하여 반복한 것이지만, 이를 쓴 곳이 동경이기 때문에 더 절실한 느낌을 준다.

남은 또 하나의 경향은 동경으로 대표되는 일본 근대화(서구화)의 피상적 성격을 강조한 점이다. 이것은 이광수, 유진오, 임화 등 유학생의 일본 찬미를 돌아볼 때 이광수 등의 찬양이 일제에 의해 식민화된 그들

내면세계의 반영이었다면, 이상의 동경문화에 대한 신랄한 비판은 조선 원주민 작가의 주체의식의 반영이다. 그 점에서 이상의 비판은 식민지적 근대화를 단연코 거부한 것으로서 이상의 일본어 시(詩)나 빈번한 일본어 사용이 결코 식민화 현상이 아니라는 것을 말해준다.

다음의 편지는 김기림에게 보낸 것이었는데, 이상 자신의 문학적 세계의 성격을 조명해줄 수 있다는 점에서 중요하다.

> 암만해도 나는 十九世紀와 二十世紀 틈사구니에 끼여 卒倒하려드는 無賴漢인 모양이오. 完全히 二十世紀 사람이 되기에는 내 血管에는 너무도 많은 十九世紀의 엄숙한 道德性의 피가 威脅하듯이 흐르고 있소그려.(3, 235)

인용에서의 '도덕성'은 봉건적 도덕성의 뜻으로만 해석해서는 안 된다. 그것은 약육강식적 사회의 약자를 동정하고 옹호하는 인도주의 정신으로 그의 작품에 나타나기 때문이다. 이것은 빈민굴에서 살고 있는 양친에 대한 최소한의 효성이나 누이동생 옥희에 대한 오빠로서의 따뜻한 배려가 증명한다. 문제는 이 '도덕성'이 그의 작품에서 아방가르드적 수법('二十세기 사람')이나 알레고리에 의하여 겹겹이 은폐되거나 위장되는데, 그 위장이 때로 위악적 가면을 쓰기도 한다는 점에 있다.

'무뢰한'은 그 당시 일본에서는 사회주의자나 아나키스트의 별명이었고, 이상도 그런 뜻으로 쓴 것이다. 김기림에게 준 편지(1936)의 일절은 다음과 같다.

> 生 — 그 가운데만 오직 無限한 기쁨이 있는 것을 너무도 잘 알기 때문에

이미 [이럴 수도 저럴 수도 없을 정도로] 轉落하고 만 自身을 굽어 살피면서 生에 대한 勇氣, 好奇心, 이런 것이 날로 희박하여 가는 것을 自覺하오. 이것은 참 濟度할 수 없는 悲劇이오! (「사신 7」, 3, 235-236)

인용에는 외로움과 권태, 그리고 질병에 포박된 삶을 용감히 벗어난 '生'에 대한 갈망이 절절히 나타나 있다. 이것은 앞에서 인용한 이상 자신의 빈궁상태에 대한 언급과 마찬가지로 김기림보다는 자기 자신에게 한 독백에 보다 가깝다. 김기림의 우정은 김소운이나 구본웅과의 우정만큼 친밀한 것은 아니었기 때문이다. 그 친밀성은 구본웅의 유채화 「친구의 초상」이 입증하는 인간 이상과 그의 문학에 대한 통찰에 기초한 것이어야 한다. 그러나 이것은 김기림에게 거의 기대할 수 없었다. 김기림은 이론적으로 이상 문학의 근대성, 혹은 아방가르드적 성격을 이해하려고 노력했지만 그것은 도저(到底)한 것이 못되었다. 그 점에서는 최재서의 경우도 비슷했다. 최재서가 이상의 소설에 관심을 가진 것과는 달리 김기림은 이상의 시에 관심을 기울였다는 차이가 있을 뿐이다. 앞에서도 언급한 것처럼 김기림이 「가외가전」을 전혀 언급하지 않은 것은 「氣象圖」 작자로서의 자부심 탓이기도 하지만, 그보다도 이상과 그의 문학에 대해 열정적으로 깊이 이해하려는 노력이 부족했고 그로 인하여 「가외가전」의 주제를 제대로 통찰할 수 없었기 때문이다.

이상의 문학에 대한 그런 이해의 노력과 통찰력이 부족했던 또 하나의 원인으로는 김기림의 작가로서의 체험의 범위가 매우 제한되어 있었던 사실을 들 수 있다. 그에게는 빈궁한 생활과 특히 창녀의 체험이 없었다. 그것은 이상의 적지 않은 작품을 보다 정확하게 이해하기 위해 불가결한 조건이다. 벤야민은 보들레르의 유일한 연대(連帶)는 창녀라고 말한 적이 있지만, 그 말은 이상의 경우에도 해당될 수 있다. 이상이 보들레르와 정신적으로 친밀한 관계라면, 김기림은 T.S. 엘리엇 등 영국의 주지주의적 시인, 비평가와 그러하였다. 그들은 고급예술과 대중예술을 엄격히 구별하는 모더니스트였다. 그러나 이상은 그 경계를 넘나들었다. 그에게 제도적 경계는 웃음거리였다. 이상은 비록 보들레르처럼 고전주의적 예술의 전통이 있는 나라의 시인은 아니었지만, 이 시인처럼 '창녀'의 세계와 '군중'의 세계에 자신의 고독을 지키면서 어우러질 수 있었다. 김기림의 이상 문학에 대한 통찰과 이해의 부족은 창녀 등의 비속한 세계에 대한 이상의 고의적일 정도의 침잠을 깊이 동정적으로 이해할 수 없었던 데도 기인한다.

이상이 동경 니시간다(西神田) 경찰서에서 피골이 상접한 몰골로 보석되어 병원에 입원해 있을 때 그를 찾아온 김기림은 "여보, 당신 얼굴이 아주 피디어스의 제우스 신상(神像) 같구려"라고[1] 말했는데, 애매한 사상 혐의를 둘러쓰고 유치장 생활을 하고 나온 중환자를 '제우스'에 비유하면서 신격화한 것은 사치스러운 관념 유희에 지나지 않는다. 김기림은 이상이 생애의 마지막 날에 일제에게 당한 극도의 굴욕과 무참하게 파괴된 건강을 자기 일처럼 절감할 수 없었다.

이상의 가장 친밀한 교우관계가 문인이 아니라 화가와 맺은 것이었음은 아이러니컬한 일이다. 그는 서해(西海) 구본웅(具本雄)이었다. 1931년의 제9회 '선전(鮮展)'에서 「자화상」이 특선작으로 당선된 구본웅은 일본에 유학하여 미술수업을 했다. 그 '선전'에서 이상의 「자화

1 김유중 · 김주현 편, 「고 이상의 추억」, 『그리운 그 이름 이상』, 지식산업사, 28쪽.

상」이 입선한 것은 1931년이요, 아마 이때부터 구본웅과의 교제가 시작된다.

구본웅은 문학에도 관심이 많고 문학적 표현도 능했다. 그가 이상과 친밀해진 것도 미술과 문학 양면에 걸친 교양과 관심 덕분이다. 서울 다동(茶洞)에 있는 구본웅의 큰 집은 예술가들이 드나들어서 '다옥정(茶玉亭)'이라고 부르기도 했는데 이상은 구본웅의 집에 가서 그림을 그리기도 했다.

꼽추였던 구본웅은 빅토르 위고의 '노틀담의 꼽추'에 비유되기도 하고 '물랭 루주'의 난쟁이 화가 로트렉과 비교되기도 했다. 실은 이 천재 화가의 불구성은 이상 자신의 폐결핵으로 인한 불구성과 같은 것으로 여겨졌을지도 모른다. 예술가의 질병은 그의 불행인 동시에 예술적 영감의 자극제 노릇도 한다는 것은 도스토예프스키의 간질병이 단적으로 입증한다.

꼽추 구본웅과 키가 큰 이상의 동행은 거리의 사람들에게 웃음거리였다고 한다. 그러나 두 친구는 그들에게 웃음을 뿌리는 '어릿광대들'인 것을 은근히 자랑스럽게 여겼을 것이다. 난세의 예술가는 종종 어릿광대의 비희극 연기자다. 박태원의 「방란장주인」에 '자작(子爵)'으로 등장한 그가 다방의 개업을 축하하는 의미에서 몇 년 동안 '애용(愛用)'해온 포터블 축음기와 레코드 20여 매를 선물한 것은 이상의 음악 취미를 평소 잘 알고 있었기 때문이다.

이상이라는 인간과 그의 예술에 대한 깊은 우정과 통찰이 없고서는 구본웅의 「친구의 초상」(1934)은 결코 탄생할 수 없었다. 붕대로 귀를 싸맨 채 담배 연기가 피어오르는 파이프를 물고 있는 반 고흐의 유명한 「자화상」(1890)에서처럼 파이프를 물고 연지를 칠한 듯한 붉은 입술과 머리보다 작은 어릿광대 모자, 끝이 다소 치켜 올라간 두 눈 등이 우리의 눈길을 끈다. 특히 매서운 눈과, 그와는 달리 관중을 웃기는 모자는 대조적으로 보였고, 붉은 입술은 마치 내면의 정열이 올라온 것 같다. 이 '친구의 초상'은 이상의 어떤 작품에 반드시 등장함직한 얼굴인데, 그것은 무엇일까? 곧 「지주회시」의 주인공이다. 일상적으로 당해왔던 굴욕적 생활에 대한 분노를 어릿광대짓으로 지그시 누르고 있는 그 주인공 말이다. 구본웅은 그와 같은 이상의 내면세계를 표현주의적 수법으로 강렬하게 표출했던 것이다. 그는 이상을 일제 식민지 시대의 기념비적 초상화의 주인공으로서 당당히 내세웠다. 그것은 이상의 교우관계가 낳은 가장 값진 열매였다.

김유정(金裕貞)은 이상이 존경하는 마음으로 교제한 유일한 문우였을 것 같다. 이상이 김유정과 절친한 사이가 될 수 있었던 것은 김유정이 자기와 똑같은 폐결핵 환자라는 동류의식도 작용했겠지만, 그보다는 그들의 기질과 문학의 차이점이었을 것이다. 그 우정은 반대항(反對項)의 결합이었다. 김유정의 황소처럼 무뚝뚝하면서 호방(豪放)한 기질, 그리고 그의 문학의 건강한 토속성은 대도시의 시인다운 이상의 풍부한 위트와 과도한 자의식의 비극성과는 너무도 대조적이다. 그러나 두 사람의 우정을 친밀하게 만든 또 하나의 요인이 있었을 것 같다. 그것은 일제의 우심해진 언론탄압 때문에 겉으로 내색하지 않은 항일적 민족감정이 아니었을까? 이상이 동경에서 쓴 미발표 단편소설 「실화」가 이를 증명한다. 그는 고리키의 유명한 희곡의 제목을 「밤주막」(그 작품을 최초로 번역한 함대훈이 붙인 제목)이 아니라 '밑바닥(생활)'을 의미하는 원제목인 「나 드네」로 표기했고, '밤이나 낮이나 감방(監房)은 어둡다'라는 이 작품에 나오는 노래 가사를 인용한 뒤에 그것

구본웅, 「친구의 초상」, 1935.

을 '밤이나 낮이나 그의 마음은 한없이 어두우리라'고 패러디했는데, 이 경우 '그'는 「실화」의 주인공 이상과 김유정이다. 그들은 이상이 동경으로 가기 전에 만난 자리에서 충심으로 바랐던 대화를 했다.

> 「신념을 빼앗긴 것은 건강이 없어진 것처럼 죽음의 꼬임을 받기 마치 쉬운 경우더군요」
>
> 「李箱兄! 兄은 오늘에야 그것을 빼앗기셨습니까? 인제 — 겨우 — 오늘이야 — 겨우 — 인제」(「失花」, 2, 367)

'신념'은 반체제운동을 위한 민족주의나 사회주의 또는 아나키즘 사상으로서 이상이 그의 항일적 민족의식에 끌어들일 수 있는 친구로서의 문인(文人)은 김유정밖에 없었다. 이렇게 볼 때 이상과 의기투합하면서 문학과 미술작품으로 맺어진 친구는 구본웅과 김유정뿐이었을 것이다.

이상이 죽은 뒤 아내 변동림이 1937년 5월 4일 화장한 유골을 가지고 귀국하여 경성 부민관(府民館)에서 김유정과 합동 영결식을 했는데 이로써 이상과 김유정은 '死後의 情死를 달성'했다고 고은은 「이상평전」에서 말했다.[2] 센티멘털한 견해다. 지하의 이상이 들었다면 고소(苦笑)했을 것이다. 그런 합동영결식은 두 문인의 인격을 사후에 모독한 처사와 다름이 없다. 그들의 문학은 '합동'할 수 없는 개성과 재능의 산물이기 때문이다.

이상과 정인택(鄭仁澤)의 교우관계에 문제가 생긴 것은 앞에서 말한

---

2 고은, 『이상평전』, 민음사, 1974, 288쪽.

대로 이상이 〈제비〉의 경영에 실패한 다음 다시 시작한 다방 〈鶴〉의 여급 권순희 탓이다. 정인택이 이상의 애인인 그녀를 열렬히 사랑하게 되기 때문이다. 이 삼각관계는 이상의 단편소설 「환시기」에서 취급되고 있고, 그 소재는 사실에 기초한 것이어서 신뢰할 수 있다. 「환시기」에서는 순영이 《막심 고리키 전집》을 독파할 정도로 교양있는 여자로 나오지만 그것은 가공적이다. 그러나 그녀는 이상을 거쳐간 다른 여자와는 달리 교양인이었을 수도 있다. 어느 날 카페에서 D.H.로렌스의 『채털리 부인의 사랑』과 관련하여 이상과 대화를 나누기도 한 여급이다. 이상과 순영의 연애관계를 방해한 것이 금홍과 정인택이다.

정인택은 이상의 진지한 우정의 상대가 될 수 없는 평범한 인간이자 작가였다. 그런데 그 '평범성'에 이상을 정신적으로 곤경에 처하게 만든 악마가 숨어 있었다.

이상의 교우과정에서 그의 냉소와 고소(苦笑)의 대상이 아닌 친구는 오직 김유정과 구본웅뿐이었을것이다. 이상은 곤궁하게 사는 그 자신의 가족과 금홍에 대해서처럼 이 두 친구에 대해서만은 '시니컬한 웃음'을 던질 수 없었다.

이상의 교우관계에서 문인이 아닌 친구로서 중요한 사람이 윤태영과 특히 문종혁이다. 이상은 문종혁이 백부 집에서 5년 동안 하숙하고 있을 때 처음으로 알게 되었는데 그 당시 그는 미술청년이었고 일본에서 미술수업을 하기도 했다. 「지주회시」에 나오는 '오(吳)'가 전에 '예술가'였다고 한 것도 이를 두고 한 말이다. 그리고 그는 '吳'처럼 취인소에 취직하여 인천에서 근무했다. 「지주회시」의 주인공이 인천에 놀러가서 '吳'를 만난다는 대목은 사실에 근거한 것이다.

이처럼 문종혁은 「지주회시」에서 돈에 탐욕한 '吳'라는 악역을 맡고 있지만, 이상의 수필 「혈서삼태(血書三態)」에서는 딴판이다. 이 수필에서 문종혁은 주인공 이상의 미술 친구이자 동성애적 애정의 대상인 미소년 '욱'이기 때문이다. 그 동성애적 관계는 와일드의 장편소설 『도리언 그레이의 초상화』에서의 화가 베질 홀워드와 미소년 도리언의 관계를 연상시킨다. 그들의 관계를 이상은 '플라토닉한 애정'이라고 말했지만, '혼연한 영의 포옹'은 그 '애정'이 동성애적인 것임을 짙게 암시하고 있다. 이상이 푸치니의 오페라 〈라보엠〉을 특히 좋아했다는 그의 술회는 기억해둠직하다. 이상의 일생은 초기를 제외하고 〈라보엠〉의 보헤미안처럼 떠돌이 일생이었기 때문이다.

문종혁은 이상이 미술을 포기하고, 작가 생활에 전념하게 된 1934년 무렵, 그러니까 '9인회'에 입회한 작가로서 공인받게 될 무렵부터 이상의 시야에서 사라진뒤 「지주회시」의 '吳'로 변신하여 등장한다.

그런데 문종혁은 한 때 절친한 사이였음에도 불구하고 이상에게 잊혀질 수밖에 없었다. 그가 이윽고 예술이 아니라 '마몬(Mammon)'을 자기의 우상으로 받드는 속물로 타락했기 때문이다.

이상이 형성한 서클은 일본으로 망명한 그가 객사하는 충격적인 사건으로 인하여 무너지고 만다.

'이상 구락부'라고 부를 수도 있는 그 소집단은 '조선문단' 밖의 독특한 모임이었다. 그 회장은 당연히 이상이어야 했다. 그 만큼 박식하고 자기의 주장을 기지(機智)가 있는 에피그램 투로 말할 수 있는 회원은 달리 없었기 때문이다. 따라서 마음만 먹으면 그의 '어록'을 만들 수도 있을 것이었다. 그와 동석했던 회원들의 글을 참고하여 그의 발언을 들어보자.

> 우리나라 인텔리란 사람들은 소설이 무엇인지 모르고 있어요. 모든 不德이야말로 예술의 어머니라요.[3]

이 경우 '예술'은 근대예술, 특히 아방가르드 예술이다. '악'(부덕)이 반사회적, 반규범적 저항의 뜻이라면 그것을 두려워하는 예술가는 '아방가르디스트'의 자격이 없다. 보들레르도 '근대적 예술가는 본질적으로 악마적이다.'고 말한 적이 있다.

> 뭐라고? 발칙한 것들. 내가 겨우 로렌스의 이미테이션이라는 말이냐? 그게 아니라 로렌스가 내 이미테이션이라는 것을 알아야해.[4]

T.S 엘리엇이 「전통과 개인적 재능」(1917)에서 강조한 작가의 '역사의식'은 과거의 문학과 현대 문학의 초시대적 동시성의 의식이었다. 따라서 우리가 문학작품의 동시대적 공통점을 인정한다면 '모방'도 초시대적인 것이 된다. 가령 이상의 「휴업과 사정」과 로렌스의 『무당벌레』의 경우, 동시대적 공통점이 확인된다면 이상의 소설이 로렌스 소설의 '모방'일 수도 있고 그 반대일 수도 있을 것이다. 이상은 그 점을 지적하고 싶었을 것이다.

---

3 조용만, 「이상 시대, 젊은 예술가들의 초상」, 김유중 · 김주현 편, 앞의 책, 337쪽.

4 윤태영, 「자신이 건담가라던 이상」, 김유중 · 김주현 편, 앞의 책, 49쪽.

22
「자화상」들과 도안

이상의 또 하나의 자화상은 「自像」(1931)으로서 '선전(鮮展)'의 입선작이다. 이 「자상」에는 「자화상」(1928)에 보이는 표현주의적인 심각한 내면성이 없다. 그러나 거울 속의 자신을 응시하는 화가의 시선은 자기성찰의 성실성을 보여주고 있다. 따라서 이 작품이 일본 서양화가 아오키시게루(青木繁)의 「자화상」(1909)과 '놀라울 만큼 스타일적으로 유사하다'고 하면서 '기법적으로 눈과 시선 처리, 붓질 효과, 음영의 배합과 화면 효과 등에서 거의 닮은 꼴이다'는[1] 김민수의 논평은 부당하다. 「자상」의 주인공은 바른 자세를 취하고 있지만 아오키는 오른쪽 어깨를 치켜든 거만한 자세를 취하고 있으며, 이상의 시선도 그의 들뜬 듯한 시선과는 달리 겸허하고 비애감마저 자아내기 때문이다. 따라서 「자상」이 '조선과 일본 화단에서 다 아는 아오키 스타일을 이상이 자신의 자화상에 아예 내놓고 보란 듯

---

1 김민수, 『이상평전』, 그린비, 2012, 55쪽.

이 차용한 것은 鮮展의 제도적 취향에 '옜다, 엿 먹어라' 식으로 맞춤화 시킨 것 외에 달리 이유가 없다'고[2] 말한 것도 잘못이다. 이상은 '선전'의 '제도적 취향'을 경멸하면서도 오직 '선전'에 입선하기 위하여 '아오키 스타일'을 모방할 예술가가 아니기 때문이다. 따라서 그 「자상」의 양식이 '아오키 짝퉁(모조) 양식'이라는 김민수의 혹평도 받아들여서는 안 된다.

물론 「자상」에는 「자화상」(1928)에서처럼 실존적인 절망과 그것을 초극하려는 굳은 의지가 없다. 그 점에서 더 평범한 작품이긴 하다. 그래서 '선전'의 응모작이 될 수도 있었을 것이다. 그는 「자상」 이후에 조

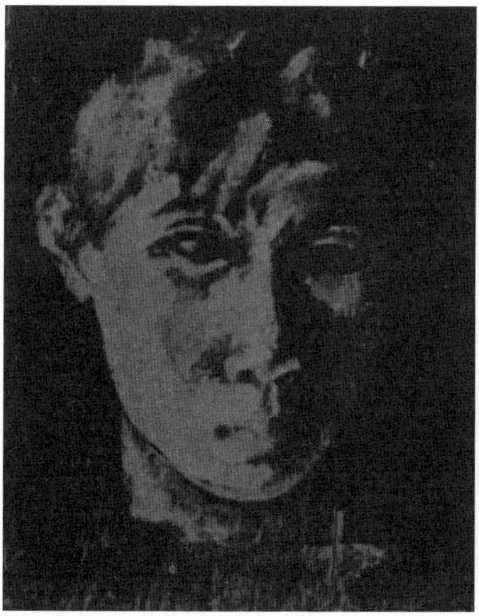

이상, 「자화상」(1928)

아오키 시게루(青木繁), 「자화상」(1903)

2 위의 책, 56쪽.

선총독부가 주관하는 '선전'에 응모한 적이 없다.

세 번째 「자화상」의 제작 연대는 알 수 없지만, 사진 복제판으로 현재 보존되고 있는 그 「자화상」은 「자화상」(1928) 다음으로 주목할 만하다. 이 「자화상」에서 충격적인 것은 수직으로 역립(逆立)된 왼쪽 눈이다. 그런 눈은 자기자신과 사회에 대한 극단적인 저항충동의 산물로서 사회적 소외와 자기소외에 대한 복수 의지의 표출로 보인다. 그것은 정상적인 오른쪽 눈을 부정하는 듯한 비대칭적인 그로테스크한 짝눈이기도 하다. 이 세상의 모든 정상적인 것, 제도적 규범에서 일탈하려는 전도적 상상력 아니고서는 그런 눈을 기획하고 창출할 수 없다. 이상은 중학교 시절에 거꾸로 매달린 여자를 만화로 교실 흑판에 그린 적이 있다고 하거니와, 그의 전도적 상상력은 그때 이미 맹아가 돋았던 것 같다. 그 눈 옆의 코는 생명력이 뭉쳐있는 듯한 주먹코로서 그 모습이 기괴한것이 역립된 눈과 비슷한 면이 있다. 중학교 시절의 소년 이상이나 이 「자화상」 작가로서의 이상이나 사회의 이탈자요 예외자임을 「자화상」이 입증해준다.

이상이 자화상에 많은 관심을 기울인 것은 자기의 정체성과 자아의 문제에 대한 지속적 관심의 결과로 보인다. 종래 한국인은 대체로 오랫동안 유교적 전통에 지배된 생활과 관습으로 인하여 독립된 개인주의적 자아의 문제에 대한 관심이 별로 없었다. 일제 강점기에 한국 화가의 「자화상」이 선진국과 비교하여 그 수효가 비교할 수 없을 만큼 적은 것도 이를 입증한다. 그러나 이상은 다르다. 그가 『十二월 十二일』에서 분신(分身)의 문제를 능숙하게 다룬 것은 자아의 세계에 대한 그의 지속적 관심의 결과다. 그런 자아에 대한 관심이 그의 적지 않은 「자화상」의 원천이었다. 물론 그 「자화상」 특히 1928년의 「자화상」과 그로테스크한

이상, 「자상」(自像), 유채화, 1931.

이상, 「자화상」, 유채화, 연대미상.

쥘 르나르의 『전원수첩』 속표지에 실린 이상의 펜화 자화상(1)

『청색지』에 실린 이상의 펜화 자화상(2), 1939, 5.

「자화상」은 그와 사회의 극단적 대립관계를 암시한다. 이 두 「자화상」에서 이상은 그를 따돌린 사회를 역습(逆襲)하고 있는 것만 같다.

봉두난발의 이상을 모델로 삼은 펜화 「자화상」도 우리의 기억에 남을 만하다. 그의 예리한 시선은 그의 통찰력을 암시하지만 동시에 냉소적이다. 그 냉소의 대상은 사회만이 아니라 그 자신일 수도 있다. 그런 확신을 줄 만큼 시선의 이중성을 담아낼 수 있었다는 것은 화가로서의 비범함을 입증한다. 구본웅의 걸작 「친구의 초상」(1934)의 모델은 이 「자화상」으로 추정된다. 길쭉한 얼굴과 매서운 기운이 도는 눈이 비슷하기 때문이다.

마지막 「자화상」에서 '패찰'에 적힌 문구로 본다면[3] '이 원숭이는 감시(監視)동물'일 것 같다. 이 「자화상」(1) 속 이상의 온화한 표정은 언급한 「자화상」(2)의 시니컬한 이상과 다른 면이다. 그의 이중성격을 말해주는 대목이다. 그는 「지도의 암실」, 「종생기」 등에서 '원숭이'를 반(反)다윈주의의 관점에서 등장시켰지만, 이 「자화상」에서 자기를 '원숭이'와 동일시한 것은 동물원 같은 식민지 사회에서의 탈출의지를 풍자적으로 반영시키기 위한 것이다. '이 사람은……'은 「자화상」에 붙인 설명문인데, 정치적으로 해석한다면 '동물원'은 일제 식민지 조선이요, 그 말썽꾸러기 '원숭이'는 이상 같은 원주민이며, 몽둥이를 손에 들 수도 있는 동물원장은 조선총독이다. 우리는 「자화상」(1)을 통하여 온화한 풍자가 이상을 만난다.

이번에는 디자이너로서의 이상으로 눈을 돌려 보자. 『朝鮮と建築』

---

3 일본어로 쓴 패찰의 내용은 다음과 같다. '이것이야말로 패찰에 붙은 요시찰 원숭이다. 자주 인생의 우리(檻)를 탈출하기 때문에 원장님이 걱정한다.'

(1929. 12) 표지 현상 모집에 응모한 이상의 작품이 1등과 3등으로 입선한 것은 주지된 바와 같다. 이중에서 1등 입선작은 일제 강점기의 최고의 책 표지 디자인이라 할 만하다. 그가 『十二월 十二일』(1930)과 우수한 디자인을 발표한 놀라운 사실은 그 당시 조선의 문단과 미술계에 널리 알려지지 않았고, 그 자신도 그 사실에 대하여 침묵했다.

그 디자인에서 '朝鮮'과 '建築'이라는 네 개의 한자를 철근의 이미지로 나타낸 것은 건물의 안정된 균형미보다 역동적 기능미를 중요시하는 기능주의적 건축 방법을 옹호했기 때문이다. 반면 이 잡지의 호수를 알리는 아라비아 숫자 '1'을 받아들이는 듯한 이중의 원은 큼직한 모성적인 달이 해를 포용한 형국이다. 그런 직선적 이미지와 원 이미지의 호응은 남성적인 것과 여성적인 것, 서구적인 것과 동양적인 것, 의식과 무의식을 융합시키고자 한 그 표지 도안의 구성원리에 따른 것이다.

그런데 여기서 반드시 주목해야 할 것은 '朝鮮'이라는 한자에 포함된 '日'과 '田'을 시각적 이미지로 독립시켜, 마치 밤중에 불이 아늑하게 켜진 초가집 창문을 연상하도록 한 점이다.

이 표지 도안이라는 텍스트는 두 가지 읽기를 가능하게 만들었다. 하나는 현대 건축의 문명비평적 읽기요, 다른 하나는 정치적 읽기다.

이 건축잡지 표지 도안에서 서구적 문명과 동양적 문명은 철근 모양의 '朝鮮と建築'의 비정(非情)한 자체(字體)와 이와는 대조적인 '日'과 '田'의 두 한자를 탈바꿈시킨 초가집 창문의 정서적 분위기로 상징되고 있다. 그는 서구적 건축 요소에는 냉정하게 반응하지만, 향토적 건축 요소에는 염담(恬淡)한 심경으로 반응할 것이다. 따라서 서구적 지성과 동양적, 한국적 정서를 공존시킨 이 도안은 정치적 해석도 유발한

『조선과건축』 현상도안 당선작

『조선과건축』 표지 도안

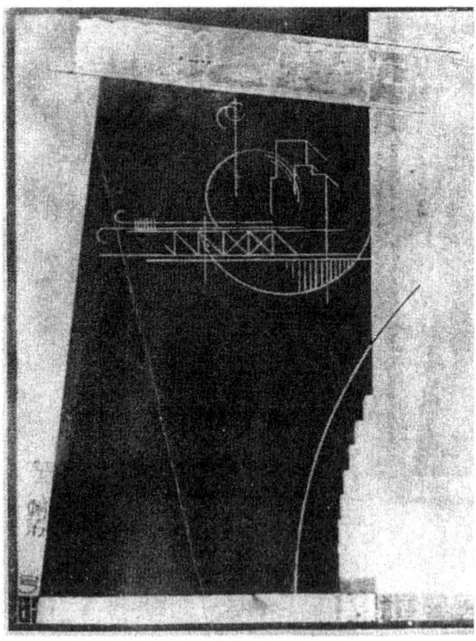

『조선과건축』 표지 도안

다. 이 도안의 발상에는 작가 자신의 건축학적, 디자인적 동기와 동시에 그의 민족주의적 동기가 작용했다고 보이기 때문이다.

그런데 '朝鮮と建築'은 그 기묘한 제목만으로도 이상한 거부감을 준다. '朝鮮'과 '建築'이라는 본래 그 범주가 다른 개념이 정치적으로 결합되었기 때문이다. 이 경우 '朝鮮'은 일제 식민지의 이름이요, '建築'은 순수한 학술어나 예술용어가 아니라 조선을 지배하는 일본인의 '建築'방법, 건축 정책, 건축 상황의 뜻이다. '朝鮮'은 일본건축가나 건축정책가의 이용물이라는 말이다. 여기에서의 조선은 「조선의 풍속」이나 「조선의 전설」 같이 책과 관련된 조선이 아닌 것이다. 그것은 마치 일제 식민지 조선의 '洞'이 '町'의 하위언어인 것처럼 일본어에 종속된 하위언어다. 비록 일제의 건축 잡지에서일망정 이상은 본연의 '朝鮮'을 회복하고 싶었다. '朝鮮' 혹은 향토의 초가집을 언제나 캄캄한 어둠 속에만 놓아둘 수 없었다. 그는 등불을 들었다. 그의 「朝鮮と建築」의 표지 도안에는 이처럼 복잡한 사연이 숨어 있다.

화가 지망생이었던 이상의 의욕과 대담한 실험이 실현된 가장 주목할 만한 문제작이 「자화상」(1928), 그로테스크한 「자화상」 및 『朝鮮と建築』 표지 디자인 등이다. 이들 작품만으로도 그는 현대 한국미술사에서 특별히 논평되어야 할 자격이 충분하다. 그러나 한 가지 아쉬운 것은 건축잡지 도안 외에는 두 점의 유화 「자화상」이 흑백사진으로만 현존한다는 사실이다. 이것 또한 슬픈 식민지적 질곡 탓이었다. 『朝鮮と建築』에 허용된 물질적인 뒷받침이 이 「자화상」들의 작자에게는 없었던 것이다.

김민수는 『朝鮮と建築』 표지 디자인에서의 '朝鮮'과 '建築'이라는 문자 사이의 직선이 꽂힌 원 모양의 도안에 대하여 '〈과〉에 해당하는 일본어 〈と〉를 원형(圓形)에 직선이 개입된 형태로 도형화시켰는데, 이는 이상이 말한 〈직선은 원을 살해하였는가〉[4](「이상한 가역반응」)가 바로 이러한 이미지로 구체적으로 연결되어 있었음을 입증하는 결정적 근거라고 할 수 있다'고 말했는데 부당한 해석이다. 문학은 시간예술이어서 김민수가 '엄청난 반역의 비밀계획'이라고[5] 말한 그 반란적 의도를 독서과정에서 탐지시키는 문맥이 있지만, 디자인 같은 공간예술에는 그런 문맥이 있을 수 없기 때문이다. 과연 그 '직선'의 '살해' 대상은 없다. 그것은 '朝鮮'도 '建築'도 아니다. (김민수는 그 표지 도안(1929)이 '직선은원을살해하였는가'라는 구절이 나오는 시 「이상한 가역반응」(1931)에 앞선 작품임을 잊은 것 같다.) '원'은 '朝鮮'과 '建築'이라는 시각적 이미지의 둥근 연결고리에 지나지 않는다. 또한 이상이 'と'에서의 점(點)에 해당하는 '직선'을 '원'의 언저리에 붙이지 않고 그 안으로 돌입시킨 것은 '朝鮮'과 '建築'의 글자 모양처럼 다이내믹한 이미지가 되도록 하기 위해서였다. 따라서 그 '직선'의 끝을 '살해'용 칼처럼 예리하게 할 필요가 없었다.

이상의 타이포그래피도 독특한 의미가 있다. 그는 시인이자 타이포그래피스트였다. '且8'의 타이포그래픽적 의도는 앞에서 논급했거니와 또 하나의 예로서 '지주(鼅鼄)'를 들 수 있다. 그것은 단편소설 「지주회시(蜘蛛會豕)」의 '蜘蛛'의 그로테스크한 변형이지만, 그 변형의 동기가 주목되어야 한다. 이상은 신속하고 자동적으로 반응하게 하는 시각적 이미지('蜘蛛')를 해체하여 '知朱'라는 시각적 이미지를 어떤 불쾌한

4 위의 책, 247-248쪽.

5 위의 책, 207쪽.

'벌레'를 연상시키는 낯설고 둔중한 촉각적 이미지 '鼅鼄'과 그로테스크하게 결합시켰는데, 그 이면에는 서구의 지적(知的)인 시각중심주의를 벗어나려는 원시주의적인 의도가 숨어 있을 것이다. 그가 시「소영위제(素榮爲題)」에서 그 제목 앞 뒤에 네 개의 문자 사이에 배치한 구둣점 같은 '點'들은 암호적 은유이다. 그 '점들'은 '무상한 세월', '사랑하는 여자를 기리기 위하여 물(水) 위에 쓴 그녀의 아름다운 이름', 또는 '그녀와 관련된 추억의 여운'이나 '언제 풀릴지 모르는 그녀의 문제점', 그녀를 사모하는 감정의 맥박, 또는 그 애인을 해체시키는 수장(水葬)의 물 등 다의적 은유다. 그와 동시에 점선(點線) 속의 '爲題'는 시냇 가에서 복잡한 뜻을 품고있는 '물'을 바라보는 작자를 상기시킨다.「오감도 시 제6호」에서 'sCandle'의 's'를 '소문자'로, 'C'를 '대문자'로 인쇄한 것은 '스캔들'이라는 '입소문'이 이 사람에서 그 다음, 또 그 다음으로 연속하여 옮겨갈수록 그 소문이 눈덩이처럼 커지는 것을 암시하기 위해서였을 것이다. 앞으로 언급할 그의 삽화들은 그를 한국의 비어즐리라고 부를 만한 수준의 문제작들이다. 그럼에도 불구하고『한국현대미술사』에서는 화가로서의 이상을 언급하지 않는다. 이것은 미술사가에 의하여 반드시 시정되어야 한다.

「23 이상과 일본어

이상이 적지 않은 작품을 일본어로 쓴 것은 몇 가지 문제를 제기한다. 그의 일본어 작품을 한국문학에 소속시킬 수 있는가의 문제, 그 작품들의 가치가 한글로 쓴 작품보다 떨어질지도 모른다는 문제, 그리고 그가 친일적 작가일지도 모른다는 문제 등이다. 이상은 편협한 민족의식을 넘어선 세계주의자여서, 언어의 경우도 순혈주의자가 아니었다. 이는 그가 '에스페란토'에 관심이 적지 않았다는 사실로도 입증된다. 게다가 정신문화가 정해 놓은 기존의 여러가지 제도나 경계(境界)를 거의 본능적으로 싫어한 그에게 언어 민족주의가 굳혀놓은 언어의 경계도 문학의 장르나 선악의 경계와 마찬가지로 허물어야 할 것이었다. 「실화」에서 '에스페란토'가 중요한 언어의 하나가 되어 있고, 「지도의 암실」에서는 에스페란티스트인 작가 '에로시엥카'가 친근하게 언급되고 있으며, 「파첩」에서의 '음란한 언어'가 바로 '에스페란토'다. 그의 에스페란토의 선호는 그 창제자 자멘호프의 인류적 휴머니즘에 대한 공감에 연유할 것이다.

그의 일본어 작품이 한글 작품과 비교했을 때 그 문학적 가치에 있어서 전혀 손색이 없다는 것은 일본어를 능란하게 구사한 「첫 번째 방황」이 입증한다. 그는 일제 강점기의 비타협적인 극소수의 항일적 작가 중 한 사람이었으므로 그의 일본어 사용은 친일의 문제와 전혀 무관하다. 오늘날 이광수의 일본어 작품이 그의 전집에도 수록되지 않을 만큼 문학적 가치가 없는 것은 그것들이 정신의 자유를 상실한 노예적인 글이기 때문이지만, 이상의 일본어 작품은 모두 한글로 번역되어 전집에 수록되어 있다. 그에게 일본어는 거의 모국어나 다름이 없었다. 그는 심지어 「열하약도No.2(미정고)」, 「출판법」 특히 「첫 번째 방랑」 같은 반체제적 작품도 일본어로 썼다. 일본어는 이광수의 경우 열광적인 친일활동을 위한 매체인 반면, 이상에게는 자유롭고 순수한 표현 매체였다.

그가 일본어를 쓰게 된 동기는 세계주의적 인생관 때문이었고, 이 세계주의는 휴머니즘의 반영이기도 했다는 점이 독립국가 작가와의 차이점일 수도 있었다. 독립국가 작가들보다 이상이나 러시아 태생의 에로시엥코 같은 망국작가가 세계주의를 더 많이 표방한다.

이상 같은 한글과 일본어로 창작을 한 이중언어 사용자는 종주국 언어의 주체적 사용과 사대주의적 사용이라는 문제를 피할 수 없다. 그런 의미에서 종주국 언어의 사용은 작가의 윤리적 시험일 수박에 없다.

김윤식은 이상이 그 이중어 사용을 넘어서, 유일한 '보편어'로서 일본어로 작품을 쓴 것이 식민지 원주민인 그의 숙명이었다고 주장한다. 그에게 일본어는 고등학교에서 배운 '수학'과 같은 것이었다.

> 메이지 이후 일본의 '국어'란 그러니까 자연어가 아니라 '인공어'일 수밖에

> 요. 이를 공용어로 하여 그들은 조선의 통치를 감행했소. 이 공용어란 그러니까 식민지 아이 이상에 있어서는 보편어가 아닐 수 없소. 그에게 있어 글쓰기란 이 보편어 곧 일본의 '국어'로 쓸 수밖에 무슨 방도가 달리 있으랴.[1]

그래서 초기의 「조감도」(1931)를 일본어로 썼는데 조선의 '이른바 모더니즘'의 첫 장면에 「조감도」가 나타난 사실만큼 중요한 것은 달리 없다고 말한다. 김윤식은 '보편어'의 인공적 '추상성'이 없이는 '모더니즘'이 성립될 수 없다고 본다. 그러면 왜 이상은 '모국어'가 아니라 일본의 '국어'로 「조감도」를 써야 했는가?

> 모국어란 말과 사물의 관계가 너무나 밀접히 관련되어 있어 말을 상징적으로 사용하기는 거의 불가능하다. 그것은 상식적 세계의 표현에 알맞으나 새로운 것이나 초감각적인 것을 표현코자 하면 속수무책이다. 창작에 있어서의 말과의 고투, 과학자의 신조어, 수학의 사용하는 수식 등이 등장하는 것도 이 때문이다. (……) 이 수학에로 이르는 통로가 근대 일본의 '국어'였다. 그것도 유일한 것이었다.[2]

이상에게 '일본'의 '국어'는 '수학의 수식(數式)'이나 '과학자의 신조어'와 같은 보편어였기 때문에 그 '국어'만을 써야 했고, 그 첫 산물이 「조감도」라는 것이다. 그의 모국어인 한국어는 자연어여서 일본의 '국어'

1 김윤식, 『기하학을 위해 죽은 이상의 글쓰기론』, 역락, 2010, 218쪽.

2 위의 책, 185-186쪽.

처럼 사색적, 관념적 표현이 불가능했기 때문에 이상은 일본의 '국어'로 작품을 써야만 했다는 것이다. 가령 그의 「이 아이들에게 장난감을 주라」, 「어리석은 석반」, 「모색」에 나타난 '어처구니 없는 절망적인 산촌'의 현실을 묘파할 수 있는 가능성을 지닌 언어는 일본의 '국어'밖에 없었고, 따라서 그런 현실을 묘파한 「산촌여정」도 '적어도 원리적으로는 일본어로 쓴 후 한국어로 고쳐 썼을지 모른다고 추정했다. 또한 '「산촌여정」은 고도의 인공적 수사학으로 번득인다'고 덧붙였다.

> 당초부터 수학을 배워 버려서 '모국어'로 세상을 볼 힘이 없었기에 그에겐 모국어가 없었다. 있는 것이라곤 수학이고 기하학이고 공용어인 이 일본의 '국어'뿐이었다. 이것이 이 아이의 지평을 앞뒤로 가로막았다. 그것이 바로 의식의 감옥인 「조감도」였다. (……) 이상은 「조감도」(1931)에서 출발했기에 모국어의 속살이란 있을 수가 없었다. 이 점에서 이 아이는 공포 자체가 아닐 수 없다. 모국어 없이 자라서 어른이 되어버린 '괴물 급'에 속하는 존재였던 까닭이다.[3]

김윤식의 견해에 따르면 이상에게 일본의 '국어'는 절대적인 '보편어'로서 근대적, 상징적 표현을 위해서 의지할 수밖에 없는 유일한 언어다. '수학'과 동일시된 그 '국어'는 그의 시야 혹은 '의식'의 지평을 가로막고 있어서 근대적인 사유와 표현은 그 '국어'로밖에 할 수 없었다는 것이다. 심지어 이상은 '모국어 없이 자라서 어른이 되어버린 〈괴물〉'이라는 어처구니 없는 말까지 한다.

---

3 위의 책, 187쪽.

김윤식의 이런 견해는 일본어중심주의에 기초해 있다. 그는 말하자면 언어 사대주의자다. 그 결과 엄연한 사실을 부정하는가 하면 왜곡하기도 한다. 가령 이상의 문학은 일어로 쓴 「조감도」(1931)에서 출발했다고 말할 때 그는 「조감도」 이전에 쓴 처녀작 『十二월 十二일』(1930)을 무시해 버린다. 따라서 이상이 「조감도」(일어)의 작자이기 때문에 그에게 '모국어의 속살이란 있을 수가 없었다'고 말한 그는 『十二월 十二일』에 생생하게 나타난 '모국어의 속살'도 무시할 수밖에 없다. '모국어의 속살'이 '모국어의 영혼' 같은 것이요, 그 언어와의 직감적인 교류를 의미한다면 그것은 언어의 추상적 과학적 차원을 넘어서는 것이다. 곧 '언령(言靈)' 같은 것이리라. 그것은 그 모국어에 대한 본능적 애정과 섬세한 감수 능력을 가진 작가에게서만 기대할 수 있는데, 이상에게는 분명히 그러한 능력과 애정이 있었다. 그는 「조감도」나 「어리석은 석반」, 「첫 번째 방랑」을 일어로 능란하게 쓸 수 있을 정도의 일어 실력이 있었던 동시에 모국어에의 섬세한 식별 능력과 구사 능력을 겸비하고 있었다. 여기서 보다 중요한 것은 그가 김윤식이 주장한 것처럼 '보편어'로서의 일본 '국어'를 상위 언어로 간주하고, 모국어를 하위 언어로 간주한 게 아니라, 언어의 세계주의자였다는 사실이다. 이는 예를 들어 그가 「실화」에서 쓴 언어가 한국어, 일어, 영어, 러시아어, 한문 및 에스페란토 등이었다는 사실로도 입증된다. 다음은 김기림에게 보낸 편지(「서간6」)의 일절이다.

> 요새 조선일보 문예란에 근작시 「위독」 연재중이오. 機能語, 組織語, 構成語, 思索語로 된 한글文字 追求試驗이오. (3, 231)

인용은 이상이 이미 일본어가 아니라 '한글'을 김윤식이 말한 '보편어' 또는 '국어'로 간주하고 또 사용하고 있다는 것을 보여준다. 그 '보편어'는 애당초 일본 학자들의 감탄할만한 연구의 성과일지라도 한국인과 중국인의 보편적 공용어와 다름없는 것이다. 게다가 항일적 작가이기도 했던 이상에게 제국주의 국가의 언어, 곧 영어, 프랑스어 및 일본어가 권력 언어요, 한국어와 러시아어, 그리고 에스페란토는 그의 단편소설에서 이들 권력 언어의 반대항으로 기능하도록 했다는 점도 주목되어야 한다. 언어 활동에서 세계주의적 휴머니스트였던 그가 정치적 권위 추종자의 저자세로 일본어를 쓰지 않았다는 것은 「첫 번째 방랑」에 잠복한 강한 항일정신이 입증한다.

김윤식은 국가가 배타적 국수주의적 경향이 있는 반면 정신문화는 그 문화의 보편성으로 인하여 개방적 경향이 있다는 것을 간과하고 있다. 동양에서 '명치유신'에 힘입어 서구적 근대화를 성취한 일본이 유럽을 따라 잡기 위해서도 유럽의 관념어를 적잖게 그 나름으로 번역하여 동양 제국에 퍼뜨린 것은 주지된 사실이다. '형이상학', '철학', '종교', '상징', '낭만주의', '자연주의', '신화', 그밖에 과학의 용어들인데, 그 학술어는 한국뿐 아니라 중국에서도 많이 통용되고 있다. 가령 철학자들이 쓰고 있는 '哲學', '主觀', '客觀', '唯物論', '唯心論' 및 '辨證法' 같은 철학 용어는 일본의 사상가 니시아마네(西周, 1829-1897)가 만들었다.

따라서 학술어로 대표되는 '보편어'를 굳이 일본의 '국어'로만 간주해서는 안 된다. 이상이 경성고등공업학교에서 배운 수학이나 물리학의 용어는 일본의 '국어'로서의 '보편어'가 아니라 동양의 선진국 일본의 국경을 넘어선 '보편어'이며, 이상도 그 보편어를 쓴 동양 작가의 한 사람일 뿐이다. 따라서 '이상문학, 그것은 조선어가 아니라 일본어'였다는 김윤식의 단정은 그릇된 것이다. 그는 '자연어' 곧 '모어'를 일본이 개발한 '보편어'를 곁들여서 창작의 매체로 이용했던 것이지, 결코 '보편어' 중심으로 나아가지는 않았기 때문이다. 다음과 같은 「산촌여정」의 일절이 이를 증명한다.

> 간이학교 곁집 길가에서 들여다보이는 방에 틀이 떠들고 있습니다. 편발처녀가 맨발로 기계를 건드리고 있습니다. 그러면 기계는 허리를 스치는 가느다란 실이 간지럽다는 듯이 깔깔깔깔 대소하는 것입니다. 웃으며 지근대이며 명산 XX명주가 짜여 나오니 열대자 수건이 성묘 갈 때 입을 때때를 만들고 시집살이 설움을 씻어주고 꿈과 꿈을 말소하는 쓰레받이도 되고—이렇게 실없는 내 幻戱입니다.(3, 110)

인용은 '산촌'의 처녀가 '명주'를 짜는 과정과 그 '명주'가 그 처녀의 일생의 과정을 상징적으로 요약하는 '명주'로 만든 어릴 때의 '때때', 시집살이할 때의 눈물을 씻어주는 수건, 그리고 죽은 뒤의 수의('쓰레받이')를 언급하고 있는데, 여기서 인공적 보편어는 일본의 학자가 만든 '기계'뿐이다(그것은 영어 'machine'의 일본어 번역이다). 나머지는 모두 김윤식이 '천치와 같은 자연어(일상어, 현지어, 모어)'라고 경멸한 우리말이다. 이상이 이 유머러스한 장면을 제시하기 위하여 동원한 언어는 거의 모두 우리말이다. 따라서 이상이 「산촌여정」을 '원리적으로는' 일본어로 쓰고 그것을 우리말로 옮겼으리라는 김윤식의 추측은 당치도 않다. 어떻게 '때때'와 '깔깔깔깔'등을 일어로 쓸 수 있겠는가.

이상의 「첫 번째 방랑」에서는 일제의 중국 침략과 관련된 특급열차가 초래한 공포분위기를 '애매미소리'가 압도하는 매우 감동적인 장면이 있다. 그러나 그 '매미'는 '애매미'를 의미하는 '蟗'이며, 그것은 일제의 약소한 피지배민족인 한국민족을 상징하면서 마쓰오바쇼(松尾芭蕉)의 유명한 하이쿠(俳句) '고요하다. 바위에 스며드는 매미소리'에서의 '매미'(蟬)와 차별화된다. 이상은 어쩌면 그 하이쿠의 암시를 받았을지도 모르지만, '蟬'이 아니라 '蟗'을 등장시킴으로써 자기주장을 한 것이다. 그는 일본어로 쓴 「첫 번째 방랑」에서도 민족적 주체성을 잃지 않았다.

다음은 「실화」의 한 장면이다.

'신주쿠(新宿) 가십시다'
'신숙이라'
'NOVA 가십시다'
'가십시다. 가십시다.'(2, 366)

인용은 주인공 '이상'과 연극을 선호한다는 그의 벗 'Y'라는 일본 청년의 대화다. 여기서 'Y'가 자기와 함께 가자고 권유한 동경의 번화가 '신주쿠'를 '이상'이 굳이 '신숙'이라고 한국어로 번역하면서 망설인 것은 한국인으로서의 주체성을 잃지 않기 위해서다. 이처럼 이상은 비록 일본어에 능통하여 자유자재로 일어 창작도 할 수 있었지만, 조선인으로서의 주체성은 양보하지 않았다. 이와 관련하여 우리는 「산촌여정」과 「실화」만이 아니라 일본어로 쓴 「첫 번째 방랑」도 매우 강렬한 항일적인 작품임을 상기할 필요가 있다.

따라서 이상의 일본어 작품은 한국어 작품과 동일하게 한국의 문학으로서 취급되어야 한다. 그 일어 작품들이 그의 「전집」에 번역 작품으로서 수록된 것은 당연한 일이다.

이렇게 볼 때 이상의 일본어 작품들의 번역이 최대한으로 정확해야만 하는데, 과연 우리말 번역은 만족할만한 것일까? 이상의 일본어 작품의 수준 높은 번역을 위해서는 일본어와 한국어에 통달해야 할 뿐 아니라 이 작가의 작품에 대한 전체적인 이해가 필수적이다. 아무리 두 언어를 폭넓게 안다고 할지라도 이상 문학에 대한 전체적 이해가 부실하다면 그의 번역은 전적으로 신뢰할 수 없다. 또한 이상 문학과 관련된 주변의 학문에 대한 종합적인 지식이 요구된다. 이는 이상 문학의 번역자가 갖추어야 할 바람직한 자격조건이며 이를 갖추지 못할 경우 그의 번역은 오류를 면할 수 없다. 몇몇 예를 들어보자.

시 「광녀의 고백」의 경우 창녀인 여주인공을 'S양(孃)'이라고 번역한 것은 잘못이다. 이는 번역자에게 요구되는 역사의식의 부족을 여실히 보여주는 것이다. 일제 식민지의 창녀는 어쩔 수 없이 모두 일본식으로 'XX子'같은 이름을 썼기 때문에 'S子'로 고쳐야 된다. 「한 개의 밤」이라는 시에 나오는 '私は眼をつぶる 都落ちの-一人の 落魄者'를 번역자(임종국)는 '눈을 감는 者 나는 보잘 것 없는 落魄한 사람'이라고 옮겼다. 그는 이상이 농촌으로 간 것은 '都落ち' 곧 도시가 싫어져서 그곳을 '도망치듯이 벗어난' 사실을 염두에 두지 않았기 때문에 엉뚱한 번역을 한 것이다. 시 「蜻蛉」의 경우 '觸れば手の先につきさうな紅い鳳仙花'는 '건드리면 묻을 듯이 빨간 봉선화'로 번역되어 있다. 번역자(임종국)는 이상이 시 「거울」, 소설 「동해」와 「지도의 암실」 등에서 주인공이 촉각적 접촉을 소원하는 것은 그 촉각에 자극된 전신적(全身的) 감동을 위한 것임을 간과했기 때문에 그와 같은 부실한 번역을 한 것이다. 인용문은 '접촉하면 손 끝에 붙을 듯이 빨간 봉선화'로 옮겨야 한다.

「Au MAGASIN DE NOUVEAUTES」의 경우 번역자(유 정)는 '四角な箱棚が歩き出す'를 '四角이난 케-스가 걷기 시작이다'로 옮겨 놓았는데, 분명한 오역(誤譯)이다. '箱棚' 라는 원문을 무시한 채 '箱棚' 위에 쓴 'ケイス'만을 '케-스'라고 옮긴 것이다. 마땅히 '患者'('케이스')인 '四角의 箱棚이 걷기 시작한다'로 고쳐야 한다. 손님에게 판 상품을 넣는 '네모진 상자'와 '상품 진열을 위한 선반'의 결합체는 '백화점'의 비유인데, 그것을 '사각의 케-스'라고 번역했기 때문에 김민수처럼 '엘리베이터'[4]로 해석하거나 어떤 이상 연구가는 그것을 '자동차'의 비유로 해석한 적도 있다.

따라서 이상이 일본어로 쓴 작품의 번역은 거의 전면적인 재검토가 요청된다고 해도 과언이 아니다. 번역의 오류로 그 작품이 오독(誤讀)될 수 있고, 그 해석에 차질이 생기거나 엉뚱한 실수를 초래할 수도 있기 때문이다.

---

4 김민수, 『이상평전』, 그린비, 2012, 223쪽.

24
한국 융합예술의 선구자 이상

요즘 '융합'이 유행어가 되고 있다. 자연과학과 인문과학, 또는 여러 가지 예술매체의 '융합'은 이제 마땅히 추구해야 될 과제로 인식되고 있다. 전자매체의 비약적 발전이 '융합'의 당위성을 강조하고, 융합 기술을 확대 재생산 하도록 만든 것은 주지된 사실이다. 이제 소위 다매체 예술을 말하지 않으면 시대에 뒤진 사람으로 은근한 멸시의 대상마저 되고있다.

지난날 예술의 경우 '융합'은 로맨티시즘 예술의 특권이었다. 브라디밀 웨이드레의 "낭만주의는 양식의 죽음이다"는 유명한 말이 있는데, 이는 로맨티시즘 작가에 와서 고전주의자와 달리, 양식의 고유성이라는 벽이 무너졌다는 것이다. 그래서 비극은 희극과 융합되고 소설과 에세이의 구분이 어려워지는가 하면 현실과 허구는 탈영역적으로 융합되곤 한다. 'faction'이라는 신조어를 모르는 작가는 없다. "사실이 있는 게 아니라 여러 가지 해석이 있을 따름이다"는 니체의 유명한 말은 여러 가지 차원의 '융합'을 부추긴다. 웨이드레는 '위대한 예술가'로서

낭만주의자가 아닌 사람은 없었다고 하면서 앙드레 지드, 플로베르, 들라크루아, T.S엘리엇, 발레리 등을 들었는데, 모두 '낭만주의적 반역'을 했다는 것이다.

일제 강점기에 가까스로 출발한 한국 근대예술의 경우 융합예술은 낯선 것이었다. 그런 술어 자체가 없었고, 그것을 시도한 예술가도 없었다고 예술사는 기술할 것이다. 물론 '융합예술'은 요즘 유행하게 된 것이어서 그 당시 그런 용어는 없었지만, 융합예술가가 없지는 않았다. 그는 다름 아닌 이상이다. 그가 소설가, 시인, 에세이스트이자 화가요 디자이너이자 건축가였다는 것은 그가 융합예술가일 수 있는 가능성을 말한 것과 같다. 이는 그의 문학작품과 아울러 미술작품 및 미술평론을 면밀하게 탐색함으로써 밝혀질 수 있다. 다음은 에세이 「산촌여정」의 일절이다.

> 활동사진을 보고 난 다음에 맛보는 담백한 허무—장주의 호접몽이 이러하였을 것입니다. 나의 둥글납짝한 머리가 그대로 '카메라'가 되어 피곤한 '따불렌즈'로나마 몇 번이나 이 옥수수 무르익어가는 初秋의 정경을 촬영하였으며 영사하였던가 (3, 111)

인용에서는 문학('장주의 호접몽')과 영화('카메라'의 '촬영'과 '영사')가 융합되고 있으며, '초추의 정경'을 '카메라'에 담는 화자의 이중시각 '따불렌즈'은 '카메라'의 기계적 장치인 동시에 대상을 관찰하는 시인의 통찰적인 '모순감각'을 의미하고 있다. 하기야 '활동사진'을 관람한 직후 '담백한 허무'를 느꼈다는 것 자체가 '활동사진' 또는 '영화'가 '호접몽'처럼 현실과 꿈의 복합체임을 통찰할 수 있는 이중시각 덕택이다.

이상은 어떤 대상을 다중적 시각으로 동시에 관찰하여 표현하는 다매체 융합을 실험한 일제 강점기의 유일한 작가였다. 그의 문학에 융합된 것은 문학과 인접한 미술, 음악 또는 영화만이 아니라 물리학과 수학도 포함된 것이 고등공업학교의 교육을 받은 그로서는 당연한 일이었을 것이다. 그의 처녀작 『十二월 十二일』은 앞으로 그가 쓰게 될 작품의 여러 가지 특징을 예시하고 있다는 점에서도 중요하지만, 그의 장기(長技)가 될 융합예술을 미리 보여준 점에서도 중요하다.

주인공의 이름을 암호적 기호일 수도 있고, 수학 기호이기도 한 'X'로 한 것도 현실 인식의 확실성을 부정한 것과 다름없다. 현실의 불확실성은 그 '우연성' 탓이기도 하다. 『十二월 十二일』의 첫 부분에서는 "이 세상은 모두가 돌연적이었고 모두 우연적이었고 모두가 숙명적이었다"(2, 21)고 말한다. '돌연성'과 '우연성'의 효과를 거두는 것이 다매체 융합 예술이다.

문학과 자연과학의 융합을 작중 사건의 설정을 위해 시도한 위대한 작가가 도스토예프스키였다. 그는 『카라마조프 형제들』에서 3차원적인 유클리드 정신의 소유자 이반 카라마조프가 알료샤에게 말한 '평행선'이 만날 수 있는 '무한의 세계'는[1] 비합리적인 신의 세계인데, 그 '평행선'일치를 처음으로 말한 수학자는 비유클리드적인 니콜라이 로바체프스키요, 그 이론을 도스토예프스키는 군사기술학교 재학시절에 알았으리라고 추정되고 있다(그가 이 학교에서 배운 과목은 '경성고공'의 그것과 비슷하다. 회화와 건축 및 군사훈련이다). 현사회의 혼란이

---

1 Dostoevsky, *The Brothers Karamazov*, trans. by Constance Garnet, Modern Library, 1950, p.279.

수습된 하느님 나라에서 고차원의 조화는 비유클리드적 정신의 세계다. 다음은 이상이 비유클리드적 정신의 소유자임을 입증하고 있다.

> 장주(莊周)의 꿈과 같이—눈을 비비어 보았을 때 머리는 무겁고 무엇인가 어둡기가 짝이 없는 것이었다. 그 짧은 동안에 지나간 그의 반생의 축도를 그는 졸음 속에서도 피곤한 날개로 한번 휘어 날아보았는지도 몰랐다. 꿈을 기억할 수는 없었으나 꿈을 꾸었는지도 혹은 안 꾸었는지도 그것까지도 알 수는 없었다.(2, 116)

'반생'을 짧은 동안에 축소한 것처럼 보는 비상한 기억현상은 목매어 죽기 직전이나 익사하기 직전에 체험한다고 하며, 이상은 광선을 '장자(莊周)'의 소위 '호접몽(胡蝶夢)' 속의 나비로 비유했고 그것이 휘어짐으로써 시간의 역행이 가능해진 것이다. 물론 '휘어진 광선'은 아인슈타인의 '상대성이론' 용어이지만, 몇 초 동안에 '반생' 또는 '일생'을 상기하는 기억현상은 베르그송이 『물질과 기억』(1901)에서 말한 적이 있다(그 놀라운 기억의 장면은 나쓰메소세키(夏目漱石)도 장편소설 『道草』에서 설정했었다). 인용에서의 '머리는 무겁고 어둡기가 짝이 없는' 정신상황은 죽기 직전의 정신상황과 비슷하다. 이상은 주인공의 정신적 위기를 그 기억현상을 통하여 암시할 때 '장자'의 '호접몽'과 아인슈타인의 '상대성이론'을 함께 이용했던 것이다. 그 시간여행을 이상 식으로 말한다면 '이상한 가역반응'이다. 그러나 여기서 보다 중요한 것은 인용에 나타난 문학과 물리학의 융합이 주인공의 정신적 위기라는 실존적 문제와 관련되어 있다는 점으로서 이는 훗날 그의 작품에서 다른 사건과 표현방식으로 되살아나곤 한다. 「오감도 시 제2호」같은 작품이 그렇다.

이 시도 광속(光速)에 의한 시간여행으로 아버지 세대를 '껑충' 뛰어넘음으로써 아버지의 존재와 권위를 무시하고 박탈하고 싶은 평소의 충동을 암시한 것은 작자의 불행한 탄생의 원인이 양친, 특히 아버지에 있다는 선입견을 반영하고 있다. 그런 비상한 사건이 '아버지'가 '조을적'에 일어난 것은 아버지의 권위의식이 망각된 틈을 탄 덕택이며, 이는 작자가 평소 그의 가부장적 권위에 억압당하고 있었다는 것을 알려주기도 한다. 어쨌거나 「오감도 시 제2호」도 광속에 의한 시간여행이라는 물리학적 현상을 이용한 점에서 문학과 자연과학이 교묘하게 융합된 사례에 속한다.

이상의 문학에서 '점'은 여러 가지 성격과 역할을 분담한다. 수학적인 '점'도 보이고. 비수학적인 '점'도 있으며 타이포그래픽적인 '점'도 있다. 그의 문학이 수학과 융합된 예를 우리는 그의 초기 시인 「선에 관한 각서」 연작에서 만난다. 이 시에 나타난 100개의 '점'에 관한 김민수의 견해를 들어보자.

> 이상은 100개의 점이 찍힌 행렬의 도상 이미지를 배열한 다음, '우주는 멱에 의하여 멱에 의한다' '사람은 숫자를 버려라' '고요하게 나를 전자의 양자로 하라'고 주문한다. 이로써 도상 이미지와 뒤의 시행과의 관계가 드러난다. 이상은 X좌표와 Y좌표의 1에서 10까지 숫자판에 의해 고정된 행렬의 점들에게 '숫자를 버려서' 자유롭게 '우주적 공간'으로 해방되어 '고요하게 전자의 양자가 되라'고 말하고 있는 것이다. 여기서 100개의 점들은 지표면에 확정된 건물의 기둥, 즉 필로티를 뜻하며 이는 르 코르뷔지에가 표명한 신건축의 원리를 의미한다. 달리 말해 이상은 르 코르뷔지에 식의 신

> 건축에서 표명된 '공간의 해방'마저도 벗어나 우주의 공간으로의 이동을 상상하고 있었던 것이다.[2]

건축학적 관점에서 100개의 점은 르 코르뷔지에의 신건축에서 볼 수 있는 '지면층'을 이탈한 '필로티'를 뜻하는데 그런 '건축구조'는 '실존적 해방감'을 준다고 한 김민수의 말은 선뜻 동의할 수 없다. 그 100개의 점들에서 '필로티'를 직감할 수 있는 독자가 얼마나 있을지 의문이다. 특히 그와 같은 100개의 점들에서 '실존적 해방감'을 이상이 느꼈으리라는 주장은 설득력이 약하다. 어떤 의미에서든지 '인간'이 없고 '인간'이 언급되지 않은 이 수학적인 시는 인간의 실존적 문제가 배제된 느낌을 주기 때문이다. 무릇 '점'은 그 해석이 무한정으로 다양할 수 있는 괴물이다. 그 의미가 가장 단순하고 명확한 소수점에서 그 의미가 모호한 얼룩점에 이르기까지 변화무쌍한 것이다. 가령 이상의 「지주회시」 삽화에 나오는 거미줄 위의 얼룩점이나 시 「소영위제」에서 그 제목 앞뒤로 찍은 여섯 개 점의 다중적 의미가 그렇다. 타이포그래피스트 이상은 로맨틱한 시인이기도 했다.

김민수는 '디지털 시대, 또팔씨의 부활'이라는 소제목을 단 글에서 김환기의 유채화 「어디서 무엇이 되어 만나랴」라는 점화('點畫')와 이상의 초기 시 「선에 관한 각서1」에서의 '100개의 점으로 된 점화'를 비교하면서 이렇게 말한다.

> 김환기가 그린 이 점화는 이상이 1931년에 찍은 「선에 관한 각서1」의 점

---

2 김민수, 『이상평전』, 그린비, 2012, 216쪽.

과 맞닿아 있다. 그러므로 이상이 시에서 표현한 '점'이 김환기의 점화를 부활한 것이고, 한국 최초의 추상 점화를 그린 사람은 김환기가 아니라 바로 이상이었던 것이다.[3]

김민수는 김환기가 이상의 영향을 받은 것으로 추정하고서 김환기는 "마지막 그림에서 자신의 부인 김향안(변동림)과 이상이라는 두 점을 잇는 선이 되어주었던 것이다."고 말한다. 그는 더 나아가 김환기도 '신건축의 해방원리'의 영향을 받아서 김환기가 찍은 점은 이상이 시 「선에 관한 각서1」에서 찍은 점이 기둥으로 솟아올라 구축된 '도시 이미지'였다고 말한다. 김민수는 김환기의 '점화'와 이상의 「선에 관한 각서 1」의 '100개의 점'으로 된 점화를 혼동하고 있다. 이상의 '100개의 점'은 문학 텍스트 「선에 관한 각서1」의 일부다. 그 '100개의 점'을 굳이 '점화'로 본다 하더라도 김환기의 그림이 속한 회화와 그 범주가 다르다는 것을 간과하고 있다. 김환기의 그림 전면을 차지한 친밀한 사람들의 상징인 감각적 색점(色點)들의 발랄한 생기가 한 곳에 고정된 검은 '100개의 점'에서는 감지될 수 없다. 이상이 시도한 문학과 자연과학의 융합은 선구적인 업적이지만 확대 해석이 위험하다는 것은 김환기의 작품해석이 입증하고 있다.

이상 연구자들이 반드시 주목하게 되는 또 하나의 중요한 '점'은 초기시 「진단 0:1」과 「오감도 시 제6호」에서 '책임의사 이상'의 '진단 0 · 1'에 나타난 '점'들이다. 병든 사회를 상징하는 '0'부터 '9'까지의 숫자들로 형성된 숫자판, 곧 현존 사회라는 환자의 '용태'에 대한 진단에서 '0:1'의

3 위의 책, 351쪽.

‘:’은, 만일 ‘0’이 여성의 기호요, ‘1’이 남성의 기호라면, 그 양자의 평등을 암시할 것 같지만, ‘0 · 1’의 ‘점’은 무엇을 암시할까? 이 의문에 대한 해답은 한둘이 아니겠지만, 그것을 남녀의 갈등이라는 유사 이래의 중요한 실존적인 문제의 해결책일 수 있는 ‘남녀양성구유체’를 실현하기 위한 양성의 ‘통합점’으로 해석할 수도 있다. 물론 이 경우의 ‘점’은 초수학적인 성질의 것으로서 대부분이 뒤집힌 숫자가 상징하는 사회적 혼란의 해결책일 수도 있으리라. 위에서 언급한 문학과 물리학이 융합된 경우와 마찬가지로 문학과 수학이 융합된 그의 작품은 실존적인 성질의 것이 된다.

『十二월 十二일』 전반부의 작중 사건은 플롯을 연대기적, 유기적으로 전개하는 방법이 아니라 일본에 있는 주인공이 고국의 친구(‘M’)에게 보내는 편지들을 몽타주 기법으로 처리하고 있다. 게다가 이 소설의 첫 부분과 끝부분에 등장하는 연락선으로 고국을 떠나는 주인공과, 그의 분신과도 같은 철로 가에 버려진 아이는 영화의 거의 상투적인 끝장면 곧 관중의 시야에서 차츰 아득히 멀어져 가는 그런 끝장면을 담고 있다. 이는 이상이 선호한 영화적 기법이다. 「산촌여정」에서의 영화에 대한 언급은 『十二월 十二일』에 나타난 영화적 기법과 마찬가지로 그에게 영화에 대한 관심이 많았음을 알려준다. 영화적 기법과 문학적 기법의 경계는 무너진다.

『十二월 十二일』에서는 문학과 음악이 융합되기도 한다. 동경에서 귀국한 날 주인공은 동생의 집에서 ‘M’ 및 조카 ‘업’과 함께 하루를 보냈는데, 잠을 설치면서 그날 밤을 보내는 도중에 귀가 간지럽더니 ‘퉁소’ 소리가 들려온다.

분명히 퉁소 소리다.

「이럴 내가 아니다」

그러나 그의 마음은 알 수 없이 감상적으로 변하여 갔다. 무엇이 이렇게 만들까를 생각하여 보았으나 알 수 없었다. 얼마동안이나 어둠침침한 공간 속에서 초점 잃은 두 눈을 유희시키다가 별안간 그는 「퉁소의 크기는 얼마나 될까」를 생각해 보았다. 그의 생각에는 퉁소의 크기는 그가 짚고 다니는 「스틱」 기러기만은 할 것 같았다. 그렇지 아니하면 저런 굵은 엷은 소리가 날 수가 없는 것 같았다.(『十二월 十二일』, 2, 87-88)

'퉁소'의 '굵은 엷은 소리'는 동양적 예술에 대한 이상의 향수(鄕愁)를 암시한다. 그는 그 '퉁소 소리'에서 진보주의에 기초하여 가속적으로 전진하는 서구적 물질문명과 생활의 반대항인 동양인의 정신주의와 이에 기초한 느림의 미학을 실감한다. '퉁소'는 김만중의 『구운몽』에서 양소유가 부는 '퉁소' 소리의 영향을 받은것으로 보인다. 그 '성음'(聲音)은 '멀리 구름 사이로 점점 내려오는', '인간에서 듣지 못하던 것'이다. 그 '굵고 엷은 소리'는 마음을 비워서 열어진 동시에 대륙적으로 유장(悠長)한 ('굵은') 소리다. 또는 가까우면서 ('굵은') 먼('엷은') 소리인데, 그런 소리를 낼 수 있는 '퉁소'의 길이가 산보할 때 쓰는 '스틱'의 길이와 같다고 한 것은 그 '산보'의 한유(閑遊)함을 상기한 때문이다.

「실화」에서는 주인공이 'C양'의 음악적인 고운 목소리에 탐닉하는 장면이 나온다.

피아니시모—꿈인가. 한 시간 동안이나 나는 스토리—보다는 목소리를 들었다. 이 흐르는 듯한 연연한 목소리가 내 감관(感官)을 얼싸안고 목소리가 잤다.

꿈—꿈이면 좋겠다. 그러나 나는 잔 것도 아니요 또 누웠던 것도 아니다.(2, 359)

영어 소설을 낭독해 주는 'C양'의 목소리가 '피아니시모'로 '흐르는 듯'이 '연연'해서 '스토리' 대신에 그것을 읽는 '목소리'를 한참 동안 들을 때 그 '목소리'가 주인공의 '감관을 얼싸안고 잤다'는 것은 그 '목소리'와의 꿈결같은 성적(性的) 교합을 암시한다. 그것은 여자('C양')의 고운 목소리가 주는 깊은 감동이 성적인 것일 수 있다는 것을 의미하지만, 이상의 경우 문학적 표현은 음악과 융합됨으로써 고양될 수도 있었다.

이상은 경성고등공업학교에서 건축을 전공했고 조선총독부에 기수(技手)로서 근무할 때 서울 의주로(義州路)의 전매청 신축 건설 현장의 감독이었다. 『朝鮮と建築』이라는 잡지의 표지 도안 현상 공모에 응모한 그의 작품이 일등상을 받은 것은 현대건축에 대한 지식이 없으면 불가능한 일이다. 이렇게 볼 때 그의 문학이 건축과 관련되곤 한 것은 당연지사다. 초기의 「AU MAGASIN DE NOUVEAUTES」는 「건축무한육면각체」 연작에 속한 시이지만 이 시의 허두에 언급된 '사각형'은 건물의 기본적 형태인 정육면체의 평면도요, 「슬픈 이야기」에서 언급된 '자갈'을 실은 화물차에서의 '자갈'은 '시멘트' 같은 건축용 골재다.

왜 나는 미끈하게 솟아 있는 근대건축의 위용을 보면서 먼저 철조철근, 시멘트와 세사, 이것부터 선뜩하니 감응하느냐는 말이다.

씻어버릴 수 없는 宿命의 號哭, 몽고리안프렉게(蒙古痣) 오뚝이처럼 쓰러져도 일어나고 쓰러져도 일어나고 하니 쓰러지나 섰으나 마찬가지. 의

지할 얄팍한 벽 한 조각 없는 孤獨, 枯稿, 獨介, 楚楚 (「종생기」, 2, 393)

'나'의 '몽고리안 프렉게'로 입증되는 인용에서의 '숙명'은 '동양인'일 수밖에 없는 숙명이다. 서양의 당당한 근대 건축을 보며 그 건축에 쓰인 재료들을 투시하면서도 '선뜩'한 충격을 받은 것은 그 건물이 동양인의 감성에 자연스럽게 와 닿지 않았기 때문이다. 그 강한 거부반응을 '호곡'에 비유했다. 그에게는 매사에 싸우듯이 덤벼드는 물질적 소유욕과 경쟁심이 없다. 그래서 '달마'(오뚝이)처럼 져주면서 결국 이긴다. '달마'가 9년 동안 마주본 '벽'마저 없는 '고독'과 수행의 모진 고통('초초')도 견뎌내야 된다. 근대건축의 미끈한 모습은 그 건물이 군더더기 없는 기능주의적인 것임을 말해준다. 선불교(禪佛教) 문학과 서구적 건축의 비대칭적 융합의 가능성이 암시되는데 그 비대칭성에 이상의 낭만주의적 개성이 반영된다. 이상은 건축가이기도 했기 때문에 동양적인 것과 서구적인 것의 차이점을 제시할 때도 건축학적 발상에 의존하고 있다.

「가외가전」(1936)에서도 동양과 서양은 주제의 전개를 위하여 변증법적으로 융합되고 있다. 일제 식민지 수도(首都)로 추정되는 큰 도시가 배경이 된 「가외가전」은 현대적인 도시 시(詩)답게 폭력적인 소음의 주체인 군중과 유곽, 육교, 주식회사 등이 언급되고 있지만, 그 중심적 은유의 하나가 '육교', 심한 '가뭄'과 페스트 등이다. 가뭄과 페스트는 일제의 조선 침탈로 대표되는 인류적 죄악에 대한 신의 응징을 상징하는데, 그 죄악의 뜻깊은 은유가 도심지의 '육교'다. 다음은 「가외가전」에서 핵심적으로 중요한 부분이다. 주인공은 이 시의 화자인 '소년'으로서 그가 '老爺'와 같다고 한 것은 모든 차이를 부정하는것과 다름없는데 이것은 '소년'과 '노인'의 연령적 차이도 부정하는 노장사상의 영향 덕택이요, 다음의 인용도 그 영향을 받고 있다.

> 육교위에서또하나의편안한대륙을내려다보고근근히산다.(1, 64)

'육교'에서 가난한 식민지 '소년' 곧 도시 유민이 그것을 발판삼고서 '편안한 대륙'을 유연하게 내려볼 때 번번이 일본의 침략전쟁을 유발한 서구적 근대화는 허심무욕으로 인하여 '편안한 대륙'으로 비유된 고대적 동양과 대조됨으로써 그 가치가 전락한다. 물론 그 '편안한 대륙'의 고향은 노장사상과 선(禪)불교를 태어나게 한 중국 대륙일 수도 있다.

> 그(이상)는 앞서 누군가 언급한 시인의 조건, 곧 '시대적 암흑과 대결한 개인적 체험'뿐만 아니라, '식민지 지식인으로서의 투철한 자각과 그 사명을 행동으로 구체화하는 등의 실천력'에 있어 초특급의 치열한 삶을 살았던 인물이었을 뿐만 아니라 그의 작품은 일본은 물론 당대 서구를 능가하는 독보적 작품세계의 경지에 도달한 최초의 조선인이었다. 그는 미술, 건축, 문학, 디자인을 가로질러 질주한 최초의 융합예술가였던 것이다.[4]

위의 인용은 두 가지를 강조하고 있다. 그가 한국 최초의 다매체 융합예술가인 동시에 '시대적 암흑'과 대결하는 '초특급의 치열한 삶'을 산 작가였다는 점이다. 특히 융합예술가로서의 이상은 「선에 관한 각서」에서 신건축에 감응하고 현대 물리학의 새로운 시공간 이론에 기초

4　김민수, 앞의 책, 364쪽.

해 새로운 우주론적 세계와 인간의 탄생을 선언했다'고도 말하고 있다. 그의 말이 옳다면 이상의 문학은 융합예술이 거둔 가장 놀라운 업적일 것이다.

그러나 김민수가 말한 대로 일제통치하 암흑시대와 이상의 대결은 대체로 정치가 아니라 예술에서의 대결이었는가? 이는 「산촌여정」, 「단발」, 「가외가전」, 「첫 번째 방랑」, 「실화」, 「슬픈 이야기」 등의 반체제적 성격을 도외시한 견해다. 그는 융합예술가로서의 이상이 동시에 항일적 작가이기도 했다는 것을 간과했다. 가령 큐비즘의 다중시각으로 여러 장면을 몽타주한 「AU MAGASIN DE NOUVEAUTES」만 해도 이상은 '명함을짓밟는군용장화'라는 구절을 통하여 침략적 군국주의를 '군용장화'로 상징함으로써 시민의 존엄한 인격과 명예('명함')를 유린하는 횡포를 고발했다.

「선에 관한 각서」 연작은 한국에서는 처음으로 문학과 자연과학을 대담하게 융합시킨 실험적인 시들이다. 그의 작품세계의 경지가 당대의 일본과 서구를 능가했다는 김민수의 견해는 「선에 관한 각서」 같은 작품의 독자성을 강조하기 위한 것으로서 과장이 심하지만, 과연 「선에 관한 각서 1」이 '새로운 우주론적 세계와 인간의 탄생을 선언'한 것일까? 우리는 그것을 입증할 이론적 근거도, 구체적 상황도 이 시에서 찾아낼 수 없다. 이것은 이 시에 나타난 수학적 세계의 차원을 넘어서는 문제다. 굳이 이 점을 지적한 것은 이상 같은 천재적 융합예술가의 작품일지라도 그것이 문학작품인 한 독자와 그들의 반응이 문학작품의 필수적 존재 이유이며 그들의 이해와 감동이 따르지 않을 때 그 작품은 아무리 김민수가 말한 대로 초특급적, 세계적인 것일지라도 그 가치는 의심받을 수 있다는 것을 강조하고 싶었기 때문이다. '100개의 점'

이라는 암호의 열쇠를 쥐고 있는 사람은 아마 작자 이상뿐일 것이다. 그렇긴 하지만 이상이 한국의 선구적인 융합예술가임은 의심할 나위가 없다. 그러나 이상이 미술, 건축, 디자인, 문학을 망라한 한국 '최초의 융합예술가'임을 강조할 때 김민수가 등한시한 것은 이상에게 가장 중요한 예술 분야가 '문학'이요, 그 다음으로 중요한 분야가 '미술'이었지 '건축'은 아니었다는 사실이다. 그의 문학작품을 위한 건축학적 발상은 있었지만, 후세에 남을 수 있는 주목할 만한 건축작품은 없기 때문이다. 이상은 다른 무엇보다도 먼저 '시인'이었다.

이상의 경우, 이질적인 것의 융합에서 매우 중요하게 생각한 것은 동양적인 것과 서구적인 것의 융합이었다. 그는 『十二월 十二일』과 「종생기」 같은 소설 및 「AU MAGASIN DE NOUVEAUTES」와 「가외가전」같은 시가 입증하듯이 문명 비평에 관심이 적지 않았지만 동양적인 것과 서구적인 것의 차이점에 대한 관심이 없을 수 없었다. 「가외가전」에서 이상이 서울 유곽의 창녀 한 사람을 '노파'로 등장시킨 것은 의미심장하다(그녀는 굴욕적인 일제 식민지 조선의 상징이기도 하다). 그녀의 노경(老境)은 동양에서 존경받는다는 것과 조선이 장구한 역사와 문화적 전통의 나라임을 상기시킨다. 제임스 조이스도 영국 식민지 아일랜드의 상징으로서 '노파'를 『율리시즈』에 등장시킨 적이 있다. 이상은 그 '노파'를 창녀로 내세움으로써 서구적 근대화를 약소국 침략에 악용한 일본을 응징하고자 한 것 같다. 그녀가 고객과의 성교도 소나 양이 '반추'하듯이 한다는 것은 현대인의 서구적인 가속적 행동양식의 부정으로 볼 수 있다.

그러나 동양적인 것과 서구적인 것의 보다 뜻깊은 융합은 이상이 그의 종교적 감정을 반영시킨 인간상에서 볼 수 있다. 가령 「종생기」와

「실화」에서 '예수'에 버금가는 수난자 역할을 하는 한복 차림의 이상을 보며 우리는 동양과 서양의 만남을 읽어낼 수도 있다. 다음은 1936년에 이상과 결혼한 변동림의 술회다.

> 동소문(東小門) 밖에서 시내에 들어오려면 우리들은 혜화동 파출소를 지나야 했고 반드시 검문(檢問)에 걸렸다.(중략)
>
> [이상은] 하루 한 번씩 일경(日警)과의 언쟁(言爭)을 각오하면서도 어머니가 거두어주신 한복을 편하다고 즐겼다.[5]

이상에게 '한복'은 조선인으로서의 주체의식과 동양적 전통의식을 확인시켜 주는 친밀한 은유였다. 아무리 디지털 시대라 할지라도 한복 차림의 아방가르드 예술가 이상을 등한시하는 한국의 어떤 융합예술론도 우리는 신뢰할 수 없다.

---

5 김향안, 「埋想에서 창조된 이상」, 『그리운 그 이름, 이상』, 지식산업사, 2004, 184-185쪽.

25
조선의 아방가르드 예술가

이상은 일제 강점기의 유일한 아방가르드 예술가였다. 그러나 이 사실은 문학사에서 특별히 언급되거나 강조되어야 함에도 불구하고 그렇지 못했다. 고은은 이 사실을 간과했고, 김민수는 이상과 다다이즘의 관계를 일본문단의 다다이즘과 비교하여 검토하면서도 다다이즘이 속해 있는 아방가르드 예술과 이상의 밀접한 관계는 언급하지 않았다. 이상의 아방가르드 예술은 일제 강점기 한국의 아방가르드 예술운동과 관련하여 논의되어야 하지만, 그런 예술운동 단체 자체가 없었기 때문에 그를 유일한 아방가르드라고 말한 것이다. 조선의 다다이즘은 다다이즘의 단체나 운동으로서 논의할 만한 업적이 없었고, 다다이즘과 더불어 아방가르드 예술에 속하는 표현주의, 미래주의, 쉬르레알리즘은 오직 이상의 실험 영역이었다. 다음은 이상의 단편소설 「첫 번째 방랑」의 일부이다.

『세르빵』을 꺼낸다. 아뽈리네에르가 즐겨 쓰는 테에마 소설이다. 「암살당

한 시인」(……) (3, 158)

『세르빵』은 일본의 종합문화잡지(1931-1941)로서 하루야마 유키오(春山行夫)가 편집진에 가담한 뒤부터 앙드레 지드, 장 콕토, 앙드레 말로, 포크너 등의 작품을 소개했다. 이상은 『세르빵』에서 발견한 아폴리네르의 「학살당한 시인」의 주인공 크로니아 망탈에서 '신비로운 고대(古代)'를 느낀다. 그는 20세기 초 아방가르드 예술의 옹호자였던 아폴리네르에게 특별한 관심을 기울였던 것 같다. 단편소설 「동해」(童骸)(1936)에 나오는 다음과 같은 말은 아폴리네르와 깊이 관련되어 있다.

> 날개를 펄럭거려서 비행기를 날으게 하려는 노력이야 말로 車輪을 발명하는 대신에 말의 步行을 본떠서 자동차를 만들 궁리로 바퀴 대신 기계장치의 네 발이 달린 자동차를 발명했다는 것이나 다름없다.(2, 280)

인용문에 나오는 '말을 본떠서 자동차를 발명했다'는 '사람의 보행을 본뜨려고 했다가 다리에 없는 수레바퀴가 발명되었다. 그래서 인간은 부지중에 쉬르레알리즘을 만든 것이다'라는 인간의 상상력에 의한 창조적 비약을 지적한 아폴리네르의 말 (『틸레지아의 유방』 서문)을 바꾼 것이다. 이로써 볼 때 이상의 쉬르레알리즘은 아폴리네르의 영향을 받기도 한 것임을 알 수 있다. 다음은 '무한'한 것을 그리워하는 예술가들이 기억하고 싶은 아폴리네르의 유명한 말이다.

> 제4차원은 [거대한] 공간성 그것이며 무한을 나타내는 차원이다. 제4차원

은 오브제에 변형의 가능성을 준다.[1]

이상도 무한한 것, 영원한 것을 동경한 로맨틱한 작가였다. 그의 아방가르드적 작품, 가령 초기의 「자화상」(1928)과 「소설가 구보씨의 일일」의 한 삽화(인천 월미도의 창녀) 등이 이를 입증한다.

이상영화에 관심이 많았던 이상이 르네 클레르의 「최후의 억만장자」(1934)」를[2] 서울 명치좌(明治座)에서 관람한 것은 이 작품이 독재자 히틀러를 풍자한 전위영화였기 때문이다. 일본에서 1930년에 '아방가르드'라는 말이 '유행어'가 되었는데,[3] '전위' 라는 말이 처음으로 생겨나게 된 계기가 1920년대에 수입된 '전위영화'였다. ('前衛'는 'Avant-garde'의 일본어 번역이다.)[4]

김기림이 「모더니즘의 역사적 위치」(1939)라는 문학사적으로 중요한 평론에서 이상을 정지용이나 김광균 계열의 '모더니스트'로 분류했을 때 그는 이상 문학의 '아방가르드'적 성격을 전혀 알 수 없었다. 이는 이상의 초기 시 「운동」(1931)에 대한 논평으로도 알 수 있는데 그는 이 「운동」이라는 제목 자체부터 '미래주의'의 영향을 받은 시임을 알 수 없었다. 이상의 모든 아방가르드적 작품이 그렇듯이 그는 '미래주의'의 영향도 비판적으로 수용했다.

---

1 G. Apollinaire, "On Painting," *The Modern Tradition: Backgrounds of Modern Literature*, Richard Ellmann ed., Oxford Univ. Press, 1965, p.116.

2 조용만, 「이상 시대, 젊은 예술가들의 초상」, 앞의 책, 304쪽.

3 波潟剛, 『越境のアバンギャルド』, NTT 出版, 2005, p.17.

4 위의 책, p.4.

이상의 아방가르드적 작품은 그의 세계주의적 시각의 산물이다. 그의 『十二월 十二일』에 현저한 표현주의적 발상과 언어표현, 「且8氏의 출발」의 쉬르레알리즘, 「가외가전」을 비롯한 몇 작품의 '미래주의'적 요소, 「▽의 유희」, 「이상한 가역반응」의 다다이즘적 요소 등은 그가 유럽과 일본의 아방가르드 예술의 영향을 받았고 그것을 숙지하고 있었다는 것을 잘 보여준다.

제1차 세계대전 전후에 일어난 유럽 아방가르드운동의 영향을 재빨리 받아들인 나라가 일본이었고, 그 당시 조선의 예술가도 지리적으로 가장 가까운 일본의 영향을 받지 않을 수 없었다. 이상도 그 영향을 받았을 문학잡지 『詩と詩論』과 『세르빵』 등은 서양 아방가르드예술에 대한 지식의 공급원이었다. 일본에서는 다다이즘 전문잡지 『마보』, 쉬르레알리즘 잡지 『Ciné』가 발간되기도 했다. 물론 유럽의 아방가르드는 자기 유파의 잡지를 가지고 있었고 일본도 그것을 모방했던 것이다. 그 점에서 아방가르드 예술의 경우 유럽과 일본 사이에는 문화적 경계가 없었다.

그러나 일제 강점기 조선에서는 아방가르드 단체도 없었고 그 기관지도 없었다. 너무나 열악한 식민지 문화의 후진성 탓이었다. 따라서 이 시기의 조선에서 아방가르드적 작품을 지속적으로 발표한 작가가 이상뿐이었던 것도 어찌 보면 당연한 일이었다.

아방가르드 예술의 성격에 대한 마태이 칼리네스쿠의 말을 들어보자.

> 아방가르드는 〔모더니즘의〕 근대성보다 더 과격하다.(중략) 아방가르드는 실제로 근대적 전통의 모든 요소를 빌려오지만, 동시에 그 요소들을 파괴하고, 과장하고, 가장 의외의 문맥 속에 위치시키며, 자주 거의 완전히

알아볼 수 없게 만든다.[5]

이상은 칼리네스쿠가 말한 아방가르드 예술의 '과격성'이 성미에 맞았을 것이다. 이는 그의 여러 작품에 나타난 파괴적 상상력의 과격성으로 입증된다.

조선의 아방가르드 예술은 다다이즘의 문학에서 시작되었다. 다다이즘은 시인 다카하시신키치(高橋新吉)의 영향을 받은 고한용(高漢容)이 『개벽』(1924. 9)에 발표한 「다다이즘」에 의하여 소개되었고, 임화의 시 「지구와 박테리아」(1927. 8), 박팔양의 시 「윤전기와 4층집」(1927. 1) 등이 발표되기는 했지만 이내 자취를 감추고 마는데, 다다이즘을 생애의 창조적, 지속적으로 수용한 예술가는 다름 아닌 이상이었다.

유럽의 아방가르드 예술은 대체로 제1차 세계대전이 초래한 정신적 위기의 반영으로써 허무주의적 세계관에 기초하면서 그것을 초극하기 위한 운동이었는데, 그와 같은 사정은 조선의 경우도 비슷했다. 조국의 멸망으로 인한 고향상실감, 도덕적 가치기준의 혼란, 일제의 언론탄압으로 인한 자유와 이상향의 갈망 등은 이상 같은 작가의 아방가르드적 창작 충동을 부추겼다. 또한 그는 아방가르디스트가 됨으로써 항일적 투쟁의욕이 강화되었음이 틀림없다.

그의 처녀작인 『十二월 十二일』(1930)의 성격으로 볼때 그의 작품에 첫 번째로 짙은 영향을 준 아방가르드적 예술은 표현주의였다. 일제 강점기의 대표적인 표현주의적 작품은 염상섭의 「표본실의 청개구리」(1922)와 이상의 『十二월 十二일』(1930)이었는데 이상의 이 장편

5 Matei Calinescu, *Five Faces of Modernity*, Duke Univ. Press, 1987, p.96.

소설은 조선총독부 기관지『朝鮮』에 실렸기 때문에 일제 강점기에 전혀 알려지지 않았다. 그의 허무주의적 인생관과 그것을 극복하기 위한 고뇌와 저항은 주제는 다를망정 그 후에「공포의 성채」(1935),「지주회시」(1936), 및「종생기」(1936)「실화」(1936) 등의 표현주의적 분위기와 언어표현에 반영되곤 했다.

『十二월 十二일』의 주인공은 자기 자신을 '조고만 경멸할 니힐리스트', 또는 '아무 자극도 감격도 없는 영점(零點)에 가까운 인간'으로 여긴다. 매일의 식사에 대한 묘사부터가 표현주의적이다.

> 이미 否定된 生을 食道라는 질긴 줄에 포박당하여 억지로 질질 끌려가는 그들의「살아간다는 것」은 그들의 피부와 조금도 질 것 없이 조고만치의 윤택도 없는「짓」이 아니고 무엇이겠나. 그들의 메마른 咽喉를 통과하는 격렬한 空氣의 진동은 모두가 창조의 신에 대한 최후의 馬蔑의 絶따인 것일세.(2, 41)

인용에서의 '그들'은 주인공의 동료인 '사할린'의 광부들이지만, 평범한 일상적 식사를 '창조의 신'에 대한 '최후의 마멸의 절규'로 본 것은 독자에게 충격을 주며, 그런 효과를 노린 점에서 표현주의적 주관성과 과격한 정서적 반영을 볼 수 있다. 그 '마멸'에 의하여 화자는 '신'을 부정한다.

『十二월 十二일』은 표현주의적 수법이 돋보이는 실존주의적 소설이다. '신'의 문제가 현대 한국소설에서 처음으로 제기된 것도 주인공의 실존적 고뇌를 극복하기 위해서다.

이상은「공포의 성채」(1935)에서 가족과 민족에 절망한 주인공의 허무주의적 종말의식과 이를 극복하기 위한 극단적 행동을 펼쳐낸다.

> 사랑받은 기억이 없다. 즉 애완용 가축처럼 귀여움을 받은 기억이 전혀 없는 것이다.(3, 334)

화자에게 가족과 민족은 타자(他者)와 다름없다. 그와 외계(外界)의 통일적 관계는 붕괴되어 있다. 강력한 적(敵)과의 투쟁을 위한 그의 '성채'가 '못쓰게 된 탱크처럼 움직이고 있다'는 것은 그 '성채'가 무너지기 전의 동요를 암시한다. 그는 약자다. 그러나 '성채'의 농성자들은 자신의 '직분'을 지킨다. '적'은 문맥상 '조선총독부'와 같은 조선통치자다. 일제의 조선통치수법이 공포정치이기 때문에 이쪽도 '공포의 성채'를 가지고 대결한다.

이상의 처방은 극단적이다. 화자가 상징하는 '민족'의 재생(새벽)은 범죄와 '멸망'을 통해서만 가능하다고 여기기 때문이다.

「공포의 성채」에서의 작중 사건이 표현주의적으로 강렬하게 제시되거나 암시된 것도 일제의 압정으로 인한 공포를 초극하기 위해서다.

지난 날의 제도적 양식과 표현방법에 과감하고 모험적으로 저항하는 아방가르드 예술가는 정치적 참여도 불사하는 경향이 있다. 예술적 전위는 정치적 전위와 결합된다. 이를 입증하는 유명한 일례가 파시즘의 횡포에 저항하기 위하여 1935년 6월에 파리에서 열린 「문화옹호국제작가」에 앙드레 브르통이 참가하여 강연을 한 사실이다.

이상의 경우도 예술적 전위는 정치적 전위와 자주 결합했다. 초기의 시 「출판법」과 「열하약도 No.2 (미정고)」 그리고 방금 논급한 「공포의 성채」, 만년의 3부작 「단발」, 「슬픈 이야기」, 「실화」 등이다.

아방가르드 예술가 이상은 제1차 대전 후 중립군 스위스의 취리히 '다다'나 전승국 프랑스의 파리 '다다'가 아니라 제1차대전의 패전국 독일의 베를린 '다다'에 훨씬 가까웠다. 망국(亡國)의 작가였기 때문이다. 그가 실험한 포토몽타주는 베를린 '다다'에 속한 존 하트필드의 영향을 받았으리라고 추정되기도 한다.

이상은 예술적 아방가르드 작가로만 활동하는 것은 '아방가르드' 본연의 뜻을 어기는 소행이라고 반성하게 된다. '아방가르드'는 본래 적(敵)과의 전투를 위한 전위(前衛)부대를 의미하는 군사용어이기 때문에 그것이 공산주의 정당이나 혁신적인 예술을 의미할 경우에도 도발적, 전투적이어야만 마땅하다. 따라서 전투의지 또는 반역 의지가 없는 아방가르드는 본래적인 뜻의 아방가르드가 아니다.

이상의 아방가르드적 작품은 낡은 전통과 단절하고 새로운 예술적 모험을 시도한 비정치적인 작품들과 정치적인 작품들로 구분된다. 전자를 대표하는 작품이 「꽃나무」, 「거울」, 「이런 시」, 「오감도 시 제4호」라면 후자를 대표하는 작품은 「공포의 성채」, 「오감도 시 제1호」와 「파첩」, 그리고 단편소설 「슬픈 이야기」와 여기에 곁들인 네 개의 삽화들일 것이다. 후자에서만 예술적 전위와 정치적 전위는 결합된다.

다다이즘은 절대적 자유를 추구한다. 한스 리히터는 그것을 '모든 것에 전혀 괘념하지 않는 자유', 혹은 '규범이나 훈계나 비평가의 칭찬에 구속되지 않는 자유의 감정'이라고[6] 말한다. 이상은 다다이즘 외의 아방가르드 예술 이론을 옹호하고 작품화할 때도 다다이즘의 부정정신

---

6 Hans Richter, *DADA: art and anti-art*, New York: McGrow Hill Book Company, 1997, p.50.

만은 존중했으나 그가 초기의 섹스와 관련된 장난스러운 시들, 가령 「▽의 유희」 같은 시에서의 다다이즘을 바로 버린 것은 그런 다다이즘이 그의 이상주의나 실존적 고뇌, 그리고 일제 강점기의 암울한 시대감각이나 반체제적 저항을 표현할 수 없었기 때문이다. 바로 그 점이 다다이스트 임화나 김여수 등과의 차이점이다. 그의 다다이즘은 반체제적 주제의 상징적 암시를 위한 방법이었다. 이를 대표적으로 예증하는 작품이 「오감도 시 제1호」다. 이 작품을 통하여 이상은 예술적 전위(前衛)와 정치적 전위를 성공적으로 결합시켰다.

「오감도 시 제1호」에서 일제의 공포정치에 대한 '13인의 아해'의 한결같은 반응('무섭다고 그리오')을 열세 번 기계적으로 반복한 것은 독자를 우롱하는 듯한 다다이즘 수법이다. 그러나 그 '13'이라는 숫자는 시공간을 아우른다. '열세 번'의 연속(공간)은 13년 후(시간)를 동시에 암시하기 때문이다. '13'은 불길한 숫자인 동시에 '13년 후'의 조국 해방도 암시하는 예언적 기호였던 것이다. 아방가르드 예술가는 예언자여야한다는 신조가 이상에게도 있었다.

이상의 '미래주의'에 대한 반응은 이중적이었다. '용기, 당돌성, 반역이 우리 시의 필수적 요소', '불가능성이라는 불가사의한 문(門)들을 파괴하라' '우리는 도덕주의, 여권주의, 기회주의적, 공리주의적 비겁과 싸우겠다.', '우리는 통사법을 야만적으로 파괴함으로써 시작하겠다'와 같은 마리네티의 「미래주의 선언」에 나오는 결의에는 마음이 끌렸지만, 그의 '전쟁, 군국주의, 애국주의의 찬양'은 혐오했을 것이다. 그와 같은 이중적 반응을 그의 작품들이 보여준다. 가령 「지도의 암실」에 대표적으로 나타나는, '통사법'을 함부로 무시한 글쓰기는 틀림없이 「미래주의 선언」이 자극하고 격려했을 것 같다.

> 옷도그는아니고 그의하는일이라고그는옷에대한귀찮은감정의버릇을늘 하루의한번씩벗는것으로이렇지아니하냐 누구에게도없이반문도하며 위로도하여가는것으로 도 보아 안버린다.(2, 164)

이상은 통사법 위반으로 인한 의미전달의 차단이나 문맥의 혼란에 대하여 전혀 책임을 지지 않는다. 그와 같은 글쓰기를 「지도의 암실」 이후에는 더 이상 시도하지 않았다. 그에게 보다 중요한 것은 「미래주의 선언」이 제기한 아방가르드 예술과 정치의 관계라는 문제였다. 곧 예술적 아방가르드와 정치적 아방가르드는 결합될 수 있는가, 혹은 어떻게 결합되어야 하는가라는 문제다. '미래주의 선언'은 그 양자(兩者)가 결합할 수 있다는 것을 입증했다. 그 「선언」이 명시한 대로 미래주의는 시의 본질적 요소를 강조하는 동시에 정치적으로는 군국주의를 지지하고 있다.(실제로 마리네티는 훗날 무솔리니의 파시즘을 옹호했다.)

이상이 아방가르드 예술과 정치의 관계라는 문제로 고민하지 않을 수 없었던 것은 일제의 공포정치와 대결해야 했기 때문이다.

다음은 「날개」의 한 구절로서 미래주의의 영향을 직접 받고 있다.

> 이따금 들리는 날카로운 혹은 우렁찬 기적 소리가 모차르트보다도 더 가깝다.(2, 337)

이상의 소설에서 기차는 여러 가지 뜻이 있다. 단순한 '여행'을 위한 교통수단일 수도 있지만(「지팽이 역사」) 「첫 번째 방랑」에서의 기차는 약소국 침략을 위한 '특급열차'요, 「날개」의 경우도 제국주의적 침략자의 상징이다. 위의 인용에서 공포감을 주는 '날카로운 혹은 우렁찬 기적소리'는 그 기차가 침략을 위한 무기임을 암시한다. 이것은 「미래주의 선언」에서도 유명한 "유산탄을 싣고 달리면서 노호(怒號)하는 화물열차는 〈사모트라케의 승리의 여신상〉보다 아름답다"의 패러디다. '화물열차'는 지금 서울로 들어오는 공포의 기차로, 〈사모트라케의 승리의 여신상 〉은 '모차르트'로, '아름답다'는 '더 가깝다'로 바뀌었다. 이 패러디의 목적은 두 가지다. '모차르트보다 더 가깝다'고 말한 것은 그 '기적소리'로 상징된 일제의 위협은 '모차르트' 음악이 따라올 수 없을 만큼 그것을 직시하도록 하기 위한 것이다. 다음으로는 일제의 침략주의적 위협은 아무리 가공할만한 것일지라도 일시적인 것인 반면, '모차르트'의 음악은 영원한 고전임을 강조하고자 한 것이다. 바로 그 점에서 이 패러디는 '미래주의'가 찬양하는 '군국주의'에 대한 반박이다.

「가외가전」의 말세적 상황은 계속되는 '가뭄'과 침략군대의 상징 '페스트'로 추정되는 최악의 역병(疫病)이 초래한 집단적인 사망과 사회적 혼란이지만, 그 혼란의 증거이자 피해자가 유곽의 창녀와 '노파'로 등장시킨 창녀다. '발처럼생긴손'은 최고로 발달한 문명('발')을 비유한 탁월한 은유다. 무지막지한 '손'이 '노파'의 '통고하는손'을 침해하는 것이야말로 자본주의('화폐')의 추문이라는 것이다. 이상은 이질적인 이미지('손'과 '발')를 당돌하게 결합시키는 쉬르레알리즘 수법으로 자본주의의 비인간적 횡포를 고발한 것이다.

> 구름이近境에오지않고오락없는空氣속에서가끔扁桃腺을앓는다.貨幣의스캔달-발처럼생긴손이痛苦하는손을잡는다.(1, 65)

가뭄으로 인한 '오락없는공기'는 가뭄으로 인하여 각박하고 삭막해진 사회의 은유이지만, '구름'과 '편도선'이라는 너무나 이질적인 이미지마저 당돌하게 결합됨으로써 독자에게 충격을 준다. 이 경우 '구름'을 통하여 '비'를 내리게 하거나 가뭄을 초래할 수도 있는 '하느님'의 은유다. (내가 구름을 명하여 그 포도원 위에 비를 내리지 말라 하리라. 「이사야서」 5:6)

이상은 「가외가전」이라는 쉬르레알리즘 시를 통하여 일제(日帝) 파시즘에 저항한 아방가르디스트였다.

피카소의 「게르니카」(1937)와 살바도르 달리의 「내란의 예고」(1937)는 스페인 내란에 대한 아방가르드 화가의 인도주의적 차원에서의 정치적 관심의 산물이었다. 이상은 그들보다 1년 전에 「가외가전」이라는 시를 통하여 예술적 전위를 정치적 전위와 결합시키는 모험을 감행했던 것이지만, 그 모험이 회화에서도 감행된 사실은 알려지지 않고 있다. 국내에서 뿐만 아니라 국제적으로도 알려져야 했지만 그렇지 못하다. 이러한 그의 모험은 문학과 회화 모두에 걸쳐 있다는 점도 주목해야 한다.

1936년과 1937년은 독일, 이탈리아, 일본의 파시즘과 스페인 내란(1937)으로 인하여 극도의 위기의식이 세계적으로 확산된 시기였다. 이상은 1937년에 사상혐의를 받아 구속되어 그 여파로 사망했다. 1936년은 단편소설 「지주회시」와 시 「가외가전」 및 1936년의 작품으로 추정되는 시 「破帖」 그리고 아나키즘 3부작 「단발」, 「슬픈 이야기」, 「실화」가 집필된 해였고, 이 때 「슬픈 이야기」에 곁들여진 아방가르드적 삽화가 제작되었다. 그는 반체제적 아방가르드 화가였다. 그 점에서 일본의 쉬르레알리즘 화가 후쿠자와이치로(福澤一郎)와 비교됨직하다.

당시에는 일본의 소설가 뿐 아니라 화가들도 만주 여행을 하곤 했다. 만주국이 일본의 괴뢰국가였고, '할빈'은 '동양의 파리'라는 별명이 암시하듯이 인기 있는 국제 도시여서 많은 일본인이 만주여행을 했는데, 후쿠자와도 그런 추세의 영향을 받았을 것이다. 그러나 그는 아방가르드 화가답게 일본의 국책(國策)에 무조건 복종하지는 않았는데, 이를 입증하는것이 「소(牛)」(1936)라는 작품이다. 황야를 배경으로 삼은 이 작품은 '소'의 몸뚱이가 처참하게 해체 붕괴되어가는 모습을 보여주고 있다. 그것은 '소'로 비유된 만주국이 일제가 선전하듯이 많은 민족이 융화되고 '건설과 생산'이 착착 이루어지는 곳이 아니라 말세적인 모순과 혼란의 땅임을 암시한 것 같다. 정치성이 다분히 읽히는 작품이다. 1941년 4월에 후쿠자와는 쉬르레알리즘을 옹호한 미술평론가 다키구지슈조(瀧口修造)와 함께 검거된다. 이들은 1936년에 「아방가르드 미술가 클럽」을 결성한 적이 있다.

후쿠자와 이치로(福澤一郎), 「소」, 1936.

그러나 여기서 문제는 일본의 작가와 화가들이 만주국을 새로운 예술의 개척지로 간주하고 그곳을 여행할 때 조선을 깡그리 무시한 점에 있다. 그들이 조선을 건너뛴 것은 만주국이 일본의 괴뢰일망정 국가의 외모를 지니고 있고, '동양의 파리'같은 국제도시도 가지고 있는 반면 식민지였던 조선은 무조건 경멸했기 때문일 것이다.

따라서 후쿠자와의 「소」 못지 않게 정치성이 있는 이상의 아방가르드적인 작품도 전혀 발언권이 주어지지 않았던 것이다. 후쿠자와의 「소」는 '만주국의 모순과 알력(軋轢)을 풍자한 것'이라는 견해도 있지만,[7] 만주국의 실질적 지배자인 관동군(關東軍)이 상징하는 일본 군국주의에 대한 풍자는 아니다. 그 정도의 반체제적 정치성을 후쿠자와를 비롯한 일본의 아방가르드 예술가에게 바랄 수는 없거니와, 이는 바로 이상의 미술을 통한 아방가르드적 저항을 상기시킨다.

그는 「슬픈 이야기」의 삽화를 통하여 예술적 전위와 정치적 전위의 결합을 시도했다. 먼저 이 소설에 나오는 일제 식민지의 은유인 노예선과 관련된 삽화에서 식민지 원주민의 은유인 남자와 여자의 계란모양의 두상(頭像)은 종주국의 잔혹한 통치로 인한 이들의 인격 상실을 암시한다. 이같은 발상은 「탕아의 귀가」(1922)를 비롯한 여러 작품에서 그런 두상을 제시한 데 키리코(Giorgio de Chirico)의 영향을 받았을 것 같다. 그러나 그들을 씩씩하게 전진하는 한 쌍으로 제시한 것은 민족해방의 염원에 연유한다. 화가가 이 삽화의 구석에 온전한 몸뚱이로 서있는 아이를 설정한 것은 그 한 쌍의 불구성(不具性)이 회복될 날을 소망하였기 때문이다. 아방가르디스트 이상의 정치적 저항은 당당한

7 波潟剛, 앞의 책, 64쪽.

군함의 배치로 입증된다. 그 군함은 배후의 일장기를 상기시키는 원(圓)과 더불어 노예선 위의 한 쌍을 위협하고 있다. 이상은 이 삽화를 통하여 후쿠자와가 감히 엄두도 낼 수 없는 일본 군국주의에 대한 저항을 시도했다.

이상은 아방가르드 예술을 통하여 인생의 부조리와 일제 식민통치로 인한 허무주의를 초극하고자 했다. 게다가 「슬픈 이야기」에서 소설 텍스트와 삽화 텍스트를 융합시킨 것은 일제 강점기 한국소설에서 전무후무한 실험이었는데 이는 아방가르드 작가에게만 가능한 일이었다.

예술적 전위와 정치적 전위가 대담하게 결합된 가장 주목할 만한 장면이 「실화」에 나온다.

> '新宿 가십시다'
>
> '新宿 이라?'
>
> 'NOVA 가십니다'
>
> '가십시다 가십시다'
>
> 마담은 루바시카. 노봐는 에스페란토.

이 장면은 들라크루아의 「민중을 이끄는 자유의 여신」을 바로 상기시킨다. 카페 '엠프레스'의 '마담'이 '자유의 여신'의 은유로서 피압박 민중('루바시카')의 해방을 위해 그들을 인도하면서 전진한다. '가십시다 가십시다'는 '新宿'으로 가자고 한 'Y군'이 아니라 민중에게 단결하여 전진하자고 선동한 말이다. 이 반역자들이 세울 '신생 국가'가 '노봐'로서 그 나라 국어가 '에스페란토'라는 것이다. 이상은 문학과 미술을 이렇게 융합했으며 이것은 예술적 상상력과 정치적 상상력이 결합된 산물이다.

이상의 마지막 아방가르드적 작품이 단편소설 「실화」다. 이상은 제1차 세계대전 후의 세계, 그리고 조선 같은 식민지의 예술가를 괴롭힌 불안과 공포를 극복하기 위한 민족적, 인류적 휴머니즘을 옹호하고 그것을 위해 투쟁한 아방가르디스트 가운데 한 사람이었다. 무릇 자기가 옹호하는 정치적, 종교적, 예술적 이념을 실현하고자 하는 작가만이 내면적으로 발전한다. 그것은 그의 이념적 이상과 현실의 변증법적 대립의 지양을 모험적으로 궁리하는 과정에서의 발전이다. 이광수, 김동인, 이효석, 김유정 등의 문학에서 내면적 발전이 불가능했던 것은 그와 같은 모험이 없었기 때문이다. 일제 강점기의 대표적인 항일 작가 염상섭은 도중에 그 모험을 중단함으로써 더 이상 발전할 수 없었다. 만일 이상이 휴머니즘과 무관한 비정치적인 '한국 최초의 멀티미디어 예술가'[8]에 머물렀다면 그의 내면적 발전의 길 또한 막혔을 것이다. 이상 예술의 전체적 검토만이 그의 발전을 추적할 수 있다. 그가 당대 조선의 독자적 아방가르드 예술가였다는 것은 그가 조선의 선구적인 다매체 융합예술가였다는 것과는 거의 비교할 수 없이 중요한 사건이었다.

---

8 김민수, 앞의 책, 268쪽.

2부

후반기의 생애와 작품

01
「오감도」의 세계

『조선중앙일보』에 연재된 이상의 「오감도」 연작(1934.7.24.—8.8)은 소위 이상 신화(神話)의 근원이다. 이 연작이 발표되자 "미친놈의 잠꼬대냐?" "무슨 개수작이냐" 등 독자의 비난이 몰려와서 신문사는 연재를 중단했다. 애당초 연재하려고 한 30편 중에서 15편 밖에 연재할 수 없었다. 이 「오감도」 사건은 현대 한국문단에서 처음으로 일어난 정치와 관련되지 않은 충격적 사건이었다. 시인 자신도 충격을 받았을 것이다. 물론 그 충격의 성격은 「오감도」를 읽은 독자 편의 충격과 다를 수밖에 없었는데 연재 중단과 관련된 이상의 소감은 다음과 같다.

> 왜 미쳤다고들 그리는지 대체 우리는 남보다 수십년씩 떨어져도 마음 놓고 지낼 작정이냐. 모르는 것은 내 재주도 모자랐겠지만 게을러빠지게 놀고만 지내던 일도 좀 뉘우쳐 보아야 아니하느냐. 열아문 개 쯤 써보고서 詩 만들줄 안다고 잔뜩 믿고 굴러다니는 패들과는 물건이 다르다. 二千점

에서 三十점을 고르는 데 땀을 흘렸다. 三十一년 三十二년 일에서 龍대가리를 떡 꺼내어 놓고 하도들 야단에 배암 꼬랑지커녕 쥐꼬랑지도 못 달고 그만두니 서운하다. 깜빡 新聞이라는 답답한 조건을 잊어버린 것도 실수지만, 이태준, 박태원, 두 兄이 끔찍이도 편을 들어준 데는 절한다. 鐵—이것은 내 새 길의 暗示요, 앞으로 제 아무에게도 屈하지 않겠지만 호령하여도 에코—가 없는 무인지경은 딱하다. 다시는 이런—물론 다시는 무슨 다른 方途가 있을 것이고 위선 그만 둔다. 한동안 조용히 工夫나 하고 따는 정신병이나 고치겠다.(3, 353)

이 글은 이상이 일본 동경에서 죽은 뒤에 발견된 유고로 『朝光』(1937.6)에 발표되었다. 1931년 한 해에 28편의 시를 『朝鮮と建築』에 발표한 사실을 참고할 때 시 2000편에서 30편을 골랐다는 고백에 큰 과장은 없다고 보아도 된다. 그것은 어쨌든 인용문은 여러 가지 문제를 던지고 있다. '신문'이라는 발표 기관의 '답답한 조건'을 문제로 삼은 것은 틀린 게 아니다. 그것은 「오감도」 수준의 시를 자율적인 문학작품으로서 처음부터 이해하려고 하지 않고 이해할 수도 없는 독자의 수준을 겨냥하고 있다. 그렇게 말했을 때의 이상은 「오감도」 사건을 일으키지 않은 『朝鮮と建築』의 독자를 대조적으로 염두에 두었을 것 같다. 실제로 당시의 신문독자에게 「오감도 시 제1호」나 「오감도 시 제2호」와 「제3호」, 특히 「제6호」와 「제8호」는 문자 그대로 '미친놈의 잠꼬대'로 여겨졌음에 틀림없다.

다음으로 이상이 안타까워한 것은 당대 조선 정신문화의 식민지적 후진성이다. 이것은 비단 「오감도」 사건에만 관련된 문제가 아니지만, 그 사건을 폭발적 계기로 하여 폭로된 심각한 문제였다. 그런 문제의 제기는 겨레에 대한 애정 없이는 불가능하다. 다음은 이상이 박태원에게 한 말이다.

> 박형, 당신도 아다시피, 불란서의 보들레르는 지금부터 백년 전인 1850년에 『악의 꽃』을 발표해서 그 유명한 악마파(惡魔派)의 선언을 하지 않았소? 이것에 비하면 우리는 너무나 뒤떨어졌어요. 왜 우리나라는 불란서만 못합니까. 우리나라도 찬란한 시의 역사를 갖고 있지 않아요? 이번에 내 「오감도」는 『악의 꽃』에 필적할 세기적인 작품이라고 나는 감히 생각해요.[1]

「오감도」에 대한 호언장담을 곧이곧대로 신뢰할 수는 없지만, 인용은 우리 문학의 후진성에 대한 걱정과 보들레르에 대한 이상의 짙은 관심을 알려준다. 그런데 「오감도 작자의 말」이 또 다른 문제를 야기한 것은 「오감도」 연작과 직접적으로 관련되지 않은 말을 하고 있기 때문인데, 곧 그의 '새 길'을 암시한다는 '鐵'과 관련된 암호적인 발언이다. 그 암호의 독해를 위해서는 그의 여행소설 「첫 번째 방랑」을 참고해야 하지만, 그 '철'은 불굴의 정신과 반체제적 투쟁을 위한 철제 무기의 은유다. '호령하여도 에코—가 없는 무인지경', 곧 '게을러빠지게 놀고만 지내'지 말라고 큰 소리로 꾸짖어도 반응이 없는 '무인지경' 같은 조국을 딱하게 여긴 것은 정말 아이러니컬한 일이다. 그 '무인지경'에서 「오감도」 사건을 계기로 하여 '이상신화'가 싹텄기 때문이다. 이상은 이 글

---

1 조용만, 「이상시대, 젊은 예술가의 초상」, 『그리운 그 이름, 이상』, 지식산업사, 2004, 298-299쪽.

의 말미에서 '조용히 공부나 하고 따는 정신병이나 고치겠다'고 농담조로 말했지만, 그 '미친놈의 잠꼬대'로 비유된 「오감도」 연작과 그 연장선 위에 있는 이상의 작품들에 대한 지극한 관심과 활발한 연구가 뒤이어지고, 그의 생애에 대한 연구가 여기에 덧붙여졌으며, 그의 작품이 실명소설과 영화와 연극을 통하여 재해석되는 과정에서 '이상신화'가 형성되었기 때문이다. 「오감도」 연작이 '이상신화'의 근원지라고 말한 것도 그런 의미에서다.

「오감도」 연작의 경우 그 첫 번째 작품 「오감도 시 제1호」가 가장 문제가 되어왔다. 이 시의 난해성은 「제6호」나 「제8호」보다 훨씬 덜하지만, 독자의 비난의 대상이 된 「오감도」 연작의 첫 번째 작품인 점과 독자의 감수성이나 이해의 능력을 무시하는 듯한 기이한 표현 방식으로 인하여 오히려 이상의 문학에 대한 관심을 증폭시켰던 것이다. 다음이 「제1호」의 전문이다.

13인의 兒孩가도로로질주하오.
(길은 막다른 골목이적당하오)

제 1의아해가무섭다고그리오.
제2의아해도무섭다고그리오.
제3의아해도무섭다고그리오.
제3의아해도무섭다고그리오.
제4의아해도무섭다고그리오.
제5아해도무섭다고그리오.
제6의아해도무섭다고그리오.

제7의아해도무섭다고그리오.
제8의아해도무섭다고그리오.
제9의아해도무섭다고그리오.
제10의아해도무섭다고그리오.
제11의아해도무섭다고그리오.
제12의아해도무섭다고그리오.
제13의아해도무섭다고그리오.

13인의아해는무서운아해와무서워하는아해와 그렇게뿐이모였소.
(다른사정은없는것이차라리나았소)

그중에1인의아해가무서운아해라도좋소.
그중에2인의아해가무서운아해라도좋소.
그중에2인의아해가무서워하는아해라도좋소.
그중에1인의아해가무서워하는아해라도좋소.
(길은뚫린골목이라도적당하오)
13인의아해가도로로질주하지아니하여도좋소.(1, 17-18)

종래의 「제1호」 연구에서 등한시되어온 것은 '오감도'라는 시 제목의 의미였다. '오감도'는 '조감도'의 변형이지만, 연구자들은 그 변형의 이유를 추구하지 않았다. 이 시의 본래의 제목은 이상의 초기 시 「조감도」 연작의 제목 '조감도'였으리라고 추정하지 않았다. '조감도'가 이상의 평소 관심사였으리라는 추정은 당연지사다. 그는 시인이기 전에 건축가였기 때문이다. '조감도'는 건축용어다. 그가 초기에 '조감도'라는 연작시를 쓰게 된 내력부터 추적해보기로 하자.

초기의 이상은 질풍노도 시대의 괴테와 노발리스 등 독일낭만파 작가들의 영향을 받았다.

이상이 괴테의 질풍노도시절의 소설 『젊은 베르테르의 슬픔』에서 『빌헬름 마이스터의 수업시대』로 독서 체험을 확대시킨 것은 문학청년으로서는 당연한 진전이었다. 그런데 그의 「조감도」의 발상이 이 소설과 관련되어 있는 것이다. 곧 그를 감동시킨 시인의 사명에 대한 빌헬름의 다음과 같은 생각이 「조감도」의 발상의 근원이리라는 말이다.

> 운명은 마치 어느 신에게 그렇듯이 시인에게도 모든 것을 초월하는 지위를 부여했어. 시인은 온갖 열정들의 혼돈을 내려다볼 수 있고, 가정과 국가가 지향없이 움직이고 있는 양상을 통찰할 수 있으며, 종종 단 한 마디면 풀 수 있는 그런 오해들의 얼키고 설킨 수수께끼들이 이루 말할 수 없이 무서운 혼란을 불러 일으키는 꼴을 훤히 내려다 볼 수 있거든 (중략) 시인은 스승이자 예언자인 동시에 여러 신들과 인간들의 친구이기도 하지.[2]

이 글에서 괴테는 '무수한 가정과 국가' 및 거기에 속한 인간의 정열과 갈등을 전체적, 종합적으로 신처럼 하늘에서 '부감'하여 관찰함으로써 그의 과거와 미래를 통찰할 수 있고, 예언자가 될 수도 있다고 말하고 있는데, 이상 역시 「조감도」 연작 가운데 「얼굴」이나 「광녀의 고백」 또는 「二人」을 통하여 그와 같은 시인의 사명을 이행하려 했다고 볼 수 있다. 가령 「광녀의 고백」과 「얼굴」 등의 작품에서는 주인공에게 닥쳐

---

2 괴테, 『빌헬름 마이스터의 수업시대』, 안삼환 옮김, 민음사, 1997, 108쪽.

온 현재의 불행한 생존상황과 그의 장래가 추정될 수 있도록 했다.

여기서 주목하고 넘어가야 할 것은 「오감도」 연작의 유일한 중심적 작품이 「제1호」라는 점이다. 이는 「건축무한육면각체」 연작의 경우도 마찬가지였다. 연작의 유일하고 중심적인 작품은 주제가 그 제목과 가장 일치하는 「AU MAGASIN DE NOUVEUTES」 밖에 없었던 것이다.

그러면 이상이 「제1호」를 통하여 예언적 시인의 사명을 다하기 위하여 부감(조감)하고 관찰한 대상의 숨은 의미는 무엇인가? 「제1호」는 그 허두부터 문제적이다.

十三人의아해가도로로질주하오
(길은막다른골목길이적당하오)
제一의아해가무섭다고그리오
(……)

그 당시 가난한 원주민이 사는 곳은 대부분 집들이 밀집된 골목의 마을이었다. 프란츠 파농은 『대지에서 저주받은 인간』에서 프랑스 식민지 알제리 원주민의 거리에 대하여 "그것은 빈 자리가 없는 세계요, 사람들은 겹겹이 겹쳐 있고 판자집도 겹쳐 있다. 원주민의 거리는 굶주린 거리다"고[3] 말했는데, 이런 생존을 위한 막다른 상황이 바로 「제1호」에서의 '막다른 골목'의 상황이다. 조선의 훤칠한 '도로'는 애당초 일제가 조선 침략을 위하여 만든 것으로서 일본인과 부유한 조선인이 사

3 Franz Fanon, *The Wretched of the Earth*, trans. Constance Farrington, Penguin Books, 1974, p.30.

는 서울 중심가의 길이기도 했다. '길은막다른골목길이적당하오'에서의 '막다른 골목길'은 생활의 여유와 밝은 전망이 막힌 답답한 생활환경의 은유다. 그런 곳에 사는 '아이'들이 '도로로 질주'하는 것은 일상적으로 답답하고 두렵기도 한 '골목'을 일시적으로나마 벗어나기 위한 것인 동시에 지배민족과 피지배민족 사이의 침범해서는 안 되는 경계를 침범한 것과 같다. 일제 식민지 원주민의 비유인 '13인의 아해'의 '질주'는 물질적 정신적 여유가 없어서 항상 쫓기는 것처럼 사는 생활을 암시하지만, 식민지에 이주한 종주국 민족은 여유작작하게 산다. 이 '아해'들을 '무력한 식민지민'의 상징으로 볼 때 '막다른골목길'은 '일제 통치에 구속된 생활' 또는 '자유가 없는 식민지민의 생활조건'을 암시하기도 한다. 그래서 「제1호」 결말의 '길은뚫린골목이라도적당하오/十三인의아해가도로로질주하지아니하여도좋소'라는 구절의 의미도 해명된다. '뚫린골목'은 조선민족해방의 상징이요, 그 날이 오면 '아해'들에게 '골목길' 생활도 '질주'도 필요없는 즐거운 게 되리라는 것이다. 우리는 「오감도」 연작이 발표된 때(1934)가 만주를 침탈한 뒤에 일제의 언론통제가 더 강화된 파시즘적 공포의 시대임을 반드시 염두에 두어야 한다. 이 시를 낳은 그런 시대상황을 간과하면 이 시의 주제를 오해하기 쉽다. 김민수의 다음과 같은 해석이 그렇다.

> 내용적으로 「시제1호」는 인생 절정기에 폐결핵으로 '죽음'이라는 막다른 골목에 직면한 이상이 그의 내면에 꿈틀거리는, 한편으로 죽음에 맞서려는 투지와 다른 한편으로 몹시 두려운 엇갈린 심정을 담은 '역설의 풍경화'였다. 13인의 아해는 수 '13'이 들러붙은 이상 자신을 뜻한다. (……) 그의 내면에는 두 종류의 마음이 있을 뿐이다. 하나는 죽음의 질주로 자살에 능

동적으로 도달하려는 '무서운 자신(아해)'과 이러한 질주가 두려워 '무서워하는 자신(아해)'. 이 대목은 너무나 인간적인 고뇌가 아닐 수 없다. 죽음 앞에선 아무리 초연하려 해도 두려운 것이 인간의 마음이지 않은가.

따라서 마지막 시행 '(길은뚫린골목이라도적당하오).13인의아해가도로로질주하지아니하여도좋'은 곧 살고 싶은 그의 욕망(길은뚫린골목……)을 암시한 대목이다. 살고 싶다는 말이다.[4]

김민수가 이 시의 정치적 해석을 요구하는 시대적 배경을 고려하지 않고서 '막다른골목'과 '뚫린골목'의 뜻을 이상의 '폐결핵' 및 그것과 관련된 '죽음'과 관련시켜 해석한 것은 부당하다. 그와 같은 해석으로 인하여 그는 '(다른사정은없는것이차라리나았소)'라는 중요한 구절을 해석 과정에서 건너 뛸 수밖에 없었다. '무서운아해'와 '무서워하는아해'의 정치적 의미는 분명하다. '무서워하는아해'는 일제 통치가 두려워서 거기에 순응하는 식민지민을 암시하고, '무서운아해'는 일제 통치에 굴복하지 않기 때문에 '무서운아해'다. '다른사정'은 그 중간에 서있는 원주민이 내세우는 '이유'다. 이상은 진작에 초기의 시 「공복」에서도 "나의 내면과 외면과/이의 계통인 모든 중간들은 지독히 춥다"고 하여 사회주의파('左')와 민족주의파('右')의 중간에 선 기회주의자의 마음은 몹시 고통스럽다('춥다')고 말했고, 「첫 번째 방랑」에서도 "(나는 열차의)승강구에 멈춰 서 보았다. 몸은 좌 혹은 우였다"고 말함으로써 그 중간의 기회주의를 용납하지 않았다. 사실상 이상의 인간적 매력의 하나는 그가 한번도 기회주의자인 적이 없었다는 점이다. 이광수는 말할

---

4 김민수, 『이상평전』, 그린비, 2012, 252-253쪽.

것도 없고 이상과 같은 중인(中人) 출신의 최남선과 염상섭이 일제 말기에 비록 소극적일지라도 친일파가 된 것은 그들의 기회주의적 처신에 연유했었다. 그것은 어쨌든 「제1호」에서 기회주의자를 물리친 것은 장차의 '뚫린골목'의 도래(到來)를 확신했기 때문이었을 것이다. 김민수가 '다른사정은없는것이차라리나았소'라는 시행을 간과할 수밖에 없었던 것은 '무서운아이'와 '무서워하는아이' 및 '뚫린골목'을 이상의 폐결핵 및 그로 인한 '죽음'과 관련시킨 해석의 논리로는 그 구절의 정치적 함의가 해석될 수 없었기 때문이다.

「제1호」에서 종래 그 해석이 가장 복잡하게 엇갈려온 '十三인의아해'의 '13'이라는 숫자의 심층적 의미에 대한 가장 설득력 있는 해석은 '그 당시 조선의 '13도(道)' 또는 그 '13도에 사는 조선인'의 비유로 본 서정주의 견해(「이상의 시」)다. '13도'는 「오감도」의 애당초 제목이었을 「조감도」의 '조감'의 대상이기도 하다. 이상은 일제 식민지 원주민인 '13도'의 주민을 '13인의 아해'로 비유했던 것이지만, 그 암호적인 숫자 '13'에는 또 하나의 뜻이 잠복해 있으니 그것은 '13도'라는 공간에 호응하는 '13'이라는 미래적 시간이다. 그는 '13'과 관련된 불길한 사건을 예언했으니 그 죽음의 숫자를 '13년' 후 일본의 패망을 상징하도록 했기 때문이다. 이상은 「오감도 시 제6호」가 입증하듯이 숫자의 효력을 믿는 신비주의자이기도 했는데, 이는 우리에게 이상의 대선배 도스토예프스키를 상기시킨다. 그 역시 숫자의 신비주의자였다. 『죄와 벌』의 주인공 라스콜리니코프의 페테르부르그 하숙집으로 올라가는 층계의 '13'개의 계단이 가진[5] 불길성은 그의 '시베리아 유형(流刑)'으로 현실

---

5 Dostoevsky, *Crime and Punishment*, trans. Jeessie Coulson, Norton & Company,

화된다. 바꿔 말하면 '13인의아해'에 대한 시적 서술과정은 시공간과정으로서, 그 공간은 일제 식민지 원주민('13인의아해')의 현재의 생활과, 그리고 그 시간은 일본의 13년 후의 비극적 운명과 관련시킨 것이다.

그러면 제목 「조감도」가 「오감도」로 바뀐 내력은 무엇인가? 그 개제(改題)에는 E.A.포의 유명한 시 「큰 까마귀」(The Raven)의 영향이 작용했을 것 같다. '까마귀'에는 '불길한 새'라는 전통적인 의미 외에도 포가 부여한 '예언자'라는 의미가 있었다. 그 '큰까마귀'는 포의 시에서 애인을 사별(死別)한 화자가 그 당당한 까마귀를 '예언자'로 간주하고서 '연인'을 '먼 낙원에서 다시 만날 수 있겠느냐'고 묻자 '결코 만날 수 없으리라'고 반복하여 대답하는데, 그 '연인'이 「제1호」에서는 일제에 빼앗긴 '조국' 곧 '13인의 아해'의 '질주'를 초래한 '조국'이다. 이상이 결코 잊은 적이 없었을 '시인은 예언자'라는 괴테의 말은 「제1호」의 해석에서 반드시 상기되어야 하지만 이상의 분신(分身)인 그 점조(占鳥)도 1930년대 조선을 하늘에서 조감하면서 그 장래를 예언해 주었을 것이다. 이상은 연작시의 제목을 변경하는 데 포의 영향을 받았음에 틀림없지만, '큰까마귀'의 부정적인 대답만은 제쳐놓았다. 「큰까마귀」를 예로 든 강연 「시 창작의 철리(哲理)」에서 포는 '시의 유일하고 진정한 영역인 미(美)'를 입증하는 '우울'한 화제로서 '아름다운 여인의 죽음'을 들었거니와,[6] 그 '아름다운 여인'에 대응하는 멸망한 '조국'을 이상은 결코 다시 만날 수 없는 대상이 아니라 일본의 패망으로 소생하여 다시 만날

1964, p.66.

6 E.A.Poe, "The Philosophy of Composition," *The Portable Poe*, ed. by Philip Van Doren Stern, New York: Viking Press, 1981, p.554.

수 있는 대상으로 설정했기 때문이다. 이런 예언자적 발상은 항일적 민족의식의 산물이었다.

다음이 「시 제2호」의 전문이다.

> 나의아버지가나의곁에서조을적에나는나의아버지가되고또나는나의아버지의아버지가되고그런데도나의아버지는나의아버지대로나의아버지인데어쩌자고나는자꾸나의아버지의아버지의아버지의……아버지가되니나는왜나의아버지를껑충뛰어넘어야하는지나는왜드디어나와나의아버지와나의아버지의아버지와나의아버지의아버지와나의아버지의아버지의아버지노릇을한꺼번에하면서살아야하는것이냐 (1, 21)

「시 제2호」 주제 해명의 열쇠는 '나의아버지가나의곁에서조을적에'에 있다. 이 시의 작중 사건이 '나의아버지'의 의식이 깨어나기 전에 일어난다고 전제한 것이 주목되어야 한다. 그런 무의식상태는 '아버지'라는 호칭 또는 권리의 포기와 다름없으며, 이를 입증하기 위하여 화자는 '시간여행'을 하여 '아버지의아버지'가 됨으로써 '아버지'의 존재를 소멸시키는데, 이는 무의식적인 아버지 살해 의지를 나타낸다. 그것은 '아버지'를 철저히 부정하려는 평소 악의의 실현과 다름없다. 그럼에도 불구하고 '아버지'라는 호칭을 가질 권리를 완전히 부정할 수 없기 때문에 화자는 '아버지의아버지'가 될지라도 그런 '아버지' 노릇까지 부정할 수 없어서 '나와아버지의아버지'의 '노릇'을 동시에 하는 역설적인 삶을 영위할 수밖에 없다. 결국 화자는 '아버지'라는 고정관념에서 해방될 수 없다.

「시 제2호」는 이상의 상투적 주제인 불행한 탄생의 책임자인 아버지

혐오를 다시 한번 전과 다른 작중 사건을 통하여 제시한 작품이지만, 이 주제와 관련하여 우리는 이상이 1932년 그의 백부가 죽기 전까지 거의 20여 년 동안 양친의 집을 거의 찾아가지 않았다는 사실을 상기할 필요가 있다. 그것은 아들(장남)의 효성과 불효의 문제를 뛰어넘는 실존적인 문제다. 누구나 그런 아들을 불효막심하다고 비난할 것이고 그게 우리의 상식이다. 그러나 개인주의 사상의 세례를 받은 근대적 지식인이자 예술가의식이 몸에 밴 그 아들의 본능적인 혈연적 양친의식은 거의 일자무식의 양친에 대한 혐오와 양립할 수 없었을 것이요 그래서 「시간에 관한 각서」에서처럼 시간여행을 통하여 '아버지'를 부정한 것이다. 그러나 그는 그런 '아버지'의 부정이 받을 사회적 비난을 완화하기 위하여 「시 제2호」에서처럼 그 아버지 부정을 희화적으로 암시할 수밖에 없었다.

「오감도 시 제1호」와 「시 제2호」 및 「시 제3호」는 「오감도」 연작이 두 방향을 잡고 있다는 것을 보여준다. 곧 정치색의 유무로 그 방향이 나뉘는데 「시 제1호」, 「시 제7호」, 「시 제14호」 및 「시 제15호」가 정치적인 작품이고, 여타의 시들은 비정치적인 작품이다.

「시 제1호」의 정치적 성격이 「시 제7호」에도 잠복해 있다. 이 시의 모델이 두보(杜甫)의 유명한 오언 절구 「춘망(春望)」이라는 점부터 그것을 입증한다. 「시 제4호」가 유적(流謫)시라는 것은 이상이 평소 자기를 국내(國內) 망명자로 의식해온 것을 암시하는데, 이는 불가피한 일이었을 것 같다. 자기가 사회적 소외자라는 자의식은 아이러니컬하게도 조선총독부 시절에 더 강화되었을 것이다. 총독부에서 수시로 절감했을 일제의 언론통제와 민족차별 정책은 그의 소외자 의식을 강화시킨 나머지 자기를 국내 망명자로 여기도록 했는데, 이를 더 자극한 것이 외로운 아방가르드 예술가라는 자의식이었을 것이다.

두보의 「춘망」은 『구약성경』처럼 그가 애독한 시였음에 틀림없다. 바빌로니아와 로마에 의하여 멸망한 이스라엘과 안록산의 반란으로 두보의 유적지(流謫地)가 된 장안(長安)의 난세적 상황이 서울이 일제에게 침탈되어 '死都'(「종생기」)가 된 비참한 상황과 비슷하기 때문이다. 「시 제4호」에서의 '구원적거의지'에서 받는 가족의 편지는 유적지(長安)의 두보가 「춘망」에서 말했듯이 '만금(萬金)'의 값어치가 있다.

이 시에서 전개된 유적지 풍경은 이상의 대륙적 상상력이 구상한 말세적 풍경이다. '몽몽한 월아', '거대한 풍설', '정밀을 개엄하는 대기권의 요원 · 거대한 곤비' 같은 이미지들이 조성한 풍경은 호장(豪壯)한 대륙적 상상력의 산물이다. 이 시에서 그런 풍경을 제시한 작자의 쉬르레알리즘 수법은 주목할 만하다. 대표적인 것이 '나의뇌를피뢰침삼아침하반파되는광채임리한망해.나는탑배하는독사'라는 구절이다.(1, 33) '광채임리'한 '해골'은 역설적인 이미지로서 충격적이거니와 '망해' 임에도 불구하고 생명 보존을 위한 안전장치('피뢰침')가 있으니 그것은 끝까지 살아 남을 식민지민의 '정신능력'('뇌')이라는 것이다. '만월'(우주적 생명력)이 처형되어 무력해진 적거의지에서 살아남기 위한 궁극적 의지처가 '정신'인 것은 너무도 당연하다.

그러나 「시 제4호」에는 유배(流配)시에 언급될 법한 그 유배의 정치적 이유가 암시되지 않은 점이 약점으로 지적될 수 있다.

이 시에서 스스로를 국내 망명자로 인식한 이상은 몇 년 후에 해외 망명자가 될 것이었다.

이상은 평생 동안 여성 옹호자였다. 그것은 여성의 인권 옹호(시 「매춘」), 창녀와의 동류의식 등으로도 그의 작품에 나타났지만, 남녀양성구유체에 대한 지속적 관심으로도 나타났다. 일제 강점기 작가로서 그 양성구유체와 관련된 작품을 여러 편 쓴 유일한 작가였던 그에게 원초적인 남녀 평등사상과 그 양성구유체의 완전성에 대한 완벽주의자다운 관심이 없으면 그와 같은 인간형을 그리워하지 않았을 것이다. 「오감도시제6호」도 그 양성구유체에 대한 동경을 다룬 작품이다.

극히 난해한 이 시의 수표(數表)와 '책임의사 李箱의 환자 진단인 '0 · 1"의 숨은 뜻은 무엇인가? 그 수표가 '환자의 용태'를 상징한다면 그 환자의 병명은 무엇인가? '책임의사 이상'의 처방은 신뢰할 수 있는가?

그 처방인 '0 · 1'은 「진단 0:1」에서의 정상적인 형태의 숫자판의 경우와 달리 뒤집힌 숫자판으로 상징된 몹시 악화된 '환자의 용태'를 치유하기 위한 처방으로서 인류의 오래 끌어 온 질병과 같은 남녀의 차별과 갈등을 해소할 수도 있는 남녀양성구유체의 숫자적 상징이다. 그것은 「且8氏의 출발」에서 '산호나무'가 남녀양성구유체의 상징인 것과 같다. 그러나 그 한계는 분명하다. 극도로 추상적이어서 설득력이 없다는 점이다. 그래서 남녀양성구유체 시라 할 수 있는 「且8氏의 출발」에서는 그 양성구유체가 '산호나무'로 상징되고 단편소설 「불행한 계승」에서는 '목부용' 또는 '캐티 폰 나기'라는 처녀의 이름으로 상징되기도 했던 것이다. 발자크는 유명한 남녀양성구유체 소설인 『세라피타』에서 양성구유체가 될 '세라피타'와 '세라피투스'가 노르웨이 고산(高山)지대에서 친밀해져서 정령(精靈)으로 결합되는 과정을 다루었기 때문에 상당한 설득력이 있지만, 그런 과정을 거치지 않은 관념적인 기호나 인물 이름은 아무리 양성구유체의 상징일지라도 설득력이 없거나 미약해질 뿐이다.

이상은 숫자의 신비주의자여서 "순수한 수학은 종교다"라고 한 노발리스의 말이나 "인식할 수 있는 모든 것은 수로 환원된다. 수 없이는 아무 것도 表象할 수 없다"는 피타고라스의 말을 수긍했을지도 모른다. 어찌 됐든 그가 숫자를 인간적인 것으로 여긴 것은 분명하다. 「지도의 암실」에서 "확실치 아니한 두 자리의 숫자가 서로 맞붙들고 그가 웃는 것을 보고 웃는 것을 흉내내어 웃는다"고 함으로써 숫자를 인간화하기도 했으므로 '환자의 용태'를 숫자로써 인간화한 것을 당연지사로 여겼을 것이다. 「오감도 시 제4호」는 남녀양성구유체의 숫자화를 위한 대담한 실험이었다. 그것은 예술적 감성과 수학적 감성의 행복한 결합에 의해서만 가능한 일이었다.

「오감도 시 제10호-나비」는 두가지 해석을 요구한다. 정치적 해석과 비정치적 해석이다. 주인공을 정치와 무관한 인물로 볼 때 '유계(幽界)'는 '저승'을 의미하고, '나비'는 이승과 저승을 왕래하는 역할을 한다.(사람이 죽으면 나비가 되어 저승으로 간다는 속설(俗說)도 있다.) '통화구'는 이승과 저승을 연락하는 매개체다. '통화구'를 '손바닥'으로 막은 것은 주인공의 '코와 입'을 막음으로써 그의 죽음을 초래했다고 김민수와 이승훈은 해석한다. 김민수는 수염이 난 자신의 모습을 '나비'와 동일시하는 것은 육신으로부터 영혼이 빠져나와 '나비'와 중첩되는 것과 같지만, 이상은 "거울을 통해 가상공간에서 '나비'로 부활함으로써 치열한 삶과 예술의 마지막 단계를 이미 「오감도」에서 완성시켜 놓았던 것이다"고 말한다. 그는 '찢어진 벽지'를 '좌절된 현실'의 은유로 본다.

이승훈은 '유계'를 '외계'(外界) 곧 저승의 뜻으로 보기 때문에 '이런 말이 결코 밖으로 새어나가지 않게 한다'는 구절을 그의 죽음이 '저승에서도 눈치 채지 못하게 하겠다는 의지'의 암시로 본다. 그는 '이슬'을

'입언저리의 침'으로 해석했다.

「오감도 시 제10호-나비」는 정치적 해석으로 볼 때 '수염'으로 암시된 '사회주의자나 아나키스트'의 죽음(자살)을 다룬 시이다. 이상의 작품에서 '수염' 또는 '덥석부리'는 「실화」와 「첫 번째 방랑」에서 그렇듯이 사회주의자나 아나키스트의 은유다. 따라서 '찢어진 벽지'는 그의 극도의 가난이나 실패한 투쟁의 암시요, '이슬'은 '나는 또 무엇을 먹고 살았는지 생각이 나지 않는다. 이슬을 받아 먹고 살았나? 설마' 「동해」의 '이슬'과 마찬가지로 하늘에서 내린 '죽은 자들'을 재생시키는 생명의 '이슬'의 뜻이다.[7] '유계'는 '저승'이 아니라 '반체제적 지하운동 장소'의 뜻이다. 그 지하운동자는 자기를 죽은 목숨으로 여기고 투쟁하기 때문에 그 장소는 '유계'와 같다. '나비'는 그 '유계'와 현실사회를 소통시키는 주인공의 분신으로서 그의 '영혼', '반항정신' 그것을 암시하는 '말' 등 다의적 은유다. 따라서 그가 '통화구'를 막은 것은 '입'을 막음으로써 소통의 단절을 초래한 것이고, 그것은 바로 그의 자살을 암시한다. 그의 사인(死因)은 '찢어진 벽지'가 암시한 '실패한 투쟁'일 것이다. 자기의 죽음을 바깥 세상에 알리지 말라고 당부한 것은 자기의 죽음으로 인하여 동지들의 사기가 저하되는 것을 걱정했기 때문이다. 「오감도 시 제10호-나비」는 「시 제1호」, 「시 제7호」, 「시 제14호」, 「시 제15호」 같은 정치적인 시에 속한다.

이상이 반체제적 역사의식을 키운 시기는 조선총독부 시절이었을

---

7 '죽은 자들도 살아나고 우리의 시체들은 일어나리라. 티끌에 거하는 자들아 너희는 깨어 노래하라. 주의 이슬은 빛난 이슬이니 땅이 죽은자를 내어 놓으리라' (「이사야서」 26:19)

것이다. 비인간적인 일제 식민 통치의 중심부에 있었기 때문이다. 「오감도」 연작의 발상에 작용한 그의 항일적 역사의식을 입증하는 작품이 「시 제14호」다.

> 古城앞에풀밭이있고풀밭위에나는모자를벗어놓았다.
> 성위에서나는내기억에꽤무거운돌을매어달아서는내힘과거리껏팔매질쳤다.포물선을역행하는역사의슬픈울음소리 (1, 47)

'고성'은 외세의 침략으로 폐허가 된 지난날 궁전의 은유일 것이다. 거기서 악몽같은 역사의 '기억'을 벗어나기 위하여 그 '기억'을 멀리 내팽개쳤지만 그 '기억'을 매단 '무거운돌'이 부메랑처럼 되돌아온 것은 화자가 그 역사의 '기억'에서 결코 떨어져 나올 수 없다는 것을 암시한다. 그 무거운 역사의 짐('무거운돌')이 되돌아올 때의 '슬픈울음소리'는 망국의 비극을 상기시킨다.

> 문득성밑내모자곁에한사람의걸인이장승과같이서있는것을내려다보았다.걸인은성밑에서오히려내위에있다.혹은종합된역사의망령인가 (1, 47)

「시 제14호」가 반체제적인 시임을 입증하는 것이 '걸인'으로 전락한 민족을 '종합된역사의망령'이라고 비유한 구절이다. 그 '역사'는 조선을 멸망시킨 정치경제적 그리고 문화적인 원인과 결과의 '종합'이다. 그런데 그 '걸인'이 성 밑에서 화자가 오히려 쳐다보아야 할 위치에 있는 것은 그가 역설적으로 '장승'같은 겨레의 정신적 수호신이기도 한 때문이다.

이 시에서 '모자'는 화자의 '정신'이나 '인격'의 상징이다. 따라서 역사의식의 상징도 된다. '공중을향하여놓인내모자의깊이가절박한하늘을부른다'고 했을 때 '모자의깊이'는 심화된 역사의식을 암시한다. 그로 인하여 머리 위의 '하늘'이 폭풍우라도 몰려올 듯이 '절박'해진다.

> 별안간걸인은율율한풍채를허리굽혀한개의돌을내모자속에치뜨려넣는다.나는벌써기절하였다.심장이두개골속으로옮겨가는지도가보인다.싸늘한손이내이마에닿는다.내이마에는싸늘한손자국이낙인되어언제까지지어지지않았다.(1, 47)

이 마지막 결구에서 주인공의 역사의식은 감상적인 것이어서 반체제적 항쟁으로 나아갈 수 없는 성질의 것임이 드러난다. 외세에 대한 두려움에 떨면서도 반체제적 투쟁을 그 '걸인'이 호소하자('한개의돌을내모자속에치뜨려넣는다') 화자는 항쟁의 실천적 정열('심장')보다는 그 항쟁에 대한 이지적 반성('두개골')을 앞세우고 있기 때문이다. 그 결과 이를 심판하는 민족적 양심('싸늘한손')이 '나'에게 '비겁자'라는 낙인을 찍는다. 사실상 일제의 파시즘적 언론 통제가 강화된 1934년 이후에는 그와 같은 소심한 지식인이나 작가들이 적지 않았다. 이상은 이를 「시 제14호」를 통하여 반성한 것 같다. 조선문단에 충격을 준 「오감도」 사건은 1934년의 일이요, 1935년 5월에는 〈카프〉가 해산되어 이상도 충격을 받았음에 틀림없다. 그 결과 「가외가전」 같은 본격적인 문명비판을 겸한 저항시를 발표하게 된다. 「오감도 시 제14호」와 「시 제15호」는 「가외가전」을 위한 과도기적 작품인 셈이다.

이상이 일제 강점기 화가로서 「자화상」에 가장 많은 관심을 기울였다는 것은 그가 병적일 만큼 자아의식이 과도하고 예민했다는 것을 말해주는데, 그의 「자화상」 다섯 점에 대응하는 것이 네 편이나 되는 거울 시(詩)이다. 「오감도 시 제15호」, 「거울」, 「명경」, 「면경」 등이다. 거울에 비친 사람의 영상은 말하자면 그의 잠재적 자화상인 셈이다. 그 거울에 나타난 자기(얼굴)가 전적으로 확실한 '자기'라는 자신이 없기 때문에 우리는 매일 거울을 통하여 자기의 잠재적 자화상을 대하지만 까맣게 잊어버리곤 한다. 이상 같은 예술가만이 그 잠재적 자화상을 응시하고 반성하고 또는 그것과 반목하는 과정을 통하여 그 자화상을 거울에서 훔쳐냄으로써 독립된 '자화상'과 '거울시'가 탄생한다.

「시 제15호」에는 두 가지 의미가 있다. 반체제적 정치색이 함축되어 있다는 의미에서 「시 제14호」의 연장선 위에 있는 동시에 '자화상적인 시'라는 의미도 있는 것이다.

「오감도 시 제15호」는 이상의 중요한 작품의 하나로서 여러 시각으로 연구되어 왔다. 이승훈은 '거울 밖의 자아'는 '현실적 자아' 또는 '비본래적 자아'요 '거울 속의 자아'는 '이상적 자아', 또는 '본래적 자아'로 해석하고 있다.(1, 50-51)

'거울'의 기능은 대상의 물리적 반영에 있다. 따라서 그 방에 거울이 있으면 '거울 있는 방'이지만, 화자('나')가 외출 중이면 그 방은 거울이 있을지라도 '거울 없는 방'과 다름없다. 「시 제15호」의 배경은 오직 거울이 있는 한 개의 방이다. '거울 있는 방'과 '거울 없는 방'이 따로 있는 게 아니다. 다만 외부의 거울과 내부의 거울로 구분될 수는 있다. 따라서 '거울 없는 실내'를 가정하고서 그 방 안에 있는 사람의 자아는 '일상적 현실적 자아'요 '거울 속'의 '나'의 자아만이 '이상적 자아'로 규정하는 것은 부당하다. 이승훈은 그와 같은 자아의 분열만을 '나'의 자아의 성격으로 간주했기 때문에 '나'의 '거울 속의 나'에 대한 공포 및 '나'와 '나'의 죄를 책망하는 거울 속의 '나'의 문제를 언급하지 않았고 언급할 수도 없었다. 이 시에 나타난 화자의 내면분열은 그의 분신(分身)을 초래한 자의식의 분열밖에 없다. 그러면 그런 자의식의 분열과 관련된 작중 사건을 알아보자.

> 죄를품고식은침상에서잤다.확실한내꿈에나는결석하였고의족을담은군용장화가내꿈의백지를더럽혀놓았다.(1, 49)

'죄'는 반체제적 항쟁에 참가하지 않은 죄다. 꿈에도 나타난 그 저항운동의 '확실한' 현장에 '나'가 '결석'했던 것이다. 그 결과 '의족'으로 상징된 '겨레'의 한 사람인 그 반체제운동자의 '순수한 양심'('백지')이 군국주의적 침략자('군용장화')에 의하여 더럽혀졌다는 것이다. 식민지 원주민을 정신적 육체적으로 불구화시키는 것이 가혹한 식민통치이며, '의족'은 그런 불구화를 암시하는 상징이다.

위에 인용한 구절은 「시 15호」의 암호적 주제를 해명하기 위하여 핵심적으로 중요하기 때문에 그것을 염두에 두지 않으면 이 시를 옳게 이해할 수 없다. 가령 '내가 지각한 내 꿈에서 나는 극형을 받았다'고 할 때 '지각한 꿈'은 '내꿈에나는결석하였고'를 달리 한 말이요, 그로 인한 '극형'은 그 '결석' 혹은 '지각'에 대한 '나'의 거울 속 분신의 책망을 과장한 말이다. 물론 '악수할수조차없는두사람을봉쇄한거대한죄가있다'는 이 시의 마지막 결구(結句)에서의 '거대한죄'도 '확실한내꿈에결석한'죄다.

「시 제15호」에서 '나'와 '거울'속의 '나'의 분신이 형성한 공간은 연극적 공간이다. 거기서 양자가 대결한다.

> 나는거울속에있는실내로몰래들어간다.나를거울에서해방하려고.그러나거울속의나는침울한얼굴로동시에꼭들어온다.거울속의나는내게미안한뜻을전한다.내가그때문에영어되어있드키그도나때문에영어되어떨고있다.(1, 49)

'거울'속의 '나'의 분신은 '나'로 인한 피해자다. 따라서 '나'는 그를 그가 갇혀있는 '거울'에서 해방해 주려고 방안으로 '몰래' 들어가면 물리적 법칙을 좇아서 그 분신이 동시에 '거울' 속으로 들어오고, 그가 오히려 '나'에게 미안해한다는 것이다. 씁쓸하게 유머러스한 장면이다. 그러자 '나'는 마지못하여 그에게 '자살'을 권유하지만, 이 경우 역시 그의 '자살'의 전제 조건은 '나'의 자살이다. 양자는 운명공동체다. 심지어 '거울' 속의 '나'를 권총으로 죽이기 위한 연극도 그 물리적 법칙의 방해를 받아서 실패한다. '거울'이 매개자가 된 남녀 양자 대결의 악순환 끝에 다음과 같이 '나'는 탄식한다.

> 내꿈을지배하는자는내가아니다.악수할수조차없는두사람을봉쇄한거대한죄가있다.(1, 50)

인용에서 예사롭게 해석해서는 안되는 말이 '거대한죄'다. 그것은 반체제적 투쟁에 참가하지 않은 죄이지만, 그것을 굳이 '거대한죄'라고 한 것은 결코 과장이 아니라, 그 항일투쟁의 절대적 중요성을 강조하기 위한 것이다. 화자는 그 '죄'로 인하여 그의 분신인 거울 속 영상의 책망을 언제까지라도 면할 수 없다. 「오감도 시 제15호」는 반체제적인 정치 시이다.

「오감도」 연작은 독자의 항의 소동 때문에 그 연재가 중단되었지만, 첫 번째의 「시 제1호」만이 아니라 「시 제4호」, 「제10호」, 「시 제14호」 그리고 마지막의 「시 제15호」 등이 공통적으로 반체제적 함의를 지닌 작품인 것은 당연하다. 그 시들은 「오감도」 창작의 중심적 동기인 「시 제1호」의 반체제 저항 의지의 발현이었기 때문이다.

조선총독부 관리 시절부터 이상을 줄곧 따라다닌 정치적 위기의식이 「오감도」 창작의 중심적 동기였을 것이다.

02 삽화가로서의 이상(1)

이상의 미술작품으로서 자화상 다음으로 중요한 것이 디자인과 삽화다. 그의 삽화는 자기자신의 소설을 위한 것과 박태원의 소설을 위한 것이 있다. 『十二월 十二일』을 위한 삽화가 그의 첫 번째 삽화였고, 「날개」, 「지주회시」, 「슬픈 이야기」 및 「종생기」 삽화가 그 뒤를 따랐다. 박태원의 중편소설 「소설가 구보씨의 일일」과 단편소설 「딱한 사람들」의 삽화도 이상이 맡았다.

그의 삽화는 그 당시 신문과 잡지에 실린 많은 소설의 삽화와 그 성격이 다르다. 그것들은 모두 신문연재 소설 장면의 사건을 대충 충실하게 재현하기 위한 것이어서 그 사건에 종속된 느낌을 준다. 염상섭의 『삼대』(1930)의 삽화도 마찬가지였지만 삽화가 안석영은 김병화와 홍경애 및 조의관 같은 주요한 인물의 얼굴을 화면에 클로즈업함으로써 삽화가의 개성이 살아 있는 삽화를 창안할 수 있었다. 그러나 그의 삽화도 본질적으로 이상의 것과 다를 수밖에 없었다. 이상의 신문연재 소설 삽화는 모두 그렇다는 것은 아니지만 방금 언급한 것들과는 달리 중요한 5, 6점의 삽화에서 자신의 주관적 해석을 살리곤 했다. 그래서 그 삽화를 단일 시각이 아니라 복합적 시각으로 작성했는데, 그것은 대상을 다각도로 포착하는 큐비즘적인 수법이었다. 바꿔 말하면 그는 소설 텍스트가 요구하는 해석을 반드시 따르지 않고 자기 나름으로 텍스트를 해석했다. 그 결과 그의 삽화는 소설 텍스트를 일탈한 또 하나의 메타픽션적 텍스트가 됨으로써 독자들로 하여금 소설 텍스트를 달리 해석하도록 이끌었다. 그 삽화들은 일제강점기의 소설 삽화로서 유일한 예외적 삽화였다. 이것은 그 자신의 소설을 위한 삽화에서도 마찬가지였다. 「날개」, 「지주회시」, 「종생기」 및 「슬픈 이야기」의 삽화도 그 소설의 작중 사건에 충실하게 일치시킨 것은 아니었다. 반드시 그 텍스트를 일탈하는 부분이 있기 마련이었는데 이는 그의 대부분의 소설에서 그렇듯이 회화에서도 재현적 수법을 거부함으로써 초래된 일이었다. 그가 천성적인 반항자임을 삽화까지도 입증한 셈이다.

이상은 현대가 당당하게 액자에 넣은 그림(따블로)의 전성시대가 아니요, '삽화'에도 그 나름의 예술적 가치가 있다는 것을 비어즐리, 마티스와 피카소의 삽화를 통해서 알고 있었다. 따라서 신문이나 잡지의 삽화도 독자 대중의 비위를 맞출 필요가 없다고 여겼을 것이다. 그가 당시의 신문과 잡지에 실린 소설 텍스트에 종속된 삽화를 거부한 것도 그 때문이었다. 다른 삽화가들과 달리 이상에게 그 소설은 삽화가로서 무조건 의존해야 될 텍스트가 아니라 그 자신의 텍스트(삽화) 생성을 위하여 이용할 수도 있는 텍스트여야만 했다. 따라서 그의 삽화는 원본의 비판적 재해석과 다름없었다.

그러면 이상의 삽화로 미루어볼 때 그에게 「소설가 구보씨의 일일」(1934)은 어떤 성격의 소설이었던가? 「소설가 구보씨의 일일」은 1930

년에야 자본주의적 소비도시의 모습을 갖추게 된 서울을 배경으로 삼은 도시소설, 그것도 작가인 유민(遊民)을 주인공으로 내세운 그 당시 조선에서는 보기 드문 도시소설이었다. 백화점과 다방과 전차(電車) 또는 신문사 기자와 군중과 창녀 등이 언급된다. 이상도 「지도의 암실」에서 그 도시 유민을 주인공으로 등장시킨 적이 있어서 이 소설은 그의 성미에 맞았을 것이다. 그러나 이 소설에서 그와 같은 도시적 성격보다 훨씬 중요한 것은 주인공의 성격이다. '구보씨'는 제임스 조이스와 앙드레 지드, 또 일본의 시인 이시카와 타쿠보쿠(石川啄木), 또는 영화 「러브 퍼레이드」에도 관심을 가진 유민적 작가임에도 불구하고 소시민적 행복의 추구자다. 아들의 결혼과 관련된 어머니의 걱정을 덜어주고 싶은 효성도 보인다. 그가 일제 통치에 적당히 순응하고 있다는 것은 「소설가 구보씨의 일일」에서 일제가 지은 '약초정(若草町)', '장곡천정(長谷川町)' 등과 일본 제국의 연호(年號)가 언급된 것으로도 입증된다. 그는 정치적으로 보수적인 현상유지파에 속한다.

1934년 8월부터 9월까지 『조선중앙일보』에 연재된 그 삽화들 중에서 우리가 주목해야 될 삽화는 여섯 점이다. 그 밖의 삽화들이 특별히 언급할 가치가 없는 것은 그 삽화 텍스트가 소설 텍스트에서 일탈한 독자적 해석을 담고 있지 않기 때문이다.

삽화(1)에서 흐트러져 있는 원고지, 그 위의 두 개의 구두 및 단장(短杖)은 「소설가 구보씨의 일일」의 주인공인 작가를 연상시키고 화면 왼쪽 원고지 위의 젊은 여자 얼굴은 그가 들른 다방의 마담일 것이다. 또한 화면 중앙에서 펜을 든 손은 작가의 창작 의지를 암시하는 것 같다. 이러한 것들이 오브제처럼 모두 원고용지 위에 놓이도록 함으로써 이루어진 이질적인 것들의 동시적 공존은 큐비즘의 복합접 시각이 실현

삽화(1):「소설가 구보씨의 일일」 삽화 (『조선중앙일보』 1934. 8. 1)

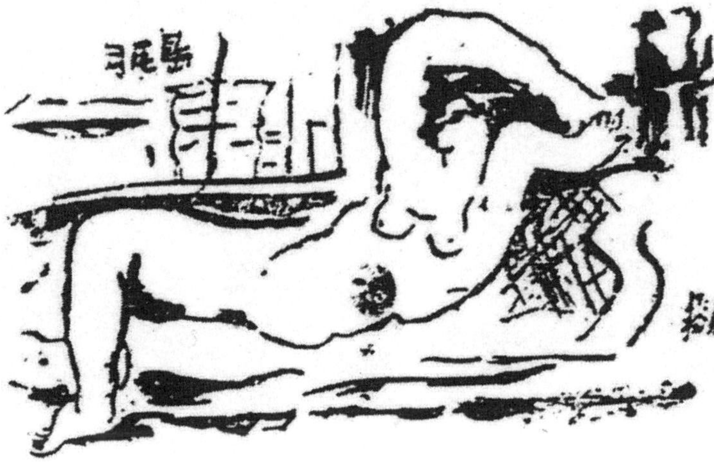

삽화(2):「소설가 구보씨의 일일」 삽화 (1934. 8. 21)

F. 고야, 「옷 입은 마하」, 캔버스에 유채, 1800~1803년경.

F. 고야, 「나체의 마하」, 캔버스에 유채, 1800년경.

된 삽화다. 그러나 이 삽화는 텍스트의 새로운 개성적인 읽기가 아닌 점에서 평범하다.

이 삽화와 전혀 다른 텍스트 읽기가 바로「소설가 구보씨의 일일」 삽화에서 가장 널리 알려진 삽화(2)다. 이 삽화도 복합적, 다각적 시각으로 창녀의 나체와 그녀의 고객으로 추정되는 두 남자 및 인천 바다의 범선(帆船)과 '月尾島'라는 문자를 한 화면에 공존시키고 있지만, 문제는 창녀의 나체, 곧 그들 남자가 '아무거리낌없이애무할벌거숭이'(「소설가 구보씨의 일일」)다. 삽화가가 그런 언급을 무시한 때문이다. 과연 이 삽화에 클로즈업시킨 것은 표현주의적으로 심하게 왜곡된 여자의 나체로서, 그녀의 팔과 다리를 비재현적으로 왜곡하면서 육체의 풍만성만을 거칠게 강조한 것은 그녀가 돈에 팔리는 고깃덩어리에 지나지 않는다는 것을 암시한다. 그 육체와 비교할 수 없을 만큼 왜소한 머리와 거의 흔적이라고 할 만큼 작은 눈은 이 여자가 인격이 박탈된 상품임을 말해준다. 그녀의 육체는 돈(화대)에 의하여 해체된 것이다. 그렇다면 해체된 인간과 그의 사회를 충격적으로 표현할 수 있는 상상력은 이 삽화가 '파괴적 상상력'일 수밖에 없다. 그것은 말세적 상황과 예민하게 비판적으로 대결하는 상상력이다. 이상은 창녀의 해체된 나체를 통해서밖에는 그녀를 동정할 수 없었다. 삽화(2)의 모델은 고야의 「옷 입은 마하」와「나체의 마하」다. 삽화 여주인공의 누워 있는 자세가 '마야'의 그것과 비슷하고, 그녀의 양손은 '마야'의 두 손과 마찬가지로 머리 밑에서 포개어지도록 설정되어 있다. 그러나 이상의 모방은 창조적 모방이다. 다른 무엇보다도 그녀의 오른팔을 주목해야 한다. 그 팔은 무한(無限) 또는 영원한 것을 향하여 뻗어 있는듯한 길과 같다. 그것은 그 창녀 오른쪽의 구부러진 세속적인 길을 초월한다. 마치 지금 창녀로서 당하고 있는 억압과 굴욕에서의 해방을 지향하는 듯하다. 그 오른팔의 아주 넉넉한 길이와 폭은 화면 전체에 역동감을 주면서 그녀의 몸을 산(山)처럼 압도하는 위력이 있다. 그 팔이야말로 그녀의 왜소한 머리와 거의 흔적 같은 눈이 말해주는 인격 없는 천민인 그녀가 담대한 꿈을 가진 정신적 존재임을 역설적으로 입증한다. 이렇게 볼 때 길 위의 두 남자(유곽의 고객)는 하찮은 존재일 뿐이다. '마야'의 경우와 달리 똑바로 세워진 그녀의 다리는 독립의지의 상징이요, 발등이 기묘하게 솟아 보이는 발의 모양도 그 의지를 반복적으로 강조한다. 그녀의 아랫도리에, 상체와는 달리, 옷이 걸쳐져 있는 것은 「옷 입은 마하」가 「나체의 마하」로 옮겨가는 중간 단계를 암시한다. 삽화가의 담대한 구상과 로맨틱한 꿈이 돋보이는, 「소설가」 삽화에서 가장 뛰어난 작품이다.

삽화(3)의 주인공도 해체된 인간이다. 이 삽화의 배경은 「소설가 구보씨의 일일」의 작가 구보씨가 들른 서울의 다방으로, '구보'가 자기처럼 외로워 보이는 '강아지'에게 '이리 온' 하면서 손을 내미는 장면을 소재로 삼았다. 화면 윗부분에 보이는 'COME HERE'는 '구보'가 '강아지'에게 '이리 온'이라고 말한 다음에 다시 영어로 한 말이다. 그러나 이상은 이 장면도 그 나름으로 재해석했다. 삽화 왼쪽의 좌석에는 남자 손님과 여자 손님이 의좋게 앉아 있지만, 그 옆의 좌석은 텅 비어 있어서 대조적인데, 이는 소설 속에는 없는 일이다. 이 화면에서의 '빈 의자'는 사회적 신분의 굴욕적 부재(不在)를 암시한다. 과연 주인공의 위치는 '강아지'와 마찬가지로 그 좌석 아래다. 그는 어깨와 등허리와 다리만 굵은 선으로 뭉툭뭉툭 표현된 해체된 인간이다. 앞을 향하여 움츠러든 그의 머리는 삽화(2)의 창녀 머리처럼 왜소하다. 그와 '강아지'의 관계

삽화(3): 「소설가 구보씨의 일일」 삽화 (『조선중앙일보』 1934. 8. 22)

를 보자. 소설에서는 '구보'가 정상적인 체구의 소유자로서 '강아지'가 자기를 향하여 짖어대자 화가 나서 그 강아지의 방정맞은 성질에 화를 내지만, 삽화(3)에서 몸을 잔뜩 구부리고서 강아지에게 손을 내밀고 땅만 보고 있는 그의 불구성(不具性)은 식민지적 역경으로 인하여 인간의 전체성이 와해된 원주민의 상징일 수도 있다. 그러나 우리는 이상이 이 삽화에 숨겨 놓은 종교적 함의를 주목해야 한다. 이상이 화면 오른쪽에 설정한 문(門)과 제단 위의 촛불은 이 삽화의 배경이 소설 속의 다방과 동시에 교회일 수도 있다는 것을 암시한다. 이렇게 볼 때 맞은편 벽 위에 대문자로 쓴 'COME HERE'가 「요한묵시록」(22:20) 마지막의 '예수' 재림에 대한 간절한 소원임을 알 수 있다.그렇다면 삽화가 의거한 소설 텍스트의 의미는 바뀔 수밖에 없다. 그 남자는 말세적인 절망을 벗어나기 위하여 최하층민의 상징인 '강아지'와 함께 예수 재림을 애타게 기원하고 있었던 것이다.

삽화(4): 「소설가 구보씨의 일일」 삽화 (『조선중앙일보』 1934. 8. 2)

그의 삽화(4)는 '구보씨'의 친구가 서울의 다방에서 그에게 '원고료'의 액수를 묻는 장면과 관련되어 있다. 무슨 셈을 하고 있는 양쪽 손의 모습과 배경의 원고지가 그것을 입증하지만, 계산을 하기 위하여 굽혀진 엄지와 둘째 손가락의 모습에 문제가 있다. 소설 텍스트에 없는 그 손가락 놀림에 상징적 의미가 있기 때문이다. 엄지가 둘째 손가락에 의하여 짓눌려 있는 듯한 모습은 약육강식의 자본주의 경쟁사회를 꽤 노골적으로 상징하는 것만 같다. 둘째 손가락 다음의 손가락은 그 경쟁의 차례를 기다리고 있는 것 같다. 그와 같은 상징적 표현이 가능해진 것은 그 다섯 개의 손가락 모양이 소위 직립(直立)인간을 닮은 덕택이다. 그런데 이 삽화의 움직이는 손이 뭔가 해괴하고 추한 느낌을 주는 원인을 추적해보면 그 손가락들 동작의 성적(性的) 함의와 맞닥뜨리게 된다. 그 둘째 손가락이 엄지를 짓누르고 있는 형국이 마치 강한 남근이 약소한 남근을 잔인하게 짓누르고 있고, 나머지 손가락들도 그런 성폭행의 차례를 기다리고 있는 것만 같다. 이상은 그의 「가외가전」이 입증하는 것처럼 자본주의나 제국주의의 침략적 횡포가 약소국의 부녀자 성폭행과 비슷하다는 것을 통찰하고 있었다. 돈을 세는 손이 언제 성폭행을 하는 '발같은손'(「가외가전」)이 될지 모른다. 그것을 무언극적으로 연기하는 듯한 손가락들을 화면에 클로즈업시킴으로써 어딘지 흉물스러워 보이도록 한 것도 화면에 나타난 손의 모양이 단순한 '원고료' 계산을 넘어 금력(金力) 및 이와 밀접하게 관련된 섹스와 역학적 관계를 가지고 있다는 것을 풍자하기 위한 것이다. 한편 원고지가 '고층건물'과 같아 보이는 것은 그 소설 원고료가 '고층건물'로 상징된 자본주의적 시장과 밀접하게 관련되어 있기 때문에 당연시된다.

그런데 이 삽화를 자세히 관찰해보면 손가락 놀림으로 싸우고 있는 듯한 두 손이 실은 한 사람이 아니라 두 사람의 왼쪽 손임을 알 수 있다. (옛날부터 왼쪽이 비정상적인 일탈, 불길, 음험함이나 죄악성의 암시임은 주지되어 있다.) 그렇다면 그 두 손의 임자라 할 수 있는 박태원(구보씨)은 그 두 사람인 셈이다. 이상의 박태원에 대한 유머러스한 악의를 담은 삽화라 하지 않을 수 없다. 한편 화면 중앙의 장막을 친 장소의 암호적 의미는 무엇일까? 그것은 구역성경에서 자주 언급되는 하느님의 '약속의 궤'를 그 안의 지성소(至聖所)에 모셔 놓은 '성막(聖幕)'이다. 이상은 그 '성막'으로 물질지상주의자를 심판하리라. 현대식 고층건물과 탐욕스러운 현대작가를 고대의 종교적 장치와 공존시킨 것은 이상의 신화적 상상력이다.

삽화(5)의 화면 오른쪽, 책이 많이 쌓여 있는 서재의 의자에 앉아 있는 '구보씨'는 소년시절에 『춘향전』 등 얘기책에 열중했던 탓으로 오늘날 소설가가 된 것 같지만, 그 결과 약골이 되었다고 소설 속에서 뉘

삽화(5): 「소설가 구보씨의 일일」 삽화 (1934. 8. 17)

우치고 있다. 이 화면과 왼쪽 화면을 매개하는 것이 테이블 위에 세워져 있는 『춘향전』이다. 구보씨는 애써 그 책을 외면하는 듯하다. 화면의 왼쪽에서 춘향으로 짐작되는 여인의 얼굴을 가리고 있는 손이 다름 아닌 손바닥인 것은 타인의 접근을 거부한다는 뜻이다. 한쪽 눈만 약간 보이는 그녀의 얼굴은 미스터리로 남는다. 더구나 그 손에 상처가 보이는 것은 우리가 익히 알고 있는 춘향의 고난을 암시한다. 그 거부의 대상에는 반드시 '구보씨'도 포함될 것이다. 이상이 화면 왼쪽에 소설 텍스트에 없는 '춘향'을 '극중극'처럼 등장시킨 것은 『춘향전』에 대한 '구보씨'의 부정적 언급이 얄미웠기 때문이다. 하기야 「소설가 구보씨의 일일」은 『춘향전』 및 이를 포함한 동양의 고전과 아무런 관련이 없다.

앞으로 『춘향전』(완판본)은 「종생기」의 심층적 상호 텍스트가 될 것이다. 소설가이자 화가인 이상으로서 『춘향전』은 「소설가 구보씨의 일일」에서 언급된 박태원의 옛날 얘기책을 넘어선 귀중한 고전이었기 때문에 소설 텍스트를 단연코 거부한 삽화가의 독자적 텍스트도 제작될 수 있었을 것이다. 이 삽화에도 이상과 박태원의 갈등이 반영되고 있다.

삽화(6)과 관련된 소설 텍스트의 장면은 다음과 같다.

> 또 다시 너무나 가엾은 여자의 뒷모양이 보였다. 레인코오트 위에 빗물은 흘러내리고, 우산도 없이 모자 안 쓴 머리가 비에 젖어 애달프다. (……) 나는 결코 이 사랑을 단념할 수 없노라고, 이 사랑을 위하여는 모든 장애와 싸워가자고 말하고, 그리고 이슬비 내리는 東京 거리에 두 사람은 무한한 감격에 울었어야만 옳았다.[1]

삽화(6):「소설가 구보씨의 일일」 삽화 (1934. 9. 5)

소설 속 화자는 애인을 놓친 책임을 화자의 '약한 기질'에 돌리고 있으며 인용문에 기초하여 이상은 삽화에서 우산도 없이 레인코트를 입

1 박태원,「소설가 구보씨의 일일」, 조선중앙일보, 1934. 9. 5.

은 젊은 여자를 제시하고 있다. 그런데 삽화의 오른쪽 하단 구석에 한 남자를 네거티브 사진 속 인물처럼 설정한 점에 문제가 있는데 이것은 소설 텍스트와는 무관하다. 이 삽화에 설정된 대낮 같은 외부(여자)와 밤 같은 내부(남자)의 거리는 의식과 무의식, 기억과 망각이며 현실과 환각의 거리이기도 하다. 「소설가 구보씨의 일일」에서는 '구보씨'가 광화문통 거리를 걸으면서 그 동경(東京)의 여자를 추상(追想)하지만, 삽화 속의 여자는 현재 고개를 숙인 채 걸어가면서 뒷모습만 보여준다. 두 사람의 시선은 만날 수 없다. 진정한 사랑은 쌍방의 시선의 만남과 대화가 없이는 성취될 수 없다. 삽화(6)의 제작 동기는 소통이 단절되거나 불가능한 인간관계는 비극으로 끝날 수밖에 없다는 메시지의 전달이다. 이는 에두아르 마네(Edouard Manet)의 「폴리 베르제르의 술집」을 상기시킨다. 이 유명한 그림에서도 화면 상단 구석에 환상적으로 설정한 중년 남자는 바에서 근무 중인 여종업원의 뒷모습밖에 볼 수 없다. 그녀와의 대화는 불가능하다. 비를 맞으면서 도시의 길을 걷고 있는 여자를 묘사한 삽화의 우울한 분위기가 강조한 것은 대화가 없거나 불가능한 인간관계이다. 이는 그 남자가 여자 쪽을 바라보고 있지 않은 것으로도 입증되고 있다.

지금까지 논평한 「소설가 구보씨의 일일」 속 삽화들의 공통점은 인간의 해체와 의사 소통의 단절이다. 인천의 창녀와 다방의 청년은 정체성이 해체당한 인간들이요, 작가 '구보씨'와 왼손잡이 '구보씨', '광화문통'의 여자와 '구보씨', '춘향'과 '구보씨'는 남남이나 마찬가지다.

이 소설의 삽화 5점은 그 당시 삽화의 일반적 통념을 추종하지 않고 있기 때문에 반삽화적 삽화다. 마치 「지도의 암실」, 「휴업과 사정」, 「종생기」, 「실화」 등이 반소설적 소설이요, 「AU MAGASIN DE

NOUBEAUTES」,「且8氏의 출발」,「오감도 시 제1호」,「오감도 시 제2호」,「오감도 시 제4호」 등이 반시적 시이며,「공포의 기록」이 반수필적인 수필적 소설인 것과 같다. 이 삽화들은 앞으로 나올 이상의 자작(自作)소설 삽화와 마찬가지로 메타픽션적 삽화들이다. 모두 '삽화 속의 삽화'를 가지고 있다. 삽화(2)에서는 창녀의 로맨틱한 꿈을, 삽화(3)에서는 주인공의 묵시록적 소망을, 삽화(4)에서는 '성막'을, 삽화(5)에서는 미스터리로서의 '춘향'을, 삽화(6)에서는 여주인공을 배신한 남자를 화면 속에 상감(象嵌)해 놓았기 때문이다. 이 반삽화적 삽화들은 한국현대미술사에서 반드시 주목되어야 할 것이다. 이「소설가 구보씨의 일일」 속 삽화의 연장선에「날개」,「지주회시」,「슬픈 이야기」 및「종생기」의 삽화가 위치한다.

「소설가 구보씨의 일일」 삽화에서는 이상의 필명이 '河戎'이다. '적당한 때를 기다리는 강물 속 무기'라는 뜻인 그 필명은「첫 번째 방랑」에서의 '水電屯'과 그 뜻이 상통할 것 같다. 그 필명의 소유자는「실화」에 등장하는 '不遇'한 반항적 예술가다. 그 점에 필명의 유래가 숨어 있을 것이다. 그의 삽화라는 텍스트가「소설가 구보씨의 일일」이라는 텍스트에 복종하지 않은 것도 그의 비타협주의의 결과였다.

이상은 박태원의 단편소설「딱한 사람들」(『중앙』 1934. 9.)의 삽화도 맡았다.

일본인 사회에 낀 조선인의 고민을 상당히 감동적으로 그려낸 일제강점기의 두 소설이 염상섭의「숙박기」와 박태원의「딱한 사람들」이다.「숙박기」는 일본인의 민족차별로 시달리는 조선인을 등장시켰고,「딱한 사람들」에도 일본의 외로운 조선인이 등장한다.「딱한 사람들」은「숙박기」에 함유된 반일적 저항성도 없는 평범한 작품이다.

김민수는 이상의 이 삽화에 대해서 다음과 같이 논평했다.

> 「딱한 사람들」의 삽화는 정물의 입체감을 극대화했다. 음영의 강한 대비를 줄 수 있는 리노컷의 장점을 잘 살려 담배, 파이프, 재떨이의 그림자를 강하게 강조한 것이다.[2]

다소의 과장은 있을지라도 정확한 관찰이긴 한데, 독자의 심리학적 관심을 유발하는 정물의 암시적 의미를 간과하고 있기 때문에, 그 의미를 알기 위해서는 소설 텍스트를 참고해야 된다.

「딱한 사람들」은 순구와 준수라는 실업자의 하루를 이야기하고 있다. 월세를 여러 달 못 낼 만큼 빈궁한 처지에서도 이들에게 '밥'보다 더 필요한 것이 '담배'다. 순구는 방에서 발견된 담배가 다섯 개여야 함에도 두 개밖에 없는 것을 보자 나머지 세 개를 외출한 준수가 몰래 차지한 것으로 짐작하여 불쾌하다. 성격상으로 순구가 외향적이라면 준수는 내향적이다. 순구는 성급하면서 매정하고 준수는 참을성 있고 인정스럽다. 이들이 '딱한 사람들'인 것은 빈궁한 처지에서도 이들의 주된 관심사가 고작해야 그들이 따분한 일상생활을 위로해주는 '담배'이기 때문이다. 삽화에서의 정물이 담배, 파이프와 재떨이인 것도 소설 텍스트를 바로 상기시킨다. 삽화에서 연기를 내고 있는 두 개의 '담배'는 순구가 피운 것이어서 순구의 환유라면 그 나머지 세 개의 조용한 '담배'는 준수의 환유다. 두 개의 '담배'가 공세적이라면 세 개의 '담배'는 수세적이다. 따라서 이들 '담배'는 순구와 준수의 암투(暗鬪)를 암시한다.

---

2 김민수, 『이상평전』, 그린비, 2012, 313쪽.

이처럼 「딱한 사람들」의 삽화는 소설 텍스트에 대한 이상 나름의 해석을 반영하고 있지만, 그의 삽화답지 않다. 다방의 테이블들과 의자들을 한 화면에 입체파적으로 공존시킨 「소설가 구보씨의 일일」의 한 삽화처럼 「딱한 사람들」의 삽화가 평범해 보이는 것은 그 정물들의 세계가 「소설가 구보씨의 일일」 다섯 점의 삽화가 그렇듯이 등장인물의 문제를 재해석하여 실존적인 문제로 심화시키지 못했기 때문이다.

03

이상의 미술평론

1935년은 이상이 지난날 미술지망생이었던 사실을 우리에게 상기시키는 해이기도 하다. 그가 박태원의 중편소설 「소설가 구보씨의 일일」 삽화를 제작하고, 그의 유일한 미술평론 「현대미술의 요람」을 발표한 해이기 때문이다. 그의 미술에 대한 관심이 지속적이었다는 것은 앞에서 언급한 자화상과 도안 및 삽화들이 충분히 증명해 준다. 그는 「첫 번째 방랑」에서 '오노레 도미에'와 '독일 낭만파 화가'를, 「종생기」에서는 '코로'와 '라파엘 전파'를 언급했다.

일제 강점기에 발표된 본격적인 미술평론이 거의 없다는 것은 부끄러운 일이지만, 엄연한 사실이다. 이는 일제 강점기의 '조선' 같은 문화적 후진성이 너무나 현저한 식민지에서나 볼 수 있는 일이요, 그 식민지의 극히 열악한 문화적, 경제적 사정의 결과라고 할 수 있다. 그 당시의 문학평론이 비교적 활발한 반면 미술평론이 부진했던 것은 미술과 관련된 학문적 연구기관과 참고서적의 부족에도 연유한다. 그 당시 조선에는 미술전문학교가 하나도 없었다. 그래서 화가 지망생은 일본으로 유학을 해야 했다.

이런 처지였기 때문에 이상의 「현대미술의 요람」은 그 당시 매우 드문 미술평론의 하나였다고 해도 과언이 아니다. 물론 여기에도 약점은 있었으니 이 평론이 거의 교과서적인 성질의 것이라는 점이다. 이는 이상이 독자를 대체로 서양 근대미술과 관련된 계몽적 교양 전달의 대상으로 간주한 결과다. 따라서 미술평론가의 본격적인 평론이라고 말할 수 없다. 게다가 이 평론의 필자는 '金海卿'이 아니라, '金海慶'이었지만 이 미술평론의 필자에 대한 확정은 그 필자의 이름이 아니라, 평론의 내용에 의거해야 된다. 이 글은 이상이 아니면 쓸 수 없는 특징을 갖추고 있다.

「현대미술의 요람」은 유럽의 19세기부터 세잔에 이르기까지의 간략한 회화사로 볼 수 있다. 이상은 이 기간을 현대미술이 생성되는 '요람(기)'로 간주했는데, 특이할 만한 것은 그가 주로 '파송(façon)', 곧 창작양식의 역사로 그 회화사를 간주했다는 점이다. 그러나 「현대미술의 요람」은 『이상 평전』에서 결코 빠뜨려서는 안되는 그의 생애의 일부다. 왜 그럴까?

이상은 몇몇 예외는 있을지라도 어떤 글에서도 그 자신의 시대적 고민을 진지하거나 심각하게 노출해 왔는데, 이 미술평론에서도 그렇다. 다음은 이 글에서 가장 중요한 서론적인 언급이다.

> 거의 공포에 가까운 시대불안을 一身에 부담하는 人口의 어떤 층은 지금 刻刻으로 歸屬의 方向 明示를 육박당하고 있으면서 그 최후의 피난처를 예술에 찾으려 든다. 그러나 그 자신이 生理하는 解消性은 種種의 의미로, 그들로 하여금 예술에의 告別을 강제한다. 한 '파송'의 예술의 말기적 변

명이 아니면 전혀 새로운 '파송'의 탄생, 1935년은 어떤 '파송'의 난숙이냐, 요람이냐 (……) 예술은, 자꾸만 예술이 아닌 것으로 傾向한다. 그것은 今日의 예술이 금일의 예술이기 위하여는 차라리 昨日의 예술인 데서만 예술일 수 있는 예술에는 고별하는 까닭이다. 종래의 예술을 척도하던 시민은 이것을 예술의 자기해소성으로 臆測한다.(「현대미술의 요람」, 3, 362-364)

인용에서 이상은 먼저 자기가 놓여 있는 식민지적 환경의 압력부터 언급한다. '공포에 가까운 시대불안'은 일제의 공포정치가 초래한 것이다. '귀속의 방향'은 그가 일제 통치에 순응·복종하거나, 또는 저항하는 방향으로서, 그 '방향'의 '명시'를 강요당하고 있다는 것이다. 그 결과 그의 마지막 도피처가 '예술'이지만 이상 같은 실험적일 수밖에 없는 아방가르디스트에게는 닥쳐오는 또 하나의 위급한 문제가 '자기해소성'이라는 문제다. '작일의 예술'로 만족할 수 없다면 그는 그것을 파괴하고 새로운 '창작양식'('파송')을 실험해야 한다. 오늘의 예술이 '비예술'로 기울어져 간다는 것도 그 실험성 때문이다. 그 '비예술'의 극단적인 예가 '다다이즘'이다.

이처럼 「현대미술의 요람」은 작자인 아방가르드 예술가(이상)의 정신적 위기 상황부터 고백한 점에서 교과서적 '미술평론'과 다르다. 이상은 그 자신의 체험을 고백한 것이다. '자기해소성'은 과감한 '자기부정'의 뜻으로서 그런 부정의 능력이 있는 작가만이 내면적으로 발전하며, 이는 그의 시나 소설의 경우도 마찬가지다.

인용이 입증하는 이 미술평론의 자기고백적인 면이 주목되어야 한다면, 우리는 이상이 논급한 화가 중에서 그가 경멸하고 비난한 화가와 친근감을 느낀 화가가 누구인가를 알아내어야 한다. 전자는 앙투안 장 그로(Antoine-Jean Baron de Gros)요, 후자는 그가 동시대적 공감을 가지고 가장 자세하게 언급한 들라크루아와 세잔이다. 이상이 그로를 보나파르트 나폴레옹에 전속된 어용화가로서 '우매'하다고(3, 268) 말할 때 그는 그로를 들라크루아와 비교했을 것이다.

이상은 들라크루아의 「단테와 봐질」과 「防戰」(「민중을 이끄는 자유의 여신」 또는 「1830년 7월 28일」)의 차이점을 작중 인물의 복장에서도 찾아낸다. 단테와 비르길리우스('봐질')의 옷은 전통적으로 고정된 것이지만, '7월 혁명'이라는 역사적 사건을 극적으로 다룬 「방전」에서 '자유의 여신'을 진두(陣頭)에 배치한 것은 그의 낭만주의적 이상을 표상한 것이며 여타의 혁명투사들의 특징을 그들이 입은 각각의 다른 옷을 통하여 표현했는데, 이를 이상은 '작중 인물들을 실물에 의거한 것은 확실한 낭만주의로서 꽤 사회성을 띠어가는 기운을 엿볼 수 있는, 즉 이상주의에서 현실주의로 기울어져 가는 역사적 발전일 것이다'(3, 270)고 설명했다. 바꿔 말하면 「방전」에서 이상주의와 현실주의가 공존하고 있지만, 그 역사적 발전의 방향은 현실주의적 방향이라는 것이다. 이상이 「방전」에 대하여 특별한 관심을 보인 것은 '7월 혁명'에서 조선의 독립을 위한 항일 투쟁의 원형과 가능성을 예감하고 기대했기 때문일 것 같다. 이렇게 볼 때 다음과 같은 말의 저의가 추정된다.

> 인류는 생성한다. 인류만이 가질 수 있는 창조적 의지로 하여 우리는 그러기에 우리가 영속(領屬)하는 시대에서 우리의 다음에 오는 무리가 영속할 새로운 시대를 창조할 의무를 부담한다.(3, 263)

'7월 혁명'도 「우리가 영속할 새로운 시대」의 창조를 위한 운동이었기 때문에 이상은 들라크루아를 동시대적 작가로서 체감했을 것 같다. '창조적 의지'가 예술의 '영원성'을 보장해줄 '역사적 필연성'을 지배한다고(3, 263) 말할 정도로 '창조적 의지'를 강조한 것은 이상 예술의 로맨틱한 경향을 상기 시킨다. 그의 예술은 로맨틱한 반항자의 예술이기 때문이다.

이상의 세잔에 대한 짙은 관심도 미술만이 아니라 문학과도 관련된 문제라는 점에서 수긍이 간다. 그는 세잔 회화의 특징을 '(자연을) 원과 원추와 원통으로' 환원한다는 세잔의 유명한 말을 인용하면서 그의 입체감 표현을 '단괴적(團塊的) 용적(容積) 묘사'라고(3, 282) 설명했는데, '단괴'는 '생성'과정의 조각작품을 암시한다. 이상이 시 「面鏡」에서 '면경'을 은유적으로 암시한 '유리덩어리'가 그런 것처럼. 따라서 세잔 작품의 올바른 감상을 위해서는 조각의 경우처럼 촉각적 접근이 요구되는데, 세잔의 매력은 바로 그런 접근을 유발한다는 점에 있다. 촉각적 접근이야말로 그의 작품에 대한 총체적 이해의 첩경이다. 촉각적 접근이야말로 이상이 「거울」, 「面鏡」 등을 통하여 진정한 인간적인 만남을 위하여 절망(切望)한 것이었다. 세잔의 경우 묘사 대상을 여러 요소로 해체한 것은 창조적 재통합을 위한 필수적 과정이었다. 이상의 해체적 사유도 세잔의 창작방법에 영향을 받았을 것이다. 그는 '세잔의 작품을 '강렬한 자아성과 냉철한 주관'의 산물'이라고(3, 283) 말함으로써 세잔의 작품세계를 로맨틱한 주관과 비정한 사실주의의 결합체로 보았는데 그것은 이상 자신의 예술적 지향을 세잔을 빌려서 암시한 것이었다.

이상이 「현대미술의 요람」을 쓴 진정한 목적은 결국 이상의 시대적 고민과 예술적 의도를 독자에게 전달하기 위한 수단이었다. 따라서 이

미술평론의 교과서적 성격은 결코 간과할 수 없지만 일단 접어두고 읽어도 된다.

우리가 들라크루아에 대한 논평에서 정열적이고 로맨틱한 예술가 '이상'을 직감할 수 있다면, 세잔의 논평에서는 냉정한 비평가로서의 '이상'을 만난다. 그와 같은 이상의 양면성을 노출한 미술평론이 「현대미술의 요람」이다. 또한 존 러스킨의 '문화적 사회주의'를 언급한 것도 주목해야 한다. 그는 앞으로 사회주의와 깊이 관련된 아나키즘을 옹호하게 될 것이기 때문이다.

그러나 이 미술평론에는 몇 가지 결함이 있다. 가령 들라크루아의 「민중을 이끄는 자유의 여신」을 「방전」이라고 표기했고, 제리코의 「메듀사호의 떼」를 「筏」이라고 했으며, 쿠르베의 「돌 깨는 사람들」을 「石手」라고 말한 점이다. 또한 '野獸主義의 一群', '그들 가운데서 입체파의 선구자가 되며 입체파를 만든 이가 났으니'라는(3, 281) 말은 오해되기 쉽다. 그 '입체파의 선구자'이자 '입체파를 만든' '야수파'의 한 사람을 지목할 때 이상은 앙리 마티스를 염두에 두었음에 틀림없다. '입체파를 만든'은 '〈입체파〉라는 말을 만든'이라는 뜻으로 썼을 것이다. '큐비즘'은 브라크의 「레스탁의 집들」을 보고 "큐브'(입방체)의 집적(集積)같군"이라는 마티스의 논평을 미술평론가 보크셀이 이용하여 '큐비즘'이라는 말을 지어냈기 때문이다. 또한 '라파엘 전파'에 대한 언급도 이 유파에 대한 부정확한 지식에 기초한 것이어서 이 평론의 결점이라 할 수 있다.

「현대미술의 요람」의 필자는 이상임에 틀림없다. 이 추정은 예술의 '자기해소성'에 대한 언급, 어용화가 '그로'에 대한 경멸과 「민중을 이끄는 자유의 여신」에 대한 애착, 그리고 세잔의 해체적 창작방법에 대한 긍정적 언급, 특히 이 평론에서 언급한 '1879년 40세 때 세잔의 '巨岩과 같은 우울'에(3, 282) 기초한 것이다. '거암과 같은 우울'은 이상이 「공포의 기록」과 「첫 번째 방랑」에서 말한 '거암같은 불안'(「공포의 기록」, 2, 199, 「첫 번째 방랑」, 2, 157) 과 비슷한 정신상태이기 때문이다.

이상이 경영한 〈제비〉다방의 벽에는그의 '鮮展' 입선작인 「자상」이 걸려 있었다고 한다. 이는 애당초 미술지망생이었던 그의 미술에 대한 집념이 지속적이었다는 것을 암시하지만, 그 집념을 또한 달리 입증한 것이 박태원의 소설과 자신의 소설 삽화, 그리고 「현대미술의 요람」이었다. 이 평론에서 거론한 '예술의 자기해소성'은 그 자신의 시와 소설과도 관련된 문제였다. 현대예술의 '비예술'이 되려는 경향을 입증하는 그의 대표적인 작품이 시 「선에 관한 각서」 연작일 것이다.

04

성천으로 간 이상

이상은 2년 남짓 경영한 다방 〈제비〉를 폐업하지 않을 수 없었다. 1935년 9월의 일이다. 이후에도 인사동 근처에 카페 「쓰루(鶴)」를 열었지만 곧 문을 닫았다. 또한 종로 1가에서 다방 「69」를 계획했지만, 개업도 하기 전에 다른 사람에게 양도했다. 그에게는 중인 출신 사람들이 본능적으로 가지고 있는, 그리고 그의 백부도 가지고 있었던 실리주의적 처세술이 너무나 부족했다. 그 점에서 그는 중인 출신의 염상섭이나 최남선과 달랐다. 3·1독립운동 이후에 반체제적 저항소설을 줄기차게 써온 염상섭이 1935년에 조선총독부 기관지 『매일신보』의 정치부장의 자리를 차지한 것도 다른 이유가 있을지 모르지만 중인의 실리주의적인 삶의 감각에 지배된 탓이다. 중인 출신의 최남선이 친일파로 변신한 것도 마찬가지다. 두 사람은 서울과 일본 대판(大阪)에서 '독립선언서'를 썼었다.

그 해 9월 〈제비〉를 떠난 그는 인천과 성천으로 여행을 했다. 인천에서는 통인동 백부의 집 하숙생이었던 친구 문종혁을 만나 며칠 동안 소일했다. 성천에서는 경성고공의 동창생으로서 성천군청에 근무하는 원용석의 도움으로 약 1개월 동안 폐결핵의 치료에 도움이 되는 요양을 위하여 체류했다. 물론 그 요양은 표면상의 이유다. 이때 그가 쓴 작품이 「산촌여행」과 「첫 번째 여행」이다.

그의 「산촌여정」과 「첫 번째 방랑」은 염상섭이 친일 작가로 전향한 뒤에 쓴 『백구』, 『불연속선』 그리고 미완성의 『청춘항로』와 너무도 대조적이다. 이상의 두 소설은 반체제적 저항소설인 반면 『백구』 등은 친일적 색채가 농후하다.

그의 성천으로의 여행은 사업과 연애의 실패가 초래한 절망감, 및 서울 같은 자본주의적 소비도시에서 원시적 자연과 인접한 농촌으로의 탈주와도 같았다. 생애의 초기에 농촌을 찾아간 것은 농촌 실정을 살펴보고 우울증의 치유를 위한 것이어서 탈주로서의 여행은 아니었다. 자연은 그의 소설 「동해」에서도 언급된 '교외'와 다른 것이었다. 박태원의 「소설가 구보씨의 일일」에서도 언급되었듯이 도시인에게 '교외'는 '자연'으로 인식될 수 있었지만, 그것은 진정한 '자연'은 아니다. 우리는 농촌에서 '자연' 속으로 깊숙이 들어갈 수 있지만, '교외'에는 그와 같은 '속'이 없다. 그것이야 어쨌든 성천은 이상에게 오랜만에 다시 만나는 예스러운 고향과 같았을 것이다.

「첫 번째 방랑」은 「산촌여정」과 더불어 성천과 관련된 작품이다. 여행소설에서 나타나는 「산촌여정」과의 공통점, 곧 이 소설에서도 '가뭄'과 '靜脈'같은 '사내' 및 '뽕잎'을 왕성하게 먹어치우는 '누에'가 등장하기 때문이다. 이 두 편의 작품은 이상이 성천 여행을 통하여 거둔 참으로 소중한 수확이었다. 그의 문학에서 최상급의 수준과 가치를 지닌 작품들인 것이다.

초기의 '농촌수필들'과 「산촌여정」의 차이점은 분명하다. 「야색」과 「어리석은 석반」에서 이상이 농민을 '토인(土人)'이라고 부른 것은 그들에 대한 경멸감의 반영이요, 「어리석은 석반」에서 작자의 반일적(反日的) 저항은 안이한 현실 도피적 사건에 의하여 희석되고 있는데, 이런 일은 「산촌여정」에서는 볼 수 없다. 이 작품에서의 반체제적 저항은 「어리석은 석반」과는 비교할 수 없을 만큼 치열한데 이는 1935년 5월에 발생한 충격적 사건, 곧 일제의 탄압과 〈카프〉의 내분에 의한 해산과 관련되어 있을 것 같다. 곧 그의 저항이 〈카프〉를 탄압한 일제에 대한 증오로 더 강화되었기 때문이다. 그 무렵 득세한 히틀러와 무솔리니의 파시즘에 저항하기 위하여 1935년 6월 파리에서 열린 「문화옹호국제작가대회」의 영향도 고려해볼 수 있다. 이렇게 볼 때 「산촌여정」의 보다 정확한 이해를 위해서는 이 작품에 대한 정치적인 읽기가 필수적임에도 불구하고 종래의 이상 연구에서는 이 읽기가 등한시되어 왔다.

「산촌여정」은 오해되기 쉽다. 이 여행소설이 수필로 분류되어 왔고, 이 작품의 반체제적 저항을 위한 범죄소설적 성격이 통찰되지 못했었다.

> 향기로운 MJB의 미각을 잊어버린지도 二十여일이나 됩니다.(3, 103)

「산촌여정」 첫 부분의 이 구절은 「산촌여정」의 작자가 'MJB'(커피의 일종)을 버릇처럼 즐기던 도시 유민(遊民)임을 입증하는 동시에 이 작품을 성천에 온 지 상당히 지나서 썼다는 것, 따라서 그 농촌의 사정을 숙지한 뒤에 썼다는 것을 알 수 있게 해준다.

건너편 팔봉산에는 노루와 멧도야지가 있답니다. (……) 밤이 되면 달도 없는 그믐 칠야에 팔봉산도 사람이 침소로 들어가듯이 어둠속으로 아주 없어져 버립니다.(3, 103)

인용에서처럼 「산촌여정」에서는 자연과의 동양적인 융합의 경지를 자주 볼 수 있는데, 그 융합은 자연사물의 애니미즘적 의인화로 나타나곤 한다. 인용에서도 '팔봉산'이 의인화되는 등 우리로 하여금 자연에 친근감을 느끼도록 한다. 다음과 같은 구절은 이 글의 이해를 위하여 매우 중요하기 때문에 인용하지 않을 수 없다.

그러나 공기는 수정처럼 맑아서 별빛만으로도 넉넉히 좋아하는 「누가복음」을 읽을 수 있을 것 같습니다. 그리고 또 참 별이 도회에서보다 갑절이나 많이 나옵니다. 하도 조용한 것이 처음으로 별들의 운행하는 기척이 들리는 것도 같습니다.(3, 103)

성천이라는 농촌에 도시에서보다 '별'이 갑절이나 많이 뜬다는 구절에 대한 보다 유익한 이해를 위해서는 이상의 「동경」을 참고할 필요가 있다. 동경은 1924년의 관동대지진 때 무고한 조선인을 대량 학살한 범죄도시이기 때문에 신(神)의 배려가 없어서 밤하늘에 별이 없다는 것이다. 반면 성천의 밤하늘에 갑절이나 많은 별이 뜨는 것은 신의 배려 덕택이요, 밤공기가 '수정'처럼 맑은 것도 마찬가지다. 화자와 자연의 우주적 교감과 관련된 기독교적 발상을 도와준 복음서가 굳이 「누가복음」인 것에 반드시 주목해야 한다. 이 복음은 다른 복음과 달리 가난한 백성, 죄인, 추방자, 학대 받는 자, 여자 등 사회적으로 소외된 계층에 대한 예수의 지극한 배려와 세계주의적 경향을 보여주고 있기 때문만이 아니라 「산촌여정」 자체에서 이 복음서가 실천되고 있기 때문이다. 가령 '귀화한 마리아들'과 '홍모인(紅毛人)'에 대한 동정적 언급이 그 예이다.

「산촌여정」은 「권태」와 더불어 이상의 가장 매력 있는 대표적 수필로 간주되어 왔다. 기발하게 표현된 농촌의 풍경과 사건, 그리고 우울하게 표현된 작자 개인의 문제에 독자의 관심이 집중되었다. 그러나 그와 같은 읽기는 눈에 잘 띄지 않도록 잠복시킨 그의 초개인적, 정치적인 문제에 대한 짙은 관심을 등한시하기 쉽다. 왜냐하면 「산촌여정」은 항일적 정치성이 농후하기 때문이다. 이상에게 충격적인 것은 다른 무엇보다도 그곳 농촌이 1935년에도 전등이 없다는 사실이었을 것이다. 그것은 그 농촌의 극도의 가난만이 아니라 일제의 야만적 수탈정책 탓인데, 이를 입증하는 단적인 예가 '금융조합'이 개최한 '활동사진감상회' 장소의 휘황한 전등불빛이다.

그의 초개인적 관심사에는 몇 가지가 있다. 먼저 기독교 신앙에 대한 관심이다. 성천 농민의 신앙심은 쇠퇴하고 교회의 영향력이 극도로 감퇴한 것을 암시적으로 언급했다.

> 교회는 보이지 않습니다. 도회인의 교활한 시선이 수줍어서 수풀 사이로 숨어버리고 종소리의 여운만이 근처에 내음새처럼 남아서 배회하고 있습니다.(3, 107)

'종소리의 여운'이 '내음새처럼 남아' '배회하고 있'다는 시적(詩的)인 미묘한 표현을 통하여 이상은 신도를 이끌어 갈 교회의 무력화를 암시했다. 다음과 같은 구절에 나타난 소망은 화자만의 소망이 아니다.

> 교회가 보고 싶었습니다. 그래서 '에루살렘'성역을 수만리 떨어져있는 이 마을의 농민들까지도 사랑하는 신 앞에서 회개하고 싶었습니다. 발길이 찬송가소리 나는 곳으로 갑니다. '포푸라'나무 밑에 '염소' 한 마리를 매어 놓았습니다. 구식으로 수염이 났습니다.(3, 107)

'신 앞에서 회개'하고 싶은 '농민들'은 그의 상상일 뿐이지만, '회개'는 '바비로니아'에 의한 '에루살렘'의 멸망이 이스라엘 민족의 '신'에 대한 불순종에 기인한다는 예언자들의 믿음과 관련되어 있는 동시에 그 '회개'로 '에루살렘'을 해방하여 회복하려는 의지도 암시한다. 이렇게 볼 때 인용을 정치적으로 해석한다면 그 '에루살렘'의 해방은 이스라엘 민족과 같은 운명을 가진 한국 민족의 조국 해방을 암시할 수도 있다. '찬송가 소리'는 화자가 환청(幻聽)한 것이요, 그가 '교회' 대신 본 한 마리의 '양'은 외로운 신도의 상징일 것이다.

두 번째로는 가뭄으로 시달리는 성천 농민에 대한 이상의 동정적 관심이다. 「첫 번째 방랑」과 「가외가전」에서도 언급되는 이 '가뭄'은 그의 항일적 민족감정을 유발한다.

> 오—비야 좀 오려무나. 해면처럼 물을 빨아들이고 싶어 죽겠습니다. 그런 하늘은 금한 듯이 구름이 없고 푸르고 맑고 또 부숭부숭하니 깊지 못한 뿌리의 SOS가 암반 아래로 흐르는 지하수에 다다르겠습니까.(3, 109)

인용은 이상이 '농민의 마음'이 되어 '비'를 갈망한다는 것을 보여준다. 가뭄에 시달리는 농민('깊지 못한 뿌리')의 조난신호가 '암반' 밑의 지하수에 이르지 못할 것을 걱정할 정도다. 성천에 대한 극히 성실한 관심과 동정심 없이는 불가능한 일이다.

그의 성천 농민에 대한 관심은 정치적 색채를 띠어간다.

> 地上의 원한이 스며 흐르는 정맥—그 불길하고 독한 물에 어떤 어족이 살고 있는지—시내는 大地의 신열을 뚫고 벌판 기울어진 방향으로 흐르고 있습니다. 그것은 가을의 풍설입니다.(3, 109)

이것은 단순한 성천의 시냇물('정맥')풍경이 아니다. '어족'이 일제 식민지 한국('성천') 원주민의 은유라면 '지상의 원한'은 일제의 국권 침탈이 초래한 한국민족의 '원한'이다. 그 침략으로 인하여 '불길하고 독'해진 땅에서 그 민족이 살아가기가 어렵다는 것이다.

'시내'('정맥')로 상징된 한국민족('성천' 농민)의 '생명력'은 일제의 온갖 탄압과 수탈로 인한 고통('신열')에 굴하지 않고 '벌판 기울어진 방향'으로 흘러간다는 것은 결국 반체제적 지하운동을 하게 된다는 뜻이다. 이를 '가을의 풍설'이라고 화자는 눙친다. 이상은 이제까지의 인용문들이 입증하듯이 일제의 '검열'을 피하기 위한 위장전술로 그 의미 파악이 결코 쉽지 않은 상징적 표현을 해야만 했을 것이다. 특히「산촌여정」은 조선총독부 기관지인『매일신보』에 일부러 발표할 것이었기 때문에 더 없이 교묘하게 위장해야 했다.

「산촌여정」에는 작자의 개인적 차원의 관심도 언급되곤 한다. 앞에서 인용한 'MJB'는 서울의 다방을 연상하게 하지만, 그 밖에도 "어느 도회에 남겨두고 온 가난한 식구들을 꿈에 봅니다"라고 말함으로써 서울에 방치한 그 자신의 가족을 언급하는가 하면 '파라마운트[영화]회사 상표처럼 생긴 도회 소녀'를 '꿈'에서 보았다고 말하기도 한다. 그러나 그 도시의 추억이라 할지라도 "그 온갖 계급의 도회 여인들 연약한 피부 위에는 그네들의 빈부를 묻지 않고 온갖 육중한 지문을 느끼지 않습니까"라고(3, 108) 반문함으로써 조선의 피압박 계층의 여자들이 일제한테 당하는 성적 모욕('육중한 지문')을 언급하는 것을 잊지 않는다.

「산촌여정」의 주의 깊은 독자라면 중요한 작중 사건에 대한 화자(이상)의 관심이 초개인적 민족적 관심과 공존하곤 하는 것을 주목할 것이다. 화자의 가족에 대한 언급을 그 예로 들 수 있다.

> 그들은 포로들의 사진처럼 나란히 늘어섭니다. 그리고 내게 걱정을 시킵니다. 그러면 그만 잠이 깨어버립니다.(3, 104-105)

문맥상 '포로'는 서기 전 587년에 '에루살렘' 함락 후 바빌론으로 끌려간 이스라엘 사람들(디아스포라)을 바로 상기시킨다. 그들이 '늘어선다'는 것은 침략자의 명령에 좇아서 '포로들'이 열을 지어서 끌려간 것을 의미한다. 이때 그 가족은 이상 개인을 넘어서 민족적 비극의 화신이 된다. 그래서 그들은 이상의 개인적 문제임과 동시에 민족적 차원의 문제가 된다.

개인적 차원의 문제의식과 민족적 차원의 문제의식이 일치한 또 하나의 작중 사건이 '금융조합 선전 [활동]사진회' 때의 사건이다.

> [활동사진이 끝나고] 十分휴게시간에 조합 이사의 통역부 연설이 있었습니다.

> 달은 구름 속에 있습니다. 금연—이라는 느낌입니다. 연설하는 이사 얼굴에 전등의 스폿트도 비쳤습니다. 산천초목이 다 경동할 일입니다. 전등—이곳 촌민들은 xx행 자동차 '헷드라이트'외에 전등을 본 일이 없습니다—그 눈이 부시게 밝은 광선속에서 창백한 이사는 강단하였습니다. 우매한 백성들은 이 이사의 웅변에 한 사람도 박수치지 않았습니다.— 물론 나도 그 우매한 백성 중의 하나일 수밖에 없었습니다만은— (3, 111)

위 인용의 화자('나')도 '활동사진'을 감상한 성천의 '우매한 백성'과 한 몸이 되게 만든 금융조합 '이사'의 정체는 무엇인가? 일제 강점기의 금융조합은 일제(조선총독부)의 기만적 식민정책 선전과 동시에 농민 수탈을 위한 기구였고, 그 '이사'의 '웅변' 내용도 그 선전을 위한 것이다. 그런데 그 '웅변'을 들은 청중이 '박수'를 치지 않은 것은 '금융조합'의 음흉한 의도를 통찰할 수 있어서가 아니라, 성천의 '산천초목'과 마찬가지로 그 '이사'의 위신을 절대화하는 듯한 '눈이 부시게 밝은 광선'의 압력에 '경동(驚動)'했기 때문이다. 이는 'XX행 자동차 헷드라이트' 외의 '전등'을 본 일이 없는, 따라서 집에 '전등'이 아직도 없을 만큼 문명개화되지 않은 그들에게 불가피한 일이다. 여기서 문제는 화자가 자기를 그들과 동일시한 아이러니에 있다. 인용문 전체를 통하여 화자는 그 '이사' 또는 조선의 일제 통치자를 상징적 수법으로 조소하고 규탄했기 때문이다(따라서 그의 경우는 '우매'는 '명민(明敏)한'이라는 뜻의 반어(反語)다). 그가 연설을 할 때 '달'이 '구름' 속에 숨어 있는 것은 그 '이사' 같은 악당이 순결한 '달'의 눈에 띄지 않도록 하기 위한 '구름'('에호바')의 배려인데 이는 그를 '악당'으로 여기는 화자의 뜻을 '구름'이 화자와의 우주적 교감을 통하여 알아차린 덕택이다. '금연—이라는 느낌입니다'는 '구름'의 고마운 의도가 그것을 통찰한 화자 같은 사람을 '금연'할 만큼 숙연하게 한다는 뜻을 암시한다. 또한 화자는 '이사'를 눈부신 광선의 집중조명('스폿트')을 받게 함으로써 그를 '백성'들이 눈이 부셔서 보지 못할 만큼 신성화하는 동시에 '창백한'시체로 뒤바꿔 버렸는데, 이는 그의 권력이 영원할 것 같지만 머지않아 붕괴하리라는 것을 예시한다. 한편 '백성'이 '전등'에 익숙하지 못한 것을 말한 것도 일제 통치에 대한 저항이다. 성천농민의 삶의 형편이 그 정도로 최하위에 속한다는 것은 일제의 경제적 수탈정책의 결과이기 때문이요, 이를 폭로함으로써 저항한 때문이다.

「산촌여정」에 나타난 저항에는 소극적인 것과 적극적인 것 그리고 전투적인 것이 있다. '금융조합선전회'와 관련된 저항이 소극적인 것에 속한다.

다음은 성천의 한 풍경이다.

> 팔봉산 올라가는 초경 입구 모퉁이에 최XX송덕비와 또 XXXX아무개의 영세불망비가 항공우편 '포스트'처럼 서 있습니다. 듣자니 그들은 다 아직도 생존하여 계시다 합니다. 우습지 않습니까.(3, 107)

인용에서 '우습다'는 말은 두 가지 뜻이 있다. 아직도 살아있는 사람을 기리는 비석을 세운다는 것도 우습다는 것이지만, 또 하나의 뜻은 그들의 사회적 지위와 관련된다. '최XX'은 아마 성천의 친일적인 군수 정도 되겠지만 문제는 'XXXX영세불망비'에 있다. 일반적으로 일본인은 그 이름이 넉자로 되어 있거니와, 'XXXX'도 일본인이다. 그리고 '영세불망비'의 어마어마한 뜻을 참고할 때 군수보다 훨씬 높은 조선총독

같은 식민지배자요, 따라서 '영세불망비'는 조선 '영세통치불망비'로 해석될 수 있다. 프랑츠 파농은 모든 식민지는 정복자의 '銅像의 세계'라고[1] 말했거니와 앞에 언급한 '송덕비'와 '영세불망비'는 파농이 말한 '동상'과 같다. 그것들이 사람 모양으로 서 있는 '항공우편'우체통('포스트')과 닮았기 때문이다. 그리고 그것들이 조선의 토지, 곧 '팔봉산' 입구의 길모퉁이에 서 있다는 것은 '팔봉산'과 그 일대가 정복자의 소유물이기 때문에 그 '경계'를 넘어서면 안 된다고 엄명하는 것과 다름없지만, 화자가 그 '송덕비' 등을 우습게 본 것은 훗날 김기림에게 보낸 편지에서 언급한 일본 여행과 관련된 일제의 민족차별을 상기시킨다.

> 지금쯤은 이 李箱이 東京사람이 되었을 것인데, 本町署 高等係에서 「渡航을 결코 허락할 수 없다」라는 분부가 지난 달 하순에 내렸구려! 우습지 않소? (3, 231)

보통 시청에서 발급하는 도항증(渡航證, 여권)을 경찰서에서 발급한다는 것 자체가 일제의 식민지 억압정책 탓이지만, 이상은 그와 같은 횡포를 증오했기 때문에 '우습지 않소?'라고 돌려서 말한 것인데, 이것은 친일 작가 이광수로서는 엄두도 낼 수 없는 일이다.

이상은 조선총독부를 체험한 적도 있어서 일제의 강압적 식민지배라는 질곡에 저항하기 위해서는 온건한 개량주의적 상상력이 아니라 과격한 파괴적 상상력만이 효과적이라는 것을 통찰하고 있었다. 그 전제조건은 일제 강점기가 그로서는 '위장과 음모와 암살의 시대'일 수밖

---

1 F.Fanon, *op. cit.*, p.40.

에 없다는 시대감각이었다. 그러면 「산촌여정」에서는 어떤 작중사건에 그와 같은 시대감각과 파괴적 상상력이 작용하고 있는가? 이 글에 나타난 이상의 중추적 관심이 기독교 신앙과 반체제적 관심임을 참고하여 그 예를 들어보기로 하자.

> 담배 가게 곁 방안에는 오늘 황혼을 미리 가져다 놓았습니다. 침침한 몇 '가론'의 공기 속에 생생한 침엽수가 울창합니다. 황혼에만 사는 이민 같은 이국 초목에는 순백의 기름한 열매가 무수히 열렸습니다. 고치―귀화한 '마리아'들이 최신 지혜의 과실을 端麗한 맵시로 따고 있습니다. 그 아들의 불행한 최후를 슬퍼하며 '크리스마스 츄리'를 헐어 들어가는 '피에다' 화폭 全圖입니다.(3, 110)

암호적 예술가답게 쉽게 파악할 수 없는 상징적 표현으로 '피에다'에 반영된 예수의 수난과 이를 진심으로 슬퍼하는 '마리아'들을 정열적으로 옹호하고 있다. 그러면 그 '마리아'들은 누구이며 '〈피에다〉 전도'란 무엇인가?

인용은 성천의 '담배 가게'에 그곳 처녀들이 설치한 '크리스마스 츄리'가 당하는 수난을 말하고 있다. '크리스마스 츄리'로 쓰는 '측백나무'는 '이국산(異國産)'이기 때문에 '이민'에 비유했지만, 문제는 그 '크리스마스 츄리'에 장식용으로 '고치'를 무수하게 단 점에 있다. 그런 '크리스마스 츄리'는 '최신 지혜'의 산물에 지나지 않는다. 그 '지혜'는 성천의 초등학교 학생들은 '열심히 간단한 산술(算術)을 놓아 그들의 정직과 순박을 지혜와 교활로 환산(換算)하고 있습니다'고 말할 때의 '지혜'로 사전적인 뜻이 아니라 물질적 이득을 위한 기술의 뜻이다. 이상이 상상한 '개종한 마리아들'은 이교도였다가 예수에게 감화(感化)되어 예수의 열렬한 신자가 된 '막달라 마리아' 같은 개종(改宗)한 여인인데, 두 가지 점에서 그녀에게 시킨 역할은 파격적이다. 본래 창녀로 간주된 그 '마리아'로 하여금 '성모 마리아' 대신 '아들(예수)'의 죽음을 슬퍼하게 했고, 그녀를 복수화(複數化)한 점이다. 그러나 「누가복음」의 예수는 사회에서 소외된 죄인이나 여자를 사랑했기 때문에 그 '마리아'의 복수화는 당연지사다. 그러나 사회적으로 소외되고 천대받는 그녀들에게 '피에다'의 성모 마리아의 역할을 맡긴 것은 대담한 파격적 발상이 아닐 수 없다. 이는 기독교 신앙의 고정된 상식의 일탈이어서 보수적인 신자들에게는 신성모독적인 사건이다. 그들이 '크리스마스 츄리'에 매단 '고치'들을 떼어내어 그것을 파괴해버린 것도 당연하다. 그런 '크리스마스 츄리'를 만든 신자들의 신앙은 형식적인 것에 지나지 않을 것이기 때문이다. 그런데 '개종한 마리아들'의 '맵시'가 '단려'했다는 것은 그들이 세련된 교양인이었다는 것을 암시한다. '개종한 마리아'를 '막달라 마리아'로 해석하는 것은 부당하다는 반론이 제기될지도 모른다. 그러나 피압박계층을 극진하게 배려한 예수를 상기한다면 그런 계층에 소속된 '마리아'는 '막달라 마리아'밖에 없다. '베타니아의 마리아'는 본래 예수의 성실한 신자였기 때문에 '개종한 마리아'일 수 없다. '피에타 전도'는 그 '마리아들'이 '크리스마스 츄리'를 파괴하는 장면을 그린 상상적인 그림과 '피에타'라고 불리는 그림을 합친 그림이라는 뜻이다.

'담배 가게'의 '크리스마스 츄리'와 관련된 사건의 설정은 우리에게 세 가지를 알려준다. 하나는 그의 「누가복음」의 선호로 입증된 기독교에 대한 관심과 그로 인한 성경적 발상이 그 작중 사건에 반영되었으며, 그의 창녀에 대한 관심이 지속적인 것이었고, 그의 파괴적 상상력 밖에는 그런 '피에타 전도'를 구상할 수 없다는 점이다. 성모 마리아가 아니라 '막달라 마리아'같은 창녀들이 '예수'의 시체를 안고 슬퍼하게 한 '피에다'의 구상은 아방가르드 예술가 이상의 대담한 파괴적 상상력이 아니고는 불가능한 것이다.

'크리스마스 츄리'와 관련된 '개종한 마리아들'은 경성고공 시절 '신천집'에서의 성경 탐독, 「광녀의 고백」에 등장하는 창녀들에 대한 관심, 특히 도스토예프스키의 『죄와 벌』 체험에서 라스콜리니코프 다음으로 그에게 감동을 주었을 소냐의 기억 등이 축적되어 나온 발상일 것이다.

「산촌여정」에서는 이상의 사회적, 민족적 차원의 문제에 대한 관심이 개인적 차원의 문제에 대한 관심과 결합되어 있다. 필자 자신의 자살충동과 가정에 대한 걱정이 개인적 문제라면 농촌의 가난, 기독교 신앙의 쇠퇴, 그리고 특히 '금융조합' 등은 사회적, 민족적 문제라고 할 수 있다. 너무나도 가난한 '산촌'은 그 민족의 상징이다. 그러나 마을 전체에 '전등'이 없을 만큼 소외되고 궁핍한 상태에 절망만 하고 있어서는 안된다. 어떻게 할 것인가? 적극적 저항이 필요하다. 이상은 매우 정치적인 이중시각('떠블 렌즈')에 의하여 마을 어디에선가 들려온 '공기총소리', 아마 논밭의 곡물을 참새 떼로부터 지키기 위한 '공기총소리'를 '코삭크 관병식'에서의 '예포(禮砲)' 소리로 환청한다.

> 옥수수밭은 一大 관병식입니다. 바람이 불면 갑주 부딪치는 소리가 우수수 납니다. '카-마인' 빛 꼭구마가 뒤로 휘면서 너울거립니다. 팔봉산에서 총소리가 들렸습니다. 장엄한 예포소리가 분명합니다. 그러나 그것은 내 곁에서 小鳥의 肝을 떨어뜨린 공기총 소리였습니다. 그러면 옥수수밭에서 백, 황, 회, 또 백, 가지각색의 개가 퍽 여러 마리 열을 지어서 걸어 나옵

니다. '센슈알'한 계절의 홍분이 이 '코삭크' 관병식을 한층 더 화려하게 합니다.(3, 107)

한낱 '공기총소리'를 '〈코삭크〉관병식'으로 비약시켜 농촌의 사소한 일상사가 큰 전쟁과 관련된 '코삭크' 군대의 '관병식'으로 돌변한다. 그러면 왜 하필이면 '코삭크' 군대의 '관병식'이며, 그 군대와 관련된 전쟁은 무엇인가?

인용은 니콜라이 고골의 장편소설 『타라스 불바』의 짙은 영향을 받고 있다. 종주국 폴란드에 저항하기 위해 무장 독립투쟁을 지휘하는 '타라스 불바'가 거느리는 '코삭크' 군대의 '관병식' 장면이 이 소설에 나오는데, 「산촌여정」에서는 관병식장이 성천의 '옥수수'밭이다.

바람으로 휘어지는 붉은 색의 옥수수 이삭들에서 이상이 '코삭크' 병사의 빨간색 '양털'의 '꼭구마'를 환시(幻視)한 것은 당연하다. 그는 그 '코삭크' 군대에서 항일 농촌 반란군을 연상했을 것이기 때문이다. '옥수수밭'은 '코삭크' 군대의 '관병식장'인 동시에 폴란드 군대의 집결지이기도 하다. 거기서 이번에는 '가지각색'의 '개'가 열을 지어 걸어 나오는데, 그들은 아무런 장식도 없는 검소한 '코삭크'의 군복과 너무도 대조적인 화려한 군복차림의 폴란드 귀족들을 비유한 것이다. 여기서 중요한 것은 그들을 경멸적으로 '개'에 비유한 점이다. 폴란드의 영토가 된 '자바로제'라고도 불리는 '코삭크'는 일제 식민지 조선의 원주민과 같고, '코삭크' 군대의 반식민주의 무장투쟁은 조선 원주민이 본받아야 할 모범이었던 것이다. 비록 상상적 세계일망정 식민지적 질곡의 타개책은 '코삭크'와 같은 용감무쌍한 농민의 무장투쟁밖에 없다고 생각했을 것이다. "참—성경을 채자하다가 엎질러버린 인쇄직공이 아무렇게

나 주어담은 지리멸렬한 활자의 꿈. 나도 갈갈이 찢어진 사도가 되어서 세 번 아니라 열 번이라도 굶는 가족을 모른다고 그럽니다"(3, 107)고 쓸 때 이상은 정신적 위기를 만나자 '예수'를 '세 번'이나 모른다고 말한 베드로가 아니라 '타라스 불바'를 상기했을 것이다. 조국을 배신한 둘째 아들 '안드레'를 무참하게 죽여버린 그 서사시적 영웅 말이다.

'옥수수밭' 장면의 설정은 일제 통치를 거역하는 범죄적 발상이라 할 수 있지만, 이상으로서는 당연한 일이었을 것이다. 그것은 조선 침탈이라는 범죄와 대결하기 위한 전략이기 때문이다. 과연「산촌여정」에는 범죄소설적 요소가 잠복해 있지만 그것이 겹겹이 위장되고 있기 때문에 포착해내기가 어렵다. 범죄소설적 요소는「산촌여정」만이 아니라 이상이 반체제적 언어 테러리즘을 시도한「슬픈 이야기」와「실화」에도 잠복해 있다.

'옥수수밭' 사건이 유발한 가장 바람직한 항일 무장투쟁은 현실적으로 불가능하다는 것을 이상이 모를 리 없다. 그렇다면 차선책은 조선 통치자 암살이다. 반체제적 저항수단으로서의 암살이 처음으로 나타난 작품이「출판법」이지만, 그 '암살'은 추상적 관념같아서 설득력이 없었다.「산촌여정」에서는 그 암살사건이 화자의 '너무나 뒤숭숭한 꿈'과 화자가 묵고 있는 농가 마당의 '봉선화'와 관련되어 있다. 다음이 그 악몽과 관련된 사건이다.

> 끄지 않고 잔 석유 등잔에 불이 그저 켜진 채 소실된 밤의 흔적이 낡은 조끼 '단추'처럼 남아있습니다. 작야를 방문할 수 있는 '요비링'입니다.(3, 105)

地下에서 빨아올리는 이 ['객주집' 마당의] 화초들의 정열에 호흡이 더워오는 것 같습니다. 여기 처녀 손톱 끝에 물들을 봉선화 중에는 흰 것도 섞였습니다. 흰 봉선화도 붉게 물들까—조금[도] 이상스러울 것 없이 흰 봉선화는 꼭두서니 빛으로 곱게 물듭니다. (3, 105-106)

'흰 봉선화'는 문맥상 반체제적 저항자의 상징이요 그의 '지하에서 빨아올린 정열'은 '지하운동의 정열'을 암시한다. '흰 봉선화' 색깔의 빨간빛('꼭두서니 빛')으로의 화학적 변화가 정치적으로 함의하는 것은 「산촌여정」의 상호텍스트인 단편소설 「슬픈 이야기」에 나오는 조선지배자 암살사건('우체통' 사건)을 참고한다면 추정하기가 어렵지 않다. '꼭두선이 빛'은 '우체통' 사건에서도 그렇듯이 암살당한 조선 지배자의 피의 색깔이다. '손톱끝'은 「동해」에서 '독아(毒牙)'로 비유되지만, 암살용 칼의 은유다. 화자가 '석유등잔에 불이 켜진 채' 잔 간밤의 '흔적'은 '소실'된 줄만 알았으나 '객주집' 마당에 남아 있었으니, 그게 바로 '산촌' 처녀의 '손톱끝'과 '꼭두서니 빛'이었던 것이다.

일제의 조선침략이라는 역사적 사건의 우회적 폭로도 국권 회복운동일 수 있다. 이상은 이를 위해 영화('활동사진')를 이용한다. 그가 영화에 관심이 많다는 것은 『十二월 十二일』 작중사건의 몽타주적인 편집이나 「실화」와 그의 『서간집』 등에서의 '영화'에 대한 언급들로도 입증되었는데, 정치적인 영화를 처음으로 언급한 글이 「산촌여정」으로서, 성천의 '금융조합'이 일본의 막강한 국력을 성천 농민에게 선전하기 위하여 활동사진 감상회를 연 것이다.

시작입니다. 부산 잔교(棧橋)가 나타납니다. 평양 모란봉입니다. 압록강

철교가 역사적으로 돌아갑니다. 박수와 갈채—태서의 명감독이 바야흐로 안색이 없습니다.(3, 111)

인용에서 '부산 잔교'와 '압록강 철교'를 언급한 것은 일제의 조선('부산 잔교')과 만주('압록강 철교')의 침략을 암시하기 위해서다. '부산항의 잔교'는 일본 군대의 조선 땅 상륙을 위한 것이요, '압록강 철교'는 일제의 '만주' 침략을 위한 것이다. '평양 모란봉'은 침략 군대가 도중에 쉬어가는 곳으로서 양념으로 첨가한 장면에 지나지 않는다. 그 두 장면이 일제 침략 과정의 압축이 아니라면, 그 장면이 촬영된 필름이 '역사적으로 돌아간다'고 말할 리가 없다. 그 활동사진 감독은 침략 지휘자의 별명이기도 하다. 「산촌여정」이 발표된 해는 일제의 만주 식민지화가 완성된 지 1년 후이다. 그는 그 '활동사진'의 감독이 '태서의 명감독'을 무색하게 만든다고 비꼰다. 성천 농민이 '박수갈채'를 보낸 것은 '활동사진'의 정치적 의미를 몰랐기 때문이다.

「산촌여정」의 화자가 자학적인 자살충동('메소이스트 병')을 단념한 것도 자기 개인보다 일제의 식민통치로 고통을 받고 있는 겨레를 우선적으로 생각하게 되었기 때문이다.

밤의 슬픈 공기를 원고지 위에 깔고 창백한 동무에게 편지를 씁니다. 그 속에는 자신의 부고도 동봉하여 있습니다.(3, 112)

'창백한 동무'는 화자 자신이다. '자신의 부고'는 항일투쟁 과정에서의 죽음을 암시한다. '부고'는 「슬픈 이야기」의 '우체통' 사건에서 조선 지배자의 암살을 위한 '칼'을 상징하는 '유서편지'가 될 것이다.

05

「첫 번째 방랑」의 심층적 의미

이상이 성천에서 거둔 값진 수확은 「산촌여정」과 「첫 번째 방랑」이다. 「첫 번째 방랑」은 일본어로, 「산촌여정」은 한글로 썼는데 이상은 세계주의자였기 때문에 일본어로 창작하는 것 또한 당연지사였다. 이상이 이 작품을 발표하지 않은 것은 일본어로 쓴 것이어서 마땅한 발표 매체를 찾아낼 수 없었기 때문이지, 이 소설의 반체제적 성격 탓은 아니었다. 그것은 탐지해 내기가 어렵도록 감쪽같이 위장되거나 깊숙이 잠복되어 있다.

「첫 번째 방랑」은 단순한 여행소설이 아니다. 주인공 개인차원의 실존적 문제의식을 민족적 차원으로 확충한 소설이기 때문이다. 따라서 이 소설의 정확한 이해를 위해서는 정치적 해석이 필수적이다. 다음은 「첫 번째 방랑」의 허두다.

> 통화는 시골이라고들 한다. 그리고 아직껏 위험하다고들 한다.(3, 155)

'통화가 아직껏 위험하다'는 소문은 그곳에서 아직도 조선 독립을 위한 투쟁이 무장투쟁이든 지하운동이든 계속되고 있다는 뜻이다. 이는 「첫 번째 방랑」의 항일적 성격으로 미루어볼 때 분명하다.

화자의 여행 동기는 그의 개인적 차원의 문제와 관련되어 있다.

> 나는 모든 것을 잊어버리지 않으면 안된다. 나 자신을 암살하고 온 나처럼 내가 나답게 행동하는 것조차도 금지되지 않으면 안된다.(3, 157-158)

자기다운 주체적 행동마저 금기로 여길 정도의 허무의식 때문에 화자는 자살('자기 암살')충동으로 시달려온 것이다. 이런 절망상태로 미루어볼 때 그의 만주여행은 그 절망에서의 탈출구이기도 한 것을 쉽게 추정할 수 있다. '절망상태'는 주로 권순희와의 연애의 좌절에 연유한 것일 듯하다.

> 그의 종업원이었던 순옥과는 깊은 밀약까지도 나눈 관계였다. 그는 그녀를 데리고 만주사변의 전후 분위기로 채워진 서울을 도망치려고 했던 것이다.[1]

고은의 말을 믿을 수 있다면 「첫 번째 방랑」 화자의 만주여행은 애당초 사랑을 위한 도피수단이었지만 이상의 항일적 민족의식은 그 여행을 그와 같은 개인적 차원을 넘어서도록 했던 것이다.

그러나 그의 정치적 의도는 도중에 좌절된다. 그가 탄 완행열차가 일

1 고은, 『이상평전』, 민음사, 1974, 259쪽.

제의 침략주의와 직결된 숨막힐 듯한 공포의 열차임이 판명되자 도중 하차해 버리기 때문이다. 그러나 그 여행은 절망상태에서의 탈출구였기 때문에 현재의 자기를 초극할 수 있는 또 하나의 자기, 진정한 자기 정체(正體) 발견을 위한 여행일 수도 있기 때문에 그의 여행 과정을 추적해 보아야 한다.

화자('나')의 대화 상대는 '통화' 금융조합으로 전근(轉勤)한다는 젊은 금융조합 직원이다. 그가 일본군의 '진도(陣刀)' 모조품을 가지고 있다는 것은 그의 친일적 경향을 보여준다. 그가 여행 도중에 꺼내어 읽는 잡지는 『킹구』라는 대중잡지다. 그와 관련하여 반드시 주목되어야 할 것은 그가 카페 여급이나 기생 같은 여자를 찾아다니는 '도락(道樂)'을 일상적으로 즐긴다는 점이다. 이를 드러낸 것은 친일파의 도덕적 타락을 암시하기 위해서다. 『킹구』와 대조적인 잡지가 '나'의 『세루팡』이라는 예술잡지다. 유럽의 아방가르드 예술을 소개하고 연구하기 위한 이런 잡지는 식민지의 문화적 후진성 때문에 그 당시 조선에서는 결코 나올 수 없었다. 화자는 아폴리네르의 『시인의 학살』이라는 소설을 그 잡지를 통해서 알게 된다.

굳이 『세루팡』을 언급한 것은 이상 같은 천재적인 아방가르드 작가라 할지라도 「첫 번째 방랑」에서 입증된 것처럼 아방가르드 예술에 대한 지식이나 정보를 일본을 통해서만 얻었다는 것을 지적하기 위해서다. 그 점이 식민지 작가의 슬픈 운명을 말해준다. 물론 그 운명은 이상이 극복해야 할, 그리고 당당히 극복할 수 있었던 장애물이지만 말이다.

「첫 번째 방랑」에서 화자와 '금융조합'직원의 대화는 세속적인 일에만 국한되지 않기 때문에 주목된다. '나'가 탄 열차 옆을 밤 공기를 뚫고 굉장한 소음과 더불어 지나간 초고속 열차의 정체를 알려준 사람이 그 직원이다.

> (그는) 지금 엇갈려간 열차는 '히까리'호가 분명하다고 말하는 것이었다. 나는 그렇구 말구 하듯 고개를 끄덕여 보였다. 그는 만족한 듯 그 '히까리'호의 속력이 얼마나 絶倫的인 것인가에 대해 그의 체험을 이야기했다. 그것은 얼마나 드물게 밖엔 정차하지 않는가에 의해 증명되는 것이라고 한다.(3, 163)

'나'가 그 직원의 말에 동의한 것은 두 가지 뜻이 있다. 그의 말대로 그 열차가 '히까리(光)'호라는 것과 잔인한 침략의 수단이라는 것이다. 그 고속 열차의 '절륜적'인 '속력'은 그 직원에게는 찬탄의 대상이지만, 화자에게는 증오의 대상이다.

이상의 생애를 돌아볼 때 그는 기차에 대한 관심이 적지 않았고 몇 차례 기차여행을 하기도 했다. 경성고공 시절에 김해림과 함께 한 함경남도 원산으로의 여행이나 인천의 주식회사 직원이 된 문종혁을 찾아가기 위한 기차여행은 보헤미안적인 방랑을 위한 것이었다. 그러나 그의 기차에 대한 관심은 그의 예민한 시대감각과 역사의식의 반영이기도 했다. 「날개」에서 경성역으로 '우렁찬' 기적을 울리면서 들어오는 열차는 일제의 약소국 침략을 위한 무기였다. 「첫 번째 방랑」에서의 '방랑'은 기차 '여행'을 통한 '방랑'과, 기차에서 하차하여 찾아간 '산촌(山村)'에서의 '방랑'을 의미하지만, '화자'는 그 여행을 통하여 제국주의적 침략자를 재발견하고 재확인하기도 했던 것이다.

만주행 기차 여행과정에서는 그와 같은 초개인적인 역사적 의미가 있는 사건과 개인적 의미가 있는 사건이 수시로 겹쳐진다.

화자인 '나'는 서울에 두고 온 가족 때문에 「산촌여정」에서와 마찬가지로 괴롭다. 지극한 '동정(同情)'의 능력이 그 가족을 향하여 작용하지 않은 것은 '그들'에 대한 감정이 사랑과 증오라는 이중성을 벗어나지 못한 때문이다.

그와 같은 이중적 감정을 지닌 채 화자는 만주행 열차를 탔던 것이다. '巨岩 같은 불안이 空氣와 호흡의 중압이 되어 마구 짓눌렀다'고 말할 때의 '거암 같은 불안'(3, 157)은 위에서 언급한 허무주의적 자살충동 및 '가족'과 관련되어 쌓여온 불안이다. 그러자 이 소설의 전기(轉機)가 될 사건이 발생한다.

> 내가 앉아 있는 쪽으로 이건 또 누구일까. 다가오는 기척이 난다. 나는 반사적으로 고개를 그 쪽으로 돌린다. 지극히 키가 큰 사람이다. 중대가리다. 입을 한 一字로 다물고 있다. 눈엔 독기를 띠고 있는 것 같기도 하다. 옆에까지 온 그 사람은 별안간 무엇을 떨어뜨리기나 한 것처럼 커다란 소리를 질렀다. 나는 오싹했다. 하지만 몸이 움직여지지 않는다. (중략) 사람들은 답답한 숨들을 쉬었다. (중략) 탁한 空氣는 빠져나갈 구멍을 잃고 있다.(3, 160)

갑자기 열차 승객인 조선인을 무시하고 큰 소리를 질렀고, 다음 칸으로 거침없이 갔으며, 걸어가는 도중에 '금융조합' 직원의 '陣刀'를 걷어차 넘어뜨린 그를 우리가 제국주의적 폭력의 상징으로 본 것은 그의 원형임에 틀림없는 아리시마다케오(有島武郎)의 단편소설 「카인의 末裔」의 주인공 히라오카닝우에몽(廣岡仁右衛門)을 이상은 「문학을 버리고 문화를 상상할 수 없다」는 에세이에서 조선 침략자의 상징으로 간주했기 때문이다. 열차 승객들이 '답답한 숨들'을 쉰 것은 그가 조성한 공포에 짓눌린 때문이다. 이제 '나'의 막연했던 '불안'은 '공포'가 된다. 그 공포의 대상이 제국주의적 침략의 세력임이 분명해졌기 때문이다. 그 대표적인 상징이 '히카리'호다.

그러나 이상은 그 공포 분위기에 저항하지 않을 수 없다. 그것은 소극적인 저항이거나 적극적이고 투쟁적인 저항일 수도 있다.

먼저 소극적인 저항을 보자.

> 나는 短杖 휘두르기는 좋아한다. 머리가 민짜인 그 단장을 휘두를 수는 없다. 나는 발 밑 풀을 후리쳐 쓰러뜨리는 그런 시늉을 해보았다.
>
> 풀을 건드리지 않고 단장은 날카롭게 空氣를 베었다. 나는 또 그 끝으로 흙을 눌러모았다. 시뻘건 피같은 액체가 아주 조금 베어나왔다. 나는 몸에 가벼운 그러나 추위에 충분히 對備할 수 있는 고귀한 양복을 입고 있었다.(3, 161)

'나'는 '금융조합' 직원의 '陣刀'가 혐오스러운 나머지, 도시 유민의 멋진 '단장'을 휘둘러보는 광경을 상상해 본 것인데, '나'가 '공기'를 베기 위하여 사용한 '단장'이 정의의 칼을 상징한다면 '흙'의 '시뻘건 피'는 조선의 적토(赤土)로서 '조국'의 상징이다. 그것을 보기 위하여 '단장' 끝을 사용한 것은 국권을 빼앗긴 조국에 대한 향수에 연유한다. 그의 '고귀한 양복'이 '추위'를 넉넉히 막을 수 있다는 것은 일제의 탄압('추위')에 맞서는 귀족적 자긍심을 암시한다. 제국주의는 인간과 사물까지도 오염시키고 부패시키는 파괴적인 악(惡)이요, 그 대립항이 오염된 '공기'를 정화(淨化)하는 순수성인데, 이를 상징하는 것은 국토의 적토색만이 아니라, 열차 안에서 태어난 신생아, 고향의 '사투리', 특히 '애매미'의 울음소리다.

> 내 눈 앞에서 한 여인이 해산을 하고 있다. 恥骨 언저리가 몹시 아프다. 팔짱을 끼듯 나는 그 애처러운 광경을 그저 바라만 보고 있다. 팔굽 언저리는 딱딱한 책상이다. 책상 위에는 아무것도 없다.
>
> 말소리가 유리창을 뚫고 맑게 울리는 시골 사투리가 되어 들려왔다. 그것들은 더없이 즐겁다. 그리고 좀 시끄럽기조차 하다.(3, 162)

'해산' 장면은 작가인 화자의 환상이다. 그 '해산'을 지켜보면서 화자의 '치골 언저리'가 몹시 아팠던 것은 그녀의 진통이 창작의 진통과 같기 때문이다. 창작은 '책상'으로 비유되고 있다.

일제 식민통치로 오염된 우리말의 순수성이 '시골 사투리'에 보존되어 있다고 화자는 생각한다. 그래서 그에게 들려온 그 '사투리'가 맑다고 했고, 다소 시끄럽지만 '즐겁다'고 말한 것은 주목할 만하다. 불안과 공포로 인하여 잔뜩 위축되고 우울한 그의 기분을 그 '사투리'가 정화해주었기 때문이다. 또한 이 '시골 사투리'에 대한 화자의 감동은 『방랑』이 일본어로 쓰여졌다고 해서 세계주의자로서의 이상이 일본어에 예속되는 것은 결코 아니라는 사실을 분명하게 입증한다.

'나'의 만주로 가기 위한 열차를 엄습한 침략적 제국주의에 대한 적극적이고 투쟁적인 저항과 관련하여 하늘은 '나'를 도와준다. 「산촌여정」에서도 목격되었던 '나'의 우주적인 자연과의 융합을 입증하는 사건이 「첫 번째 방랑」에서도 목격되는데, 먼저 등장한 하늘의 도움은 차창 너머로 눈에 띈 '하현(下弦)달'과 관련된다.

다음은 '개떼'로 상징된 일본 침략군대의 위협에 도전하고자 하는 '나'의 환상이다.

> 下弦달이다. 굳이 나는 아름답다고 본다. 그것은 몹시 수척한 심각하게 표정적인, 보는 눈에도 가엽게 담배 연기로 혼탁해 있는 달이다. 함성을 지르기엔 아직 이르다. 공포의 심연 속에는 분노의 호흡이 들린다. 이젠 사람들이 와도 좋을 시기다.
>
> 왔다. 일순, 달은 분연을 올리고 자취를 감추었다. 사람들은 철을 운반해 온 것이다. 사람들은 묵묵히 다가온다. 철과 철이 알몸인 채 맞부딪고 있다.(3, 165-166)

인용에서의 '사람들'은 반란군이요, 그들이 운반해 온 '철'은 '하현달' 모양 철제 무기(칼)의 은유다. 그런데 문제는 그 '철'로 비유되기도 한 불굴의 반란군이 양파로 갈려서 충돌한다는 점에 있다. '그전처럼 철과 철이 맞부딪고 있고 그리고 슬픈 소리를 내고 있다'라고 그 '충돌'을 암시했다. 그 양파는 문맥상 좌파인 사회주의자와 우파인 민족주의자로 서로 자기 파만 녹슬지 않았다고 주장한다. '나'는 그들의 갈등에서 '고통'과 '비애'를 느낀다. 그 어느 쪽에도 가담하지 못하는 것은 아직도 정치적 이념이 확정되지 않았기 때문이다. (그렇다고 하여 기회주의자는 아니다.) '좌'와 '우'의 비타협적 갈등은 진작에 초기의 시 「空腹」에도 나타났었다. 따라서 「첫 번째 방랑」은 그 정치적 문맥에서 「공복」의 연장선 위에 있는 작품이기도 하다. 결국 '나'의 반체제적 저항을 외로운 환상적 세계의 사건으로 보류한 채 '나'는 열차의 공포 분위기를 벗어나기 위하여 도중하차하여 근처의 농촌에 가지만, 그렇다고 해서 그 저항을 포기한 것은 아니다.

열차 안에서의 '해산'이나 '시골 사투리'에마저도 정치적 의미를 부여한 것은 '나'의 위기의식이 얼마나 절박한 문제였는지를 보여주는 것이지만, 그 위기의식으로 인하여 적극적 저항을 할 수 있도록 '애매미' 울음소리라는 또 한 번의 하늘의 도움이 등장한다.

> 팔월 하순—이 요란하기 짝이 없는 ['국제특급'의] 음향 속에 애매미 소리가 훨씬 선명하다는 것은 이상한 일이다. 그들은 저 어둠에 압살되었을 것이다.
>
> 따스한 애정이 오한처럼 나를 엄습한다. 또 실로 오전 세 시의 냉기는 오한이나 다름없다.
>
> 일순 나는 太古를 생각해본다. 그 무슨 바닥없는 공포와 살벌에 싸인 저주의 위대한 혼백이었을 것인가. 우리는 더더구나 행복하지 않으면 안된다. 식어가는 지구 위에 밤낮 없이 따스하니 서로 껴안지 않으면 안된다.(3, 167)

일제라는 '공포와 살벌'의 화신에 대한 가장 매서운 항의자는 '애매미'다. 오염된 공기를 뚫고 하늘까지 닿을 그 울음소리는 정말 감동적이다. '애매미'는 약소민족의 상징일 수도 있다. 피압박 민족을 위협하는 '국제특급'의 극도로 우렁찬 소리를 초극한 것은 '선명'한 '애매미 소리'였고, 그것은 '태고의 위대한 혼백'이었기 때문에 '국제특급' 소리를 제압할 수 있었다. '애매미'들은 '공포의 어둠'에 '압살'되지 않은 것이다. 이를 반성한다면 제국주의의 횡포로 인하여 그동안 까맣게 잊고 있었던 '애정'으로 서로 결합해야 된다는 것이다. 인용에서 감동적인 것은 '따스한 애정이 오한처럼 나를 엄습한다'는 구절이다. '오한'은 인간적 애정에 굶주려오다가 '애매미 소리'를 듣자 일깨워진 '애정'이 몸서리쳐

질 만큼 기쁜 것임을 암시한다. 물론 '나'와 '애매미'의 공감적 관계에는 화자의 우주적 융합사상이 잠복해 있다.

그러나 인용문은 하나의 문제를 제기한다. '공포와 살벌에 싸인 저주'를 받으면서도 '위대한 혼백'의 화신인 '애매미 소리'에 촉발된 공동체적 '애정'의 가능성이라는 문제다. 그래서 우리는 화자가 도중하차하여 찾아간 '산촌'에서의 인간관계를 주목하게 되지만, 우리의 기대는 무너진다. 이것이 「첫 번째 방랑」이 안고 있는 또 하나의 중요한 문제다.

다음은 '뱀장어'같은 '다시마'가 '나'를 압착하고 그 구척장신의 거인이 다시 눈앞을 지나갔을 때의 사건이다.

> 몹시 두드려대는—도어를—소리로 해서 나의 意識은 한층 또렷해졌다. 내 앞에 저 陣刀처럼 생긴 短杖이 뒹글어 있다.(3, 161)

'도어'를 '몹시 두드려대는 소리'로 인하여 정신이 더 말짱해진 것은 그 소리에 예민하게 반응한 것을 의미한다. 그러면 그 암호적인 소리의 진정한 의미는 무엇일까? 그것은 그 열차가 일제의 거듭된 침략으로 인한 공포의 열차임을 경고하거나, 빨리 이 열차에서 도망치라고 재촉하는 신호일 수도 있고, 어떤 승객이 도망치기 위하여 다급하게 '도어'를 두들겨댄 소리일 수도 있다. 그러나 그 열차와 직접적으로 관련되지 않은 긴급한 질문의 신호일 수도 있는데, 그것은 다른 무엇보다도 교회의 신도가 「요한계시록」의 교훈을 좇아서 단호한 결단으로 미온적인 신앙을 벗어나야 하듯이[2] 사회주의와 민족주의에서의 양자택일

---

2 「요한계시록」(3:20) 참조.

의 촉구로 보아야 한다. 그 '소리'로 인하여 「첫 번째 방랑」은 웅숭깊은 실존적 의미를 담게 된 것이다.

공포의 열차에서 도중하차한 화자가 간 농촌에서 당면한 가장 중요한 문제는 정신적 공동체의 부재로 인한 고독과 절망이다. 반체제적 저항의지가 사라진 것은 아니다. 이는 돼지우리 속 '새끼 돼지'를 '水雷'에 비유한 것으로 증명된다. '수뢰'는 '적의 함정을 폭파시키는 물 속의 폭탄'이라는 사전적 의미 외에도 『역경』의 「계사전」에 나오는 '水雷屯' 곧 '물 아래에서 움직여 우레소리를 내고 있으나 시대가 험난하여 전진하지 못하고 머뭇거리고 있는 양기(陽氣)라는 뜻으로 볼 수도 있다.

그 '농촌'에서도 '애매미'는 울고 있다. 그럼에도 불구하고 '소리'에 호응하는 '애정'을 펼치지 못한것은 연대할 수 있는 공동체가 없기 때문이다. 그 완행열차에서의 '나'에게 그 '구척장신의 거인'도 그중의 한 사람인 일본인은 '나'의 타자였다. 어떤 사랑도, 상호이해도 불가능한 절대적 타자였고, 따라서 친일적인 '금융조합' 직원도 타자였다. 그런데 문제는 타자일 수도 없고 타자여서도 안되는 '농촌' 주민들마저, '나'의 타자일 수밖에 없다는 점이다.

> 百日草가 새빨갛게 타오르고 있었다. (중략) 지난 해처럼 옥수수는 푸짐하게 익어 더욱 더 숱한 朱紅 빛 수염을 바람에 나부끼고는, 초가을 고추잠자리 나는 하늘에 잎 쓰리는 홍겨운 소리를 울렸다.(3, 169)

이 정도의 자세한 묘사와 '농가'들이 온돌처럼 '따스해 보인다'는 수식어의 사용은 '농촌'에 대한 애정이 없이는 불가능하다. 그런 반면 그 '농촌' 주민과는 대화나 대화의 통로가 전혀 없다. 이곳의 '가뭄'은 「산촌여정」의 가뭄과 같고, 주민의 빈궁한 생활형편도 마찬가지다.

이와 같은 '농촌'에서 그곳 주민과 동떨어진 화자가 친근감을 느끼는 대상은 '나'의 하숙집의 '귀뚜라미'라는 곤충이다. 그가 이 곤충을 '나의 운명을 점쳐주기라도 할' '先知者'라고 할 때 그것은 예언 능력이 있는 작가 자신의 분신과 같다.

> 이 귀뚜라미는 지독한 厭世家인지도 모른다. [하숙집] 램프의 위치는 어쩌면 그 화려한 자살장소로서 선정된 것이나 아닐지. (……)
>
> 귀뚜라미의 자살 — 여기에 一家眷屬을 떠나 朋友를 떠나, 세상의 한없는 따분함과 권태로 해서 먼 낯설은 땅으로 흘러온 고독한 나그네의 모습을 보지 않는가. 나의 空想은 자살하려고 하는 귀뚜라미를 향해 위로의 말을 늘어 놓는다.(3, 172)

결국 '나'는 자살충동의 탈출구로 만주행 열차를 선택했을 때의 '나'로 되돌아간 셈일까? 꼭 그렇지는 않다. 복잡한 뜻이 있는 '악의 충동' 때문이다. 그 '악의 충동'에서의 '악'은 '국제특급'이 상징하는 제국주의의 '악'에 정면으로 저항하기 위한 악의 뜻이기 때문에 그가 농촌 사람들을 만날 때마다 '싱글벙글' 웃는 광인(狂人) 행세를 한 것은 자기의 정체를 드러내지 않기 위한 위장에 지나지 않는다. 그 '악의 충동'을 똑바로 이해할 수 있는 것은 '귀뚜라미'뿐이다.

> 하지만 너만은 알 것이다. 보다 속 깊이 싹트고 있는 나의 악에 대한 충동을. 그리고 너만이 염치도 없는 나의 욕망을, 그리고 大海와 같은 나의 절망까지도. 그리고 너만이 나를 용서할 것이다. 나를 순순히 받아들여 줄

것이다.(3, 174)

인용문에서 제일 중요한 은유적 표현은 '대해와 같은 절망'이다. 그것은 셰익스피어의 『햄릿』과 관련되어 있다. 햄릿은 세 번째의 독백에서 '바다와 같은 고난'을 언급했는데,[3] 이상은 여기서 암시를 받았을 것이다. 그러나 '대해와 같은 절망'은 끊임없이 밀려오는 '절망'의 파도를 암시하는 동시에 그 '절망'을 '대해'처럼 포용하여 초극할 수 있는 의지를 암시한다. 따라서 '대해같은 절망'은 변증법적 이미지다. 그러고 보면 '농촌'의 주민을 만나면 누구에게나 '싱글벙글'한 것은 햄릿의 양광(佯狂)을 모방한 것이며 '악의 충동'을 은폐하기 위한 수단이다.

이렇게 볼 때, 「첫 번째 방랑」은 만주여행의 좌절과 그에 따른 주인공의 '절망'으로 문제가 일단락된 것이 아니라는 점을 강조할 필요가 있다.

왜냐하면 '대해 같은 절망'을 초래한 문제들 중에서 가장 중요한 문제가 미해결인 채 남아 있기 때문이다. 그것은 '철과 철'로 은유된 사회주의파와 민족주의파의 갈등이라는 문제다. 공포로 말미암아 '시체실(屍體室)'이 되는 그런 기차가 아니라 '진짜 기차'가 달리는 '위대한 地圖'라는 '나'의 유토피아도 정치적 이념의 기초가 없으면 한낱 관념의 유희에 지나지 않을 것이다. 따라서 미완성의 소설이 될 수밖에 없었다. '나'의 여행 과정은 진정한 자기를 발견하기 위한 과정이었으며 자기 발견은 곧 자기반성이기도 하다. 여행 과정의 충격적 사건들은 자기 발견의 계기였다. 특히 열차의 '도어'를 '몹시 두드려대는 소리'가 그랬다.

---

3 셰익스피어, 『햄릿』, 3막 2장.

자기 발견은 '나'에게 여러 가지로 나타났다. '나'는 열차 안에서의 '해산' 장면을 통하여 어떤 공포의 시대에도 저항적인 작품을 생산해야 한다는 것을 명심했을 것이요, '맑은 사투리'를 들었을 때 조선말을 아끼고 사랑해야 한다는 것을 반성했을 것이며, 특히 '철과 철'의 충돌로 상징된 항일투쟁을 위한 좌익과 우익의 갈등에 휩싸여 전처럼 고민하는 자기를 발견한 것이다. 하늘의 혜택처럼 되살려주는 듯한 '애매미 소리'를 듣고서는, 약소민족의 고난을 초극하려는 의지를 다졌을 것이며 '애매미'로 화신(化身)된 '고대적인 혼백', 혹은 '고대인'같은 전체성이 건강하게 살아 있는 인간만이 진정으로 사랑할 수 있다는 것도 깨달았을 것이다. 그래서 다음과 같은 혼잣말을 하게 된다.

> 귀뚜라미여, 영원히 침묵할 것인가 (중략) 죽어선 안 된다. 도시로 돌아가라. 도시는 지금 가을이 아니냐. 그리고 모든 애매미들이 한껏 아름다운 목소리로 노래하는 계절이 아니냐
>
> 도시에선 아무도 너를 기다리고 있지 않다는 말인가. 그래도 좋다. 어쨌던 너는 도시로 돌아가라. 그리고 노래해보게나. 그리하여 전과는 다른 의미에서의 삶의 의의와 광명을 발견하게나 考慮해보게나.(3, 172)

앞에서 말한 것처럼 '귀뚜라미'는 '나'의 분신이어서 이 곤충에 대한 권고는 곧 '나' 자신에 대한 권고다. '도시'는 '서울'을 의미하는데 반체제적 저항은 일제 식민 통치의 중심지에서 해야 하기 때문에 '서울'로 가야 한다는 것이다. '귀뚜라미'의 '노래'는 항일적 저항이다. '전과 다른 의미'는 다른 무엇보다도 반체제 운동에서의 '좌익'과 '우익'의 갈등을 변증법적으로 지양한 경지를 암시한다. '도시'에 가면 '애매미'들의

격려도 받을 것이다. 그렇다. 풍성한 수확의 계절이니 '도시'로 가야 한다. 거기에서만 '대해 같은 절망'도 초극될 수 있을 것이다.

「첫 번째 방랑」의 매력은 표현주의적 언어 표현 덕택이기도 하다. 표현주의는 특정한 나라나 시기의 독점물이 아니라, 사회적 모순과 위기의식이 극단화되면 출현할 수 있는 예술양식이다. 세계적으로 가장 악질적인 식민통치가 자행된 조선에서 『十二월 十二일』, 「산촌여정」, 「첫 번째 방랑」, 「지주회시」 등 작품들의 문체가 표현주의적인 것은 너무도 당연하다.

> 매일같이 가뭄이 계속되어, 땅바닥은 입덧 난 것 것처럼 균열이 생기고 岩石은 맹수처럼 거칠게 숨쉬었다.
>
> 농부는 짙푸르게 개어오른 초가을 虛空을 쳐다 보았다. 한점 구름조차 없다.
>
> 삶을 지닌 모든 것은 피를 말려 쓰러질 것이다. 이제 바야흐로.
>
> 아키시아 이파리엔 흰 티끌이 덧쌓이고 시냇물은 静脈처럼 가늘게 거무죽죽하다.(3, 170)

'입덧이 난 것' 같은 '땅바닥', '맹수처럼 거칠게 숨'쉬는 '岩石', '정맥처럼 가늘고 거무죽죽한 시냇물' 같은 격렬한 표현이 감동적이다. 그와 같은 표현을 하도록 자극한 요인으로서는 작자의 위기의식 외에도 제국주의라는 '악'에 대한 그의 증오를 들어야 한다. 「첫 번째 방랑」에서는 화자의 민족적 위기의식과 일상적 허무의식이 일제 식민 통치라는 악의 인식을 통하여 그 극복의지로 발전하는 과정이 화자의 자기발견 과정이 된다.

따라서 다음과 같은 고은의 견해는 부당하다.

> 그는 그의 앞 세대 문학자들이 아직 일제에 굴복하지 않고 열렬한 민족 프로테스트의 중심에 자리잡고 있을 때에도 그런 것에 호응하는 죄책감의 의무가 없이 그의 보헤미안 스타일의 문학을 지향한 것이다.
>
> 그가 과거, 전통에 대한 重荷를 의식했지만 그것은 그의 가족 규모의 콤플렉스로 축소되었으며 그것에 대해서도 그는 주관적 갈등을 끝까지 일으키지 않고 放任해버리는 落魄문학이 되게 했다.[4]

이상이 역사 또는 '과거'와 '전통'이라는 문제를 '가족 규모의 콤플렉스'로 국한시키거나, '보헤미안 스타일의 문학'으로 축소시키지 않았다는 것은 「산촌여정」이나 「첫 번째 방랑」으로 입증된다. 이상은 1935년대와 1936년대에 겨레와 함께 직면한 일제의 탄압이 초래한 위기를 '가족' 차원을 넘어서 저항적으로 극복하려고 고심했기 때문이다. 고은은 '보헤미안' 문학을 오해하고 있다. 이상은 이 위기의 시대에 진정한 자기를 발견하고 단련하기 위한 방랑을 하지 않을 수 없었다.

4 고은, 앞의 책, 150쪽.

06
불행한 탄생과 가족의 문제

이상의 문학을 내면적으로 지배하는 불안은 원주민의 자유를 억압하는 일제 통치와, 인간의 존재와 삶이 근본적으로 부조리한 것이라는 인식에 연유한다. 그리고 그 부조리의식의 근저에는 그의 탄생의 부조리, 곧 그 탄생이 우발적인 사건이나 짓궂은 운명의 장난일지 모른다는 인식이 숨어 있고, 그 결과 자기의 탄생에 대한 저주와 폐적자(廢謫者) 의식이 초래된다. 적자(謫者)의 신분과 상속자의 권리를 자발적으로 포기한 것이다. 그가 이름만이 아니라 성(姓)마저 포기하고 '李箱'으로 거듭난 것은 폐적자가 된 것을 입증하거니와 그의 폐적자 의식을 초래한 것은 자기가 불행한 탄생의 저주를 받은 인간이라는 자의식과 조숙한 천재의 나르시시즘이었을 것이다.

'어머니'와 관련하여 이상이 『카라마조프 형제들』에서 은근한 친밀감을 느낀 유일한 인물이 스메르자코프였을 것이다. 스메르자코프의 어머니도 '스메르자시차'라고만 알려진 여자 거지였다. 그의 부친은 표도르 카라마조프라고 알려져 있지만 분명한 것은 아니다. 여자라면 신분조차 가리지 않는 호색한 표도르 카라마조프가 그 여자 거지를 겁탈한 것으로 추정되고 있을 뿐이다. 이상의 혈통적 정체성은 「정식VI」을 참고한다면 안개에 가려져 있다. 자기가 사생아일지도 모른다는 치명적 의심이 그가 스메르자코프에게 동질감을 느끼게 했을 수도 있다. 그와 같은 출생과 관련된 의문점 외에도 그와 스메르자코프의 유사점은 주목할 만하다. 이들에게는 공통적으로 외갓집이 없다. 따라서 이모도, 이모의 소생들도 없다. 그를 괴롭힌 폐결핵과 대응하는 스메르자코프의 질병이 간질이다. 『十二월 十二일』의 경우, 생활고로 인하여 일본으로 간 'X'가 고오베(神戶)에서 한때 종사한 직업이 굳이 '쿡'이라는 것은 스메르자코프가 표도르의 집 '요리사'인 것을 상기시킨다. 기타를 연주하고 노래를 부르는 그에게서 우리는 『十二월 十二일』의 이상의 분신이기도한 '업'의 음악 취미를 연상한다. 특히 「지주회시」의 여주인공 '나미꼬'의 층계추락 사건에서 우리는 표도르 카라마조프의 살해사건과 밀접하게 관련된 스메르자코프의 층계추락 사건을 연상하지 않을 수 없다. 이반 카라마조프의 영향을 짙게 받은 그의 부친 암살 충동이 시 「육친」에 나타난 작자의 아버지 '암살' 충동과 비슷한 것은 이들의 불행한 탄생에 그 근본적 원인이 있었을 것이다. 그의 양친 거부는 당연지사였다. 아버지(김영창)는 유교적 교양인인 백부(김연필)와 달리 교양인이 아니었고, 어머니는 출신 성분도 알 수 없다.

불행한 탄생으로 인한 저주는 양친, 그 중에서도 부친을 겨냥한 「육친의 장」, 「오감도 시 제2호」, 「오감도 시 제5호」 등 이를 다룬 작품이 적지 않다. 이상에게 그의 탄생은 이 세상에로의 '실추'와 같다. 「무제(1)」에서는 이렇게 말한다.

나는 유모차에 태워진 채로 추락하였다. 기억의 심연 속으로.(3, 296)

'유아'로서의 '나'가 '기억'할 수도 없을 만큼 깊은 심연으로 '추락'했다는 것은 그 탄생이 숙명적 파멸을 예고하는 불가사의한 사건이었다는 것을 의미한다. 「선에 관한 각서(2)」에서 "사람은 탄생하라. 사람은 절망하라"고 말한 것도 그와 같은 탄생의 성격을 말한 것과 같다. 초기작 「얼굴」에서도 표현을 달리하여 주인공의 탄생이 비난되고 있다. 그 얼굴의 소유자는 전혀 짝이 맞지 않은 양친에게 그의 불행한 탄생의 책임을 전가한다. '험상궂은 배고픈 얼굴', 곧 사회와 인생에 대한 극도의 욕구불만으로 허기진 그의 절망의 근본적 원인은 그의 탄생에 있다는 것이다.

'얼굴'이 탄생과 근본적으로 관련된다는 것은 태어나는 순간 그것이 결정되기 때문이다. 그런데 이 시에서 주목해야 될 것은 '나'를 키워준 어머니에 대한 비난의 말이 없다는 점이다. 이상이 불행한 탄생을 저주할 때 그 대상은 주로 아버지였다. 이를 입증하는 첫 번째 시가 「二十二년」(훗날의 「오감도 시 제5호」)이다. 이 의사영웅시에서 주인공의 '아버지'는 비록 그의 초자아(神)일지라도 영웅적인 아들과 비교할 수 없이 왜소한 '神'으로 희화화되고 있다.

다음이 「육친의 장」의 첫 부분이다.

기독에 혹사한 한 사람의 남루한 사나이가 있었다. 다만 기독에 비하여 눌변이요 어지간히 무지한 것만이 틀린다면 틀렸다.

연기 五十

나는 이 모조기독을 암살하지 아니하면 안된다. 그렇지 아니하면 내 일생

> 을 압수하려는 기색이 바야흐로 농후하다.
>
> 한 다리를 절룸거리는 여인—이 한 사람이 언제든지 돌아선 자세로 내게 육박한다. 내 근육과 골편과 약소한 입방의 혈청과의 원가상환을 청구하는 모양이다.(3, 189-190)

'무지'하고 '눌변'임에도 불구하고 '기독'에 혹사하다는 것은 그 부친이 화자의 초자아이기 때문이다. '남루'한 옷은 가난한 생가(生家)의 암시다. 또한 다리 불구자로 제시된 그의 모친의 모델은 정상적인 가문 출신이 아닌 이상의 모친이다. 이처럼 「육친의 장」은 양친을 소재로 사용한 이상의 현실감각에 기초하고 있다.

이 시에서 중요한 또 하나의 문제인 양친이 아들에게 요구한 '원가상환'에서 '원가'는 아들을 탄생시킨 '혈연'의 은유다. 그 '원가상환'은 『道草』에서의 겐조의 양부모 시마다(島田)와 오쓰네의 생활비 청구와 다름없다. 겐조는 그 청구를 숙명으로 여기고 받아들이곤 하지만, 이상(시적 화자)의 '원가상환'에 대한 그 폐적자 의식은 근원적으로 자기의 탄생에 대한 의문에 연유한다. 초기작 「얼굴」에서 '저 사내는 어서 왔느냐'는(「얼굴」, 1, 129) 자기정체성에 대한 의심 자체가 자기의 탄생에 대한 심각한 의심을 말해준다. 「얼굴」은 자기정체성이라는 실존적인 문제로 인한 고민을 암시했는데, 그 점에서 나쓰메소세키(夏目漱石)의 장편소설 『道草(딴전 부리기)』를 상기시킨다. 이 소설에서도 주인공 겐조(健三)의 양모 오쓰네는 어린 겐조에게 '넌 어디서 태어났지?'라고[1]

1 夏目漱石, 『道草』, 《漱石全集 8》, 波岩書店, 이상은 탈속적인 대학교수 '겐조'와 물질적 이익을 탐내는 시마다 부부의 매우 거북스러운 관계에서 자기와 가난하고 무

놀리듯이 물었던 것이다. 『道草』는 사생아인 겐조의 자기정체성과 관련된 실존적인 문제가 핵심적으로 중요하다. 『道草』의 경우 일본의 가족제도와 깊이 관련된 세태소설적 양상이 보다 현저해진 것은 그 실존적인 문제에 이상처럼 집착하지 않았기 때문이다.

여기에 대한 화자의 반응은 극도로 비인간적이다. '7년이 지나면 인간 전신의 세포가 최후의 하나까지 교체된다'고 하므로 그때까지 육친과 무관한 생활을 하겠다고 말하기 때문이다. 이는 양친에 대한 철저한 불신과 혐오가 없이는 불가능하다. '7년 동안 금붕어처럼 개흙만 토하고 지내면 된다'는 말도 섬뜩할만큼 비정하다. 이 정도가 되면 화자와 '육친'의 관계는 절망적이다. 물론 겐조도 자기정체성에 대한 고민이 극도로 심각해지면 자살 직전에 '자기의 과거 전체를 순간적으로 상기'하는[2] 특이한 심리현상에도 관심이 쏠리는데, 이는 『十二월 十二일』 주인공의 시간여행에 의한 '반생(半生)'의 순간적 상기를 연상하도록 한다.

이 시에서 양친의 인격적 가치마저 비하시키는 불효를 무릅쓴 것, 그리고 아무리 부친이 초자아일지라도 그를 하늘과 땅처럼 거리가 먼 '기독'에 비유한 것도 극단적이다. 그런 극단을 무릅쓴 것은 육친이 강요하는 '혈연의 정'을 끊기 위해서다. 화자가 본명 '김해경'을 '이상'으로 바꿈으로써 본래의 성(姓)을 포기한 것도 그 '혈연'을 포기하기 위한 것이었다.

'혈청의 원가상환'은 시 「문벌」에서도 양친과 더불어 무덤 속 조상까

식한 부모의 관계를 연상했을 것이다. 1927, 354쪽.

2 위의 책, 363쪽.

지 그것을 요청한다고 언급된 적이 있어서 새삼스럽기도 하다. 그러나 「문벌」에서는 양친의 '인감'의 유효기간이 지났다고 온건하게 대응한 점이 「육친의 장」과 다르다. 반면 「문벌」에서와는 달리 「육친의 장」에서 양친과의 모든 관계를 끊으려고 한 것은 그럴 만한 이유가 있다. 그것은 앞으로 「단발」, 「슬픈 이야기」, 「실화」라는 아나키즘 3부작이 입증하겠지만 문학을 통한 항일투쟁에 뛰어들기 위해서였을 것이다. 그 투쟁을 위해서는 모든 우정, 애정관계, 심지어 이름과 가정까지도 버려야 하기 때문이다.

한편 「육친의 장」에서의 역설은 반드시 주목되어야 한다. '기독에 혹사한 사나이'라는 비유 말이다. 화자의 부친이 '기독'과 닮을 리가 없는데, 특별히 '흡사'하다고 말한 것은 역설적인 표현인데 그것은 부친이 '기독'과 정말 흡사하기를 소원한 것과 같다. 달리 말하면 그런 역설적 표현을 통하여 참다운 정신적 부친을 찾아내고 싶었던 것이다. 따라서 그 경우의 '기독'은 절대적인 신앙의 대상, 또는 진리의 상징으로서 그와 같은 비유는 불가능한 것에 대한 절망적 욕구를 말해줄 뿐이다.

그러면 여기서 화자의 불행한 탄생을 재확인하기 위한 결정적인 작품일 수 있는 「정식 IV」을 돌아보기로 하자. 이 시에서 여러번 언급된 그 '문'은 화자의 '탄생'과 관련된 문제의 상징이며 그의 혈통의 정통성과 관련되어 있다. 따라서 그 '문'이 열리면 그는 그 집의 떳떳한 적자(嫡者)의 자격이 보장될 수 있지만, 그렇지 않으면 사생아일 수밖에 없다. '문을 열라'고 외친 것도 그 문제의 절박성 때문이다. 물론 그 '문'은 어머니가 아이를 낳아 세상에 내보내는 통로라는 의미도 함축한다.

그런데 이상의 경우 그 '문은 안으로만 고리가 걸린 것이 아니라 밖으로도 너는 모르게 잠겨 있'었다는 것이다. 곧 아버지('바깥')뿐만 아니라 어머니('안')까지도 화자를 자식으로 인정하지 않고 배척한다는 것이다.

> 너는누구냐(중략)너는누구이기에구태여[안팎으로]닫힌문앞에서탄생하였느냐 (1, 104)

정말 신랄한 질문, 그것도 아버지로 추정되는 사람의 질문이다. 네 정체는 무엇이냐고 반문하고 왜 '탄생'했느냐고 책망한다. 이상 문학의 매우 중요한 문제인 '불행한 탄생'을 한 마디로 요약한 구절이다. 그 질문은 정체성의 위기로 고민해 온 아들의 '나는 누구인가?'라는 자문(自問)에 대한 매정한 대답과 다름없다. 그는 '아버지'의 탈을 쓴 '아버지', 허위의 '아버지'일 수밖에 없다. 결국 자기가 그 양친의 '正式' 아들임을 인정받기 위한 노크는 부질없는 일이요, 그는 '사생아' 취급을 받고 추방될 수밖에 없다. '너는누구냐'는 '아버지'의 질문이 그의 '불행한 탄생'을 바로 입증한다. 그의 탄생은 그렇게 부조리한 사건이었다.

「정식Ⅳ」에 나타난 아들의 정체성의 위기라는 문제는 진작에 '저 사내는 어데서 왔느냐'는 독백이 포함된 「얼굴」(1, 129) 이라는초기의 산문시에서도 제기되었었다.

자기의 출생이 비밀에 붙여져 있기 때문에 그 수수께끼를 풀기 위하여 쓴 작품이 「얼굴」과 「정식Ⅳ」이다. 「얼굴」의 주인공의 양친은 조화롭지 못하다. 아버지는 원래 '부자'요 미남자인 반면 어머니는 '박색'이다. '아버지'가 해외를 방황하고 귀가하지 않은 것도 '어머니'와 뜻이 맞지 않았기 때문이다. 아들('아해')의 '얼굴'이 웃어본 적이 없는 '험상궂은배고픈얼굴'이 된 것도 홀로 된 가난한 '어머니'가 키웠고 '어머니'의

'얼굴'만 보고 자란 탓이다. 그래서 '반드르르한머리카락'이 상징하듯이 현재는 남부럽지 않을 만큼 신분이 상승했지만 '얼굴'이 여전히 그러한 그의 불행한 탄생에 근본적 원인이 있다는 것이다.

「육친」에 대해서는 「카인의 문제」에서 검토해 보았거니와, 여기서는 이 시에서 언급된 '문벌'에 대해서만 논급해 본다.

'문벌'은 자칫 오해를 불러일으킬 수 있다. 그것은 결코 '아버지'나 조상 대대로 물려받은 '문벌'이 아니라, 정신적 귀족으로 독립한 '이상'의 '문벌'이라는 뜻으로 보아야 한다. '김해경'이 '이상'으로 변모했을 때 그는 이미 '적폐자(廢謫者)'가 되었기 때문이다. 「실락원」 연작의 한 편인 「육친의 장」은 「육친」의 연장선 위에 있다.

「육친의 장」에서 특별히 주목할 것은 '어머니'가 '한 다리를 절름거리는 여인'으로 언급되고 있다는 사실이다.

> 이 한 사람이 언제든지 돌아선 자세로 내게 육박한다.
> 내 근육과 골편과 또 약소한 立方의 혈청과의 원가상환을 요구하는 모양이다. (1, 190)

'원가상환'을 청구하는 것은 '아버지'와 마찬가지이지만, 문제는 '언제든지 돌아선 자세'에 있다. 그것은 '아들'을 외면한 자세다. '아들'에 대한 애정이 없기 때문이다. 그래서 작자는 '저렇게 심술궂은 여인', 이 추악한 여인'으로부터도 도망쳐야 된다고 생각하는 것이다

그러나 '모친'의 경우도 '이상'의 자기모순이 발견되는데, 이를 입증하는 시가 일어로 쓴 「一九三一년(작품 제一번)」이다. 여기서의 모친은 자기희생적인 모성애의 화신과 같다

따라서 「육친의 장」에 등장시킨 '모친'은 「一九三一년(작품 제一번)」의 '모친'과는 거리가 멀다. 그처럼 '모친'이 '아버지'와 달리 이중적인 이미지로 나타난 데는 그럴만한 이유가 있다. 이상은 그 나름의 페미니스트였다. 그가 여러 작품에서 여성을 옹호한 것도 그 때문이다. 대표적인 경우는 그가 '창녀'를 대하는 태도다. 가령 「봉별기」와 「지주회시」에서 주인공은 창녀나 매음도 하는 카페 여급을 '창녀'로 대하지 않는다. 「소영위제」의 여주인공(카페 여급)은 그의 애인과 다름없다. 「행복」에서는 「누가복음」의 정신을 좇아서 간음한 아내라 할지라도 그녀에 대한 지극한 사랑에서 그녀를 단순한 간통자에서 제외한다.

이상의 문학은 전체적으로 개관할 때 '불행한 탄생'이 필수적일 만큼 중요한 문제였던 것은 분명하지만, 그 문제와 관련하여 책임을 물은 대상은 거의 언제나 '아버지'였지 '어머니'는 아니었다.

이는 '아버지'의 가부장적 권위에 대한 저항과 다름없다. 따라서 그 '아버지'의 의미망에 일제 식민 통치자가 포함되는 것은 당연하다. 가령 「가외가전」에서의 '아버지를 반역한 것 같다'는 구절에서의 '아버지'는 문맥상 조선통치에 저항하는 조선인의 씨('종자')를 말살하겠다고 위협한 조선총독(데라우치 마사다케, 寺內正毅)의 은유로 볼 수 있다. 이 경우 '아버지'는 기존의 지배권력을 암시한다. 그리고 그와 같은 자식의 부친에 대한 저항의 심층에는 가부장적 권위의 화신이었던 백부 김연필에 대한 저항심도 작용했을 것이다.

이상의 '아버지'에 대한 부정적 반응에는 자기모순이 있었다. 그것은 아버지, 또는 양친과 가족에 대한 연민이 공존하고 있었기 때문이다. 김옥희는 「오빠 이상」(1964)에서 이렇게 말한다.

바깥일은 집에 와서 절대 이야기 않던 오빠는 부모에 대한 생각은 끔찍이 했던것 같습니다. 지금 살아 계신 어머님도 큰오빠가 어머니에게 늘 공손했고 뭘 못해드려서 애태우곤 했었다고 말씀하십니다(중략)

큰오빠는 어머님 뿐만 아니라 아버님이나 동생들에게도 퍽 잘했습니다.[3]

원용석은 이상이 "가정 이야기를 기피했지요, 그러면서도 양친에 대한 애정은 각별했었습니다"라고 회고하고 있다.[4] 이를 참고할 때 이상은 양친에 대해서도 이중성격자였음이 드러난다. 「첫 번째 방랑」과 「산촌여정」에서는 서울에 두고 온 가족을 걱정하고 있는 이상과 몇 편의 작품을 통하여 양친증오와 살해충동을 암시한 이상, 그리고 때로는 '김해경'과 '이상'이 한 인격자의 내부에서 불편하게 공존하고 있었다. 그는 평생동안 이 자기모순을 떨쳐낼 수 없었다.

그러나 1930년대 후반으로 다가갈수록 그의 개인적 문제는 민족과 관련된 문제에 밀려나게 된다. 「지주회시」, 「동해」, 「단발」, 「슬픈 이야기」, 「실화」, 그리고 「종생기」 같은 만년의 소설들, 곧 내 민족에 닥쳐온 말세적 위기와 대결하기 위한 작품들에서는 '불행한 탄생'과 이와 밀접하게 관련된 가족의 문제는 전혀 언급도 되지 않는다. 그에게 보다 심각한 문제는 위기에 처한 민족이었기 때문이다. 자기희생 정신의 대상은 민족, 더 나아가 파시즘의 위협을 받는 인류일지언정 양친이나 가족은 아니었다.

---

3 김혹, 「오빠 이상」, 『그리운 그 이름, 이상』, 지식산업사, 2004, 67쪽.

4 원용석 외, 「이상의 학창시절」, 위의 책, 372쪽.

07
자기반성을 위한 기록「혈서삼태」

정말 기묘한 제목이다. 이것으로만 추정한다면 에세이「혈서삼태」(1935)는 서울의 창녀들과 관련된 '혈서'를 다룬 글 같지만, 실은 조선문단에 진출한 지 약 반년이 지나간 즈음에 작가로서 활동한 과거를 돌아보고 장래를 예견하고 싶어서 쓴 자기반성의 글이다.「혈서삼태」에 포함된「오스카 와일드」와「하이드씨」같은 소제목 하의 글들이 이를 설명해준다. 이상 자신의 정신상황과 관련된 이 두 편의 에세이는 서울의 창녀들과 관련된「관능 위조」,「악령의 감상」,「혈서기삼」같은 소제목을 단 에세이들과 퍽 대조적이다.

「오스카 와일드」에는 정작 중심적 화제의 주인공인 와일드에 대한 언급이 전혀 없다. 독자에게 와일드에 대한 정보가 충분히 있다고 예상한 탓이겠지만, 그 당시 조선 독자의 교양 수준을 감안한다면 지나친 기대이다. 그때까지만 해도 와일드의『도리언 그레이의 초상』과 시, 그리고 대부분의 희곡과 평론, 심지어 동화까지도 우리말로 번역되지 않았기 때문이다. 우리 말로 번역된 와일드의 작품은 박영희의『살로메』

밖에 없었을 것이다. 「오스카 와일드」는 글의 내용으로 추정한다면 이 에세이의 필자가 염두에 둔 와일드의 작품은 『도리언 그레이의 초상』이다. 화자와 '욱'의 '혼연한 영(靈)의 포옹'이라는(3, 22) 표현으로 암시된 플라토닉한 동성애적 애정이 미소년 도리언과 그의 초상화 작자 배질 홀워드의 애정과 너무도 흡사하기 때문이다. '욱'의 모델이 이상의 백부 김연필의 집에서 하숙 생활을 한 '문종혁'임은 이상 연구자들에게 주지된 사실이다. '여형단발'의 '한없이 순진'한 '욱'의(3, 21) 사랑의 대상인 화자의 원형은 악마적인 탐미주의자 헨리 워튼의 감화를 받아 타락하기 전의 순진한 미소년 '도리언 그레이'다.

'욱'과의 순진한 애정이 굳이 강조된 것은 지난날의 그런 우정을 상기하며 현재의 타락한 화자가 자기반성의 시간을 갖도록 하기 위해서였다. 또 하나의 자기반성을 촉구한 작품은 스티븐슨의 『지킬박사와 하이드씨』다. 이 소설에서 사회적으로 존경받는 런던의 의사 '지킬박사'가 그의 내면의 악마성이 무의식적으로 구현된 '하이드씨'와 교체되곤 하지만, 이상의 경우는 양식(良識)을 갖춘 시민의 '교양'을 배제('도태') 시키는 식민지적 '일상생활의 중압'으로 인하여 그의 '하이드씨'적 성격이 날로 악화되고 있다는 것이다.(3, 24) ('하이드씨'에서 '하이드씨'로 연속되는 '악화'를 역설적으로 '진화'된다고 말했다.) 「하이드씨」를 참고할 때 우리는 「오스카 와일드」에서의 '나'와 '욱'의 애정에 대한 언급이 현재 '나'가 빠져 있는 타락한 생활('하이드씨'적 생활)에 대한 자기반성을 위한 것임을 알아챌 수 있다.

'나'의 도덕적 타락을 대표적으로 입증하는 것이 '매춘부'에 대한 동정적인 관심인데, 그 관심이 '생활에서 얻는 노련에 편달되며 잠행적으로 진화'해간 것은 '예술의 길을 걷는데 소위 후견인이 너무 없었던 탓'

이라고 한다.(3, 23) 그 '후견인'은 프로이드가 말하는 '초자아'라는 검열관의 뜻이지만, 실상 '나'에게는 그런 '후견인'이 필요하지 않았다. '나'의 천재 의식으로 인한 나르시시즘 때문이다. '나'의 동성애 상대인 '여형단발'의 여성으로 설정된 '욱'은 '도리언 그레이'같은 '나'에게 필수적인 짝이었다. 바꿔 말하면 '욱'은 '나'의 분신이기도 하다. 그러나 '나'의 도덕적 타락의 원인은 '후견인'의 결여 외에도 또 하나의 원인이 있었으니, 그것은 스티븐슨의 소설에서 '런던 거리의 끝없이 계속되는 안개'로 비유된 인생의 불확실성이다. 『十二월 十二일』의 주인공이 탄 귀국열차의 창에 어린 '성에'와도 흡사한 그 불확실성으로 인한 불안감이 공리적 현실감각이 발달한 '욱'에게는 없는 반면 '나'를 괴롭혀 왔던 것이다. '욱'을 '대하(大霞)'가 아니라 '소하(小霞)'라고 부른 것은 '욱'이 '나'와는 달리 인생이나 운명의 불확실성 같은 실존적인 문제에 관심이 없고 그런 문제도 대충 편리하게 해결하는 친구이기 때문이다.

이상의 자기반성이 보다 심각해지는 계기는 그것이 '성'과 '속'의 문제와 관련될 때인데, 이상의 거룩한 것에 대한 관심은 지속적인 것으로서 창녀와 관련되어 있다. 창녀에 대한 짙은 관심은 초기작 「광녀의 고백」과 「흥행물천사」, 그리고 「애야」에서 처음으로 나타났으며 이후에도 그 화제가 「혈서삼태」(1934)에서 다시 취급되고 있다. 「광녀의 고백」이나 「흥행물천사」는 창녀가 다분히 추상적으로 나오지만 「애야」와 「혈서삼태」의 창녀는 서울의 창녀촌의 여자로 등장하는 것이다.

「관능위조」, 「악령의 감상」, 「혈서기삼」에서 언급된 '혈서'는 공통적으로 창녀의 고객이 지극한 애정의 표시로 그녀에게 바친 것들이다. 이 애정의 지극함을 상징하는 것이 '혈서'가 「관능위조」의 경우 다른 혈서들과 그 성격이 다른 것은 그 애정이 '거룩한 것'과 관련되어 있기 때문이다. 이 글의 남자 주인공 '욱'의 정신상태는 다음과 같다.

> 생활의 면허가 없는 욱의 눈에 매춘부와 성모의 구별은 어려웠다.(3, 22)

생활의 현실에 발이 묶이면 '성'과 '속'을 구별할 수 없게 된다는 점이 그와 '나'(이상)의 차이점이요, 이들의 우정의 한계이기도 하지만, 그 차이를 일시적으로 무효화시킨 것이 '욱'이 창녀에게 '혈서'를 바친 사건이다. '욱'이 그녀와 성관계를 한 뒤에 '罪'라는 예서체 한자를 자기의 피로 '삼팔수건'에 쓰고 자기의 머리카락도 한 다발 잘라낸 것은 그 성행위가 그녀의 신성성을 모독한 사건으로 여겨졌기 때문이다. '욱'이 '동정'을 '천생의 매춘부에게 헌상' 했다고 표현한 것도 그녀를 신성시한 결과다. 그러면 왜 '관능위조'라는 제목을 달았는가? '욱'이 그녀를 우러러본 것은 '나'가 「목로의 마리아」라는 글에 등장시킨 매우 청초하며 가장 대리석(조각상)에 가까운 '성모 마리아'를 관능적으로 '위조'하여 우러러 본 것과 다름없었기 때문이다. 따라서 '욱'의 경우 매춘부의 '신성성'은 피상적이고 일시적인 환상에 지나지 않는다. 비록 창녀일지라도 고난을 당하는 민족을 위하여 '나'에게 간절히 요구된 그 '성모'의 신성성은 '욱'에게는 하룻밤 성관계의 대상에 불과한 '매춘부'의 성화(聖化)를 위한 편리한 관념이었을 뿐이다. 그의 '동정'을 처음으로 바쳤다고 하며 죄의식을 가지고 그녀를 성화한 '욱'은 이윽고 그녀를 잊어버리고도 태연할 것이다. 이상은 훗날 그(문종혁)를 「지주회시」의 속물적인 증권회사 사원으로 등장시켜 그의 물질적 탐욕을 풍자하게 된다.

항간에서 늘 만나는 '언쟁하는 마리아군상'으로 비유한 세속적 창녀들과 판이한 '목로의 마리아'는 이상의 '성모(聖母)'로서 '마포 강변 목로

술집'에서 실제로 만난 적이 있었다. 그녀는 산문시 「서망율도」에서 일제 식민지 조선의 민족적 성모로 등장한다(이 '목로'는 「불행한 계승」에서도 언급된다).

「혈서삼태」가 작가 이상의 생애를 살펴보기 위해서 반드시 주목되어야 하는 것은 '매춘부'가 그녀에게 '혈서'를 바치거나 전달한 남자 고객과는 비교할 수 없을 만큼 중요하기 때문이다. 그는 창녀들을 너무나도 인간적으로 대한다. 그녀를 '매춘부씨'라고 부르거나, '그중의 한 분'이라고 말하기도 한다. 창녀촌을 '알리스 나라'에 비유하면서, 거기서는 "우리들이 가지고 있는 법률을 적용하려고 하는 것은 도로요 무효일 줄 압니다"(3, 25)라고 대담하게 말함으로써 일본뿐 아니라 모든 국가의 폭력적 통치 수단인 법률을 비난하기도 했다. 그 매춘부들을 초법적 존재로까지 옹호한 것이다. 초법적 존재는 신성한 존재다! 이상은 진작에 「광녀의 고백」의 여주인공인 창녀, 자기의 많은 고객들을 '오백 나한'의 경지로 끌어올린 '창녀'의 자선을 보살행처럼 찬양한 적도 있었다.

> 우리들의 예술적 실력은, ― 표현 정도는 ― 수박겉핥기 정도밖에 아니되나 보더이다. 나는 거리로 쫓겨나와서 엉엉 울고 싶은 것을 참 억지로 참았습니다.(3, 25)

그를 통곡하고 싶도록 만든 것은 '퍽 문학적인 것으로 간결 명확, 실로 점 하나 찍을 여유가 없는 완전한 걸작'이라고 할 만한 한 고객의 '혈서'의 피가 가짜가 아니라는 것을 알게 되자 별안간 막 술을 퍼붓듯이 마시는 창녀를 본 순간이다. 자기의 '예술적 실력'이 창녀의 정열적 감동을 유발한 그 '혈서'의 수준에도 미치지 못하고 있다는 것, 바꿔 말하면 '나'에게는 그런 창녀와 같은 열렬한 독자가 없었다는 것을 깨닫게 한 것이 그 남자의 '혈서'였던 것이다. 그래서 그 남자를 천재라고 추켜올린다. 이와 같은 자기반성을 하도록 만든 그 정열적인 창녀야 말로 '나'에게는 보살 같은 존재로 발전할 수도 있을 것이다.

이상이 거룩한 것을 지속적으로 추구한 것은 소위 '초자아'로서의 조선 군왕의 신성한 권위가 일제 침략으로 박탈된 역사적 비극에 그 깊은 원인이 있었을 것이다. 그 비극으로 인하여 조선의 대지(大地)는 만신창이의 상태가 되었던 것이요, 이상 자신이 태어난 동(洞)의 이름도 빼앗겨 이 땅에서 사라졌었다. 그가 조선의 그 오염된 땅과 창녀 같은 하층 민중에서 신성한 것을 추구한 것도 그 비극이 초래한 원한 때문이다. 그래서 초기의 농촌수필 「어리석은 석반」에서 그 배경이 된 궁핍한 농민이 사는 땅을 '성스러운 토지'라고 부르고, 「서망율도」에서는 한강 밤섬의 한복 차림을 한 '목로'의 '청초한' 창녀에게서 민족의 성모를 감지하는가 하면, 「가외가전」의 유곽 창녀들이 유곽의 화재로 인하여 유토피아 같은 남쪽 나라로 이동할 때 그들의 이동으로 하늘이 암흑같이 되었다고 하며 핍박받아 온 그들을 신성시하기도 했던 것이다. 앞으로 그는 「실화」에서 서울의 창녀촌과 오버랩시킬 수 있는 동경신전정(東京神田町)의 '영란동(鈴蘭洞)' 창녀들과의 연대적 애정을 통하여 항일적 민족감정을 초월한 기독교적 박애정신을 암시하게 될것이요, 이는 예수만이 인류의 유일한 성자라는 인식의 반영이다.

「혈서삼태」에 나타난 이상의 또 하나의 자기반성은 창녀의 '교양'과 관련되어 있다. 가령 '혈서'의 '피'와 관련된 창녀들의 유치한 '상식'과 이상 같은 교양인의 '상식'은 '영원히 교섭이 있을 수 없다'는 점에 '절망'

하면서도 '외국인의 친절을 생리적으로 조금 더 즐거워하는 나는 매춘부에서 국제적인 친절과 호의'를(3, 24) 느낀다는 것이다. 과연 「날개」와 「지주회시」에서 주인공(작가)과 창녀(「날개」) 또는 매음도 하는 카페 여급(「지주회시」)인 아내 사이에는 대화가 없다. 그들을 연결해줄 교양의 다리가 없기 때문이다. 그럼에도 불구하고 이상은 사교(社交)가 개방적이고 편협하지 않아서 '국제적'인 사고도 가능해질 수 있는 그들의 장래를 긍정적으로 예견할 수도 있는 작가였고, 그 점에서도 그의 창녀에 대한 관심은 인류적 휴머니즘의 문제이기도 했다.

「혈서삼태」에서 자기반성을 위한 문제는 '하이드씨' 같은 '악'이나 '도리언 그레이'의 도덕적 타락에 대한 문제, 그리고 작가와 열렬한 애독자의 관계 등이지만 '외국인의 친절'을 더 선호한다는 그의 작가적 태도도 첨가되어야 한다. 이는 그가 세계주의적 사교를 선호한다는 뜻으로 해석해야 되는데 민족주의적 시야와 충돌하기 쉬운 그의 세계주의적 시야는 「종생기」 및 아나키즘 소설 3부작인 「단발」, 「슬픈 이야기」, 「실화」 속에서 점차 발전해갔다.

이렇게 볼 때 「혈서삼태」에서 나타난 이상의 자기반성은 그의 작품세계를 전체적으로, 그리고 내면적 발전과정으로 파악하려는 이상 연구자에게는 매우 중요한 문제가 아닐 수 없다.

08
이상과 공포의 문제

우리는 삶의 과정이 평탄하기를 바라고, 대부분의 평범한 삶에서 그런 소망은 이루어진다. 그러나 이상의 삶은 평탄하지 않았고 그 역시 그것을 바라지도 않았을 것이다. 그가 「공포의 성채」「공포의 기록(서장)」과 「공포의 기록」 같은 글을 쓴 것은 그가 삶을 '공포'에 짓눌린 것으로 여겨서 그 '공포'를 극복하려는 의지에 연유하지만, 그의 문학이 '공포'의 세계라면 그것은 끔찍한 일이리라. 그런 끔찍한 순간들이 체험적인 것인지 상상적인 것인지는 중요하지 않다. 그 어느 쪽이든 그런 순간들을 글로 표현한 작가는 불행한 작가이거나 저주 받은 작가일 것이다. 이상이 그런 작가였다. 그러나 그것은 이상의 경우 전혀 놀라운 일이 아니다. 그의 중요한 작품은 정도의 차이, 강약의 차이는 있을지라도 모두 '공포'의 요소를 포함하고 있기 때문이다. 공포소설이나 공포 시의 요소를 잠복시킨 작품은 『十二월 十二일』, 「지주회시」, 「날개」, 「종생기」, 「실화」 그리고 「출판법」과 「가외가전」 및 「파첩」 등이다. 이 작품들은 이상이 영향을 받은

E.A. 포와 도스토예프스키를 바로 연상시킨다. 포의 「검정 고양이」, 「어셔 가의 붕괴」, 「함정과 시계추」, 「절름발이 꼽추」, 「붉은 가면의 무도회」 그리고 도스토예프스키의 『죄와 벌』, 『악령』 그리고 『카라마조프 형제들』인데, 이 소설들은 공포소설로 분류할 수 있다. 여기서 주목해 둘 것은 이들 작품에는 범죄소설적 요소가 잠복해있다는 점인데 포와 도스토예프스키의 영향을 짙게 받은 이유를 알 수 있게 된다.

이상이 공포소설적 요소를 잠복시킨 작품을 적지 않게 쓴 것은 그의 시대적 불안과 위기의식에 연유한다. 그 위기의식은 세계적으로 불안의 시대라고도 부르는 1920년대와 1930년대의 작가와 지식인들에게 공통된 것이었지만, 그 당시 이런 위기의식을 「공포의 성채」 같은 작품에 반영한 조선의 작가는 이상뿐이었다. 극단적으로 파괴적 상상력만이 내놓을 수 있는 작품이 「공포의 성채」인 것이다.

여기서 미리 말해둘 것은 「공포의 성채」의 '공포'는 「공포의 기록(서장)」 및 「공포의 기록」의 그것과 다르다는 점이다. 전자는 개인적이면서 동시에 민족적인 차원의 것인 반면 후자는 개인적인 차원의 것에 머물고 있다. 후자의 공포는 항일적 민족의식과 전혀 관련되지 않는다. 또한 세 편의 글 중에서 「공포의 성채」만이 1930년대라는 시대의 문제, 곧 세계적 차원의 불안 및 조선민족을 짓누르고 있는 일제 강점기라는 시대와 밀접하게 관련되고 있다. 「공포의 성채」에서 굳이 '성채'라는 군사적 용어를 쓴 동기에 주목해야 한다. '성채'는 적(敵)과의 싸움이나 적의 공격을 막기 위한 군사적 장치인데, 그 적은 누구인가? 그것이 (조선)'민족'의 '개화'를 방해하는 세력이라면 그 적은 '일제' 외에는 있을 수 없다. 따라서 '성채'에 숨어 있는 투사들의 '음모'는 조선을 공포의 세계로 만든 일제 통치를 뒤엎기 위한 음모로 간주되어야 한다. 바꿔 말하면 「공포의 성채」에서의 '공포'는 조선을 강점한 일제의 공포정치에 저항하기 위한 반항적 공포의 뜻이다. 그리고 그 반항의 과정에서 일어나는 '마을' 주민의 무차별 살육이 공포 분위기를 조성하기도 한다.

> 해가 지면 그들은 원경의 조망조차 그치고 깊숙이 농성하여 낮은 목소리로 음모한다.
>
> 멸망할 것을 악취가 날 것을 두통이 나야 할 것을 죄 많은 것을 구토할 것을 졸도할 것을.
>
> 등불은 꺼졌다. 꺼진 것 같으나 단지 촉수를 낮추어 놓은 것뿐이다.(3, 337)

'그들'의 '음모'의 목적이 반체제적 저항이라면 '멸망'과 '죄' 와 '졸도' 등은 저항과정에서 입는 피해일 것이므로 역설적, 긍정적으로 해석되어야 한다. 여기서 보다 중요한 것은 그들이 '성채'에 '농성'하여 '음모'를 하고 있다는 상황이지만, 가장 중요한 것은 '그들' 가운데 한 사람이 된 화자의 성격이다. 그는 자기를 타인처럼 대하는 가족을 증오하고, 자기의 민족을 대외적으로 빈약한 '전통'밖에 내세울 것이 없는 민족으로 여기고 증오한 나머지 민족을 어중이떠중이 대중과 동일시하기도 하지만, 그것은 그릇된 견해임을 반성하고 민족의 '신비한 개화'를 기대하기도 한다. 그가 '열화 같은 성깔'로 인하여 극단적인 행동을 한 것은 그의 관심이 가족과 민족을, 아니 평소의 그 자신을 초월한 때문이다.

> 어느 날 손도끼를 들고—그 아닌 그가 마을 입구에서부터 살육을 시작

한다. 모조리 인간이란 인간은 다 죽여버린다. 그리고 집으로 돌아와서 다 죽여버렸다.

가족들은 살려달라는 말조차 하지 않았다. (에잇 못난 것들—) 그러나 죽은 그들은 눈을 감지 않았다.

그리고 자신들의 피살을 믿지 않았다(백치여, 노예여).(3, 336)

인용에서 문제는 '살육'의 대상이 '가족'에 국한되지 않고 '마을' 전체의 '인간'이라는 점에 있다. 바로 무차별 살육인데, 이는 『임제록(臨濟錄)』의 유명한 구절을 상기시킨다.

부처를 만나면 부처를 베어 죽이고 祖師를 만나면 祖師를 베어 죽이고 羅漢을 만나면 羅漢을 베어 죽이고 부모를 만나면 부모를 베어 죽이고 친척을 만나면 친척을 베어 죽이면 비로소 해방된다.[1]

무차별 살육이어서 일본인도 바로 살해 대상이라는 것이 암시된다. 그와 같은 무자비한 살해는 모든 장애물을 제거함으로써 한껏 자유롭고 순수한 원초적 인간으로 되돌아가기 위한 것이다. '토사(吐瀉)'를 계속한 것도 음식물이 장애물로 여겨졌기 때문이다. '먹이와 혼동된 고초(苦草)'를 마당에 심은 것은 선(禪)불교 신도는 자급자족적 생활을 해야 하고, 이를 위한 노동에도 종사해야 하기 때문인데 '고초'는 저항과 정의 시련을 암시한다. '성채'의 투사가 선불교 신자임은 조금도 모순적인 일이 아니다. 임진왜란 때 크게 활약한 의병의 지도자 서산대사

1 「臨濟錄」, 『禪語錄』, 柳田聖山編, 中央公論社, 1978, 258쪽.

(西山大師)나 사명당(泗溟堂)등은 선사(禪師)였다. 이상은 화자를 선불교 신자로 등장시킬 때 이와 같은 역사적 사실을 염두에 두었을 것이다. '성채'에서 농성한 '그들'도 말하자면 오늘날의 '의병'인 셈이다. 그 무차별 살육자가 선불교 신자임은 '밀탁승 불화'로 입증되지만, 그것은 사람의 미혹에서 벗어나기 위한 것이며 동시에 민족의 해방을 위한 것이다. 여기에서 '불화'가 세계적으로 유명한 고려시대의 '불화'라면, 그 '불화'의 보살은 문둥병 환자('레프라')와 같다. 그는 중생의 구제를 위하여 몸소 문둥병에 걸린다. 자기희생이 없이는 보살이 될 수 없다.

「공포의 성채」 주인공에게는 양면성이 있다. 가정에서 따돌림을 받고 자랐다는 개인적 차원의 화자와 '그 아닌 그'로 암시된 선불교 신자로서의 화자로 분열되어 있기 때문이다. (이상의 선불교에 대한 관심은 초기작 「지도의 암실」에서부터 나타났고, 「종생기」로 이어진다.)

그런데 왜 '성'이 폐물 같은 '전차'처럼 붕괴될 조짐을 보인다('움직이고 있다')고 했을까? 그것은 '성채'에 축적된 과오나 죄악('때자국') 때문이다. '성'으로 상징된 '농성자들'도 그런 약점의 소유자였던 것이다. '민족'의 '노예'상태를 타파하기 위하여 일어선 '그들'도 결함이 없지는 않다.

「공포의 성채」는 결말에서 '모든 것'이 끝나서 '아리송한 새벽이 올 때'까지 농성하겠다고 암시하고 있다. 그 '새벽'이 오기 전에는 '공포'가 지속되리라는 것이다. '새벽'은 일제 식민지로부터 조선이 해방되는 날의 상징이다. 그러나 그때까지 '성채'가 유지되리라는 것도 확실시된다. 그 점에 이 작품의 호소력이 있다. '공포의 성채'는 일제 강점기의 '공포'를 극복하기 위한 것이다.

「공포의 성채」의 주제와 문체는 「공포의 기록(서장)」과 그 속편이나 다름없는 「공포의 기록」의 그것과 전혀 다르다. 「공포의 기록」에 나타난 가족 단위의 일상생활의 배경이 「공포의 성채」에는 없고, 표현주의적 문체는 「공포의 기록」 후반부에서만 볼 수 있다. 그래서 그 문체는 전반부의 자연주의적 문체와 조화되지 않는다. 「공포의 성채」는 작자의 정신적 위기를 파괴적 상상력으로 다룬 또 하나의 작품 「얼마 안되는 변해」 계열의 산문시로 분류할 수 있을지언정 「공포의 기록」과 같은 계열의 작품이 아니다.

「공포의 기록(서장)」과 「공포의 기록」 주인공에게 삶이 '공포' 이전의 '거암과 같은 불안'의 연속이 된 핵심적 이유는 '아내'의 가출, 곧 그녀의 남편 배신이다. 그는 절망적인 배신감을 친구에게 토로하고 홧김에 음주를 하지만, 가장 주목되는 것은 그보다는 '교양'에 대한 견해다. 「공포의 기록(서장)」에서 화자는 이렇게 말한다.

> 그의 교양은 그의 겉모양새와 같은 꼴이 되어버렸다.
>
> 남루, 수염도 텁수룩하다. 거리. 땀.(3, 331)

가출할 때 가지고 나온 돈을 방탕하게 써버리고 텁수룩한 수염도 방치한 채 '남루'한 모양새로 '거리'를 떠돌며, 호구지책을 위하여 싫어한 노동('땀')도 하지 않을 수 없는 '탕아'는 「누가복음」의 탕아 이야기를 바로 상기시키지만, 그 '탕아'는 「종생기」의 '탕아'와 다르다. 그 '탕아'에 대한 실존적 해석이 「종생기」에서와는 달리, 「공포의 기록」에서 찾아볼 수 없기 때문이다.

「공포의 기록」에서도 '나의 교양은 나의 생활과 다름없이 되었다'고 하면서 「공포의 기록(서장)」의 말을 반복하고 있다. '교양'은 그 사람의

'생애' 또는 그 '생애'의 반영인 '겉모양새'와 직결되거나 동일한 것이 아니다. '교양'은 그 사람의 내면 세계나 인격과 관련되기 때문에 '생애'나 '외모'와는 그 범주가 다른 것임에도 불구하고 양자를 동일한 범주의 것으로 본 것은 '그'에게 내면적 발전의 여유가 없을 만큼 생활이 각박하다는 것을 말해준다. 그 결과가 자아의 분열과 파편화다.

식민지 시대에 유럽과 같은 '교양소설'이 거의 없었던 것은 작가들이 생활의 중압과 총독부 검열제도의 압박을 받았던 그 당시로서는 불가피한 일이었는데, 「공포의 기록」은 '교양소설'만이 아니라, '교양' 그 자체도 불가능할 수밖에 없는 작가의 생활과 정신의 위기를 극단화해서 제시하고 있다.

그런데 「공포의 기록」 또는 그 〈서장〉에서 화자는 그의 정신적 위기의 근원을 아내의 배신, 또는 그녀의 사랑의 부재에 돌리고 있다.

> 나는 아내의 구두 속을 들여다본다. 공복—절망적 공허가 나를 조롱하는 것 같다. 숨이 가빴다.(「공포의 기록」, 2, 200)

'아내'의 가출이 '절망적 공허'를 초래했다는 것을 수긍하도록 하는 것이 '황금과 같은 絶頂의 세월'이라는 추상(追想)이다. 김민수는 그 '세월'을 이상이 조선총독부에 근무하던 시절이라고[2] 해석했지만, 그것은 부당하다. 그 '세월'은 「봉별기」에서 '금홍'과 동거하던 시절, 곧 '우리 내외는 세상에도 없이 순란(絢亂)하고 아기자기하였다' 하고 추상(追想)한 시절이기 때문이다. 그 이전의 '맹렬한 절뚝발이의 세월'이 바로 총독부

2 김민수, 『이상평전』, 그린비, 2012, 196쪽.

시절이다. 근무처와 정신적으로 조화될 수 없는('절뚝발이') 시절이었기 때문이다. 동거녀와 조화롭게 지냈던 시절이 '절정의 시절'이었다는 것을 '호흡은 깨끼저고리처럼 찰싹 안팎이 달라 붙었다'는 말로 비유했다. 그리고 그 시절에 무성격자가 된 것은 '아내'와 동화(同化)되었기 때문이다. 그 뒤의 시절 곧 지금은 '겨울'로 비유된다. 절망의 '겨울'이다.

이처럼 이상은 금홍과의 동거생활 전후를 '한 달', '두 달', '석 달'로 나누면서 비유적으로 회고한 뒤에 자기에게 지금 남은 것은 어떤 '특징'이 아니라 '송곳과 같은 재주'뿐이라면서 다음과 같이 말한다.

> 혼자서 나쁜 짓을 해보고 싶다. 이렇게 어둑컴컴한 방 안에 표본과 같이 혼자 단좌하여 창백한 얼굴로 후회를 기다리고 있다.(2, 203)

인용을 통하여 확인할 수 있는 것은 아내의 배신이 이상에게 준 깊은 상처다. 그로 인하여 삶은 공허해지고, 작가적 '특징'도 사라졌고, 오직 풍자적 험구('송곳')의 재능만이 남았다고 말할 뿐 아니라 자기의 은밀한 범죄충동까지 고백하고 있기 때문이다. 그 범죄가 개인적인 문제라는 점에서도 「공포의 기록」은 민족적 문제를 다룬 「공포의 성채」와 같은 계열의 작품이 아니다.

이상의 생애에서 '금홍'이 차지하는 비중이 우리가 추정하기 어려울 만큼 컸던 핵심적 이유는 무엇일까? 그것은 그가 '금홍'에게 은근히 소망한 '모성적 애정' 때문이었을 것이다. 그것만이 폐적자 의식이 초래하는 견디기 어려운 고독감을 달래줄 수 있었을 것이다. '금홍' 앞에서의 그는 '깨끼저고리' 차림의 정신적으로 '어린애'로 퇴화한다. '혼자서 나쁜 짓을 해보고 싶다'는 사춘기의 중학생이나 할 법한 말을 한 것도

'금홍'의 애정 상실에 연유한다. 「공포의 기록」 주인공의 사고가 단선적(單線的)인 것은 그가 아직 탈피하지 못한 나르시시즘에 연유하며 「공포의 성채」 화자의 사고가 복합적인 것과 대조적이다.

이상이 「공포의 기록(서장)」을 쓴 것은 1935년 5월 3일이다. 따라서 그 속편인 「공포의 기록」도 5월 3일이나 5월 4일의 작품일 것이다. 그보다 이틀, 또는 하루 뒤에 쓴 「공포의 성채」는 「공포의 기록」과 완연히 다르다. 「공포의 기록」은 그 제목이 「불안의 기록」이어야 했다. 그것이 표면화되었건 잠복해있건 간에 '공포'의 대상이 없기 때문이다. 게다가 '거암 같은 불안'을 극복하려는 의지도 화자에게 없다. '공포'는 '불안'의 과장일 것이다.

「공포의 성채」는 그 이전의 「얼마 안되는 변해」와, 그 이후의 「첫 번째 방랑」과 밀접하게 관련되고 있다. '신(神)'의 사망(「얼마 안되는 변해」) 또는 일제의 침략 수단인 '만주'행 '특급열차'가 주인공에게 초래하는 '공포' 분위기는 '보살'('레프라')이 없는 시대에 '마을' 사람의 무차별 살육(「공포의 성채」)이 초래하는 공포 분위기와 그 맥락이 같으며, 화자의 '거암과 같은 불안'의 극복의지는 '공포'의 극복의지로 발전하기도 한다.

「공포의 성채」는 3개월 뒤에 성천에서 쓰게 될 「첫 번째 방랑」과 「산촌여정」을 예고하고 있다는 점에서도 「공포의 기록」과 사뭇 다르다. 「공포의 기록」에서 「공포의 성채」로의 비약적이고 대담한 발전적인 이동은 참으로 이상다운 모험이라고 말하지 않을 수 없다. 아방가르드 예술가로서 부끄럽지 않은 모험이었다.

09
권순희의 문제:
「환시기」

「환시기」의 제사(題辭)는 다음과 같다.

> 太昔에 左右를 難辨하는 天痴 있더니
> 그 不吉한 子孫이 百代를 겪으매
> 이에 가지가지 天刑病者를 낳았더라 (「환시기」, 2, 287)

인용에서의 '左右'는 이상의 여러 작품에서 언급되었으며 옛날부터 내려온 이항대립 개념이다. 이상에게 '좌'와 '우'의 문제가 중요하다는 것은 거의 모든 이상 연구가가 알고 있다. '좌'는 관습적 일상이나 규범을 일탈한 것, 불길한 것, 심지어 병적인 것, 범죄적인 것을 암시하고 '우'는 정당하고 건전한 것, 조화로운 것을 암시하지만, 여성과 남성을 상징할 수도 있다. 그 양자 중 하나를 선택하는데 어려움을 겪는 예술가를 이상은 반어적으로 '천치'라고 했고, 그 자손이 대대로 '천형병자'라고 말한다. '천치'가 '천재'라는 의미의 반어라면 '천형병자'에서의

'천형'은 '축복'의 반어이기 쉽다. '좌우난변'은 그 정도로 복잡한 암호적 문제다. 「환시기」라는 제목의 '환시' 자체가 '현실('우')'이자 '가상현실('좌')'인 것이다. 「환시기」의 경우 '좌우'는 민족주의와 사회주의라는 항일투쟁 전략상의 대립항이다. '백대'를 언급한 것은 그 대립항으로 인한 갈등이 어제 오늘의 일이 아니라 조상 대대로 명칭을 달리하여 지속되어온 것을 과장적으로 암시한다. 이 '좌우'의 문제는 초기작 「空腹」과 「첫 번째 방랑」에서도 제기되고 있다. 이는 반체제 저항 방법에 대한 이상의 관심이 초기부터 있어온 것임을 입증한다. 만일 그가 기회주의적으로 처신했다면 그 문제에 대한 고민은 덜 수 있었겠지만, 그는 기회주의적 타협은 할 수 없었다.

굳이 「환시기」 제사를 문제로 삼은 것은 이 소설의 여주인공 '순영'(권순희)이 '좌우'의 문제와 관련된 여자이기 때문이다. 그녀는 「환시기」에서 '처녀가 아닌 대신에 꼬리키전집을 한 권도 빼놓지 않고 독파했다는 처녀 以上의 보배'로 첫 부분에서 소개되고 있는데, '처녀'가 아니라고 한 것은 그녀가 이 소설에서 '이상'의 라이벌인 '송군'과 결혼했기 때문이지만 '꼬리키전집'을 독파했다는 단언은 믿기 어렵다.

그 당시 조선에는 '고리키전집'이 출판되지 않았고 오직 일본 改造社의 『고리키전집』 번역본(1929-31)이 유일한 전집인데, 이 역시 의심스럽다. '송군'은 최근에 나온 『고리키전집』을 가지고 있고, 순영의 『고리키전집』을 '고색창연'한 전집이라고 말하고 있기 때문이다. 개조사의 전집은 구판과 신판이 없다.

과연 '순영'은 '고색창연'한 『고리키전집』의 독파자일 리가 없다. 이상은 그녀가 고리키를 특별히 좋아하는 사회주의 동정자라고 설정해야만 했다. 그래야만 그녀가 사회주의 지하 운동을 배반한 '송군'과의 지난날의 동지애를 되살림으로써 그와 결혼하도록 할 수 있기 때문이다.

이상이 '금홍' 체험을 통하여 더욱 그리워하게 된 여성은 관능미가 있는 교양인이었을 것 같다. 곧, 「환시기」의 '순영'과 「종생기」의 '정희' 같은 여인이지 「단발」의 '선의'와 「슬픈 이야기」 속 '여인'의 모델인 그의 아내가 된 '변동림'은 아닐 것이다.

> 사년 전 첫여름 어느 날이었던지? 방송국 넘어가는 길 성벽에 가 기대선 순영의 얼굴은 月光 속에 있는 것처럼 아름다웠다. 항라 적삼 성긴 구녕으로 운명의 小麥빛 호흡이 드나드는 것을 나는 내 가장 인색한 원근법에 의하여서도 썩 가쁘게 느꼈다.(2, 288)

'순영'의 숨결('호흡')이 체감된 것은 그녀가 상대방 남자의 성욕을 자극할 정도로 코케티쉬한 관능미의 소유자임을 입증한다. 그러나 식민지에서는 연애의 자유도 침해당하기 쉽다. 이상은 「단발」의 제사(題辭)에서 "박제가 되어버린 천재를 아시오? 나는 유쾌하오. 이런 때 연애까지가 유쾌하오"라고 아이러니컬하게 장담했지만, 시민적 자유가 거의 박탈당한 상태에서는 '연애' 또한 언제 방해당할지 모른다. 염상섭의 『삼대』의 경우 사회주의자 김병화와 홍경애의 동지애는 그들이 경찰서에 구금당함으로써 중단되어 버린다. '순영'의 경우도 어느 날 경관의 불심검문을 당하는 바람에 이상과의 친밀한 대화가 중단될 수밖에 없다.

「환시기」는 '순영'을 중심으로 한 '이상'과 '송군'의 삼각관계를 다룬 연애소설로 가장한 정치소설이다. 마치 「동해」가 간통소설을 가장한 정치소설인 것과 같다. 이상의 '순영'에 대한 애정은 가출한 '아내'의 귀환이라는 사건에 의하여 좌절되고, 그녀는 자기를 놓치지 않기 위한 '송군'의 자살미수사건으로 인하여 전날의 지하운동 동지였던 그와 결합하게 된다. 그러나 「환시기」의 진정한 문제는 그와 같은 삼각관계가 아니라 이 소설의 심층에 잠복한 정치적 문제다. 다음은 「환시기」의 결말 부분에 나오는 정치적 함의가 있는 장면이다.

> 자네 마누라가 회령서 났다는 건 거 정말이던가—
>
> 요샌 또 블리디오스톡에서 났다고 그리데—내 무슨 수작인지 모르지—그래 난 동경서 났다구 그랬지—좀 더 멀찌감치 해둘 걸 그랬나봐—
>
> 블리디오스톡허구 동경이면 남북이—萬里로구나 굉장한 거리다
>
> (중략) 아까 바른쪽으루 비켜스란 소리는 괜헌 소리고 비켜스기 전에 자네 시각을 訂정—그 때문에 다른 물건이 죄다 바른쪽으루 비뚤어져 보이드래두 사랑하는 아내 얼굴이 똑바루만 보인다면 시각의 직능은 그만 아닌가—그러면 자연 그 블라디오스톡 동경 사이 남북 만리 거리두 베—제처럼 바싹 맞 다가스구 말 테니.(2, 294)

위의 인용에는 정치적 함의가 잠복되어 있다. '이상'은 이 말을 한 '송군'에게 결혼한 지 한 달 뒤까지도 아내의 얼굴이 '암만 봐두 왼쪽으로 좀 삐뚜러진' 것 같아 보이곤 한 것은 지금껏 반일적 저항의지를 굽히지 않고 있는 '순영'과의 이념적 부조화 때문이므로 '아내 얼굴이 똑바루만 보'이도록 하려면 '시각'(정치이념)을 '정정'(訂正)하여 본래의 것으로 되돌려야 한다고 '송군'에게 충고한다. '회령'은 전날 경관이 '순영'의 출신지를 물었을 때 그녀가 대답한 지명(地名)이다. (그때 '순영'과 함께 있었던 '이상'은 자기의 고향이 '삼천포'라고 경관에게 대답했는

데, '삼천포'는 현재 '아내'가 머물고 있는 곳이었다.) 그것을 '블라디오스톡'으로 바꾼 것은 화자가 '송군'의 출신지를 '동경'으로 바꾸도록 한 것과 마찬가지로 정치적 의도에 연유한다. 곧 '블라디오스톡'의 항일지하단체와 '동경'의 항일지하단체의 단결을 위한 것이다. '베-제'(키스)는 그 '단결'의 은유인데, 그 배경에는 '동경'에서 발생한 이봉창의 일왕 암살 미수사건(1928)이 숨어있음에 틀림없다. 이런 추정이 옳다면 '순영'과 '이상'의 그 정치적 의도는 이봉창 의거(義擧)의 계승인 셈이다. 이봉창 사건이 일어나자 「블라디오스톡 신문」에서는 그 암살 미수사건으로 인하여 일왕은 신성한 존재가 아니라 한낱 '인간'임이 드러났다고 보도했었다. 그 당시 조선총독부에 근무했던 이상은 이봉창 사건과 「블라디오스톡 신문」 기사를 서울의 도서관의 신문들을 통하여 숙지하고 있었음에 틀림없다. 물론 '순영'이 자기의 고향이 '블라디오스톡'이라고 말했다는 '송군'의 말은 이상의 창작이다. 이 작중 사건이 중요한 것은 그 사건이 '좌우난변'의 해묵은 정치적인 양자택일의 문제가 해결될 단서가 되기 때문이다. 이봉창의 일왕(日王) 암살 미수사건의 계승, 곧 다름아닌 이상이 생각한 조선 식민 통치자 암살의 주체는 그가 사회주의자이든 아나키스트이든, 결코 부르주아적 민족주의자는 아니라는 의미가 「고리키전집」과 더불어 그 결말 부분의 사건에 함축되어 있다.

「환시기」와 관련된 주목할 만한 사진이 한 장이 있는데 곧 '정인택'과 '권순희'의 결혼기념사진이다. 이 결혼기념사진에 너무나 어울리지 않게 웃고 있는 텁석부리 이상은 「결혼기념사진」이라는 큰 '이야기 속의 이야기'인 셈이다. 실은 「환시기」에서도 '이상'은 '송군'을 주인공으로 삼아 '천만語의 單字를 허비'한 소설을 썼다고 했으니, 그러고 보면 그것은 「환시기」라는 소설 속의 또 하나의 소설인 셈이다. 그 결과 「환시기」는 매타픽션이 되었는데 설상가상으로 또 하나의 메타적 「결혼기념사진」을 부록으로 동반한 소설이 되었다. 그것은 '정인택과 권순희의 결혼'에 대한 '유쾌한 악의(惡意)'의 산물이다.

「환시기」의 정치소설적 성격은 매우 중요하다. 애인의 양보라는 이 소설의 핵심적 사건과 관련된 그 속편이 「불행한 계승」이지만 「환시기」에 함축된 반체제적 저항은 앞으로 「단발」, 「슬픈 이야기」 및 「실화」가 형성하는 아나키즘 소설 3부작을 통하여 발전적으로 계승될 것이기 때문이다. 이상에게 아나키즘은 골칫거리였던 '좌우난변'이라는 문제의 궁극적 해결책이었다. 그 해결책의 실현 방법의 하나가 일본 동경으로 건너가는 일이었다. 그의 동경행은 「봉별기」에서 말한 '망명'과 같았지만, 그 소설에서는 망명의 정치적 동기가 분명히 밝혀지지는 않았다. 그러나 「환시기」에서는 '좌우난변'이라는 연래의 문제와 분명히 관련지워지고 있으며, 동경행의 결심을 촉진한 계기가 애인 양보라는 사건이다. 순영과 '송군'의 결합을 '송군'의 자살미수사건과 관련하여 열심히 도와준 셈이 되자 그는 이렇게 독백한다.

> 자네는 미친놈인가? 그럼 천친가? 그럼 극악무도한 사기한인가? 부처님 허리토막인가? (……) 어째서 나는 하는 족족 이 따위 못난 짓밖에 못하나—그렇지만 이 허리가 부러질 희극두 인제 아마 이렇게 종막이 되었나부다.(2, 293)

'송군'과 '순영'의 결합을 도와준 '못난 짓'은 미친 짓도 '극악무도한 사기한'의 행동도 아니라, '부처님 허리토막'으로 비유된 거의 본능적인 자기희생 정신의 소치요, 그런 정신은 『十二월 十二일』부터 주인공 'X'

의 살신적인 인류애를 통하여 표면화되었었다. 그에게는 자기의 그런 '못난 짓'을 '허리가 부러질 희극'으로 치부하는 유머감각이 천성적으로 부여되어 있기도 했다.

『고리키전집』도 암시하는 「환시기」의 한 정치적 성격이 주목되어야 할 것은 당연하다. '宋군'은 사회주의자로서 일제 통치에 순응하게 된 변절자다. 실제로 '송'의 모델인 정인택은 그 당시 조선총독부 기관지 『매일신보』의 기자였다. 그럼에도 불구하고 '순영'이 애정의 대상이었던 '나'에게 등을 돌리고 '宋군'의 편을 들게 된 것은 '나'와 아내의 끈끈한 부부관계의 지속을 질투하고 혐오한데다가 지난 날 '宋군'과 더불어 사회주의에 공감한 그녀로서는 자기와의 사랑을 위하여 자살까지 시도한 그를 동정하지 않을 수 없었기 때문이다. 자신의 진정한 애정의 상대를 질투로 인하여 버린 '순영'은 '나'에게도 '왼쪽으로 삐뚤어진 얼굴'일 수밖에 없다. 그러나 이상은 사랑의 진정성에 집착한다. 물론 그 사랑은 변절자의 그것이어서는 안 된다. 『고리키전집』을 공유한 시절이 잊혀져서는 안 된다.

사랑하는 남녀의 결합은 눈과 눈의 결합이다. 사랑의 신비는 서로를 똑바로 바라보는 눈의 신비다. 그만큼 '시각의 직능'은 사랑에서 중요한 요소다. 항일 지하단체의 '단결'을 은유한 촉각적 접촉('베-제')의 감동은 참다운 애정을 입증하는 올곧은 시각의 덕택이다. 또한 지난 날 불심검문을하러 온 경관이 현주소를 묻자 순영과 이상이 엉터리로 대답한 '회령'과 '삼천포'의 거리가 '블라디보스톡'과 '東京'의 거리로 크게 비약하도록 한 이상의 대륙적 상상력도 주목해야 한다. '블라디보스톡'과 '동경'의 의미망에는 '회령'과 '삼천포'에 없는 것이 있다. '블라디보스톡'은 고리키가 살고 있는 사회주의 국가, 톨스토이와 도스토예프스키 같은 위대한 작가의 19세기 러시아에 대한 그리움이 포함되고, '동경'에는 조선 침략자인 동시에 아시아의 유일한 선진 문화국에 대한 지적(知的) 호기심이 포함된다. 이는 「환시기」가 삼각관계를 다룬 소설임과 동시에 조선의 정신사와 관련되어 있다는 것을 여실히 증명해 준다. 이 소설에서 이상의 상상력은 그만큼 그 작용 범위가 넓었으니 이 또한 그 당시의 다른 작가와 다른 점이다.

권순희('순영')는 이상이 누구보다도 소망했던 여인이었을 것이다. 이를 입증하는 것이 그녀를 모델로 삼은 여성이 「환시기」 이후의 어떤 작품에도 나타나지 않는다는 사실이다. 그녀는 『고리끼전집』을 통독하려고 들면 통독할 수 있는 교양인이었다. 그러나 그녀를 형상화한 작품은 그의 생전에 나올 수 없었다. 그가 '동경'에서 병사(病死)하지 않았더라면 그는 틀림없이 그녀를 그의 작품 속에 재생시켰을 것이다. 그러나 그에게는 그 날이 끝내 주어지지 않았다.

「환시기」의 속편으로 보아야 되는 「불행한 계승」의 제사(題辭)는 이 소설의 주제를 미리 암시한다.

> 한 여름 대낮 거리사람들 모두 날 배반하여 허허롭고야(2, 208)

「불행한 계승」은 '배반'의 현실적, 심층적 의미를 검토하지 않을 수 없도록 한다. 주인공('나')을 배반한 사람은 누구이며, 그 배반의 동기는 무엇인가? 「환시기」의 '순영'이 이상의 '배반자'일 수도 있지만, 이상 자신이 그 자신의 배반자일 수도 있다. '순영'을 '宋군'에게 양보했기 때문이다. 그것을 그의 '분신'('그림자')은 알고 있다.

혼자서 못된 짓 하고 싶다. 난 이제 끝내 살아나지 못할 것 같다. 필경 살아나지 못할 테지.

허나 언제나 箱과 꼬옥 같은 모양을 한, 바로 箱자신이 아니면 아니된다. 그림자보다도 불투명한 한 사나이가 그의 앞에 막아서면서 어정버정하는 것이다.

그는 그 빛바랜 세피어색 그림자 앞에선 고개를 들지 못한다.(2, 208-209)

'箱'이 '그림자보다도 불투명한 사나이' 앞에서 고개를 못 드는 것은 죄책감 때문이다. 무슨 죄인가? 다음은 그의 독백이다.

난 말야, 애인을 친구한테 뺏겼단 말야. 분명하진 않지만, 아무래도 그런 것 같아. 아냐, 나 그 애가 내 애인인지 아닌지 그런 거 쇠통 알지 못했어. 허지만 내 친구가—어느 틈에 내 친구가 그 앨 좋아하게 됐단 말야. 그랬더니 그때 그 애는 내 애인이란 사실을 깨닫게 됐단 말야. 그리고 보면 뺏기고 만 셈이지 뭐냐. (중략) 그래서 난 친구한테 (그가 그녀의 애인이란) 그런 말을 들었을 때, 아 그런가, 그건 안되지, 아니 괜찮어 (중략) 그건 죄악이야. 허지만 잘 됐어. 그렇다면 그 애도 살게 되는 셈이니, 자네 같은 거시기 다소 나이 많은 신뢰할 만한 사람에게 자기 一生을 맡길 수 있다는 건, 그건 그 애로선 행복된 일임에 틀림 없어. 그런 소릴 하고 얼버무려버렸던 것인데……(2, 219)

인용은 '그 애'라고 한 '순영'을 '내 친구'('宋군')가 빼앗은 것이 그의 '죄악'이라면서도 그 죄악적 행동이 '상'이 '그 애'를 살리는 길이라고 정당화한 것은 그가 '그 애'를 자기희생적으로 양보한 것을 의미한다. 이상은 서울의 '멕시코 다방'에서 '정인택이 몹시 외로운 사람이고 진정으로 미정이(권순희—필자 주)를 사랑하고 있으니, 그를 구제하는 뜻에서도 그와 결혼하는 것이 좋을 것이다. 지금 미정이가 정을 버린다면 순정적인 그가 혹은 자살할지도 모른다, 이 점을 깊이 생각하라'고 열심히 미정이를 설득하였다고 한다.[1] 그런 한편 그는 "정인택은 딱한 친구야! 그렇지만 기왕 약을 먹었으니 꺼지는 게 좋아!"라고[2] 수면제를 먹은 정인택을 입원시킨 '의전병원'에서 독백하기도 했다. 정인택이 죽기를 내심 바란 것이다. 그러나 결국 그는 권순희를 정인택에게 양보하고 만다. 그럼에도 불구하고 훗날 그 양보를 '그 애'를 빼앗긴 것으로 여기고 후회한 것은 '그 애'에 대한 미련 때문이다. 그 친구에게 '그 애'를 양보한 순간이 그녀에 대한 애정을 분명히 자각하도록 한 계기였다. 그가 자기의 분신('그림자')에게 죄책감을 느낀 것은 양보해서는 안 될 것을 양보한 때문이다. '箱'은 조상과 육친에게서 가문의 몰락과 가난 같은 '온갖 치욕'만이 아니라 자기희생을 자기에게 강요하는 기질까지 계승하였다. 그것은 자기 파괴적인 것인 동시에 자기만족이기도 하다. 따라서 우리는 '백금선을 백일에 드러냈던 때의 후회'라는 암호적인 열쇠말을 주목해야 된다. '백금선'은 그의 천성이라 할 고귀한 '순수성'의 비유다. '오뎅집' 딸인 '나기'양에게도 그런 '백금선'이 갖추어져 있는데, 그녀는 세상 물정에 어두운 순진한 처녀다. '箱'은 그런 '백금선'의 소유자이기 때문에 다른 사람 같으면 자기의 '안전'과 '이익'을 위하여 거부

---

1 조용만, 앞의 글, 321-322쪽.

2 위의 책, 323쪽.

해 버릴 자기희생적 행동도 할 수 있었다는 것이지만, 문제는 그의 '후회'에 있다. 그런 자기희생적 행동에 대한 '후회'는 이기적인 것이어서 자기배신과 다름없으며, 그것은 그의 무의식적 악마성에 연유한다.

이렇게 볼 때 그의 이중성격이 분명해진다. '백금선'에 비유된 천사적인 순수성 그리고 악마성이 그의 내부에 공존했던 것이다. '나기'양은 그런 이중성격자가 아니다. 그녀의 이름 '케티 포 나기'는 추정하건대 남녀양성구유체를 상징한다. '케티'라는 여성과 '나기'라는 남성이 완전하게 통합됨으로써 고귀한('폰') 인간형이 탄생되는데, 그녀를 그런 인간형으로 보고 싶은 소망이 그녀로써 구체화되었기 때문에 그녀는 현실적 인간이 아니라 몽상적 인간으로 간주되어야 한다.

> 木芙蓉은 인사하듯 나가버렸다. 이젠 그 이상 그는 참을 수가 없다. 그도 그 뒤를 쫓아서 나간다.[3]

이 구절도 '케티 폰 나기'와 더불어 이 소설의 미스터리라고 할 수 있다. '목부용'이란 누구이며 왜 그를 뒤쫓아 갔는가? '목부용'의 '부용'은 '蓮'의 동의어요, '목부용'은 '무궁화 과의 낙엽 관목'으로서 '목부용'의 '목'과 '연'의 뜻인 '부용'이 결합된 꽃나무는 「且8氏의 출발」에 나오는 '사막의 산호나무'와 같은 남녀양성구유체의 상징이다. 그 '목부용'이 '그'를 보자 순간적으로 '인사'하는 체하곤 나가버림으로써 자신을 신비화한다. 하기야 남녀양성구유체는 속세에서 한시도 살 수 없는 신비로운 존재다. 따라서 '목부용'을 성급하게 뒤쫓아 갈지라도 그의 행방은

---

3 위의 책, 210쪽.

묘연할 것이다. 「且8氏의 출발」에서 '산호나무'가 '무표정의표정'을 모른다고 한 것은 그 양성구유체가 '무표정의 표정'같은 너무나 인간적인 이중성격과 무관하다는 뜻이다. 그와 마찬가지로 '목부용'과 '케티 폰 나기'에는 '箱'과 그의 '그림자'로 나타난 내면분열이나 '箱'의 이중성격이 있을 수 없다. 「불행한 계승」에서는 '箱'이 유전적으로 물려받은 자기희생적 행동의 경향과 이것에 대한 '후회' 같은 이 소설의 핵심적 사건의 주인공 '箱'을 '케티 폰 나기'와 대조시키지 않을 수 없었다. 그러나 「且8氏의 출발」을 비롯한 몇 작품에서 그 문제를 다룰 정도로 이상 자신은 남녀양성구유체에 많은 관심을 가지고 있었지만, 「불행한 계승」에서는 자기희생적 행동과 '후회'라는 자기모순이 없는 인간형을 등장시켜야 했다.

'상'의 애인 양보 사건은 그가 친구 '소운'과 함께 간 '漢江'의 '섬'('밤섬') 창녀와 밀접하게 관련되어 있다. 그 '섬'에서는 창녀가 영업을 하고 있다.

> 은화에 의한 貞操의 새 색칠—箱의 생명은 이런 섬에 당도하여 비로소 光芒을 발하는 것 같았다.[4]

금전(花代)에 의하여 '정조'의 전통적 의미가 깨진다는 것은 모든 낡은 전통에 저항하는 이상에게 바람직한 일이다. 그래서 그 전통파괴자인 창녀의 세계에서 그의 정신적 '생명'은 '찬란한 빛'이 난다. 앞에서 언급한 대로 '상'이 애인을 친구에게 양보한 사건을 고백한 상대는 '은

---

4 위의 책, 219쪽.

선'이라는 창녀였고 자기의 비밀을 사회적으로 천대받는 최하층의 창녀에게 고백했기 때문이다. 창녀가 신도의 고백을 듣는 신부의 역할을 한 것인데 이는 사회적 지위를 역전시키는 카니발적 상상력의 위력이 확인되는 순간이기도 하다. 그와 창녀의 관계는 그 정도로 진지했던 것이다. 그는 '은선'이 자기를 누구보다도 섬세하게 이해해줄 수 있는 여성이라고 생각했기 때문에 그 고백도 감행했던 것인데, 이는 우리에게 그의 자기희생 정신의 앞날을 생각해보도록 유도한다. 그에게 '창녀'는 단순한 매음업자가 아니라, 피압박 계층으로서, 그녀와 관련된 문제는 휴머니즘의 문제이기도 했다. 그래서 그의 자기희생 정신은 선조와 육친에게서 물려받은 '기질'이라는 개인적 차원의 문제에서 민족적 휴머니즘, 더 나아가 인류적 휴머니즘 같은 차원의 문제로 확충될 수도 있을 것이요, 이를 입증하는 작품이 은선을 등장시킨 「불행한 계승」과 앞으로 검토할 「가외가전」, 그리고 「단발」, 「슬픈 이야기」, 「실화」로 구성된 아나키즘 3부작이다. 「불행한 계승」에서의 '불행'의 뜻은 이들 작품들에서 긍정적으로 역전될 것이다.

'김소운'에게 단순한 성적(性的) 쾌락의 장소에 지나지 않았던 그 '한강'의 '섬'은 이상의 「환시기」에 이어지는 고백소설에서는 없어서는 안 될 운명적인 장소였다.

10
이상의 정치평론과 문학평론

김기림은 「고 이상의 추억」(1937)에서 다음과 같이 말한다.

> 파리에서 문화 옹호를 위한 작가 대회가 있었을 때 내가 만난 작가나 시인 가운데서 가장 흥분한 것도 箱이었다.[1]

굳이 〈문화옹호 국제작가대회〉(1935)와 관련하여 김기림의 회상을 인용한 것은 그 작가대회의 중요한 의미보다도 이 〈작가대회〉가 그의 작품에 끼친 영향이 주목되어야 하기 때문이다.

이상이 〈작가대회〉에 관심이 컸던 것은 일제 파시즘의 횡포로 인한 '사상과 표현의 자유'의 위축과 그로 인한 고민 때문이었을 것이다. 그가 「자유주의에 대한 한 개의 구심적 경향」(1936)이라는 정치평론을 쓴 동기도 거기에 있을 것이요, 「문학을 버리고 문화를 상상할 수 없

1 김기림, 「고 이상의 추억」, 『조광』, 1937. 6, 146쪽.

다」(1936)는 에세이도 반파시즘 문학의 필요성을 절감했기 때문에 썼을 것이다. 일찍이 「단발」 제사(題辭) 허두의 '박제가 된 천재'를 통하여 시민적 자유가 박탈된 천재적 작가의 비운(悲運)을 언급한 적도 있는 그에게 이 '자유'의 문제는 극히 중요시되었음에 틀림없다. 여기서 그 정치평론과 에세이를 살펴보려고 하는 것은 이것을의 검토를 통해서만 1936년에 그가 「지주회시」,「날개」, 「동해」, 「가외가전」 및 「단발」, 「슬픈 이야기」 및 「실화」라는 아나키즘 삼부작을 쓸 수 있었던 그의 자유의식의 성격과 창작의 방향이 밝혀질 수 있다고 보기 때문이다.

「자유주의에 대한 한 개의 구심적 경향」은 박치우의 「자유주의의 철학적 해명」(1935)에 대한 논평이다. 이 평론에서 이상이 가장 주목한 것은 '으로부터의 자유'와 '에로의 자유'에 대한 박치우의 의견이다(다음 인용문에서의 '시민'은 근대적 서구 사회의 시민이다).

> 이렇게 자유는 봉건 타도가 끝난 시민사회가 다음 단계로 들어서면서부터 시민 자유의 자기완성을 위하여 내용에 변화를 가져오게 된 것이다. 시민의 의욕이 (자기해방을 위한—필자 주)파괴로부터 건설에, 해방을 떠나서 충족에로 추진됨을 따라 지금까지의 「로부터의 자유」는 「에로의 자유」로 전향하지 않을 수 없게 되었던 것이니, 上典은 이미 거꾸러진 이상 해방 云云이 문제될 것은 없지 않으나—이제부터는 自適하게 그러나 所藏의 精力을 다 하여 자유로운 발전과 榮華를 圖謀할 時期에 들어선 것이다.[2]

이상이 문제로 삼은 것은 박치우가 '으로부터의 자유'와 '에로의 자유'

2 박치우, 「자유주의 철학적 해명」, 『사상과 현실』, 백양당, 1946, 26쪽.

를 '대립적인 것'이 아니라 '계기적인 것'으로 본 점이다. 바꿔 말하면 이상에게 그 두 가지 '자유'는 '계기적인 것'이 아니라, 변증법적으로 '대립적인 것'이다. 사실상 자본주의적 지배 세력에 여전히 예속된 식민지 원주민이 해방되지 못한 조선의 현실을 감안할 때 '적극적 자유'라고도 하는 '에로의 자유'를 향유하기 위한 '자기완성'이나 '자적(自適)'을 위한 생활은 사치스러운 것일 뿐 아니라, 그 자유는 '엄밀한 의미'에서의 '자유'가 아니라 '비자유적인 통제나 억압에 가까운 개념'이라고 반박한다(「자유주의에 대한 한 개의 구심적 경향」, 3, 256). 왜냐하면 현재 조선에서 '상전'(日帝)은 기세등등하고 조선이 누려야 할 '자유'는 파시즘의 위협을 받고 있기 때문이다.

그러면 박치우는 그와 같은 '자유'를 왜 '적극적 자유'의 이름으로 과시했을까? 그것은 그가 한가로운 '사변적(思辯的)' 철학자이기 때문이다.

박치우의 그 '적극적 자유'가 '비자유적인 통제나 억압'과 거의 동일한 개념이라는 논평의 정당성을 입증한 사람이 다름 아닌 박치우였다. 그는 「자유주의의 철학적 해명」의 결말에서 〈문화옹호 국제작가대회〉 참가자에 대하여 다음과 같이 말하였다.

> 그들의 이같은 반(反)파시즘적 결의는 그들이 처음부터 自身이 자발적으로 반파쇼 진영에 가담하였다느니보다도 실상은 파시즘 자체가 억지로 自身의 敵對진영에 이들을 추방 내지 투입시킨 데서 온 것이라고 보는 편이 타당치 않을까 생각되는 것이다.[3]

---

3 위의 글, 30쪽.

왜 박치우는 앙드레 지드와 앙드레 말로 그리고 앙드레 브르통을 비롯한 작가들의 대회 참여가 자발적인 것이 아니라 '파시즘'이 시킨 것이라고 너무나도 무리한 추정을 할 수 있었을까? 그것은 그가 파시즘에 복종했기 때문이며 따라서 그가 누리고자 한 '적극적 자유'는 파시즘적 통제에 순응한 것일 수밖에 없다.

이상이 박치우 평론에 대한 자기의 논평 제목을 「자유주의에 대한 한 개의 구심적 경향」이라고 했을 때 그는 박치우의 약점을 통찰하고 있었다. 박치우의 '구심적 경향'은 중앙지향적이고 보수적 경향인 반면, 이상 자신의 원심적 경향은 반중앙지향적이고 진보적 경향이다. 구심적 경향이 전통지향의 고전주의적인 것이라면 원심적 경향은 반전통적인 로맨틱한 것이다. 이상이 식민지적 현실을 주변인으로서 대국적 저항적으로 관찰한 반면 박치우는 중심적 위치에서 자기중심적으로 관찰했던 것이다. 그 결과이기도 하지만, 박치우는 중일전쟁이 일어나자 '네오휴머니즘'을 옹호한 김오성, 서인식, 인정식 등과 더불어 친일적인 소위 '신질서운동'에 가담하게 된다.

박치우의 평론에 대한 비판의 연장선 위에 또 하나의 의무가 이상에게 있었으니 그것은 문화옹호 국제작가대회가 표방한 반파시즘적인 휴머니즘의 옹호였다. 그의 에세이 「문학을 버리고 문화를 상상할 수 없다」는 이상만이 아니라 당대의 조선 지식인에게 '자유'의 위기는 바로 '문화'의 위기로서 그로 인한 조선문단의 파탄은 조선의 정신적 몰락과 다름없다는 내용을 담고 있었다. 그 에세이는 이상이 절감한 문화적 위기의식의 산물이었다. 그가 〈카프〉를 긍정적으로 언급하고 조선작가의 물질적 정신적 극빈 상태를 언급한 뒤에 작가의 바람직한 진로를 제시한 것도 그 위기의식에 연유한다. 그 당시에는 이상만이 이렇게 도덕적 성실성과 정열이 돋보이는 에세이를 쓸 수 있었다.

다음과 같은 〈카프〉에 대한 언급은 이후 그의 창작의 방향도 암시한 점에서 주목되어야 한다.

> 맑스주의 문학이 문학 본래의 정신에 비추어 허다한 오류를 지적받게끔 되었다고는 할지라도 오늘의 작가의 누구에게 있어서도 그 恐喝的 폭풍우적 경험은 큰 시련이었으며 敎唆 얻은 바가 많았다는 것만은 사실이다.(「문학을 버리고 문화를 상상할 수 없다」, 3, 250)

인용은 두 가지를 말해주고 있는데 하나는 〈카프〉 문학이 그 단점에도 불구하고 양심적 작가에게 준 '시련'이 생산적인 귀중한 것이었다는 점을 시인하는 점이고, 다른 하나는 그와 같은〈카프〉의 해산이 현재 조선문단 침체의 가장 중요한 원인의 하나임을 암시하고 있는 것이다.

'맑스주의 문학', 곧 〈카프〉 문학이 정치선전을 위한 것이라든가 문학이론이나 창작방법론이 공식적이었다는 등의 오류가 적지 않았지만, 그 문학의 '체험'은 '큰 시련'이요 '교사받은 바'가 많았다고 긍정적으로 평가한 것은 반드시 주목되어야 한다. 투쟁적 전위(前衛)로서의 〈카프〉 작가들의 창작방법이 파시즘과의 대결과 투쟁을 위하여 유익한 것일 수도 있기 때문이다. '가장 진실하고 행동적인 문학'을 위하여 '진정한 작가'는 '로맨틱하지 아니'한 것이라고 말한 것도 이론의 실천을 강조하는 〈카프〉 문학의 영향을 말해준다. '행동적인 문학'은 그 당시의 소위 '휴머니즘 논쟁'에서 라몬 페르난데스의 '네오 휴머니즘'의 영향을 받은 김오성이 소개한 앙드레 말로식의 문학임은 주지되어 있었다. 반(反) 파시즘 문학이 '행동적인 문학'이라는 것은 이상 자신이 이미 작품으로 예증했었다. 가령 「산촌여정」과 「정식1」, 「정식2」를 통하여 시도된 반체제적 지하투쟁의 한 방법으로서의 일제 식민 통치자의 '암살' 기획 말이다.

「문학을 버리고 문화를 상상할 수 없다」라는 제목에서의 '문화'는 문맥상 파시즘의 탄압에 저항하여 지켜내야 할 '휴머니즘 정신문화'의 뜻이다. 이 에세이를 쓸 때 조선문단은 주로 일제의 탄압과 〈카프〉의 해산 등으로 인하여 극도로 위축되어 있었다. 따라서 이 글을 통하여 그는 파시즘에 대항하여 '자유'의 회복을 위한 '정신문화'를 지키고 동시에 침체된 문단의 활성화 방안을 제시해야만 했다.

이상은 '문화'를 지탱하는 '중심축'이 '문학'이라고 여기기 때문에 '문학을 버리고 문화는 없다'고 단언한다. 따라서 그 나라 '문화'의 창조적 활성화도 '문학'에 의존해야 한다는 것이다. 이어서 다음과 같이 말한다.

> 도야지가 아니었다는 데서 비극은 출발한다.(3, 249)

이 에피그램 속에 파시즘에 대한 저항이 요약되어 있다. '도야지가 아니다'는 말은 원래 도스토예프스키의 『죄와 벌』에 등장하는 마르멜라도프의 말이다. 그가 돼지가 아닌 것을 그처럼 강조한 것은(3, 249) 아무리 그가 사회적으로 몰락하여 사회의 학대를 받거나 또는 반대로 그 사회가 물질적으로 풍족하게 해줄지라도 자기는 비굴한 노예가 아니라 독립된 인격적 주체라는 것을 강조하기 위한 것이다. 이를 참고하여 작성된 에피그림이 '도야지가 아니었다는 데서 비극은 출발한다'이다. 인용에서의 '비극'은 파시즘에 대항함으로써 파멸당하는 비극이며, 이상은 그 에피그램을 통하여 그렇게 파멸될지라도 도야지가 아닌 점에서 그 '비극'은 초극될 수 있다는 역설을 암시했다. 그 점에서 이 에피그램은 의미심장하다.

이상은 파시즘 민족 '일본인'의 정체를 '카인의 말예'에 비유한다.

> 카인 말예(末裔)의 죄업에 문학 때문에 가져야 하는 후천적인 듯도 싶어 보이는 숙명에 加하여 이 향토에 태어났대서 안 뽑을 수 없는 空籤 딱지를 몸에 붙이고 이 향토의 작가는 그럼 누구에게—문학을—그의 작품을 떠맡길 수 있느냐.(3, 249-250)

'카인 말예의 죄업'은 일제의 조선 침탈을 암시한다. 그와 같은 '향토'에 태어난 탓으로 빠져든 경제적 빈곤의 운명('공첨'), 그리고 곤궁한 처지에서 문학에 종사해야 하는 '숙명'을 작가는 안게 되었다는 것이지만, 여기서 특별히 주목해야 될 말이 '카인 말예'의 '죄업'이다. 그 '죄악'이야말로 조선의 작가가 '공첨'을 뽑게 한 근본적 원인이라는 것이다. 물론 그 '공첨'은 조선문단 침체의 원인이기도 하다.

이렇게 볼 때 '카인 말예'가 1936년의 일제 파시즘의 상징임을 암시한다고 보아야 한다.

「문학을 버리고 문화를 상상할 수 없다」는 일제의 파시즘에 대한 저항과 침체된 조선문단 활성화를 위한 글이다. 이상에게 이 두가지 목적은 동시에 성취되어야 했다. 로맨티시즘의 이름으로 현실을 도피하지 않는 '행동적 문학'은 파시즘에 대한 저항과 조선문단의 활성화라는 두 가지 목적을 성취하기 위한 문학이다. "누구에게 읽히느냐. 언제 무슨 힘으로 작품을 내어 놓겠느냐. 그러나 문학 본래의 임무는 좀 더 욕심이 큰 것이리라 믿는다"고 말했을 때의 '욕심이 큰 것'이 바로 그와 같은 두 가지 목적을 이룰 수 있는 문학이었고, 이 경우 그가 염두에 둔

작가가 도스토예프스키와 아라시마 타케오(有島武朗)였다. 이 러시아 작가는 경영의 어려움을 무릅쓰고 『브레미야』와 『에포하』의 편집과 발행을 위하여 부지런히 뛰었고, 아리시마의 예술가 소설 『우마레이즈루나야미(出れ出ずる悩み)』는 현재의 가난한 조선 작가가 매달리고 있는 것과 같은 '한 작가의 궁상스러운 신변잡사(身邊雜事)'를 초극한 산물이다. 우리도 그와 같은 도스토예프스키의 성실성과 아리시마의 큰 포부에서 배워야 한다는 것이다.

그 당시 조선문단에서는 '문단진흥책'이 활발하게 논의되고 있었다. 김한용의 「조선문단진흥책고(攷)」(1935)도 그 중의 한 편이다. 여기서 그는 조선문단부진의 '외재적'원인으로서 '일본 내지(內地) 출판물의 압박'과 조선경제의 후진성으로 인한 '사회생활의 불안정' 및 '문인(文人) 생활의 불안정'을 든 다음에, 문단 진흥책으로서 '일반 간행물의 질적향상'과 원고료의 우대 및 '권위 있는 평단(評壇)'의 수립과 예술가의 '희생적 정신의 필요' 등을 들었다.[4] 김한용이 제시한 문단 진흥을 위한 정책에 대하여 이상은 다음과 같이 비판했다.

> (그가 제기한) 문제는 다른 어떠한 정책론과도같이 결코 흥미를 끌지 못하는 것이다. 왜 그러냐 하면 정책론이란 현존하는 질서를 무시할 때는 理想이거나 위험한 文字로서 용납되지 못하는 것이고 현존하는 질서를 시인할 때에는 平坂的인 개량주의 이론밖에는 안 되는 때문이다.[5]

---

4 김한용, 「조선문단진흥책고」, 『조광』, 1935, 173-180쪽.

5 이상, 「운명적으로 무미한 문단 정책론 수삼」, 《정본 이상문학전집 3》, 소명출판, 309쪽.

인용에서의 '현존하는 질서'는 일제의 조선 통치를 위한 '질서'다. 그것을 무시하는 문학은 총독부가 위험시하는 반체제적인 문학('문자')이어서 용납되지 못하고, 그것을 긍정하는 이광수 같은 개량주의자의 문학은 천편일률적인 것이어서 가치가 없다는 것이다. 김한용은 총독부의 경찰정치를 간과했던 것인데, 이는 그가 〈카프〉가 무너진 판국에서 긴급하게 필요해진 것은 〈카프〉를 대신할 반체제문학이라는 점을 간과했다는 것을 의미한다. 이상이 「문학을 버리고 문화를 상상할 수 없다」를 쓴 것도 '카인 말예의 죄업'을 고발하듯이 상기시키는 동시에 그런 반체제문학을 제창하기 위한 것이기도 했다.

> (……) 작가는 작가 된 자격에서 마땅히 해야 할 궁리가 또 있을 것이다. 이래도 견딜 수 있었느냐 하는 것이 가장 진실되고 행동적인 문학의 徒의 최후의 시금석이(요), 힘든 짓을 해내자니 聖書는 벌써 다 살코기로 바꾸었을 것이다.(「문학을 버리고 문화를 상상할 수 없다」, 3, 251)

너무나 견디기 힘든 일제의 압력을 이겨내는 것이 '가장 진실되고 행동적인' 작가의 마지막 '시금석'이어서 그런 문학을 위해서는 '성서'를 파는 불경죄를 범할지라도 어떤 권위에도 복종하지 않겠다는 결의를 말한 것이다. 그 결의를 실천한 이상의 작품이 그의 아나키즘적 소설 3부작 「단발」, 「슬픈 이야기」, 「실화」인데 이를 예고한 글이 「문학과 정치」라는 평론과 「서간(2)」이다.

「문학과 정치」에서 이상은 '정치라는 힘이 참 큰 것을 안다. 그것이 젊은 우리 제네레이션의 살에 스며서 切切하거니와, 그렇다고 펜과 원고지를 내던지면 제 풀에 정치가가 되는 줄 알았다가는 잘못이'라는 것, 그리고 '정치가 목적으로 삼아지는 문학을 문학의 第一義로 여기는 습관'이 다행히도 유행하지 않게 된 상황을 반가운 일로 여기고 있다.

그러나 우리는 이상이 '정치'의 위력과 그것의 '절절'한 체험을 말한 것에 주목할 필요가 있다. 그 점을 염두에 두어야만 이상이 고집스럽게 작품을 통해 보여주리라고 장담한 '악취미지극(惡趣味之極)'의 참뜻이 밝혀진다.(「문학과 정치」, 3, 259) 그것은 그가 「서간(2)」에서 김기림에게 말한 소설, 곧 "소설을 쓰겠오. 「우리들의 행복을 신(神)에게 과시해주는」 그런 해괴망칙한 소설을 쓰겠다는 이야기요. 凶計지요?"라고(「사신2」, 3, 226) 말했을 때의 '해괴망칙한 소설'과 관련되어 있을 것이다. 그 '악취미'는 '신'의 권위에 도전하는 '흉계'의 실현이다. 물론 그 '신'은 조선통치자로서의 일본왕, 또는 그 대리역인 '조선총독'이며, 그에게 도전하는 '흉계'는 다른 어느 소설보다도 아나키즘적인 소설 「실화」(1936)를 통하여 예증될 것이다.

11
「동해」의 정치적 의미

이상은 동경에서 안회남에게 보낸 편지에 "「동해」는 冷汗二斛의 劣作이오"라고(「서간9」, 3, 239) 말했다. 과연 그럴까?

이상의 단편소설 「동해」(1936)가 제기하는 문제는 이중적이다. 표층적 문제는 '간통'이지만, 심층적 문제는 '정치'와 관련되어 있기 때문이다. 주인공과 직접 관련된 그의 아내 '임이'와 '尹'의 간음이 형성한 삼각관계가 「동해」의 플롯을 진행시켜가고 있고 이 문제는 이해하기 어렵지 않다. 그러나 정작 이상의 보다 중요한 관심사인 정치적 문제는 그 삼각관계의 이면에 감쪽같이 숨겨져 있기 때문에 눈치채기가 쉽지 않다.

「동해」는 간통소설로서는 특이한 성격을 과시하고 있다. 일반적으로 간통은 그 당사자가 사회의 이목을 피하기 위하여 비밀을 지키는 사건이다. 그것은 당자들 외에는 알려지지 않으며, 소설의 중간이나 결말에서 폭로된다. 이것은 톨스토이의 『안나 카레니나』, 플로베르의 『보바리 부인』, 호손의 『주홍글씨』, 스탕달의 『적과 흑』 등 유명한 간통 소설에 공통된 일이다. 가령 보바리 부인과 루돌프의 간통은 남편 샤를 보바리에게 철저히 숨겨진 비밀이다. 그런데 「동해」에서는 '임이'와 '尹'의 간통이 주인공에게 오히려 뻔뻔하게 과시되곤 한다. 심지어 주인공은 아내의 간통이 초래하기 마련인 심한 굴욕을 느끼지도 않는다.

따라서 그 간음은 우리가 상식적으로 알고 있는 '간음'과 상당한 거리가 있다. 그렇다면 그런 성격의 불미한 사건을 설정한 동기는 무엇인가? 이상은 그 간음을 「동해」 작자의 정치적 의도를 은폐하기 위한 편리한 장치로 삼았던 것이다. 따라서 우리는 「동해」를 읽을 때 주인공('나')과 '尹' 및 '임이'의 관계에서 이들의 삼각관계와 얽혀있는 정치적 의미를 추구해야 한다. 이들의 성격도 그 과정에서 밝혀져야 한다. 다음을 읽어보자.

> 발음 안되는 글짜처럼 생동생동한 임이는 내 손톱을 열심히 깎아주고 있다. 「맥수가 가축이 되려면 이 흉악한 毒牙를 剪斷해 버려야 한다」는 美術的인 권유임에 틀림없다.(「동해」, 2, 266)

인용에서의 '나'가 '흉악한 독아'로 비유된 '손톱'의 소유자임이 밝혀지고 있거니와 이 갑작스러운 폭로의 암시적 의미는 「동해」를 다 읽은 뒤에야 해명된다. '나'는 '尹'으로 상징된 '파시즘'과 싸우는 지하운동자였던 것이다. 물론 그것은 '尹'의 성격이 판명되어야만 알 수 있기 때문에 「동해」라는 텍스트 전체의 읽기가 필요해진다. 그러나 "나는 조심도 할 줄 모르는 野人이니까 半쯤 죽어야 겁적대이지 않는다"는 구절은 '나'의 성격을 암시한다. 결국 '나'는 평소 「동해」의 허두에 나오는 "유구한 세월에서 눈 뜨자 보니 교외 乾淨한 방에 누워 자급자족하고 있다"는 구절이 암시하듯이 초속적(超俗的)인 외로운 작가인 동시에 반체제 투쟁에 대범스럽게 몰래 종사하고 있었던 것이다. 따라서 이와 같은 '나'의 자기 모순적 성격을 염두에 두면서 '임이' 및 '尹'과의 관계를 알아보아야 한다.

'나'와 가장 가까운 사이는 물론 아내 '임이'다. 이제까지 「동해」 연구자나 독자에게 그녀는 단지 남편을 배신한 '尹'의 정부(情婦)에 지나지 않지만, 실은 그렇지 않다.

> 「임재는 刺客입니까요?」
>
> (나의) 서투른 西道 사투리다. 얼굴이 더 깨끗해지면서 가느다랗게 잠시 웃더니, 그것은 또 언제 갖다 놓았던 것인지 내 머리맡에서 나쓰미깡을 집어다가 그 칼로 싸각싸각 깎는다.
>
> 「요곳 봐라!」
>
> 내 입안으로 침이 쫘르르 돌더니 불현듯이 농담이 하고 싶어 죽겠다.
>
> 「가시내애요. 날쫌 보이소, 나캉 결혼할낭기요? 맹서듸나? 듸제?」
>
> 「융(尹)이 날로 패마주뭉 내사 고마 마자 주울란다. 그람 늬능 우앨랑가? 잉?」(2, 259-260)

인용을 통하여 우리는 임이의 성격 및 그녀와 '尹'의 관계의 정체를 알 수 있다. '임이'는 이미 '나'의 신부인 채로 '尹'을 매저키즘적으로 사랑하고 있다는 사실이 '나쓰미깡' 깎기의 은유로 암시되고 있다. '나쓰미깡'은 그 크기가 '귤'보다 크고 씨가 있고 껍질이 두꺼워서 칼로 깎으며 일본이 원사지인 귤의 일종이다. 인용에서는 임이가 자기 몸뚱이의 은유인 '나쓰미깡'을 스스로 깎는 것을 '尹'의 칼부림으로 자기가 죽는 것과 동일시한다. 그녀는 '尹'의 잔인한 학대를 즐기고 싶은 것이다.

그러면 왜 하필이면 '임이'를 '西道' 여자로 내세우고 '나'(李箱)도 그곳 사투리를 모방했을까? '西道'는 근세 조선에서 지역 차별정책의 피해지이다. 홍경래의 반란이나 허균의 『홍길동전』 무대가 '서도'인 것도 당연하다. 「산촌여정」(1935)에서도 항일적 작가의 고향이 '서도'다. 「동해」에서 제국주의적 파시즘의 침략의 희생자가 임이로 상징된 '조선'이라면 그 피해자의 고향은 '서도'임이 바람직하다. 일제의 민족차별은 그 지역차별의 연장선 위의 정책으로 여겨질 수 있기 때문이다. ('尹'은 서울내기다.) '임이'가 비정상적이요 너무도 뻔뻔스러운 간통자이면서도 그녀의 또 한 면인 순진무구성에 '나'가 동정하고 감동하는 것도 그녀가 조선의 비극과 깊이 관련되어 있었기 때문이다.

이상은 '임이'와 '尹'의 관계를 정치적인 관점에서만 관찰하지 않는다. 생리적인 욕망을 무시하지 않는 그들의 관계를 '장난감 개' 및 '만년필'을 통하여 은유적으로 암시한 것도 그 때문이다. '장난감 개'의 별명은 'DOUGHTY DOG'(용감한 개)요, '나'와 '尹'이 보는 앞에서 임이가 그 장난감의 '스프링'을 감아주는 것은 '장난감 개'가 '성욕의 기계'와 같은 '尹'과 '임이'의 은유여서 '尹'의 성욕을 돋구어주는 것과 같다. 그래서 '나'는 그런 발칙한 행동을 '죄 씨인'(죄로 갈 장면)이라고 말한다.

'尹'이 제국주의적 침략자의 화신임을 '尹'과 '임이'와의 육체관계와 관련시켜 암시한 것도 간통소설이자 정치소설이기도 한 「동해」의 이중성격으로 볼 때 당연시된다.

(……尹은 혹은 植物과 같이 人文을 떠난 防彈조끼를 입었나) 그러나 尹!

들어보게. 자네가 모조리 핥었다는 임이의 나체는 그건 임이가 목욕할 때 입는 비누 듀레스나 마찬가질세! 지금 아니! 전후후무하게 임이 별거숭이는 내게 독점된 걸세, 그러게 자넨 그만큼 해 두구 그 병정구두 겉은 교만을 좀 버리란말일세. 알아듣겠나(2, 274)

「동해」의 정치소설적 성격을 입증하는 결정적으로 중요한 은유가 '식물과 같이 人文을 떠난 방탄조끼'다. '인문'은 '인문주의적 문화'의 뜻으로서 그것을 배척한 국가가 독일 이탈리아 및 일본이라는 파시즘 국가요, '방탄조끼'는 그 국가들의 '군국주의'를 암시한다. 이 은유들은 1935년 파리에서 열린 〈문화옹호 국제작가대회〉의 영향을 뚜렷이 입증하거니와, 그 영향으로 이상이 쓴 에세이가 「문학을 버리고 문화를 상상할 수 없다」와 정치평론 「자유주의에 대한 하나의 구심적 경향」이었다. '병정구두 같은 교만'도 '군국주의자의 교만'이란 뜻으로 그는 이미 초기작 「AU MAGASIN DE NOUVEAUTES」와 「오감도 시 제15호」에서 언급된 '군화'를 통하여 일제의 군국주의를 풍자적으로 비난한 적이 있었다.

휴머니즘이 파시즘을 적대시하는 것은 파시즘이 인류의 보편적 가치로서의 '정의'를 함부로 침범하기 때문이다. 「동해」에서도 '尹'과 '임이'의 간통은 정치적인 함의가 농후하기 때문에 그것을 '정의'의 이름으로 규탄한다. 다음은 '나'가 '尹'에게 한 말이다.

그렇지만 자네는 만금을 기울여도 이젠 임이 나체 스냅 하나 보기도 어려울 줄 알게. 조꿈도 사양할 게 없이 구구루 나허구 竝行해서 온전한 正義를 유지허능게 어떤가? (2, 275)

인용에서 이상은 '임이 나체 스냅'을 언급함으로써 「동해」의 간통소설로서의 성격을 유지하고 있지만, 간통이나 삼각관계를 그 범주가 다른 '정의'라는 정치적 문제와 관련시켰는데, '간통'과 비교할 수 없을 정도의 무게를 '정의'에 두고 있음은 두말할 것도 없다. 그 '정의'의 문제를 '나'와 평등한 입장에 서서('병행') 반성해보자는 것이다. '정의'의 유지는 '나'가 '임이'의 정당한 남편임을 인정한다는 뜻과 동시에 '정의'를 위반한 '尹'의 간통을 고발한다는 뜻이요, 전자보다 후자에 무게가 실려 있다. 이 권유에 대한 '尹'의 답변이야 말로 그의 정치적 정체를 폭로하고 있다는 점에서 중요하다.

> 二着 열번 헌 눔이 아무래도 一着 단 한 번 헌 눔 앞에서 고갤 못드는 법일세, 자네두 그만헌 예의쯤 분간이 슬듯헌데 왜 그리 바들짝바들짝허나 응? (중략) 즉 말허자면 마지막 물건을 단 한 번 건드리구 난 다음엔 당장 눈앞에서 그 여자가 싫여지는 성질일세, 그건 자네가 아주 바루 정의가 어쩌니 허지만 이거야말루 내 정의에서 우러나오는 걸세, 대체 난 나버덤 낮은 인간이 싫으예.(2, 275)

인용을 통하여 이상은 우승열패 식의 사회진화론을 선호하는 인간의 제국주의적 경향을 비판하고 있다. 그들은 예외없이 서열주의자여서 자기의 대립자나 지위가 낮은 인간에 대한 이해심과 관용이 있을 수 없다. '일착'이나 '이착'(선수)은 인간의 삶을 치열한 생존경쟁의 세계로 간주한다는 것을 말해준다.

따라서 '나'는 다음과 같이 응수한다.

「一着 선수여! 나를 列車가 沿線의 小驛을 자디잔 바둑돌 묵살하고 통과하듯이 무시하고 통과하여 주시기를 바라옵나이다」
순간 임이 얼굴에 毒花가 핀다. 응당 그러리로다. 나는 二着의 명예같은 것은 요새쯤 내다버리는 것이 좋았다. 그래 얼른 릴레를 기권했다. 이 경우에도 어휘를 탕진한 방랑자의 자격에서 恐懼 横光利一氏의 出世를 사글세 내어온 것이다.(2, 281)

'연선의 소역'들을 묵살하고 통과하는 '열차' 곧 '급행열차'는 이상의 「날개」와 「첫 번째 방랑」에서의 '급행열차'와 마찬가지로 약소국을 침략하는 제국주의 국가의 상징으로서 그 기차가 묵살하고 지나간 '소역'들은 '조선'이나 '아일랜드', '콩고'같은 약소국의 은유다. 이상은 그 인용을 통하여 침략자 일본을 규탄한 것이다. '임이'가 '일착선수'에게 한 '나'의 의도적인 자기비하적 부탁을 듣고 반갑게 웃는 것을 '독화가 핀다'고 비유한 것은 그녀가 독살스러운 제국주의적 침략의 메저키즘적 협조자임을 암시한 것이다. '이착의 명예'를 기권한 시기를 '요새쯤'이라고 명시한 것이 주목된다. 그것은 1936년('요새쯤')이 파시즘의 횡포가 발호한 해임을 암시하기 때문이다. '尹'에게 한 부탁을 '바라옵나이다'라고 경어(敬語)조로 말하고 '横光利一'의 작품을 이용한 것을 '恐懼'(죄송하옵게도)라고 변명한 것은 '나'가 어릿광대적인 자기비하도 능란하게 할 수 있는 작가임을 입증한다.(横光利一의 '출세작'은 '열차가 (……)'를 그 허두에서 언급한 단편소설 「배와 머리」다.)

「동해」에 등장시킨 'T'는 '나'의 분신으로서, '尹'이 임이와 함께 눈 앞에서 사라졌을 때 서울의 극장에서 'T'가 건네준 '서슬 퍼런 칼'은 그들에 대한 복수의 권유와 같다. '나'는 그 간통자들을 살해하느냐 아니면

'자살'하느냐의 실존적 선택의 기로에 서게 된다. 그러나 '尹'을 죽이는 것은 쉽지 않고, 임이가 '尹'의 애인으로서 죽는 것도 꼴사납다. 다음이 「동해」의 결말이다.

> 내 비겁을 조소하듯이 다음 순간 내 손에 무엇인가 뭉클 뜨뜻한 덩어리가 쥐어졌다. 그것은 서먹서먹한 표정의 나쓰미깡. 어느 틈에 T君은 이것을 제 주머니에다 넣고 왔던구.
> 입에 침이 쫘르르 돌기 전에 내 눈에는 식은 컵에 어리는 이슬처럼 방울지지 않는 눈물이 핑 돌기 시작하였다.(2, 282)

'뭉클 뜨뜻한 덩어리(나쓰미깡)'는 '임이'의 나체의 은유다. 그것을 쥐는 순간 눈에 눈물이 어리기 시작한 것은 '尹'의 순진한 피해자로서의 그녀를 상기한 때문이다. 그녀도 '나'와 똑같은 일제 식민지 원주민이다. 그 '나쓰미깡'의 '표정'에서 '서먹서먹'한 거리감이 느껴지자 그녀가 더욱 그리워지고 연민의 정을 느끼게 된 것이다. 그 연민은 노장사상의 영향을 받고 있다. 간통한 자들에 대한 강경한 복수('칼')를 이기는 것이 그 '눈물'이다. '눈물'은 '水善利萬物而不爭'라는 『노자』의 말에[1] 나오는 물과 같다. 만물을 이롭게 할 뿐, 자기자신을 위하여 남과 다투지 않는다. 그러고 보면 「동해」의 작중 사건은 노장적인 '교외 건정한 방'에서 시작하여 역시 노장적인 임이 사건의 해결로써 끝맺고 있다. 이런 작중 사건의 우로보로스적인 구성은 이상의 「종생기」, 「지주회시」, 「실화」 등에서도 볼 수 있는 것이었다. 이상에게는 소설의 구조도 자

---

1 「老子」, 장기근 옮김. 『노자 · 장자』, 삼성출판사, 1977, 57쪽.

연현상처럼 무한하게 순환적인 것이어야 했다.

그렇다고 해서 「동해」의 정치적 의미가 소홀하게 취급되면 안 된다. 이 소설은 정치적 의미를 간직하면서 끝나고 있기 때문이다. 'T군'이 '나'에게 준 '칼'의 이면에 정치적 함의가 깔려 있는데, 곧 간통자들에 대한 복수의 칼은 정치적 의미의 '의검(義劍)'이기 때문이다.

다음은 '尹'을 만나기 전에 임이와 함께 교외의 민박집에서 기거할 때의 독백이다.

> 내게는 歲月조차 없다 (……) 나는 또 무엇을 먹고 살았는지 생각이 나지 않는다. 이슬을 받아 먹었나? 설마. (……) 그런데 이상한 것은 그 시절에 나는 배가 고픈지 안 고픈지를 모르고 지냈다면 그것이 듣는 사람을 능히 속일 수 있나. 거짓부렁이리라.(「동해」, 2, 265-266)

인용에서 문제가 되는 구절은 '이슬을 받아 먹었나?'인데 그 '이슬을 받아 먹'은 인간이 초속적(超俗的)인 고결한 인격자를 은유한다면, 이는 김만중의 『구운몽』에서 언급된 '소나무에 내리는 이슬'에서[2] 암시된 것으로 볼 수도 있지만, 문맥상 「오감도 시 제10호 '나비'」의 주석에서 언급한 '죽은 자들'을 재생시키는 '생명의 이슬'로 보아야 할 것이다. 그는 '자급자족'한 무심무욕한 '건정'한 생활을 지향한 동시에 파시즘에 저항하는 지하운동가이기 때문이다.

그러면 「동해」에서 간통소설의 주제와 공존하는 반체제적 저항의 수단은 무엇인가? 이 문제에 대한 해답도 간통자로서의 '임이'의 거동

---

2 김만중, 『구운몽』, 이가원 주석, 연세대학교 출판부, 1970, 124쪽.

과 연관하여 제시되고 있다.

> 폭풍이 눈앞에 온 경우에도 얼굴빛이 변해지지 않는 그런 얼굴이야 말로 인간고의 근원이리라.(「동해」, 2, 271)

'나'는 작가이기 때문에 '인간고'는 작가로서의 고민을 의미한다. 그런데 '폭풍'이 닥쳐왔을 때 안색이 '임이'의 경우처럼 변하지 않았다는 실토에서 '폭풍'은 「동아일보」가 후원한 '브나로드운동'의 은유다. 그 운동을 반영한 소설이 이광수의 『흙』, 심훈의 『상록수』 및 최서해의 『호외시대』다. 그러나 이상이 염두에 둔 것은 명색만 같을 뿐, 본질은 확연히 다른 1870년대 러시아의 '나르드니키 지식인'들이 '폭풍'처럼 전국적으로 일으킨 '브나로드 운동'이었음에 틀림없다. 그 운동에 충격을 받기는 고사하고 오히려 태연했다는 것이지만, 그게 이제 와서는 고민거리가 된 것이다. 바로 이어지는 다음과 같은 반성이 그것을 입증한다.

> 실로 나는 울창한 삼림 속을 진종일 헤매고 끝끝내 한 나무의 인상을 훔쳐오지 못한 환각의 인(人)이다. 무수한 표정의 말뚝이 공동묘지처럼 내게는 똑같아 보이기만 하니 멀리 이 분주한 초조를 어떻게 점잔을 빼어서 구(救)하느냐.(「동해」, 2, 271)

「동해」에 콜라주처럼 끼워 놓은 위의 인용은 매우 유명해져서 최재서와 김윤식을 비롯하여 여러 명의 이상연구자들이 그 숨은 뜻을 해명해왔다. 가령 김윤식은 인용에서의 '환각의 인'을 헤겔의 『법의 철학』 서문에 나오는 비생명적인 '회색'일 수밖에 없는 철학적 이론의 세계, 혹은

'관념'적 세계의 인간과 같다고 하면서, 그런 인간을 「동해」에 등장시킨 것은 '(한국)사상계의 대사건의 하나'라고 추켜세웠는데, 그런 해석은 인용의 '울창한 숲'이 괴테의 『파우스트』에서 메피스토펠레스가 말한 '황금나무'와 같은 뜻이라고 본 해석과 마찬가지로 터무니없는 견강부회다.[3]

'울창한 삼림'은 '브나로드 운동'을 다룬 투르게네프의 소설 『처녀지』에서 파클린이 한 말로서 '브나로드'운동원이 반드시 계몽하고 제휴해야 할 '민중'의 은유다.[4] 그 '삼림'이 이상에게 의미심장했던 것은 그 '삼림'으로 비유된 '민중'이 러시아의 식민지 폴란드의 피압박 원주민이기 때문이었을 것이다. 그러나 이상에게 그 '삼림'의 나무들은 '무수한 표정의 말뚝' 또는 '공동묘지'의 무덤들처럼 개성이 없는것들로 보였던 것인데 이는 투르게네프의 『아버지와 아들』의 영향을 받고 있다. 주인공 바자로프는 안나 세르게브라에게 '인류의 표본만 있으면 다른 모든 인간을 판단할 수 있습니다. 사실상 인간은 모두 숲속의 나무들과 같지요. 따라서 식물학자는 나무줄기를 개별적으로 연구하지 않습니다'[5]로 말했던 것이다. '관념적 인간'('환각의 인')이었던 자기를 뉘우치게 되자 '초조'해졌고, 이상은 그런 '초조'에서 벗어날 수 있는 길을 모색하게 된 것이다. 인용이 중요한 것은 그것이 이상의 러시아 '브나로드 운동'과 관련된 고민을 암시한 점에 있고, 다름 아닌 「동해」의 정치소설적 주제와 작중 사건을 통하여 그 고민의 해결책도 정치적 성격의 것이리라

---

3 김윤식, 「「동해」 해제」, 《이상문학전집 2》, 문학사상사, 285-286쪽.

4 투르게네프, 『처녀지』, 김학수 역, 범우사, 1990, 33쪽.

5 Turgenev, *Fathers and Sons*, trans. C.J. Hogarth, Everyman's Library, 1955, p.144.

고 암시되고 있기 때문이다. 이를 입증할 소설이 「단발」이다.

간통소설적 주제와 정치소설적 주제가 공존하는 「동해」의 이중적 성격은 이 소설의 제목에서도 반영된다. '童骸'에는 '소년'('동')이 동시에 '해골' 같은 극노인이라는 역설적인 의미가 있으며, 이러한 역설은 이미 「종생기」의 '終生'에도 숨어 있었다. 이것은 모든 차별을 부정하는 노장사상의 반영이다. 「가외가전」의 화자인 '소년'은 동시에 '노야'요, 「종생기」에서도 '夭死'와 '老死'는 동일한 것이다. 「동해」 허두의 '유구한 세월'이라는 역설도 노장적인 것이었다. 그러나 '童骸'는 참혹한 제목이기도 하다. 그것은 '소년의 해골' 곧 '시체'를 암시하기 때문인데, 그런 함의는 일제식민지의 잔인한 공포정치와 직결되어 있다. 「첫 번째 방랑」에서 화자가 자신이 탄 만주행 열차를 '시체실(屍體室)'로 여긴 것도 그 열차가 일제의 만주 침략과 관련된 공포 분위기로 가득 차 있었기 때문이다. 그러나 그 '시체'의 적극적인 의미가 간과되어서는 안 된다. 항상 파국적 위기상황에 처해 있는 일제 식민지에서의 반체제적 저항자는 자기를 포함한 그 식민지 원주민을 일단 '시체'로 여김으로써 그의 저항 의지와 재생 의지를 암시할 수도 있기 때문이다. 사실상 '동해'라는 제목은 일제의 잔인한 식민통치를 직시(直視)한 결과인 것이다. 이상이 정치와 섹스의 깊은 관계를 통찰한 일제강점기의 유일한 작가임을 입증할 첫 번째 소설이 「동해」였다.

「첫 번째 방랑」에서 제국주의적 침략자의 상징인 특급열차 '히카리호'의 속도가 '절륜적'인 것이라고 여긴 것은 그 '절륜적'인 '성욕'으로 제국주의 국가가 침탈한 약소국의 상징인 그 나라 여자들을 줄기차게 성폭행했음을 암시했었다. 여기에 정치와 섹스의 잔인한 폭력적 관계에 대한 통찰이 나타나고 있지만, 이때만 해도 그가 지적한 관계는 추상적인 차원의 것에 머물러 있었다. 그 양자의 관계를 작중 인물을 통하여 제시한 첫 번째 작품이 「동해」였다. 여기서 사디스트 '尹'과 메저키즘적인 '임이'의 관계는 급행열차와 그것이 '묵살'하는 '소역'의 관계에서와 마찬가지로 제국주의적 식민지 정복자와 피정복자의 성적 관계와 같다. '임이'는 제국주의를 추종하는 인간형인 '尹'의 먹이였다. 이상은 이미 「산촌여정」(1935)에서 일제 식민지 여성이 모두 침략자의 성적 폭행의 대상일 수 있다는 것을 암시했었다. '빈부'를 안 가리고 '온갖 계급의 도시 여인'을 폭행할 수 있는 자는 식민통치자 외에는 있을 수 없기 때문이다. 그러나 이 경우도 특히 식민지에서의 정치와 섹스의 관계에 대한 언급은 추상적인 차원에 머물러 있었다.

나라의 정치적 권력자와 여자의 지배 · 피지배 관계를 폭로한 점에서 정치소설적 요소가 있는 우리의 기념비적 고전이 『춘향전』(완판본)이었다. 남원 부사로 취임한 변학도의 호색적 전횡이 풍자적으로 규탄되고 있는 『춘향전』의 영향이 문명비평적인 시 「가외가전」에 짙게 나타나 있다. 「가외가전」에서 조선 침략자의 상징인 도심지의 '육교'와 관련하여 '앵도가 진다'고 했을 때 그 '앵도'가 암시한 것은 젊고 예쁜 식민지 여성들이었다.

이처럼 이상이 여러 작품에서 일제 식민지에서의 정치와 섹스의 관계를 암시하곤 한 것은 그의 반일적 저항의 한 방법이었다. 그에게 '섹스'는 우리의 불가피한 생활환경을 조성하고 지배하기도 하는 정치, 특히 식민지에서는 원주민의 운명을 좌우하는 정치와 밀접하게 관련된 것이었다. 이상은 식민지의 침탈과 그곳에서의 지배 · 피지배 관계가 성적(性的)인 은유의 영역이기도 한 것을 통찰할 수 있었다. 강대국의 식민지 정복이 바로 피정복자국 여성의 강간이라는 사실을 개탄한 유명한 고전이 「에레미아 애가(5장)」였다.

앞에서도 몇 번이나 언급했듯이 「동해」는 간통소설이자 정치소설이기도 하지만, 작자의 노장적인 인생관이 관류하는 시적인 소설이기도 하다. 결혼한 날을 까맣게 잊어버릴 만큼 물리적인 시간관념에 초연한 화자의 세계에 「동해」 주인공은 향수를 느끼고 있다.

> 그러다가 유구한 세월에서 쫓겨나듯이 눈을 뜨면, 거기는 이발소도 아무데도 아니고 新房이다. 나는 엊저녁에 결혼했단다(……) 내게는 세월조차 없다.(2, 263)

그러나 이 소설 이후의 「날개」, 「지주회시」, 「단발」, 「슬픈 이야기」, 「실화」 등에서는 그런 향수를 내비치지도 않는다. 일제의 언론탄압은 더욱 심해졌고, 이에 맞선 저항 의지도 더 치열해진 때문이다. 노장적 인생관으로는 그 난국을 극복할 수 없다는 것을 통찰했기 때문일 것이다. 하기야 이상은 이미 「동해」에서도 다음과 같이 실토했었다.

> 나는 내 언어가 이 황막한 지상에서 탕진된 것을 느끼지 않을 수 없을 만치 정신은 공동이요, 사상은 당장 빈곤하였다. 그러나 나는 이 유구한 세월을 무사히 수면하기 위하여, 내가 몽상하는 정경을 합리화하기 위하여, 입을 다물고 꿀항아리처럼 잠자코 있을 수는 없는 일이다.(2, 279-280)

'유구한 세월'에 안주(安住)하거나 몽상적 정경을 감싸기 위하여 자기만족적으로 침묵하기에는 주변의 세계가 너무도 '황막'하고 일제의 탄압으로 인하여 '사상'은 위축되어 정신은 공허하다. 이 정신적 위기를 극복하기 위하여 쓴 작품이 실은 「동해」였던 것이다. 「동해」에 잠복한 반체제적 저항이 그 점을 입증한다. 따라서 「동해」는 이상이 김기림에게 보낸 편지에서 말한 '냉한삼곡(冷汗三斛)의 열작(劣作)'은 결코 아니었던 것이다.

12
문명비평 시 「가외가전」

이상 시의 정점(頂點)에 위치한 「가외가전」은 지금까지 이 작품에 상응하는 평가를 받지 못해왔다. '9인회' 동인지 『시와 소설』(1936)에 발표되었을 때도 이 시를 논평한 비평가는 없었다. 그의 시에 관심을 갖고 「운동」이라는 초기 시를 논평한 김기림조차 침묵했다. 이런 상황은 지금도 거의 여전히 계속되고 있는데 그 원인은 무엇일까? 이 시가 제기한 문제의 극도의 난해성 때문일 것이다. 또한 이 시가 상징적으로 제시한 문명비판을 겸한 민족적이면서 인류적인 휴머니즘의 통찰이 매우 어렵기 때문일 것이다.

문명비판에 대한 이상의 관심은 진작에 초기의 시 『十二월 十二일』, 「二人……1……」, 「二人……2……」 그리고 「AU MAGASIN DE NOUVEAUTES」에도 나타났지만, 원숙한 경지에 이른 시가 「가외가전」이다. 또한 이 시의 주제 해명을 위해서는 상호 텍스트들의 발견과 연구가 필요한데 이를 간과했기 때문에 지금까지 이 시에 대한 연구가 지연되어 오기도 했다.

또 하나 지적해 둘 것은 「가외가전」이 문명비평적인 시이기 때문에 그 주제는 정치, 경제, 문화 등과 관련되어 있다는 점이다. 따라서 이 시의 논평은 정치적, 경제적, 역사적 관점이 종합되어야만 가능한데, 이러한 관점을 채택한 이상 연구자는 한 사람도 없었다.

「가외가전」의 주제의 올바른 해석과 평가를 위하여 필수적인 방법을 언급했지만, 그것도 이 시에서 사용된 창작방법으로서 가장 중요한 상징어와 작중사건 구성 방법을 등한시한다면 부질없는 일이 되고 말 것이다.

또한 이 시에 나타난 문명비평적 요소의 하나인 동양적인 것은 반드시 주목되어야 한다. 대도시의 폭력적 소음과 대비되는 '편안한 대륙', 화자로서의 '소년'이 몹시 가난하게 살면서도 '육교' 위에서 유연하게 그 대륙을 조망하는 마음의 여유, 그리고 '소년'이 '노야(老爺)'라는 노장적인 비유, '페스트'와의 전쟁터 같은 도시의 관리자로서 노자(老子)의 영향을 받은 평화주의적 전술가 '손자(孫子)'를 내세운 점 등이다.

「가외가전」은 예언적이기도 하다. 이상은 제국주의와 섹스의 깊은 관계를 '육교'를 통하여 암시했기 때문이다. 옛날부터 강대국의 식민지 침탈은 피침략국 여성의 강간과 다름없고, 그 통치자가 이러한 성폭행의 상습범이었다는 것은 500명이 넘는 여자를 거느렸다는 '징기스칸'으로 입증된다. 조선 강점 지배자도 은유적으로는 영토 여자들의 강간 상습범이었고, 그 피점령지의 많은 여성은 '태평양 전쟁' 때 일본군대의 성노예가 되었던 것이다. 이를 예언한 시가 「가외가전」이다.

「가외가전」에서 가장 중요한 폭력은 일제의 국가 폭력('육교')과 자본주의 경제의 폭력이며, 이 가운데 국가 폭력의 은유가 '페스트'다. 이상의 극단적 상상력이 옹호한 휴머니즘은 그 폭력에의 대응책이었다.

「가외가전」은 그 제목부터 문제가 된다. 얼핏 보아서는 '거리의 바깥 거리에 관해 전해들은 이야기'의 뜻이지만, 그 '바깥'('外')의 상징적 의미가 중요하다. 그것은 '소외'와 동시에 그 소외상황의 부정, 그리고 거기서의 '탈출의지'까지도 암시한다. 그 주역은 밤거리의 창녀들과 역병환자들이요, 이와 같은 '소외'와 '탈출' 또는 그들의 구제까지의 과정이 이 시에 담겨 있다. 그러나 그런 작중 사건을 대하는 작자의 시각은 문명비판적인 성질의 것임이 주목되어야 한다. 선진적 문명을 악용하여 약소국을 침탈하는 제국주의자의 도덕적 타락상과 핵심적 작중 사건의 하나인 역병(페스트)의 문명사적 의미로 인하여 「가외가전」은 문명비판적인 시가 되었고 이 점에서 T.S. 엘리엇의 「황무지」와의 유사성이 있기도 하다. 이 시의 영향을 받았음에 틀림없는 김기림의 「기상도」(1935)도 문명비평적 요소가 있지만, 그것은 그런 시에 기대되는 수준에 미치지 못하고 있다. 이상은 「가외가전」을 쓸 때 「기상도」를 능가하는 문명비평적인 시를 쓰고자 하는 의욕이 있었을 것이다.

그러나 「가외가전」을 쓴 목적은 문명비평만이 아니라 일제 통치에 대한 저항에도 있었는데, 이를 입증하는 작중 사건도 큰 도시의 '육교'와 관련하여 일어난다.

> 他人의 그림자는 위선 넓다. 微微한 그림자들이 얼떨결에 모조리 앉아버린다. 앵도가 진다. 種子도 煙滅한다.(1, 64)

'타인'은 한국민족에게 '타자'인 한국 침략자의 뜻이요, 그의 '그림자'가 '넓다'는 것은 그의 '세력 범위'가 넓다는 뜻으로서 일제의 영토 팽창 정책을 암시한다. '미미한 그림자'는 '타인의 그림자'에 압도된 그 존재감마저 미약한 식민지 원주민의 은유다. '앵도'는 그 식민지의 젊고 예쁜 처녀의 비유로서 『춘향전』에서 옥중(獄中) 춘향의 악몽중의 하나였던 '앵도가 진다'를 인용한 것으로 마치 남원 기생들('앵도')이 변학도의 수청을 들었듯이 '육교'로 상징된 조선 통치자의 성(性)노예가 된다는 뜻이다. '종자'는 한국 민족의 종족 보존을 위한 '종자'로서 그 '종자'가 '자취도 없이 사라지리라'는 언급은 극악한 일제통치로 인한 한국민족 전멸을 예고한 것이다. 이 시에서는 '유곽'에 몰려간 일본인과 관련된 사건, 특히 그곳 창녀 '노파'의 매음이라는 '노역(勞役)'도 언급되고 있는데 이로써 볼때 「가외가전」의 한 충격적 공로는 이상이 제국주의적 침략과 '섹스'의 필연적 관계를 바로 이 시에서 다루었다는 점일 것이다.

「가외가전」이 탁월한 문명비평적인 시가 될 수 있었던 요인의 하나는 항일적인 주제를 문명비평 속에 편입시킨 점에 있었다. 또한 이 시에 나타난 문명비평적 요소의 하나는 동양적인 것과 서양적인 것의 대조적 병치였다. 가령 대도시의 소음과 식민지 침탈로 인한 사회적 혼란은 화자인 도시 유민(遊民)으로서의 '소년'과 관련된 노장(老莊)적 사상과 대조적이다.

> 모두소년이라고들그러는데老爺인氣色이많다(……)그러니까陸橋위에서또하나의편안한大陸을내려다보고근근히산다.(1, 64)

화자가 '근근히산다'는 것은 일제 강점기 한국인 대부분의 곤궁한 삶의 형편을 암시한다. 그런 처지에서도 노장사상이 몸에 배어 있기 때문에 '소년'은 '노야'와 동일시되고, 특히 조선통치자의 상징인 '육교'를 전망대로 삼아서 '편안한대륙'을 유연(悠然)하게 내려다본다는 것이다. '편안한대륙'은 가령 모든 것을 차별하지 않는 노장사상 또는 그것과 친근한 선(禪)불교의 고향인 중국대륙일 수도 있을 것이다. 이는 심한 민족차별 정책을 자행하는 일제에 대한 저항을 암시한다. '육교'의 의인화는 "다리는 강물 위를 성큼성큼 건너가는 거대한 체육선수와 같다"는 마리네티의 「미래주의 선언」에서 암시받은 산물임에 틀림없다. 자본주의 경제와 제국주의적 야욕이 결합된 식민통치의 상징인 '육교'와 동양사상의 대조적 병치는 또 하나의 충격적 사건에서도 반복된다.

> 화폐의스캔달—발처럼생긴손이염치없이노파의痛苦하는손을잡는다.(1, 65)

'발처럼생긴손'은 의미심장한 은유다. 정교한 예술작업을 할 수 있는 인류의 고차원의 능력('손')이 야만적인 행동('발')을 한다는 모순이 바로 무지막지한 제국주의적 침략을 하는 선진 문명국의 모순이지만, 그 피해자가 '노파'라는 것도 상징적이다. '노파'는 장구(長久)한 역사의 나라 출신이자 무욕담백한 노경(老境)을 존중하는 동양적 전통의 화신이기 때문이다. 그럼에도 불구하고 창녀로서 '화폐의스캔들'로 암시된 자본주의 경제의 희생물이 된다는 것이다.

'화폐의스캔달'은 자본주의의 죄악을 풍자적으로 비난하기 위한 뜻깊은 은유다. 그 '화폐'는 '노파'와의 성교를 위해 고객이 지불한 화대(花代)와 동시에 제국주의적 금융자본주의의 상징이지만, 그 '성교'는 '발같은손'으로 '통고하는' '노파'의 몸에 대한 폭행과 다름없기 때문에 '화폐의스캔달'이기도 하다는 뜻이 함축된다.

일제강점기는 일제 식민 통치에 시달리는 한국민족에게 개인적 차원과 민족적 차원의 해방을 위한 가혹한 시련의 시기였다. 이 민족에게 닥쳐온 시련이 '육교'로 상징된 식민통치자의 횡포와 심한 '가뭄' 및 최악의 역병인 '페스트'다. '가뭄'은 이상의 「산촌여정」, 「첫 번째 방랑」에서도 언급되었지만, 이상에게 영향을 주었을 엘리엇의 「황무지」에서도 말세적인 '황무지'에 나타나기 마련인 천재(天災)로 언급되고 있다. 「가외가전」의 문명비평적 주제의 뜻깊은 전개를 위하여 인류적인 재앙인 '페스트'가 사용되고 있지만, 이상이 그 역병을 '페스트'로 명시하지 않은 것은 한국문학에는 서양에서와는 달리 '페스트' 문학의 전통이 없기 때문일 것이다. 보카치오의 『데카메론』, 다니엘 디포의 『페스트 日誌』, E.A 포의 「붉은 죽음의 가면무도회」와 「페스트 王」, 카뮈의 『페스트』 등이 '페스트'를 다룬 소설로 유명하지만, 한국에는 그런 작품이 없는 것이다. 그러나 그 역병이 '페스트'임은 다음과 같은 구절로써 입증된다.

> 落雷심한그방대한房에는어디로선지질식한비둘기만까마귀한마리가날아들어왔다.그러니까剛하던것들이疫馬처럼픽픽쓰러지면서房은폭발할만큼精潔하다.(1, 65)

이 구절 앞에는 '눈에띄우지않는폭군이潛入하였다는소문이돌고 아기들이번번이애총이되고되고한다'(1, 65)고 언급되었는데, 불가시적인 '폭군'이 '페스트'요 '애총'은 그 전염병에 걸려 죽은 무고한 아동들의 무덤이다. '강하던것들'은 튼튼한 사람과 가축이며, 그것들을 '집단적으로 힘없이' 쓰러지도록 만드는 역병은 '페스트'뿐이다.

이상이 특별히 '페스트'를 한국인을 괴롭히기 위한 전염병으로 내세운 것은 '페스트'를 한국을 강점한 극히 '해로운 침략군의 은유'로 간주했기 때문이지만, 또 하나의 뜻이 있었는데 그것은 '페스트'가 고대부터 인류가 저지른 죄악에 대한 신(神)의 응징이라는 문명사적인 의미를 가지고 있기 때문이다. 따라서 조선민족을 괴롭히는 난세적 문제는 인류적인 성질의 것이기 때문에 문제의 해결을 위한 민족적 휴머니즘은 동시에 인류적 휴머니즘이어야 한다. 이를 상징적으로 입증한 것이 「가외가전」의 다음과 같은 결말이다.

> 궐련에피가묻고그날밤에유곽도탔다. 번식한그거짓天使들이하늘을가리고溫帶로건넌다. 그러나여기있는것들은뜨뜻해지면서한꺼번에들떠든다. 방대한房은속으로곪아서壁紙가가렵다. 쓰래기가막붙는다. (1, 65)

'궐련'은 '유곽' 방화범이 도시 유민(遊民)인 '소년'임을 암시한다. 그 방화는 죄악의 소굴인 유곽을 정화(淨化)하고 그곳의 피해자인 창녀들을 구원하기 위한 것이다. '거짓천사'는 반어적 표현이다. 난세에서는 순수하고 진실한 '천사들'이 오히려 '거짓천사'로 낙인 찍힌다. 그들이 이상향인 '온대'로 건너갈 때 '하늘'을 가린 것은 그들이 진정한 '천사들'이기 때문에 속세가 죗값으로 '암흑천지'가 되었다는 것을 암시한다. 인용문에서 가장 중요한 구절이 "방대한방은속으로곪아서벽지가가렵다"는 구절이다. 이 구절에서 생략된 주어는 이 시의 화자('소년')이다. '방대한방'은 '페스트'가 퍼진 '도시' 또는 그 '주민'의 은유요, '벽지'는 그들의 '피부'의 은유다. '벽지'가 곪아서 가려운 것은 화자가 주민들을 대신하여 '페스트'에 걸린 것을 암시하며, '벽지'에 또한 '쓰레기가막붙'은 것은 화자가 '페스트'로 죽은 환자의 집들에서 나온 '쓰레기'들을 온통 뒤집어 쓴 것을 암시한다. 그와 같은 자기희생을 통해서만 '역병'이 물러나고 그 '도시'는 재생할 수 있기 때문이다. 작자의 인류적 휴머니즘을 암시하는 이 속죄양의 발상에 가장 큰 영향을 준 것은 「이사야서」의 유명한 「종의 노래」(53장)였을 것 같다. 「가외가전」은 화자의 자기희생적 행동의 암시로 종교적 경지를 제시할 수 있었다.

「가외가전」이 감동을 줄 수 있는 것은 단지 그 주제만이 아니라 그것을 전개한 독특한 수법의 덕택이기도 하다. 이 시가 처음부터 끝까지 역동적인 작품이 될 수 있었던 것은 여러 가지 대립물의 상극적 대조나 갈등에 연유한다. 가령 동양적인 것과 서양적인 것, 일제의 죄악과 그 피해자, '페스트'의 오염과 그 정화(淨化) 등이다. 그러나 죄악은 반드시 죽음의 대가를 받는다는 도덕의식이 잠복되지 않았더라면 이 시는 높이 평가될 수 없었을 것이다. 그것은 '육교'의 붕괴에 대한 암시를 통하여 독자에게 전달된다.

그렇지않아도육교는또月光으로충분히天秤처럼제무게에끄덱인다.(1, 64)

'육교'와 '천칭'은 그 중앙에 교각('육교'의 경우)과 줏대('천칭'의 경우)가 있어서 모양이 비슷하기 때문에 '육교'가 '천칭'처럼 상하로 동요한다고 말했지만, 문제는 그 동요를 초래하는 '제무게'의 은유적 의미에 있다. 그것은 '육교'로 상징된 거대한 폭력 곧 한국을 강점한 일제의 죄악의 비유요, 다름 아닌 그 죄악으로 인하여 '육교'는 흔들리게 되는데, '그동요'가 '충분'하다는 것은 '육교'의 붕괴가 임박했음을 예시한다. 물론 그 붕괴는 필연적, 인과율적 사건이 아니라 개연적, 당위적 사건이다. '천칭'은 범죄자를 가려내는 정의(正義)의 은유이며, '월광(月光)'은 '황금의 빛'으로 '천칭'을 거룩한 '황금색 천칭'으로 보이도록 한다. '월광(月光)'으로 인하여 이 구절은 우아한 생기를 얻고 있다.

일찍이 T.S 엘리엇이 제임스 조이스의 『율리시즈』를 예로 들면서 현대작가에게 바람직한 창작방법으로서 '고대'와 '현대'를 평행시켜 오늘날의 세계적인 혼란과 무의미에 '질서와 의미'를 줄 수 있는 '신화적 방법'을 권장한 것은[1] 주지되어 있다. 과연 「가외가전」에서도 이상은 '육교'와 '유곽' 같은 이미지의 '현대'를 노장사상과 '노파'와 '손자(孫子)' 같은 '고대'를 평행시킴으로써 엘리엇이 말한 효과를 거두고 있다. 우리는 '페스트'에서도 '고대'와 '현대'의 신화적 평행을 직감한다. 그 최악의 역병이 『구약성경』과 「가외가전」에서 동시대적으로 언급되었기 때문이다. 「가외가전」의 성공적 제작은 그 주제만이 아니라 주제의 전개를 위한 수법의 덕택인 것이다.

우리는 이 시가 일제의 언론 탄압이 강화된 1936년에 그것도 '9인회' 동인지 『시와 소설』에 발표된 것을 주목할 필요가 있다. 이상은 가뜩이나 어려운 시기에 반체제적 요소도 농후한 작품을 감히 발표했던 것이다. 게다가 이 시의 정치적 성격은 비정치적 문학단체로 자처한 '9인회' 동인지에는 실상 어울리지 않는 것이었다. 따라서 「가외가전」은 '9인회'의 배반과 다름없었다. 그 배반을 감행하지 않을 수 없게 만든 것은 그의 문명비평적 시각과 민족적이자 인류적인 인도주의자의 양심이었다.

---

1 T.S. Eloit, "Ulysses, Order and Myth," (1923) *Selected Prose*, ed. by Frank Kermode, NewYork: Harcoust Brace Jovanovich, 1975, pp.177-178.

13
굴욕과의 대결:
「지주회시」와 「날개」

일제 강점기의 작가로서 이상만큼 굴욕에 민감한 작가도 없었을 것이다. 이는 『十二월 十二일』을 비롯한 여러 편의 작품이 입증한다. 그 점에서 그는 도스토예프스키를 닮고 있다. 그가 이 러시아 작가의 영향을 짙게 받은 심층적 이유는 그와 공유한 굴욕에 대한 과도한 민감성에 있었을 것이다. 앙드레 지드는 『도스토예프스키』(1929)에서 "도스토예프스키의 많은 작중 인물들이 병적이고 기괴하게 보이지만, 그 원인은 모두 그들이 전에 받은 어떤 굴욕에 있다"고[1] 말한 적이 있다.

이상의 경우 그 굴욕의 개인적, 정치적, 경제적인 추적해 볼 수 있다. 개인적 원인은 그가 절감했을 그의 출생의 굴욕이다. 그의 어머니는 길가에 버려진 고아였을지도 모른다. 그의 작품 속 기본적 주제의 하

1 앙드레 지드, 『도스토예프스키』, 정명환 역, 《앙드레 지드 전집 8》, 휘문출판사, 1970, 429쪽.

나가 탄생의 불행임은 시 「正式」이 보여주고 있으며 부친을 풍자적으로 조롱하고 저주하는 시도 「오감도 시 제5호」를 비롯하여 여러 편이 있다.

다음으로는 정치적인 굴욕으로서 이는 민족적 차원의 문제를 제기한다. 「단발」 제사(題辭)에 나오는 "박제가 되어버린 天才를 아시오"는 유명한 문장으로 일제통치로 인하여 조선인의 삶은 '천재'의 경우에도 인권이 박탈된 노예적인 것으로 전락해 버린다는 의미이다. 세 번째의 경제적 굴욕도 민족적 차원의 문제다. 『十二월 十二일』에서 일본으로 건너간 주인공('X')의 집이 '움집'이라는 것은 거의 모든 조선민족의 가난을 대표적으로 보여주는 예이다. 정치적, 경제적인 면에서 한국민족이 당하는 굴욕이 일제의 한국 식민지화에 그 근본적 원인이 있다는 것은 두말할 것도 없다. 사실상 이상의 중요한 작품에서 발견되는 실존적인 감정으로서의 굴욕도 그 원인은 마찬가지로 개인적, 정치적, 경제적인 성격의 것이다.

「지주회시」(1936)의 허두는 다음과 같다.

그날밤에그의안해가층계에서떨어지고—(2, 297)

우리가 당하는 굴욕에서 가장 통렬하고 강한 인상을 주는 것의 하나는 층계에서의 추락이다. 누군가의 힘으로 떠밀려 층계에서 굴러 떨어지는 것은 육체적으로나 정신적으로 타격을 준다. 인용문에 나타난 피해자가 카페 여급이라는 것은 그녀가 받은 굴욕의 가장 근원적 원인이 가난임을 알려준다. 도스토예프스키의 『가난한 사람들』, 『백치』 및 『카라마조프 형제들』에서의 층계추락은 주지된 사건으로, 「지주회시」에서의 나미꼬의 층계추락도 이 영향을 받은 발상인 듯하다. 물론 그 추락은 쉽게 지워질 수 없는 굴욕감을 그 당자에게 안겨줄 수밖에 없다. 이와 비교하면 아내가 추락으로 인하여 입은 외상(外傷)은 별로 중요하지 않다. 실상 그 사건으로 인하여 심한 충격을 받은 사람은 당자가 아니라 그녀의 남편일 것이다. 그에게는 굴욕감이 거의 일상화되어 있기 때문이다. 그의 수면과다증으로 나타난 극도의 권태는 그 굴욕의 소극적 해소책이다.

「지주회시」에서도 그의 중요한 작품의 공통점인 화자의 자기반성이 여전하다. 그것은 자기가 쓰는 작품의 서술방식이나 주제에 대한 것일 수도 있고 자기의 도덕성이나 인간성에 대한 것일 수도 있지만, 「지주회시」의 경우 굴욕이 핵심적 문제임으로 그것은 도덕적 반성이다. 그것이 어떤 문제에 대한 것이든 자기반성은 그의 도저한 작가적 성실성을 입증한다.

'6원짜리셋방'에 살 정도로 가난함에도 그런 세속적 문제에 초연하게 삶의 권태라는 늪에 빠져 있는 화자는 당장 그 삶의 기본적 요구조건인 '돈'과 관련하여 굴욕을 겪지 않을 수 없다. 그것은 생계를 위해 돈을 빌리면서 R회관 주인한테서 받은 굴욕이다.

> 빚「百원」을얻어쓸때그는아내를앞세우고이뚱뚱이보는데타원형도장을찍었다.그때 유까다를입고내려다보던눈에서느낀굴욕을오늘이라고잊었을까 그러나 그는 이게누군지도채생각나기전에어언간이뚱뚱이에게고개를수그리지않았나. 지금. 지금. 골수에스미고말았나보다. 칙칙한근성이—모르고그랬다고하면말이될까? 더럽구나. 무슨구실로변명을하여야되나. 에잇! 에잇! 아무것도차라리억울해하지말자—이렇게맹서하자.(2, 301)

R회관 주인('뚱뚱이')에게 돈을 빌릴 때 상대가 누구인지 생각하지도 않고 그에게 절을 한 게 '칙칙한(노예)근성' 탓이었을 것을 반성한 대목이다. 그 굴욕감을 더해준 것이 '뚱뚱이'의 '유까다'라는 일본 옷이다. 그것을 걸치고 있다는 것은 그의 친일적 경향을 암시한 것이어서 그런 경멸해야 할 인간에게 돈을 빌린 것을 창피해 한 것이다. 이 친일 한국인의 문제는 일제의 조선 지배를 상징하는 '경부보(警部補)'와 관련된 사건에서 다시 제기될 것이다.

종래「지주회시」연구자들이 간과한 중요한 문제중 하나는 '경부보'의 막중한 비중을 간과한 점이다. 그가 '나미꼬' 층계추락사건의 관련자들을 경찰서가 아니라 경찰서 '숙직실'로 불러서 조사한 것은 불법적인 일이다. 화자가 '이상하다'고 여긴 것은 그런 조사는 정상적 업무수행으로 볼 수 없기 때문이다. 그럼에도 그런 비정상적 행동을 할 수 있었던 것은 그가 막강한 권력자였던 덕택이다.

> 경찰서숙직실—이상하다—우선경부보와 순사 그리고吳R카페주인,그리고과연양돼지와같은범인—(저건내라도양돼지라고자칫그리기쉬울걸) 그리고 난로앞에새파랗게질린채로쪼그리고앉아있는새양쥐만한아내—그는얼빠진사람모양으로이진기한—도저히있을법하지않은컴비네션을몇번이고두루살펴보았다.(2, 310)

너무나 황당해 보인 '컴비네션'은 전형적인 식민지적 광경이다. 강력한 식민지배와 약소한 피지배의 잔인한 역학관계를 적나라하게 드러낸 이 코미컬한 군상(群像)의 광경은 실상 화자에게는 굴욕적인 것인데, 이 '컴비네션'에서 가장 약한 인간은 '새양쥐'에 비유된 '아내'다. 화자가 나미꼬의 '정당한 남편'의 자격 유무와 '이름'을 묻는 '경부보'에게 '한없이공손히고개를숙여'준 것은 어릿광대적 자기비하를 통하여 그의 권세를 풍자한 것이다. 실상 '경부보'는 '정당한' 법률집행자가 아니었기 때문이다. 카페 여급이 말대꾸를 했다는 이유로 A취인소 전무('양돼지')가 그녀를 층계 아래로 걷어차는 세상에서 '구더기' 같은 인간으로 자기를 비하해온 작가로서의 '그'가 취할 수 있는 최선의 전략은 어릿광대짓이었다. 과연 '경부보'는 뇌물을 받고서 '범인'(A취인소 전무)을 풀어주었을 뿐 아니라 화자의 신원 파악도 하는 둥 마는 둥 해버린다. 그러나 '경부보'로 상징된 일제의 국가 폭력에 대한 어릿광대적 대응은 그가 절감한 굴욕에 대한 최선의 해소책은 결코 될 수 없다. 그 점에 「지주회시」 주인공의 한계가 있다. 그는 피억압계층인 R회관 카페의 하급 종업원들의 A전무에 대한 분노가 섞인 증오를 본체만체 해버린다. 말하자면 그는 식민지 피압박 민중의 동지일 수가 없었다. 국가 폭력과 천민 자본주의적 권세에 대한 그의 대응은 정신적 도덕적인 차원의 것이지 정치적인 성질의 것이 아니기 때문이다. 그래서 그의 굴욕과의 대결이라는 문제의식은 반체제적 저항을 통해서가 아니라, 그와 '나미꼬'를 중심으로 취급된 것이다. 이는 1935년의 〈카프〉 해산과 〈카프〉 회원의 일망타진이라는 충격적 사건에 대한 소극적 대응으로도 입증된다.

> 그때그는봄과함께建강이오기를눈이빠지게고대하던차—그도속으로['吳'처럼—필자 보충]畫筆을던진지오래였고—묵묵히머지않아쪼개질축축한지면을굽어보았을뿐이었다. 그리고뒤미처태풍이왔다. 오너라—와서내생활을좀보아라.이런吳의부름을빙그레웃으며 그는인천에吳를들렸다—

(2, 303)

'쪼개질지면(地面)'은 〈카프〉의 파탄을, '태풍'은 〈카프〉 회원 검거 선풍의 암시다. 그러나 화자는 〈카프〉와 관련된 정치적 사건을 접어둔 채 친구 '吳'와의 교제로 화제를 돌린다. 〈카프〉 회원이 당한 굴욕을 자기의 문제로 여기지 않은 것이다,

「지주회시」의 중심인물은 주인공 '그'와 그의 아내 나미꼬다. 모든 작중 사건은 '굴욕'의 문제를 제기한 중심적 인물인 이들을 축으로 전개된다. 이상이 그들을 서로 피를 빨아먹는 '거미'로 상징한 것, 특히 '거미'를 의미하는 '蜘蛛'를 '鼅鼄'라는 괴상한 조어(造語)로 표기한 것도 이들을 소외하고 학대한다고 여겨진 사회에 대한 복수충동에 기인한다. '鼅鼄'라는 시각문자의 이미지 자체가 원한을 가진 지하적(地下的) 괴물의 이미지인 것이다. 그들이 '거미'답게 섹스에 과도하게 열중하는 것도 사회에 대한 복수의 한 방법인 것이다. 그들과 관련된 중요한 문제는 인격적 대화가 없다는 점과 특히 '아내'의 거의 습성화된 외박이다. 그 외박은 카페 여급으로서의 매음을 위해서만이 아니라 창녀로서의 매음을 위한 것이기도 했다. 그것은 두 가지 의미에서 충격적이다. 하나는 그녀의 외박, 또는 매음이라는 남편에 대한 배역이 '그'에게 그 자신의 '부모'에 대한 '배역'을 상기시킨 점이다. 그런데 '그'의 '배역'은 그 심층적인 의미가 주목되어야 한다. 그 '배역'은 '그'의 불행한 탄생으로 인한 굴욕을 앙갚아 주려는 심리에 연유한 것이요, 그 점에서 '아내'의 '배역'과 다르다. '그'의 불행한 탄생은 '어떤巨大한母체가나를여기다갖다버렸나'라는 구절로 증명된다. '어머니'를 '巨大한母체'라 한 것은 '어머니'를 '불길한괴물'로 여김으로써 저주한 것이요, '여기'는 현재

의 가난뱅이 '셋방'이다.

> 인생에대한끝없는주저를잔뜩지니고 인천서돌아온그의방에서는아내의자취를찾을길이없었다.부모를배역한이런아들을아내는기어이이렇게잘떵겨주는구나.(2, 304)

'그'는 회의주의적 작가이기 때문에 인생에 대한 끝없는 '주저'가 습성화되어 왔고, '부모'에 대한 '배역'도 그런 '회의'에 연유하기도한다. 그 회의의 대상은 너무나 소극적인 민족주의 외에도 그의 탄생으로 인한 불행이나 굴욕감 등이다. 그런데 '아내'의 배신은 그 배신에도 불구하고 '아내'와 이혼하지 않는 이유를 독자에게 곰곰 생각해보도록 한다.

> (……)吳와그는어디서술을먹었다. 분명히아내가다니고있는R회관은아닌그러나역시그는그의아내와조금도틀린곳을찾을수없는너무많은그의아내들을보고소름이끼쳤다.(2, 305)

이른 아침 '2시'에 '아내'를 찾아오기 위하여 간 곳이 창녀촌인 것은 우리에게 『구약성경』 「호세아서」의 고멜을 상기시킨다. '아내'도 '고멜'처럼 여러 남자와 간통을 하고 창녀로서 매음도 한 것이다. 그래서 호세아처럼 창녀촌을 찾아가 그녀를 데려오기도 한다. 「호세아서」에서 고멜의 음행(淫行)은 '이스라엘의 음행'과 같다.(「호세아서」 1:2-3) 인용에서 중요한 것은 그 창녀의 수가 너무나 많았고 그들을 자기의 '아내들'로 여긴 점이다. 창녀들이 너무나 많은 것은 일제 강점기 조선인의 극도의 궁핍을 보여주는 것임과 동시에 고멜이 강대국의 속국인 이스라엘의 상징인 것처럼 일본의 영토인 조선의 상징일 수도 있는 것이다. 이는 그 당시 창녀나 거의 창녀와 다름없는 카페 여급의 이름이 '나미꼬'처럼 일본식이었다는 사실로 입증될 수도 있다. 이렇게 볼 때, 그들을 자기의 '아내'와 동일시하면서 '소름'이 끼친 것은 그 동일시가 정말 절실한 것임을 암시한다. 예언자 호세아의 특징은 모든 사람을 아모스처럼 '정의'의 이름으로 심판하는 게 아니라, 아무리 그가 죄인일지라도 사랑으로 대하고 감싸준다는 점이다. 이스라엘 민족의 구원을 위하여 이상은 정의를 (「아모스서」 5:24) 강조하는 아모스와 사랑을 강조하는 호세아를 함께 옹호한다. '그'가 창녀들을 자기의 '아내들'로 여긴 것도 호세아의 정신으로 그들을 대한 것으로 볼 수 있다. 무릇 창녀는 굴욕의 대명사라고 말할 수 있을 정도로 사회적 굴욕을 가장 심하게 받는다. (「종생기」의 창녀 정희가 '사팔눈'인 것도 당연시된다. '사팔눈'은 사회에 대한 원한의 눈이요, 그 원한은 그녀가 받은 굴욕의 산물이다.)

'그'의 호세아적인 처신을 대조적으로 부각시키는 인물이 '吳'다. 박애주의적인 '그'와는 달리 카페 여급 '마유미'를 성적(性的)인 이용물로 삼아서 '돈'을 뜯어내는 기술을 자랑하기 때문이다. A취인소 조사부장으로서 A전무에 예속된 그의 물질적 탐욕과 도덕적 타락을 부각시킴으로써 이상은 1930년대 조선의 천민자본주의를 고발하고 있다.

'그'와 아내와 관련된 작중사건의 과정에서 반드시 주목해야 할 것은 '아내'에 대한 '그'의 태도 변화다. 그녀의 음행(淫行)으로 인하여 해외여행을 하고자 할 정도로 소원해졌지만, 그녀가 A전무에게 당한 층계추락사건은 날이 갈수록 그녀를 인격적으로 동정하도록 한 것이다. '층계추락사건'에 대한 보상으로서 '경부보'가 A취인소 전무에게 정해준

'위자료' 20원을 아내가 받아온 밤에 오랜만에 숙면하고 습성화된 세디즘적 성교를 중단한 것도 그녀에 대한 연민에 기인한다. 경찰서 숙직실에서의 '아내'를 '새파랗게 질린' 생쥐로 묘사한 것도 그 연민에 기인한다. 그러나 그녀에 대한 인격적인 연민의 절정은 다름 아닌 그녀의 정신적 재생을 위해 능동적인 층계추락을 권유한 것이다.

> 안해야 또한번전무귀애대이고 양돼지 그래라. 걷어차거든두말말고층계에서내리굴러라.(2, 314)

이 잔인한 권고야말로 '죽음'을 통한 정신적 재생을 소원한 데 연유하며, 그 소원은 '안해'와 동시에 '그' 자신을 위한 것이기도 하다는 점에서 그 의미가 웅숭깊은 것이다. 물론 죽음을 각오한 그 추락이야말로 「지주회시」의 핵심적 문제인 굴욕의 가장 바람직한 해결책이다.

「지주회시」의 구조는 순환적이다. '아내'의 층계추락이 이 작품의 허두와 중간 및 결말에서 반복적으로 언급되지만 결말의 추락은 그녀의 정신적 재생을 통한 역설적인 상승의 계기이기 때문에 그 순환은 발전적인 것이다.

「날개」(1936)는 이상의 작품 중에서 가장 많이 읽히고 가장 많은 연구 논문을 출간하게 만든 소설이며 그의 작품 중에서 가장 인기가 높다. 발표 당시에도 인기가 있었던 이 소설은 8·15 해방 전에 유일하게 비평의 대상이 된 그의 소설이었는데 이 소설에 대한 평론이 비평가 최재서의 「리얼리즘의 확대와 심화—〈천변풍경〉과 〈날개〉에 대하여」(1936)다.

이상은 이 평론에 대한 소감을 김기림에게 이렇게 말했다.

조선일보 某氏 논문 나도 그 후에 얻어 읽었소. 炯眼이 足히 남의 胸裏를 透視하는가 싶습니다. 그러나 氏의 모랄에 대한 卓見에는 물론 구체적 提示도 없었지만—약간 愁眉를 금할 수 없는가도 싶습니다. 예술적 기품 云云은 氏의 失言이오.(「사신 7」, 3, 235)

이상의 불만은 정당하다. 최재서는 「날개」에 나타난 주인공의 사회적 지위를 '희화화'하기 위한 '풍자 · 위트 · 야유 · 譏笑 · 과장 · 패러독스 · 自嘲 · 기타 知的 수단'을 통찰할 수 있는 '형안'은 보여주었지만, '예술적 기품' 또는 '굳센 박진감'같은 '중대한 일요소'가 없는 것은 이 작품에 모랄이 없는 데 연유한다고[2] 지적하는 오류를 범했기 때문이다. 최재서는 「날개」에 잠복한 창녀촌을 번성하게 만드는 조선의 천민 자본주의에 대한 증오의 풍자적 암시와 일제의 공포정치에 대한 반일적 저항으로 나타날 수 있는 '모랄'(윤리) 및 그 '모랄'같은 심각한 문제도 유머러스하면서 나직한 어조로 서술함으로써 얻어진 '예술적 기품'을 통찰하지 못한 것이다.

그는 「날개」의 제사(題辭)로 오해된 「단발」 제사의 유명한 허두, '박제가 되어버린 천재를 아시오'의 심층적 의미부터 주목하지 않았다. 그런 '천재'가 받아야 하는 굴욕, 「날개」의 모티프로서의 굴욕을 주목하지 않았기 때문에 「날개」의 작자의 '인생관'이나 '모랄'도 그 '굴욕'과 깊이 관련되어 있다는 것을 통찰할 수 없었던 것이다.

「날개」는 진정성이 있는 의사소통이 굴욕적으로 막힌 삶으로 인해 막혀버린 세계를 다루고 있다. 이는 주인공을 에워싼 가정적 환경과

---

2 최재서, 「리얼리즘의 확대와 심화」, 『최재서 평론집』, 청운출판사, 1961.

언어적 환경의 성격으로 입증된다. 그의 가정은 '유곽'을 형성한 '18가구'의 하나이며, 다른 창녀들의 가정과 마찬가지로 단층연립주택 안에 들어서 있다.

> (나의) 집은 없다. (……) (나의) 방이 가운데 장지로 말미암아 두 칸으로 나뉘어 있었다는 그것이 내 운명의 상징이었던 것을 누가 알랴? (2, 321)

무릇 창녀는 「지주회시」의 창녀 또는 카페 여급과 마찬가지로 사회적으로 천대되고 멸시되는 굴욕 그 자체이지만, '나'가 그런 창녀에게 기생한다는 것은 더욱 굴욕적인 일이다. 이는 '나'의 방이 햇빛이 잘 드는 윗부분과 종일 어둑스레한 아랫부분으로 나뉘어져서 '나'가 그 아랫부분에서 살아야 하는 처지로써 암시된다. 그와 같은 '방'의 구분이 상징하는 것은 주인(아내)과 종('나')의 지배와 피지배의 역학적 관계다. 「날개」는 숨죽인 공포 분위기에 둘러싸여 있다. 그 공포는 지배 · 피지배의 역학적 관계에 연유하며, 그런 관계가 피지배자로서는 굴욕적이다. 「지주회시」에서 '경부보'로 표면화된 권력은 허점이 있었지만 우렁찬 기적소리와 정오 '사이렌' 소리 및 '미쓰꼬시 백화점'이 상징하는 조선통치자 일본의 무서운 권력은 허점을 보이지 않는다. 그것은 '나'를 지배하는 아내의 권력처럼 언제 폭력화할지 모르기 때문에 은근히 두렵다.

'나'의 언어적 환경도 굴욕적이다. '우리 부부는 이야기하는 법이 없었다'는(2, 335) '나'의 고백이 말해주듯이 의사소통이 막힌 부부생활에 '나'가 묵종하는 것은 아내가 두렵기 때문이다. '내객'의 말소리를 알아들을 수 있음에도 불구하고 그 '내객'이 조선인인지 일본인인지 발설하지 않는 것은 누구보다도 일본인에 대한 공포 탓이다. 만일 '아내'의 '내객'이 일본인이라면—그녀는 '18가구'의 창녀 중에서 가장 아름다운 여자다—'아내'와 '일본인 내객'의 관계, 곧 화대를 내는 지배자와 피지배자 창녀의 관계는 조선의 식민지배자와 피지배 원주민의 관계를 상징하게 되지만, 여기에는 '나'의 또 하나의 문제가 수반된다. 만일 '아내'와 '내객'의 관계가 그런 식민지적 관계의 상징이어서 친일적인 인생관이 몸에 밴 '아내'에게 '나'가 지배된다면 '나'는 이중의 굴욕적인 생활을 하는 셈이다. 어느 날 '나'가 한동안 잊어버렸던, 향기 가운데서는 몸이 배배 꼬일 것 같은 체취가 전해오자 '蓮心이!'하고 '아내의 이름'을 마음속으로 한 번 불러본다. 그 '연심'은 '금홍'의 본명이라고들 이상 연구가들은 해석하지만, 여기에 동의할 수 없다. 소설의 문법에 의하면 「날개」처럼 등장인물을 무명(無名)으로 등장시켰다면 그들에게는 끝까지 이름이 없어야 한다. '연심'은 그 문법을 어긴 것이다. 그렇다면 '연심'은 등장인물의 본명이 아니라 상징이다. 이상은 그 당시 '나미꼬'처럼 일본식 이름을 노예적으로 썼던 창녀나 카페 여급이 아니라, 주체성이 있는 '아내'(창녀)에 대한 소망을 그 한국식 이름으로 암시했을 것 같다. 이 문제와 관련하여 『춘향전』(완판본)에서 '연심'은 '춘향'처럼 변학도에 수청들기를 거절한 남원 기생의 이름임을 상기하고 싶다.

「날개」의 주인공이 수시로 보여주는 너무 단순한 어린애와 같은 성격, 그리고 동시에 지식인이라는 이중성격은 「날개」 연구자에게 미묘한 문제가 되어왔지만, 그것은 '나'의 굴욕과 관련시켜 해석되어야 한다. 그의 인격 분열은 굴욕의 한 가지 해소책이었기 때문이다. 어린애로서의 '나'는 세상물정을 모르기 때문에 현재의 삶에서 굴욕감도 느끼지 않고 아내의 명령에 순종한다. 반면 지식인으로서의 '나'는 그 굴욕에서 탈출하고자 한다. 다음은 어린애 같은 '나'와 그와는 다른 지식인으로서의 '나'를 암시적으로 제시한다.

> 내 방은 나 하나를 위하여 요만한 [적당히 침침한] 정도를 꾸준히 지키는 것 같아 늘 내방에 감사하였고 나는 또 이런 방을 위하여 이 세상에 태어난 것만 같아서 즐거웠다. (중략)
> 내 몸과 내 마음에 옷처럼 잘 맞는 방 속에서 뒹굴면서 축 처져 있는 것은 행복이니 불행이니 하는 그런 세속적인 계산을 떠난 가장 편리하고 안일한 말하자면 절대적인 상태인 것이다. 나는 이런 상태가 좋았다. 이 절대적인 내 방은 대문깐에서 세어서 똑—일곱째 칸이다. 럭키 세븐의 뜻이 없지 않다. 나는 이 일곱이라는 숫자를 훈장처럼 사랑하였다.(2, 321)

커다란 어린애의 자기 방에 대한 감상이다. 현재의 '침침'하고 '쾌적'한 방을 무조건 좋아하는 것은 대상을 자기와 감각적으로 동일시하려는 소아적인 경향을 말해주지만, '럭기 세븐'과 관련된 '방'의 선호와 특히 그 방을 '절대적인 상태'로서 좋아하는 것은 이러한 경향과 거리가 멀다. 그 '절대'는 각종 잡음이 많고 골치 아픈 세속사회를 초월하는 어떤 진리, 절대자나 이상(理想)을 암시한다. 이것은 자기의 세계를 타자로부터 분리시키는 〈나〉의 지적인 경향을 보여주는 예인데, 그런 경향은 '옷'의 비유에서도 나타난다. 자기의 몸과 마음에 들어맞는 옷과 같은 방이란 동화적(童話的)인 것이요, 그 방에서 뒹굴고 놀면서 몸이 축 처져 있다는 것은 가장 '편리하고 안일한 말하자면 절대적 상태' 곧 평안한 모태를 암시하지만, '절대적 상태'나 '말하자면', 혹은 어떤 뜻이 '없지 않다'는 말은 지적(知的)인 반성의 결과이다. '밤이나 낮이나 잠만'

자는 '나'는 어린애로서의 '나'가 아니다. 수면과다증은 염세주의적인 권태의 증세로서 권태는 순진한 어린애와는 무관하다. 물론 '이불 속의 사색생활'도 '아내'의 '화장품'을 가지고 노는 '나'와 무관하다.

어린애로서의 '나'와 1930년대 지식인으로서의 '나'의 또 하나의 차이는 그 '어린애'는 성적(性的)으로 미분화된 인간, 또는 초시대적인 인류의 상징으로서 단순한 알레고리적 인물이요, '지식인'은 그 반대항으로서 시대정신에 민감한 리얼리스트로서의 작자의 분신이다.

아내에게 '감금'된 생활에서 탈출하고자 하는 충동을 일으킨 것이 아내가 허락한 외출이다. '자정'을 넘어 귀가하면 안 된다는 금기가 수반된 허락이지만 그것은 그의 비판정신을 일깨우는 계기가 된다. 그 계기 중에서 제일 중요한 것은 '경성역 대합실 티룸'의 뜻깊은 장면과 아내가 준 감기약('아스피린')으로 인하여 자유연상의 기회를 가진 점이다. 다음이 '경성역 티룸'의 체험이다.

> 나는 한 복스에 아무것도 없는 것과 마주 앉아서 잘 끓은 커피를 마셨다. 총총한 가운데 여객들은 그래도 한 잔 커피가 즐거운가보다. 얼른얼른 마시고 무얼 좀 생각하는 것같이 담벼락도 좀 쳐다보고 하다가 곧 나가버린다. 서글프다. 그러나 내게는 이 서글픈 분위기가 거리의 티룸들의 그 거추장스러운 분위기보다는 절실하고 마음에 들었다. 이따금 들리는 날카로운 혹은 우렁찬 기적소리가 모차르트보다 더 가깝다.(2, 336-337)

'아무것도 없는 것'과 '나'가 마주 앉아서 '서글픈' 것은 그리고 그런 분위기가 절실하게 마음에 든 것은 그 '의자'의 불가시적인 주인공이 자기의 분신이었기 때문이지만, '날카로운 우렁찬 기적소리'로 미루어

볼 때 그는 그 '기적소리'가 상징하는 제국주의적 폭력에 희생된 한말(韓末)의 조선왕일 수도 있다. 그 '기적소리'가 '모차르트보다 더 가깝다'('친근하다')는 것은 반어(反語)다. '모차르트' 음악은 영원한 가치가 있지만, 제국주의는 일시적인 권세에 불과하기 때문이다.

두 번째의 계기는 '아스피린'의 약효로 인하여 산에서 '일주야'를 자고 난 후 '아스피린, 아달린, 아스피린, 아달린, 맑스, 말사스, 마도로스, 아스피린 아달린'으로(2, 340) 이어진 자유연상이다. '아내'는 수면제 '아달린'을 '아스피린'이라고 속이고 주었는지도 모르지만, 그런 '아내'를 오만하게 배척할 수 있는 중요한 의미가 '맑스, 말사스, 마도로스'에 있기 때문이다. '맑스'와 '마도로스'(프롤레타리아로서의 '노동자') 사이에 자본주의를 옹호한 인구론자 '말사스'를 끼워 놓음으로써 '말사스'는 '맑스'와 '마도로스'의 협공을 당하는 형국이 조성되고 있다. 바꿔 말하면 '나'는 사회주의 편을 들고 있는데, 이는 「날개」 작자의 사회주의적 경향에 연유한다. 이러한 자유연상의 심층적 의미가 '방'의 '절대적 상태'와 더불어 반드시 주목되어야 한다. '절대적 상태'는 '나'가 지난 날 '자아'나 '자유'의 절대성에 집착하는 로맨티스트였다는 것을 암시했다면, 그 자유연상은 '그'가 그 후에 사회주의에 감화되었고, 이제는 일제의 파시즘적 탄압으로 인하여 권태의 늪에 빠져 살고 있다는 것을 암시하는 것이다.

그러나 「날개」의 목적은 이데올로기적 갈등의 취급이 아니라 일제의 공포정치와 친일적인 세력('아내')의 지배로 인한 굴욕에서의 해방을 위한 작품이어서 그 자유연상은 단지 '나'의 사상적 경향을 암시할 뿐이다.

'나'에게 당장 요긴한 문제는 귀가 여부라는 문제다. '아달린'을 '아스피린' 대신에 준 아내의 의도를 의심하면서 금기를 위반하고 귀가하자

아내에게 폭행을 당한 '나'는 결정적인 가출을 단행한다. 그가 서울 도심지의 '미쓰꼬시(三越) 백화점' 옥상에 갔을 때는 '대낮'이었다.

> 그러나 나는 이 발길이 아내에게로 돌아가야 옳은가 이것만은 분간하기가 좀 어려웠다. 가야 하나? 그럼 어디로 가야 하나?
>
> 이때 뚜우하고 정오 사이렌이 울렸다. (……) 그야말로 현란을 극한 정오다.
>
> 나는 불현 듯이 겨드랑이 가렵다. 아하, 그것은 내 인공의 날개가 돋았던 자국이다. 오늘은 없는 이 날개, 머릿속에서는 희망과 야심의 말소된 페이지가 딕셔내리 넘어가듯 번뜩였다.
>
> 나는 걷던 걸음을 멈추고 그리고 어디 한 번 이렇게 외쳐보고 싶었다.
>
> 날개야 다시 돋아라
>
> 날자. 날자. 날자. 한번만 더 날자꾸나
>
> 한번만 더 날아 보잤꾸나.(2, 343-344)

'정오 사이렌' 소리는 '기적소리'와 마찬가지로 공포 분위기를 조성한다. 그것은 서울의 일본인이나 친일 조선인에게는 '정오'를 알려주는 일상적인 평범한 소리에 지나지 않지만, 민족의식이나 계급의식의 소유자에게는 적대감을 불러일으킬 것이요, '나'의 평소의 굴욕감은 공포가 섞인 굴욕감이 될 것이다. 그것은 '아내'에 의한 소외와 고립무원 상태에서의 굴욕과는 그 성격이 다르다. 그런 소외감은 대체로 공포가 섞인 것이 아니었기 때문이다. 일제의 공포정치, 또는 '희망과 야심'을 말소시킨 강압정치의 상징인 '정오 사이렌'을 듣자마자 그의 굴욕감은 극단적인 것이 된다. 따라서 그 굴욕에 대한 대응책도 달라질 수밖에 없다. 그 극한상황에서 절실하게 소망하게 된 것이 바로 '날개'다. 최재서는 그 '날개'의 소망에 대하여 다음과 같이 말한다.

> 넓은 세계에서 좁고 컴컴한 방 밖에는 그의 있을 곳이 없었다. 그러나 그 방의 영혼의 고향은 어디메냐? 그것은 옛날에 그의 날개가 날아보았다는 세계, 즉 詩의 세계일 것이다.[3]

이런 논평은 「날개」의 주인공이 일상적으로 느낀 굴욕감과 공포 분위기를 조성한 '사이렌 소리'의 정치적, 심리적 의미를 등한시한 한가로운 해석이다. '옛날'의 비상(飛翔)과 관련된 꿈과 '詩의 세계'같은 '영혼의 고향'을 그리워하는 그런 방식으로는 공포가 섞인 굴욕감을 극복할 수는 없다.

만일 '정오 사이렌'이 상징하는 공포정치의 극복에 의해서만 정치적 자유 혹은 정신적 자유를 회복할 수 있다면 어떻게 할 것인가? 이 문제의 해결을 위한 암시를 준 것이 '나'의 '겨드랑이'에 생긴 '날개'다. 그것은 탄생할 때 '겨드랑이'에 '날개'를 달고 있었다는 민간설화 「아기장수 이야기」에 나오는 '아기장수'의 '날개'다. 장차 성장하면 나라를 뒤엎을 반역자가 될 것을 걱정하여 그의 부모가 돌로 눌러 죽였고, 그 무덤에서 부활했지만 관군(官軍)이 다시 죽였다는 그 '아기장수'의 '날개'야 말로 일제통치하의 굴욕적인 생활에서의 해방을 위한 반체제적 저항의 자극제일 수가 있다. 따라서 그 '날개'를 단 비상(飛翔)은 결코 시적(詩的)이거나 유희적인 것이 아니라 충천할 듯 힘찬 것이어야 한다. 「날

---

3 최재서, 「리얼리즘의 확대와 심화」, 『최재서 평론집』, 청운출판사, 1961, 322쪽.

개」에서 극단화된 이상 문학의 기본적 문제의 하나인 굴욕의 문제를 해결하기 위해서는 그와 같은 '날개'만이 필요할 것이다.

무릇 굴욕은 실존적인 문제다. 「지주회시」의 '그'는 그 굴욕을 어릿광대짓과 특히 굴욕의 피해자 아내와 연대(連帶)함으로써 극한적 굴욕을 통한 정신적 재생으로 초극하려고 했고, 「날개」의 '나'는 그 굴욕을 주체적 자유의식의 회복을 통하여 극복하려고 했다.

14 이상과 조선문단(2)

1935년과 1936년의 조선문단은 이상에게는 라이벌과의 대결을 위한 장소였다. 그의 작품이 초래한 이 대결은 자의적인 것과 타의적인 것으로 나눌 수 있는데 전자의 경우 라이벌이 김기림이라면, 후자의 경우에는 염상섭과 이광수였다. 김기림과의 대결을 위한 이상의 작품은 「가외가전」이요, 염상섭과 겨룰 작품이 「지주회시」라면 이광수에 맞설 작품은 「동경」이었다. 애당초 이상은 「가외가전」을 김기림의 「기상도」(1935)와 겨루기 위하여 쓴 것으로 추정되지만, 「지주회시」와 여행기적 소설 「동경」은 염상섭과 이광수를 염두에 두고 쓴 작품은 아니다. 이 두 작품이 염상섭의 장편소설 『청춘항로』와 이광수의 「동경구경기」와는 현저하게 달랐기 때문에 「지주회시」와 「동경」이 도전적인 작품으로 부각된 것이다. 이상의 작품들이 반일적(反日的)인 것과 대조적으로 염상섭의 소설과 이광수의 여행기는 친일적인 것이었기 때문이다.

이상은 새로운 길을 찾아서 1936년의 조선문단을 떠날 작정이었다.

그러나 그의 동경 여행에는 장애물이 있었으니, 그것은 도항증(渡航證) 발급과 관련된 일이었다.

> 지금쯤은 이 李籍이 東京 사람이 되었을 것인데 本町署 高等係에서 '도항은 절대로 안 된다'의 吩咐가 지난달 하순에 내렸구려! 우습지 않소? (「사신5」, 3, 231)

'도항증' 발급이 늦어져서 '동경'에 갈 수 없었다는 것인데, 그 금지령이 '우습지 않소?'라고 말한 저의가 주목되어야 한다. 독립국가에서는 '시청'이나 '도청'에서 발급되는 여권이 '경찰서'에서 발급된다는 것은 일제 식민지 조선이 '경찰 국가'였다는 것을 증명한다. 그것은 조선인에게 시민적 자유가 없다는 것을 말해준다. 그의 웃음은 그 점에 대한 분노를 삼킨 경멸을 암시한 것이다. 반면 이광수는 그의 「동경 구경기」(1936)에서 도항증을 받게 된 것에 감지덕지하고 있다.

> 도항증명서를 받아 들면 여간한 기쁨이 아니다. 나는 진정으로 고맙다는 절을 수없이 아니할 수 없게 된다.[1]

'도항증명서'를 준 경찰서장에게 '수없이' '절'을 바치는 이광수의 비굴한 노예근성은 본정(本町) 경찰서에 대한 이상의 조소와 너무나 대조적이다. 그뿐만이 아니다. 일본의 '고오베(神戶)' 근처에서 열차의 '이동경찰'이 명함과 '도항증명서'를 보이라고 협박했을 때의 반응은

---

1 이광수, 「동경구경기」, 『조광』, 1936-9, 242쪽.

다음과 같다.

> 나는 이것을 불쾌하게 생각하는 것보다 조선인으로서 당연히 치를 것을 치르는 것이라고 하는 일종의 경건한 생각을 하였다.[2]

열차 안에서의 '도항증명서' 검사를 '경건'하게 받은 그는 그 경찰관을 거의 신격화하고 있다. '동경' 여행 및 '동경'에 대한 소감을 적은 이상의 「동경」(1936)은 이광수의 「동경 구경기」(1936)와 극도로 대조적인데, 이 역시 문단적 사건으로서 주목되어야 한다. 이광수는 그 당시 염상섭이나 이기영 등과 더불어 조선문단의 대표급 작가요, 이상은 그들과 대립한 문단의 후배 작가였지만 그들과 달리 만년에 이를수록 반체제적 저항을 감행했던 것이다. 동경에 온 이광수는 먼저 '국기관(國技館)'에 가서 일본 고유의 '씨름'인 '스모'(相模) 경기를 관람한다. 장사들의 힘겨루기에 대한 그의 관심은 일본의 국력에 대한 관심의 반영이다. '은좌'(銀座)에 간 그는 출판사나 서점에는 관심이 없다. 이곳에서도 그의 관심은 일본의 '힘'에 있었다는 것을 다음과 같은 소감이 증명한다.

> [동경의 은좌에서] 일본 內地人은 아무리 醉하여도 애국심은 잊어버리지 못하고 금시 죽을 때에도 神佛과 天皇에 대하여 敬拜하기를 잊지 아니하는 국민이다. 정당하게 일본 내지인의 생활을 관찰하는 者는 반드시 이러한 결론에 達하리라고 믿는다 이 속에 일본의 생명과 힘이 원천이 있지 아

---

2 위의 책, 242-246쪽.

니할까.[3]

그는 이어서 이와 같은 '일본 내지인'의 미덕을 서울의 카페에 출입하는 조선인에게서 볼 수 없다고 경고 조로 말했다. 그가 '일본 내지인'이라고 두 번이나 말한 것은 자기도 속하는 '반도인'인 조선민족을 경멸하기 위한 것이다. 일본 '힘'의 정점인 동시에 가족국가 일본의 가부장인 '천황'에 대한 그의 숭배는 이상의 '皇室'에 대한 언급과 극도로 대조적이다. 그는 일본왕의 궁전이 일본의 제국주의적 침략의 경제적 기초인 자본주의를 상징하는 '자동차'의 소음에 휩싸이고 있다고 말함으로써 그 침략의 공범임을 암시했기 때문이다.

1935년과 1936년은 조선의 작가들에게 결정적으로 중요한 해였다. 조선의 문단은 식민 지배 세력인 일제(조선총독부)의 통치 정책을 한시도 피해갈 수 없었다. 이들의 간섭과 억압을 의식하지 않은 창작활동은 일제 통치에 순응하고 타협한 작가들뿐이었다. 반체제적 저항작가들은 국가 폭력의 위협을 수시로 받을 수밖에 없었다. 그들은 갑자기 맞닥뜨려야 하는 국내외의 큰 사건을 직면할 때마다 어려운 선택을 강요당했다. 그 큰 사건은 1935년의 경우 5월의 〈카프〉 해산과 6월 파리에서 개최된 〈문화옹호 국제작가대회〉였다. 이 사건들에 대한 반응의 유무는 작가들을 둘로 갈라 놓았다. 하나는 적극적인 반응을 보인 작가요, 다른 하나는 싸늘하게 반응했거나 전혀 관심이 없는 작가였다. 전자에 속하는 작가는 반체제적 작품을 썼고, 후자에 속하는 작가는 일제에 예속되거나 친일파가 되었다. 후자를 대표하는 작가가 이광

---

3 「동경구경기」, 『조광』, 1936.11, 246쪽.

수와 염상섭이었고, 이상은 전자에 속했다. 그 〈작가대회〉가 상징하는 반(反)파시즘 운동, 또는 그 대표자인 앙드레 지드와 앙드레 말로에 대한 관심의 유무는 그 당시의 작가나 평론가에게 양심의 시금석이었다. 게다가 1936년에는 '사상범보호관찰령'이라는 언론통제를 위한 악법이 시행되었다.

이상에게 〈카프〉해산은 충격적 뉴스였을 것이다. 그 결과 그 역시 다른 양심적 작가와 마찬가지로 정치적 이념의 선택이라는 난감한 문제에 직면하지 않을 수 없었을 것이다. 초기작 「공복」과 1935년의 작품으로 추정되는 단편소설 「환시기」와 「첫 번째 방랑」이 입증하듯이 그는 '좌'와 '우'의 양자선택의 문제로 고민해왔는데, 〈카프〉의 해산으로 인하여 긴급하게 양자선택의 갈림길에 서게 됐을 것이다.

「작가대회」에 관심을 보인 작가와 평론가로는 이상과 김기림, 이헌구, 박치우, 이원조 등을 들 수 있지만, 이광수와 염상섭 및 김동인 등은 침묵했다. 〈문화옹호 국제작가대회〉는 파시즘의 위협으로 인하여 위태로워진 휴머니즘을 지키기 위한 것이었으므로 거기에 관심을 갖느냐의 여부는 일제가 강점한 조선의 명맥을 휴머니즘의 이름으로 살리느냐의 여부와 같았다. 그 휴머니즘은 민족적 휴머니즘인 동시에 인류적 휴머니즘이었다. 따라서 〈작가대회〉에 대한 관심을 위해서는 당연히 민족적인 동시에 세계적인 시야가 필요했다. 물론 본래 식민지의 문제는 역사적, 정치적으로 세계적인 문제이기 때문에 〈작가대회〉가 개최되고, 〈카프〉가 해산당하는 파시즘 시대의 작가나 평론가의 시야는 세계적 규모의 것이어야 했다.

그러면 먼저 이상과 김기림의 문학적 대결을 돌아보기로 하자. 「기상도」와 「가외가전」은 당시의 조선에서는 정말 보기 드문 문명비평적 시라는 공통점을 가지고 있다는 점을 주목해야 한다. 이 점에서는 T.S. 엘리엇의 「황무지」의 영향도 받았을 것으로 보이는데 이를 암시해주는 것이 김기림의 평론 「시인으로서의 현실에 적극 관심」(1935)에 나오는 다음과 같은 말이다.

> 長詩는 장시로서의 독특한 領分을 가지고 있다. 어떠한 점으로 보아 더 복잡다단하고 굴곡이 많은 현대문명은 그것에 적합한 시의 형태로서 차라리 劇的 발전이 가능한 장시를 환영하는 필연적 요구를 가지고 있는 것처럼 보이기도 한다.
>
> 현대시에 혁명적 충격을 준 엘리엇의 「황무지」와 최근으로서는 스펜더의 「비엔나」와 같은 시가 모두 장시인 것은 거기에 어떤 시대적 약속이 있는 것이나 아닐까?[4]

'현대문명'의 양상과 특징을 '극적'으로 취급하여 독자에게 충격을 주는 장시의 모범적 사례로서의 「황무지」의 영향도 시인이 처한 당대의 민족적, 세계적 현실에 기초해야 된다면, 김기림의 요청을 「기상도」와 「가외가전」은 어떻게, 어느 정도로 충족시키고 있을까? 여기서 말한 현실은 다른 무엇보다도 〈카프〉의 해산 및 「작가대회」와 관련되어 있다. 이상이 「기상도」를 능가하는 수준의 문명비평적인 시를 「가외가전」으로 실현시키고자 했을 것이라는 추정을 정당화하는 평론이 「자유주의를 위한 한 개의 구심적 경향」 말미에 첨가한 김기림의 평론에

---

4 김기림, 「시인으로서의 현실에 적극 관심」. 이 평론은 제목을 「시와 현실」로 바꾸어 『詩論』에 수록했다. 『詩論』, 백양당, 1947, 141쪽.

대한 논평이다. 여기서 그는 김기림의 시가 그의 시론(詩論)에 지배되고 있는 결점을 지적한 뒤에 시 창작방법론과 시가 행복하게 일치하는 경지를 언급했는데(「자유주의에 대한 한 개의 구심적 경향」, 3, 256-267), 그런 경지를 추구한 결실이 「가외가전」으로 짐작되는 것이다. 과연 「기상도」에 나타난 문명비평은 여기에 필요한 역사의식과 정치적, 종교적 이념에 대한 관심이 없고 파시즘 시대의 민족적, 세계적 현실을 직면한 시인의 실존적 고뇌도 없다. 또한 주제의 시적 서사에서도 '극적'인 긴장이나 흥분을 주는 방법이 시도되고 있지 않다.

「가외가전」은 파시즘으로 인한 위기의식의 산물이어서 정치성을 띠고 있다는 점에서도 그 위기와 무관한 「기상도」와 확연하게 다르다.

염상섭은 〈카프〉 해산만이 아니라 〈문화옹호 국제작가대회〉에 대해서도 관심이 없었다. 그것은 1935년 2월에 조선총독부 정치부장에 취임한 그로서는 당연지사였겠지만, 이는 그의 시야가 얼마나 근시안적으로 협소했는지를 보여준다. 『사랑과 죄』(1928), 『삼대』(1931), 『무화과』(1932) 등 반체제적 소설 작가로서의 그의 시야는 세계적인 것이었지만, 『무화과』 이후에 급변하기에 이르렀다.그는 평론 「문예연두어」(1934. 1.)에서 이렇게 말한다.

> 近者 '불안의 문학'이라는 말이 일부에 수입이라할지 논의된다. 필자로서는 그 소위 '불안의 문학'의 鼻祖라 할 지드의 작품을 읽어 보지 못하고 단편적 소개로만은 윤곽도 모호하지마는 그가 중류 이상 계급인이라 해서 그 불안이 역시 중간적 작가의 체험하는 내적 갈등에서 나온 것인 듯하다. 설사 지드의 불안과 이것과는 별개의 것이라 할지라도 일맥상통하는 바가 없지 않을 것이다. 더욱이 지드가 개인주의를 버리지 못하였다는 점으로

그러하다.[5]

인용만 참고하더라도 염상섭이 1년 후의 〈문화옹호 국제작가대회〉에 대하여 침묵하리라는 것은 충분히 추정할 수 있다. 그는 '불안 문학'의 세계적 추세를 굳이 앙드레 지드의 출신 성분과 '개인주의'를 빌미 삼아 폄하하고 있다. 앙드레 지드가 앙드레 말로 등과 함께 그 대회에 참가한 것은 파시즘에 저항하기 위하여 개인주의와 사회주의는 연대할 수 있다고 믿었기 때문이다. 지드가 이듬해에 막심 고리키가 위독하다는 소식을 듣고 병문안을 위하여 소련으로 간 것도 그와 같은 연대의 가능성을 믿었기 때문이다. 그러나 소련에서 약 두 달 동안 머물면서 그곳 주민의 생활상을 보면서 폐쇄적이고 획일주의적 통치로 인하여 소련 국민이 비개성화되고 무기력해진 것과, 정신문화의 끔찍한 정체(停滯)를 비난조로 지적한 『소련기행』을 간행한 것은 주지된 사실이다.

염상섭은 그 평론을 통하여 지금 조선문학은 '문학연령이 약관(弱冠)을 면치 못하고 전통도 기초도 없고, 그 위에 극궁(極窮)에 빠졌으니 그네들('선진국 국민'-필자 주)보다 가일층 문예운동의 전도(前途)가 어려울 것'이라고 자기비하하면서, 그러니 우선 독자의 문학 취미를 돋구기 위해서도 현재 저널리즘이 상업주의적으로 보급시키는 '대중문학'을 키워야 한다고 주장한다. '아무리 새롭고 훌륭한 문학이론을 가진 나라일지라도 좀처럼 ['대중문학' 유행이라는] 이 시운(時運)이 동하지 않고 자기의 지보(地步)를 확실히 세워나가기는 어려울 것 같다'고 진단했는데, 그 근거는 현재 '〈세계〉라는 병인(病人)은 깊이 사색하고 관찰

5 염상섭, 「문예연두어」, 『염상섭문장전집 2』, 소명출판, 2013, 370쪽.

하고 비판할 고급 독물(讀物)을 요구치 않는 것' 같기 때문이라는 것이다.[6]

「문예연두어」는 그의 작가로서의 운명을 예고했다. 대표적인 반체제적 저항작가였던 그가 양심적 지식인들의 반파시즘 운동이나 〈카프〉의 해산에 전혀 관심을 보이지 않으면서 '대중문학'의 필요성을 강조한 그의 운명 말이다. 조선총독부의 기관지인 『매일신보』 정치부장이 된 것은 〈카프〉의 해산에 버금가는 충격적인 뉴스였지만, 「문예연두어」, 『백구』, 『모란꽃 필 때』를 기억하는 독자에게 그의 표변은 당연한 귀결이었다.

근대문학의 근대성을 보장하는 한 특징은 그 문학의 세계적 동시성이다. 그 동시성은 작품 형성에 있어서의 트라이앵글로 설명될 수도 있다. 〈문화옹호 국제작가대회〉의 경우만 해도 그 영향을 받은 이상 같은 작가의 경우 그 트라이엥글은 서울과 동경 및 파리로 형성된 것이었다. (이상은 그 대회와 관련된 가장 중요한 작가인 앙드레 지드와 앙드레 말로 및 앙드레 브르똥의 평론과 관련된 정보를 주로 동경에서 간행된 번역과 문학잡지를 통하여 알았음에 틀림없다.)

염상섭도 세계적 동시성을 말해주는 트라이앵글을 향유했었다. 『삼대』의 경우 그것은 반체제적 지하운동본부가 있는 서울, 주인공 김병화와 조덕기가 유학한 동경, 그리고 지하운동 자금의 출처인 상해(上海)라는 트라이앵글이다. 그러나 일제 통치에의 순응 없이는 쓸 수 없었을 『백구』와 『모란꽃 필 때』 그리고 『청춘항로』와 『불연속성』 같은 친일적 경향이 침투한 작품에서는 세계적 시야를 잃었던 것이다. 그의 작가적 시야와 상상력은 『매일신보』의 사시(社是)에 묶여 버렸다.

---

6 위의 글, 376쪽.

그 결과 이상과의 대결은 불가피해졌는데, 바로 월간종합지 『중앙』 6월호에서였다. 여기에서 공교롭게도 이상의 단편소설 「지주회시」와 염상섭의 장편 연재소설 『청춘항로』가 만난 것이다. 다음이 『청춘항로』의 허두다.

> "라샤멘…? 종호는 전차에서 내려서 동십자각 넓은 길을 천천히 걸어 올라가다가 무심코 이런 말이 머리에 떠올랐다. 조금 전 전차 옆을 스치며 앞서 가던 자동차가 건춘문 옆에 서며 봄바람에 푸르르 날리던 하오리 자락과 함께 흰 다비가 쏙 내밀더니, 뒤미쳐 서양 신사 서너 사람이 우중우중 내리는 것을 보았기 때문이다.[7]

'라샤멘(羅紗綿)'은 '건춘문' 앞 '자동차'에서 내리는 일본 여자의 겉옷('하오리')의 옷감인 모직물이지만, 그것을 세밀하게 관찰하고, 그 여자의 흰 버선('다비')까지도 언급한 것은 한국 작가로서는 보기 드문 일이다. 이 여자는 서울 황금정(지금의 을지로)에서 나사점(羅紗店)을 경영하는 아사꼬인데 서양화가인 종호와의 애정관계로 발전해간다. 이들이 처음으로 만나 산보한 곳을 조선 왕궁의 뜰로 설정한 의도 자체가 염상섭의 애독자에게는 충격적이었을 것이다. 그 왕궁을 폐허로 만든 자는 일제가 아니었던가. 그는 일찍이 「세 번이나 본 공진회」(1926)에서 '광화문' 뒤편에서 '공진회'를 연 총독부를 풍자적으로 비난한 유일한 작가이기도 했다. 그런데 하필이면 일제가 침탈한 조선의 상징이었다가 현재 일제('李王職')가 관리하고 있는 그 왕궁의 뜰을 산보 장소로

---

7 염상섭, 『청춘항로』, 《중앙》, 1936. 6, 290쪽.

삼은 것은 친일적 감정의 소유자가 아니고서는 엄두를 못낼 일이다.

이상의 「지주회시」의 허두를 읽어 보자.

> 그날밤에그의안해가층계에서굴러떨어지고—공연히내일일을글탄말라고어느눈치빠른어른이타일러놓셨다.옳고말고다.그는하루치씩만잔뜩산(生)다.(2, 297)

'그'의 '안해'는 카페 여급이며 그녀를 이층에서 떠밀어 추락시킨 사람은 'A'취인점 전무이다. '나미꼬(여급 이름)'가 그를 상대로 하여 건방지게 말대꾸를 한 탓이다. 그 당시 그녀가 겪은 수모는 천민자본주의 사회의 약자가 피할 수 없는 운명이지만, 「지주회시」에서 반드시 주목되어야 할 것은 그 당시 한국을 지배한 일제 식민통치와 작가의 관계다. 종호가 아사꼬에게 품게 되는 연애 감정이 염상섭의 친일적 감정의 반영인 반면, 「지주회시」 작자의 일제에 대한 감정은 비록 소극적이기는 하지만 항일적인 감정의 반영이었다. A취인소 전무를 친일 사업가로 설정한 것도 친일파에 대한 증오에 연유한다. 이 소설에 룸펜 프롤레타리아로 등장하는 지식인인 주인공은 지배권력의 상징인 '경부보(警部補)'를 어릿광대짓으로 무력화한다.

이렇게 볼 때 그 제목부터 3류 통속 연애소설에 합당한 『청춘항로』는 염상섭의 도덕적 타락을 입증하며, 이를 신랄하게 비판한 작품이 『청춘항로』와 너무도 대조적인 「지주회시」였다. 반체제적 문학의 거목이었던 염상섭의 통속소설 『백구』(1933), 『모란꽃 필 때』(1935), 『청춘항로』 및 뒤이어 발표할 『불연속선』(1936) 등은 그가 초지일관하지 못한 필연적 결과였다.

이상은 「동경」에서 "어쨌든 이 都市는 몹시 「깨솔링」 내가 나는구나!가(3, 95) 東京의 첫 印象이다"고 말한다. 결국 '동경'은 '비속'한 물질주의 문명의 상징이어서 환멸을 느꼈다는 것인데, 이는 이광수, 임화, 유진오 등의 '동경' 찬양과는 극단적일 정도로 대조적이다. '동경'을 근대문명의 중심지로서 존경하고 부러워할 때 이들은 조선 통치 세력에 대한 두려움에 무의식적으로 지배당하고 있었지만, 이상에게는 그런 것이 없었다. '도항증' 발급자에 대한 조소가 이를 증명해준다. 그래서 그는 여행소설 「동경」(1936)에서 일본인이 신(神)처럼 숭배하는 '후지산'을 희화화할 수 있었고, '동경'의 하늘에 '별'이 뜨지 않는 것을 '동경' 시민의 지난날의 죄악에 대한 신의 응징이라고 암시할 수도 있었다.(3, 96)

'은좌'의 '동경' 시민을 '카인의 말예'에 비유한 것은 1923년 동경이 중심지인 일본 관동지방에 큰 지진이 돌발했을 때 그들이 무고한 조선인의 대학살자였기 때문이다. 그래서 '신'의 배려로 하늘에 나타나는 '별'의 혜택을 받지 못한다는 것이다.

이런 푸념을 할 때 이상은 '참 별이 도회에서보다 갑절이나 더 많이 나온다'고 했던 성천이라는 농촌의 하늘(「산촌여정」)을 상기했을 것이다. '신'의 따뜻한 배려를 받을 만큼 순박한 농촌공동체에 대한 향수를 자극한 것도 동경이었다. 경성(京城)을 그 농촌처럼 그리워하기도 했는데, 그 향수에 작용한 반일적 역사의식이 주목되어야 한다. 동경을 찬양할 때 이광수와 임화와 유진오 등에게는 그런 향수가 있을 리 없었다. 황실숭배용이었던 이광수의 「동경구경기」에 나타난 친일적 경향을 참고할 때 그의 친일문학은 지금까지 알려진 대로 「육장기」(『문장』, 1939.1)라는 소설에서 시작된 게 아니라, 「동경구경기」가 발표된

1936년에 벌써 시작된 것이 확인된다.

그러나 이상의 또 하나의 유고 「최저낙원」이라는 창녀시의 발표(「조선문학」, 1939.9.)도 또 하나의 문단적 사건이었다. 그해는 공교롭게도 「육장기」(「문장」 1939.1)가 발표된 해였기 때문이다. 이미 고인이 된 이상의 그 발표된 유고는 옛날부터 인류의 꿈인 '지상낙원'이 현재 '지옥'과 같이 '최저낙원'일 수밖에 없는 '창녀'의 빈궁하고 굴욕적인 삶에 대한 짙은 연민을 보내고, 남들처럼 이성을 사랑하고 아이도 임신하여 갖고 싶어 하는 그녀의 강한 삶의 의지를 이 시를 통하여 옹호하고 있다. 반면 이광수는 「육장기」에서 자기의 민족주의 문학, 그 다음 단계인 도덕적 민족 개조운동이 실패했으므로 이제 일본의 '성전(聖戰)' 곧 중국침략 전쟁에 동참하는 것이 민족을 위한 최선의 방책임을 깨달았다고 실토한다.[8] 이때 그는 일제 식민통치로 인한 동포의 비참한 생활 현실은 아랑곳하지 않았다. 따라서 이상은 그런 생활 현실을 창녀의 삶을 통하여 반영한 「최저낙원」의 해학적 음란성을 가지고 일제의 야만적 횡포에 엄숙한 얼굴로 굴종한 이광수의 뺨을 친 셈이었다. 한국 현대문학의 세계에서 이광수의 친일적인 글은 「육장기」를 포함하여 수치스러운 문학의 대표적인 예가 되었다. 하지만, 이 사회의 천민('개')으로서 삶의 역경('잔등이')을 무수히 넘는 강인한 의지를 동정하고 격려한 시인의 휴머니즘과 포주의 강제 피임에 저항하는 창녀의 목소리가 울리는 「최저낙원」은 풍류적인 멋과 함께 결코 잊혀지지 않을 것이다.

이상은 염상섭과 이광수처럼 일제와 타협하는 것은 고사하고 「지주

---

8 「육장기」, 『문장』, 1939. 6.

회시」, 「날개」, 「종생기」 같은 항일적 요소를 잠복시킨 소설을 썼고, 더 나아가 새로운 정치적 이념으로 선택한 '아나키즘'을 실현하기 위한 「단발」, 「슬픈 이야기」, 「실화」라는 3부작을 썼다. 그 세 편의 작품은 생전에 발표할 수 없었지만 이와 같은 작품의 창작이야말로 그의 라이벌 작가들과의 대결을 그가 끝까지 계속했다는 것을 의미한다.

15
이상의 마지막 시들

이상이 일본으로 가기 전에 쓴 시들은 그가 일본에서 다시는 귀국할 수 없었기 때문에 유고(遺稿)가 되었다. 그 마지막 시들은 그가 『조선일보』에 연재한 위독(危篤) 연작(1936. 10. 4 - 10. 9)과 그 제작 연대가 분명치 않은 유고로 볼 수 있다. 「실락원」 연작, 「破帖」, 「최저낙원」 등이다.

다음은 이상이 김기림에게 한 말이다.

> 오새 조선일보 문예란에 위독 연재중이오.
> 機能語, 組織語, 構成 語, 思索語로 된 한글 文字追求試驗이오. 다행히 高評을 바라오. 요다음쯤 一脈의 血路가 보일 듯하오.(「서간집 5」, 3, 231)

위의 인용은 우리에게 두 가지를 알려준다. 하나는 '기능어', '조직어' 등이 비록 근대 일본어일지언정 근대적 문화의 개방성과 세계적 규모의 보편성으로 인하여 이미 '한글'이 되었다는 확신과 그 '기능어' 등을 동원한 시들의 실험적 성격('시험')이다. 이와 관련하여 상기되는 것은 그와 같은 '한글문자 추구 시험'은 「위독」 연작만이 아니라 이미 초기의 시부터 시작되었다는 사실이다. 또한 「위독」 연작의 제목인 '위독'은 이 연작이 위기적 시대 또는 위기적 상황의 문제를 취급했다는 의미이지만, 그가 이러한 작품 역시 초기부터 써왔기 때문에 새삼스럽다는 느낌을 준다. 그럼에도 불구하고 그 연작의 제목을 「위독」으로 정함으로써 작가로서나 한국인으로서 처한 위기적 상황을 다시 한번 강조하려고 했을 것이다.

'요 다음쯤'이라는 말로 미루어본다면 그로서는 「위독」 연작이 마지막 시작(試作)이 아니었지만, 본의와 달리 그 연작은 마지막 작품이 되었다. 그가 「위독」 연작을 '일맥의 혈로'의 계기로 보았을 때의 '혈로'는 시 뿐만 아니라 그의 대부분의 작품이 「고 이상의 추억」에서 김기림이 말한대로 '피로 쓴 것들' 곧 '정신적 위기의 극약'이었다는 것을 암시한다.

우리가 이상을 비정치적인 작가로 여긴다면 그것은 오해다. 그의 강한 민족의식에 기초한 반체제적 저항은 초기의 시 「출판법」과 만년의 시로 추정되는 「자화상」과 「면경」 등에서 암시되고 있다. 그 저항을 정치적 이념에 기초하지 않은 항일적 민족의식이 아니라, 사회주의적 세계관에 기초한 목적의식이 있는 저항으로 발전시킨 계기가 다름 아닌 1935년 5월의 〈카프〉 해산이었을 것이다. 이 충격적 사건에 대한 동정적 관심이 없었더라면 「날개」와 「가외가전」같은 중요한 작품이 나올 수 없었을 게 틀림없다. 이 작품들에는 반(反)자본주의와 반제국주의에 대한 관심이 잠복되어 있다.

그의 초기작부터 절박하게 나타나는 허무주의적 말세의식은 『十二

월 十二일』에서는 대체로 비정치적인 것이었지만, 점차 정치색이 가해지더니, 후기의 작품들에서는 더욱 짙어진다. 물론 그 정치적 요소는 암호화되기 일쑤여서 그 작품에 담긴 상징어들의 의미 해독이 없이는 그 정치적 의미는 오리무중이 되기 쉽다. 그 제작 연대를 알 수 없는 일본어 시 「회한의 장」은 그의 허무주의적 위기의식이 얼마나 절망적인지를 잘 알려준다. 다음이 이 시의 전문이다.

가장 無力한 사내가 되기 위해 나는 얼금뱅이었다
세상에 한 女性조차 나를 돌아보지는 않는다
나의 懶怠는 女心이다

양팔을 자르고 나의 職務를 회피한다
이제는 나에게 일을 하라는 자는 없다
내가 무서워하는 支配는 어디서도 찾아 볼 수 없다

歷史는 무거운 짐이다
세상에 대한 辭表 쓰기란 더욱 무거운 짐이다
나는 나의 문자들을 가둬버렸다
圖書館에서 온 召喚狀을 이제 난 읽지 못한다

나는 이젠 세상에 맞지 않는 옷이다
封墳 보다도 나의 의무는 적다
나에겐 그 무엇을 理解해야 하는 苦痛은 완전히 사그라져버렸다

나는 아무때문도 보지는 않는다
그렇기 때문에 나는 아무것에게도 또한 보이지 않을 게다
처음으로 나는 완전히 卑怯해지기에 성공한 셈이다

'역사는 무거운 짐이다'는 이 시의 주제를 요약한 핵심적인 구절이다. '무거운 짐'은 역사의 '악몽', '망국한(恨)', 망국인의 무력감이나 무거운 사명감 등 다의적 의미를 함축한다.

화자는 누구에게 사랑받지도 못하는 추남이어야 하고, 문자도 모른다고 고백하면서도 역설적으로 문자 시(詩)를 쓰고, 그의 '회한'도 그것을 넘어서기 위한 '회한'이어서 구절마다 역설적이지만, 역설의 자유가 막히는 유일한 장소가 '도서관'이다. 그것은 시민의 도서열람을 감시함으로써 불온서적 대출자들에게 '소환장'을 보내는 경철서 역할도 하기 때문이다. '그 도서관'의 정치적 비정치성을 고발한 화자의 '회한'에서 감동적인 것은 그 '회한'이 식민지적 질곡으로 인한 말세적 절망에 연유한 동시에 그 절망을 초극하려는 의지였기 때문이다. 이상의 마지막 시들에 잠복한 말세의식과 반체제적 저항을 담은 시들의 원점 중 하나가 「회한의 장」이다. 무릇 '회한'은 '회한'의 주체가 지은 죄에 대한 '회한'이라면 그가 그의 죄는 무엇인가? 조국의 식민지적 상태에 절망한 나머지 자기를 회복할 수 없는 불구자로 만든 극단적 자학의 죄다. 그래서 쓸 수도 없고 쓰지 말아야 할 유언같은 시를 쓴 것이다.

이 마지막 시들 중에서 중요한 작품은 대체로 말세의식과 반일적 저항을 담고 있다. 「위독」 연작에 포함된 「내부」, 「실락원」 연작에 포함된 「월상」과 「자화상」 및 「실락원」 그리고 「파첩」 등인데, 「파첩」은 말세적 풍경과 저항이 공존해 있고, 「실락원」 연작에 포함된 「면경」도

마찬가지다. 그처럼 말세의식과 저항의 공존은 「가외가전」과 「종생기」, 「슬픔 이야기」에서도 볼 수 있는데 이는 당연하다. 말세적인 사건이 가뭄, 역병, 특히 망국(亡國)이라면 '망국(식민지)'에서는 반체제적 저항이 일어날 수밖에 없기 때문이다.

그 점이 T.S. 엘리엇의 「황무지」와의 차이점이다. 말세의식이 짙게 침투한 이 문명비평적인 시에는 인류의 죄악에 대한 신(神)의 응징으로 여겨져온 '어부왕'(漁夫王)의 성(性) 불구, '가뭄'과 '런던교(橋)'의 붕괴 등은 언급되지만 '망국'과는 무관하다. '망국' 또는 식민지적 질곡이나 황폐를 화제로 삼는 작가는 주로 식민지 작가다.

이상은 처녀작 『十二월 十二일』로 알 수 있듯이 말세의식에 사로잡힌 듯한 작가였다. 그런 작가에게는 반드시 종말론적 희망으로서의 유토피아 환상이 따르기 마련이다. 그 환상적 담론의 상호텍스트적 근원이 「요한계시록」이었다.

말세적인 국가 러시아의 작가 도스토예프스키의 『악령』과 『미성년』에 담긴 유토피아적 낙원 환상은 유명하다. 일제 식민지라는 지옥에서도 작가는 절망적 위안으로 유토피아의 꿈을 품기 마련이다. 그 하나의 예가 이상의 초기시 「AU MAGASIN DE NOUVEAUTES」에 나오는 '백화점'의 '옥상낙원'이요, 거기서 문명국 숙녀('마드무아젤')가 고대적 인간형의 상징인 원숭이('猴')와 희롱하는 이 장면의 배경은 폴 고갱 등의 원시주의적 낙원을 상기시킨다.

이상에게 '北'또는 '北國'은 비타협적 고난과 시련의 땅이요, 낙원은 '南國' 또는 '온대(溫帶)(「가외가전」)여야만 했다. 시 「습작 쇼윈도」에서 여주인공(가정주부)은 '남쪽'에서 '영원히 젊은 처녀'로 갱생한다.

그 '남쪽나라'와 관련된 것이 〈제비〉다방의 제비인데 「종생기」에서 이상이 애인과 만나는 날도 강남의 제비와 관련된 3월 3일이다. 그러나 그의 마지막 시들에는 그와 같은 '낙원'의 꿈은 없다. 그 대신 「실락원」과 「최저낙원」이 있을 뿐인데 이는 종말의식에 짓눌린 탓이다. 제작연대가 불분명한 「실락원」 연작의 한 편인 「月像」은 처참한 말세풍경이다.

> 금시로 나는 도도한 大音響을 들으리라. 달은 墮落할 것이다. 地球는 피투성이가 되리라. 사람들은 戰慄하리라. 負傷한 달의 惡血가운데 遊泳하면서 드디어 結氷하여버리고 말 것이다. 異常한 鬼氣가 내 骨髓에 浸入하여 들어오는가 싶다. 태양은 단념한 地上 최후의 悲劇을 나만이 예감할 수가 있을 것 같다. 드디어 내 前方에 疾走하는 내 그림자를 추격하여 앞설 수 있었다. 내 뒤에 꼬리를 이끌며 내 그림자가 나를 쫓는다. 내 앞에 달이 있다. 새로운 ―새로운― 불과 같은 ―혹은 화려한 洪水같은―(3, 194)

인용에서의 '달'의 추락과 그로 인한 '피투성이'의 '지구'는 「요한계시록」의 "내가 보니 여섯 째 인(印)을 떼실 때 큰 지진이 일어나며 태양이 상복(喪服)같이 검어지고 달이 피같이 되며(6:12)"의 영향을 받은 말세적 풍경인데, 그것은 '나'만이 예감할 수 있는 지상 최후의 비극인 '태양'의 사망이 초래된 것이다. '대음향' 역시 「요한계시록」의 '큰 지진'의 소리일지 모른다. 그러나 '나'는 '새로운 달' 곧 '신천지'를 희망하지 않을 수 없다. 나의 '내 그림자' 추격이 상징하는 내면분열도 그 '신천지'에서 치유될지 모른다. '불'이나 '화려한 홍수'는 '새로운' 달에 부여될 '생명력'의 은유일 것이다. 이상은 '부상한 달의 악혈'같은 물질적 이미지를 통하여 의인화된 '달'을 '나'와 동일시함으로써 독자에게 말세의식을 생생하게 전달하고 있다. 이는 그만큼 말세의식이 그의 절실한 문제가 되어 있다는 것을 입증한다. 그러나 그것이 속세의 인간이든, 국가이든, 신(神)이든, 심지어 천체(天體)이든 간에 이상은 그의 중요한 작품에서 몰락한 것, 파멸한 것의 새로운 재생을 희구(希求)했다. 따라서 그의 문학을 검토할때 '재생' 모티브는 반드시 염두에 두어야할 문제다.

이상의 역병과 관련된 작품은 「애야」, 「종생기」 같은 소설 및 두 편의 시 「가외가전」과 「내부」이다. 이 작품들의 배경은 공통적으로 타락한 사회인데 「내부」와 「가외가전」에서의 '역병'에는 인류의 죄악에 대한 신(神)의 처벌이라는 함의가 있다. 이들 역병에 대한 시와 소설에서 보다 중요한 것은 역병의 심리학적, 도덕적 의미다. 외부에서 침입해 오는 그 역병은 무서운 전염병인 동시에 인간의 심각한 내면문제, 가령 죄와 벌, 죄업에 대한 참회, 역병으로 죄없이 죽어간 아이들 같은 문제를 제기한다.

「내부」에도 역병환자의 죄와 참회라는 문제가 표출된다.

> 입안에 짠맛이 돈다. 血管으로 淋漓한 墨痕이 몰려 들어왔나보다. 참회로 벗어놓은 내구긴 피부는 白紙로 도로오고 붓지나간자리에 피가 膿져 맺혔다. 尨大한 墨痕의 奔流는 온갖 合音이리니 分揀할길이 없고 다물은 입안에 그득한 序言이 캄캄하다.(1, 90)

'묵흔'의 '묵'은 환자의 피부에 '고름(膿)'같은 증세를 유발하는 '역병'의 상징이다. 그런데 문제는 그런 역병을 초래한 자기의 죄를 참회하려고 해도 '신'의 묵살('백지')만이 되돌아온다는 점에 있다. 역병이 전국에 ('방대한') '분류'가 흐르듯이 퍼져 있다는 것은 그 역병이 너무나 많은 사람의 죄악의 대가임을 암시한다. 온갖 '合音'은 그들의 죄악이 합해진 것을 의미하기 때문에 그 죄악이 누구의 것이라고 분간하기가 어렵다. 이제 죄책감으로 인하여 다문 화자의 입이 '참회'의 첫 마디('서언')를 꺼내는 것마저도 절망적이다('캄캄하다'). 그래서 죄의 '심판'을 받고 싶어도 참회를 '진술'할 길이 없다고 한탄한다.

이상이 「내부」를 통해서 암시하고자 한 것은 죄악으로 가득찬 말세적 상황이다. '죄'의 '심판'을 받을 수 없다는 것은 그 '심판'을 할 수 있는 진정한 최고의 도덕적 권위로서의 '신'이 사라지고 없기 때문이요, 거기에 말세의 근본적 원인이 있다는 것이다. '내부의 문제는 시인 개인의 문제가 아니라 인류적 문제다.

이상에게는 '낙원'이 아니라 '실락원'이나 '최저낙원'밖에 없다. 「실락원」 연작의 한 편인 '천사'는 '창녀'의 별명이다. 「가외가전」에서도 '거짓 천사'는 창녀이며, 수필 「혈서삼태」에서 '언쟁하는 마리아의 '마리아'는 '성모마리아'가 아니라 창녀였다.

「실락원」에서 '천사는 천사끼리 싸움을 하였다는 소문도 있다'의 '싸우는 천사'도 바로 창녀다.

> 천사는 왜 그렇게 지옥을 좋아하는지 모르겠다.
> 지옥의 매력이 천사에게도 차차 알려진 것도 같다.
>
> 천사의 「키쓰」에는 色色이 毒이 들어 있다.
> 「키쓰」를 당한 사람은 꼭 무슨 병이든지 앓다가
> 그만 죽어버리는 것이 例事다.(1, 191)

'지옥의 천사'와 '성병'같은 것을 옮기는 '천사'도 물론 창녀인데, 그들이 역설적으로 '천사'로 언급되는 것은 말세적이다. 기독교의 전통이나 기독교적 상징체계에 익숙하지 못한 동양의 독자에게 생소한 느낌을 주는 '天使'는 '창녀'의 상징이 되자마자 친근감과 설득력을 얻는다. 「실락원」도 그것이 존 밀튼의 유명한 서사시와 관련되든 안되든, 우리에게는 다소 생소한 단어이지만, '창녀'와 관련되면 친근감이 주어진다. 그러나 그것은 이상의 경우 세속적 '실락원', 특히 말세적인 '지옥'의 냄새가 나는 '실낙원'외의 아무것도 아니다. 심지어 「천사의 시체」 처분까지 화제로 삼는다.

'창녀'를 주인공으로 한 작품을 적지 않게 쓴 이상이 일본으로 가기 전까지도 창녀에 대한 관심을 집요하게 지니고 있었다는 것은 '창녀'를 자기자신과 동일시하지 않고서는 불가능한 일이다. 이 역시 그의 종말의식을 입증한다. 「최저낙원」도 창녀 시다. 창녀들의 신산한 삶을 다룬 창녀시 「최저낙원」에서 이상은 창녀의 자살과 고향(농촌)에 대한 향수, 그리고 결혼도 하고 자녀도 갖고 싶어하는 너무나도 인간적인 그녀들의 욕구 등을 통하여 그들과의 적극적인 연대감을 표출하고 있다. 그런 의미에서 '최저낙원'은 역설적이다. 창녀를 사랑하는 이 시의 화자에게 그곳은 '최고의 낙원'과 다름없기 때문이다. 또한 작자의 어투가 '판소리' 어투인 것은 만년에 더욱 증폭된 문학적 전통의식에 연유한다.

이상은 종말적 상황을 초극하지 않을 수 없었다. 처음부터 위기의 작가였던 그의 위기의식은 개인적 차원에서 민족적 차원, 더 나아가 인류적 차원으로 확충되었다.

그의 반일적 저항은 민족적 위기의식을 극복하기 위한 것으로서 대표적인 작품이 「금제」와 「자화상」이요, 그 극복의지가 민족적이면서 인류적인 말세의식과 공존하는 작품이 「면경」과 「파첩」이다.

다음이 「禁制」 전문이다.

> 내가치던개(拘)는튼튼하대서모조리실험동물로공양(供養)되고그중에서비타민E를지닌개(拘)는學究의未及과生物다운질투로해서博士에게흠씬얻어 맞는다.하고싶은말을개짖듯배앝아놓던세월은숨었다.의과대학허전한마당에우뚝서서나는必死로禁制를앓는(患)다.論文에出席한억울한髑髏에는 千古에氏名이없는法이다.(1, 75)

인용에서의 '금제'는 문맥상 '언론자유 금지령'이라는 뜻인데, '개'는 그 금지령의 대상인 '조선인'의 은유다. '비타민E'를 지닌'튼튼'한 개는 모두 '실험동물'로 취급되거나 학대 받는다.

'의과대학'이 '조선총독부'의 은유라면 그 대학의 교수('박사')는 조선 통치자의 은유다. '하고싶은말을개짖듯배앝아놓은세월'은 1930년대 이전이며, 그 당시 일시적이지만 언론의 자유가 상당한 정도로 허용된 것은 3·1독립운동 덕택이었다. '의과대학'의 '마당'이 '허전'한 것은 많은 '실험동물'이 죽어나간 곳이기 때문이다. 의과대학생의 논문 작성을 위하여 희생된 '실험동물'의 '촉루'에는 인간 본연의 권리인 '씨명'이 있을 리 없다. '실험'용 '개' 취급을 받기 때문이다.

이 시에서 가장 잔인하고 고통스러운 상징어가 '실험동물'이다. 그것은 일제의 조선 '통치'('실험')를 위하여 희생되어야 했던 똑똑한 조선인의 상징이기 때문이다.

「自像」도 반체제적 요소가 잠복된 작품이다. 이상은 아마 일제에 대한 정치적 저항을 하지 않고서는 일본으로의 망명에 명분이 서지 않는다고 생각했을 것 같다. 다음이 「자상」 전문이다.

> 여기는어느나라의데드마스크다. 데드마스크는도적맞았다는소문도있다. 풀이 極北에서 破瓜하지 않던이수염은절망을알아차리고生殖하지 않는다. 千古로蒼天이허방빠져있는함정에遺言이 石碑처럼은근히陷沒되어 있다. 그러면이곁을생소한손짓발짓의信號가지나가면서無事히스스로와한다. 점잖던內容이이래저래구기기시작이다.(3, 94)

「자상」에서 이상이 자기와 동일시한 조국('데드마스크')의 이미지는 처참하다. '극북'같은 식민지의 절망을 알아차린 '수염'이 지레 돋아나지 않는 얼굴은 불모지와 같다. 그러나 조국의 사망을 의미하는 '유언'이 '석비'처럼 침몰된 장소가 '창천'의 우묵 들어간 곳이라는 것은 의미심장하다. 그 '석비'의 가치가 우러러볼 만큼 높다는 것을 암시하기 때문이다. 그 문화유산('석비')에 대한 소견을 관광객이 그 뜻을 알 수 없는 제스처로 말하는 바람에 '석비'의 고상한 유래('내용')의 체면이 망가진다. 물론 그 관광객은 '일본인'일 것이다.

이 시에서는 '데드마스크는 도적 맞았다는 소문도 있다'는 언급에 특별히 주목해야 한다. 그 '도적질'은 초기의 시 「출판법」에서와 마찬가지로 불법적인 식민지 '침탈'의 은유다. 자기의 '자화상'('자상')이 다름 아닌 '데드마스크'라는 발상은 이상의 일상적 반응이었다. 그에게 '생'이란 죽은 것처럼 살기, 또는 시체로서 살기라는 것은 그의 여러 작품을 통해 증명되었다. 그의 조국이 '데드마스크'로서 현재 죽은 듯 살아 있다는 것은 역설적으로 그 '재생'의 가능성을 암시한다.

이상의 마지막 시에 「自像」과 「자화상」이 포함된 것은 작가의 자기 반성과 과거의 조국에 대한 향수에 연유할 것이다. 이 두 편의 시에서 「자화상」이 「자상」보다 훨씬 감동을 준다.

> 여기는 도무지 어느 나라인지 분간을 할 수 없다. 거기는 太古와 傳承하는 版圖가 있을 뿐이다. 여기는 폐허다.(3, 193)

시인은 '太古'의 '판도'가 살아 있었던 망국(亡國) 이전의 조국과 망국의 '폐허'를 각각 그리운 과거 및 고통스러운 현실과 관련시켜서 언급한다. 시인은 외세에 침탈된 ('도적' 맞은) 조국에 대한 향수로 인하여 그 '폐허'의 모습을 은유적으로 차근차근 묘사한다. 그 '폐허'를 먼저 '피라미드'와 같은 '코'가 있고, 그 '코'를 '유구한 것이 드나든다고 한 것은 조국의 역사가 자랑스럽게 장구(長久)하다는 것을 암시한다.

> 瞳孔에는 蒼空이 凝固하여 있으니 太古의 影像의 略圖다.

'동공'에 '창공'운이 응고되어 있다는 것은 조국이 그 '창공'처럼 신성한 것이었음을 강조한다. 마지막으로 '입'을 언급한 대목은 감동적이다.

> 죽음은 서리와 같이 내려 있다. 풀이 말라버리듯이 수염은 자라지 않은채 거칠어갈 뿐이다. 그리고 天氣 모양에 따라서 입은 커다란 소리로 외우친다 水流처럼.(3, 193)

다음으로 '피라미드'의 '입'을 통하여 언급한 일제강점기 죽은 조선의 비극적인 '소리'는 우리의 기억에 남을 만하다. '판도'가 암시하는 국가는 망했어도 '민족의 생명은 자연처럼 유구하다. 그러나 산천도 '민족'과 마찬가리로 침략자에게 짓밟히지 않았던가. '민족'과 자연은 친근해진다.따라서 그 '수류'와 같은 '커다란 소리'에는 앞이 캄캄한 절망만이 아니라 거센 반항의지도 울리고 있는 것이다. 자기의 운명을 민족의 운명으로 여기고, '판도'의 상실을 아쉬워한 「자화상」을 통하여 이상은 자기의 정치적 의도를 보다 노골적으로 암시했다.

만년의 저항시에서는 「실락원」 연작에 속하는 「면경」이 가장 감동을 준다.

「면경」에서 종적을 알 수 없는 그 '학자'의 생사를 몹시 궁금해하고 어서 돌아와 주기를 바라고 있는 것은 그의 역할의 중요성을 암시한다. '과연 戰死하였을까'고 안타까워하기도 한다. 그의 "血痕을 본 사람이 있나"라고 말한 것도 그의 생사가 궁금하기 때문이다.

그는 '논공'행상을 바라지 않고 자기를 희생하는 '병사'로 비유되기도 한다. "시계는 左向으로 움직이고 있다"고 말한 것은 지금이 모든 가치가 전도된 말세임을 암시한다. 「면경」은 그 말세로서의 일제강점기를 극복하기 위한 시다.

> 초침을 포위하는 유리 덩어리에 담긴 指紋은 更生하지 아니하면 안될 것이다.
>
> 그 비장한 학자의 주의를 환기하기 위하여.(3, 193)

'유리덩어리'는 얼굴만을 비추기 위한 액자가 없는 둥글거나 정6면체 유리(거울)'이지만, 거기에 남은 '지문'은 그 '학자'의 상징이다. '지문'

의 '갱생'은 바로 '학자'의 '갱생'과 같다는 것이다. '면경'을 '유리덩어리'에 비유한 것은 그 뜻이 깊다. '덩어리'는 조각가의 '진흙덩어리'같은 창조적 원료다. 그것은 「면경」이 생성과정의 텍스트라는 것을 암시한다. 이 시에서 '면경'은 작가 자신의 은유요 여러 번 언급된 '정물'은 그 '면경'이며 '학자'의 분신과도 같다.

> 지금은 限없는 정물이다. 기뻐하는 것을 정물은 부득부득 거절하는 투박한 정물이다. 피곤하리라. 유리는 창백하다. 정물은 骨片까지도 露出한다.(3, 193)

'정물'이 표면적으로 고요하고 편안('정밀')한 것은 역설적이다. 우울할 뿐아니라 '피곤'하고 자기를'시체('골편')로 의식한 것은 그가 말세적인 극한 상황에 처한 것을 암시한 때문이다. 이를 통찰한 것처럼 '면경'('유리')도 절망적으로 창백해진다.

이상은 「면경」을 통하여 두가지를 독자에게 알려준다. 주인공인 '悲壯한 최후의 학자'는 그가 자기의 목숨을 건 반체제투사임을 암시한다. 또한 책상 위의 필기도구는 반영하지만 정작 꼭 반영해야 할 주인공의 부재로 인한 '면경'의 극한적 고민은 독자에게 '강의불굴(強毅不屈)'하는 시인이기도 한 그 '학자'에 대한 동정심을 더욱 자극한다 .

다음 구절이 '정물'('면경')로 비유된 화자가 그 시인 학자의 귀가를 얼마나 절망(切望)하고 있는지를 암시해준다.

> 정물 가운데 정물 가운데 정물은 저며 내미고 있다. 잔인하지 아니하냐.(3, 193)

인용은 당연히 반영해야 할 주인공의 부재(不在)로 인한 거울('면경')의 축적된 자기불만이 자학적 암투와 같아진 상황이 '거울 속 거울', 또 '거울'로 암시된다. 그 암투는 살을 잘게 저며낼 때처럼 잔인하다. 벨라스케스의 「시녀들」이나 셰익스피어의 『햄릿』의 '극중극'을 닮은 이 '거울 속 거울'의 매타픽션적 장면으로 인하여 「면경」의 내면성이 더욱 심화되고 있다.

이상의 마지막 시들 중에서 최고의 걸작은 「파첩」일 것이다. T.S 엘리엇의 「황무지」를 염두에 두고 평가한다면 일제강점기 조선의 「황무지」로서는 「가외가전」과 이 작품에 버금가는 「파첩」을 들어야 한다.

몹시 아쉬운 것은 「파첩」이 유고(遺稿)여서 그럴 수 있지만 이 시의 명예를 손상시키는 탈자(脫字)가 있다는 점이다. 곧 '室內에 전개될 생각하고'와 '화물차가 우뚝하다. 향하고 있다.'인데, 전자에서의 탈자는 '사건을', 후자의 탈자는 '어딘가를' 정도로 짐작해 볼 수 있다. 즉 '室內에 전개될 생각하고'는 '室內에 전개될 사건을 생각하고'의 오식이요, '화물차가 우뚝하다. 향하고 있다.'는 '화물차가 우뚝 어딘가를 향하고 있다.'의 오식으로 볼 수 있을 것 같다.

'파첩'은 '파멸된 세상의 기록'이라는 뜻이다. '세상'이 파멸되어 황무지가 되는 것인데, 그 파멸의 원인은 무엇인가? 그것은 '당도(黨道)'로 암시된 '左石' 양파와 일으킨 '시가전'이다. ('당도'는 '당의 원칙'이라는 뜻이다) '좌우'의 갈등, 곧 조선독립을 위한 민족주의 파와 사회주의 파의 갈등은 초기의 시 「空腹」, 후기의 소설 「환시기」와 「첫 번째 방랑」에서도 다뤄진 지속적 문제인데, 그 갈등이 「파첩」에서 비록 상상적인 사건이지만 '시가전'으로 극단화된 것이다.

별안간 波狀鐵板이 넘어졌다 완고한 음향에는 여운도 없다. 그 밑에서 늙은 議員과 늙은 敎授가 번차례로 강연하였다.

「무엇이 무엇과 와야만 하느냐」

이들의 심판은 個個 이들의 선배 상판을 닮았다 烏有된 驛構內에 화물차가 우뚝하다. 向하고 있다.(2, 207)

임시용으로 만든 연설 무대에서 강연한 '늙은 의원'과 '늙은 교수'는 좌우 양파에 속한 사람이요, '무엇과 무엇'은 '좌우 양파'의 비유다. 그들은 내란으로 인하여 텅 빈 '역'과 버림받은 '화물차'로 상징된 서민의 경제 파탄은 아랑곳없다.

「파첩」에서는 내란으로 인하여 법률은 효력을 잃고 농촌은 황무지가 된다.

응? (조용합시다. 할머니의 下門입니다.) 이 首都의 폐허에 왜 遞信이 있나(2, 206)

'시가전'으로 인하여 폐허가 된 수도에서는 정상적 국가의 자격조건인 우편업무가 정지될 수밖에 없다. 그러자 '할머니의 몸이 우체통의 역할을 한다는 것은 신랄한 검은 유머다. '할머니'의 '하문'은 할머니의 '여음(女陰)과 동시에 우체통 아랫쪽에 있는 편지 수집구의 신랄한 은유다.

물론 「파첩」의 중심부가 된 것은 내란의 장면들이지만, 두 인간형의 대립이 반드시 주목되어야 한다. 하나는 방금 언급한 완고하고 편협한 당파적 인간형이요, 다른 하나는 '대륙계집들'로 비유된 '대륙적 기질'의 인간형이다. 도량과 기백이 비범한 그런 인간형에 대한 이상의 선호는 「가외가전」의 화자인 「老爺」로서의 '소년'으로 입증된 적이 있었다.

> 건너다보이는 二層에서 大陸계집들이 창을 닫아버린다.
> 닫기 전에 침을 배알았다. 마치 내게 射擊하듯이… 室內에 전개될 [장면을] 생각하고 나는 질투한다.
> 上氣한 皿肢를 벽에 기대고 그침을 들여다보면 음란한 외국어가 하고 많은 細菌처럼 꿈틀거린다.
> 나는 홀로 閨房에 病身을 기른다. 病身은 가끔 질식하고 血循이 여기저기서 망설거린다.(2, 206)

'대륙계집들'이 '나'를 향하여 '침'을 배알은 것은 내란이나 일으켜 싸우는 두 당파에 대한 경멸 때문이다. '음란한 외국어'는 '에스페란토'같은 잡종언어다. 잡종 언어를 혼혈아처럼 음란한 것으로 여기는 언어순혈주의자는 에스페란토의 창제 동기인 세계주의적 인류애에 관심이 없다. 그것은 아나키스트가 선호하는 언어여서, 「파첩」은 이상이 앞으로 아나키즘을 자기의 정치 이념으로 선택하게 될 것을 예시한다.

이상의 문학에서는 아무리 허무주의적이거나 절망적인 상황이나 죽음같은 최악의 작중 사건도 그것을 통한 '재생'이 약속되거나 예상된다. 가령 「지주회시」에서 주인공이 아내에게 A취인소 전무에게 다시 한번 오만불손한 말대꾸를 해서 그가 이층 층계에서 떠밀면 그 층계를 죽음을 무릅쓰고 사뭇 끝까지 추락하라고 권고할 때 그는 그 위험천만한 추락을 통한 그녀의 정신적 재생을 소원했다. 이 경우도 '죽음'은 '재생'의 역설적 수단이었다. 다음을 읽어보자.

> 고독한 奇術師「카인」은 都市關門에서 人力車를 내리고 항용이거리를 緩步하리라(2, 207)

인용문의 바로 앞에서는 도시의 내란으로 '카니안'이 사멸했다는 풍설(風說)이 돈다고 했다.

따라서 통과하기 어려운 '도시 관문'을 무사하게 통과한 '기술사' 카인에게 기대되는 역할을 추정하기는 어렵지 않다. 이상향 같은 '카니안'을 대신할 수 있는것은 새로운 '도시'의 건설이다. 불모지가 된 '도시'를 재생해야만 하기 때문이다. 그의 '완보'는 그 '도시'의 침착한 구상을 암시한다.

이상이 셰익스피어의 작품 중에서 특별히 『햄릿』과 『맥베스』를 애독하고 그 영향을 받은 것은 당연지사다. 덴마크에서 숙부가 부왕(父王)을 암살하고 왕위를 탈취한 것과 특히 스코틀랜드 왕을 암살하고 그 나라를 탈취한 맥베스의 행동은 일제의 조선 침탈과 비슷했고, 햄릿이 '감옥'이라고 저주한 '덴마크'는 일제 식민지 조선과 비슷했기 때문이다. 그래서 스코틀랜드 사회의 도덕적 타락을 암시하는 "깨끗한 것이 더럽고, 더러운게 깨끗하다"는 세 마녀의 유명한 주문을 상기시키는 것이 "女賊 乳白의 裸體가 참 매력있는 汚穢"다'라는 구절이다. 또한 『맥베스』에서 여러 번 감행하는 맥베스의 암살도 「파첩」에서 모방되지 않을 수 없다.

> 단추를 감춘다. 남조는데서 「싸인」을 하지말고……
>
> 어디어디 暗殺이 부엉이처럼 드세는지—누구든지 모른다.

『맥베스』에서도 '암살자'는 '부엉이'(또는 '올빼미')로 비유된다. 물론 '암살'도 난세적 현상이다.

> 都市의 崩落은 아 一風說보다 빠르다(2, 207)

'풍설보다 빠르다'는 '도시의 붕락'은 끔찍한 말세적 사건이다. 물론 그 '도시(국가)'에는 「파첩」에서의 '도시'만이 아니라 「종생기」에서 '死都'로 비유된 일제 식민지 '조선'도 포함된다. '빠르다'는 것은 예상 외의 급속도와 동시에 무상성(無常性)'도 암시한다.

「파첩」은 단지 내란으로 파멸된 도시의 세계만이 아니라, 이상이 말세의식과 반체제적 저항심을 가지고 쓴 작품들의 표제이기도 하다. 그것은 「종생기」, 「날개」, 「지주회시」, 「가외가전」, 「슬픈 이야기」 그리고 「실화」 등의 제목일 수도 있다.

이상의 '마지막 시들'의 세계는 '위독한 환자'와 같다. 그를 반드시 살려내야 한다는 마음가짐 없이는 쓸 수 없는 작품들이었다.

16 유언적 소설: 「종생기」

拙作「날개」에 대한 兄의 다정한 말씀 骨髓에 스미오. 方今은 문학 千年이 灰燼에 돌아갈 地上 最終의 걸작「종생기」를 쓰는 中이오. 兄이나 부디 억울한 이 內出血을 알아주기 바라오! (「서간 6」, 3, 231)

인용은 동경으로 가기 전에 김기림에 보낸 편지 사연이다. 이를 참고한다면「종생기」는 서울에서 쓰기 시작하여 동경에서 끝낸 유고다(그는「종생기」 끝에 '十一월 二十일 東京서' 라고 썼다). 위의 인용은 두 가지 사실을 알려준다. 작품에 대한 지나친 자기칭찬과 '억울한 내출혈'을 공감해달라는 하소연이다. 장난스러운 망언으로 치부할 수도 있는 그 자기칭찬과는 달리 '내출혈'에는 어떤 처연한 고백이라는 낌새가 도는데, 그것은「종생기」에 잠복한 어떤 비극적 요소를 암시한 것 같다. 이는「종생기」의 유언적 성격과 밀접하게 관련되어 있을 것이다.

그 유언적 소설이라면 당연히 작자의 과거에 대한 회상이 끼어들지 않을 수 없는데, 과연「종생기」를 쓰게 만든 동기는 이상의 생애와 밀착되어 있는 것이다.

「종생기」의 유언적 성격으로 볼 때 여기에는 자기고백이 없을 수 없다. 그것은 화자의 '자기소개'와 같은 것이지만, 우선 주목되는 것은 억울한 피해자의 자기소개다. 그의 삶의 과정은 억울한 한국역사 과정과 다름없다. 그는 자기의 집이 "九十老祖母가 二八少婦로 어느 하늘에서 시집온 十代祖의 '古城'이지만, 그것이 '억울한 家門'으로 전락했다"고 한탄한다. 본래 이상의 집이 부유한 양반의 집이었다는 것은 「내가 좋아하는 화초와 내 집의 화초」라는 종합지 『조광』의 설문에 대한 그의 대답으로도 알 수 있다.

> 나는 지금 집이 없습니다. 물론 화초도 없습니다. 그 전 우리 집 뒷결이 꽤 넓어서 화초가 많았습니다.(「내가 좋아하는 화초와 내 집의 화초」, 3, 361)

그러나 그 집은 사라지고 없다. 그 원인은? 그 해답은 「종생기」 허두에 있다.

> 郤遺珊瑚一 (2, 375)

'郤'(땅의 갈라진 틈)은 杜甫의 유명한 「春望」의 허두인 '國破山河在'의 '破'를 바로 연상시키며 '亡國'의 은유다. 사치스러운 산호 제품들('산호')은 망국으로 인하여 버림받을 수밖에 없다. '古城'같은 집이 '억울한 가문'이 된 것도 '망국'에 연유한다. '古城'이 상징하는 오랜 전통문화를 자랑하는 나라가 망한 것이다. 애인 '정희'의 모습이 '帝政 露西亞의 우표딱지처럼 적잖이 슬프다'고 하여 한국을 러시아와 동일시한 것도 멸망한 러시아가 한국처럼 오랜 역사를 자랑하는 나라였기 때문이다.

다음으로 화자는 소년시절의 '이상'을 소개한다. 양반집 총각으로서의 그가 마을 변두리에 살았을 가난한 집의 소녀 '정희'와 친했지만 바람기가 있는 그녀가 집안 형편으로 인하여 '창녀'가 되었고, 그 결과 정희 집에서 사위가 될 것으로 여긴 총각을 놓치게 되었다는 것이다. 그 소녀 '정희'가 「종생기」에서 매우 중요한 인물인 것은 그녀가 일제가 침탈한 조선의 상징일 수가 있기 때문이다.

> 정희는 사팔뜨기다(……) 사팔뜨기와 내 흰자위 없는 짝짝이 눈.(2, 394-395)

이 암호적인 눈의 불구성(不具性)은 식민지 원주민의 저주받은 운명이다. '사팔뜨기'는 그 소유자의 사회적 원한의 상징이요, 그것과 한 얼굴에서 운명적으로 공존하는 '흰자위 없는 짝짝이 눈'은 사회와 조화될 수 없는 예언자적 천리안(千里眼)을 상징한다. 따라서 그 눈들은 식민지적 굴욕과 동시에 사회적 저항을 암시한다. ('흰자위 없는 눈'은 「자화상」(1928)의 왼쪽 눈임이 상기되어야 한다.)

'이상'은 경성고등공업학교 시절의 체험 중에서 굳이 그가 받은 군사훈련을 언급한다.

> 현역 육군 중좌에게서 받은 추상열일(秋霜烈日)의 교훈을 왜 나는 이 경우에 버젓하게 내세우지를 못하느냐? (2, 391)

본래 암호적인 글쓰기에 능숙한 이상이지만, 인용도 그 예외가 아니다. 일본의 유명한 선(禪)학자 스즈끼 다이토스(鈴木大拙)는 '秋霜烈日'이 본래의 선(禪)의 정신과 거리가 먼 "국가적 國策的 이념'의 '激烈' 함을 나타내고 있다고 비난했지만, 일본 육군의 생활 규율은 선(禪)에서 배운 바가 많다. '검선일치(劍禪一致)'라는 말이 있을 정도로 일본의 '검법'은 선의 영향을 짙게 받고 있다"고[1] 말했다. 이를 참고할 때 인용을 통하여 이상은 선이 일본의 제국주의적 침략('육군중위')에 악용되고 있다는 것을 암시한 것이다. 따라서 '교훈'은 그에게는 '굴욕적인 교훈' 일 수밖에 없다. 그러나 그 '육군중위'가 가르친 '추상열일의 교훈'은 '이상'에게 '선'에 대한 관심을 갖도록 했을것이다. 굳이 이 말을 하는 것은 「종생기」에는 '선'과 관련된 작중 사건들의 의미가 중요하기 때문이다.

이처럼 「종생기」는 이상 자신의 생애와 깊이 관련되어 있다. 이는 「종생기」가 그의 '내출혈'과 같다는 말로도 입증된다. 따라서 우리는 이 소설에서 그의 마음의 상처를 추적해보아야 한다. 이를 위해서는 앞에서 언급한 조국의 멸망과 관련된 '집'의 몰락, 소녀 '정희'에서 교양인으로 발전한 '정희'와의 관계 그리고 선불교의 문제 등을 이 소설의 주제 해석에서 반드시 추적해 보아야 하지만, 특히 「종생기」에 처음부터 끝까지 감도는 분위기도 주목해봐야 한다. 그것은 쓸쓸하고 슬픈 분위기이며 그 근본적 원인은 망국에 있다. '폐허'가 된 '억울한 가문', '死都, (정희의) 슬퍼보이는 홍발', '愴然한 古刹', '나는 내 墳墓될 만한 조촐한 터전을 찾는 듯한 그런 서글픈 마음으로 정희를 재촉하여 그 언덕을 내려왔다' 등이 조성한 것이 「종생기」의 분위기인 것이다. 그럼에도 불구하고 종래의 「종생기」 연구는 이상의 자전적(自傳的) 성격을 등

---

1 鈴木大拙, 『金剛經の禪 禪への道』, 春秋社, 1960, p.99.

한시해 왔다. 그 연구자들은 대체로 「종생기」를 주인공 이상과 정조관념이 희박한 정희의 사랑이야기로 간주했던 것이다. 대표적인 경우가 김윤식의 해석이다.

> 「종생기」는 [崔國輔의] 「소년행」의 범주에 든다. 귀공자들이 세상 살아가는 길 중의 하나는 화류계(예술 기타 생업과 관계없는 놀이)에 빠지는 멋진 일이 아닐 수 없다. (……) 「종생기」는 그러므로 귀공자인 '나=이상'이 백마 타고 화류계를 누비고 있는 장면으로 가득 채워진 작품이다. 정희라는 희대의 변덕스러운 계집과의 놀이가 그것이다.[2]

이처럼 거의 황당한 오독(誤讀)이 초래된 것은 김윤식이 '郤遺珊瑚一'과도 관련된 이상의 '내출혈'의 심층적 의미를 간과했기 때문이다. 이경훈도 '郤遺珊瑚一'을 오해하고 있다. 그는 '郤'을 '여자 성기'의 비유, '珊瑚'를 '남자 성기'의 비유로 해석하여 그 구절이 남자 구실을 못하는 남자를 여자가 버린다는 뜻으로 해석한 것이다.[3] 따라서 김윤식과 이경훈은 「종생기」가 일제의 침략에 의한 '亡國' 과 그 일제에 대한 저항이 이상과 정희의 연애와 비교할 수 없을 만큼 중요한 주제라는 것을 간과하고 있다. 바꿔 말하면 이들은 그 '망국' 및 '저항'과도 깊이 관련된 이상의 '내출혈'에 전혀 관심이 없는 것이다.

그러면 앞에서 언급한 자전적 사건을 참고하면서 「종생기」의 주제를 추적해보자.

---

2 김윤식, 『이상 문학 텍스트 연구』, 서울대 출판부, 1998.

3 이경훈, 『이상, 철천의 수사학』, 소명출판, 2000, 288쪽.

「종생기」의 중심적 문제는 무엇인가? 김윤식과 이경훈 등은 그것을 변덕스러운 '정희'와의 사랑으로 본 결과 이 소설을 '珊瑚篇' 곧 '산호채찍'으로 상징된 '연애이야기'와 동일시한다. 그러나 이들은 「종생기」가 마치 「춘향전」(완판본)처럼 연애소설에서 재앙소설로 이동해 가도록 구성된 점을 간과하고 있다. 「종생기」 허두의 '郤遺珊瑚一'부터가 그 재앙소설에의 이동을 예고하고 있다. 그 점에 「종생기」의 가장 중요한 상호텍스트인 「춘향전」과의 유사점이 있기도 하다. 그래서 정희와의 산보길도 서울 '東小門'근처 같은 평범한 일상적인 거리에서 '死都'의 '愴然한 古刹'이라는 충격적인 장소로 이동하고 있다는 것, 그리고 '정희'도 이상과의 연애에만 관련된 교양있는 '정희'에서 '이상'에게 도스토예프스키의 『카라마조프 형제들』과 고리끼의 『四十年』 같은 피압박 민중소설의 요소가 짙은 문학작품을 제작하라고 방향 전환을 권고하는 정희로 바뀌고 있다. 물론 연애소설적인 「종생기」의 주인공은 '이상'과 교양있는 '정희'요, 이 경우 이들과 일제의 갈등은 없다. 연애만이 관심사이기 때문이다. 그러나 재앙소설적인 「종생기」는 다르다. 이 부분에서 반드시 주목되어야 할 작중 인물은 '육군중좌'다. 비교적 급수가 낮은 장교를 내세운 것은 「지주회시」에서 급수가 높지 않은 '경부보'를 내세운 것과 같다. 이는 그 정도 급수의 장교나 경찰관이 조선통치자의 상징일진대, 그보다 높은 급수의 군인이나 경찰관의 위력은 얼마나 크겠는가라는 것을 암시하기 위한 것이다.

이상이 서울고등공업학교 시절 국책(國策)에 따라 받은 강제적 군사훈련이 조선인을 노예화하기 위한 총독부 정책의 일환이라면 왜 '나'는 이에 굽히지 않는 저항을 하지 않느냐는 반문이 나올 수도 있다. 그 저항은 한국을 '사도'로 만든 일제에 대한 저항이요, 「종생기」의 제작 목적에서 가장 중요한 것이기도 하다. '사도'의 상징적 의미부터가 그런 저항이 잠복해 있는데 그것은 지난날 멸망한 조선, 그 멸망으로 비참해졌지만, 장차 재생할 조선의 미래를 역설적으로 암시하기 때문이다. '사도'가 「종생기」의 중심적 은유인 이유가 여기에 있다.

물론 '사도'는 '극유산호' 및 '억울한 가문'과 밀접하게 관련되어 있거니와, 그 '가문' 출신의 '이상'이야말로 재앙소설로서의 「종생기」의 주인공이 될 수밖에 없다면 그의 반체제적 저항은 어떻게 나타나고 있는가?

> (前記 侈奢한 소녀 云云은 어디까지든지 이 바보 李箱의 好意에서 나온 曲解다. 모—파쌍의 「脂肪 덩어리」를 생각하자. (……)
> 비천한 뉘 집 딸이 해빙기의 시냇가에 서서 입술이 낙화지듯 좀 파래지면서 박빙 밑으로는 무엇이 저리도 움직이는가고 고개를 갸웃거리는 듯이 숙이고 있는데 봄 芳香을 품은 훈풍이 불어와서 스커—트, 아니 너무나, 슬퍼보이는, 아니, 좀 슬퍼보이는 紅髮을 건드리면— 좀 슬퍼보이는 홍발을 나붓나붓 건드리면—(2, 387-388)

인용에서 중요한 구절은 '모—파쌍의 「지방 덩어리」'와 '슬퍼보이는 홍발'이다. '치사한 소녀'가 장난스러운 연애의 상대를 연상시킨다면, 「지방 덩어리」는 모파상의 재앙소설 여주인공인 그 별명이 '비계 덩어리'인 프랑스의 창녀, 프랑스 · 프러시아 전쟁 때 자기희생정신을 발휘했음에도 불구하고 멸시받는 창녀, 그리고 그녀가 받는 부당한 대우에 분노하는 정의감의 화신인 코르뉴데를 연상시킨다. 문제는 '치사한 소녀' 정희가 '비계 덩어리'같은 창녀이지만, '슬퍼보이는 홍발'은 그녀가 일제 식민지의 피압박 원주민의 상징이라는 점에 있다. '홍발'은 이상의 산문시 「서망율도」에서의 적토색(赤土色)의 '모발'처럼 한국 국토의 색인 동시에 식민지 여자의 상징인 것이다. 그녀의 '홍발'일 리가 없는 '모발'을 굳이 '홍발', 그것도 '슬퍼보이는 홍발'이라고 말할 때의 비애는 '사도'나 '억울한 가문'의 비애와 상통한다. 만약 이상의 저항이 재앙소설로서의 「비계 덩어리」의 코르뉴데, 재앙소설로서의 「춘향전」의 암행어사 이몽룡과 같은 정의감에서 우러난 저항이어야 한다면 그것은 어떻게 나타나고 있는가? 다음을 읽어보자.

> 九十 노조모가 二八소부로 시집온 十대조의 고성을 내 손으로 헐었고 녹엽 千년의 호두나무 아름드리 根幹을 내 손으로 베었다. 銀杏나무는 원통한 가문을 골수에 지니고 찍혀 넘어간 뒤 長長四년 해마다 봄만 되면 毒失 같은 싹이 엄돋는 것이었다.
> 나는 그러나 이 모든 것에 견뎠다. 한번 석류나무를 휘어잡고 나는 폐허를 나섰다.
> 早熟 爛熟 감(柿) 썩는 골머리 때리는 내 생사의 岐路에서 莞爾而笑 剽悍無雙의 瘠軀 陰地에 창백한 꽃이 피었다.(2, 394)

'古城'과 오래된 '호도나무'를 파괴한 것은 조선침략자의 더러운 손이 닿지 않게 하기 위해서요, '독실'같은 '움'('엄')은 일제에 대한 공격의 무기를 암시한다. '폐허'가 된 집을 떠난 '나'의 저항은 조선지배자 암살을 위한 것임은 '생사의 기로'로 암시된다. 「失花」에도 언급된 '생사의 기로'는 롭신의 『창백한 말』에서 암살투쟁의 참가 여부를 묻는 말이다. 그것을 물어오자 '빙긋이 웃은 것'은 여유작작한 긍정적 대답을 암시한다. '조숙'은 '시기상조'의 뜻이요, '난숙'은 '충만한 시기'를 암시한다. '표한무쌍의 척구'는 도미에의 유채화 「돈키호테」를 연상시킨다. '풍차' 같은 '거인'과 싸우는 '표한무쌍한 척구' 돈키호테 말이다. '척구'를 통해 '이상'과 도미에는 적과의 투쟁을 암시한 것이요, '음지'의 '창백한 꽃'은 '死地에 누운 투사의 시체'를 미화한다. 그 '꽃'은 '毒失'같은 움의 개화(開花)와 같다. 「종생기의 독자는 '나'의 '경천동지의 육중한 개세(蓋世)의 경륜(經綸)'이니 '내 파란만장의 생애'(2, 381, 385)가 지나친 과정이 아닌가 의심하기 쉽다. 그러나 우리는 그 증거의 일단(一端)을 열통이 넘는 '유서'작성과 "나는 이 모든 것에 견뎠다(……) (……) 음지에 창백한 꽃이 피었다"라는 구절에서 찾아낼 수 있는 것이다(이상의 작품에서 '창백한' 얼굴이나 꽃은 눈부실 정도의 찬란함과 동시에 '죽음'의 상태를 암시한다).

인용에서의 '나'가 '생사의 기로'에서 태연히 웃은 것은 그에게 사생일여(死生一如)의 달관이 몸에 배어 있었음을 암시하며 이는 그가 선(禪)불교 신자인 것도 암시한다. 다음을 읽어보자.

> 씻어 버릴 수 없는 宿命의 號哭, 몽고레안 프렉게(蒙古痣) 오뚝이처럼 쓰러져도 일어나고 쓰러져도 일어나고 하니 쓰러지나 섰으나 마찬가지 의지할 얄팍한 壁 한 조각조차 없는 고독, 枯槁, 獨介, 楚楚 (2, 393)

인용에서 보듯이 동양사람('몽고레안')일 수밖에 없는 '숙명'을 특별히 강조('호곡')한 것은 선불교가 동양인에게만 합당한 종교임을 강조하기 위한 것이다. 이를 입증하는 것이 동양 선불교의 시조인 '달마'('오뚝이')와 관련된 '벽'이다. '달마'의 '면벽구년(面壁九年)'에서의 '벽'이 그

조각조차 없다는 것은 화자가 '달마'의 정신적 제자임을 반어적으로 암시한다. '고독'은 단독자('獨介')가 견뎌야 되는 외로움이요, '고고'는 선불교 신자의 무심무욕의 상태, '초초'는 그가 겪어야 되는 '심한 고통'을 암시한다. 이상이 처녀작 『十二월 十二일』에 농후하게 침투한 불교적 인생관에서 선불교로 전환한 것은 인용문에 이어지는 '소조'한 '왕생(往生)' 혹은 '온아종용'한 죽음을 위해서만이 아니라는 사실이 '조숙 난숙 (……) 창백한 꽃이 피었다'는 반체제적 투쟁의 상징적 표현이 입증한다. 이상은 그런 저항을 위해서 친숙했던 노장사상도 벗어났다. 불교와 노장사상의 소유자는 '초초(楚楚)'로 암시된 몹시 고통스러운 반체제적 투쟁에 참여할 수 없었기 때문이다. 그는 '육군중좌의 훈육'으로 상징된 식민통치에 악용되었던 선불교에 대항할 수 있는 선불교, 임진왜란 때 침략군과 용맹하게 싸운 서산대사(西山大師)와 사명당(泗溟堂) 등의 선승(禪僧)이나 『수호전』의 노지심(魯智深) 같은 선승의 정신을 계승할 수 있는 선(禪)이 필요했던 것이다. 선에 대한 이상의 관심은 초기작 「지도의 암실」에도 나타나 있지만, 그것은 일제의 통치에 대한 실천적 저항과 무관한 관념이었다. 그러자 「공포의 성채」와 「종생기」에 와서는 그 선불교가 비록 상징적 암시에 의존했을지라도 저항의 무기가 될 수 있었다.

본래 이상의 작품은 암호의 숲과 비슷하지만, 「종생기」도 그렇다. 재앙소설로서의 「종생기」에 알맞게 피압박 민중의 동모자로 변모한 정희가 민중을 위한 작품의 창작을 권유했을 때 바로 상기된 '내게 필적하는 천의무봉의 탕아'가 그렇다. '천의무봉'의 옷을 입은 사람은 성인이나 구세주 같은 위인(偉人)인데, 더구나 그가 '탕아'라니 과연 그는 누구인가? 단연코 귀가하지 않고 온 세상을 방랑하는 「누가복음」의

'탕자'일 수도 있겠지만, 「종생기」의 가장 중요한 상호텍스트인 『춘향전』(완판본)으로 미루어 볼 때 그는 폭군 변학도에게 시달리는 남원 피압박 민중의 구세주 격인 암행어사 이몽룡 같은 인간이다. 그는 춘향과 질탕하게 성교를 한 멋스러운 탕아이기도 했다. 모든 가치 체계가 전도된 말세는 역설적으로 범죄인이나 탕아가 구세주 역할을 한다. 여성의 경우도 마찬가지다. 『죄와 벌』의 창녀 소냐는 '성(聖)창녀'로서 시베리아의 죄수들에게는 '어머니'와 같았다. 이상은 「산촌여정」에서 '피에타'의 '성모(聖母) 마리아' 역할을 대담하게도 '막달라 마리아들'에게 맡겼다. 그러나 난세에서는 그것이 결코 신성모독이 아니다. 그러면 왜 '이상'의 분신이기도 한 그 '탕아'가 굳이 『춘향전』의 주인공이어야 할까?

일제 강점기 조선의 역경을 극복하기 위하여 이상이 상상적으로 설정하여 모방하고 싶은 모범적 인물로서의 선승(禪僧)은 '달마대사'와 임제(臨濟) 등 옛 사람들이었다. 그러나 이상에게 이제 필요한 그 모범적 인물은 근대인이 아니면 안 되었을 것이다. 그래서 그가 모방하고 싶은 첫 번째 모델은 이몽룡, 더 나아가 코르뉴데와 햄릿, 특히 예수일 수밖에 없었을 것이다. 이렇게 그의 모범적 인간형이 선불교의 인물에서 특히 '예수'로 이동한 것을 정당화하는 것은 기독교가 국가 폭력에 저항해온 역사적 사실이다.

이상은 「종생기」에서 '난마와 같이 갈피를 잡을 수 없는 얼마간 비극적인 자기탐구'(2, 386)를 위해서만이 아니라—난마는 극도의 자기분열을 의미한다—조선에 닥쳐온 재앙을 극복하기 위하여 다중적(多重的)인 모델을 끌어들였던 것이다.

그래서 '위풍당당 一世를 風靡할 만한 참신무비한 함례를 하나 출세시키'려고(2, 379) 공상하고 정의의 투사와 같은 코르뉴데를 「비계 덩어리」와 함께 상기하기도 했을 것이며, '幣袍破笠 암행어사(이몽룡)의(2, 379) 영광스러운 재생을 상상하기도 했다. 이 경우 햄릿은 "덴마크는 감옥이다"고[4] 말하면서 덴마크 왕을 극악한 범죄자로 여기는 햄릿이오, 그러기로 말하면 일제 식민지 조선도 '감옥'과 같다. 이몽룡이 그랬듯이 '폐포파립'의 거지나 허수아비 같은 시체가 되는 시련의 과정을 겪어야만 재생할 수 있지만, 이것은 '십자가'위의 죽음을 거친 예수부활을 상기시킨다.

「종생기」의 작중 시간은 '死都'의 그것처럼 중층적이며 복합적인 시간이다. '古城'의 '폐허'를 떠나 상징적인 '암살' 투쟁을 한 것은 과거에 속하고, 현재의 이상은 獨房에서 톨스토이나 아쿠타가와 류노스케('서른여섯 살에 自殊한 어느 「천재」')처럼 '유서'를 쓰고 있다. 그가 자기를 '불우'의 작가로 여긴 것을 참고한다면 그 '유서'는 '불우'의 신세를 면하기 위한 수단이지만, 여기서 이상 문학에서의 '유서'가 갖는 심층적 의미가 중요하다. 그것은 「산촌여정」이나 「슬픈 이야기」에서의 자기 '부고(訃告)'와 같으며, 적을 무찌르기 위한 무기의 은유다. 따라서 '거의 완성'되어가는 '열세 벌의 유서'에서의 '13'이라는 숫자는 주목되어야 한다. 그것은 「오감도 시 제1호」에서 '13인의 아해'의 '13'처럼 13년 뒤의 일본의 패망을 예언하는 불길한 숫자이다. 따라서 그의 '유언' 쓰기는 일제가 강요한 식민지적 질곡의 극복 수단이기도 한 것이다.

'유언'의 내용은 밝혀지지 않는다. 도대체 어떤 내용일까? 「산촌여정」 주인공의 '유서'를 참고한다면 「종생기」에서의 '유서'도 자기 자신

---

4 셰익스피어, 『햄릿』, 2막 2장.

을 위하여 자기에게 쓴 것이다. 그렇다면 그 '유서'의 내용은 「종생기」의 주제와 같다. 이상은 그 주제를 다음과 같이 암시한다.

> 貞姬! 그게 뭐냐 하면 나도 살고 있어야 하겠으니 너도 살자는 詐欺, 속임수, 일부러 만들어 내어놓은 迷信 中에서도 가장 優秀한 무서운 呪文이오.(2, 392)

인용은 『카라마조프 형제』나 『四十年』같은 소설을 모델로 삼아 소설을 써 보라고 권유한 정희에게 한 대답으로 이상 자신이 써왔던 소설의 성격을 해명한 말이다(「종생기」가 그 대표작이다). 따라서 '유서'의 내용을 달리 말한 것이다. 그의 소설이 자기와 독자('너')를 위한 '사기, 속임수'라는 것은 소설의 '허구성'에 대한 변명으로 피카소 역시 '예술은 사기'라고 실토한 적이 있다. 이것은 모든 예술의 공통점이다. 예술가는 누구나 '허구의 진실'을 추구하기 마련이다. 그렇다면 인용에서의 문제는 오직 그의 소설이 '가장 우수한 무서운 주문이오'라는 단언이다.

이상에게 현실세계는, 자기처럼 불행한 탄생의 저주를 받은 사람의 세계이기도 했지만, 특히 일제 식민지로서의 조선의 경우 그것은 범죄와 공포의 세계였다. 이는 처녀작 『十二월 十二일』에서부터 증명되었다. 최악의 범죄는 범죄집단과 다름없는 '조선총독부의 범죄'요, 공포는 일제의 공포정치로 인한 것이었다. 이상은 조선총독부 관리로 근무했을 때 이미 조선총독부가 무서운 범죄집단임을 알아차렸다. 그의 항일적 글쓰기는 그때의 통찰 덕분이었다. 그 세계는 일제(日帝)라는 악귀로부터 받은 저주이며 이를 통찰한 이상 같은 작가의 의무는 그 악귀를 물리침으로써 그 저주의 독을 해소하는 글쓰기일 수밖에 없다. '주문'의 효력은 그것이 그 공포정치에 필적하는 '우수한 무서운' 것일 때만 발휘된다. 지배세력이 조장하는 공포 분위기에 대처하기 위해서는 이쪽도 공포 분위기를 조성해야 한다. 물론 기호놀이의 맛을 가미해야 된다. 가령 일제 침략의 피해자인 이상의 명문가가 '억울한 가문' 또는 폐허가 되고 정원 '은행나무'의 '움'이 '毒失'이 되곤 한다는 그 역사적 상황에는 공포 분위기가 감도는데, 그것은 '탕아' 같은 과장된 기호놀이에 의하여 완화되곤 한다.

이상 문학의 한 특징이자 그의 정신적 강점의 하나는 일제 식민지라는 악조건에서도 '연애'를 작중 사건으로 삼은 점이다. 이는 "박제가 된 천재를 아시오? 나는 유쾌하오. 이런 때 연애까지가 유쾌하오"라는 「단발」의 제사가 예고하고 있다. 과연 「환시기」, 「동해」, 「실화」, 「종생기」에서는 삼각관계 연애를 다루고 있지만 이 소설들이 연애소설을 가장한 정치소설임을 잊어서는 안 된다. 정치소설 주인공의 연애는 적지 않은 근대소설에서 볼 수 있었다. 투르게네프의 『처녀지』, 롭신의 『창백한 말』, 카뮈의 『정의의 사람들』, 염상섭의 『삼대』 등이다. 이 소설들에 나타난 연애는 '동지애'요, 그 점에서 「환시기」, 「동해」, 「실화」, 「종생기」의 주인공 '이상'의 연애, 곧 애인에게 배신당하는 연애와 다르기는 하다. 많은 이상 연구자들이 「종생기」를 이상과 그의 애인 정희의 관계에 대한 소설로 간주할 때 그들은 정희의 이중성격을 간과하고 있다(소녀시절 창녀이기도 했던 정희와 그후 교양있는 숙녀로 발전한 정희의 이중성격 말이다).

이렇게 말한다고 해서 「종생기」 작중 사건의 대부분을 차지하고 있는 이상과 정희의 친근한 관계를 등한시한다는 것은 아니다. 과연 이상은 '열세 벌의 유서'를 거의 완성할 즈음에 정희의 '속달'을 받고 그녀와 밀회하며, 그 밀회의 과정에서 자기독백을 통하여 그의 가문의 몰락, 선불교 신자로서의 인생관과 상상적인 항일투쟁, 특히 '구세주(예수)연(然)'하는 역할 등을 독자에게 알려준다. 따라서 이상과 정희의 관계는 단지 그녀와의 산보과정에서의 사건만이 아니라, 그것과는 비교할 수 없을 만큼 더 중요한 이상의 세계관과 이상의 궁극적인 모범적 인간형이 십자가에서 죽음으로써 인류의 죄를 대신 갚은 예수임도 알게해준다. 그런 영원불변의 구세주('내가 그윽히 陰謀한 바 千古不易의 탕아')를(2, 389) 모방하는 '이상'에게 '사회는 어떠쿵, 도덕이 어떠쿵, 내면적 성찰 추구 적발 징벌은 어떠쿵, 자의식과잉이 어떠쿵, 제 깜냥에 번지레한 칠을 해 내어걸은 치사스러운 (조선문단의)간판들' 곧 일제통치가 초래한 말세적 상황을 비켜 선 그런 문학은 한가한 기호놀이에 지나지 않는다. 지금보다 긴요한 문학은 피압박 민족과 민중을 위한 것이기 때문이다. 그러나 그와 피압박 민중과의 관계는 결코 여의치 않다는 점에 문제가 있다.

> 아— 어쩐지 全身이 몹시 가렵다. 나는 無緣한 衆生의 뭇 원한 탓으로 惡疫의 犯함을 입나보다. 나는 은근히 속으로 앓으면서 토일렛 정한 대야에다 양손을 정하게 씻은 다음 내 자리로 돌아와 앉아 차근차근 나 자신을 反省 悔悟—쉬운 말로 자자레한 세음을 좀 놓아 보아야겠다.(2, 390-391)

인용의 '악역'은 인류의 죄에 대한 응보로서, 화자의 '전신'이 몹시 가려운 것은 그 죄를 대신 짊어지는 것을 의미한다. 바로 구세주 예수의 자기희생적 역할이다. '이상'은 그런 자기희생의 역할을 감히 맡느냐의 여부라는 양자선택의 딜레마에 부딪치자 일단 '양손'을 씻은 것은 '나'는 '중생'과 관계가 없다는 뜻을 암시하는 제스처인데 이것은 빌라도 총독이 물로 양손을 씻은 뒤에 자기가 '예수의 죽음'에 책임이 없다고 말한 성경구절(마태복음 27:24)과 관련이 있다. 그러나 결국 그 제스처를 '반성=회오'한 것은 다음과 같은 자기 독백으로 입증된다.

> 意料하지 못한 이 忽忽한 「終生」 나는 夭折인가보다. 아니 中世摧折인가보다. 이길 수 없는 육박, 눈 멀은 떼까마귀의 罵言 속에서 탕아 中에도 탕아 術客 中에도 이 난공불락의 關門의 壞滅, 구세주의 最後然히 坊坊曲曲이 餘毒은 滲透하는 裝飾 中에도 虛飾의 表白이다. 出色의 表白이다.(2, 393)

인용에서 이상은 최고의 탕아이자 최고의 예언자적 술객으로 등장한다. 그는 우매한 민중의 압박과 구세주적 의무감으로 인하여 조선총독부 같은 막강한 세속적 권위('난공불낙의 관문')를 신인적(神人的) 권위로 '괴멸'시키고서 인류를 위하여 '악역'에 감염되는데, 이는 예수의 십자가 위의 죽음에 대응한다. 그러자 그 '악역'의 '여독'이 전국민에게 침투한다. '장식'은 그 '여독'으로 인한 민중의 피부 위의 '반점'이며 '허식'은 배은망덕한 민중의 허영심을 암시한다. 그렇게 '구세주'처럼 갑자기 죽은 때가 청년기인지 중년기인지는 상관없는 일이다. 그러나 결코 외면해서는 안 될 신랄한 문제는 '구세주연'하는 그 '탕아'에게는 그를 신앙하는 민중이 없다는 점이다. 비록 상상적 사건일지라도 우매한 민중은 그의 존재마저 부정한다. 그는 결국 「종생기」라는 소설의 세계에서만 살아 있는 존재이지만, 그것으로 충분하다. 어차피 그는 이상이 창조한 인물이요, 오늘날 예술은 든든한 민중(독자)의 기반을 상실하고 있기 때문이다.

「종생기」의 작자는 죽음이 강박관념이 된 듯싶을 만큼 죽음을 자주 언급하고 있다. '나는 날마다 운명(殞命)하였다'느니, '일생(一生)의 하루'라고도 말한다. 역설적인 '終生'이나 '歸不歸'도 죽음에 대한 언급이기는 마찬가지인데 이것들은 모두 '죽음'과 동시에 '죽음을 다시 살기'라는 의미이다. 그러나 그와 같은 일상적인 죽음이나 정희의 거듭된 배신으로 인한 정신적인 죽음과 비교할 수 없이 중요한 죽음은 '구세주연'한 고난을 거친 죽음이다. 물론 「종생기」를 정희를 중심으로 하여 이상이 정희의 또 하나의 애인 'S'와 벌이는 삼각관계 연애소설로 간주하는 독자의 관심은 그녀의 배신으로 인한 이상의 죽음에만 집중할 것이다.

> 나는 [정희에게]속고 또 속고 또 또 속고 또 또 또 속았다.
> 나는 물론 그 자리에 昏倒하여 버렸다. 나는 죽었다.(2, 396)

이 '혼도'와 '죽음'의 이면에는 'S'에 대한 맹렬한 질투가 숨어 있다. 이는 그럴 만큼 이상이 정희에 대한 애정에 집착했다는 것을 말해준다. 정희로 인한 '철천의 원한'을 잊고 '따뜻한 마음의 평화'가 그리워지기도 한다. 그렇다면 과연 이상의 '구세주연'한 죽음과 정희로 인한 절망(죽음)을 굳이 공존시켜야 할 정당한 이유가 있는가? 「종생기」를 연애소설을 가장한 정치소설로 간주하는 독자에게 정희로 인한 그 죽음은 '구세주연'한 죽음과는 비교가 안 될 만큼 사소한 세속적인 사건에 지나지 않는다.

그럼에도 불구하고 이상은 정희와의 연애를 불세출의 탕아가 연출한 사건과 당당하게 공존시켰다. 왜 그랬을까? 대표적인 예로 투르게네프의 『처녀지』에서 볼 수 있는 것처럼, 이상은 자기의 정치적 사회참여를 연애와 결합시키고 싶었던 것이다. '브나로드 운동'의 동지 마리안느를 사랑하는 러시아의 '햄릿'인 네지다노프처럼 조선의 '햄릿' 이상도 그와 같은 연애를 하고싶다. 반체제적 저항이 정치적 휴머니즘의 발현이라면 연애는 자유주의적 근대 시민의 특권이다. 이상은 반체제적 저항만이 아니라 근대적 시민의 자유도 누리고 싶었다. 특히 그에게 연애는 아무리 실패한 것일지라도 '땅의 갈라진 틈'이 초래한 절망적 허무감의 초극을 위한 수단이기도 했다.

다음이 「종생기」의 결말이다.

> 만 二十六세와 三개월을 마지하는 이상선생님이여! 자네는 노옹일세. 무릎이 귀를 넘는 허수아비여! 해골일세, 아니, 아니
> 자네는 자네의 먼 조상일세.(2, 397)

인용은 「종생기」 작자가 후손의 '조상'이 되리라는 것, 곧 「종생기」가 그 후손에게 불멸의 고전이 되리라는 예언의 실현을 위해서는 그 작자의 죽음('해골')이 필수적이라는 것을 말하고 있다. 그 예언을 달리 말한 것이 "나의 종생은 끝났으되 「종생기」는 (결코)끝나지 않는다"는(2, 396) 장담이다.

이상의 유언적 소설 「종생기」에 나온 문명비평적 발언도 주목해야 한다.

> 郤遺珊瑚一 (……) 이것은 나 스스로 하늘을 우러러 부끄러워할 일이겠으나 人智가 발달해가는 면목이 실로 躍如하다.(2, 393)

'극유산호一'는 강대한 선진문명국의 약소국 침탈의 결과로서, 그 죄악을 화자가 '하늘'을 우러러보면서 부끄러워하지만, 그 선진국 문명('人智')은 죄악과는 무관하게 발달하는 모습이 눈앞에 생생하다고 말함으로써 선진문명국의 야만성을 꼬집은 저의는 무엇일까?

일제의 한국 침탈은 극동의 역사적 사건을 넘어선 인류의 문명사적 문제임을 강조하고자 한것이다.

17
변동림의 문제

일제 강점기 조선 문학의 한 특징은 작가들의 서간집과 일기집이 없다는 사실이다. 이는 그들의 곤궁한 생활형편 및 일제의 억압적 통치와 검열제도로 인하여 일상화된 불안과 공포에 연유할 것이다. 작가의 서간과 일기는 그 작가의 생애와 작품의 연구를 위한 귀중한 참고 자료이기 때문에 이러한 자료가 없는 것은 몹시 아쉬운 일이다. 세계적으로 유명한 작가들의 전집에는 대부분 서간집이 포함된다. 이상이 영향을 받은 도스토에프스키, 와일드, 보들레르 등도 서간집이 있고, 나쓰메소세키(夏目漱石)와 아쿠타카와 류노스케(芥川龍之介)도 마찬가지다. 러시아의 식민지 폴란드 출생의 작가 조셉 콘래드(J. Conrad)도 방대한 서간집을 남겼는데, 이는 그가 영국인으로 귀화하여 안정된 작가 생활을 한 덕택이다. 일제 강점기 작가 중에서 오직 이상에게만 그 수효는 적더라도 한 묶음의 서간이 남아 있다는 것은 불행 중 다행한 일이 아닐 수 없다.

그런데 그의 서간집과 관련하여 특별히 주목해야 할 것은 열 통의 편지 상대가 김기림, 안회남 그리고 남동생(김문경)이지 아내 변동림이 아니라는 사실이다. 서울과 동경에서의 편지들은 대부분이 김기림에게 보낸 것이요, 안회남과 남동생에게 보낸 편지는 한 통씩만 남아 있다. "울화가 치미는 때는 너에게 불쾌한 편지도 썼다"(「서간10」)(3, 111)는 말로 미루어 볼 때 남동생에게는 한 번 이상 편지를 했다. 그러나 아내와는 편지 왕래가 없었던 것 같다. 오직 한 번만 편지를 보냈는데, 그것은 니시간다(西神田) 경찰서의 검인이 찍혀 있는 엽서로서 그것이 이상이 마지막으로 쓴 편지다.

> 편지 주기 바라오. 이 곳에서 나는 빈궁하고 고독하오.(3, 111)
>
> '胸裏'에 去來하는 잡다한 문제 때문에 극도의 불면증으로 고생 중이오. 가끔 血痰을 토하고 (中略) 체계 없는 독서 때문에 가끔 發熱하오. 二三日씩 이불을 쓰고 門外不出하는 수도 있소. 자꾸 自身을 잃어버리면서도 良心, 良心 이렇게 부르짖어도 보오. 비참한 일이오.(「사신8」, 3, 239)

이와 같은 내면적 상황이나 폐결핵 증세는 그와 가장 가까운 사이인 아내에게 전했어야 하지만, 문우(文友)인 김기림에게 전하고 있는데, 이는 아내를 경원시하거나 그녀에 대해 거리를 두려는 의도가 없다면 있을 수 없는 일이다. 물론 이와 같은 추정은 김향안의 회상기 「理想에서 창조된 李箱」을 근거로 반대할 수도 있을 것이다. 이 글에서 김향안은 '우리들은 공부하고 싶은 욕망으로 동경행을 계획했다'고 말하고 있어서 이상과의 사이는 매우 친밀한 것이었다고 추정할 수 있기 때문이다. 그러나 '두 달도 넘'게 편지를 받지 않았고, 두 달이 훨씬 지났을 무렵에야 받은 그 '노란 엽서'의 사연은 '구속되어 있는 사실과 시말서를 썼는데 명문이라고 경관들이 감탄한다'는 것뿐이었다고 한다.

이상이 니시간다(西神田)경찰서에 구금되어서야 소식을 전하면서 그곳 경찰관들이 그가 일본어로 쓴 시말서에 감탄하더라고 말한 것은 가족에게만 허용된 그 편지를 통하여 자신의 구금이 부당하다는 것을 항의하기 위한 것이었다. 그는 그 시말서를 통하여 자기가 얼치기 '불령선인(不逞鮮人)'과 다른 무고한 지식인임을 입증했다고 여긴 것 같다. 따라서 그 엽서는 아내에 대한 애정과 무관한 것이다. 그 점에서 안회남에게 보낸 다음과 같은 심각한 고백이 특별히 주목되어야 한다.

> 살아야겠어서, 다시 살아야겠어서 저는 여기를 왔습니다. 당분간은 모든 제 罪와 惡을 의식적으로 묵살하는 道理 외에는 길이 없습니다. 친구, 가정, 燒酒, 그리고 치사스러운 義理 때문에 서울로 돌아가지 못하겠습니다.(「사신9」, 3, 111)

인용을 통하여 우리는 이상이 동경에 간 것은 작가로서의 정신적 재생(再生)을 위한 일이었고, 특히 이를 위해서는 가정이나 의리 따위는 당분간 저버리겠다고 결심하고 있는데, 가정과 의리가 다른 누구보다도 부모 형제, 특히 아내와 관련되어 있다는 것은 두말할 나위도 없다. 따라서 이 편지는 차마 아내에게 보낼 수 없었을 것이다.

변동림은 구본웅의 이모다. 아마 친구들을 통하여 알게 되었을 그녀는 그 당시 이화여자전문학교 영문과 학생이었다. 두 사람은 1936년 6월 초순에 서울의 신흥사(新興寺)에서 결혼식을 올렸다. 정식으로 결혼했던 그녀를 이상은 각별하게 생각했음에 틀림없다. 우리는 김향안의 회상기를 통하여 두 사람의 관계를 상당히 소상하게 알 수 있다. 가령 이들의 연애를 입증하는 사건, 이상의 일본 여행자금이 변동림이 일본인 '바' 종업원으로 근무하여 번 것이라는 사실, 특히 공부하기 위하여 함께 동경에 가기로 계획했다는 사실 등이다.

그럼에도 불구하고 이상이 동경에서 아내를 소홀하게 대우한 이유는 무엇일까? 회상기는 그 이유를 추정하게 할 뿐 아니라 이상이 결혼 후에 발표한 작품들, 곧 「단발」, 「슬픈 이야기」, 「종생기」, 「동해」 등의 정확한 이해를 위한 암시도 제공한다. 바꿔 말하면 연애와 결혼의 대상이었던 변동림은 그에게 소설 텍스트 형성을 위한 협조자이기도 했기 때문이다.

이상이 변동림에게 갈수록 거리감을 느끼게 된 것은 기질, 사고방식, 내면세계, 교양의 깊이 등과 깊이 관련되어 있다.

김향안의 술회를 통하여 우리는 그녀가 '영문학과 러시아문학'과 관련된 대화를 이상과 나누고, 이상이 베토벤보다 모차르트를, 그것도 그 '천재의 초조한 모습'에 관심을 가졌다는 것을 알게 된다. 이는 모차르트의 어느 작품보다도 「실화」에서 언급된 'MOZART의 四十一番' 곧 木星(쥬피터)를 상기시킨다. 다음과 같은 술회는 이상과 변동림의 복잡한 관계를 해명하기 위하여 참고할 가치가 있다.

"동림이, 우리 같이 죽을까?"

"우리 어디 먼 데 갈까?"

이것은 상의 사랑의 고백이었을거다. 나는 먼 데 여행이 맘에 들었고 또 죽는 것도 싫지 않았다. 나는 사랑의 본능보다는 오만한 지성에 사로잡혔

을 때라, 상을 따라가는 것이 흥미로웠을 뿐이다.[1]

이지적 인간은 매사를 분석하고 비교하는 경향이 있고 경쟁심리가 있어서 남에게 지기를 싫어한다. 변동림이 이상이 제안한 정사('情死')를 선뜻 긍정적으로 받아들인 것도 그녀의 남에게 지기 싫어하는 기질의 결과여서, 그 제안의 심층적 의미를 통찰했을 리가 없다. 이상의 버릇이 된 자살 충동과 망명(亡命) 충동을 변동림은 결코 통찰할 수 없었을 것이다. 또한 '정사'의 특별한 의미, 곧 「단발」에서 언급된 'A double Suicide'의 정치적 의미도 마찬가지다. 'A double Suicide'는 사전적인 뜻(情死)이 아니라 항일운동을 위한 '자살적인 동반(同伴)투쟁」'을 의미한다. 그러나 변동림의 다음과 같은 회상은 「단발」과도 깊이 관련되어 있다.

> 나는(......) 허허벌판을 이상을 따라서 한없이 걸어갔다. 한없이 걸어간 곳에 방품림이 있었다. 우리는 방풍림 숲 속을 끝에서 끝까지 걸었다. 나는 날마다 이상을 만났다.[2]

'허허벌판'은 서울 교외의 벌판이요, 숲속을 '끝에서 끝까지' 걷는 두 연인의 로맨틱한 정감이 인용문에 침투되어 있지만, 그 '방풍림'을 「단발」과 「슬픈 이야기」에서 일제의 침략과 수탈로 인한 '황량한 방품림'으로 변모시킨 정치적 의도를 김향안은 알 리가 없다. 「단발」은 항일적

1 김유중 · 김주현 편, 『그리운 그 이름, 이상』, 지식산업사, 2004, 189쪽.

2 위의 책, 89쪽.

인 아나키즘 소설이다. 물론 「단발」의 여주인공 '선이'의 모델은 변동림이요, 그 속편인 「슬픈 이야기」에서도 마찬가지이지만, 그 이미지는 달라진다.

> 황량한 방풀림 가운데 저녁 노을을 멀거니 바라다보고 섰는 소녀의 모양이 퍽 아팠다.[3]

이 소녀는 그녀가 짝사랑하는 남자 '연'의 여자 친구인 '선이'로서 변동림을 바로 연상시키지만, 「슬픈 이야기」의 '여인'은 변동림 개인을 넘어서 망국(亡國) 민족의 상징이 된다.

> 내 곁에는 내 여인이 그저 벙어리처럼[4] 서있는 채입니다. 나는 가만히 여인의 얼굴을 쳐다보면 참 희고도 애처럽습니다.(......) 여인의 窓戶紙간이 창백한 얼굴에 금이 가면서 그리로 웃음이 가만히 내다 보나 봅니다.(3, 65)

'여인'의 '창백한 얼굴'을 처절한 것으로 만든 '금'은 '郤遺珊瑚一' '郤'과 같으며 망국(亡國)의 상징이다. 이상은 변동림의 '얼굴'에서 민족의 비극을 환시(幻視)한 것이다. 변동림은 더 나아가 「종생기」의 교양인 '정

---

3 위의 책, 200쪽.

4 Oscar Wilde, "De Profundis," *The Portable Oscar Wilde*, Penguin Books, 1981, p.599. '벙어리'는 와일드의 『옥중기』에 나오는 '억압으로 인하여 벙어리가 된 그들, 그 침묵은 오직 神만이 알아들을 수 있는 그들을 예수는 형제로 삼았다'는 구절과 관련될 것 같다.

희'의 모델도 된다. 그녀는 작가 '이상'에게 유민(遊民)소설을 뛰어 넘어 도스토예프스키의 『카라마조프 형제』와 고리끼의 『四十년』 같은 '민중적 소설'을 써 보라고 권유한다. '선이', '여인', '정희'의 모델로서의 변동림은 「날개」와 「지주회시」의 창녀나 카페 여급의 모델인 '금홍'과 너무도 이질적인 세계에 살고 있다.

이처럼 이상은 변동림의 연인이나 남편의 자격을 자기의 소설 텍스트 형성을 위하여 이용한 뻔뻔스러운 소설가였고, 그녀는 본의 아니게 그의 창작에 파트너로서 협력했던 셈이다. 변동림은 순진하게도 이상에게 보다 중요한 문제는 애인이나 아내가 아니라 '고난의 민족'이나 '인류'일 수도 있다는 것을 알 리가 없었다.

이상을 동경으로 보낸 변동림에게도 결코 이해할 수 없는 또 하나의 문제가 있었다. 동경에서 두 달이 훨씬 넘도록 아내에게 소식을 전하지 않은 이유가 자기자신에게 있을 수도 있다고는 한 번도 생각하지 않았다는 점이다. 변동림은 이렇게 술회한다.

> 나는 방풍림을 걸으면서 많은 소재를 이상에게 제공했다. 사랑이라든가 질투라든가 하는 애정의 문제로 얘기했다. 그럴 땐 나는 남녀란 어디까지나 1대1의 인간 대 인간이란, 인간의 존엄성을 들고 나왔다. 그러면 이상은 골짜기가 메아리치는 웃음을 터뜨렸다. 연거푸 웃었다. 처음 들어본다는 듯이 웃었다.[5]

이상이 남녀 평등권을 들고 나온 변동림의 여권주의에 홍소로 대응

5 김유중 · 김주현 편, 앞의 책, 200쪽.

한 것은 여권주의를 경멸해서가 아니다. 그녀의 그 당찬 주장을 꺾어버릴 수도, 따라갈 수도 없는 딜레마를 돌파하기 위해서는 그렇게 웃어넘길 수밖에 없었을 것이다. 이상은 남녀평등사상을 주장하는 이지적인 여성, 자의식이 강한 그런 여성과 자기의 과도한 자의식의 충돌에서 너무도 벅찬 부담을 느끼는 타입이다. 그만큼 자아중심적인 인간이다. 그 점에서 레르몬토프의『현대의 영웅』주인공 페초린과 닮았다. 그런 타입의 인간은 누구도 사랑할 수 없다. 전제정치로 학대받는 민족이나 인류를 위해서는 자기희생적인 애정을 바칠지언정 자기를 극진하게 사랑하는 여자를 사랑할 수가 없는 것이다. 레르몬토프는 이렇게 말한다.

> 나는 아직 사랑하는 여자의 노예가 된 적이 없다. 반대로 언제나 그녀들의 의사와 감정을 이기는 힘을 가지고 있었다. 전혀 거기에 대해서 마음을 쓰지 않고도 말이다.(중략) 솔직하게 말해야 하겠는데 확실히 나는 확고한 성격을 가진 여자를 좋아하지 않는다. 강한 성격을 가진다는 것은 여자답지 못한 일이다.[6]

이상에게 변동림은 페초린의 '도저히 이길 수 없는 여자'와 거의 같지 않았을까? 이상이 변동림에게 결코 말할 수 없고, 말해서는 안 될 비밀의 하나가 그의 불행한 출생으로 인한 정신적 외상이었다. 따라서 양친을 정성껏 돌보지 않은 자기중심주의의 한 원인이 그 불행한 출생인 것도 전혀 고백할 리가 없다. 그 점에도 이 부부의 불행한 관계의 원인이 있었다. 그 결과 김향안은 '李箱'이라는 이름의 유래와 그 의미도 오

6 레르몬토프,『현대의 영웅』, 동완 역, 정음사, 1974, 410-411쪽.

해했다. '李箱'을 이상(理想)에서 창조된 이름으로 본 것이다.[7]

건축 공사장 인부가 자기를 '리상(李樣, 李箱)'이라고 잘못 부른 것이 '李箱'의 유래라며 '재미나는' 일이 아니냐는 '이상'의 농담에 대하여 김향안은 이렇게 응수했다.

> 여기서는 재미나고 안나고가 문제가 아니라 인간 이상을 연구하는 재료로서 부모가 돌림자로 지어준 이름을 소홀히 버린 실없는 인간성으로 해석했으니 연구가 틀렸다는 거다. 예로부터 동양에선 부모가 지어준 이름은 엄숙한 경우 〔법이라든가〕에만 사용했지 함부로 쓸 수가 없어서 예술가는 예명 또는 아호를 만들어 썼던 것이다.[8]

김향안은 부모가 지어준 이름과 관련된 상식적인 지식만을 고집했기 때문에 그 상식을 무시하고 성까지 바꾼 '李箱'이라는 이름의 심층적 내력과 다의성도 통찰할 수 없었다. 그 결과 이상은 높은 '理想'을 추구하는 작가답게 '理想'과 동음이의의 이름을 선택했다고 주장했던 것이다. 이상이 만일 자기의 이름과 관련된 변동림의 말을 들었다면 한바탕 폭소했을 것이다. 그녀가 금홍 같은 기생이나 권순희 같은 카페 여급이 아니었다는 것은 이상 같은 아방가르드 예술가에게는 추호도 자랑거리가 될 수 없었다. 그들은 자주 그 예술가의 친구이자 동지일 수도 있기 때문이다.

그는 로맨틱한 이상주의자인 동시에 매사를 버릇처럼 회의하고 반

7 김유중 · 김주현 편, 앞의 책, 191쪽.

8 위의 책, 192쪽.

성한 작가였다. 「종생기」와 「동해」가 입증하듯이 연애와 동시에 반체제적 저항을 하고 자기의 창작 방법을 의심하여 자기회귀적인 매타픽션을 시도하곤 한 것도 그 때문이다. 김향안은 이상의 한쪽밖에 볼 수 없었다.

김향안은 그 회상에서 "나는 이상에 대한 그릇된 인식이라는 것을 최대한 바로 잡는 역할을 하고 싶을 뿐이다"고 말하면서 이상의 작품에 대하여 논평하고 있는데, 그녀의 비평 수준은 거론할 필요가 없을 만큼 낮다. 그러나 그녀가 이상의 아내였기 때문에 이를 거론하지 않을 수 없다.

> 이상은 시인이다. 소설가는 아니라고 생각한다. 이상의 시 「오감도」는 세계적 수준에 이른 탁월한 시라고 하는 믿음은 그때나 이제나 변함이 없다. 그러나 이상의 잡문들은 고매한 시 정신에서 대단히 멀어져 있음을 느낀다.[9]

이상이 본질적으로 시인이라고 강조한 것은 이상 문학에 대한 오해에 연유하지만 「오감도」 (이는 「오감도 시 제1호」다—필자 주)를 '세계적 수준'의 '탁월한 시'라고 평가하면서도 그 이유를 말하지 않은 것은 그다지 설득력이 없다.

김향안이 예로 든 이상의 잡문들은 「종생기」와 「동해」로서, '고매한 시 정신'에서 멀어진 것은 그 '잡문들'의 '통속성, 유치한 연극, 이상의 잡문 속에 나오는 常例인 엄살(여성에 대한)이다'고 말한다. 김향안은

---

9 위의 책, 201쪽.

'나는 이러한 이상의 글을 싫어한다'고 분명히 말하고 이렇게 덧붙였다.

> 나는 오랫동안 이상을 용서할 수 없었다. 그러한 이상의 작품이 나에게 불쾌한 유산으로 남겨짐으로써, 나의 남편이었던 이상에 대한 반세기의 무관심이 지속된 것인지도 모른다.[10]

그러나 정신적으로 '성장하는 과정에서 상을 용서'하고 화가 김환기와 결혼할 수 있었다고 한다.

김향안이 '잡문'으로 폄하한 「종생기」와 「동해」에서 '용서할 수 없었다'는 '통속성'은 이 작품들의 공통적 작중 사건인 '간통' (여기에는 애인의 배신도 포함된다.)과 삼각관계를 말한 것 같고 '유치한 연극'도 그런 작중 사건과 관련된 것이다.

'여성에 대한 엄살'도 이들 작품 속에 나타난 삼각관계일 것이다. 「종생기」와 「동해」를 '잡문들'로 폄하할 때 김향안은 이 두 소설의 심층에 잠복한 주제, 또는 그 주제의 반일적인 정치적 의미를 전혀 통찰할 수 없었다. 이는 「오감도」의 경우도 마찬가지다. 그럼에도 불구하고 이 두 소설을 '용서할 수 없는' '잡문들'로 규정한 것은 그녀의 고집 센 자기중심주의에 연유한다. 이는 앞에서 언급한 남녀평등사상에 대한 이상의 반응을 비판한 다음의 글에도 나타난다.

> 이상은 나의 진보적인 발언을 진부한 애기를 꾸미는 修飾으로 이용했다.

10 위의 책, 201쪽.

그는 나를 배신한거다.[11]

'진부한 얘기'는 삼각관계를 다룬 이상의 소설로서, 그 소설에서 '삼각관계'를 남녀평등의 이름으로 설정한 것을 비난한 것이다. 바로 이 점에 김향안의 완고한 보수적 인생관이 반영되고 있다. 이상은 평소의 대화에서 드러난 변동림의 그와 같은 인생관과 그것을 우기는 그녀의 기질을 참아낼 수 없었고, 싸늘하게 등을 돌렸을 것이다. 그렇다면 이상이 동경으로 간 동기에는 작가로서의 '재생' 외에도 아내로부터의 탈출이 포함되어야 할 것이다.

변동림의 궁극적인 불행은 그녀의 이상에 대한 애정이 결국 짝사랑으로 끝나게 된 점에 있었을 것 같다. 그것을 거의 비극적으로 입증한 것이 남편이 동경에서 원통하게 객사한 사건에 대한 울분이다. 김향안은 다음과 같이 말한다.

> 이상은 일제가 그 생명을 단축시키고 앗아간 것이 아니였던가? 그가 일경에 구속되지 않았으면 좀 더 살았을 것이다.
> 이상이 "나는 일본말로 시를 쓰는 시인이다."라고 말했으면(자처했으면) 구속되지 않았을 것이 아닌가?
> 이상의 민족정신을 의심한다면 이러한 사실을 상기해야 마땅하다고 본다.
> 한 세기 또는 두 세기 후에라도, 일본이 그 야만성에서 깨어나, 문화민족의 대열에 끼었을때, 그리고 우리 민족이 월등 우수해졌을 때, 우리의 무고한 시인을 구류해서 사망에 이르게 한 죄상을 사죄하고 보상하는 날이

11 위의 책, 200쪽.

있어야 할 것이다.

일본은 우리나라의 원수다. 원수를 갚는 길은 우리 민족이 우수해지는 길밖에 없다. 우리는 항일에 노이로제가 되는 것을 경계해야 한다. 침통한 항일은 끝나지 않았는가. 명랑한 克日이 있을 뿐이다.[12]

침통한 그녀의 이러한 강렬한 항의는 일제 강점기 조선인의 망국한(亡國恨)이라는 집단적 무의식에 연유한다. 김향안이 이를 대표적으로 진술한 것이다. 우리는 이상의 항일적 민족정신의 영향을 받아 그 시야가 편협하지 않은 명민한 지식인 김향안을 인용문에서 만난다. 남편과 의기투합할 수 있는 변동림의 한 얼굴이다. 그러나 그녀에게는 완고한 보수적 인생관을 당차게 내세우는, 그래서 이상에게 웃음거리가 되는 또 하나의 얼굴이 있었다. 이 자기모순으로 인하여 이상과 변동림의 결혼생활은 불행해질 수밖에 없었다.

두 사람의 교양과 안목의 수준은 비교할 수 없는 것이지만 이상과 김환기라는 천재를 사랑한 김향안은 니체와 릴케가 사랑한 루 살로메와 비슷한 여자였다.

12 위의 책, 203쪽.

18
이상과 투르게네프, 그리고 롭신

이상 같은 항일적 식민지 작가에게 거의 일상화되다시피 한 범죄적 발상은 일제의 강압적 통치 피해자의 필연적 반발이요, 그 가운데 하나가 조선 지배자 암살임은 그의 작품들로 입증된다. 조선인의 이러한 저항은 일제의 식민지배라는 극악한 범죄에 맞서는 떳떳한 범죄요, 그 저항의 가장 강력하고 효과적인 수단으로 무장투쟁에 버금가는 투쟁의 방법은 언어를 통한 '암살'밖에 없다는 그의 확신은 여러 작품으로 예증된다. 그의 초기작 「출판법」은 일제 강점기에 발표된 최초의 놀라운 암살 시인데 만년의 「슬픈 이야기」와 「실화」에 나타난 언어 테러리즘은 「출판법」의 연장선 위에 있는 정치적 사건이지만, 그 사건의 발상에서 이상이 가장 짙은 영향을 받은 작품이 롭신의 『창백한 말』이다.[1]

---

1 롭신 : 본명은 보리스 사빈코프다. 러시아 사회혁명당 당원으로서 모스크바 총독 세르게이 알렉산드로비치 공작 암살에 동참하여 암살에 성공했고, 1907년 케렌스

2001년 9월 11일 뉴욕 맨해튼의 쌍둥이 빌딩 자살 테러사건은 전 세계를 놀라게 한 충격적인 사건으로 이를 계기로 하여 테러리즘에 대한 연구가 더욱 활발해진 것은 주지되어 있다. 그러나 테러리즘에 의한 반체제 운동, 또는 반제국주의 운동은 이미 20세기 식민지의 양심적 작가에게는 거의 일상적 관심사였고, 이를 보여주는 한국작품에는 염상섭의 「추락」과 『삼대』, 그리고 「출판법」을 비롯한 이상의 몇몇 작품이 있다.

『창백한 말』(1909)은 암살소설의 고전이다. 이상은 일본어 번역판으로 이 소설을 읽었음에 틀림없다.[2] 이 경우 정치적 암살의 동기는 휴머니즘이어서, 반휴머니즘적인 암살과 구별되어야 한다. 도스토예프스키의 『악령』에서 표도르 베르호벤스키의 샤토프 암살은 비열하고 혐오스러운 것이요, 한국의 경우 선우휘의 단편소설 「테러리스트」에서 '서북청년회' 회원의 암살도 마찬가지다. 반면 콘래드의 『서구인의 눈 밑에서』의 주인공 할딘의 러시아 정부 요인 암살은 사회 정의를 위한 떳떳한 소행이다. 롭신의 『창백한 말』에서의 모스크바 총독 암살도 마찬가지요, 이상의 아나키즘 3부작인 「단발」, 「슬픈 이야기」, 「실화」에서의 반체제 투쟁수단인 암살은 더 말할 것도 없다. 그리고 이 소설들의 발상에 롭신의 『창백한 말』의 영향은 결정적일만큼 소중했다.

그러나 『창백한 말』의 작가 롭신과 네차예프의 관계는 우리에게 그

키 내각의 국방차관을 역임했다. 1917년 10월 혁명 후에 망명하여 반정부활동을 했으나 1924년 불법적으로 러시아에 입국하다가 체포되어 재판에서 사형선고를 받고 복역하는 도중에 자살했다. 『일어나지 않았던 일』(1914) 과 『칠흑의 말』(1928)을 발표했다.

2 이상은 아오노 스게키치(青野季吉)가 번역한 『蒼ざめたる馬』(隨筆社, 1924)을 읽었을 것 같다.

의 대선배 도스토예프스키 및 투르게네프와 네차예프의 관계를 생각해 보도록 한다. 이 두 작가는 네차예프에게 적잖은 관심이 있었고, 그들의 작품, 곧 『악령』과 『처녀지』에서 그의 분신을 등장시킨 때문이다.

그러나 여기서 중요한 문제는 이상과 네차예프의 관계다. 그의 관심을 네차예프로 유도한 소설은 『악령』보다는 『처녀지』였을 것 같다. 바꿔 말하면 네차예프를 악의적으로 희화화한 『악령』의 표트르 베르호벤스키보다 『처녀지』에서 네차예프를 모델로 삼은 바실리 니콜라예비치일 것이다. 이상은 브나로드 운동의 최고 지도자인 바실러 니콜라예비치를 네지다노프와 동지이자 애인인 마리안나의 대화를 통해서 알게 되지만, 다름 아닌 제니다노프가 그를 불신한 점에 문제가 있다. 그의 정체가 불확실한 때문이다. 이는 그의 모델인 네차예프 및 그의 본부가 안개 속 같다는 것을 상기시킨다. 하기야 『창백한 말』에서 암살 단체를 지휘하는 '심판자'로서의 안드레이 페트로비치와 그의 본부('위원회')도 아리송하고 「단발」에서도 반체제 지하운동 본부의 실체는 모호한 것이다. 그러나 이상에게 『처녀지』는 폴란드의 피압박민족과 다름없는 조선민족의 해방을 위하여 고민하고 그 해결책을 모색하는 계기가 되었음에 틀림없다.

이상은 투르게네프나 그의 작품에 대하여 언급한적이 없다. 그래서 이상 연구자들도 이상과 투르게네프의 깊은 관계를 간과해 버렸다. 그러나 「동해」에서도 언급된 '울창한 숲' 외에도 이상이 투르게네프의 『처녀지』 애독자였음을 입증하는 것은 어렵지 않다. 다음은 동경에서 김기림에게 보낸 편지의 한 대목이다.

故鄕에는 모두들 배게를 나란히하여 수면들을 계속하고 있는 꼴이오(3,

239)

일제 파시즘의 압박이 가중되고 있는 위기적 상황을 직시하여 저항하지 못하고 있는 겨레의 우둔과 무기력을 경멸조로 개탄할 때 연상한 것은 네지다노프가 친구 바실리에 보낸 「잠」이라는 시의 일절이었을 것이다.

> 농군들은 죽은 듯이 자고 있다(…) 누구라 다 자고 있다(…) 우리나라의 민중은 자마자고 있어(…)[3]

다름아닌 '짜르'를 숭배하는 그 농민이 브나로드 운동원들의 자기희생적인 노력을 무시하고 그들을 경찰에 넘기기도 했던 것이다.

이상이 『처녀지』에 몹시 끌린 것은 네지다노프에게 동류의식을 느낀 때문이었을 것 같다. 그는 자아가 분열된 허무주의적 경향의 지식인이요, 그의 별명 '햄릿'이 암시하듯이 불우한 인간인 점이 이상의 경우와 비슷하다. 시인 기질의 그는 '농민'에게 '참회하는 귀족'으로서 브나로드 운동에 참여했지만 농민과 일심동체가 될 수 없는 신분적 한계와 브나로드 운동에 대한 확고한 신념의 부족을 확인한 결과인 그의 자살은 당대의 햄릿형 지식인의 비극이었다(그는 러시아 귀족의 사생아다).

그것은 어쨌거나, 이상이 아나키즘을 신봉하게 된 계기의 하나가 『처녀지』에서의 브나로드 운동의 참담한 실패가 준 교훈이었을 것이다. 정치적 목적이 전혀 없는 1930년대 조선의 브나로드 운동과는 달

---

3 김학수 역, 『처녀지』, 범우사, 1990, 245쪽.

리, 농민을 계몽하는 동시에 그들에게 '토지와 자유'를 주려는 그 반체제운동이 실패하자, 그 반체제 운동자들이 새로 채택한 전술은 정부요인 암살이었고, 그 신호탄이 베라 자수리치의 페테르부르그 경찰서장 트레포프 암살미수사건이었다. 오스카 와일드의 정치극 『베라: 허무주의자』의 여주인공 이름 '베라'는 '베라 자수리치'에서 따온 것이며, 그녀가 속한 암살단원이 복종하는 '혁명가의 규약'은 네차예프의 '혁명가의 교리문답'을 빌린 것이다.[4] '베라'의 암살대상인 '짜르'는 '조선총독'이 그 대리자인 일본왕과 다름없다.

그의 '혁명가의 교리문답'이 화신인 네차예프의 위력은 대단한 것이었다. 『베라: 허무주의자』, 『창백한 말』, 「단발」만이 아니라 카뮈의 희곡 『정의의 사람들』의 반정부투쟁을 위한 절대적 신조가 된 때문이다.

『처녀지』에서 이상에게 가장 감동을 준 것은 브나로드 운동의 열광적 성격과 그 운동에 참가한 지식인들의 자기희생정신이었을 것이다. 네제다노프와 미슐리나, 특히 마리안느와 아량이 있고 성실하면서도 적극적 행동파인 마르케로프, 선전과 계몽의 대상인 농민에게 체포되어 경찰서에 넘겨진 마르케로프의 자기희생정신 말이다. 이상이 아나키즘을 선택한 동기의 하나도 그 정치이념이 자기희생정신을 부추길 수 있으리라고 믿었기 때문이었을 것이다.

『창백한 말』에서의 모스크바 총독 암살이 아나키스트의 소행으로 간주되는 것은 열차 속에서 모스크바의 한 부인이 조지에게 한 말로 증

4 Richard Ellmann, *Oscar Wild*, Vintage, 1988, p.122 참조.

명된다.[5] '창백한 말'은 「요한계시록」(6:8)에서 언급된 '사망'을[6] 의미한다.('창백'한 색은 시체의 색이다.) 인류의 '사분지일'이 '창백한 말'로 변하는 것은 그들이 지은 죄 때문이며, 그들이 '칼과 기근과 역병'으로 죽는 것은 '白馬'(6:2)로 상징된 하느님(예수)의 심판에 연유한다. 롭신의 『창백한 말』은 「요한계시록」과 깊이 관련되어 있었다. 『十二월 十二일』에서 「요한계시록」의 영향을 받아 '神'('태양')의 사망과 새로운 역사의 '여명'을 언급한 적도 있는 이상의 종말론적 상상력은 『창백한 말』에서 큰 자극을 받았을 것이다.

다음은 드미트리 메레지코프스키가 「〈창백한 말〉—롭신」에서 한 말이다.

> 지금 유럽에서 레프 톨스토이나 도스토예프스키 이후의 러시아의 책 중에서 책다운 책은 무엇인가, 어느 책을 읽어야 러시아의 장래를 점칠 수 있는가라는 질문에 나는 『창백한 말』을 지적한다 (……) 오늘날 이 책은 어떤 사람에게는 심장을 찌르는 칼일지도 모른다.[7]

인용에서의 '어떤 사람'은 러시아 전제정치의 집행자나 신봉자들이다. 『창백한 말』은 러시아의 민중을 탄압한 전제정치에 저항한 소설로

---

5 롭신, 『창백한 말』, 도서출판 문정, 1992, 55쪽.

6 내가 보니 창백한 말 한 마리가 있는데, 그 위에 탄 사람의 이름은 '사망'이요, 지옥이 그를 뒤따르고 있었다. 그들은 '칼과 기근과 죽음과 들짐승으로서 사분지일에 이르는 땅의 주민들을 멸하는 권세를 받아 가지고 있었다.' '죽음'은 '역병'의 뜻으로 해석되기도 한다. '칼'은 '전쟁'의 뜻이며, '암살'(『창백한 말』)의 은유가 될 수 있다.

7 メレジユコフスキ, 『露西亞革命の豫言者』, 山內封介 譯, 第一書房, 1928, 173쪽.

서 메레지코프스키의 그 논평은 예언적이었다. 『창백한 말』은 이 소설이 발표된 뒤에 반체제적 암살소설이나 암살극에 지속적인 영향을 주었기 때문이다. 이상의 단편소설 「단발」과 「슬픈 이야기」 및 「실화」를 그 예로 들 수 있다. 알베르 카뮈의 암살극 『정의의 사람들』의 작중 사건은 『창백한 말』과 비슷한 점이 적지 않다.

「단발」은 이상에게 아나키즘적 저항소설의 첫 번째 실험이었다. 표면적으로 주인공 '연'과 '선이'의 연애를 주제로 삼고, 종래의 이 소설에 대한 연구자들도 모두 그렇게 생각해왔다. 그러나 「단발」은 연애소설로 가장한 정치소설이다. 이를 입증하는 유력한 증거가 있는데 그것은 '연'이 종사하는 반체제 투쟁의 전략 면에서 받은 네차예프의 「혁명가의 교리문답」의 영향을 받고 있다.

다음은 「단발」에서의 인용이다.

> A double Suicide
> 그러나 그것은 결코 애정의 방해를 받아서는 안 된다는 조건이 붙는다. 다만 아무것도 이해하지 말고 서로서로 「스프링보드」 노릇만 하는 것으로 충분히 이용할 것을 희망한다. 그들은 또 유서를 쓰겠지. 그것은 아마 힘써 화려한 애정과 염세의 文字로 가득 차도록 하는 것인가 보다.
> 이렇게 세상을 속이고 일부러 자기를 속임으로 하여 본연의 자기를 얼른 보기에 고귀하게 꾸미자는 것이다.(2, 246)

'애정'도 너그러운 양해('이해')도 없이 반체제 운동을 한다는 것은 사회의 도덕, 법률, 관행, 예의 등을 돌보지 않는 인정사정 없는 투쟁 방법을 뜻하며, 이는 19세기 러시아의 아나키스트 네차예프의 「혁명가의 교리문답」을 따른 것이다. (「혁명가의 교리문답」의 기초자는 바쿠닌이라는 주장도 있다.) 따라서 'A double Suicide'는 남녀 연인의 동반자살 곧 '정사(情死)'라는 사전적인 뜻이 아니라 '서로'를 투쟁의 추진을 위한 보조물('스프링보드')로 여긴 '자살적인 동반 투쟁'의 뜻이다. 이들 투쟁동지가 쓰는 '유서'마저도 거짓말을 해야 한다. 그처럼 '세상'과 '자기'를 속이는 부도덕성은 '혁명'을 위하여 정당화된다.

'네차예프의 전성기는 1868년'이요, '70년대에 반란적 아나키즘은 러시아에서 상당히 보급되어 있었는데, 그 반란자의 신조가 다름아닌 「혁명가의 교리문답」이었다고 한다. 따라서 롭신의 『창백한 말』에 그와 같은 신조가 언급되고 있는 것은 그 '반란적 아나키즘'의 조국이 전체주의 국가 러시아인 것을 참고할 때 당연지사로 여겨진다. 다음은 이 일기(日記)소설에 나오는 주인공 조지 오브라이언의 일기의 일부분이다.

> 나는 비합법적 생활에 익숙해져 있다. 고독은 이미 습관이 되어 있다. 나는 미래에 대해 알고 싶지 않다. 나는 과거를 잊으려고 노력한다. 나에게는 조국이란 없다. 이름도, 가족도.[8]

'가족'도 '이름'도 없다는 조지 브라이언의 말은 그가 네차예프의 「혁명가의 교리문답」을 그대로 추종하고 있다는 것을 증명한다. 이상의 「슬픈 이야기」에 등장하는 언어 테러리스트 '젊은사람'도 이름이 없다. 혁명을 위해서는 모든 수단이 정당화된다. 베르자예프는 네차예프의

8 롭신, 앞의 책, 16쪽.

「혁명가의 교리문답」의 요지를 소개한 뒤에 이것과 기독교와의 큰 차이점을 말한다. "기독교의 교리문답은 그 최고의 목적 실현을 위해서 허위를 요구하지 않고 또한 어떤 경우에 있어서도 모든 범죄적 수단을 사용하는 것을 용서치 않는다는 점이다."[9]고 말했다.

「혁명가의 교리문답」을 추종한 점에서 「단발」과 『창백한 말』의 첫 번째 유사점을 찾아낼 수 있지만, 차이점도 없지 않다. 가장 중요한 차이점은 '애정'과 관련된다. 「단발」에서 '혁명가' 동지는 '애정의 방해'를 받지 않아야 한다고 말함으로써 「혁명가의 교리문답」의 명령을 따르고 있지만, 『창백한 말』에서 그것은 위반된다. 조지와 그의 동지 겐리흐는 테러 계획을 실행하는 과정에서도 연애를 하기 때문이다. 겐리흐 연애 상대는 이리나요, 조지의 연애 상대는 유부녀인 '마리아'이다.

「혁명가의 교리문답」의 추종 외에 찾아낼 수 있는 두 소설의 또 하나의 유사점은 반체제 투쟁이 투쟁 본부의 지령을 받는다는 점이다. 그 본부가 「단발」에서는 '부서(部署)'로(2, 251) 암시된다. 그것은 본부가 투쟁을 위하여 '연'에게 할당한 '부서'다. 『창백한 말』에서는 그 본부가 '위원회'라는 말로 암시되고 있고, '위원회'에 소속된 '안드레이 페트로비치'가 암살의 대상을 조지에게 지시한다. 페트로비치와 조지의 대화에서 '테러와 의회 공작을 어떻게 결합시킬 것인가'라는 문제에 대한 의견을 묻는 장면이 『창백한 말』에서 나오는데[10], 이런 대화는 「단발」에는 있을 수 없다. 20세기 초 러시아에는 헌법에 의하여 '의회'가 설치되었지만 그런 헌법은 일제 식민지 조선에는 있을 수 없기 때문이다.

---

9 베르자예프, 『러시아 知性史』, 이경식 옮김, 종로서적, 1981, 62쪽.

10 롭신, 『창백한 말』, 도서출판 문정, 1992, 27쪽.

세 번째의 유사점은 두 소설 주인공과 관련된 짝사랑이다. 「단발」의 선이와 『창백한 말』의 이리나는 각각 '연'과 '조지'를 사랑하지만, 그들은 그 여자를 반체제 투쟁을 위한 '스프링보드'로만 이용하려고 한다. 테러용 폭탄을 만드는 화학자 이리나는 그 투쟁에는 관심이 없고, '선이'도 투쟁에 가담하기를 거부한다. '연'이 '애정의 거자(據者)'인 것을 자랑하려고 하면서도 '공연히 그는 서먹서먹하게 굴었던' 것은 그에게 가장 중요하고 긴급한 사업이 반체제 지하운동이기 때문이다.

「단발」의 속편 「슬픈 이야기」의 부제(副題)는 '어떤 두 주일 동안'이다. '두 주일'은 "두 주일이 속절없이 지나가고 공일날이 닥쳐왔습니다(중략) 이렇게 자꾸 期日이 遷延되는 데에서 나는 불안이 점점 커갈 뿐입니다"라는(2, 67) 주인공의 말과 밀접하게 관련되어 있다. '기일'은 계획한 반체제 투쟁에 필요한 날의 수효인데, 그 날짜가 미루어지는 것에 불만을 느낀 것은 「슬픈 이야기」가 반체제 소설임을 입증한다. 그런데 그 부제의 유래는 『창백한 말』에 있다. 어느 날 겐리흐가 모스크바 총독 암살을 위해 정해진 날짜를 묻자 조지가 '앞으로 2주일, 어쩌면 3주일 정도 남았다'고 대답하는데[11], 그 '2주일'이 「슬픈 이야기」 부제의 '2주일'이 된 것이다. (겐리흐가 그 날짜를 물은 것은 그가 짝사랑하고 있는 이리나가 폭탄 제조 때 '폭발사고'를 당하지나 않을지 걱정한 때문이다.)

그 '2주일' 안으로 수행해야 할 암살의 대상이 「슬픈 이야기」에서는 명시되고 있지 않다. 그러나 그 해답을 우리는 『창백한 말』을 통하여 추정할 수 있으니, 그것은 조지 일당의 암살 대상이 '모스크바 총독'인

11 위의 책, 28쪽.

점을 감안할 때 '조선 총독'일 가능성이 많은데, 이 추정을 뒷받침해주는 이상의 작품이 「산촌여정」이다. 이 소설에서 주인공(이상)의 암살 대상은 성천의 '팔봉산' 입구에 세워진 'xxxx영세기념비'와(2, 107) 관련된다. 그 비석의 '영세기념'은 '영원한 조선통치 기념'으로 돌려 읽어야 하는데, 그 통치자가 바로 '조선총독'이다. 그러나 '기일'의 '천연'을 막지 않을 수 없다. 그래서 설정된 사건이 억수로 비가 오는 날 감행한 화자의 언어 테러리즘이다. '젊은 사람'은 이상이 언어 테러리스트로 내세운 상상적 인물이요, '젊은 여자'는 그의 '스프링보드'다. 이들은 비록 언어테러리즘에 의해서일망정 '2주일' 안에 계획한 일을 단행해야만 했다.

「실화」는 「단발」 3부작의 마지막 작품으로서 여러 가지 작중사건이 이를 보여준다. 「실화」가 「슬픈 이야기」의 속편임을 입증하는 가장 단적인 증거는 '2주일'을 언급했다는 것과(2, 358) 이 소설에서도 「슬픈 이야기」에서와 비슷하게 『창백한 말』의 영향을 받은 언어 테러리즘 장면이 있다는 점이다.

'두 주일'은 「슬픈 이야기」의 경우 정부 고관 암살 시한(時限)과 관련되어 있고, 「실화」에서는 모든 작중 사건이 화자('이상')의 언어 테러리즘을 준비하는 과정의 사건들로 여겨지도록 몽타주적으로 구성되고 있다. 그리고 그 작중 사건들이 언어 테러리즘과 마찬가지로 언어 게임적인 것이라는 점에서 이 소설은 『창백한 말』과 다르기도 하다. 「실화」에 언어 테러를 위한 '스프링보드'가 있다는 점도 「슬픈 이야기」와의 또 하나의 공통점인데 이 '스프링보드'가 바로 이상의 친구 유정이다. 물론 일상적인 친구인 작가 유정은 '자살적인 동반 투쟁'('A double Suicide')을 할 때는 이름이 없는 동지이기 때문에 유정은 가명(假名)에 지나지 않는다.

언어 테러를 감행하기 위해서는 먼저 유정의 동의가 있어야 했다. 그래서 이상은 병석(病席)의 그를 방문한다.

> 밤이나 낮이나 그의 마음은 한없이 어두우리라. 그러나 유정아! 너무 슬퍼 마라. 너에게는 따로 할 일이 있느니라.
> 이런 紙碑가 붙어 있는 책상 앞이 유정에게 있어서는 생사의 기로다. 이 칼날같이 선 한 지점에 그는 앉지도 서지도 못하면서 오직 내가 오기를 기다렸다고 울고 있다.(2, 366)

'따로 할 일'이 일제통치를 받는 고난 속의 민족이 선별하여 맡긴 일이어서 이를 말한 구절이 장중체가 되어 있다. 그런데 일본 최고위층 인간 암살을 위한 '생사의 기로'는 본래 『창백한 말』의 조지의 일기에 나온다.

> 나는 삶과 죽음의 경계에서 있다. 죄에 대해서 말하는 그러한 언어들이 무슨 의미가 있단 말인가[12]

'생사의 기로'('삶과 죽음의 경계')는 암살의 감행 여부를 결정해야 할 고비라는 뜻이다. 그 암살은 일반적인 '죄'를 의미하는 '언어'와 전혀 무관하다는 것이다. 민족을 위한 사명을 명하는 '이상'의 유서('지비')가 풀로 붙여져 있는 '책상'은 아나키스트 동지들의 대화와 토론을 위한

---

12 위의 책, 72쪽.

테이블로서 그 '지비' 앞은 '유정'만이 아니라 '이상'에게도 '생사의 기로'인 것이다. 그러나 유정은 결단을 내리지 못했기 때문에 '이상'은 그의 의사와 상관없이 그를 '스프링보드'로 이용할 따름이다.

'지비'가 붙어 있는 '책상' 앞의 '지점'이 '칼날' 같다고 수식한 것도 『창백한 말』에 빚을 지고 있다. 다음 인용은 바냐가 '모스크바 총독' 암살에 성공한 뒤에, 조지가 엘레나의 남편을 결투에서 죽인 사건도 겹쳐서 겪게 되는 이전 같은 허무주의적 정신상태를 암시한다.

> (주변의) 사람들과 그들의 생활은 나에게 역시 지루하다. 그들과 나와의 사이에 경계가 그어져 있는 것이다. 나의 경계선은 시뻘건 칼날이다.[13]

『창백한 말』과 「실화」에서의 '칼날'은 극도의 삶에 닥쳐온 위기감을 공통적으로 암시하고 있다.

이처럼 이상이 『창백한 말』의 영향을 짙게 받은 것은 먼저 러시아의 무자비한 전제정치가 일제의 악랄한 식민통치와 너무도 닮아 있기 때문이다. 그래서 이상은 일제에게 빼앗긴 '정의(正義)'와 자유를 회복하고 '노예'와 '굶주린 사람'이 없는 사회를 지향하는 사회주의적 아나키스트 '겐리흐', 한사코 '노예'가 되는 것을 거부하고 '장관과 지배자'를 모두 죽이고 싶어 하는 '조지'의 결의도 찬성했을 것이다. "희망은 사실 죽지 않는 것이다. 무엇에 대한 희망인가. 「새벽의 샛별」에 대한 희망인가"라고[14] 자문(自問)하는 조지가 몽상하는 '새벽'은 '이상'에게도 친근

13 위의 책, 168쪽.

14 위의 책, 10쪽.

한 것이었다. 그는 『十二월 十二일』에서, 그리고 「공포의 성채」에서도 새로운 시대를 '역사의 여명'(『十二월 十二일』)과 '새벽(「공포의 성채」)'으로서 몽상했던 것이다.

그러나 이상에게 조지나 그의 동지 겐리흐와 표도르보다도 훨씬 감동적인 인물은 독실한 기독교 신자 바냐였을 것이다. 조지는 반체제적 저항자이면서도 '이 세상은 저주 받았다(중략). 모든 것이 허위이고, 모든 것이 공허한 것이다.[15] 경계도 없고, 시작도 끝도 없다'고 생각하는[16] 허무주의자다. 평소 '나는 누구도 사랑하고 있지 않다. 사랑할 수가 없다. 사랑하는 능력이 없다'고 여기기 때문에 역설적으로 유부녀 엘레나를 사랑하는 자기중심적인 조지가 바냐를 은근히 부러워하고, 바냐가 조지를 불쌍한 사람으로 여기는 것도 바냐의 자기희생적인 신앙심 때문이다. 바냐는—이것은 조지에게 한 말이지만—인간에게는 '2개의 길밖에 없다'고 생각한다. 하나는 '모든 것이 허락'된다고 여겨지는 스메르자코프의 '길'인데, 이는 '신이 없다면 모든 것은 허락된다'는 이반 카라마조프의 영향을 받은 것으로서 네차예프의 추종자다. 또 하나의 길은 '그리스도의 길'로서 그것은 '많은 사람들을 진정으로 사랑하고 있다면 그때'는 그들을 위한 (독재적 통치자의) 암살도 가능하다고 믿는 바냐가 선택한 것이다. 그의 살인(암살)은 '앞으로 살인하는 일이 다시 없도록' 하기 위한 자기희생, '사람들이 하느님의 뜻에 따라 살기 위해서, 사랑이 이 세상을 깨끗하게 하기 위해서' 바친 자기희생이다. 바냐 같은 예수의 제자는 결코 제2의 스메르자코프가 될 수는 없지만 조

15 위의 책, 168쪽.

16 위의 책, 165쪽.

지는 그렇지 않다. 반체제적 테러리스트인 동시에 허무주의자이기 때문이다. 네차예프의 투쟁 방법 및 그것과 일치하는 '스메르자코프'적인 테러리즘은 이상에게 몹시 난처한 문제였을 것이다. 목적을 위해서 수단 방법을 가리지 않는 네차예프의 비도덕적 전술을 따르자니 양심이 허락하지 않지만, 그것을 따르지 않을 수도 없기 때문이다. 일제는 어떤 수단을 써서라도 타도해야 할 대상이다. 바꿔 말하면 그에게 바냐의 길이 가장 바람직했지만, 네차예프의 매력도 부정할 수 없었다. 그는 조선의 네차예프가 될 수밖에 없었다.

다음은 감옥에서 바냐가 조지에게 보낸 편지의 일절이다.

> 주는 우리를 위해 생명을 버렸도다. 이로써 사랑이라는 것을 알게 되었으니, 우리들 또한 형제를 위해 사랑을 바쳐야 하는도다(중략)
> 나에게는 회한도, 나로 인해 성취되었다는 것에 대한 희열도 없네. (중략) 나의 죄는 크네. 그러나 그리스도의 자비도 또한 무한한 것이라네.[17]

'형제를 위한 사랑'은 이미 『十二월 十二일』에서 주인공이 친동생 'T씨'로 대표되는 인류를 위한 '살신적'인 사랑을 통하여 제시한 적이 있고, 그의 모델은 『카라마조프 형제』의 조시마 장로였을 것이며 바냐의 모범 또한 그였을 것이다. 이상에게 가장 감동을 준 것은 자기도 '또한 사람의 스메르자코프'로 여기게 된 조지의 다음과 같은 일기의 구절이었을 것이다.

---

17 위의 책, 78쪽.

> 바냐는 자기의 죽음에 있어서 신성할지라도, 그 고뇌 가운데에 그의 궁극의 진실이 있다고 말하는 것을 나는 알고 있다. 그 신성과 그 진실은 나의 가까이에 하기 어렵다고 해도, 나에게 이해되지 않는 것은 아니다. 나도 바냐와 같은 방법으로 죽을 것이다. 그러나 나는 어두운 죽음을 맞게 될 것이다. 왜냐하면 가시밭 속의 쓰디 쓴 물 속에 있기 때문이다.[18]

바냐가 조지 오브라이언마저도 감화시킨 것은 그의 죽음이 예수를 모방한 것이어서 신성한 것일 수도 있었지만, 더 중요한 이유는 그가 궁극적 진실을 고뇌에서 찾았기 때문이다. 조지는 그런 바냐의 경지에 도달할 수 없는 것이다.

『창백한 말』의 분위기는 침울하고 슬프다. 그것은 「단발」 3부작, 특히 「슬픈 이야기」와 「실화」의 분위기다. 카뮈의 『정의의 사람들』 주인공 카리아에프의 이미지는 자주 바냐의 이미지와 겹친다. 『창백한 말』의 영향을 받은 중요한 작가가 이상과 카뮈라는 사실은 특기할 만하다.

이상의 아나키즘 3부작과 카뮈의 희곡 『정의의 사람들』의 공통점은 두 작품이 『창백한 말』의 영향을 받고 있다는 사실이다. 이상의 3부작에 나타난 그 영향은 이미 언급했거니와, 『정의의 사람들』의 경우 그것은 먼저 모스크바 총독 암살과 관련되어 있다. 혁명 사회주의자인 시인 칼리아에프가 암살을 위한 폭탄을 던지지 못한 것은 그 총독의 마차에 뜻밖에도 동승한 두 어린애 때문인데, 이 암살미수사건은 바냐가 총독의 조카인 '어린애' 때문에 총독 관저에 폭탄을 던지지 못한 사건과 비슷하다. 칼리아에프의 실수를 조직의 명령에 대한 배반으로 책망

---

18 위의 책, 139쪽.

하는 스테판에게 칼리아에프는 어린애들을 암살하라는 명령은 없었다고 반박한다.[19] (그를 무교회주의적 기독교신자로 설정한 것도 바냐를 상기시킨다.) 또한 혁명에 종사하는 투사에게는 애정이나 가족 따위는 금물이라는 네차예프의 교리는 '정의를 사랑하는 사람들에게는 연애같은 것 할 권리가 없어'라는[20]도라의 말에 단적으로 반영되고 있다. 그녀는 『창백한 말』의 이리나처럼 암살용 폭탄 제조자다. 카뮈에게도 『창백한 말』에서 가장 감명을 준 인물은 바냐였을 것 같다.

『창백한 말』은 단지 반체제적 테러소설은 아니다. 이상적인 정치체제와 생활의 희망이 숙고(熟考)되고 있기 때문이다. 이 문제를 제기한 테러리스트가 바냐다. 그는 조지와의 대화에서 사회주의적 아나키스트 겐리흐를 이렇게 비판한다.

> 겐리흐는 사회주의를 믿으면 사람들이 자유스러워지고 배불려지는 것으로 알고 있네. 그러나 그것은 마르다에게 모든 것이라도 마리아에게 있어서는 어떤 의미인가? 확실히 마르다에게도 진실의 반이 있고 마리아에게도 그것의 반이 있어. 도대체 우리에게 마리아는 어디에 있는 것인가?[21]

'마르다'와 '마리아'는 '베타니아'에서 예수가 만난 자매다(「누가복음」 10:39). 그러면 바냐는 왜 현대의 '마르다'보다 현대의 '마리아'를 더 소

---

19 알베르 카뮈, 『정의의 사람들』, 정병희 옮김, 《카뮈문학전집》5, 도서출판 아카데미, 1999, 424쪽.

20 위의 책, 444쪽.

21 롭신, 『창백한 말』, 도서출판 문정, 1992, 237-38쪽.

중하게 여기고 그녀의 행방을 물었는가? 오늘날 '마르다'가 상징하는 정치경제적 해방과 풍족한 생활보다도 '마리아'가 상징하는 정신의 자유와 상상력, 예수를 본받은 지극한 사랑이 더 필요하다고 여겼기 때문일 것이다. 그런 의미에서도 이상은 바냐에게 마음이 끌렸을 것 같다.

『창백한 말』은 격동기 러시아의 암살단체 이야기를 넘어서 그들의 실존적인 고뇌와 자기 실현을 위한 작품이기도 했기 때문에 조선과 프랑스의 두 작가에게 영향을 줄 수 있었을 것이다.

어찌됐든 네차예프의 영향을 받은 작가가 서구의 와일드와 카뮈만이 아니라 동양의 이상도 있었다는 것은 반드시 주목되어야 한다.

19
「단발」 제사와 관련된 문제들

일제 강점기 작가들 중에서 이상만큼 그 작품이 오해를 많이 받은 작가는 없을 것이다. 그 오해의 책임은 암호적 예술가 이상 자신에게 돌아갈 수도 있지만, 외부적 요인도 있다. 외부적 요인 중에서 제일 중요한 것은 그의 작품세계를 전체적으로 파악하지 않고 그의 내면적 발전 과정을 무시한 평론가들의 해석이다. 「단발」도 그 희생양이라 할 수 있는데 종래 「단발」을 이상의 연애소설로만 간주해온 것은 오해였던 것이다.

「단발」이 제기한 문제는 이 소설의 제작 시기, 이 작품의 발표가 보류된 이유, 그리고 「단발」의 제사(題辭)가 「날개」의 제사가 된 이유 등이다. 「단발」이 집필된 시기라는 문제는 쉽게 해결된다. 「날개」의 제사가 실은 「단발」의 제사였기 때문에 「단발」은 「날개」(1936) 이전의 작품이다.

왜 이상은 「단발」을 발표하지 않았을까? 「단발」, 「슬픈 이야기」 및 「실화」는 아나키즘 소설 3부작이다. 그러나 그 당시 아나키즘은 반체제적인 위험한 사상으로 간주되고 있었기 때문에, 그리고 「단발」의 속편이 집필되지 않았기 때문에 발표를 보류한 것 같다. 또한 「단발」의 원고가 임화에게 맡겨진 경로도 수수께끼이지만, 그것은 별로 중요한 문제는 아니다.

그런데 「단발」의 제사는 이 소설 주제의 해명을 위하여 매우 중요한 열쇠다. 그럼에도 불구하고 그것이 「날개」로 옮겨진 수긍할 만한 이유는 이제까지 해명된 적이 없다.

기존의 모든 《이상전집》에서는 「단발」의 제사가 「날개」의 제사로 되어 있고, 모든 독자는 이를 당연한 일로 여기고 있다. 그래서 그 제사가 「날개」의 주제를 오해하도록 만드는 함정이 되었다. 그들은 이상이 설치한 그 함정에 빠지지 않을 수 없었다. 일부러 악의적으로 마련한 것은 아니었겠지만 「날개」의 연구자로서 그 함정에 빠지지 않은 사람은 없었다. 그들 가운데 가장 동정할 만한 이상 연구자는 김윤식일 것이다. 그는 「날개」의 제사를 「날개」 제1부로, 「날개」라는 소설을 그 제2부로 구분하면서 다음과 같이 주장한다.

> '제1부'란 「오감도」계이며 따라서 일본의 국어가 이루어낸 〈과학〉이 아닐 수 없다(중략)그런데 '제2부'란 현지어(모어)인 한국어로 써야 한다면 어째야 할까. 주인공 〈나〉처럼 창녀인 아내가 벌어서 주는 먹이로 흡사 갓난아이처럼 순진무구한 상태로 살아가고 있을 뿐이다. 말을 바꾸면 창녀 속의 생존방식이어서 어떤 자의식도 거기엔 끼어들 수 없다. 이 천치와 같은 자연어(일상어, 현지어, 모어)로 과연 〈소설〉을 쓸 수 있겠는가. 없다고 이상

은 절망했음에 틀림없다.[1]

「날개」의 제사를 「날개」의 제1부로 간주한 그는 이상이 그것을 근대화된 일본의 〈국어〉로 썼지만, '제2부'인 「날개」(소설)는 '천치와 같은 자연어' 곧 모국어로 썼기 때문에 「날개」는 그 양자 간의 균형이 안 잡힌 '기형' 같은 작품이 되었다는 것이다. 「날개」의 제사가 소설「날개」와 유기적으로 조화되지 않은 원인을 김윤식은 그 제사('제1부')와 소설 「날개」에서 사용된 언어의 부조화, 그것도 선진 문명국 언어(국어, 일본어)와 미개한 '천치와 같은' '자연어'(한국어)의 사용이 초래한 부조화 탓으로 보고 있다. 이런 어처구니없는 소견은 「날개」의 제사가 본래 「단발」의 제사인 것을 몰랐던 탓이기도 하다.

「단발」 제사의 국한문 혼용과 소설 「단발」의 국한문 혼용이 자연스럽게 조화되고 있는 반면, 이런 조화가 「날개」에 없는 것은 그 제사가 본래 「단발」의 제사였기 때문이다.

이상이 옮긴 것은 그럴만한 충분한 이유가 있었기 때문이다. 따라서 만일 김윤식이 그 이유를 알았더라면 「날개」가 '芥川이나 横光'의 '국민문학' 수준에 턱없이 '미달'된 소설이라고 「날개」를 격하하지는 않았을 것이다. 여기서는 먼저 「날개」의 제사가 애당초 「단발」의 제사일 수밖에 없는 조건을 들어본다.

「단발」 본문에 나오는 여러 구절들이 똑같거나 거의 비슷하게 그 제사에도 나온다. (괄호 안은 '제사'의 구절이다.)

---

1 김윤식, 『기하학을 위해 죽은 이상의 글쓰기론』, 도서출판 역락, 2010, 296-97쪽.

1. '그러나 가뜩이나 애정이라는 것에 서먹서먹하게 굴며 생활하여 오고 또 오는 그'(연애기법에마저 서먹서먹해진……) (2, 246)
2. 지성의 극치를 흘깃 들여다본 일이 있는(지성의 극치를 흘깃 좀 들여다본 일이 있는……) (2, 252)
3. 자기가 제일 싫어하는 음식물을 상 찌푸리지 않고 먹어보는 거 이게 말하자면 파라독스지(그대가 제일 싫어하는 음식을 탐식하는 아이러니……) (2, 250)

한편 이 제사를 굳이 「날개」의 제사로 삼은 것은 그 안에는 「단발」뿐만 아니라 「날개」도 포함된 이상의 중요한 작품에 공통적으로 나타나는 창작방법론 및 세계관과 인생관이 피력되어 있기 때문이다.

먼저 '박제가 되어버린 천재'를 들 수 있다. 이 천재적 작가는 『十二월十二일』을 비롯한 그의 문제작들로 인하여 정치적 자유를 포함한 시민적 자유를 박탈당한 처지다. 다음으로는 제사에 나오는 '정신분일'인데, 이것은 「지주회시」, 「날개」, 「종생기」 등에서도 발견되는 '동시다발적인 상념'과 그 뜻이 같다.

"19세기는 될 수 있거든 봉쇄하여버리오. 도스토예프스키 정신이란 자칫하면 낭비인 것 같소. 위고를 불란서의 빵 조각이라고는 누가 그랬는지 지언인 듯싶소"의 경우, 위고 등 작가의 자연주의적 창작방법에 대한 반발의 결과가 「단발」, 「동해」와 「실화」 그리고 「종생기」 등이다.

"나는 내 비범한 발육을 회고하여 세상을 보는 안목을 규정하였소"(「제사」)는 천재적 작가의 조숙을 말한 것인데, 이상의 대부분의 작품은 이를 입증하지만, 특히 처녀작 『十二월十二일』로 입증된다. 『十二월 十二일』은 20세라는 나이의 작가가 쓴 천재적인 작품이다.

한편 예의 제사가 「단발」의 제사일 수밖에 없다는 것을 입증하는 가장 결정적인 이유는 세 가지다. 먼저, 「단발」의 작중 사건은 이 소설을 연애소설로 오해할 만큼 '연애'와 관련되어 있지만, 「날개」는 전혀 '연애'와 무관하다.

'박제가 된 천재'의 '유쾌한 연애'는 역설적이다. '박제화된 천재'에게 '연애', 그것도 '유쾌한 연애'는 어림도 없는 말이기 때문이다. 「단발」에 등장시킨 아나키스트 '연'에게 '유쾌한 연애'는 불가능하다. 이런 역설도 「날개」와 무관하다.

「날개」에는 '知性의 극치를 흘깃 좀 들여다본 일이 있는' 여자 지성인이 없다. 또한 '나'와 함께 계획한 반체제 투쟁을 위한 역할을 반절만 맡는다는 것은 그 투쟁에서 '나'(남성)와 '여인'은 서로 보조역('스프링 보드')이 되기 위하여 각각 '한 발만 들여놓'는 다는 뜻인데, 이 역시 「날개」와 전혀 무관한 일이다.

이상은 자기의 소설에 '제사'를 앞세운 점에서도 일제 강점기의 유일한 작가다. 「환시기」와 「동해」 및 「단발」의 제사들인데 이들 모두 정치적 위기의식의 산물이다. 물론 그 작품 자체가 위기의식의 산물이기 때문에 그 제사도 그런 성질의 것일 수밖에 없는 것이다.

이 위기적 생활공간에서의 '연애'는 조지 오웰의 『1984년』에 설정된 연애를 상기시킨다. 주인공 윈스턴과 줄리아의 연애는 전체주의 국가에서 억압된 인간의 기본적 권리인 자유를 회복하기 위한 긴요한 수단이다. 「단발」의 제사가 「날개」와 무관한 것은 「단발」에 비록 불가능할지라도 작중 사건으로 설정한 그런 '연애', 또는 '연애'를 위한 대화적 공간이 「날개」에 설정되어 있지 않고, 또 설정될 수도 없기 때문이기도 하다.

앙드레 지드의 『위조화폐제조자들』에서는 각장의 허두에 유명한 작가나 사상가의 말이나 작자 자신의 말이 그 장에 제사처럼 보인다. 그는 그 제사에 의하여 그 장과 관련된 작자 자신의 관심사를 말했는데, 이는 그의 소설이 상투적인 서사방법을 거부한다는 것을 의미했다. 이상의 「단발」 제사도 마찬가지다.

이상의 너댓 편 소설에 딸려 있는 제사들은 한 가지 공통점이 있으니, 그것은 그의 역사적 반성이 그 제사들에서 암시된 점이다. 「단발」 제사에서는 '천재'가 '박제가 되어버린' 원인이 '끊어진 테잎' 곧 일제의 침략으로 인한 한국민족사와 전통의 단절에 있다고 암시되었고, 「동해」 제사에서는 오늘의 말세적 혼란에서의 탈출이 자급자족하던 고대적 사회와 물질적 욕망을 초월한 인간('건정한 방')으로 암시되고 있다. 「환시기」 제사에서 언급된 '좌우난변(左右難辨)'의 '좌우'는 한국민족해방운동의 전략에서 대립해온 민족주의파와 사회주의파의 은유다. 「종생기」에서는 제사에 해당하는 '郤遺珊瑚一이요, (중략) 이것은 나 스스로 하늘을 우러러 부끄러워할 일이겠으나 인지(人智)가 발달해가는 면목(面目)이 약여(躍如)하다' 라는 제사에 의하여 선진문명국의 약소국 침략 같은 범죄를 비난했다.[2]

이 제사들에 나타난 역사적 반성은 문명비평을 겸하고 있지만, 주의깊은 독자라면 문명비판에 대한 이상의 관심이 『十二월十二일』에서 「종생기」에 이르기까지 지속된 것을 상기했을 것이다. 굳이 이 점을 언급한것은 이상이 작가인 동시에 지식인이었다는 점을 강조하기 위해서다. 『十二월十二일』은 마치 도스트예프스키의 『죄와 벌』이나 투르게

2 이 책 16장 「유언적 소설 「종생기」」 참조.

네프의 『아버지와 아들』이 그런 것처럼 지식인소설이기도 했다. 이 소설에 신('태양')의 죽음과 같은 종말론적 사건을 설정한 것도 모든 문제를 보편적, 종합적 관점에서 관찰하는 지식인의 안목이 없으면 불가능하다. 그러나 그는 조선의 예외적 존재, 또는 잠재적 지식인일 수밖에 없었다. 『十二월十二일』도 조선의 문단과 언론계에 전혀 알려지지 않은 조선총독부 기관지 『朝鮮』에 게재되었다.

일제 강점기에 지식인의 출현은 극히 어려웠다. 언론과 사상의 자유가 보장된 유럽의 나라들, 또는 19세기의 러시아처럼 후진적인 전제주의 국가일지라도 근대적 문화가 창출될 수 있는 여건, 곧 종합대학과 선진국의 철학과 문학 등의 영향을 출판물을 통하여 받고 있다는 여건이 그 당시 조선에는 없었기 때문이다. 조선의 유일한 종합대학(경성제국대학)은 일제의 우민(愚民)정책 때문에 1926년에야 설립되었지만 문과대학의 경우 불문학과를 고의로 설치하지 않은 반쪽짜리 대학이었다. 적어도 프랑스 혁명 및 1830년 2월 혁명과도 깊이 관련된 근대적 예술, 특히 아방가르드 예술에 접근하기 위하여 그리고 영국문학 및 독일문학과의 비교문학적 연구를 위해서 반드시 필요한 프랑스문학과를 제외해 버린것이다. 1920년에야 3 · 1독립운동 덕택으로 『동아일보』와 『조선일보』가 창간되었지만 엄혹한 언론통제를 받아야 했다. 모든 집회는 교회의 집회 외에는 금지되었다. 19세기 러시아와 영국 식민지 인도에서도 허용된 강연은 철저히 금지되었다. 이와같은 환경에서 지식인이나 지식인소설이 나온다는 것은 거의 상상하기 어려운 일이었다. 그렇다고 하여 일제 식민지 조선이 지식인이 없을 수 없으며, 조선이 식민지이기 때문에 더욱 필요할 수도 있다. 그와 같은 지식인의 한 사람이 이상이었다.

처음부터 반역적 지식인으로 출발한 이상에게 사회와 예술의 규범은 저항의 대상 외의 아무것도 아니었다. 반역의 대상으로서 먼저 들 것은 일제의 조선지배체재였다. 조선통치자 암살을 사건화한 초기의 시「출판법」은 그 제목부터 저항적이었다. 그 제목은 언론 통제를 위한 치안유지법에 속한 출판법을 위반한 '반(反)출판법' 이라는 뜻을 함축한 때문이다. 그의 중요한 소설과 시는 모두 반체제적인 성질의 것이었다. 그러나 그는 널리 알려지지 않은 예외적 작가이자 지식인이었다.

그가 지식인으로서의 작가였다는 사실이 독자대중에게 알려지는 사건이 일어났으니, 소위「오감도」사건이다.『조선중앙일보』(1935년 9월)에 연재된「오감도」연작은 독자의 빗발치는 항의로 인하여 발표가 중단되었다. 이상은 조선문단 초유의 이 사건에 대한 소감에서 이렇게 썼다.

> 왜 미쳤다고들 그러는지 대체 우리는 남보다 수십년씩 떨어져도 마음놓고 지낼 작정이냐. 모르는 것은 내 재주도 모자랐겠지만 게을러빠지게 놀고 지낼 작정이냐. (「오감도」작자의 말, 3, 353)

시대를 앞서 나가는 이상이라는 지식인의 반박문에 대한 독자대중의 냉소나 침묵이 입증한 것은 조선문화의 후진성이었다.

그러나 이 반박문은 이상에게 문화영웅의 자격이 있다는 것을 말해주기도 했다. 후진국의 문화 영웅은 조국의 문화수준을 비약적으로 향상시키고자 한다. 일찌기 조선문화영웅의 자격은『무정』(1917)의 주인공 이형식을 창출한 이광수의 몫이 될 가능성이 많았다. 그러나 자기를 조선의 '선각자'로 여긴 이형식(이광수)은 조선민족에게 바람직한 모범적 문명국을 오직 일본으로 정함으로써 친일 문학자로 전향했고 그 결과 문화영웅적 지식인의 시대감각과 비판정신을 잃고 말았다. 그러나 이상은 공인받을 수 없는 문화영웅이었다.

1935년에 일어난 충격적 사건인 〈카프〉의 해산과 〈문화옹호국제작가대회〉는 조선에서만은 지식인의 시금석이었다. 이 두 사건에 대한 예민한 반응의 여부가 지식인의 자격 유무를 결정했기 때문이다. 이광수, 김동인, 염상섭, 이효석 및 이태준 등은 침묵한 반면 이상과 김오성과 박치우 등은 예민하게 반응했다. 시민적 자유를 억압하려는 일본과 독일 등의 파시즘에 반발한 작가와 비평가가 참여한 〈국제작가대회〉에 대한 관심으로 인하여 이상은 철학자 박치우를 비판한 「자유주의에 대한 하나의 구심적 경향」이라는 정치평론과 「문학을 버리고 문화를 상상할 수 없다」는 에세이를 썼다. 정치평론에서는 중심지향적인 박치우의 사변적, 보수적 자유론을 아직도 정치적, 경제적으로 해방되지 못한 프롤레타리아의 입장에서 공박했고, 에세이에서는 파시즘 타도를 위한 행동적 휴머니즘을 옹호하는 동시에 조선을 침탈한 일제를 '카인의 말예'로 비유하여 비난하기도 했다. 그러나 정치 선전적인 문학을 키운 약점을 노출한 〈카프〉 문학을 옹호한 것은 그 문학의 반체제적인 성격을 높이 평가한 때문이었다.

「오감도」 사건이 지식인으로서의 이상을 부각시킨 것은 당연지사였다. 이 사건의 현장이 '지식인'의 역할을 하기 위하여 반드시 필요한 대중적 여론의 광장이었고, 그가 '아방가르드 예술가'임을 그 사건이 입증했기 때문이다. 아방가르드 작가는 정치적, 예술적인 기존의 제도나 규범에 반역한다는 점에서 첨단적 지식인의 역할을 한다. 이 경우 지식인이 탈중심적인 변두리의 아웃사이더, 또는 기존 제도에 반대하는 망명자임은 「오감도 시 제5호」 및 반일적인 「오감도 시 제1호」, 「오감도 시 제14호」와 「오감도 시 제15호」가 입증한다.

1936년 초에 심훈의 『상록수』가 「동아일보」에 연재되기 시작했다. 그 소설은 이광수의 『흙』(1932)과 같은 '브나로드 운동'을 위한 것이었다. 그 운동은 「동아일보」가 추진했다. 그 운동의 모델은 1870년대 초 러시아에 일어난 운동이다. 그때 대학생, 대학졸업생과 지식인들 수천 명이 비참하게 살고 있는 농민에게 반체제적 사회주의를 계몽적으로 주입하기 위한 운동을 일제히 폭풍처럼 시작하고 진행했던 것이다. 그러나 이 자기희생적 운동은 2년을 넘기지 못하고 실패했다. 그들은 그 운동원들을 경찰에 고발하기도 했다. 이상은 그 운동에 정신적으로나마 참가하는것이 지식인의 사명으로 여겼기 때문에 민중('울창한 삼림')의 세계를 비현실주의적인 작가('환각의 인')로서 방관한 것을 괴로워했다. 그 브나로드 운동을 취급한 투르게네프의 『처녀지』 주인공 네즈다노프와 마리안나와 솔로민 같은 개성적인 인물('한 나무의 인상')을 창출하지 못했기 때문이다. 그는 민중을 획일적으로 개성이 없는 오합지졸로 보았던 것이다. 이를 뉘우친 심경을 「동해」에서 언급한 것은 그 죄의식에 연유한다.

1870년대 초 러시아의 브나로드 운동은 양심적 지식인들이 피압박 민중(농민)을 진심으로 만난 역사상 최초의 계기였다. 이 획기적 운동이 농민의 무지와 경찰의 탄압으로 실패하자 〈토지와 자유〉라는 이름의 급진적 단체가 출현했고, 이제 운동의 수단은 농민의 계몽이 아니라 정부 고관의 암살로 바뀌었으며, 그 첫 번째 신호탄이 베라 자수리치의 페테르부르그 경찰서장 트레포프 암살 미수사건임은 주지되어 있다(도스토예프스키도 이 사건에 깊은 관심을 보였다). 베라는 오스카 와일드의 초기 희곡 『베라: 허무주의자들』에서의 짜르 암살계획에 가담하는 혁명당원 베라로 다시 살아난다. 지식인으로서의 이상에게 와일드의 영향은 이만저만한 게 아니었다. 에드워드 사이드는 『지식인의 대변적(代辯的) 주장』(1993)에서 '와일드는 자기자신이 모든 전위적 사상가들의 죄를 짊어지고 있다고 느꼈다. 그 전위적 사상가들은 중산계급의 규범에 감히 도전장을 보냈기 때문이다.'고 말했다.[3] 와일드는 『도리언 그레이의 초상』에서 중산층의 전근대성을 야유하고 그들이 신성시하는 것을 오염시키고, 문명의 추악한 죄악을 규탄했던 것이다. 와일드의 조국 아일랜드는 일제 식민지와 같은 영국식민지였다. 따라서 베라가 암살하려고 한 짜르는 와일드에게 일본왕과 다름없었다. 『베라: 허무주의자들』은 전위적 희곡이었다.

지식인에게는 중심적 규범이 있을 수 없기 때문에 허무주의자의 요소가 있기 마련이다. 사이드가 지식인의 원형으로 본 투르게네프의 『아버지와 아들』 주인공 바자로프는 소위 '니힐리스트'다. 그에게는 어떤 권위나 규범도 있을 수 없다. 따라서 그는 한 가닥의 처음과 끝이 규범적으로 가정되는 '이야기'의 주인공일 수가 없다. 사이드가 말한대로 그는 홀연히 이 땅에 왔다가 홀연히 꺼져버리기 때문이다. 이런 사이드의 견해를 따른다면 이상의 모든 소설의 주인공이 '바자로프'적인 것도 수긍할 수 있다. 『十二월 十二일』 주인공의 경우, 그의 탄생지나 '아버지', 또는 그가 다닌 학교도 알려지지 않았다. 이상의 모든 소설의 주인공이 그와 똑같다. 과연 이상은 본래의 이름을 부정하고 버린 자발적인 '폐적자'로서 고향상실자였다. 그 점에서 아방가르드 예술가들과 닮았다. 모

3 『知識人とは何か』, 大橋洋一譯, 平凡社, 1998, p.82.

든 전통과 규범에 도전하는 그런 예술가야말로 진정한 지식인이다.

이상의 소설과 평론, 심지어 삽화를 돌아볼 때 그의 정치적 도전의 대상은 처음부터 끝까지 '조선총독'과 그의 상전인 '일본왕'이었다. 그는 일제 강점기의 지속적인 항일적 작가였다. 이는 그를 염상섭과 비교하면 더욱 분명해진다. 염상섭은 이상 이전의 최대의 항일작가요 '지식인'이었다. 「표본실의 청개구리」(1922)에서 『무화과』(1932)까지 약 십년 동안의 업적이 이를 입증한다. 그러나 그가 1935년에 조선총독부 기관지 『매일신보』의 '정치부장'으로 취임하자마자 '지식인'의 자격을 잃는다. 그의 친일파로의 전향은 그 이전까지 그가 견지했던 탈가정적인 변경의 지식인으로서의 지적 성실성과 비판적 정신을 잃은 때문이다. 이상은 늘 일제(日帝)라는 지배권력에 저항하면서 사회적 약자의 편에 서왔다. 그 점에서 정치권력의 품안에 안긴 이광수나 염상섭과 확연히 다르다. 가령 국내에서는 창녀와 너무도 가난해서 성경(聖經)일지라도 팔아야 하는 조선의 작가들 (「문학을 버리고 문화를 상상할 수 없다」), 동경에서는 자본주의 경제의 선전 상품이 되는 '진동야'를 꾸미기 위해 강제로 동원된 일본 소녀들(「실화」)과 '관동대지진' 때 대량 학살된 在日 조선인들(「東京」)등이다. 이는 〈카프〉 해산 후에도 일본의 식민지배 권력 앞에서 무기력해진 조선문단에서는 예외적 현상이었다. 그와 연대해 주는 작가는 하나도 없었다. 조선문단을 돌아볼 때 최재서와 김기림은 아카데미션으로서의 평론가이지 지식인은 아니었다. 일제라는 조선식민지배자의 죄악에 대한 관심도 비판도 하지 않은 때문이다. 이상처럼 비타협적이고 지속적인 지식인의 안목을 유지한 조선의 지식인은 극히 드물었다. 〈카프〉의 임화와 김기진, 박영희, 백철 등은 1930년대 말에 친일파로 전향한 때문이다. 그러나 이들의 한계는 분명하다. 일본의 사회주의적 문학단체인 〈나프〉의 영향권에서 거의 벗어날 수 없었기 때문이다. 이들이 〈문화옹호 국제작가대회〉에 대하여 침묵한 사실이 이를 입증한다.

이상은 1935년에 〈카프〉가 해산되고 1936년에 '사상범보호관찰령' 같은 악법이 시행되는 극한상황에서 지난 수년간의 숙제, 곧 민족주의와 사회주의자라는 두 개의 민족해방운동 전략중에서 한가지를 선택하도록 몰려갔고 그가 잡은 것이 아나키즘이었다. 어려운 그 길을 선택하나 순간 그가 무엇을 버려야 할 것을 결정하는 것은 별로 어렵지 않았을 것이다. 「지주회시」와 「날개」 주인공들이 '권태', 신화적인 '남녀 양성구유체'의 꿈, 역시 환상적인 유토피아적 낙원의 꿈도 접어 버렸고, 양친에 대한 원망이나 저주도 버려야 했다. 자기를 라파엘 전파의 그림에 나옴직한 홍안 미소년으로 여기는 나르시시즘도 버렸다. 이제 파시즘의 위협을 받는 민족과 더 나아가 인류가 눈앞의 중요한 문제였기 때문이다. 이제 사활의 문제처럼 중요한 것은 과감한 행동이다. 아나키즘은 행동적 휴머니즘의 별명이다.

종래 제3의 길, 또는 제3항은 비정통적, 비정상적인 것이 아니면 예외적인 것으로서 배제되거나 혐오된 것이었다. 가령 정통적 사회주의자나 민족주의자는 아나키즘을 배척해왔다. 그러고 보면 이상에게 제3의 길은 약속된 선택지(選擇肢)와 같다고 말해도 과언이 아닐 것 같다. 오래된 남녀 양성 갈등의 해소책은 '남녀 양성구유체'였고, 종교적 영역이기도 한 성(聖)과 속(俗)이라는 대립항을 화해시키는 제3항의 하나가 '성(聖)창녀'였다. 그의 첫 번째 소설 마지막 소설 「실화」에서 『十二월 十二일』과 주인공을 무교회주의적인 기독교 신자로 설정한 것도 유신론과 무신론이라는 대립항의 해소책일 수 있었다.

지식인으로서의 몫인 이상의 너댓 편 소설의 제사가 바로 이어지는 이야기(소설)와 조화롭지 못한 것은 그 자신이 자초했지만 불가피하고 당연하다. 그는 자기를 포함한 모든 것을 회의(懷疑)하고 도전의 대상으로 삼는 지식인이었고, 자기의 작품도 그 예외일 수가 없기 때문이다.

그러나 그에게는 지식인의 사회적 근거인 독자 대중이 없었고, 조선 지식인의 시민권을 확보하기 위하여 연대할 수 있는 동지로서의 지식인도 없었다. 그의 한계는 거기에 있었다. 그 점에서 W.B 예이츠와 다르다. 예이츠는 민족의식을 자극하고 앙양하기 위해서 1891년에 국립문예협회를 창립함으로써 세계적으로 알려지게 될 '아일랜드 문예부흥' 운동의 주역이 되었다. 이런 예이츠야말로 명실상부한 아일랜드 문화영웅일 수 있었다. 반면 이상의 경우 조선의 문화영웅이 될 수 있는 가능성은 근대문학을 정착시키고 발전시킬 문화적 토양의 척박성으로 인하여 실현될 수 없었다. 아방가르드적 예술가로서의 지식인 이상은 끝끝내 공인받지 못하고 잊혀졌다.

20 아나키즘 소설 3부작: 「단발」

이상의 생애에서 가장 중요한 수수께끼 중의 하나가 그와 아나키즘의 관계다. 기왕의 이상 연구에서 그를 아나키스트로 간주한 사람은 하나도 없다. 이상 자신도 아나키즘을 옹호하는 말을 한 적이 없다. 그럼에도 불구하고 왜 우리는 그와 아나키즘의 관계를 추구해야만 하는가?

1936년에 조선의 양심적 작가는 양자택일의 의무를 면할 수 없었다. 소위 '사상보호범관찰령'이라는 파시즘적 악법까지 시행하게 된 그 해에 이들은 일제의 파시즘에 굴복하느냐 또는 타협하느냐, 그게 아니면 여전히 반체제적 창작을 계속하느냐라는 양자택일의 문제, 그리고 그런 글쓰기를 이어갈 경우 사회주의 편을 드느냐, 민족주의 편을 드느냐라는 문제로 고민해야만 했다. 그러면 이상은 어떤 선택을 해야만 했을까?

그는 사회주의 편에 설 수는 없었다. 〈카프〉는 이미 일제의 압력으로 해산해야만 했지만, 〈카프〉의 교조적인 정치적 성격도 비위에 거슬렀다. 그렇다고 하여 일제에 대한 지속적인 비타협적 투쟁을 보여준 적이 없는 민족주의 작가의 편을 들 수도 없었다. 사회주의 투쟁 노선을 받아들인 민족주의 작가 염상섭은 걸작 『삼대』 이후에 투쟁 의지가 약화되더니 조선총독부 기관지 「매일신보」 정치부장의 신분으로 전락하고 말았다. 이런 상황으로 볼 때 이상이 선택할 수밖에 없었던 제3의 길이 바로 아나키즘이었을 것 같다. 진작부터 아나키즘을 선호할 수 있는 경향이 그의 작품에 잠복해왔다. 가령 처녀작 『十二월 十二일』(1930) 주인공이 러일전쟁 승리로 인하여 일본 영토가 된 '사하린'('가라후토')을 '그 나라 그 북국(北國)'이라고 부른 경우가 그렇다. 그런 호칭은 '사하린'이 귀속된 '일본'이라는 국가를 무시한 것과 다름없다. '그 나라 그 북국'은 분명히 '일본'과 거리를 두려는 악의의 산물이었다. 그와 같은 고의적 호칭은 제국주의적 국가 일본을 포함하여 모든 국가를 부정하는 아나키즘적 충동에 연유할지도 모른다. 「지도의 암실」(1932)에서의 영어, 프랑스어, 중국어, 일본어 등 다국어 사용은 이상의 세계주의적 교류의지의 산물이지만, 그것은 에스페란티스토이기도 한 망명 러시아 작가 '에로시엥코'에 대한 존경에도 반영되고 있다. 에스페란토는 아나키스트가 선호한 언어임은 주지되어 있다. 하기야 이상만이 아니라 기질적으로 자유주의자인 예술가는 정신적 위기에서 아나키스트가 될 수 있는 소질이 다분하다. 카미유 피사로와 허버트 리드는 아나키스트였고, 쿠르베는 아나키스트 프루동과 친근했고, 그의 초상화도 제작했다. 1960년대 미국의 히피에 속하는 노만 메일러 등도 아나키스트다. 서구의 아방가르드예술가는 대부분이 아나키즘 편이었다. 이상은 그 당시 조선의 유일한 아방가르드 예술가였다.

이상이 만년(1936)에 아나키즘 소설 3부작으로 분류될 수 있는 「단발」, 「슬픈 이야기」 및 「실화」를 쓴 것은 결코 돌발적인 일이 아니다. 방금 말한 것처럼 그에게는 아나키스트가 될 수 있는 가능성이 상당히 있었는데, 1936년 전후의 정치적 위기와 〈문화옹호 국제작가대회〉(1935) 및 〈카프〉의 해산 등 충격적인 사건의 영향 등이 아나키즘 옹호의 길로 그를 유도했음이 틀림없지만, 러시아 작가의 영향도 충분히 고려해야 된다. 곧 톨스토이는 기독교적 아나키스트였고, 도스토예프스키도 베라 자수리치 같은 반정부적 테러리스트(아나키스트)들에 관심이 많았다. 투르게네프의 『아버지와 아들』의 주인공 바자로프의 니힐리즘과 『처녀지』의 네지다노프의 허무주의적 인생관은 아나키즘에 근접해있다. 『악령』 및 『카라마조프 형제들』의 영향을 짙게 받고 있는 롭신의 장편 『창백한 말』(1916)은 이상이 이 소설을 읽지 않았더라면 그 3부작 집필은 불가능했으리라고 추정할 만큼 그 영향력이 거의 절대적이다.

「단발」이 아나키스트의 투쟁방법 및 당원이 소속된 '부서'를 언급한 소설이라면, 「슬픈 이야기」와 「실화」에서는 그 투쟁의 상상적 실천이 언급되고 있다. 그와 같은 언급의 과정을 통하여 우리는 이 3부작 주인공이 아나키스트인 것을 알 수 있다. 다음으로는 『창백한 말』의 작자 롭신처럼 이상도 아나키스트의 투쟁방법으로 네차예프의 「혁명가의 교리문답」을 따르고 있다. 이 「교리문답」은 오스카 와일드의 희곡 『베라: 허무주의자』에도 영향을 주었다. 이 희곡에 등장하는 혁명당원이 지켜야 할 규범('the Code of Revolution')이 「교리문답」과 비슷한 점이 있기 때문이다.

(혁명당원은) 목적을 달성하기 전까지는 생리적 요구를 억압해야 하고, 사

랑을 하거나 받지도 말며, 同情을 하거나 받지도 말며, 결혼하거나 결혼에 응하지도 말아야 한다.[1]

이 작품의 여주인공 '베라'는 1878년 3월 31일에 페테르부르그 시장(市長) 트레포프를 저격한 '베라 자수리치'의 이름에서 암시를 받았다. (이 희곡의 일본어 번역판 제목은 『革命婦人』(內田魯庵譯, 春陽文庫, 1925)이다.)

모든 권위를 부정하는 1870년대와 1880년대의 러시아 허무주의자는 정부의 권력자 암살을 핵심적 투쟁 목적으로 삼은 아나키스트의 별명이었다. 이상이 어떤 문헌을 통하여 「교리문답」을 알게 되었는지는 앞으로의 연구 과제다.

아나키스트의 투쟁 방법과 관련하여 반드시 주목해야 할 것은 「단발」 제사(題辭)의 다음과 같은 구절이다.

> 나는 또 女人과 생활을 설계하오. 연애기법에마저 서먹서먹해진, 知性의 극치를 흘낏 좀 들여다본 일이 있는 말하자면 일종의 정신분일자 말이오. 이런 여인의 半—그것은 온갖 것의 半이오—만을 領受하는 생활을 설계한다는 말이요. 그런 생활 속에 한 발만 들여놓고 흡사 두 개의 태양처럼 마주 쳐다보면서 낄낄거리는 것이오. 나는 아마 어지간히 인생의 諸行이 싱거워서 견딜 수가 없게끔 되고 그만둔 모양이오. 굳 빠이.(2, 318)

1 Oscar Wilde, "Vera: nihilists," *The Plays of Oscar Wilde*, Cosmopolitan Book Corporation, 1907, p.444

‘동시다발적인 생각’(정신분일)을 하는 화자의 연애상대(‘여인’)가 ‘스프링보드’인 것은 그녀가 화자와 함께 각자 ‘한 발’만 사업에 들여 놓은 것으로도 입증된다. 화자가 염세적인 허무주의자임은 ‘인생’의 모든 일(‘제행’)을 매력이 없어서 포기했다는 언급으로도 알 수 있다. ‘그’는 「단발」의 ‘연’처럼 ‘아리아욕’의 자기중심적 허무주의자이지만, 그런 허무주의는 아나키즘, 또는 항일지하운동과 양립할 수 있는가? 이 물음은 지난 날 러시아 테러리스트가 ‘허무주의자’로 불리거나 비난받은 사실을 상기시킨다. 『창백한 말』의 테러리스트 조지 오브라이언은 허무주의자다. 그 양자(兩者)는 충분히 양립할 수 있는 것이다. 극도의 개인주의(‘아리아욕’)적 아나키스트의 대선배가 『유일자(唯一者)와 그의 소유』의 저자 막스 스티르너였다.

이상이 그 투쟁을 위한 ‘A double Suicide’를 강조한 것은 그 투쟁이 목숨을 건 것임을 암시하기 위해서였는데, 이를 입증하는 전기적 사건이 안회남의 단편 「겸허-김유정전」(1939)에 나온다. 어느 날 안회남이 병석의 김유정을 방문했을 때 그는 손님에게 ‘이상’을 걱정하면서 ‘자살’했을지 모르니 찾아가 보라고 당부해서 ‘이상’의 거처에서 그를 만났는데 이상은 껄껄 웃으면서 “安兄, 저는 東京에 가서 7개 국어를 배우고 오겠소이다”라고 말했다는 것이다. 김유정이 ‘이상의 자살’을 걱정한 것은 전날 그가 혼자 찾아와서 “우리 두 사람의 비참한 생활이 정말 비슷하군요. 더 이상 살아보아야 별 볼일 없을 것 같으니 함께 情死합시다”고 말했지만, 유정은 ‘살고 싶었다. 끝까지 죽을 생각은 없어서 싫다고 대답하자 ‘이상’은 부끄러운 표정으로 표연(漂然)히 돌아갔다’는 것이다. 이상은 김유정이 ‘A double Suicide’에서의 ‘스프링보드’ 곧 반체제 투쟁의 ‘보조역’이 되어줄 것을 내심 바랐던 것이다.

「단발」의 화자('그')가 선이('소녀')에게 'A double Suicide'를 '프로포즈'해본 것도 그 '스프링보드'를 확보하기 위한 것이다. 그래서 '좀 너무 어둔 그런 속에서' 비밀단체 가입서에 '조인(調印)'할 것인지 의사를 물어보았는데, 그곳을 '좀 너무 어둔'이라는 수식어를 쓴 것은 거기를 실체가 모호한 때문이다. 그러나 그녀가 거부함으로써 그 도박은 실패하지만, 그곳을 '부서(部署)'라고 한 점이 중요하다. 물론 '부서'는 그것을 지하당원에게 지정한 상부(上部) 명령자가 있다는 것을 암시한다. 이렇게 볼 때 '애정의 거자(據者)'의 참뜻이 밝혀진다. '그'가 '애정'의 '심부름꾼'이라면 그 심부름을 시킨 주인이 있어야 하는데, 그는 누구인가? '애정'은 포괄적인 개념으로서의 '인류애'요, 심부름을 시킨 명령자는 네차예프같은 지하당 영도자다 따라서 '그'의 '선이'에 대한 애정은 표면적인 것에 지나지 않지만 '스프링보드' 역할을 할 동지를 '애정'을 구실로 삼아 구해오라고 분부한 지하운동 지도자나 그 명령자나 지하운동 본부는 허울만의 것일 수도 있다. 실제로 영도자 네차예프의 '중앙위원회'는 허구일 수도 있었다. 도스토예프스키의 『악령』에서 네차예프의 역할을 하는 표도르 베르호벤스키의 카리스마적 권위의 근거가 되는 그의 '거대한 정치적 조직체'는 '허구'이기 쉬운 것이다.[2] 투르게네프의 『처녀도』에서도 브나로드 운동의 최고 지령자 바실리 니콜라에비치는 절대적 존재이지만 그의 정체는 끝내 밝혀지지 않는다. 「슬픈 이야기」와 「실화」에는 주인공이 맡아야 할 '부서'가 사라지고 없다. 어쨌거나 '그'가 '선이'에게 전심전력의 애정을 주지 못하고 '서먹서먹'하게 대한 것은 '그'의 진정한 관심은 지하운동에만 있었기 때문이다. '그'

2 William J. Leatherbarrow, *Fedor Dostoevsky*, Boston: Twayne Pullishers, 1981, p.122.

의 사업은 결코 '애정의 방해'를 받아서는 안 된다.

그러면 그 지하운동자가 아나키스트라는 것을 입증하는 것은 무엇인가? 먼저 「혁명가의 교리문답」을 들 수 있다. 그 작성자가 네차예프든 바쿠닌이든 이들의 합작품이든 그 저자는 아나키스트다. 따라서 그 교리문답을 따른다는 것은 그 추종자가 아나키스트임을 입증할 것이다.

다음으로 주목할 것은 "흡사 두 개의 태양처럼 마주 쳐다보면서 낄낄거리는 것이오"라는 「단발」 제사의 구절이다. 이 경우 '태양'에 비유되어 만족스러워하는 주인공과 '여인'은 '박제가 되어버린 천재'와는 너무나 거리가 멀다. 어이없는 논리적 비약인가? 그렇지 않다면, 그 '태양'의 유래를 추정해볼 필요가 있다. 그것은 문맥상 도스토예프스키의 『죄와 벌』의 예심판사 포르피리가 라스콜리니코프에게 한 마지막 결정적인 심문 장면에서 "당신과 같은 마음을 가진 사람은 안락을 갈망하지 않을 것이오 (중략) 태양이 되시오. 모든 사람이 바라볼 것이오"라고[3] 권고한 말에 그 근거가 있을 것 같다. 포르피리에게 그 '태양'은 자기를 희생적으로 불태워 만인에게 복음을 주는 예수 같은 인물이었을 것이다. 이상에게 그 '태양'은 일본왕 같은 일본민족의 신성한 존재에 대한 카니발적 도전을 목숨 바쳐 하는 영웅, 또는 영웅적 천재일 수도 있다. (그리고 이 도전은 「실화」에 기호놀이로 실현될 것이다.) 그 도전이 조선인(또는 아나키스트의) 식민지 해방을 위한 것임을 다음 인용으로도 알 수 있다.

> 태입이 끊어지면 피가 나오. 상채기도 머지않아 완치될 줄 아오.(2, 319)

---

3 Dostoevsky, *Crime and Punishment*, p.441.

'태입'의 의미는 다의적이다. 화자 기억의 연속성이나 인생의 연속성, 가문이나 역사의 연속성, 또는 필름의 태입일 수도 있지만, 여기서는 문맥상 한국 역사의 연속체로 보아야 한다. 그 역사적 연속체를 단절시킨 것이 일제의 한국 침탈이다. '상채기'는 그로 인한 한국민족 마음의 상처이지만, 그 상처가 완치될 날이 머지않았고, 그날을 앞당길 운동이 필요하다는 것이다.

이제까지의 「단발」 연구자들은 이 소설의 주제를 '연'과 '선이'의 연애로 해석했고 그런 해석에 일리가 없는 것은 아니지만, 이 경우 그들은 '연'이 종사하는 반체제 지하운동을 간과했다. 그 결과 '스프링보드'나 '부서' 또는 이 소설과 그 제사(題辭)와의 밀접한 관계를 등한시할 수밖에 없었으며 다음과 같은 '연'의 사상적 고민과 주제의 관계도 통찰할 수 없었다.

> 요컨대 우리들은 숙명적으로 사상, 즉 중심이 있는 사상 생활을 할 수가 없도록 되먹었거든, 知性—홍 지성의 힘으로 세상을 조롱할 수야 얼마든지 있지, 있지만 그게 그 사람의 생활을 「리드」할 수 있는 근본에 있을 힘이 되지 않는 걸 어찌하나? (2, 250)

'우리들'은 한국민족이다. 그들은 역사적으로 주체적인('중심이 있는') '사상생활'은 숙명적으로 불가능했다. 그런데 오늘날 문제는 비판적 '지성'이 '사람의 생활을 리드'할 수 없도록 일제의 탄압이 심하다는 점이다. 바꿔 말하면 '지성'이 무력화될수록 '지성'의 그런 '힘'을 회복하기 위한 항일 지하운동을 해야 한다는 것이다.

굳이 이 대목을 설명한 것은 '선이'는 '연'과의 연애에만 관심이 있기 때문에 그 독백에 전혀 관심이 없다는 것, 그녀는 '지성의 극치를 흘깃 좀 들여다 본 일'이 없는 여자요, 따라서 애초에 '스프링보드'가 될 수 없다는 것을 말하기 위한 것이다. '두 개의 태양'이 될 것이 만족스러워 '낄낄거리는' 여자일 수가 없는 것이다.

「단발」 제사의 내용은 '박제가 되어버린 천재'의 처참한 처지와 그가 해야 할 반체제 지하운동과 '유쾌한 연애' 그리고 「단발」(더 나아가 그 속편인 「슬픈 이야기」와 「실화」)의 창작방법에 관한 것이다. 그 창작방법은 '19세기'적 창작방법, 곧 '디테일'을 중시하는 리얼리즘에 대한 거부의 말을 제쳐둔다면 다음과 같은 창작방법이 중요한데, 이는 지하운동의 성격과도 밀접하게 관련되어 있다.

> 그대 자신을 위조하는 것도 할 만한 일이오. 그대의 작품은 한 번도 본 일이 없는 기성품에 의하여 차라리 경편하고 고매하리라.(2, 318)

'그대 자신의 위조'는 작품에 등장시킬 허구적인 인물인 동시에 아나키스트의 정체를 숨기기 위한 전략이기도 하다. 그의 '이름'은 없거나 가명이다. '한 번도 본 일이 없는 기성품'은 파라독스다. 일반적으로 널리 알려진 일상적 상품이 '기성품'이어서 한 번도 본 일이 없을 수 없다. 따라서 인용에서의 '기성품'은 널리 알려진 동시에 '한 번도 본 일이 없는' 불가사의한 물건이나 인물, 또는 지상적인 동시에 지하적인 창작물인데, 그것을 등장시킨 작품은 '기성품'적으로 '경편'하되, 반(反) 기성품적인 신비로 인하여 '고매'하리라는 것이다. 바로 「단발」 「슬픈 이야기」, 「실화」라는 아나키즘 소설 3부작의 성격이 그렇다는 것이다. 이 경우 아나키즘은 사회주의적 아나키즘과 개인주의적 아나키즘의 결합체다.

「단발」이 「슬픈 이야기」 및 「실화」와 더불어 아나키즘 소설 3부작의 하나라면 '단발'이라는 제목은 적합하지 않은 것처럼 보인다. 그런 제목 탓으로 「단발」은 '단발'을 결행(決行)한 '선이'를 중심적 인물로 삼은 연애소설로 간주되기 쉽다. 그러나 그 제목을 단 작자의 의도를 추정해보아야 한다. 그녀의 '단발'은 '연'의 아나키스트로의 '괄목(刮目)'할 만한 변신에 대응하는 '괄목'해야 될 변신의 시도다. 이를 보여주는 구절이 그녀가 '단발'한 것을 알게 되자 '이 시합은 승부없이 언제까지라도 계속하려나'라는 '연'의 내적 독백이다. '선이'의 '단발'은 '연'의 변신에 도전하는 한 판의 '시합'이었던 것이다. 풍성했던 머리를 자른 것은 주체적인 결단이었다. '연'의 정신적 제자로서의 겸허한 자기 하강을 부정한 그 결단은 '연'으로 하여금 그녀를 '시합'의 대등한 상대로 인정하도록 한 점에서 상승효과를 거둔 셈이다. 이제 그 '에고이스트'는 '소녀'를 전처럼 함부로 대할 수 없을 것이다. 영리한 '선이'인지라 그런 전망은 어려운 게 아니다. 그녀는 더 나아가 장차 '연'의 '스프링보드'가 될 가능성을 독자에게 암시할 수도 있다. 그 가능성을 암시한 것이 '연'에게 보낸 다음과 같은 편지의 내용이다.

> 衍을 마음에 드는 좋은 教授로 하고 저는 연의 유쾌한 강의를 듣기로 하렵니다. (……) 자 — 무서운 강의를 어서 시작해주시지요. 강의의 제목은 '애정의 문제'인가요. 그렇지 않으면 「지성의 극치를 흘낏 들여다보는 이야기」를 하여 주시나요.(2, 252)

인용에서의 '교수'는 대학교수의 뜻이 아니라, '연'이 매우 지적인 지식인이어서 붙인 별명이며 그의 사상('강의')을 기꺼이 듣겠다고 말한 것은 그 사상에 동조할 가능성을 암시한 것이다. '무서운 강의'는 그를 '표독한 교수'로 여겼기 때문에 한 말이지만, '연'은 우유부단한 지식인이 아니라 '협기(俠氣)'가(2, 252) 있는 '표독한' 반체제 투사였던 것인데, 이는 『창백한 말』의 조지 오브라이언과 「종생기」에서 '표한무쌍한 척신'으로 표현한 '이상'을 연상시킨다. 이렇게 볼 때 '단발'이라는 제목은 아나키즘 소설 3부작 준비 단계의 작품으로서는 알맞다고 볼 수 있는 것이다.

「단발」은 연애소설로 위장된 정치소설이어서 그 주제는 이중적이요, 주인공('연')도 이중성격자임은 당연한데, 우리는 이런 이중적 주제를 이미 「환시기」와 「동해」및 「종생기」에서도 볼 수 있었다. 「단발」의 경우 '연'은 '선이'와의 연애와 관련될 경우 '정신분일자'이지만, 그가 맡은 '부서'를 위해 일할 때는 침착하게 '조신'한다. 이상에게 연의 모델은 라스콜리니코프였음에 틀림없다. 그 역시 페테르스부르그 거리를 혼자 불쑥거리면서 걸을 때는 '정신분일자'이지만, 고리대금업 노파 살해를 감행할 때는 한껏 '조신'한다.

「단발」의 경우 '선이'('소녀')와 함께 '천변'을 산보하는 도중에 '연'은 그녀에 대한 '애욕' 또는 고의로 '동물적인 애정의 말을 거침없이 쏟고 쏟고 하였다'지만 육욕의 발동이 없었기 때문에 그것은 '정신분일' 증세의 표출에 지나지 않는다. 이런 성격의 소유자가 아나키스트의 지하운동에 종사한다는 것은 불가능할 것 같지만, 이상의 소설세계에서는 가능하다. 마치 『창백한 말』에서 자기중심적 허무주의자 조지 오브라이언이 '혁명을 위해서는 테러가 필요한 것이고, 민중을 위해서는 혁명이 필요하다'고[4] 여기는 아나키즘적 테러리스트일 수 있는 것처럼, 이상에게도 게으른 이기주의적 염세주의자 '연'이 아나키스트 지하운동에 종사할 수 있는 것이다. 그러나 『창백한 말』과 비교할 때 「단발」의 한계는 분명하다. 조지와 대조적인 테러리스트 바냐 같은 인물이 「단발」에 없다는 점이다.

바냐는 독실한 기독교 신자로서 인류적 휴머니스트다. 그 휴머니즘이야말로 조지에게는 없지만, 이상의 아나키즘 소설 3부작의 한 주인공에게는 앞으로 기대해볼 만한 것이다. 바로 「실화」의 '이상'이다.

---

4 롭신, 『창백한 말』, 도서출판 문정, 1992, 59쪽.

21
「슬픈 이야기」

이상의 대부분의 작품은 자전적 요소가 포함되어 있으며 「슬픈 이야기」도 그 예외가 아니지만, 자기 가정과 관련된 부끄럽지만 진솔한 고백이어서 반드시 주목해야 된다.

> 젖 떨어져서 나갔다가 二十三년만에 돌아와 보았더니 여전히 가난하게들 사십니다.(……) 동생도 다 자랐고 막내누이도 새악씨꼴이 단단히 백였습니다. 그렇건만 나는 돈을 벌줄 모릅니다. (……)
>
> 우리 어머니는 生日도 이름도 모르십니다. 맨 처음부터 친정이 없는 까닭입니다. 나는 外家집 있는 사람이 퍽 부럽습니다. 그러나 우리 아버지는 장모 있는 사람을 부러워하시지는 않으십니다. 나는 그 분들께 돈을 갖다 드린 일도 없고 또 절을 해 본 일도 없습니다.(3, 63)

23년 만의 귀가란 유년시절에 백부 김연필의 양자가 되어 집을 떠난 후 백부의 집에서 성장하여 학교교육을 마치고 조선총독부 관리로 근무하던 중 폐결핵으로 인하여 직장을 그만둔 뒤의 귀가를 말한다. 인용에서 보다 중요한 것은 그의 출생과 관련된 충격적인 고백이다. 그의 어머니가 '친정이 없는' 고아였다는 점이다. 게다가 '장모 있는 사람'을 아버지가 부러워하지 않는 것은 가문의식도 없을 정도로 교양이 없다는 것을 입증한다. 이상이 부모에게 '절'을 하지 않은 것은 그의 폐적자 의식과 깊이 관련되어 있는 심각한 문제이다. 이상의 가부장적 가정의 부정과 일본 같은 가부장적 국가의 부정은 오십보백보 밖에 안된다.

「단발」, 「슬픈 이야기」, 「실화」의 제목들은 역설적이다. '선이'의 '단발'에 의한 자기비하는 자기상승의 가능성을, '슬픈 이야기'는 그 비애의 초극 가능성을, '실화'는 귀중품 상실의 회복 가능성을 상징적으로 암시할 수 있기 때문이다. 그와 같은 역설은 먼저 아나키즘을 함축하고 있었다. 아나키즘의 국가 또는 정부의 부정은 새로운 탈권력적 공동체의 창출 가능성을 암시하기 때문이다.

이상이 센티멘탈한 제목이라고 여길 수도 있는 제목을 이 작품에 붙인 것은 그럴 만한 충분한 이유가 있었다. 도대체 '슬픈' 사건은 무엇이며, 그 근본적 원인은 무엇인가?

방금 언급한 이상 자신의 가정사도 그 중의 하나요, '성모의 시장'으로 비유한 창녀촌, 특히 화대가 겨우 '일원(一圓)'이라는 헐값으로 몸을 파는 창녀가 있다는 것도 슬픈 일이다. 그러나 그와 같은 창녀로 상징되는 한국인의 곤궁한 굴욕적 생활의 근본적 원인이야말로 가장 슬픈 일이 아닐 수 없다. 그것은 '대궐에 초상이 났나보다'로 암시된 대한제국의 멸망이다. 물론 '대궐'은 독립국가의 주권을 행사하는 곳이다. 그 국가의 '황제'가 죽은 것이다. 그 망국과 관련된 역시 슬픈 은유가 주인공' 나'와 친밀한 여인의 웃음과 관련되어 있다.

여인의 창호지같이 창백한 얼굴에 금이 가면서 그리 웃음이 가만히 내다보나 봅니다.(3, 65)

'여인'의 '금'이 간 '창백한 얼굴'이 바로 상기시키는 것이 「종생기」 허두의 '郤遺珊瑚一'로서 '郤'은 '망국(亡國)'을 암시한다. '여인'의 얼굴에 생긴 '금'도 '망국'의 은유다. 무릇 '國土'는 나라의 '얼굴'과 같기 때문이다. 물론 '얼굴'의 '창백한' 색은 '죽음'의 색이다. 「슬픈 이야기」에서 모든 '슬픈' 사건은 근본적으로 망국에 연유한다.

그러나 앞에서도 말했듯이 이 소설에서의 비애가 극복되거나 초극되어야 한다면 우리는 어떤 작중 사건에서 그 극복 의지를 찾아낼 수 있는가? 이는 바꿔 말하여 「슬픈 이야기」가 「단발」의 속편임을 밝혀내는 일과 밀착된 문제다. 이 소설이 「단발」의 아나키즘을 발전적으로, 곧 실천적으로 계승한 것이어야 하기 때문이다. 다음은 이 문제와 관련되어 있다.

女人—내 그대 몸에는 손가락 하나 대이지 않으리다. 죽읍시다. 「따블 플라토닉크 쉬사이드인가요」 아니지요—두 개의 싱글 쉬사이드지요.(3, 65)

'정신적인 동반 자살'('따블 플라토닉크 쉬사이드')은 반체제적 투쟁자에게는 전혀 소용없는 관념에 지나지 않는다. 오직 각자의 독립적 단독성('싱글')이 수반되는 두 사람('두 개')의 동반자살만이 필요하다는 것인데, 이는 「단발」의 제사에서 언급된 각자 '반(半)'만 참여하는 동반자살('A double Suicide')과 그 의미가 같다. 그러나 그 '여인'은 이기적이어서 이런 자살 제안을 거부한다. '나'와 '여인'이 산보하는 '낙엽'

이 쌓인 '황량한 방풍림'은 「단발」에서 '연'과 '선이'가 산보하던 '낙엽'이 쌓인 너무도 '황량한' '방풍림'과 같다. 「슬픈 이야기」의 '나'는 「단발」의 '연'의 연장선 위의 인물이요, '여인'은 '선이'의 연장선 위의 인물인 것이다 '유서'의 경우도 같다. 「슬픈 이야기」 주인공의 '벌써 아무 개와 함께 이 세상 사람이 아니라는 내 마지막 레터페퍼'가 '허영심'으로 쓰여졌다는 것은 그 유서가 본연의 자기를 속임으로써 '얼른 보기에 고귀하게 꾸미자는'(「단발」) 거짓말 유서라는 것을 자인한 셈이다.

「슬픈 이야기」가 「단발」 및 「실화」와 더불어 아나키즘적 소설임을 입증하는 증거를 더 알아보자. 먼저 롭신의 『창백한 말』의 영향을 받은 점이다. 이 소설의 부제인 '어떤 두 주일 동안'의 '두 주일'은 앞에서 지적한 대로 『창백한 말』에서 언급되었는데 「슬픈 이야기」에서 주인공이 '두 개의 싱글 쉬사이드'를 결행할 날까지 남은 시일이 '2주일'이라고 '여인'에게 한 말은 그날까지는 어떤 일이 있어도 '동반 자살적인 투쟁'을 감행하여 '모스크바 총독' 같은 조선총독을 암살해야 한다는 것이다.

그러나 그 '2주일'은 '나'가 '여인'에게 아쉬운 어조로 말했듯이 지나고 말지만, 반체제 투쟁에는 꼭 정해진 시한이 있는 것은 아니다. 사실상 「슬픈 이야기」에 설정된 '암살'은 상상적인 사건이어서 시한은 문제될 게 없는 것이다.

다음이 그 암살 장면이다.

> 거기도 언젠가 한 번은 왔다 간 일이 있는 항구입니다. 날이 좀 흐렸습니다. 반찬도 맛이 없습니다. 젊은 사람이 젊은 여인을 곁에 세우고 우체통에 편지를 넣습니다. 찰삭—어둠은 물과 같이 출렁출렁 하나 봅니다. 우체통 안으로 꼭두서니 빗물이 차겁게 튀어서 편지가 젖었을까 생각해봅니

다. 젊은 사람은 입맛을 다시더니 곁에 섰던 여인과 어깨를 나란히 부두를 향하여 걸어갑니다.(3, 66)

'젊은 사람'과 '젊은 여인'은 이상이 조선통치자 암살을 위하여 상상적으로 창안한 '스프링보드'적인 항일투사들이다. 그들에게 '이름'이 없는 것은 「혁명가의 교리문답」이 지시한대로 '혁명가'는 '이름'이 없어야 하기 때문이다. '우체통'은 조선통치자의 상징이요, '편지'는 그의 상징체계에 암시된 의미로 볼 때 '유서'라고 생각할 수 있는데 암살을 위한 위한 '칼'(短刀)의 비유이기도 하다. '우체통'은 「슬픈 이야기」의 상호텍스트인 「산촌여정」에서의 'xxxx 아무개의 영세불망비가 항공 우편 「포스트」처럼 서 있습니다'의 '포스트'와 같은 뜻이며 'xxxx'는 식민지 조선을 영구히 통치할 '조선총독'의 상징적 기호인 것이다. 이상은 '조선총독' 암살을 『창백한 말』에서의 암살 대상인 '모스크바 총독'에서 암시받았을 것 같다. '우체통'에 투입한 '편지'가 암살을 위한 '칼'의 비유임은 「산촌여정」의 '부고' 편지의 암시적 의미로도 알 수 있다. '꼭두서니 빗물'이 '우체통 안으로 차겁게' 튄 것은 '우체통'으로 비유된 조선통치자의 심장이 그 '칼'에 찔려서 나온 빨간 피('꼭두서니')가 빗물과 합쳐져서 튄 것이다. 피암살자의 피 색깔로서의 '꼭두서니'는 「산촌여정」에서도 언급되었다. '젊은 사람'이 '입맛을 다신' 것은 '담배'가 피우고 싶었기 때문이요, 과연 그는 가게에서 '담배 다섯 갑'을 산다. 이상의 경우도 반체제 투사는 '암살' 같은 힘겨운 일을 하기 전과 그 직후에 '담배'를 피운다. 「실화」의 '이상'도 상상적인 '일왕(日王)' 암살 직후에 '담배'를 피우고 싶어한다. '우체통' '편지' 투입이 암살의 상징적 비유임은 '젊은 사람'이 이윽고 '앞가슴 둘째 단추'를 빼어놓자 '젊은 여인'이 '누가 암살을 하면 어떻게 하게'라고 걱정하는 말로 설명된다. 셔츠의 '둘째 단추' 부위는 심장이 자리한 부위다. 거기는 위에서 언급한 암살 보복의 칼이 노릴 수 있는 부위여서 그런 걱정을 한 것이다.

그러면 왜 그 암살이 비 오는 날 감행되었을까? '출렁거리는 어둠'은 비 오는 날 밤을 암시한다. 이는 셰익스피어의 『줄리어스 시저』에 나오는 브루터스 일당의 줄리어스 시저 암살과 관련된다. 시저의 아내 캘퍼니아는 로마 '의사당' 위로 '핏빛 비'가 내리는 불길한 꿈을 시저에게 말하면서 '의사당'에 가지 말라고 애원했지만 아내의 충고를 거부한 시저는 의사당에서 암살된다. 그 '의사당'으로 은유된 시저의 몸뚱이가 「슬픈 이야기」에서는 '우체통'으로 비유된 '조선통치자'의 몸뚱이로 환치된다. 이 언어 테러와 관련하여 또 하나 추정해볼 수 있는 상호 텍스트는 나카노 시게하루(中野重治)의 암실 시 「비 내리는 品川驛」이다.

이 시는 일본의 잡지 『改造』(1929. 2. 82-83)에 게재되었지만, 伏字가 적지 않았는데, 『무산자(無産者)』(1928. 5. 69)에 게재되었을 때도 그 伏字들은 그대로 유지되었다. 사회주의 시인이자 소설가인 나카노 시게하루가 이북만(李北滿), 김호영(金浩永)에게 보낸 이 시는 일본왕 암살을 암시한 대목이 가장 충격적이다. 인용에서의 '그'가 일본왕이다.

> 그의 선변에 육박하고 그의 면전에 나타나
> x를 사로x어 그의 x살을 움켜잡고
> 그의 x먹 바로 거기에다 낫x을 겨누고
> 만신의 뜨는 피에
> 뜨거운 복x의 환희속에서

울어라! 우서라![1]

인용에서의 '낫x'은 '낫끝'으로 '복x'는 '복수'로 고쳐 읽으면 된다.

이 시의 보다 정확한 읽기를 위해서는 최근에 발표된 자료에 의존할 수밖에 없다. 그 자료에 의하면 위에 인용한 대목은 다음과 같이 복원되고 있다.

그를 사로잡아
그의 턱을 치켜 들고서
그의 가슴팍에 匕首를 찌르고
튀어나온 피에 젖어서
溫氣있는 복수의 환희로 울고 웃어라[2]

彼ヲ捕エ
彼ノ顎ヲ突キ上ケテ保チ
彼ノ胸元ニ刄物ヲ突キ刺シ
返リ血ヲ浴ビテ
温モリアル復讐ノ 歡喜ナカニ泣キ笑ヘ

인용을 참고한다면 「슬픈이야기」의 암살 장면의 발상에서 이상은 『무산자』에 실린 나카노의 그 암살시를 참고했을지도 모른다. '젊은 남

1 김윤식, 『임화연구』, 문학사상사, 1989, 240쪽.

2 渡部直之, 『不敬文學論』, 太田出版, 1999, 48쪽.

자'의 그 상징적 암살이 감행될 때 나카노의 암살 시에서처럼 비가 오고 있었고, 일본왕의 '가슴' 부위에 해당하는 '우체통'의 편지 투입구에서 튀어나온 '피'는 일본왕의 '가슴팍'에서 '튀어나온 피'와 비슷하기 때문이다. 나카노의 암살시에 대한 이상의 관심은 〈카프〉에 대한 그의 짙은 관심을 입증해준다.

'젊은 사람'과 '젊은 여인'은 항구에 정박한 배의 갑판으로 간다.

> 마흔 개 마흔한 개—이렇게 해서 어느 사이에 마흔아홉 개를 태워 버렸습니다. (……) 한 개 남은 담배에 불을 붙여 물고—요거 한 개가 다 타는 동안에 마지막 결심을 하면 됩니다, 여보 싫지는 않소? 여인은 머리를 좌우로 흔들었습니다. 다 탔소. 문을 닫아라—배를 벗어버리는 미끄러운 소리 답답한 夜陰을 떠미는 힘든 소리—바다가 깨어지는 요란한 소리—꿋빠이. 악마는 이 그림 한 구석에 차근차근히 싸인을 하였습니다.(3, 67)

「슬픈 이야기」에는 셰익스피어의 『햄릿』처럼 '극중극', 혹은 메타픽션이 두 개 있다. 하나는 앞에서 언급한 '비 오는 날의 우체통 사건'이요, 다른 하나는 공포분위기의 날카롭고 요란한 '기적'소리('뚜ㅡ소리')를 울리는 배에서 일어난 사건이다. '문을 닫아라'고 명령한 사람은 선장이요, 그 명령으로 노예선(일제 식민지)에 갇힌 선객은 식민지 원주민이다. '배를 벗어버리는 미끄러운 소리'는 그 배를 탈출할 때의 '소리'인데, 그 소리가 '미끄러운' 것은 탈출이 '소리' 없이 교묘했다는 것을 암시하며, '답답한 야음'은 일제통치로 인한 암담한 삶의 조건으로서, 그것을 '떠미는 소리'는 그 조건에 대한 저항운동을, 그리고 '바다가 깨어지는 요란한 소리'는 조선통치자를 죽이기 위한 '결사적인 돌격'을 암시한다. '악마'는 「슬픈 이야기」 작자의 분신이다. '그림'은 '극중극'의 뜻이다. 그는 「슬픈 이야기」의 또 하나의 작자인 셈이다.

이야기는 다시 주인공 '나'의 문제로 돌아온다. 그로서는 '초상'난 '대궐'에 대한 원한이 잊혀지지 않는다. 그 원한은 나라를 망친 최고 권력자에 대해서만이 아니라 '궁내부 활판소(宮內部 活版所)'에서 일하는 도중 두 번에 걸쳐 손가락 세 개가 잘린 이상의 '아버지'의 원한도 겹쳐진 것이다. 망국에 의한 '국가'라는 '유기체'의 상실은 국민의 한 사람인 '나'라는 유기체의 기능마저 손상시키고 있는 터였다. 이렇게 「슬픈 이야기」는 원한의 기록이다. 그는 자기의 '스프링보드'가 되어주기를 거절한 '여인'과 함께 해변의 '방풍림(防風林)'으로 가지만, 산보 도중에 본 광경은 이 아나키즘적 소설의 주제를 암시하는 핵심적 부분이다.

> 노래나 한 마디 하시구려—하늘은 차고 땅은 젖었습니다. (……) 저리 가 봅시다. 방풍림 우거진 속으로 철로가 놓여 있습니다. 까치 한 마리도 없이 낙엽은 낙엽대로 쌓여서 이 세상에 이렇게 황량한 데가 또 있겠습니까. 나는 여인의 팔짱을 끼고 질컥질컥하는 낙엽을 디디면서 東으로 東으로 걸었습니다. 자갈 실은 화물차가 자그마한 기적을 울리면서 우리 곁으로 지나갑니다. 우리는 서서 그 童話 같은 풍경을 限없이 바라보았습니다.(3, 67-68)

더없이 '황량한' '방풍림'이 처참할 정도로 물질적 정신적인 역량이 박탈된 조선인의 생활형편을 암시한다는 것은 그 '방풍림'을 횡단하는 '철로'로 입증된다. 그 들판의 '철로'는 식민지에서 수탈한 농산물이나 광산물을 종주국 일본으로 운반하기 위한 근대적 시설이기 때문이다. 두 남녀가 '동으로 동으로' 걸어간 것은 매일 새롭게 해가 뜨는 '동'쪽 지역에서의 새로운 공동체 사회의 건설을 암시한다. 그 '공동체'는 제국주의적 침략과 수탈의 주체인 '국가'를 부정하는 아나키스트의 꿈이다. '자갈'은 그 공동체적 도시국가 건설을 위한 골재(骨材)다. 그것을 실은 '화물차'가 울리는 '자그마한 기적'은 평온한 소리로서 일본 선박(노예선)의 공포분위기를 조성하는 '기적'의 반대항이다. 그 '화물차'는 '동화'에나 나옴직한 것이어서 그들이 '한없이' 바라볼 때의 '한없이'라는 수식어가 주목되어야 한다. 이 수식어는 로맨티스트의 이 세상 너머의 영원하고 동화적인 나라이거나 유토피아적인 나라, 혹은 그 이상(理想)에 대한 한없는 그리움을 수식하는 동시에 특히 항일투쟁의 기간은 '2주일'을 넘어서 그 투쟁 목적이 성취될 때까지 무제한으로 연장될 수 있다는 것을 암시한다.

그 아나키즘적 공동체의 위치가 '동'쪽인 것은 카인이 세운 인류의 첫 번째 도시국가가 '에덴의 동쪽'이라는 구약성경의 구절과 관련된다. 이상의 시 「破帖」에서도 '젖과 꿀'이 흐르는 이상향 같은 '카나안'이 파괴된 후, 새로운 도시의 기획자로서도 카인을 등장시켰지만, 이 경우의 카인은 인류 최초의 살인자 카인이 아니라 신(神) 또는 타락한 국가에서 소외된 반항자의 '새로운 도시(국가)' 건설자로서의 카인이다. 이상은 그런 카인을 자기의 분신처럼 여겼던 것이다. 물론 그 도시 기획자의 원형은 '에덴의 동쪽 도시 건설자'로서의 카인이다. 그는 카인을 자기와 같은 아나키스트로서 되살리고 싶었을 것이다.

「슬픈 이야기」의 경우 반드시 주목해야 할 것은 이상이 창조한 아나키스트의 내면적 발전이다. 「단발」의 '연'은 자기모순적인 인간이었다. '아리아욕'의 개인주인자이면서도 초개인적인 아나키스트였기 때문이다. 그러나 언어 테러리즘에 의한 '조선통치자' 암살을 시도하는 「슬픈 이야기」의 주인공은 오직 내 민족을 위하여 헌신하는 아나키스트로 발전한다. 이것은 일본왕을 암살의 대상으로 삼는 「실화」 주인공의 경우도 같다. 이들은 '새로운 공동체적 국가 건설'을 몽상한다는 점에서도 개인주의적 아나키즘을 넘어선다.

물론 언어 테러리즘의 한계는 분명하고 이상이 그것을 모를 리가 없다. 그 언어적 테러가 무장투쟁이 불가능해진 상황에서 마지못해 선택된 전술일지라도 폭탄 테러와 달리 충격적일 수 없고 설득력도 약하다. 염상섭이 「추락」(1930)에서 성공적으로 시도한 항일 테러는 자동차 자살테러였고, 『삼대』(1931)에서 시도한 것은 폭탄 테러였다. 그러나 일제의 파시즘적 언론 탄압이 기승을 부리던 1936년에는 그런 테러는 불가능했다. 그 대신 선택된 것이 언어 테러리즘이었던 것이다. 그리고 이상은 그 가공적 테러에 현실감과 설득력을 부여할 수 있었다. 일제가 어떤 협박과 무기로도 탄압할 수 없는 것이 이상 같은 작가의 상상력과 언어 구사력이었다.

22
「실화」

이상의 아나키즘 소설 3부작은 상실과 이것에 대한 회복의 염원을 공통적으로 담고 있다. 근본적으로 상실이란 '나라'의 상실을 의미하고 회복의 염원은 국권에 관한 것인데 그의 작품에서 망국을 상징하는 것은 「종생기」의 '사도(死都)'와 「슬픈 이야기」에 등장하는 '여인'의 '금'이 간 얼굴, '대궐의 초상' 및 「실화」주인공의 '백국'의 상실이다.

이상이 아나키즘 3부작을 서울에서 쓰기 시작하여 마지막 소설 「실화」를 일본 '동경'에서 쓴 것은 매우 암시적인 의미가 있다. 그는 그 작품을 완성하기 위해서 '동경'으로 간 셈이다. 바꿔 말하면 그가 그 3부작을 통한 반체제적 저항의 무대를 서울에서 '동경'으로 옮긴 것은 저항의 강화를 위한 것이었다. 그의 저항심은 그 정도로 철저했던 것이다. 이상 이전에 유학이나 관광여행을 위하여 동경에 간 이광수, 김동인, 김기진, 또는 임화나 유진오 등의 일본을 대표하는 '동경'에 대한 글은 예외 없이 찬양과 선망을 자랑스럽게 표명하기 위한 것이었다. 이와 대조한다면 이상의 「실화」와 「동경」에 나타난 항일적 색채는 놀라울 정도로 돋보인다.

「실화」라는 제목은 '신주쿠역(新宿驛)' 플랫폼에서 애지중지한 조국의 상징, 또는 조국에 대한 향수의 상징인 '백국'을 어느 일본인의 '장화'가 짓밟아 잃어버린 작중 사건을 의미하는데, 그것은 일제의 침략에 의한 조국의 상실을 상징하고, 그것을 가슴 아프게 추체험하도록 한다. 따라서 「실화」에는 그런 정신적 고통이 침투해 있다. 이제까지 모든 《이상전집》은 「종생기」를 그의 마지막 작품으로 기정사실화해서 편집되어 있고, 이상 연구자들도 그렇게 단정하고 있는 것 같다. 그러나 실상 그의 마지막 작품은 '1936년 11월 20일'로 그 제작 시기를 적은 「종생기」가 아니라, 제작 시기를 알 수 없는 「실화」로 보아야 한다. 서울에서 쓰기 시작한 「종생기」의 무대가 '서울'인 반면, 「실화」의 무대는 '서울'과 '동경'인데다가 자기의 반체제 저항의 수난자적인 죽음을 유언처럼 말하고 있기 때문에 「실화」는 이상의 마지막 소설로서 간주되어야 한다. 그러나 「실화」가 이상의 마지막 소설임을 입증하는 또 하나의 결정적인 이유가 있다. 일제의 파시즘적 억압이 갈수록 심해지는 조국을 이탈한 망명객은 종주국에 저항하기 마련이다. 그는 항일적인 아나키즘소설 3부작을 어떻게 해서든지 완성해야 했고, 언어 예술을 통한 반국가적 저항의 칼이 종주국의 왕을 겨누기 위하여 그 무대는 그의 사지(死地)인 '동경'이어야만 했던 것이다.

다음은 「실화」가 「슬픈 이야기」의 속편임을 입증하는 중요한 구절이다.

연이는 약속한 지 두 주일 되는 날 죽지 말고 우리 살자고 그럽디다. 속았

다. 속기 시작한 것은 그때부터다. 나는 어리석게도 살수 있을것을 믿었지.(2, 358)

인용은 '동경'에서 사귄 유학생 'C양'에게 한 말이지만, '두 주일'은 「슬픈 이야기」의 부제인 '어느 두 주일 동안'의 '두 주일'이다. '연이'는 전날 '나'의 '스프링보드'로서 'A double Suicide'를 하기로 약속했던 것이다. '나'는 '연이'를 '죽도록 사랑'했다고 독백했는데, 그런 사랑은 고작 '2주일'만의 것일 리는 없다. 그는 그녀를 '스프링보드'로도 이용할 셈이었다. 그녀가 그 약속을 뒤집은 것은 애인이 생겼기 때문이다. 그 결과 '나'는 다른 '스프링보드'를 구하지 않을 수 없었는데, 그가 앞으로 언급할 '유정'이다.

물론 '연이'와의 관계에서 그 배경은 '서울'이다. 그녀의 정부(情夫)가 두 명 이상임이 그녀 자신의 고백으로 밝혀지며, '이상'은 '연이'를 '요물(妖物)'로 여기게 된다. 'C양'이 그에게 '백국'을 준 것은 그의 고국에 대한 향수를 달래기 위한 것이지만, 실상 서울에 있는 그의 방에 국화 한 송이도 없었던 것은 '연이'가 그의 거짓 동반자였음을 말해준다.

물론 '동경'에서의 그의 지하운동은 서울에서의 지하운동의 연장선위에 있지만, 그것은 어떤 방법으로 실현되고 있는가? '동경'에는 그의 동지가 있는가? 그의 테러는 개인적인 사업이어도 된다. 앞에서 언급한대로 '네차예프'식의 '중앙위원회'는 십중팔구 허구이기 때문이다. 서울에서 그의 동지가 될 수 있는 사람은 '유정'이지만, 그는 '스프링보드'가 되어주기를 바라는 요청을 거부했다.

「실화」에 나타난 투쟁 방법이 언어 테러리즘인 것은 당연시된다. 이상은 언어의 마술사 같은 작가였다. 「종생기」에서 '이상'이 애인 '정희'

에게 자기의 문학을 '무서운 우수한 呪文'이라고 말할 때의 '주문(呪文)'은 언어의 마술사가 아니고서는 생각해낼 수 없다. 그 언어 테러리즘은 이미 「슬픈 이야기」에 나오는 '우체통'을 이용한 조선통치자의 상상적 암살과 '노예선' 승객의 반란을 통해서도 이루어졌었다. 「실화」에서의 언어 테러리즘은 그것의 연속이다. 이상은 「단발」에서 약속한 'A double Suicide'를 언어 테러리즘을 통하여 실천해야 된다. 다음은 서울에서 감행한 언어 테러리즘의 본보기다.

유정과 이상—이 신성불가침의 찬란한 情死 (2, 367)

인용문의 암호적 언어 게임을 해명하기는 쉽지 않다. '유정과 이상'은 서로서로 '스프링보드'가 된 한 쌍이다. 그들의 이름은 가명이다. '혁명가'는 '이름'이 없어야 하기 때문이다. 이상 연구가들이 그들을 소설가 김유정과 이상으로 해석한 것은 부당하다. '정사'는 사전적인 뜻이 아니라 '자살적인 동반투쟁'의 뜻이다. 그 투쟁이 눈부실 만큼 '찬란한' 것은 인용이 '대일본헌법 제1조'인 '천황폐하는 신성불가침이다'의 대담한 패러디이기 때문이다. 과연 일본 식민지의 비천한 원주민 '유정과 이상'의 사회적 지위는 지시사(指示辭) '이'와 그 앞의 대시('—')에 의하여 '신성불가침'적 존재로 상승하여 일본왕과 동일시되고 있는데, 이는 마하일 바흐친 식으로 말하여 '카니발적인 왕관 탈취 행위'와 같다. 이상은 그 패러디를 통하여 엄청난 불경죄를 범한 셈이다(그런 카니발적인 왕관 탈취사건은 일찍이 제임스 조이스도 『율리시즈』에서 제시했었다. 제15삽화에서 주인공 레오폴드 블룸은 무엄하게도 '영국 황제 레오폴드 블룸'으로 취임하기 때문인데[1], 이 작중 사건 설정은 그의 반체제적 저항을 위한 것이었다).

이상은 「서간 3」에서 김기림에게 "소설을 쓰겠오. 「우리의 행복을 神에게 과시해주겠다」는 그런 해괴망칙한 소설을 쓰겠다는 이야기요"라고(「사신3」, 3, 226) 말한 적이 있거니와, 인용에서의 '神'은 일본인이 '現人神'이라고도 부르는 '천황폐하'를 지목한 것으로 볼 수 있다. '우리'는 '유정과 이상'이다. 물론 '행복'은 '대일본헌법 제1조'의 유쾌한 패러디의 행복이다. 그 패러디는 이상이 언어 게임의 명수임을 보여준다. 우리는 「실화」라는 이 '해괴망칙'한 소설이 인류의 보편적 가치인 정의(正義)를 지키고 불의(不義)의 세력을 타도하기 위한 것임을 확인할 수 있다.

그러면 '동경'에서 이상이 시도한 언어 게임을 통한 테러리즘의 예를 더 들어보자.

> NAUKA社가 있는 神保町鈴蘭洞에는 古本 夜市가 선다. (……) 아스팔트는 젖었다. 鈴蘭洞 左右에 매달린 그 鈴蘭꽃 모양 街燈도 젖었다. (……) 그리고 내 머리에는 안개가 자욱이 끼었다.(2, 365)

인용에서는 '神保町'과 '鈴蘭洞'이 공존한 것이 문제가 된다. 일본의 행정 구역 명칭인 '町'과 한국의 재래적 행정구역 명칭인 '洞'은 구별되어야 함에도 불구하고 그처럼 공존시킨 의도는 무엇인가? 한일강제합병 후 한국의 도시에서 거의 사라진 '洞'은 하위의 피지배 언어요, '町'은

---

1 제임스 조이스, 『율리시즈II』, 김종건 역, 범우사, 1997, 129쪽.

상위의 지배 언어가 되었는데, 이상은 '神保町'에서 그 '洞'의 시민권을 회복하려고 했을 것이다. 그리고 '鈴蘭洞'은 아마 상상적인 한국의 창녀촌이기 때문에 더 그랬을 것이다. 시 「獚」에는 '꽃이 매춘부의 마을을 이루고 있었다'는(「獚」, 3, 312) 구절이 있거니와, 한국의 창녀촌과 오버랩된 '神保町'의 창녀촌도 '영란꽃 모양'의 '街燈'으로 장식된 거리로 묘사하면서 그 '街燈'이 '크라리넬 소리'와 함께 '눈물에 젖었다'고 했다. '눈물'의 주인은 다름 아닌 '이상'이요, '크라리넬 소리'는 '진따'와 관련되어 있다. 소위 '진따'는 서커스나 영화 선전을 위하여 통속적 음악을 연주하는 소수인으로 구성된 취주악대다. 문제는 '이상'이 '동경'의 거리에서 우연히 목격한 그 취주악대의 구성원이 네 명의 소녀들이요 모두 군인차림을 한 점에 있다.

> 대목의 한 몫을 보려는 小百貨店의 번영을 위하여 이 네 사람은 크라리넬과 코넬과 북과 小鼓를 가지고 先祖 (명치)유신 당초에 부르던 유행가를 연주한다. 그것은 슬프다 못해 기가 막히는 街角풍경이다. 이 네 사람은 네 사람이 다 妙齡의 여성들이더니라. 그들은 똑같이 진홍색 군복과 군모와 '꼭구마'를 장식하였더니라.(「실화」, 2, 365)

그 '진따'의 광경이 '슬프다 못해 기가 막'혔던 것은 '군복'과 '군모'로 상징되는 일본 군국주의를 과시하기 위하여 다름 아닌 소녀들을 동원했기 때문이다. 그들을 보고 흘린 '눈물'은 그 소녀들에 대한 연민과 군국주의 또는 침략적 제국주의에 대한 분노의 눈물이다. 그것은 동시에 아나키스트의 사회적 약자와의 연대의식을 암시하는 '눈물'이요, 창녀촌에 대한 그의 감정이기도 하다. 그의 머리에 '자욱이' 낀 '안개'는 이 세상 만사의 불확실성과 더불어 그 '눈물'이 자아낸 것이다.

「실화」에서의 패러디를 위한 언어 게임이 궁극적으로 설정한 적(敵)이 일본왕이었다는 것은 당연한 일이다. 그는 약소국 침탈을 지휘한 최고 권력자이기 때문이다. 따라서 이 패러디를 통한 언어 테러리즘은 「슬픈 이야기」에서의 그의 대리자, '조선통치자'에 대한 언어 테러리즘의 연장선 위에 있는 사건이다.

「실화」도 이상의 작품답게 암호적이다. 작중 사건은 자주 돌발적이어서 그 암시적 의미는 안개 속에 숨어 있곤 한다. 기차에서 동승(同乘)한 동경 '일고(一高)'학생과 관련된 다음과 같은 독백이 그렇다.

> '당신의 텁석부리는 말(馬)을 연상시키는구려. 그러면 말아! 다락같은 말아! 귀하는 점잖기도 하다만은 또 귀하는 왜 그리 슬퍼보이오? 네?'(이놈은 無禮한 놈이다) (2, 368)

'말'과 관련된 구절은 정지용의 시 「말」에 나오는 "말아! 다락같은 말아! 너는 점잔도 하다만은/너는 왜 그리 슬퍼뵈니?"의 인용이다. '다락'처럼 모든 것을 포용하고 차별하지 않는 '말'은 혼혈종이지만 혈통 차별도 하지 않는다. 그 점에서 특권의식을 가진 '일고' 학생과 다르다. 그러면 '나'는 왜 '무례한 놈'인가? 이 암호적인 말의 의미를 밝히기 위해서는 '나'가 놓인 처지가 상기되어야 한다. '나'는 기차에서 옆자리에 앉은 거만한 동경 '一高' 학생의 침묵에 의한 민족차별의 굴욕을 한 시간 동안 당해야 했던 것이다. 그로 인한 정신적 위기에 갑자기 환시(幻視)된 것이 '텁석부리'(예수)의 이미지다. '다락'같은 '말'처럼 모든 인간의 짐을 져줄 구세주다. 그를 '슬픈' 인간으로 여긴 것은 오스카 와일드의

『옥중기』에서 영향을 받은 결과다. 그는 『옥중기』에서 「이사야서」의 '종의 노래'(53:3)를 인용하면서 그를 '비애의 인간'이라고 말했던 것이다.[2] 자기를 '무례한 놈'이라고 비난한 것은 너무나 세속적인 장소에 그 성인(聖人)을 불러낸 죄를 지었기 때문이다.

「실화」는 언어 게임 소설이기도 하다. 그 언어는 정복자의 권력 언어와 피정복자의 피지배 언어로 분류될 수 있다. 전자는 제국주의 국가의 언어, 곧 영어, 프랑스어나 일본어요, 후자는 조선어나 인도어 같은 식민지 언어, 그리고 피압박 민중의 언어와 동일시되기도 하는 '루파시카'같은 러시아어와 에스페란토 같은 세계어이다. 제국주의 국가의 언어 차별을 상징적으로 알려주는 사건이 '동경'의 맥주 홀 'NOVA'에서 일어난다.

> NOVA의 웨이트레스 나미꼬는 아부라에 하는 재주를 가진 노라의 따님 코론타미의 누이동생이시다. 미술가 나미꼬씨와 극작가 Y군은 四次元세계의 테마를 불란서 말로 會話한다.
>
> 불란서 말의 리듬은 C양의 언더—더 워치 강의처럼 애매하다. 나는 하도 답답해서 그만 울어버리기로 했다. 눈물이 좔좔 쏟아진다. 나미꼬가 나를 달랜다.(2, 69)

'나미꼬'가 '노라의 따님 코론타이의 누이동생'이라는 것은 그녀가 여

---

2 Oscar Wilde, 'De Profundis,' *The Portable Oscar Wilde*, Penguin Books, 1985, 606쪽. '그는 모든 사람에게서 경멸을 받고 배척되었다. 비애의 인간이다'. '비애의 인간(the man of sorrow)은 '그는 우리가 겪어야 할 슬픔을 대신 겪였다.' (「이사야서」 53:4)는 구절과 관련되어 있다.

권(女權)주의자임을 의미하지만, 그렇게 보이지 않은 것은 손님인 '나'라는 조선인 앞에서 굳이 프랑스어로 '사차원세계'에 대하여 'Y군'과 대화를 했기 때문이요, '나'는 민족적 모욕감으로 인하여 낙루한 것이다. 그들의 프랑스어 '리듬'이 C양의 영어 '리듬'처럼 '애매'했다는 것은 그들의 발음이 서툴렀다는 뜻이다. 그들은 조선인 고객을 조롱하기 위하여 미숙한 프랑스어 실력으로 대화한 것인데 그들 역시 그 제국주의적 권력 언어의 매력에 취하고 싶었던 것이다. 그들의 천박성에 대한 노여움 섞인 연민도 '나'의 낙루의 한 원인이다. 그녀의 프랑스어 선호는 그 맥주홀 명칭이 'NOVA'라는 에스페란토의 박애주의적 세계주의와도 어긋난다. 실은 그 'NOVA'가 아나키즘의 정신을 강조하는 작중 사건에서 중요한 역할을 한다.

다음은 '나'와 Y군의 대화다.

「新宿 가십시다」

「新宿이라?」

「NOVA에 가십시다」

「가십시다 가십시다」

마담은 루파시카

노바는 에스페란토 (2, 366)

'新宿'은 '동경'의 번화한 유흥가다. Y군이 'NOVA'로 가자고 권유하자 '가십시다 가십시다'고 적극성을 보인 것은 의미심장하다. 이 경우 'NOVA'는 Y군에게는 단지 맥주홀 명칭이지만, '이상'의 경우 그것은 '맥주홀'이름을 넘어선 '에스페란토 문화공동체', 또는 'NOVA'의 의미를 살린 '새로운 국가'의 뜻으로 비약할 수 있기 때문인데, 이런 해석을 배후에서 정당화하는 구절이 바로 뒤에 나오는 '마담은 루파시카'다. '마담'은 '동경'의 카페 '엠프레스'의 '마담'이지만, '마담은 루파시카'는 무슨 뜻인가? 그것은 '마담은 피압박민중('루파시카')과 동일체'라는 뜻으로서 이 경우의 '마담'은 들라크루아의 「민중을 이끄는 자유의 여신」에서의 '여신'을 상기시킨다. '마담'에는 '창녀'의 뜻도 있거니와 그렇게 보자면 그 '자유의 여신'도 '창녀'라는 해석이 유력하다는것을 상기해야 한다. 다름 아닌 '가십시다 가십시다'는 바로 이어지는 '마담은 루파시카'로 볼 때 '민중'의 혁명을 위한 '전진'의 뜻을 함축하고 있었던 것이다. 그리고 반드시 기억해야 할 것은 '가십시다 가십시다'가 그 어조나 함의에 있어서 「슬픈 이야기」에서의 '東으로 東으로'의 연장선 위에 있다는 점이다. 물론 둘 다 '새로운 국가' 건설과 관련되어 있다. 이렇게 볼 때 그 주어가 비인칭적인 '노바('NOVA')는 에스페란토'라는 구절은 '노바'에 대한 새삼스러운 설명이 아니라 '새로운 공화국의 언어는 에스페란토'임을 강조한 것이다.

新宿의 그 맥주홀을 나온 때가 12월 24일 '오전 1시'다. 그때 '나'가 '연애보다 담배를 한 대 피우고 싶었'던 것은 그 프랑스어 대화가 초래한 답답증과 울분을 풀기 위해서다. 「실화」의 결말은 다음과 같다.

> (……) 午前 一時. 新宿驛폼에서 비칠거리는 李箱의 옷깃에 白菊은 간 데 없다. 어느 장화가 짓밟았을까. 그러나—검정 외투에 造花를 단 댄서 한 사람. 나는 이국종 강아지올시다. 그러면 당신께서는 또 무슨 방석과 걸상의 비밀을 그 농화장 그늘에 지니고 계시나이까?
>
> 사람이—비밀 하나도 없다는 것이 참 재산 없는 것보다도 더 가난하외

다 그려! 나를 좀 보시지요? (2, 370)

'C양'이 '나'에 '백국'을 준 것을 '주었느니라'라고 장중체(壯重體)로 말한 것은 그 '백국'이 '나'의 '향수'의 대상인 조국의 상징이기 때문이다. 그의 상실된 조국에 대한 민족감정이 그렇게 시킨 것이다. 따라서 그것을 '장화'의 폭력으로 상실한 아쉬움이 그 어조에 의하여 강조될 수도 있었다. 그 '백국'의 상실은 우리에게 '이상'과 더불어 일제의 폭력적인 한국 침탈을 안쓰럽게 재체험하도록 한다.

'이국종 강아지'는 정지용의 시 「카페 프랑스」의 결말 "이국종 강아지야! [카페 손님인] 내 발을 빨아다오/내 발을 빨아다오"의 '강아지'로서 일제 식민지의 비소(卑小)한 원주민의 상징인데, '나'는 자기를 그런 '강아지'로 비하한 것이요, 이는 그 '강아지'를 '검정 외투에 조화를 단 댄서'와 풍자적으로 동일시하기 위한 것이다. 그녀가 고급 창녀인 것은 매음장소인 '방석과 걸상'으로 사회적 강자의 노예인 점에서는 '강아지'와 '댄서'사이에 무슨 차이가 있느냐는 것이다.

'사람이 비밀 하나도 없다는 것'이 '참 재산이 없는 것보다도 더 가난하외다 그려'라고 말할 때의 '비밀'의 뜻은 단순하지 않다. '나'의 명색만의 아내 '연이'의 경우 '사람이 비밀이 없다는 것은 재산 없는 것처럼 가난하고 허전한 일이다'에서의 '비밀'은 '간통'의 '비밀'이지만 '나'가 말한 '비밀'은 문맥상 '반체제 지하운동'을 암시한다. '연이'가 '사유재산'에 집착하는 물질주의자라면 '나'는 '사유재산'을 부정하는 아나키스트다. '처럼'과 '보다'의 차이는 크다. '나'는 '재산 없는 것보다 더 가난하다'고 넌센스적으로 말함으로써 사유재산의 부정을 극단화한 것이다. '나를 좀 보시지요?'에서의 '나'는 물론 사유재산을 부정하는 아나키스트이면서 동시에 예수와 같은 '수난자'를 암시한다. 인용은 '나를 보라'를 완곡하게, 게다가 의문부호를 붙임으로써 겸허하게 한 말이지만, 본래 자기를 '예수'와 같은 수난자로 여긴 예술가나 철학자들은 빌라도 총독이 이스라엘인 군중에게 '예수'를 가리키면서 한 '이 사람을 보라!'의 '이 사람'을 '나'로 바꾸곤 했었다. 이상도 그것을 모방하였지만 회의주의자인지라 물음표를 붙여서 '나를 좀 보시지요?'라고 말했던 것이다. 니체의 철학적 자서전 『이 사람을 보라』에서의 이 사람, 고갱이 자기를 '예수'처럼 순교자로 취급한 자화상은 그 주인공을 모두 예수와 같은 '수난자'로 여기도록 우리를 유도한다.

그러면 「실화」의 '이상'에게는 그런 '수난자'의 자격이 있는가? 우리는 이 질문에 긍정적으로 답변할 수 있다. 그는 원수의 나라 일본에서 아나키스트의 언어 테러리즘을 통하여 일제의 국가 권력에 저항했는데 사회적 약자와의 연대의식을 느낀 것도 그로서는 일제에 대한 저항이었다. 우리가 반드시 주목해야 할 것은 '신주쿠역(新宿驛) 폼'에서 '백국'을 유린당한 때가 12월 24일 오전 1시라는 점이다. 그 시간은 아기 예수의 탄생 전야(前夜)요, 세계적인 기독교 작가 도스토예프스키가 반(反)정부활동으로 인하여 동료들과 함께 사형대에 섰던 날과 겹친다. 이상이 '나를 좀 보시지요?'라고 감히 말할 수 있었던 것은 인류의 기억에 남아 있는 그와 같은 역사적 사건이라는 든든한 근거를 가지고 있었기 때문이지만, 여기에는 『창백한 말』의 테러리스트 '바냐'의 이미지가 겹친다. 이상도 조지 오브라이언처럼 바냐의 처신에서 큰 감동을 받았을 것이다.

「실화」는 한국문학사에서 특기해야 할 작품이다. 한국작가가 일본 '동경'에서 국외 방랑자의 반체제적 정신으로 쓴 유일한 소설이기 때문이다. 그 점에서도 이상의 일본 여행은 뜻깊은 사건이었다. 비록 그 여행의 성과는 단지 문학작품이었을지라도 그는 아나키즘의 칼을 마음속에 품고 현해탄을 건넜던 것이다. 국내 작가만이 아니라 '동경'의 진보적인 한국인 청년들도 파시즘의 위협에 겁을 먹고 자기자신의 안전만을 도모하기 쉬운 판국이었다.

스윈즈우드는 네차예프에 대하여 다음과 같이 비판했다.

> 네차예프의 이론적 작품인 「혁명가의 교리문답」은 테러와 방화(放火), 표리부동 같은 비도덕적 수단, 비도덕적인 음모의 중심부, 절대적 복종을 요구하는 위계제 조직체의 필요성을 찬양한다. 정치적 테러리즘은 사회주의자의 운동과는 달리 조직적 집단을 배척하기 때문에 개인주의적이다. 그것은 논리적 이데올로기가 없고 미래사회에 대한 계획이 없다. 그 초점은 건설이 아니라 파괴다.[3]

스윈즈우드의 네차예프의 전략에 대한 견해는 옳다. 실상 「슬픈 이야기」와 「실화」에서 시도되는 정치적인 언어 테러리즘은 아나키스트의 개인적 저항이다. 「슬픈 이야기」와 「실화」에서 암시된 '미래사회'에 대한 희망은 사회주의처럼 체계적 이론에 기초한 것이 아니다. 이런 약점에도 불구하고 이상은 네차예프의 전술을 따르지 않을 수 없었다. 그 당시 일제는 1930년대 후반에 사회주의 정당을 허용하지 않았고, 가차없는 검열제도는 살아 있었다. 그런 처지에서 가능한 것은 언어 테러리즘밖에 없었다. 아나키스트 신채호가 「조선혁명선언」(1921)에서

---

3 Alan Swingewood, *Novel and Revolution*, Macmillan, 1975, p.121.

'암살'을 '강도'로서의 일제를 타도하기 위한 전술의 하나로 들고, 그 암살의 대상에 조선총독을 포함시킨 것도 같은 맥락의 일이다.

「단발」, 「슬픈 이야기」, 「실화」로 구성된 아나키즘 3부작은 분명한 약점을 안고 있다. 아나키스트의 지하운동이 조직적인 운동의 차원이 아니라 개인적인 저항의 차원으로 후퇴했기 때문이다. 물론 그 당시 동경에는 조선인의 아나키즘 단체가 있을 수 없었다는 현실도 감안해야 한다. 일제의 가혹한 언론과 사상의 탄압 하에서 작가에게 최대한으로 허용된 자유는 범죄적 상상력의 자유밖에 없었고, 그 정치적 성과가 「단발」에서 계획되었고, 「슬픈 이야기」와 「실화」에서의 실천된 언어 테러리즘이다. 물론 그런 테러리즘의 설득력과 호소력은 이상의 뛰어난 작가적 역량 덕택이지만, 정치적 효과는 매우 약하다는 반론이 제기될 수 있고 이것은 정당한 반론이다. 그러나 당시의 거의 절망적인 시대적 제약을 감안할 때 우리는 이상의 그 상상적 모험을 그저 안타까워할 게 아니라 높이 평가해야 한다.

무엇보다도 이상이 그 3부작을 통하여 한국의 아나키즘 문학을 개척한 것을 잊어서는 안 된다. 그는 비록 문학을 통해서였지만 그 당시 아나키즘의 이름으로 강압적 정치권력과 대결한 유일한 조선의 작가였다.

「23
삽화가로서의 이상(2)

이상은 작가이자 화가로서 그에게 주어진 마지막 기회이기라도 한 것처럼 1936년을 풍작의 해로 만들었다. 소설만 해도 「동해」, 「날개」, 「지주회시」, 「종생기」와 「단발」, 「슬픈 이야기」 및 「동경」 등을 썼고, 이 작품들 중 네 편의 삽화까지 제작했다.

「날개」는 그의 유명한 소설이지만, 여기에 곁들인 삽화도 주목할 만하다. 삽화 상단의 영어문자 'ASPIRIN'과 'ADALIN'은 '아내'가 '남편'에게 준 감기약과 수면제의 이름으로 이 소설에서 조금도 중요하지 않다. 중요한 것은 그 아래에 누워 있는 창녀의 나체로서 「소설가 구보씨의 일일」의 삽화에 등장시킨 창녀의 나체와 부분적으로 비슷한 점이 있다. 곧 이 여자의 비인간화다. 「날개」의 여자는 「소설가 구보씨의 일일」의 여자처럼 표현주의적으로 왜곡되어 있지는 않지만, 그 얼굴이 가면 같고, 눈은 「소설가 구보씨의 일일」의 여자의 눈과는 달리 무자비한 직선에 의하여 말소되어 있다. 특히 주목할 것은 그녀의 옆에서 있는 열세 권의 책이다. 그 중의 여섯 개는 여자의 몸 위로 올라가 있다. 이는 여자 침범과 다름없다. 의인화된 그 책들의 모양이 괴물스러운데, 왜 하필 '책'인가? 그것은 소위 '문명의 야만성'을 암시하기 위해서다. 「가외가전」에서 그 야만화된 문명을 이상은 '발처럼생긴손'이라는 심오한 이미지로 상징한 적이 있는데 「날개」에서도 이를 암시하기 위하여 '책'을 동원한 것이다. 물론 '열세 권'에서의 '13'은 그가 고의로 적용한 불길성을 의미하는 기호다. 그 '책들'은 말하자면 '책버러지들'이다. 여자의 나체에 올라타지 않은 '책버러지들'은 자기에게 돌아올 순번을 기다리고 있다. 이런 해석은 삽화의 '창녀'를 살아있는 여자로 보았는데, 동의할 수 없다.

이 창녀는 직선응로 말살된 두 눈이 바로 입증하듯이 시체로서 누워 있다고 보아야 하기 때문이다. 그리고 열 세 권의 책은 이상이 영향을 받은 토마스 칼라일의 『사터 리자터스』에서 언급된 지총(紙塚, Paper-catacomb)[1]에서 암시를 받았을 '지비(紙碑)'로서 그녀의 죽음을 슬퍼하는 애도서들이다. 「날개」의 작자가 '아내'의 죽음을 은근히 소망한 것은 그의 아내살해 환상으로 입증된다. (물론 '紙碑'가 이상의 창녀시의 제목임은 주지되어 있다.)

「날개」 삽화의 이와 같은 암호 해독에 의하여 밝혀진 것은 이 삽화가 「날개」의 후일담과 같다는 점인데, 그러고 보면 이는 「슬픈이야기」 삽화(3)과 「종생기」 삽화에도 해당된다. 「슬픈이야기」 삽화에서 '젊은 남자'와 '젊은 여자'는 불구자의 몸으로 저항의 보행을 멈추지 않으며, 「종생기」 주인공의 사후에도 계속되는 창작은 그의 무덤 속에서의 끽

---

1 Thomas Carlyle, *Sartor Risartus*, Everyman's Library, 1954, p.154.

『十二월 十二일』의 삽화

연으로 상징된다.

물리치는 해석도 생각해볼 수 있다. 그것은 그 책을 「날개」의 여주인공인 창녀의 죽음을 애도하는 기호로 보는 해석이다.

「지주회시」의 삽화는 월간 종합지 『中央』(1936.6.)에 실린 것으로서, 『十二월 十二일』의 경우처럼 소설의 제목 위에 자리 잡은 작은 삽화인데, 이제껏 주목을 받지 못해왔다. 그것도 『十二월 十二일』 삽화의 경우와 같다. 이상의 작품임에 틀림없는 『十二월 十二일』 삽화의 모델은 반 고흐의 초기작 'SORROW'다. 그가 동거한 창녀(크리스틴)의 슬픈 운명을 암시한 이 그림을 모델로 선택한 것은 반 고흐의 인류적 휴머니즘에 대한 공감 때문이었을 것이다. 이상이 작품에서의 창녀의 이미지를 거칠게 해체한 것은 이 장편소설의 표현주의적 수법과 일치한 점에서 적절했다. 그는 이후로 반 고흐처럼 창녀의 정신적 동반자가 될 것이었다.

「지주회시」의 삽화는 등장인물을 문자(文字) 이전의 상형(象形) 기호로서의 그림자로 제시한 점에서 독보적인 것이었다. '그림자'는 우리의 무의식적 욕망의 기호이기 때문에 등장인물을 그렇게 암시한 것은 적절했다. 화면 중앙의 군데군데 찢긴 '거미줄'과 그 둘레의 사람 모습을 한 일곱 개의 검은 기호가 조성한 이 삽화의 전체적 인상은 음습하고 그로테스크하다. 무슨 의도를 비밀로 감춘 것 같은 낌새도 있다. '거

반 고흐, 「비애」, 1882.

「지주회시」의 삽화

미줄'의 온전하지 못한 모양은 일제 식민지 사회의 난맥상을 암시한다. 그 기호들은 시곗바늘 방향으로 '거미줄' 주변에 서 있다. 화면 우측 최상단에서 두 손을 번쩍 들고 있는 기호가 주인공 '거미'라면, 그보다 훨씬 아래쪽에서 역시 두 손을 치켜들고 의기양양하게 무리를 지어 전진하는 듯한 세 개의 기호는 탐욕한 '돼지'들 곧 A취인점 전무, R회관 주인 그리고 A취인점 직원 '吳'일 것이다. 화면 왼쪽 최하단의 기호가 '吳'의 정부(情婦) '마유미'라면, 그 위의 기호는 '경부보'일 것이요, 최상단에서 다리를 저는 듯한 기호는 전날 R회관 층계에서 굴러 떨어진 카페 여급 '나미꼬'일 것이다. 그녀의 명색만이 남편인 '거미'가 두 손을 치켜든 것은 A전무 등의 경우와는 달리, 패배자인 척하는 어릿광대짓이리라. 실제로 그는 어릿광대가 됨으로써 그 세력이 막강한 '경부보'를 우롱할 수 있었다. 물론 그 일곱 개의 기호가 「지주회시」에 등장시킨 작중인물과 반드시 일치할 필요는 없다.

그러면 그 '거미줄'의 주인은 누구이며 어디에 있는가? 소설 텍스트에 없는 이런 질문과 해답을 이 삽화가 보여준다. 그 '거미'는 '거미줄' 오른쪽 중간쯤에 붙어 있는 얼룩 같은 검은 점이다. 본래 '점'은 변화무쌍한 괴물이지만, 이 삽화에서의 '거미'도 정체불명의 기호요, 그 '점'에 '거미'의 악마성도 숨어 있다. '거미줄' 주변의 기호들은 언제 그 '거미'

의 밥이 될지 모른다.

「지주회시」 삽화의 중심부에 '거미줄'을 설정한 것이 소설 텍스트와 일치하지 않는다는 것은 이 삽화의 경우도 마찬가지로 이상이 버릇처럼 텍스트를 일탈했다는 것을 말해준다. 삽화의 그로테스크한 분위기를 강조한것은 이 소설의 제목 속에 들어가 있는 그로테스크한 이미지로서의 '지주(鼅鼄)'와 '李箱'이라는 한자 이미지다.

「종생기」의 삽화도 「지주회시」에서와 같이 기발하지만 「지주회시」 삽화보다도 우리를 훨씬 더 낭패스럽게 한다. 주인공은 집의 마당에 마련된 잔디로 덮인 봉분 속에 머리만 제외하고 들어간 상태에서 머리를 토방에 기댄 채 담배를 피우고 있고, 그 마당에는 원고지와 담뱃갑이 어수선하게 놓여 있다. 소설 텍스트와 무관한 일이다. 물론 그 봉분은 '나는 시체다'라거나 '나는 날마다 운명(殞命)한다'는 주인공 '이상'의 독백을 연상시키지만 화면 구성의 파격성을 정당화할 수는 없다.

이 황당한 삽화의 진정성을 보장하는 요소가 없지는 않다. 그것은 소

「종생기」의 삽화

자크 루이 다비드, 「마라의 죽음」(1793)

설 텍스트의 제목인 '종생기'의 한가지 뜻인 '죽음'을 연상시키는 삽화 주인공의 앙상한 몰골, 퀭한 두 눈, 이상하게 비뚤어진 입, 그리고 봉분 너머의 어둠이다. 이런 것들이 연상시키는 죽음은 누구에게나 심각한 문제이지만, 그럼에도 불구하고 그 문제는 둥그스름한 담배 연기를 연이어 피워내는 그의 놀이와 공존하고 있으니, 이상의 경우 죽음도 놀이의 정신만은 피해갈 수 없는것 같다.

여기서 또 하나 특별히 주목해야 될 것이 있다. 이상은 이 삽화에 「종생기」라는 소설과 전혀 무관한 독자를 당황하게 할 물건을 투입했으니, 바로 토방의 네모진 석조대(石造臺) 위의 잉크병과 펜이다. 이 필기도구는 「종생기」 삽화가 자기가 만들어낸 허구라고 암시하는 동시에 생성과정의 텍스트임을 입증한다. 따라서 이 삽화는 우리가 읽은 「종생기」가 완결된 것이 아니라 삽화 속의 삽화가 연이어 나올 수 있는 텍스트가 된다. 그 점에서 이 삽화는 메타픽션적이다. 그 메타적 성격은 우리에게 담배를 피우면서 원고를 쓰고 있는 봉분 속의 '이상'을 주목하도록 한다. 그 당시 메타픽션과 메타픽션적 요소가 포함된 작품을 여러 편 쓴 작가는 이상뿐이었다. 「휴업과 사정」은 본격적 메타픽션이요, 「환시기」와 「종생기」 등은 메타픽션적 요소가 들어 있는 소설들이다. 그러고 보면 「종생기」 삽화는 메타 일러스트인 셈이다. 그런데 「소설가 구보씨의 일일」 삽화에서처럼 「종생기」의 텍스트를 배반한 이 삽화가 어딘지 눈에 익은 작품이라는 기시감을 준다면 그것을 증명할 수 있는 작품은 무엇인가? 그것은 루이 다비드의 유명한 「암살된 마라」다. 봉분 속에 누워서 토방에 머리를 기대고 있는 '이상'의 자세는 욕조 벽에 머리를 기대고 있는 마라의 자세와 비슷하고, 욕탕에 붙어 있는 머리맡의 상자 위에는 '석조대' 위의 펜대와 잉크병에 정확하게 대응하는 잉크병과 거위 깃펜이 놓여 있다. 이로써 볼 때 「종생기」 삽화의 모델이 「암살된 마라」임이 밝혀지지만, 왜 그 작품을 모델로 삼았을까? 문학을 통한 민족해방운동의 사명을 맡은 그로서는 프랑스 혁명가 '마라'를 존경하지 않을 수 없었을 것이다. 이상 자신도 프랑스 혁명의 '순교자 마라'와 같은 순교자가 되고 싶었으리라. 「암살된 마라」의 별명은 「자코뱅의 피에타」이다.

이상의 「종생기」 삽화는 「종생기」에서 해독되는 어려운 암호 해독의 실마리가 될 수 있다. '열세통'의 '유서'의 심층적인 뜻은 무엇인가? 이 의문을 풀어주는 것이 이상의 그 삽화의 모델인 「마라의 죽음」에 보이는 코르테의 '칼'이다. 그것을 참고할 때 「종생기」 삽화에서의 마당에 놓여 있는 '유서들'(원고지들)은 조선통치자 암살을 위한 '칼들'이었던 것이다. 그 삽화에서 무덤 속 시체의 끽연은 '종생기'의 역설적 의미, 곧 생사여일(生死如一)을 입증하기도 하지만 이 삽화의 메타적 성격을 암시하기도 하는데, 그것은 「마라의 죽음」의 장방형상자에 화가가 쓴 「마라에게 / 루이 다비드」라는 문자들이 이 그림의 메타적 성격을 암시하는 것과 같다. 그 봉분속의 '이상'의 끽연이 「종생기」라는 허구 속의 허구이듯이 '다비드'의 그 헌사도 「마라의 죽음」이라는 허구 속의 허구임을 암시할 수 있었다. 「종생기」도 「마라의 죽음」과 마찬가지로 허구적 진실을 추구한 메타적 작품이었다.

이상의 마지막 삽화는 유고로서 발표된 단편소설 「슬픈 이야기」의 넉 점의 삽화다. 그가 이 삽화들을 제작한 것은 참으로 다행스러운 일이다. 그가 연작시나 소설을 발표한 적은 있지만 단편소설 한 편의 삽화 연작을 제작한 것은 그의 생애에서 첫 번째이자 마지막이다. 이 삽화들은 「슬픈 이야기」의 주제에 기초한 것이어서도 그렇지만 그 소설과 같은 운명을 짊어진 것처럼 보인다.

첫 번째 삽화는 망국(亡國) 폐허의 밤 풍경이다. 황량한 폐허에 홀로 남아 있는 큼직한 석조(石造)의 문은 궁전의 유적일 것 같다. 두 기둥은 휘어져 있고 여기저기 금이 나 있다. 근처에 잡초가 드문드문 보인다. 이 삽화는 '대궐에 초상이 났나 보다'라는 「슬픈 이야기」의 한 구절과 관련된 것임에 틀림없다. 화면의 전체적 분위기는 황막하고 흉흉하며 그 퇴락한 대문은 언제든지 무너질 것처럼 무력해 보인다. 하늘을 횡단하는 듯한 날카로운 쇠붙이 흉기는 조선을 멸망시킨 제국주의적 폭력의 상징이다. 역시 하늘을 흘러가는 가시 돋힌 선인장 같은 독기 서린 구름장들은 침략군대의 상징일 것이다. 주의 깊은 독자라면 이 삽화의 폐허적 배경에서 「자화상」(1928)의 배경을 상기할 것이다.

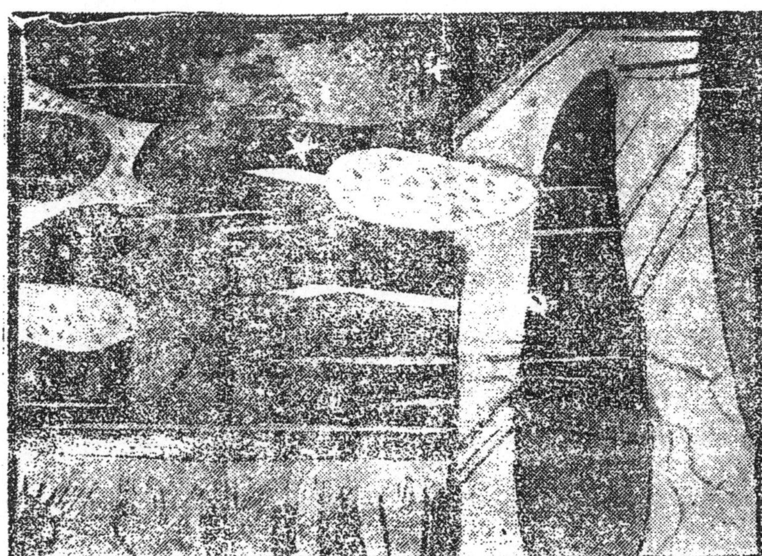

「슬픈이야기」 삽화(1)

「슬픈이야기」 삽화(2)

두 번째 삽화에서 이상은 한 줄기의 철로 양편에 늘어선 잎이 없고 가지가 잘려진 앙상한 나무들을 통하여 일제 강점기 조선의 철저히 수탈당한 땅을 제시했는데 이것은 「슬픈 이야기」에서 언급된 '황량한 방풍림'에 대응한다. 하늘도 보이지 않고 풀 한 포기도 없는 불모지의 철로는 공포감을 준다. 이상이 조선의 철로에 특별한 관심을 보인 것은 그것이 타국 침략과 경제적 수탈의 수단이었기 때문이다. 이 삽화에서 반드시 주목해야 할 것은 「슬픈 이야기」에서 언급하지 않은 화면 왼쪽의 '그루터기'다. 하나의 큰 그루터기와 세 개의 작은 그루터기, 그것은 앗시리아 같은 외세에 침략당한 이스라엘에서 끝까지 조국을 지키기 위하여 헌신하는 '남은 자들'의 비유다. '이사야'는 그들을 '거룩한 씨'라고 칭송했다. 이상도 그 '그루터기'를 통해 극소수의 반체제 저항자를

상징한 것이다.[2]

세 번째 삽화 전경(前景)의 배는 일제 식민지 조선의 은유인 '노예선'이다. 그 배의 갑판에 서 있는 남녀 한 쌍의 승객은 양팔이 잘려서 없고 이목구비 없는 달걀형 얼굴은 데 키리코의 「점술사」의 얼굴처럼 마네킹의 얼굴 같다. 그들은 언론의 자유를 박탈당한 식민지 원주민의 상징이다. 그 갑판 지척에 있는 당당한 모습의 '관부연락선' 배후의 거대한 해는 일본의 소위 '일장기(日章旗)'를 연상하게 한다. 그러나 그 남

「슬픈이야기」 삽화(3)

2 '주민의 십분의 일이 그 곳에 남는다 해도, 그들도 다 불에 타 죽을 것이다. 그러나 밤나무나 상수리나무가 잘릴 때에 그루터기는 남듯이, 거룩한 씨는 남아서 그 땅에서 그루터기가 될 것이다'(「이사야서」 6:13)

요」 좀똥그란 들窓으로 좀 내다봐야겠군! 港口
불이 들어왔읍니다。女人의 이마를 좀집허봅니다。
ノ 딱근해요。 달달끌습니다。 어쩌나! 그러지마
담배를 피어 물었읍니다。 한개 피
두개피우고 있대여 세개피우고 네개
셋개 이렇게해서 쉰개를피우는
에 決心을하면됩니다。 떠브 그
에 당신을랑 초콜레이트나
시오船室에도 다름이 켜졌
다。 모도들 疲困한가 봅

「슬픈이야기」 삽화(4)

티치아노, 「막달라 마리아」, 캔버스에 유채, 1531년경.

녀의 튼튼한 육체와 끊임없이 앞으로 나아가는 자세는 그들의 절망적 환경에 대한 도전을 암시하는 것 같다. 물론 그것은 「슬픈 이야기」 화자의 환상이다. 이 두 남녀의 모습이 그로테스크한 것은 카이저가 '데 키리코'의 형이상적 회화에 대하여 말한 대로 '무기적인 것과 유기적인 것'이 (무리하게) 결합되어 있기 때문이다. 이상은 화면 좌측 하단에 온전한 두 팔을 자유롭게 벌린 유령 같은 아이를 멀찍이 그려 넣었는데, 그 이미지를 통하여 식민지적 곤경에서 해방된 미래의 유기적 생명이 건전하게 확보된 조선인상을 암시하고자 했을 것이다. 바꿔 말하면 그 '아이'는 전경(前景)과 관련된 메타픽션, 곧 '삽화 속의 삽화'인 셈이다.

네 번째 삽화의 중심부는 포토 몽타주로 되어 있다. 이 포토 몽타주

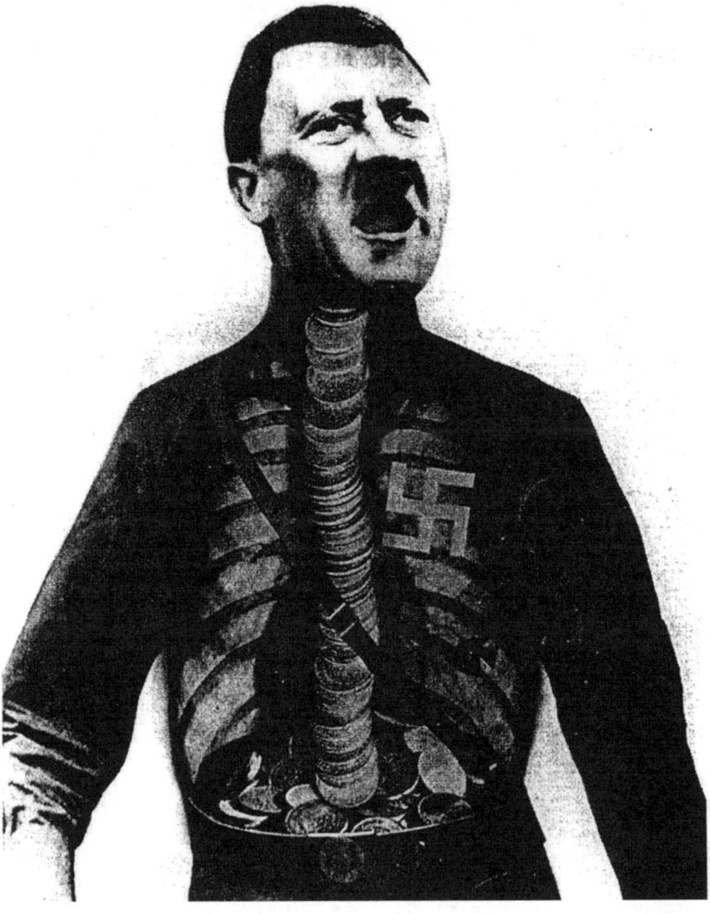

존 허트필드, 「超人 아돌프 히틀러: 金貨를 삼키고 쓰레기를 뱉는다」, 1932.

는 히틀러를 신랄하게 풍자한 존 하트필드의 영향을 받았을 것이다.

하트필드는 가령 포토 몽타주 「초인(超人) 히틀러 금화(金貨)를 삼키고 쓰레기를 배알다」에서 히틀러의 식도를 채운 둥근 '금화들'이 독일 금융자본가들한테 받은 정치자금이요, 그가 벌린 입으로 웅변조로 쏟아내는 나치즘 찬양의 말들이 '쓰레기'임을 풍자적으로 암시했다. 포토 몽타주라는 말 자체가 하트필드도 속해 있었던 '베를린 다다이스트'가 1918년에 만들어낸 것이다.

포토 몽타주는 '사진 속의 사진'과 같지만 이상은 이 삽화의 화면 좌측에 사진으로 처리한 한 젊은 여자가 회화적으로 제시한 험준한 산맥을 배경으로 하여 서 있도록 했는데, 그 산맥은 일제가 강점한 조선의 강토를 암시한다. 그녀의 등 뒤에 보이는 벽돌 건물은 조선 전토(全土)에 조직적으로 퍼져 있는 감옥이나 유곽의 제유(提喩)임에 틀림없다.

화면 중앙 곧 산맥 중앙의 좁고 가파른 길의 한 줄기 도로는 위기감을 강조하는데 그 도로를 자동차 한 대가 달려가는 곳은 '성모의 시장'이라는 별명을 가진 '창녀촌'일 것이요, 이 삽화의 주인공은 그곳 여자일 것이다. 그런데 사진으로 등장시킨 파마 머리에 가벼운 양장 차림을 한 젊은 여자의 유방 부위를 차지한 또 하나의 사진에서는 그들은 군모를 쓴 카키색 군복 차림으로 앞을 향하여 무엇인가를 탐색하는 자세로 들어와 있다. 물론 그 창녀를 제시한 사진 속에 메타픽션적으로 상감(象嵌)된 작은 사진 속 세 명의 육군 군인은 우리에게 낯익은 식민지 점령자다. 그들이 점령한 그녀의 신체 부위가 유방이라는 점, 그리고 세 사람과 여자 하나의 비율도 그 여자 강간의 가능성을 입증한다. 또한 그녀의 가슴 부위가 만들어 놓은 'M'자는 'Militarism(군국주의)'의 첫 자요, 사진 속의 한 병사와 두 병사 사이의 'P'는 'Prostitute(창녀)'나

'Prisoner(죄수)'의 첫 자일지도 모른다. 그들은 성욕을 충족시키기 위하여 마땅한 여자를 찾고 있었던 것이다. 그 흑백 포토 몽타주를 통하여 이상은 그 병사들로 구현된 일제(日帝)를 고발했는데, 이 작품에는 중요한 예언적 함의가 숨어 있었다. 이 포토 몽타주의 처녀는 태평양전쟁 때 일본군 성(性)노예로 끌려간 조선 처녀들을 예시하고 있기 때문이다. 그녀의 양손은 등 뒤에서 단단히 묶여 있을지도 모른다. 그녀의 얼굴은 잊혀질 수 없다. 이상이 참으로 대담하게 시도한 이 작품은 일제 강점기의 유일한 정치적 무기로서의 항일 포토 몽타주였을 것 같다. 그런데 이 포토 몽타주에 반드시 주목해야 할 것은 강간의 위협을 받으면서도 의연하게 먼 하늘을 우러러보고 있는 듯한 이 삽화의 여주인공도 우리에게 기시감을 준다. 그녀의 모델은 티치아노의 「막달라 마리아」였던 것이다. 그러나 이상이 모방한 것은 그 막달라 마리아의 관능적인 육체가 아니라, 멀리 하늘을 우러러보는 그녀의 '눈' 곧 경건한 신앙심이었다. 이상은 하트필드의 창작방법은 모방했지만, 대상을 풍자하지는 않았다. 그러기에는 창녀의 고난이 너무나 슬펐을 것이다. 그 점에서 이 삽화의 텍스트인 「슬픈 이야기」에 정말 어울리는 작품이다. 김민수가 이 포토 몽타주의 여자를 '서양 여자'로(318)[3] 본 것은 「슬픈 이야기」의 항일적 성격을 간과한 탓이다.

다른 세 점의 삽화와 마찬가지로 이 삽화도 한 나라의 파멸을 초래하는 제국주의적 침략을 사건화한 점에서 「슬픈 이야기」와 직접적으로 관련되어 있다. 포토 몽타주에 의하여 히틀러를 신랄하게 풍자한 하트필드에게 나치스 정부는 체포령을 내렸는데, 포토 몽타주로 일제의 성

---

3 김민수, 『이상평전』, 그린비, 2012, 318쪽.

「날개」의 삽화

적(性的) 만행을 고발한 이상도 조선총독부 검열관이 그의 숨은 의도를 간파했다면 체포되었을지도 모른다.

이상은 「슬픈 이야기」에서 소설과 미술이라는 매체의 전통적 구분을 넘어서 그 두 매체를 융합했고, 네 번째 삽화에서는 사진과 회화까지도 융합했다.

한편 이상은 예술의 육체화도 시도했다. 「동해」에서 여주인공 '임이'의 알몸둥이의 은유인 '만년필'과 관련된 기호 놀이는 요즘의 '퍼포먼스'에 속한다. 화자가 그 '만년필'을 손에 쥐고 원고를 써나갈 때 그 손 안의 '만년필'은 '잉크' 대신 성액(性液)을 흘려보냄으로써 그의 집필은 유별난 성교의 '퍼포먼스'가 된다. 「종생기」와 산문시 「서망율도」의 주인공이 소년시절에 '수채화'를 그렸다는 것은 남근을 화필로 삼아 정액으로 그림을 그렸다는 뜻이며 그런 창작방법도 일종의 '퍼포먼스'다. 백남준은 '머리'를 물감통의 물에 적셔서 그림을 그리는 '퍼포먼스'를 했고, 김영하의 장편소설 『나는 나를 파괴할 권리가 있다』(1980)에서

'유미미'도 그것과 똑같은 '퍼포먼스'를 한다. 그러고 보면 이상은 그 점에서 백남준과 김영하의 모범적 선배 작가였던 셈이다. 과연 김영하가 이 소설에서 언급한 존경하는 선배 작가는 '이상'이었다.

이상의 미술작품을 초기에서 후기까지 전체적으로 돌아볼 때 그의 창작방법의 변화는 서구 미술의 그것과 대충 비슷하다. 삼차원적 입체감을 주는 유채화 「자화상」(1928)과 「自像」 및 「자화상」(2)는 「자화상」(4, 5), 「소설가 구보씨의 일일」과 「날개」 등의 삽화들에서 이차원적으로 평면화된 회화나 포토 몽타주로 나아가는가 하면, 회화의 영역을 탈출한 '퍼포먼스'를 연출하기도 했다.

화가 지망생의 꿈을 접고, 그 꿈을 문학을 통하여 실현해야 했던 이상의 미술작품을 살펴봄으로써 밝혀진 것은 무엇인가? 첫째로는 그의 미술에 대한 관심은 여전했다는 점이요, 다음으로는 그 자신의 작품이 「현대미술의 요람」에서 강조된 현대 예술의 '자기 해소성'을 입증했다는 점이다. '자기 해소성'은 실험적인 아방가르드 예술가일수록 맞닥뜨리기 쉽다. 그가 소속된 실험적 유파는 언제 다른 실험적 유파에 의하여 초극되어 해소될지 모른다. 여기서 특별히 강조해도 될 것은 이상이 「휴업과 사정」, 「종생기」, 「환시기」 등에서 메타픽션을 실험한 것처럼 그의 여러 점의 삽화가 메타적 삽화였으며, 한국 최초의 반체제적 포토 몽타주 제작자였다는 것은 현대 한국 미술사학자들이 결코 간과해서는 안될 사건이라는 점이다.

24
일본으로의 망명

이상은 여러 작품에서 동경으로 가겠다고 말했고 그런 암시도 했었다. 동경여행의 소망이 「환시기」와 「봉별기」에서는 명시되어 있고, 「지주회시」와 「단발」에서는 암시되었다. 파리로 가겠다고 친구에게 말하기도 했지만 이상의 유일한 해외여행 목적지는 동경이었다.

1936년 10월 17일 이상이 경성역 대합실에서 만난 문우는 박태원, 정인택, 윤태영이었다. 여행용 트렁크를 가지고 나온 것은 변동림이었다. 그 전날 밤 그 문우들은 이상을 위한 송별연을 마련해 주었고, 그 자리에서 이상은 일본에 가면 시인 겸 시론가 하루야마 유키오(春山行夫)와 소설가 시가나오야(志賀直哉), 특히 좌파 자유주의자이자 평화주의자인 하세가와 뇨제칸(長谷川如是閑)을 만나보겠다고[1] 말했다는

---

1 조용만, 「이상시대, 젊은 예술가들의 초상」, 『그리운 그 이름, 이상』, 지식산업사, 2004, 347-348쪽.

것이다. 그 대합실에 김유정이 안 보인 것은 지병인 폐결핵 탓이었을 것이다. 그의 가족은 보이지 않았는데 동경여행에 대하여 미리 알리지 않은 것이다. 그 점에서 가족은 타자와 다름없었고 그의 여행은 불행한 그늘이 진 것이었다.

관부연락선으로 부산에서 시모노세키(下關)에 오자 그는 거기서 하룻밤을 보내고 기차 편으로 동경에와서 간다쿠(神田區) 진보쵸(神保町)에 있는 이시가와(石川)라는 사람의 집 셋방에 머물게 된다.

동경에서의 그의 생활상을 자세히 알 수는 없지만, 김기림에게 보낸 편지들과 여행소설 「동경」, 단편소설 「실화」를 통해서 어느 정도는 추측할 수 있다. 그는 김기림에게 하소연 조로 말했듯이 동경에서 외롭고 곤궁한 생활을 했다. 그가 동경의 거리를 배회하면서 들른 곳은 주로 서점이었을 것이다. 그에게는 교제할 사람이 김소운 외에는 없었다. 동경에는 『三四문학』 동인인 조선인 유학생들도 있었지만, 그 후배들은 거의 대화의 상대가 되지 못했을 것이다. 그렇다면 과연 이상에게 '동경'이란 무엇이었는가?

이상에게 그 여행은 이상 개인의 문제만이 아니라 일본이라는 제국주의 국가와 그 문화를 심도 있게 이해하기 위한 것이요, 이는 자기의 정체성 확인의 지름길이기도 했다. 동경은 동양에서 유일하게 서구적 근대화에 성공하자 그 여세를 몰아서 이웃 나라를 침탈한 일본을 상징하는 수도일 뿐 아니라 '관동대지진'이 일어났을 때 재일 조선인을 대량학살한 곳인 동시에 서구 아방가르드 예술의 동양 본부와 같은 곳이었다. 동경의 문제는 그처럼 복잡한 것일 수밖에 없었다. 이상을 괴롭혔을 그와 같은 동경의 성격때문에 그곳에서도 이상에게 환멸감을 주었다는, 동경의 근대건축이 드러낸 '모조 근대'(김민수)에만 관심을 집중했을 리가 없다. '동경'에서 쓴 '편지'들, 「실화」, 「동경」, 「권태」로 볼 때 '모조 근대'를 입증하는 '동경'의 대표적인 건물을 찬찬하게 관찰할 정신적 여유마저 없었다고 보아야 한다.

1936년 10월 경 이상은 정신적으로 궁지에 몰려 있었다. 그것은 여자 문제로 인한 것만은 아니었다. 매우 이지적이고 물샐틈없이 깜찍한 변동림은 이상에게 부담스러웠음에 틀림없다. 동경에 간 뒤에 그녀에게 전혀 편지를 보내지 않은 것도 그런 부담감 때문이었을 것 같다. 자의식이 과민한 지식인에게 자기와 같은 지식인은 껄끄러운 존재다.

그러나 이상이 동경에 가고 싶어 한 것은 변동림을 만나기 전부터의 일이었다. 이상 같은 천재적 작가는 매너리즘에 빠지는 일이 없지만, 항상 무엇인가 새로운 것을 창조하려는 의욕으로 인하여 현재까지 도달한 자기 작품의 세계와 그것을 탄생시킨 문화적 환경에서의 탈출을 의도하기 마련이다. 그는 1936년에 전에 없이 많은 작품을 발표했다. 그것은 그의 '놀라운 풍작의 해'였다. 따라서 굳이 외국으로 가서 작품을 더 쓰지 않아도 될지 모른다. 그러나 이상 같은 작가는 현재의 수확에 만족하지 않는다. 진작부터 별러 온 동경여행은 어떤 새로운 창작의 모험에 유익한 계기일 것만 같았다. 그것을 위해서도 근대정신이 구현된 장소로 여행하지 않을 수 없었다. 그곳이 한국에서는 유일한 아방가르디스트였던 그를 기다려줄 것도 같았을 것이다. 따라서 김민수가 강조하여 지적한 동경의 '모조 근대'는 대수로운 문제일 수가 없었다.

이상이 일본에 간 목적은 일본 문단에 화려하게 등장하는 일[2]이었지

2 김민수, 『이상평전』, 그린비, 2012, 361쪽.

만, 그가 "계획한 일본의 작가들을 만날 수 없었으며 군소 작가 몇을 만난 일이 있어도 그를 인정해주지 않았다"고[3] 고은은 말하지만 곧이곧대로 믿을 수 없다. 그 당시 반체제적인 아나키즘 소설까지 쓴 이상이 자존심을 굽혀가면서 일본 문단에 진출하고자 했을 것 같지는 않다.

일본여행의 또 다른 동기는 〈제비〉 다방을 폐업한 뒤에 계획한 카페 영업의 실패 및 권순희에 대한 사랑의 실패로 인한 좌절감 그리고 변동림과의 결혼에 대한 환멸이었을지도 모른다. 그것이야 어쨌든 그는 진작에 「봉별기」 등에서 동경여행을 언급하거나 암시했으므로 그것을 실천한 셈이었다.

화가가 되려는 꿈을 버리지 않았을 때 그는 자기 작품의 동경 미술전람회 출품을 몽상했었다. 따라서 동경에 가는 목적의 하나는 그 전람회장에 가서 일본 서양화가들의 경향과 수준을 확인하는 것이었다.

그러나 보다 심층적인 동기를 탐지해야 한다면, 그것은 무엇일까? 「봉별기」의 '이상'이 말한 것처럼 그의 '배천'과 더 나아가 '성천' 여행은 국내 '망명'과 다름없었는데, 그 말이 '빈말'이 아니라는 것을 입증하는 작품이 「오감도 시 제7호」다. 이 작품의 주인공인 유배자(流配者)는 국내 망명자와 다름없다. 이로써 볼 때 그의 동경여행에는 그 국내 망명의 연장선 위에 '해외 망명'의 성격이 있는 셈이다. 따라서 동경여행은 이 작품에 나타난 항일적 저항을 계속하기 위한 전술일 수도 있는데, 이를 입증하는 소설이 「실화」다. 아나키즘 소설 3부작의 마지막 소설 배경은 서울과 동경이다. 이상은 그 배경의 한쪽을 관찰하기 위해서도, 곧 그 3부작을 완성하기 위해서도 일본의 동경에 가지 않을 수 없

---

3 고은, 앞의 책, 358쪽.

었을 것이다.

동양에서는 일본만이 서구적인 근대의 체험을 신속하게 성공적으로 해낼 수 있었고, 한국과 중국, 베트남 등은 여기에 실패했는데 그 실패의 상처는 너무도 깊었다. 한국은 일제 식민지로 전락했다. 동경은 그 '근대 체험'의 중심적 현장이었다. 특히 아방가르드적 '근대화'를 피부로 체험할 수 있도록 해주는 현장이 동경이다. 이상 같은 작가가 조선 침략자의 수도(首都)에 증오나 혐오와 함께 애착감을 느끼게 된 것도 그의 조국과 일본의 그러한 '근대 체험'의 차이에 연유한다.

「봉별기」에서 이상이 일본여행을 '망명'이라고 말했듯이, 이제 그가 동경에서 기대하고자 한 근대의 체험은 망명자의 체험일 수밖에 없었다. 그 망명은 항일투쟁을 위한 것이기도 했는데 그것은 빈말이 아니었다.

그가 동경에서 쓴 「종생기」, 「실화」, 「동경」이 이를 입증하기 때문이다. 그는 동경에서 고국에 대한 향수를 달래기 위해 「권태」도 썼다. 그의 '권태'는 거의 일상화된 것이어서 「날개」와 특히 「지주회시」 주인공의 자격조건이라고 해도 과언이 아니다. 따라서 동경에서 그 권태가 극단화된 정신 상황을 고백한 수필은 「날개」와 「지주회시」의 연장선 위의 작품이라는 성격이 있지만, 문제는 그가 다름 아닌 동경에서 '극권태'를 매일 느꼈다는 점에 있다.

> 방에 들어와 나는 나를 살펴본다. 모든 것에서 절연된 지금의 내 생활—자살의 단서조차 찾을 길이 없는 지금의 내 생활은 과연 권태의 極倦怠 그것이다.
>
> 그렇건만 내일이라는 것이 있다. 다시는 날이 새이지 않는 것 같기도 한 밤 저쪽에 내일이라는 놈이 한 개 버티고 서 있다. 마치 凶猛한 刑吏처럼.

나는 그 刑吏를 피할 수 없다.(「권태」, 3, 152)

'내일'이 '흉맹한 형리'로 느껴진다는 것은 '내일'이 '공포'와 다름없다는 것을 말해준다. '모든 것에서 절연'된 '屍體'와 다름없기 때문에 '내일'이 있을 리 없다. 그럼에도 '내일'이 공포와 같을지라도 있다고 말한 것은 '극권태' 같은 상황에서도 일루의 삶의 희망을 찾아 헤맨다는 것을 암시한다. 이를 굳이 언급한 것은 「동경」을 쓸 때의 이상의 정신 상황을 「권태」가 알려준다는 것을 말하고 싶었기 때문이다.

동경에 대한 찬양에서만큼은 사회주의 작가와 민족주의 작가 모두 한목소리를 낸다. 다음은 임화의 잘 알려진 시 「해협의 로멘티시즘」의 일절이다.

예술, 학문 움직일 수 없는 진리…
그의 꿈꾸는 思想이 높다랗게 굽이치는 東京,
모든 것을 배워 모든 것을 익혀,
다시 이 바다 물결 위에 올랐을 때,
나는 슬픈 고향의 한 밤
홰보다도 밝게 타는 별이 되리라

그는 동경을 근대적 학문과 예술의 세계 제일의 중심지로 본 것이다. 〈카프〉의 지도적 이론가인 그의 이와 같은 동경(곧 일본)에 대한 근시안적 찬양은 사회주의라는 그의 정치적 이념을 무색하게 한다. 사회주의는 반제국주의적, 반식민주의적 이념이기 때문이다. 임화가 동경의 매력으로 인하여 자기의 정치이념을 망각한 것은 비참한 일이었다. 그의 동경 찬양은 조국의 문화수준이 초래한 열등의식의 반영으로 볼 수 있지만, 조국을 '슬픈 고향'으로 비유한 것은 패배주의적이다. 따라서 그런 '고향의 밤'에 빛나는 '별'(계몽자)이 되고자 한 임화의 꿈은 떳떳하지 못하다.

'모든 것은 변한다'(「지주회시」)고 보는 이상에게 임화의 '움직일 수 없는 진리'는 우스운 맹신이었으리라. 현대 일본 문명에 대한 이상의 부정적 견해는 그가 정신적으로 식민화되어 있지 않았다는 것을 말해주는 것으로서 기억해 둠직하다. 일본에서 넘쳐나는 고본(古本)을 본 이상의 심경은 참담했을 것 같다. 이상만이 아니라 한국 지식인들에게 동경의 거부할 수 없는 매력의 하나는 엄청날 정도로 많은 출판물이다. 거의 모든 분야에 걸쳐서 매년 간행되는 출판물과 애당초 비교의 대상도 못 될 만큼 열악한 조국의 출판 사정은 절망적이다. 동양 제일의 선진국인 동시에 약소국 침략자라는 일본의 이중성격으로 인하여 일본은 증오와 동시에 선망의 대상이었는데, 그 선망의 한 축이 동경의 출판물이다. 그는 서점을 겸한 동경의 유명한 출판사를 긍정적으로 언급하고 비판을 가하지 않았는데, '기노구니야(紀伊國屋)'와 'NAUKA社'를 언급할 때 그렇다. "기노구니야의 책은 여기 사람들의 教養이다"(「동경」)라고 말하는가 하면, NAUKA사가 있는 神保町 鈴蘭洞에서는 "古本 夜市가 선다"(「실화」)고 말한 것이다.

그의 편지들은 한 장르를 이룬다. 그럴 수 있을 정도로 서울이나 동경에서 겪은 그의 정신상황의 충실한 기록이면서 때로는 감동을 주는 문학적 가치도 있다. 동경에서의 문학상의 수확으로 「종생기」, 「실화」, 「권태」에 그 편지들이 추가되어야 한다.

동경에서 그가 절감한 향수(鄕愁)는 유별난 면이 있었다. 그것은 이국(異國)에 온 여행객이나 거기서 여러 해 동안 살아온 사람이 고국에 대해 느끼는 향수와 그 성격이 다른 것이었다.

그는 김기림에게 보낸 편지에서 이렇게 말한다.

> 東京이란 참 치사스런 都십니다. 예다 대면 京城이 얼마나 人心 좋고 살기 좋은 '閑寂한 농촌'인지 모르겠습니다.(「사신7」, 3, 234)

그러면서 서구문명의 피상적인 모방이 판치는 '비속(卑俗)'한 물건, '속빈 강정' 같은 것이 동경이라고 매도했고 일본 '帝國美術院'이 개최한 전람회를 관람하고서 "帝展도 보았오. 환멸이라기에는 너무나 참담한 一場의 넌센스입니다. 나는 그 페인트의 악취에 질식할 것 같아 그만 코를 꽉 쥐고 뛰어나왔오"라고(3, 236) 김기림에게 편지를 썼다. 화가이기도 한 작가의 실토였기 때문에 믿어도 될 것이다.

고국에 대한 향수는 일본에 대한 환멸에도 연유했다면 동경에서 느낀 그 향수의 반항적 성격이 주목되어야 한다. 인용문에서의 '한적한 농촌'은 일본에 건너오기 전에 갔던 평안남도 '성천'을 바로 연상시킨다. 이상이 서울('경성')을 성천과 동일시한 것은, 그 서울이 동경(일본)과 대비된 한국의 상징이었기 때문이다.

이상의 그 향수의 이면에는 망국한(亡國恨)이 도사리고 있어서 그 향수는 더 절실한 것이 되었을 것이다. 이 망국한에는 한일합병 후 기울어진 가세와 빈민굴에 살고 있는 부모의 이미지가 겹친다. 일본에 와서 그 망국한이 항일적 민족의식으로 발전한 것은 당연지사요, 바로 이 점에 그의 향수가 갖는 특수한 의미가 있었다.

이상은 "서울을 떠날 때 생각한 것은 참 어림도 없는 도원몽(桃原夢)

이었소"라고(3, 239) 김기림에게 보낸 편지에서 뉘우쳤지만, 그런 뉘우침만이 이상의 마음을 지배한 것은 아니었다. 그는 한 집안의 장남인 동시에 작가여서, 장남의 의무보다도 작가로서 해야 할 의무가 중요했다. 그가 H형에게 한 고백은 그의 열 통의 편지 중에서 가장 감동적인 고백의 하나다.

> 저는 지금 사람 노릇을 못하고 있습니다. 계집은 街頭에다가 放賣하고 부모로 하여금 기갈케 하고 있으니 어찌 足히 사람이라 일컬으리까. 그러나 저는 知識의 乞人은 아닙니다. (……)
>
> 살아야겠어서, 다시 살아야겠어서 저는 여기를 왔습니다. 당분간은 모든 죄와 악을 의식적으로 묵살하는 도리 외에는 길이 없습니다. 친구, 가정, 소주, 그리고 치사스러운 의리 때문에 서울로 돌아가지 못하겠습니다. 어떻게 했으면 좋을지를 전혀 모르겠습니다. 저는 당분간 어떤 고난과도 싸우면서 생각하는 생활을 하는 수밖에 없습니다. 한 편의 작품을 못 쓰는 한이 있더라도, 아니 말라 비틀어져서 餓死하는 한이 있더라도 저는 지금의 자세를 포기하지 않겠습니다. 도저히 「커피」 한 잔으로 해결될 문제가 아닌 것입니다.(3, 241-242)

매우 절실한 고백이다. '살아야겠어서, 다시 살아야겠어서'라는 절절한 고백은 '작가로서의 재생, 또는 새로운 경지의 타개'에 대한 결의의 표명으로 볼 수 있지만, 이 고백에서 가장 중요한 것은 '서울로 돌아가지 못하겠습니다'로 나타났듯이 '디아스포라'로서 동경에서 살겠다는 고백이다. 그것은 '어떤 고난'에도 굴하지 않고 '생각하는 생활'을 하기 위한 것이라고 말했는데, 이 경우 '생각'은 문맥상 반체제 지하운동과 관련되어 있다. 그는 그것을 '한 편의 작품'을 못 쓴다고 해도 포기하지 않겠다고 말했는데, 그 운동은 동생 '운경'에게 준 엽서에서 말한 '나에게는 가정보다도 하여야 할 일이 있다'에서의(3, 243) 사업, 곧 문학을 통한 항일지하운동이다. 당시 일제는 '1934년 2월 26일 사건'으로 파시즘 체제를 더욱 강화하여 소위 '사상보호범관찰령'이라는 악법으로 지식인들의 저항운동을 단속하고 있는 중이었다. 그런 위기에서도 이상은 반체제적인 작가로서 동경에 남겠다고 결심한 것이다. 창작을 포기는 고사하고 오히려 창작의욕이 앙양되어있으리라는 것은 '너무도 탐미주의적'인 바이올리스트 '후베르만'과 비교하면서 '엘만'이 그가 연주하는 곡을 '막 헐어내서는 완전히 딴 것을 만들어' 버리는 '슬라브적인 굵은 선'의 '분방한 데포르마숑은 경탄할 만'하다는(3, 238) 소감으로도 입증된다. 그러나 그에게 실망을 안겨준 일도 있었다.

> 진보적인 청년도 몇 있기는 있소. 그러나 그들 亦 늘 그저 무엇인지 부절히 겁을 내고 지내는 모양이 不憫하기 짝이 없습니다.(「사신 8」, 3, 239)

'진보적인 청년'은 사회주의 계열에 속한다. 그들조차도 일제의 탄압에 겁을 먹고 움츠러들었다는 것이다.

> (……) 극도의 불면증으로 고생 중이오. 가끔 血痰을 토하고 (중략) 체계없는 독서 때문에 가끔 발열하오. 二三일 씩 이불을 쓰고 두문불출하는 수도 있소. 자꾸 自信을 잃어버리면서도 良心 良心 이렇게 부르짖어도 보오. 비참한 일이오.(「사신 8」, 3, 239)

인용에서의 '양심'은 문맥상 예술가로서의 '양심'이나, '가족'에 대한 의무와 관련된 '양심'의 가책보다는 '민족'을 위한 의무와 관련된 '양심'의 가책일 것이다. 동경의 '진보적인 청년'들도 회피하고 있는 민족적 사명을 다 하지 못한 데 따르는 '양심'의 가책 말이다.

불편한 몸을 돌보지 않고, 가난한 호주머니를 털어서 1937년 1월 동경의 '青年館'에서 열린 '엘만'의 바이올린 연주회에 참석했던 그가 감탄한 것은 그와 같은 '데포르마숑'이 자기 자신의 『十二월 十二일』, 「AU MAGASIN DE NOUVEAUTES」, 「종생기」, 「가외가전」, 「실화」 등에서 실험한 것의 음악적 재현이었기 때문이었을 것이다. 게다가 '엘만'도 자기처럼 우크라이나 출신의 '이민(移民)'이었던 것이다. 그는 그 당시 세계적으로 유명한 바이올리니스트의 연주를 직접 들은 아마 일제 강점기의 처음이자 마지막 조선인 작가인 것에 긍지를 느꼈고, 그의 예술의욕도 그 사실에 고무되었을 것이 틀림없다. 그가 김기림에게 보낸 앞의 편지에서 "다시 ヤリナオシ(새롭게 고쳐하기)를 할 작정이오, 그러기 위해서는 당분간 작품을 쓸 수 없을 것이오"라고 말한 것(3, 239)으로 미루어 볼 때도 창작의욕이 식지 않은 것을 알 수 있다. '당분간'의 집필 중지는 새로운 작품을 쓰기 위한 준비운동이라는 것이다. 이를 위해서는 '디아스포라'로서 일본을 떠나지 않겠으며, 인습적 도덕관념이나 '치사스러운 의리'에 얽매이지 않겠다는 것이다.

그러나 그해 2월 돌발적인 사건으로 인하여 그의 포부는 좌절된다. 이 동경의 디아스포라 시인은 경관에게 체포되어 '서(西)동경경찰서'의 유치장에 감금되기 때문이다.

평소 음악 취미가 있었던 그가 〈제비〉다방의 축음기 같은 것을 통하여 들어온 바이올린곡을 '엘만'의 실연(實演)으로 직접 들었을 때의 감동은 이만저만한 게 아니었을 것이다. 파시즘 체제의 일본은, 아직 중일전쟁이 일어나기 전이기도 했지만, 세계적 연주가의 독주회 개최를 허가할 정도의 국력을 가지고 있었다. 그것은 상당한 기간에 걸쳐 축적되어 온 정신문화의 힘이 파시즘적 독재 하에서도 자기주장을 한 결과였다.

1937년 1월, 엘만의 연주에 감동한 이상이 2월에 체포된 사건은 예술과 공포정치의 양립 불가능성을 생생하게 입증했다.

김기림은 「故 이상의 추억」(1937)에서 이상이 경찰에 체포된 원인에 대하여 다음과 같이 말하고 있다.

> 箱의 말을 들으면 공교롭게도 책상 위에 몇 권의 상스러운 책자가 있었고 본명 金海卿 외에 李箱이라는 별난 이름이 있고 그리고 日記 속에 몇 줄 온건하달 수 없는 글句를 적었다는 일로 해서 그는 한 달 동안이나 '○○○'에 들어가 있다가 아주 건강을 상해 가지고 일주일 전에야 겨우 자동차에 실려서 숙소로 돌아왔다는 것이다.[4]

인용은 김기림이 이상을 마지막으로 만났을 때 그에게 들은 말이다. 이상이 체포된 심층적 원인을 김기림이 언급하지 않고 있지만, 그것은 일제 식민지 원주민이 당할 수밖에 없는 뿌리 깊은 재일조선인 차별이다. 인용문이 말해주는 원인들은 피의자가 일본인이었다면 전혀 문제 삼을 만한 게 아니다. 그가 조선인이기 때문에 문제가 된 것이다. '상스러운 책자'는 외설적인 소설로 추정되고 '온건하달 수 없는 글句'는 반체제적인 것일 듯하다. ' ○○○ '은 '유치장'이지만, 감히 그것마저 밝히

---

4 김유중 · 김주현 편, 『그리운 그 이름, 이상』, 지식산업사, 2004, 28-29쪽.

지 못할 정도로 한국의 언론은 당국의 통제를 받고 있었다.

동경에 오기 전에 그는 일본인의 민족차별이 그처럼 심하리라고는 미처 생각하지 못했음에 틀림없다. 그래서 하세가와 뇨제캉(長谷川如是閑)도 만나보고 싶었던 것이다. 그러나 몸소 겪어본 동경 생활은 그 계획이 망상이라는 것을 깨닫도록 했을 것이다. 결국 그도 말하자면 관동대지진 때 무차별로 학살당한 조선인의 후손에 지나지 않았던 것이다. 이로써 그는 일본문화의 이중성격을 똑똑히 인식할 수 있었다. 'NAUKA'社와 '기노구니야'와 '엘만 바이올린 독주회 개최'가 대표적으로 말해주는 일본의 고급문화와 세계적으로 그 유례가 드문 야만적일 정도의 민족차별이 말해주는 하급문화의 뻔뻔스러운 공존 말이다.

그러고 보면 그의 작품은 예언적이었다. 동경 빈민촌의 하숙집과 유치장 생활을 체험한 그는 『十二월 十二일』의 주인공의 상징적인 이름 'X'가 예언한 대로 '동경'에서 그의 인격이 '취소'되고, 그 '취소'에 반항한 인물이었다. 그가 귀국열차에서 문득 '서울'이 아니라 '시베리아'로 가고 싶어한 것도 예언적이었다. 동경에서와 마찬가지로 일제의 민족차별이 계속될 한국('서울')이 아니라 시베리아를 충동적으로 머리에 떠올린 것은 그곳이 『죄와 벌』의 주인공 라스콜리니코프의 유형지이자 블라디보스톡이 있기 때문이었을 것이다. 그 항구 도시가 항일독립운동 본거지의 하나임을 그는 익히 알고 있었다. 그래서 「환시기」에서 기대한 대로 '순영'에 대한 사랑이 삼각관계 '연애'에서 반체제적 지하운동가의 동지애로 상승함으로써 비록 상상적 사건일지라도 동경에서 블라디보스톡 출신의 '순영'을 비밀리에 만날 수도 있을 것이었다. 동경의 유치장 생활을 경험한 이상으로서 세계의 어느 나라 작가보다도 그리워하게 된 작가는 위대한 인류적 휴머니즘의 전통을 가진 19세기 러시아 작가들, 고

골리, 톨스토이, 도스토예프스키, 투르게네프, 그리고 고리키였는데, 그 중에서도 특히 도스토예프스키였을 것이다. 〈제비다방〉의 골방 별명인 〈도스토예프스키의 집〉이 그에게 남아 있던 거의 절체절명의 시간에 가장 자주 상기한 방이었을 것만 같다.

이상이 동경에 온 것은 1936년 10월 말로 추정된다. 이는 "기어코 동경 왔오. 실로 동경이라는 데는 치사스런 데로구려!"로(3, 233) 시작되는 「서간(6)」으로 알 수 있다. 김기림에게 준 이 편지에서 그는 동경 유학생이 발행하는 동인지 『三四文學』을 언급하면서, 그가 동경에서 그 후배 문학지망생들을 만났고, 김기림을 '동인(同人)'으로 모시고 싶다는 그들의 소망을 전했는데, 물론 그 편지 사연에서 중요한 것은 동경에 대한 그의 실망이다. 「서간(7)」에서는 '서구(西歐)'의 '표피적'인 모방에 지나지 않는 동경의 모습을 혐오하고 있다. 게다가 건강도 악화되어 동경에 와서 "신경쇠약이 극도에 이르렀오! 게다가 몸이 이렇게 불편해서 이런 모양이오"라고 탄식한다.

> 生—그 가운데만 오직 무한한 기쁨이 있는 것을 너무도 잘 알기 때문에 이미 이럴 수도 저럴 수도 없도록 전락하고 만 자신을 굽어 살피면서 生에 대한 용기, 호기심 이런 것이 날로 희박하여 가는 것을 자각하오.
>
> 이것은 참 濟度할 수 없는 비극이오! 芥川이나 牧野같은 사람들이 맛보았을 성싶은 최후 한 찰나의 心境은 나 亦 어느 순간 電光같이 짧게 그러나 똑똑하게 맛보는 것이 이 즈음 한두 번이 아니오.(3, 233)

자살충동을 여러 번 느낀다는 것을 김기림에게 고백할 정도로 이상이 정신적인 극한상황에 몰려있음을 우리는 인용을 통하여 알 수 있다. 그와 같은 곤경에서도 동경이 대표적으로 드러낸 선진국 일본의 장점과 약점을 계속해서 관찰한 이유는 무엇일까? 아마 그것은 동경에서의 반체제적 민족의식의 증대와 습성화된 문명비평 충동 및 예술의 '근대성'에 대한 지속적 관심에 있었을 것이다. 그는 어떤 곳에 머물고 있을지라도 그 습성만은 고집스럽게 지속시켰는데, 동경에서 쓴 에세이 「동경」이 이것을 잘 설명해준다.

불면증과 폐결핵 증세로 시달리면서도 여러가지 문제, 특히 동포의 문제로 괴로워하는 이상의 모습이 눈에 선하다. 동경에서 쓴 편지에서도 버릇처럼 '참'이라는 말을 쓴 것도 주목된다. 아무리 가난과 고독과 질병으로 시달릴지라도 털끝만큼의 허위나 자기 기만도 허용하지 않으려는 것이었다. 그런 일상적 태도가 기어이 '양심 양심'하고 자기를 매질하듯이 부르짖게 한 것이다.

앞에서도 말했지만, 이상은 동경에서 창작을 계속했다. 그곳에서 그는 가난과 고독을 견뎌내면서 글을 썼다. 작가로서의 직업의식보다도 민족적 사명감에 자극되어 그랬을 것 같다. 그는 동경에서 피부로 감지되는 일본인의 한국인에 대한 차별대우도 견뎌야 했을 것이다. 그러나 동경에서 조국에 대한 향수와 더불어 그의 항일적 민족감정이 증대된 것은 특별히 주목할만한 일이다. 이를 입증하는 작품이 「종생기」, 「실화」, 특히 「동경」이다.

「동경」은 처음부터 끝까지 도발적이다. 여기서 '이상'이라는 식민지 작가의 반(反)권위적 탈차이화가 시도되고 있기 때문이다.

「동경」의 허두부터 그것을 입증한다.

> 내가 생각하던 「마루노우찌 빌딩」-속칭 마루비루-는 적어도 「마루비루」

의 네 갑절은 되는 굉장한 것이었다. 紐育「브로드웨이」에 가서도 나는 똑같은 환멸을 당할른지—어쨌든 이 도시는 몹시 「깨솔링」 내가 나는구나!가 동경의 첫인상이다.

우리같이 肺가 칠칠치 못한 인간은 우선 이 도시에 살 자격이 없다. 입을 다물어도 벌려도 척 「깨솔링」 맛을 면할 수 없다. 그러면 동경 시민의 體臭는 자동차와 비슷해 가리로다.(3, 95)

'굉장한' 규모의 것으로 상상했던 「마루노우찌 삘딩」에 대한 환멸은 그것이 상징한 일본 선진문명에 대한 환멸이며 일본 제국의 권위에 대한 거부이기도 하다. 게다가 일본의 물질문명의 상징인 「깨솔링」의 탈차이화적 보급은 일본왕의 권위라고 해서 예외로 대접하지는 않는다. '나'가 탄 「택시」의 창밖으로 보이는 왕궁(王宮)의 신성성은 그 앞의 큰길을 부지런히 질주하는 많은 '자동차'의 소음에 탈차이화적으로 휩싸이는 수모를 당해야 된다.

실상 「동경」에서는 카니발적 장면이 속출한다는 점에서 이상의 여행소설답기도 하다.

화자('나')가 투숙한 여관 '하녀'에게 '후지산(富士山)'을 보게 해달라고 부탁한 것은 그 유명한 산이 일본화(日本畵)에 자주 등장해서만이 아니라, 일본민족이 신격화(神格化)하는 그 산과 '지진'의 관계에 관심이 있었기 때문이다. 그는 무고한 조선인이 대량 학살된 '관동대지진'(1923)'을 그 조상을 위하여 추체험하고 싶었던 것 같다. 과연 이튿날 아침 땅이 흔들렸고, '大東京'이 '노랗게' 보일 만큼 무력화된다. '잘 개인 하늘' 아래의 그 산은 이상이 묵고 있는 여관 하녀의 눈에 그녀가 어릴 때 가지고 놀았던 '소꿉장난 과자' 모양의 노인('半白의 머리')과 같더란다. 그 순간 일본 최고의 영산(靈山)의 화신(化身)인 일본왕은 최하층 인간('하녀')의 신분으로 전락한다.

화자가 들른 동경의 번화가는 '新宿'과 '銀座'다.

> 新宿-鬼火 같은 三丁目 — 저편에는 板牆과 팔리지 않는 地垈와 오줌 누지 말라는 揭示가 있고 또 집들도 물론 있겠지요.(3, 96)

자본주의 경제의 이익을 독점한 '번화가'는 그 어두운 이면인 극빈촌과 공존하기 마련이다. 그 '번화가'를 선전하고 과시하는 듯한 '네온사인'을 굳이 '귀화(鬼火)'라고 한 것은 음산한 빈민촌 주민의 '원한'을 거기에 투사하고자 했기 때문이다. 따라서 그 '네온사인'은 번화가의 화려한 축복인 동시에 저주의 신호다.

화자의 핵심적 관심의 대상은 '은좌(銀座)'다. '은좌'는 '허영'의 거리인 동시에 동경 시민의 교양과 고상한 취미를 위한 '기노꾸니아(紀伊國屋)'와 '콜롬방'에의 거리이기도 했다.

그러나 이상이 일본에 온 것은 관광객이 아니라 망국인의 망명을 위한 것이었다. 그에게 일본은 한가한 관광을 위한 나라가 아니라 한국의 침탈자였다. 따라서 '은좌'에서 '「모던」 양(孃)'을 우연히 만나자 그녀를 '반추(反芻)'한 것은 그다운 일이 아닐 수 없다. '반추'란 느릿느릿한 반복적 성교의 뜻이다. '모던'은 문제적인 영어다. 일본의 한국 침탈은 '근대'의 '전근대' 정복이었다. 「동경」 화자의 '「모던」양' '반추'는 전근대적인 피정복민족의 유쾌한 복수다.(3, 97) 그녀의 위신은 화자의 상상적인 '반추'에 의하여 추락한다. (이상이 일본으로 가기 전에 발표한 문명비평적인 시 「가외가전」에 등장하는 '노파'의 손님과의 '성교'도

'반추'였다.)

그가 귀가하기 전에 본 것은 '銀座'의 밤하늘이다.

동경의 밤하늘에 '별'이 뜨지 않을 리가 없다. 다만 동경시민들은 관동대지진(1923) 때의 조선인 대학살에 대한 죄의식이 없어서 신의 혜택인 '별'을 잊어왔다는 것이다. 이상은 동경시민이야말로 동경을 '학살시(市)'로 만든 '카인의 말예'('집단 학살자')라고 고발한다. '이태백이 노던 달'이라는 민요의 한 구절로 한국인과 친근한 달도 19세기에 운명(殞命)했더라면 동경 하늘에서 '별'이 당하는 수모를 겪지 않았으리라고 아쉬워한 것도 동경시민의 잔인성을 강조한 것과 같다.

선진문명과 야만적 범죄의 공모는 옛날부터 비일비재한 일임을 가장 잔인하게 입증한 나라가 일본이요, 그 중심지가 동경이다.

그의 동경 여행은 일본의 범죄를 피부로 추인(追認)하는 소중한 계기가 되었고 일제에 대한 저항이 철저하지 못했던 것을 반성하도록 했을 것이다.

그가 부르짖었던 '양심 양심'은 그 자기반성을 재촉한 게 아니었을까? 동경에서도 그는 그 험난한 시기에 '민족의 양심'이 될 수밖에 없었다. 양심은 작가인 그의 사활이 걸린 문제였다.

25 이상의 죽음

이상이 동경에서 쓴 마지막 소설 「실화」는 예언적인 작품이었다. 이 작품의 주인공 李箱이 회고하는 고리키의 희곡 『나 드네(밑바닥)』에 나오는 노래 '밤이나 낮이나 감방은 어둡다'라는(2, 366) 일절이 다름 아닌 「실화」의 배경이기도 한 동경에서 엄연한 현실이 되었다. 이상 역시 『나 드네』의 등장인물들처럼 '감방' 이라는 밑바닥(경찰서 유치장)에 갇힌 몸이 되었기 때문이다. 「실화」에는 불온사상이 잠복해 있었다. 고국을 떠나기 전에 동료 작가 유정(김유정)과 나눈 대화에서 두 사람은 일제의 탄압으로 신념을 잃어버린 자신들의 처지를 비감해하고 있었는데, 그 신념은 문맥으로 미루어 볼 때 반체제적인 민족주의적 신념이거나 사회주의적 신념이다.

이상은 동경의 밑바닥이라 할 경찰서 유치장에서 무슨 생각에 잠겼을까? 유치장 생활은 자기에게 닥쳐온 삶의 마지막 단계의 시련 또는 고난으로 여겼을 것이다. 서울에 두고 온 가족과의 의리만 해도 치사스러워서 방치할 수 있는 그런 성질의 것이 아니라, 진지하게 자기반성해야 할 문제가 되었을 것 같다. 바꿔 말하면 부모에게 효성을 다하지 못한 과거를 반성하지 않을 수 없었을 것이다. 동경으로 가기 전에 여동생(옥희)에게 보낸 편지에서 '신당리(新堂里) 버티고개 밑 오동나무골 빈민굴'에 두고 온 부모와 할머니 걱정을 한 적도 있었다. 거슬러 올라가 보면 남부럽지 않은 할아버지의 생활형편을 기울어지게 한 것은 한일합병이었고, 그의 집은 '원통한 가문'(「종생기」)이었다.

그것만이 아니다. 폐결핵 환자를 겸한 작가로서 만족할 만큼 이루지 못한 창작의 의욕, 그 좌절에 대한 불안감이 강박관념처럼 그를 괴롭혔을 것이요, 그가 여전히 추구하고 있는 문학의 '사표(師表)'라는 문제로 괴로웠을 것이다.

이상은 왜 일본의 작가들만이 아니라 하세가와 같은 자유주의자를 만나고 싶다고 했을까? 그것은 일제 식민통치하의 조국의 해방을 위해 그와 대담하고 싶었기 때문이었을지도 모른다. 그러나 그보다는 자기에게 닥쳐올 불행한 일을 예감한 탓일 수도 있다. 지난 날 오스트리아 작가 헤르만 브로흐가 나치에게 잡혀 구금되어 있을 때 앙드레 지드, 제임스 조이스를 비롯한 여러 문학자들이 서명한 진정서는 나치 정부로 하여금 브로흐를 석방하지 않을 수 없도록 했다. 그후 프랑스에서도 사르트르와 모리아크 등의 진정서는 프랑스 정부로 하여금 장 쥬네를 석방하도록 했다. 그러나 이상이 '불령선인(不逞鮮人)으로 '니시간다구' 경찰서에 구금되어 있을 때 일본의 어떤 문학자들도 브로흐를 석방시킨 그런 진정을 일본 정부에 하지 않았다. 그 당시 동경이나 다른 곳에 저명한 쉬르레알리즘 시인이요 이론가인 다키쿠치슈조(瀧口修造)와 야마나카 산세이(山中散生), 그리고 화가 후쿠자와이치로(福澤一郞) 등이 생존해 있었다. 이상은 자기에게 불상사가 일어났을 경우

하세가와나 그들의 도움을 받고 싶었을지도 모른다.

동경에서의 그는 여전히 망국시인, 천대받는 식민지 원주민이었다. 그는 김기림에게 편지로 실토했듯이 '빈궁'한 하숙 생활을 하면서도 여전히 펜을 놓지 않았다. 이삼 개월 동안 「실화」, 「종생기」, 「동경」 같은 소설과 「권태」 같은 에세이를 쓴 것은 탄복할 만한 일이다. (「종생기」를 '문학 천년(千年)이 회신(灰燼)에 돌아갈 지상 최종의 걸작'이라고 김기림에게 보낸 편지에서 호언장담하기도 했다.)

이상은 정보에 아주 어두웠다. '1937년 1월부터 새로 개각한 일본 정부는 각군(各郡)의 국수주의적인 정보장교의 지휘로 군경 합동 검거의 선풍'을 일으켰는데 그는 공교롭게도 그 '검거 선풍'에 말려든 것이다.[1] 그가 경찰에 잡힌 곳은 간다구(神田區)에 있는 오뎅집 '우미가이에(海의 家)'에서였다. 노일전쟁의 어순해전(旅順海戰)에서 남편을 잃은 전쟁미망인이 혼자 경영하는 음식점이었는데, 거기서 체포된 것이다. 그 미망인은 이따금 이상에게 조선풍경과 관동반도(關東半島)의 얘기를 들으면서 전사한 수병(水兵)의 아내로서 다정한 친밀감을 이상에게 가지고 있었다고 한다. 그 음식점에 들이닥친 형사 두 명은 그녀에게 "당신은 명예로운 집의 부인입니다. 이따위 불령선인 떼거리와 멀리 하는 것이 좋을 거요. 이 조선놈은 놀랍게도 사상범이란 말이오"라고 큰 소리를 쳤다.[2] 고은이 전해주는 이상이 체포될 당시의 상황은 암시하는 바가 있다. 그 전쟁미망인은 이상에게서 어떤 인간적인 면을 발견했기 때문에 그를 친절히 대해주었을 것이다. 반면 그 형사에게 이상은 너

---

1 고은, 『이상평전』, 민음사, 1974, 374쪽.

2 위의 책, 374쪽.

절한 '불령조선인'에 지나지 않는다. '동경'에서도 그의 엄숙한 '十九세기적 도덕성'에 대한 강조는 그 자신의 데카당적 허무주의자나 아방가르드 예술과 양립될 수 없었다. 그 허무주의와 아방가르드 정신이 무의식적으로 강제한 무절제한 보헤미안적 행색이 그에게 화를 불러왔기 때문이다. 고은에 의하면 그날 "이상은 동경에 오기 직전에 이발한 뒤 이발은 고사하고 세수 한 번 번번하게 한 일이 없는 종로 명치정(鐘路 明治町)의 봉두난발 그대로의 풍모로 무심하게 집을 나섰다"[3]고 한다. 그는 서울의 '이상'이라는 보헤미안이 '동경'에서도 별일 없이 활보할 수 있으리라고 여겼을 것이다. 그의 경찰서 구금과 병고(病苦)의 원인은 실상 그의 예술에의 '도취' 혹은 '고황(膏肓)을 든 문학병'에 있었다. 그런 의미에서 이상이야말로 예술에 살고 예술에 죽은 인간이었다. 그는 '빈고(貧苦)'의 매질을 당하면서 제발 '문학병'의 굴레를 벗어나 '표연'할 수 있는 '제법 근량 나가는 인간'이 되고도 싶었지만(「사신 2」, 3, 233), 부질없는 소망이었다.

결국 동경은 이상에게 정신적 갱생을 위한 희망의 도시가 아니라, 문자 그대로 사지(死地)였다. 경찰서에 구금된 지 약 두 달 만에 폐결핵이 극도로 악화되어 병보석으로 석방되었고 김소운이 노력하여 그를 동경제국대학 부속병원에 입원시켰지만 치료마저 불가능한 상태였다. 그 입원실로 김기림이 문병을 왔고, 피골이 상접한 李箱의 얼굴이 '피디어스의 제우스신상(神像)' 같다고[4] 말하자 환자는 '例의 정열 빠진 웃음을 껄껄 웃었다'고 한다.

---

3 위의 책, 374쪽.

4 김기림, 「고 이상의 추억」, 『그리운 그 이름, 이상』, 지식산업사, 2004, 28쪽.

4월 17일 유럽의 과일을 흉내내어 재배하는 센비키야(千匹屋)의 멜론을 먹고 싶어 했고 문병온 유학생 누군가가 그 멜론을 사오자 그것을 손으로 만지고 그 향기를 맡으면서 죽었다. 그때가 새벽 4시였다. 그 전날에 이상의 부친과 조모가 서울에서 사망했다. 아내 변동림은 하숙집에 진 빚을 갚았다. 구단판(九段坂) 화장장에서 이상의 시체가 화장되었고 정토사(淨土寺) 스님의 일본어 염불이 읊어져서 이상의 영가(靈駕)는 천도(薦度)되었다.

화가 길진섭(吉鎭燮)이 그의 데드마스크를 만들었지만 유실되었다. 변동림이 화장한 유골을 가지고 5월 4일 귀국했고, 김유정과의 합동영결식을 거행했다. 그 유골을 미아리 공동묘지에 안장한 것은 6월 10일이다. 그의 사인(死因)은 동경 제국대학 의학부에 의하면 '신경성 매독'이었다. 이를 이상이 죽은 뒤 국내에 알려준 사람은 김소운이었다.

종래 이상이 죽기 직전에 맡은 과일은 '레몬'이라는 것이 통설이었다. 김소운이 그 통설을 뒤집은 것이다.

이상의 죽음은 몇 가지 안타까운 문제를 제기했다. 먼저 그것은 그가 죽은 곳이 하필이면 일본 제국의 수도인 동경이었고, 그의 유치장 생활이 그의 지병을 악화시킨 점이다. 물론 유치장 생활이 그의 사망의 직접적인 원인은 아니지만, 간접적인 원인이라고 볼 수는 있다. 만일 그런 생활만 면했더라면 그의 생명이 그처럼 단축되진 않았을 것이다. 두 번째로 안타까운 것은 그의 창작의욕이 동경에서 좌절되었다는 사실이다. 그가 안회남에게 보낸 편지에서 고백한 대로 서울로 돌아가지 않겠다고 결심한 것은 동생 운경에게 준 엽서에서 말한 '따로 할 일'을 위한 것인데, '따로 할 일'은 문맥상 문학을 통한 반체제 운동이다. 그것은 동경에서 더욱 증대된 민족의식, 또는 민족적 양심에 따르는 과업이었다. 미샤 엘만의 바이올린 연주 체험은 그의 창작의욕을 한층 부추겼을 것이다. 동경의 진보적 성향의 청년들도 일제의 파시즘적 탄압으로 맥을 못 추어 감행하지 못하는 일을 그는 하고자 했던 것인데, 그러한 의욕을 지병의 악화와 죽음이 강제로 차단해버린 것이다. 김기림에게 보낸 마지막 편지 (「사신8」)에서 "三월에는 부디 만납시다"고 말했지만, 그 간절한 소망도 이루어질 수 없었다.

동경은 그에게 운명적인 도시였다. 그는 「동경」에서 동경의 시민을 '카인의 말예'라고 저주했다. 그들은 세계적으로 유례가 드문 민족이었다. 한국을 강제로 병합한 죄를 뉘우치기는커녕 무고한 관동지방의 피정복민족을 대량으로 학살했기 때문이다. 그 죄악을 일본의 유명한 작가 아리시마 다케오의 단편소설 「카인의 말예」, 곧 강자에게 비굴하게 행동하고 약자에게는 잔혹하게 행동하면서도 죄의식이 없는 '카인의 말예'라는 명칭을 동경시민에게 붙여준 한국 작가는 이상뿐이었다. 관동대지진은 일본민족이 받아야 할 천벌이었다. 그를 가둔 유치장은 민족차별의 상징이었다. 그는 그 관동대지진 때 일본인의 민족차별의 연장선에서 건강이 치명적으로 악화되어 죽었다. 따라서 그의 죽음은 한국인이 그 대상인 일본민족의 전통적인 민족차별이라는 정치적 문제를 제기한다. 그 민족차별은 서울에서의 '도항증명서' 발급과 동경에서 그가 당한 가택 수색에 이르기까지 철저했던 것이다.

그에게 '결핵성 뇌매독'을 옮겨준 환자는 물론 창녀다. 따라서 그의 죽음이 제기하는 또 하나의 문제는 그와 창녀와의 관계인데, 이는 이상 개인과 동시에 그의 문학과 깊이 관련된다. 그는 자신의 병명을 듣지 못했지만, 만일 들었다 해도 '완이이소(莞而爾笑)' 했으리라. 그는 창녀를 동류의식을 가지고 대했기 때문이다. 그 점에서 그는 뇌매독 환자이기도 했던 모파상과 고야 및 매독환자였던 보들레르, 반 고흐, 고갱, 그리고 니체를 상기시키지만, 그들과 다른 점도 있었다. 그에게 창녀는 일제 식민지의 피압박 계층의 상징이기도 했기 때문이다.

이처럼 이상에게 창녀의 의미는 결코 단순한 게 아니었다. 결코 무지한 '노는 계집'(박태원, 「소설가 구보씨의 일일」)이 아니었다. 심지어 완고한 가정을 훨훨 벗어난 프리섹스라는 관념을 널리 유포시킨 첫째가는 공로자가 창녀임을 이상은 잘 알고 있었다. 그는 섹슈얼한 언어유희에서 자주 창녀에게 정신적인 빚을 지곤 했다.

이상이 작가로서 활동하는 동안 지속적인 관심과 동병상련적인 애착심을 가지고 작품에서 다룬 창녀가 매독을 전염시킴으로써 그의 가해자가 된 것은 신랄한 아이러니가 아닐 수 없다.

김기림은 이상이 타계한 뒤의 가장 감동적인 추도사인 「고 이상의 추억」(1937)에서 "箱은 한 번도 '잉크'로 시를 쓴 일은 없다. 箱의 시에는 언제든지 箱의 피가 淋漓하다. 그는 스스로 제 혈관을 짜서 '時代의 血書'를 쓴 것이다"라고[5] 옳게 말한다. 그러나 그는 그 '혈서'의 유래를 언급하지 않았다. 만일 이상에게 탈권위주의와 함께 그의 몰락한 가정과 같은 극빈상태의 계층과 특히 사회적인 경멸과 비난의 대상인 창녀와의 동류의식이 없었더라면 '시대의 혈서'는 불가능했을 것이다.

발같은손이노파의통고하는손을잡는다

고도의 문화 창조 능력('손')과 그 야만적 범죄('발')의 겉만 번지르한

---

5 위의 책, 26쪽.

공존의 피해자는 이상 자신이기도 했다. 그는 '통고하는 손'으로 원고를 쓰곤 했다. 이런 의미에서 그의 중요한 작품은 '혈서'와 다름없었다.

이상의 죽음이 제기한 마지막 문제는 그것이 한국 문단에 초래한 타격이다. 「고 이상의 추억」에서 김기림은 이렇게 말한다.

> 詩壇과 또 내 友情의 列席 가운데 채워질 수 없는 영원한 空席을 하나 만들어 놓고 箱은 사라졌다. 箱을 잃고 나는 오늘 詩壇이 갑자기 半世紀 뒤로 물러선 것을 느낀다. 내 공허를 표현하기에는 슬픔을 그린 字典 속의 모-든 형용사가 모두 다 오히려 사치하다.[6]

'詩壇'은 文壇 전체를 말한다. 이상의 죽음으로 인하여 한국 문단에 큰 공백이 생긴 것은 이상이라는 작가의 비중이 그 정도로 컸다는 뜻만이 아니라, 그가 한국 문학의 근대성을 든든하게 보증하는 중심적 인물이었다는 것도 의미한다. 그 점에서 일제 강점기의 1930년대 조선문학은 '이상시대'(조용만)의 문학이다. 김기림은 「모더니즘의 역사적 위치」(1939)에서 다음과 같이 말했다.

> 가장 우수한 모더니스트 이상은 모더니즘의 초극이라는 이 심각한 운명을 한 몸에 구현한 비극의 담당자였다.[7]

---

6 위의 책, 27쪽.

7 김기림, 「모더니즘의 역사적 위치」, 『한국현대문학비평사 5』, 단국대출판부, 1982, 170쪽.

'모더니즘'의 '초극'은 '그 前代의 경향파와 모더니즘의 종합' 또는 '모더니즘과 사회성의 종합'으로만 실현될 수 있다는 의미이지만, 이상에게 그것은 아방가르드적 초극이었다. 그러한 초극이 왜 '비극'적인 과업이라고 했을까? 김기림은 「문화옹호 국제작가대회」(1935)에도 관심이 있었고, 그래서 〈카프〉 문학의 '사회성'도 모더니즘이 구현해야 한다고 믿고 있었다. 그러나 그 '초극'의 과업은 일제 파시즘의 장벽 때문에 극히 어렵다는 것을 통찰했기 때문에 그 과업이 '비극'적일 수밖에 없다고 말했을 것이다. 그의 지적이 옳았다는 것을 정말 비극적으로 입증한 작품이 이상의 「동해」, 「지주회시」, 「종생기」 등인데 특히 「단발」 3부작과 「종생기」가 그러하였다.

그러나 김기림은 모더니즘과 관련하여 모더니즘과 아방가르드의 차이점 및 이상과 전통의식의 관계라는 문제를 이상 문학의 고찰에서 잊고 있었다. 그것은 현대적으로 해석되어야 할 문학적 전통의 문제였다. 한 예로서 그는 이상의 작품에서 나타나는 서양의 고전만이 아니라 김만중의 『구운몽』과 특히 『춘향전』(완판본) 및 민담과 민요의 영향을 간과했던 것이다. 어찌됐든 이상의 죽음으로 인한 한국 문단의 공백은 한국 문학의 모더니즘이 그 중심축을 잃음으로써 초래된 것이었다. 과연 이상으로 모더니즘 또는 아방가르드의 수법으로 시도한 반체제적 문학은 거의 몰락했다. 이상은 일제 강점기에 그런 성격의 문학을 실험한 최초이자 마지막 작가였기 때문이다.

그의 죽음이 한국 문단에 초래한 공백은 김기림이 통탄할 만큼 컸지만, 그 공백이 당장은 무력한 것 같으면서도 역설적으로 새로운 창조적 모험을 그의 후배들에게 유도(誘導)했다.

이상의 육체적 생명은 다른 곳도 아닌 동경에서 끝났지만, 그의 정신적 생명까지 끝난 것은 아니었다. 그가 생전에 국내로 보낸「종생기」 원고가『朝光』(1939.3)에 발표되었으며 그밖에도 유고인「단발」,「슬픈 이야기」,「실화」와「권태」도 발표될 수 있었다. 1957년에《李箱全集》3권이 임종국(林鐘國)의 노력으로 발간되었으며, 주로『文學思想』을 통하여 그의 유고가 적잖이 발굴되어 발표된다. 지금도 계속되고 있는 이상의 문학에 대한 활발한 연구는 그의 정신적 생명의 연면함을 일깨워준다. 동경에서의 그의 죽음은 아이러니컬하게도 그의 문학적 생명의 영속성을 보장해 줄 시발점이 된 것이다.

이상이 약 2개월간에 걸친 니시간다 경찰서에서의 생활로 인해 건강이 악화되어 죽은 것은 일본 경찰이 죽인 것과 거의 다름이 없는데, 이는 한국문학사 뿐 아니라 세계문학사에서도 주목되어야 한다. 그 이전에도 사상범으로 투옥되거나 옥사한 문학자들이 없지 않았다. 다니엘 디포, 도스토예프스키, 일본의 고바야시 다키지(小林多喜二) 등이 그렇다. 당시 조선은 일제 식민지여서 이상의 유치장 생활과 죽음은 전혀 주목을 받지 못했었다. 그러나 이제는 진실을 밝혀야 한다. 그는 잔인한 일제 식민통치의 희생자였다. 그것은 억울하지만 정당성도 있는 희생이었다. 왜냐하면 이상은 아방가르드적 문학자, 또는 기독교, 불교, 노장사상과 도스토예프스키의 영향을 받은 작가인 동시에 반체제 저항문학자이기도 했기 때문이다. 우리는 이상의 죽음에는 민족을 위한 저항시인의 죽음이라는 성격도 있음을 널리 알려야 한다.

그의 죽음의 특별한 의미를 잊으면 안 된다. 고은에 의하면 이상은 4월 16일 밤에 마지막으로 옷을 갈아 입었다.

그는 아내가 갈아 입혀주는 하얀 한복을 입었다. 어머니 世昌이 밤을 밝혀

서 만든 눈물겨운 壽衣였다.[8]

그 '한복'은 다의적이다. 양친과 그가 태어난 서울 및 그의 제2의 고향과 같았던 성천을 아우른 고향, 또는 고국으로 돌아가는 것을 암시하는 동시에 마지막 작품 「종생기」와 「실화」, 「동경」 등의 주인공으로 돌아가는 것을 암시하기 때문이다. 「종생기」의 '이상'은 『춘향전』의 '이도령'처럼 한복 차림이요, 「실화」의 '이상'도 마찬가지다. 동경역 플랫폼에서 떨어뜨린 '백국'은 양복 윗포켓이 아니라 한복 '옷깃'에 꽂았던 것이다.

그의 육체는 이 세상을 떠났지만 영혼은 그의 문학을 통하여 살아남을 수 있다. 이를 확신한 것처럼 그는 우리에게 「종생기」의 다음 구절을 계속하여 음미하지 않을 수 없게 만든다.

'나의 終生은 끝났으되 나의 終生記는 끝나지 않는다.'(2, 396)

동경에서 억울하게 객사한 이상을 위로해줄 수 있는 것은 '김유정 이상 합동 위령제'는 아니었다. 개성과 작품세계가 다른 두 작가의 영혼을 '합동'한다는 것은 무리하고 부당한 일이기 때문이다. 하지만 다음 두 가지의 평가는 그에게 최소한이나마 위로가 될 것 같다.

나는 믿는다. 箱은 갔지만 그가 남긴 예술은 오늘도 내일도 새 시대와 함

---

8 고은, 앞의 책, 376쪽.

께 同行하리라는 것을.[9]

이상의 작품이 한국의 새로운 '고전'이 되리라는 단언은 시의적절한 예언이었다.

마지막 소설 「실화」가 『문장』에 게재될 때 '노봐는 에스페란토'가[10] 삭제되지 않은 것은 정말 다행스러운 일이었다. 이 말은 '신생(新生)국가 독립선언'과 다름없다. 3.1독립운동의 구호 '조선독립만세!'의 변형이라고 말해도 과언이 아니다.

9 김기림, 「고 이상의 추억」, 『조광』, 1937. 6, 148쪽.

10 이상, 「실화」, 『문장』, 1939. 11, 62쪽.

경성고공 시절부터 이상에게 영원한 것, 무한한 것을 그리워하는 로맨틱한 경향이 있었다는 것은 「자화상」(1928)으로 입증된다. 공동(空洞) 같은 왼쪽 눈이 환시자(幻視者)의 눈과 같다는 것은 초현실적인 세계도 통찰할 수 있는 능력을 암시하는데, 그 세계의 의미망에는 영원한 가치의 세계, 혹은 성스러운 영역이 포함된다. 초기의 시 「광녀의 고백」에서 그 '광녀'('창녀')의 우주적 교감의 대상인 '북극성'이나 『十二월 十二일』 주인공이 자기희생적 인류애의 보상으로 죽은 뒤에 가게 된다는 '천국' 같은 '낙원'은 초현실적, 신비적인 것에 대한 작자의 로맨틱한 동경의 산물이다. 그러나 사회적 현실은 그런 동경을 방해하고, 그는 또 여기에 반발하기 때문에 그의 작품에서는 영원한 것, 신성한 것은 일시적인 것, 비속한 것과 자기모순적으로 공존한다. 가령 산문시 「서망율도」(1936)에서 한강(漢江) '밤섬'에서 한복을 입은 '목로'의 주모(酒母)를 민족의 성모(聖母)로 드높인 것은 문맥상 망국한(亡國恨)을 보상하기 위해서다. 그렇다면 그녀를 침범해서는 안 된다. 하지만 그럼에도 불구하고 그는 그 주모와 성교를 했는데, 이는 자기모순이다. 그로서는 그 성교가 고통스러운 역설적 의무였고, 어차피 성스러운 것과 비속한 것의 공존이 우리가 피할 수 없는 현실 자체라고 변명할 수 있지만, 그 자기모순은 면할 수 없다. 실상 이상의 작품에서는 그런 장면이 많다. 엄숙한 것은 자주 우스운 것과 섞이곤 한다.

이상의 지속적 관심사인 성(聖)과 속(俗)의 대립관계에서 비속한 화제로서 가장 빈번하게 언급한 것은 섹스와 관련된 것이었다. 가령 「종생기」의 기본적 문제가 망국한의 해결을 위한 시련이라면 섹스와 관련된 화제는 삼가야 함에도 불구하고 그 금기를 어긴다.

> 자의식의 절정 위에 발돋움을 하고 올라선 단말마의 비결을 보통 야시(夜市)에 국수버섯을 팔러 오신 시골 아주먼네에게 서너 푼에 그냥 넘겨주고 그만두는 그렇게까지 자신(自身)의 에티켓을 미화(美化)시키는 겸허(중략) (「종생기」, 2, 385)

'단말마의 비결'은 오르가즘 체험의 비결이요, '국수버섯'은 '남근의 숲'의 은유이므로 그 '시골 아주먼네'는 호색녀다. 그녀에게 그 비결을 헐값으로 넘겨준 것은 그녀와의 성교를 암시한다. 그런 짓거리를 예절바른 겸허한 행동이라고 뻔뻔하게 '미화'한다.

「지주회시」는 굴욕적인 삶을 영위하는 주인공 부부의 정신적 재생(再生)이 주제이므로 외설적인 장면은 금물이지만, 이번에도 그 금기를 침범한다.

이런펄펄끓는심지를부여잡고 그확끈확끈한방을향하여쏟아지듯이몰려간다(……) 허리가녹아나도록이녀석—이녀석—이엉뚱한발음—숨을힘껏들이쉬어두자.숨을힘껏쉬어라.그리고참자 에라. 그만아주미쳐버려라.(「지주회시」, 2, 308-309)

인용에서의 '심지'와 '이 녀석'은 '남근'의 외설적 은유요, '숨을힘껏쉬'고 '참자'는 성교를 위한 준비운동이다. '확끈확끈한방'에서 '방(房)'은 성욕으로 흥분한 육체의 은유다.

그러나 그 양극의 대립은 지양되어야 했다. 이를 입증하는 대표적인 작품으로서는 「산촌여정」과 「불행한 계승」을 들 수 있다. 그 지양은 「산촌여정」에 등장시킨 '개종한 마리아들'과 「불행한 계승」에서의 '은선'을 통하여 실현되기 때문이다.

'개종한 마리아들'은 문맥상 '막달라 마리아들'로서 「피에타」의 '성모 마리아'의 역할을 한다. 독실한 기독교 신자에게는 신성모독자일 그녀들은 '성창녀'(聖娼女)와 다름없다. 이는 우리에게 카라바조의 「성모 마리아의 죽음」을 연상시킨다. 이 그림에서 카라바조는 '막달라 마리아'에게 '성모 마리아'의 시신을 물로 씻는 역할을 맡긴다. 이 역시 신성모독죄를 범한 것과 다름없다. 이상과 카라바조는 모두 불가능하다고 여겨온 일을 해낸 것이다. 삼각관계를 다룬 「불행한 계승」에서 '이상'은 애인을 친구에게 양보함으로써 자기 자신에게 지은 죄를 창녀 '은선'에게 고백하는데 그녀는 마치 도스토예프스키의 『죄와 벌』에서 살인범 라스콜리니코프의 고백을 듣는 소냐 마르멜라도프처럼 신자의 고백을 듣는 신부(神父) 역할을 하는 '성창녀'가 된 것이다. '성창녀'에서 '성'과 '속'은 변증법적으로 지양된다.

시대감각이 예민했던 그를 괴롭힌 또 하나의 대립관계는 사회주의와 민족주의의 그것이었다.

그는 천성적으로 소외된 반항자였고 작가가 된 뒤에도 여전했다. 양친에게 의무적인 절을 한 적이 없고 김해경이라는 이름을 '李箱'으로 온통 바꿈으로써 적폐자(廢謫者)가 된다. 자발적인 자기소외다.

경성고공 시절, 그의 저항심을 자극한 결정적인 사건은 '총독부 학무국의 장학금'이 일본인 학생에게만 주어진 사실이다. (이런 민족차별 정책은 훗날 조선총독부 근무 시절에 받은 월급에서도 마찬가지였다.) 그가 편집했다는 동인지 「난파선」의 동인은 모두 사회적으로 소외된 조선인 학생들이었다.

문단에 알려지지 않은 작가로서의 그는 처음부터 반항자였다. 처녀작 『十二월 十二일』과 시 「출판법」, 「열하약도 No.2(미정고)」 등 반체제적 요소가 있는 작품의 발표자는 김해경이라는 총독부 관리였다. 그러나 그 저항은 소극적이거나 관념적이었다. 그 한계를 극복할 수 있는 계기가 '성천' 여행이었다. 그 산물인 「산촌여정」에서 처음으로 역사의식에 기초한 반항이 시작되었다. 서울내기인 그가 '서도'(西道) 사람으로 탈바꿈을 한 것인데 조선시대의 지역차별 정책에 대한 반발인 이 탈바꿈은 민족차별 정책을 자행한 일제에 대한 저항의 수단으로 발전된다. 그 역사의식을 첨예화한 것이 1935년에 발생한 〈카프〉 해산과 〈문화옹호 국제작가대회〉, 그리고 일제의 우심해진 언론탄압으로 인한 조선문단의 침체였다.

그러나 「산촌여정」, 「첫 번째 방랑」 및 「환시기」가 보여준 것처럼 이때까지도 이상의 정치적 이념은 확정되지 않았다. 초기작 「공복」 이래로 그는 민족주의와 사회주의 사이에서 양자택일을 하지 못했던 것이다.

그러자 1936년에 일제의 언론탄압이 '사상보호범관찰령'이라는 악법의 시행으로 악화되자 양자택일의 기로에 서게 된 그가 선택한 이념이 아나키즘이었는데, 그로서는 이 선택이 '목숨을 건 당위적 비약'이었을 것이다. 이렇게 나오는 작품들이 곧 「단발」, 「슬픈 이야기」, 「실화」다. 이 3부작이 아나키즘 소설이라는 결정적인 증거는 네차예프의 「혁명가의 교리문답」 및 이것을 언급한 롭신의 장편소설 『창백한 말』의 영향을 받고 있다는 사실이다.

이상이 생애의 마지막 단계에서 아나키스트가 된 것은 당연지사라고 말할 수 있다. 아나키즘과 가장 친근한 언어인 '에스페란토'에 대한 이상의 짙은 관심은 세계주의자인 그로서는 당연했으며 그가 영향을 받은 노자, 장자, 오스카 와일드와 크로포트킨, 특히 예수는 아나키스트라고 말할 수 있고, 기독교 작가로서의 도스토예프스키가 창조한 『죄와 벌』의 라스콜리니코프도 아나키스트라고 해도 과언이 아니다. 이상의 이미지는 자주 라스콜리니코프의 이미지와 겹친다.

「실화」의 끝말인 동시에 작가 이상의 마지막 유언과도 같은 '나를 좀 보시지요?'에서 우리가 느끼는 것은 자랑스러움과 비애다. 비록 그 무기가 언어였을망정 한국민족이 마주친 극도로 험난한 시대에 아나키스트로 지하운동을 한 그를 가졌다는 자랑스러움과 그의 참담한 말로로 인한 비애다.

빌라도의 '엑세 호모'는 예수 처형의 예고였고, 예수는 죄 많은 인류를 위하여 죽었다. 그러면 '재산 없는 것보다 더 가난'한(「실화」) 알몸 같은 상태에서 '나를 좀 보시지요?'라고 자기를 낮추어 독백한 이상의 죽음은 어떤 특별한 의미가 있는가?

작가로서 출발할 때부터 그의 가장 중요한 문제가 탈출과 자살 또는 죽음의 문제였다는 것은 처녀작 『十二월 十二일』부터 마지막 작품 「실화」로 입증된다. 그의 경성고공 시절 애독서의 하나였을 『빌헬름 마이스터의 수업시대』에 나오는 탈출의 권고를 명심했을지 모르지만, 그의 인생은 평생 탈출의 연속이었다. 그것은 낡은 과거와 전통이나 규제로부터의 탈출이었다. 중학교 시절, 수업시간에 교실을 나와 서울의 뒷골목을 헤매었을 때부터 그의 탈출은 시작되었다. 그 후에 가정으로부터 폐적자로서 탈출했고 조선총독부라는 직장으로부터 탈출했다. 서울을 탈출하여 성천으로 갔고, 마지막 탈출이 된 동경 여행은 동시에 아내로부터의 탈출이었다. 그에게 산다는 것은 죽음으로써 살기, 또는 죽음을 통한 재생이었다. 여기에는 '사생일여(死生一如)'라는 역설에 대한 확신이 숨어 있었다. 이상은 거의 평생을 죽은 듯이 살았을지도 모른다. 어차피 탄생의 저주를 받은 바에야 그리고 일제 통치하의 굴욕적인 삶을 극복하기 위해 저항할 바에야 그와 같은 삶이 최선의 방법이라고 여겼을지도 모른다. (따라서 그의 별명이자 본명인 '李箱'의 '箱'도 여러 가지를 상징하지만, '유골상자'의 뜻이 그에게는 제일 마음에 들었을지도 모른다.) 『十二월 十二일』 주인공의 허무주의와 죄책감으로 인한 자살은 사후(死後) 낙원에서의 재생을 위한 것이요, 초기의 시 「광녀의 고백」에서의 여주인공(창녀)의 익사(溺死)는 불교도로서의 재생이 약속된 것이었고, 「지주회시」에서도 '나미꼬'의 목숨을 건 '층계추락'은 정신적 재생을 위한 수단이다.

그러나 '죽음으로써 살기'가 마침내 개인적 문제에서 민족적, 인류적 문제가 된 것은 이상의 내면적 발전에 연유했다. 그의 휴머니즘이 그렇게 확충된 것이다. 그래서 이제 죽음은 민족적, 인류적 위기의 초극책이 된다. 그의 작가적 시야가 1935년의 큰 사건인 〈카프〉 해산 및 파시즘에 저항한 〈문화옹호 국제작가대회〉의 충격으로 확충되자 그의 자살충동이나 죽음은 민족이나 인류를 위한 저항수단으로서의 반체제적 암살, 특히 자기희생적인 행동으로 변했다. 일제 통치 하의 서울이 '사도(死都)'로 불린 것은 조국의 재생 가능성을 암시한다. 「종생기」에는 재생을 위한 희생양이 등장한다. "아— 어쩐지 全身이 가렵다. 나는 무연한 중생의 뭇 원한 탓으로 惡疫의 犯함을 입나보다"는 주인공의 생각에서 그는 '민중'('중생')에게 퍼진 '악역'에 감염됨으로써 민중을 재앙에서 구출하려고 한다. 그가 '救世主의 最後然'한 것은 그의 희생양적 행동이 '구세주'를 모방한 것임을 암시하며, 그런 자의식은 그의 마지막 작품 「실화」에서 "나를 좀 보시지요?"라는 완곡한 결어(結語)로 암시된다. 인용의 심층적 의미는 앞에서 설명했거니와, 이 역시 골고다의 구세주 모방의 산물이다. 초기작 「얼마 안되는 변해」(1932)의 주인공이 신이 사망한 시대에 굳이 '기독교적 순사(殉死)의 공로(功勞)를 주장'한 것은 그의 전신(前身)인 『十二월 十二일』(1930)의 주인공을 보상받지 못한 기독교적 인류애의 화신으로 보았기 때문이다. 이상은 초기작을 쓸 때부터 '기독교적 순사'에 집착했던 것 같다. 그 집념은 만년에 「종생기」와 「실화」를 통해서 성취된게 아닐까? 구세주를 모방한 이상은 제2의 '기독교적 순사'를 각오한 인물이기 때문이다.

이렇게 볼 때 이상이 마지막으로 탈출하여 간 동경에서의 죽음은 상징적이다. 그것은 「가외가전」, 「종생기」의 작자답게 그의 민족이나 인류를 위한 속죄양적인 죽음이라는 의미가 함축될 수 있기 때문이다. 『十二월 十二일』에서 신(神)의 존재를 의심하고, 「지도의 암실」, 「공포의 성채」 및 「종생기」에서 불교에서는 선(禪)불교로 옮겨가기도 했지만, 결국 십자가의 예수를 따르게 되는 이상은 인정받지 못한 종교적 작가였다.

이상이 마지막으로 남긴 암호적인 글은 '나를 좀 보시지요?'였다. 작가로서 그가 쓴 마지막 기호는 겸허한 물음표였다.

참고 그림

고야(F.), 「옷 입은 마하」, 1800~1803년경.

「나체의 마하」, 1800년경.

고흐(V.), 「비애」, 데생, 1882.

구본웅, 「친구의 초상」, 1935.

다비드(J.L.), 「마라의 죽음」, 1793.

박태원, 「소설가 구보씨의 일일」 삽화(1~6) , 『조선중앙일보』 1934. 8. 1 ~ 9. 5.

「지주회시」의 삽화, 『中央』, 1936. 6.

「날개」의 삽화, 『朝光』, 1936. 9.

「슬픈이야기」 삽화(1~4), 『文章』, 1939.

아오키 시게루(青木繁), 「자화상」, 1903.

이상, 「자화상」, 1928.

『조선과건축』 현상도안 당선작, 1929.

『十二월 十二일』 의 삽화, 『朝鮮』, 1930.

「자상」(自像), 유채화, 1931.

「자화상」, 유채화, 연대미상.

쥘 르나르의 『전원수첩』 속표지에 실린 펜화 자화상.

「종생기」의 삽화, 1937.

『청색지』에 실린 펜화 자화상, 1939. 5.

티치아노(V.), 「막달라 마리아」, 1531년경.

허트필드(J.), 「超人 아돌프 히틀러: 金貨를 삼키고 쓰레기를 뱉는다」, 1932.

후쿠자와 이치로(福澤一郎), 「소」, 1936.

이상 작품 목록

1930년	장편소설 『十二월 十二일』을 월간지 『朝鮮』에 연재.
7월	시 「이상한 가역반응」(日文) - 발표지 『朝鮮建築』 이하 같음.
	시 「파편의 경치」(日文)
	시 「▽의 유희」(日文)
	시 「수염」(日文)
	시 「BOITEUX BOITEUSE」(日文)
	시 「空腹」(日文)
8월	「鳥瞰圖」(日文)
10월	「三次角設計圖」(日文)
1932년	단편소설 「지도의 암실」(필명: 比久) - 『朝鮮』에 게재.
	단편소설 「휴업과 사정」(필명: 甫山) - 『朝鮮』에 게재.
	시 「건축무한육면각체」 연작 - 『朝鮮建築』에 게재.
	시 「一九三二・六・二」, 「꽃나무」, 「이런 시」 - 『카톨릭청년』 7월호에 발표.
	시 「거울」 - 『카톨릭청년』 10월호에 발표.
1934년	시 「보통기념」 - 『月刊每申』
	시 「오감도」 연작 『조선중앙일보』 7. 24 - 8. 8
	단편소설 「지팽이 역사」 - 『月刊每申』
	시 「소영위제」 - 『中央』 9월호
1935년	시 「正式」 - 『카톨릭청년』 4월호
	시 「紙碑」 - 「조선중앙일보」 9.
	소설 「산촌여정」 - 『매일신보』 9. 27 - 10. 11
1936년	에세이 「문학을 버리고 문화를 상상할 수 없다」 - 『조선중앙일보』 1. 6
	시 「紙碑」(1, 2, 3) - 『中央』 1월호
	시 「易断」 연작 『카톨릭청년』 2월호
	시 「서망율도」 - 『朝光』 3월호
	수필 연작 「조춘점묘」 - 『매일신보』 3. 3 - 3. 26
	시 「가외가전」 - 『시와 소설』 3월호

시「女像」-『女性』4월호

시「명경」-『女性』5월호

단편소설「지주회시」-『中央』6월호

수필「樂水」-『中央』7월호

수필「EPIGRAM」-『女性』8월호

단편소설「날개」-『朝光』9월호

서간「妹像」-『中央』9월호

수필「행복」-『女性』10월호

시「위독」연작 -『중앙일보』10. 4 - 10 . 9

수필연작「추등잡필」-『매일신보』 10. 4 - 10. 28

단편소설「봉별기」-『女性』12월호

1937년 단편소설「동해」-『朝光』2월호

동화「황소와 도깨비」-『매일신보』- 3. 5 - 3. 9

수필「一九」-『三四文学』4월호

유고 목록

1937년 단편소설 「공포의 기록」 - 『매일신보』 4. 25 - 5. 15

단편소설 「조생기」 - 『朝光』 5월호

수필 「권태」 - 『조선일보』 5. 4 - 5. 11

단편소설 「슬픈 이야기」 - 『朝光』 6월호

1938년 「환시기」 - 『朝色紙』 제1집

1939년 시 「실낙원」 연작 - 『朝光』 2월호

단편소설 「실화」 - 『文章』 3월호

단편소설 「단발」 - 『朝鮮文學』 4월호

수필 「병상 이후」 - 『靑色紙』 제1집

단편소설 「東京」 - 『文章』 5월호

단편소설 「김유정」 - 『靑色紙』 제5집

시 「최저낙원」 - 『朝鮮文學』 5월호

이상 연보

1910년 (1세) 음력 8월 20일, 京城北部 順化坊 半井洞 4동 6호에서 태어남.
아버지 김연창(金演昌)과 어머니 박세창(朴世昌) 사이에서 장남으로 태어남. 本貫 : 江陵金氏

1012년 (3세) 백부 김연필(金演弼)의 양자가 됨.

1917년 (8세) 서울 新明소학교 입학.

1921년 (12세) 2월, 新明소학교 제4학년 졸업.
4월, 東光학교 입학.

1924년 (15세) 4월, 동광학교가 普成고보에 병합됨으로써 제4학년에 편입.
교내미술전람회에 출품한 유화「풍경」이 우등상을 받음.

1926년 (17세) 3월 5일, 보성고보 제5학년을 졸업.
4월, 경성고등고업학교 건축과 입학.

1928년 (19세) 첫 번째「자화상」을 제작함.

1929년 (20세) 3월, 경성고공 제3학년 졸업.
4월, 조선총독부 내무국 건축과 기수(技手)가 됨.
11월, 조선총독부 관방회계가 영선계(營繕係)로 전근.

1930년 (21세) 『朝鮮建築』표지도안 현상모집에 응모한 작품이 1등과 3등에 당선.
최초의 소설 『十二월 十二일』발표.

1931년 (22세) 7월, 최초의 시「이상한 가역반응」발표.
두번째 자화상 (「자상」)이 선전(鮮展)에 입선됨.

1933년 (24세) 3월, 객혈함. 조선총독부에 사표를 냄.
황해도 '배천'의 온천으로 요양하러 감. 이 때 '금홍'으로 알려지는 기생을 알게 됨.
7월 14일, 서울 종로 1가에서 다방 〈제비〉를 개업하고 금홍과 동거생활을 시작함.
7월,「一九三二・六・二」,「꽃나무」,「이런시」를「카톨릭 청년」에 발표함으로써 조선문단에 오름.

1934년 (25세) 구인회(九人會)에 가입.

7월, 박태원의 중편 「소설가 구보씨의 일일」 삽화를 맡음.

7월 24일부터 8월 8일까지 『조선중앙일보』에 「오감도」 연작 발표. '무슨 미친놈의 잠꼬대냐?' '무슨 개수작이냐!'라고 항의하는 독자들의 투서로 인하여 연재를 중단함.

1935년 (26세) 경영난으로 〈제비〉 폐업.

인사동에서 카페 〈쓰루(鶴)〉를 경영했지만 곧 폐업함.

6월, 프랑스 파리에서 열린 〈문화옹호 국제작가대회〉에서 비상한 자극을 받음.

9월, 종로 1가에서 다방 〈69〉를 설계했으나 개업 전에 포기함.

11월, 명동에서 다방 〈무기(麥)〉를 경영했으나 곧 폐업함.

이 해에 인천과 성천으로 여행함.

1936년 (27세) 1월, 〈카프〉의 해산, 및 〈문화옹호 국제작가대회〉의 영향을 받은 에세이 「문학을 버리고 문화를 상상할 수 없다」 및 정치평론 「문화에 대한 한개의 구심적 경향」 발표.

3월, 창문사에서 '3인회' 동인지 『詩와 小說』을 편집.

6월, 제1집만 내고 창문사를 떠남.

9월경, 변동림과 결혼.

10월경, 일본 동경으로 감. 간다구(神田區)에서 하숙생활 시작.

1937년 (28세) 1937년 1월 하순에 동경의 '히비야 홀'에 개최된 우크라이나 출신의 바이올리스트 미샤 '에루망'의 독주를 듣고 감동을 받음.

2월, 불온사상의 혐의를 받아 니시간다(西神田) 경찰서에 구금됨.

4월초, 폐결핵 악화로 인하여 경찰서에서 보석됨.

4월 17일 오전 4시경, 동경제국대학 부속병원에서 영면함. 작고하기 전에 부친과 조모가 죽음.

5월 4일, 아내 변동림이 유골을 가지고 귀국. 미아리 공동묘지에 안장함.

1956년 7월,《이상전집》 제2권에 수록된 유고.

시 「쌍각」, 「거리」, 「수인이 만든 소 정원」, 「육친의 장」, 「內科」, 「골편에 관한 무제」, 「가구의 추회」, 「아침」, 「최후」

1960년	시「유고1」,「유고2」,「유고3」,「얼마 안되는 변해」-『현대문학』 통권 71호.
	수필「모색」,「이 아해들에게 장난감을 주라」-『현대문학』 통권 72호.
1961년	시「습작 쇼윈도우」-『현대문학』 통권 73호.
	시「구두」 수필「어리석은 석반」-『현대문학』 통권 74호.
1966년	시「회한의 장」,「유고4」, 단편소설「애야」-『현대문학』 통권 139호. 「파첩」,「무제」
1975년 이후	문학사상사에서 장편소설『十二월 十二일』을 비롯한 여러작품을 발굴하여 출판함.

참고문헌

『이상문학전집 1』, 이승훈 엮음, 문학사상사, 1982.
『이상문학전집 2』, 김윤식 엮음, 문학사상사, 1982.
『이상문학전집 3』, 김윤식 엮음, 문학사상사, 1982.
《정본 이상전집》 2-3, 김주현 엮음, 소명출판, 2001.
《이상전집》 1-4, 권영민 엮음, 도서출판, 뿔, 2009.
『성경전서』, 대한성서공회, 1994.

고은, 『이상평전』, 민음사, 1974.
괴테, 『빌헬름 마이스터의 수업시대』, 안삼환 옮김, 민음사, 1997.
김기림, 「기상도」, 1935.
김민수, 『이상평전』, 그린비, 2012.
김사엽 교주(校註), 『춘향전』, 학원사, 1967.
김유중 · 김주현 엮음, 『그리운 그 이름, 이상』, 지식산업사, 2004.
김윤식, 『이상소설연구』, 문학과비평사, 1988.
______, 『임화연구』, 문학사상사, 1989.
______, 『이상 문학 텍스트 연구』, 서울대학교출판부, 1998.
______, 『기하학을 위해 죽은 이상의 글쓰기론』, 역락, 2010.
노발리스, 『푸른 꽃』, 탐구신서, 1976.
노자 · 장자, 『老子 · 莊子』, 장기근 · 우현민 역, 삼성출판사, 1977.
니콜라이 베르자예프, 『러시아 知性史』, 이경식 옮김, 종로서적, 1981.
박치우, 『思想과 現實』, 백양당, 1946.
박태원 「소설가 구보씨의 일일」, 을유문고, 1947.
세르게이 롭신, 『창백한 말』, 도서출판, 문정, 1998.
앙드레 지드, 『도스토예프스키』, 휘문출판사, 1965.
염상섭, 『염상섭문장전집 I』, 소명출판, 2013.
______, 「청춘항로」, 『중앙』, 1936.6.
이가원 교주(校註), 『구운몽』, 연세대학교출판부, 1975.

이광수, 「동경구경기」, 『조광』, 1936.
투르게네프, 『처녀지』, 김학수 역, 범우사, 1990.

Berdyaev, Nicolas, *The Destiny of Man*, Semantron Press, 2009.

Carlyle, Thomas, *Sartor Resartus*, Everyman's Library, 1954.

Eliot, T.S., "Ulysses, Order and Myth," *Selected Prose*, ed. Frank Kermode, New york: Harcourt Brace Jovanovitch, 1975.

Ellmann, Richard, *Oscar Wilde*, Vintage, 1988.

______(ed.), *The Modern Tradition: Backgraounds of Mordern Literature*, Oxford Univ. Press, 1965.

Fanon, Franz, *The Wretched on the Earth*, trans. Constance Farrington, Penguin Books, 1974.

Joyce, James, *Ulysses*, New York: Modern Library, 1970.

Lawrence, D. H., *The Ladybird*, *The Fox*, *The Captain's Doll*, ed. by Dieter Mehl, Cambridge Univ. Press, 1922.

Levin, Harry, *Refractions: Essays in Comparative Literature*, Oxford Univ. Press, 1966.

Swingewood, Alan, *Novel and Revolution*, Macmillan, 1975.

Turgenev, *Fathers and Sons*, trans. by C. J Hogarth, Everyman's Library, 1960.

Wellek, René and Warren, Austen, *The Theory of Literature*, Penguin Books, 1980.

Wilde, Orcar, *The Critic as Artist* : *Critical Writings of Oscar Wilde*, ed. by Richard Ellmann, Chicago Univ. Press, 1982.

______, *The Picture of Dorian Gray*, Signet Classics, 1985.

『露西亞三人集』, 新潮社, 1934.

鈴木大拙, 『金剛經の禪.禪への道』, 春秋社, 1960.

柳田聖山編, 「臨濟錄」, 『禪語錄』, 中央公論社, 1978.

井原西鶴, 『好色一代女』, 岩波書店, 1972.

ノワアーりス, 『断章(中)』, 小牧健夫 渡邊格市譯, 岩波文庫, 1940.

シクロフスキー, 『ドストエフスキー：肯定と 不定』, 水野 譯, 勁草書房, 1967.

찾아보기

건지학술총서 ❹

이상평전

암호적 예술의 숲을 찾아서

지은이 이보영
펴낸이 이남호
펴낸곳 전북대학교출판문화원

초판 1쇄 인쇄 2016. 8. 16
초판 1쇄 발행 2016. 8. 22

전북대학교출판문화원 전라북도 전주시 완산구 어진길 32 (풍남동2가)
기획 · 편집 송덕호
디자인 이소형, 이진영
회계 · 행정 이진주
전화 (063) 219-5321~2
FAX (063) 219-5323
출판등록 2012년 8월 20일 제465-2012-000021호

값 40,000원

ISBN 978-89-98534-89-9 94810
ISBN 978-89-98534-66-0(세트) 94080

이 도서의 국립중앙도서관 출판예정도서목록(CIP)은 서지정보유통지원시스템 홈페이지(http://seoji.nl.go.kr)와 국가자료공동목록시스템(http://www.nl.go.kr/kolisnet)에서 이용하실 수 있습니다. (CIP제어번호 : CIP2016013578)